Studien zum Parlamentarismus | 35

Herausgeber der Reihe:

Prof. Dr. Werner J. Patzelt, Dresden
Prof. Dr. Suzanne S. Schüttemeyer, Halle/Berlin

Astrid Kuhn

Bundesverfassungsgericht und Parlamentarismus

Entscheidungen seit 1975 im Spannungsfeld zwischen klassischem und parteiendemokratischem Verständnis

Nomos

Onlineversion
Nomos eLibrary

Die Deutsche Nationalbibliothek verzeichnet diese Publikation in der Deutschen Nationalbibliografie; detaillierte bibliografische Daten sind im Internet über http://dnb.d-nb.de abrufbar.

Zugl.: Flensburg, Europa-Univ., Diss., 2020

u.d.T.: „Bundesverfassungsgericht und Parlamentarismus. Parlamentarismusverständnis des Bundesverfassungsgerichts in den Entscheidungen seit 1975"

ISBN 978-3-8487-8105-8 (Print)
ISBN 978-3-7489-2523-1 (ePDF)

1. Auflage 2021

Vorwort

Die vorliegende Arbeit geht auf mein besonderes Interesse für politikwissenschaftliche Erklärungsansätze zurück, die helfen die politische Praxis besser zu verstehen. Meine intensive Beschäftigung mit dem parlamentarischen Regierungssystem war außerdem von der Frage begleitet, welche Maßstäbe an das Handeln politischer Akteure angelegt werden müssen, damit die Qualität und vor allem die Akzeptanz demokratischer politischer Herrschaft gewährleistet sind.

Die Arbeit wäre ohne die Unterstützung meines Betreuers Prof. Dr. Michael Ruck nicht fertiggestellt worden. Er hat diese Rolle nach dem plötzlichen Tod meines akademischen Lehrers und ehemaligen Betreuers Prof. Dr. Eberhard Schütt-Wetschky übernommen und maßgeblich zur Eingrenzung der Fragestellung und somit zum Gelingen beigetragen. Er hat mich in all den Jahren stets ermutigt, die Arbeit neben meiner beruflichen Tätigkeit für die Stiftung Wissenschaft und Demokratie weiterzuführen. Hierfür und für unsere anregenden Gespräche danke ich ihm aufrichtig.

Ich danke außerdem Prof. Dr. Andreas Anter für die Übernahme der Zweitbegutachtung und das offene Interesse für mein Thema. Prof. Dr. Suzanne S. Schüttemeyer und Dr. Sebastian Galka danke ich für die Anmerkungen zu Teilen meiner Arbeit, die für mich sehr wertvoll waren. Für das Lektorat danke ich Dr. Elena Tresnak. Alle verbleibenden Fehler sind mir zuzuschreiben.

Mein besonderer Dank gilt meiner Familie und meinen Freunden dafür, dass sie viele Abende und Wochenenden klaglos auf mich verzichtet haben, ohne jemals einen Zweifel an meinem Vorhaben aufkommen zu lassen.

Ich widme dieses Buch meinem Mann *Robert Lenz.*

Handewitt, Februar 2021 *Astrid Kuhn*

Inhaltsverzeichnis

Abkürzungsverzeichnis

AbgG	Abgeordnetengesetz
Anm.	Anmerkung
ALG	Arbeitslosengeld
AWAC	Airbone Warning and Control System
BT Drs.	Bundestagsdrucksache
BT PlPr	Bundestagsplenarprotokoll
BVerfG	Bundesverfassungsgericht
BVerfGG	Bundesverfassungsgerichtsgesetz
BWahlG	Bundeswahlgesetz
EFS	Europäischer Sozialfonds
EP	Europäisches Parlament
ESM	Europäischer Stabilisierungsmechanismus
EU	Europäische Union
EuWG	Europawahlgesetz
EVG-Vertrag	Vertrag über die Europäische Verteidigungsgemeinschaft
GG	Grundgesetz
GOBT	Geschäftsordnung des Bundestages
ISAF	International Security Assistance Force
LTG	Gesetz über den Landtag des Saarlandes
MdB	Mitglied des Bundestages
NATO	North Atlantic Treaty Organization
ParlBG	Parlamentsbeteiligungsgesetz: Gesetz über die parlamentarische Beteiligung bei der Entscheidung über den Einsatz bewaffneter Streitkräfte im Ausland
SaarlVerfGH	Saarländischer Verfassungsgerichtshof
StabMechG	Stabilisierungsmechanismusgesetz
UN	United Nations
UNOSOM	United Nations Operation in Somalia
WEU	Westeuropäische Union

1. Bundesverfassungsgericht und Parlamentarismus

In den letzten fünf bis zehn Jahren hat das Bundesverfassungsgericht einige Entscheidungen gefällt, die auf einen Prozess »*zunehmender Parlamentarisierung*« des Verfassungsdenkens (Martin Morlok 2019: 25) hindeuten mögen. Das Gericht selbst geht von einer solchen Entwicklung aus:

> »Roter Faden dieser Rechtsprechung ist [...] eine Stärkung der Stellung und der Rechte des Parlaments, welche auf einem Verständnis der Volksvertretung als dem zentralen Ort politischer Willensbildung und Entscheidung beruht.« (Voßkuhle 2016: 289)

Die Notwendigkeit zusätzlicher Beschlusskompetenzen für das Parlament haben die Richter des Zweiten Senats, der für Staatsrechtsfragen zuständig ist, zum Beispiel im Hinblick auf die Außenpolitik der Bundesrepublik, auf die bewaffneten Auslandseinsätze der Bundeswehr – Stichwort Parlamentsheer – oder auf die Rolle des Bundestages beim europäischen Integrationsprozesses konstatiert. Diese Rechtsprechungslinien werden als »parlamentsfreundlich« bezeichnet. Sogar ein spezifisch »deutsche[s] Modell der Verfassungsgerichtsbarkeit als ‚*Hüter des Bundestages*'« sei erkennbar (Paus 2015: 28). Auf der anderen Seite bedeutet die Feststellung eines Verfassungsverstoßes oder gar die Nichtigerklärung eines Gesetzes besonders im Bereich des Staatsorganisations- oder Parlamentsrechts auch eine Marginalisierung des Gesetzgebers, indem die Rolle des Bundestages teilweise unterminiert wird. Es findet eine Juridifizierung der Politik statt, wenn sich das BVerfG als »Reparaturbetrieb des Parlamentarismus« (Schneider 1999) betätigt. Auch bei vordergründig parlamentsfreundlicher Rechtsprechung bedarf es einer genauen Analyse dahingehend, ob das Parlament tatsächlich gestärkt wurde oder ob etwa auf der anderen Seite die Zusammenarbeit von Parlamentsmehrheit und Regierung oder die Leistungsfähigkeit des parlamentarischen Regierungssystems geschwächt wurde. Diese widersprüchlichen Zusammenhänge wurden bislang von der deutschen Staatsrechtslehre, aber auch in der Politikwissenschaft noch nicht ausreichend beleuchtet.

Ausnahmen bilden Studien zu den Entscheidungen zur Außen- und Sicherheitspolitik sowie zum europäischen Integrationsprozess, die die staatsrechtlichen Grundeinstellungen des BVerfG bereits untersucht haben. Robert van Ooyen leitet in seiner Analyse zu dieser Rechtsprechung »einen Begriff des Politischen« (Ooyen 2005) des BVerfG und später eine »Staatstheorie« (Ooyen 2018) ab, die in einem »nationalliberal-konservativen Etatismus« bestehe und zumindest teilweise antipluralistische Züge trage, da sie von einer politischen Einheit von Staat und Volk ausgehe (Ooyen 2005: 17). Nicht erst seit der Europarechtsprechung, so wird festgestellt, dächten die Richter des BVerfG »vom Staat her« und propagierten demokratietheoretisch eine »Abwehr heteronomer Fremdbestimmung« (Lhotta/Ketelhut 2009: 869). Mindestens wird jedoch auch von weniger kritischen Stimmen von einem Konflikt zwischen einem etatistischen und einem individualistischen Demokratieverständnis ausgegangen (Kottmann/Wohlfahrt 2009: 444). Sie fassen es allerdings als zu weitgehend auf, dem BVerfG vorzuwerfen, »seine Argumentation entspreche dem staatszentrierten Demokratieverständnis der deutschen Staatsrechtslehre des 19. und 20. Jahrhunderts, das in Anbetracht des modernen Mehrebenen- und -akteurssystem der EU anachronistisch wirke« (Kottmann/Wohlfahrt 2009: 453). Ein etatistisches Demokratieverständnis, das vor allem das Parlament lediglich als »Agen[t] der souveränen deutschen Staatlichkeit« (Lhotta/Ketelhut 2009: 888) auffasst, stünde in Konflikt mit der Vorstellung von pluralistischer Parteiendemokratie. Deshalb hat bereits Ernst Fraenkel konstatiert, dass sich in Deutschland der Gedanke des parlamentarischen Systems auf die Dauer nur dann voll durchsetze, »wenn es gelingt, den Volksbegriff zu entmythologisieren und den Staatsbegriff zu entmystifizieren« (Fraenkel 1960: 337).

Diese skizzierte Problemstellung soll in dieser Arbeit aufgegriffen und erweitert werden, indem danach gefragt wird, welches Parlamentarismusverständnis des BVerfG hinter einer vorgeblichen Stärkung des Parlaments steht. Von zentraler Bedeutung für diese Fragestellung ist die Herausarbeitung zweier grundlegender Idealtypen des Parlamentarismusverständnisses und ihre Verortung in den Entscheidungen des BVerfG. Parlamentarismus kann dabei in einem Spektrum zwischen politischer Theorie (z. B. Schneider 1995: 538) und Konzept eingeordnet werden, das jedenfalls empirisch-induktiv von der Beobachtung der Regierungsform der parlamentarischen Demokratie abgeleitet ist (Marschall 2017: 20 f.).

Grundannahmen zum Parlamentarismus sind der Maßstab, mit dessen Hilfe das Funktionieren des parlamentarischen Regierungssystems beurteilt wird; nicht nur vom BVerfG, sondern auch in der Gesellschaft. Eine der schwerwiegendsten Herausforderungen für die etablierten Demokratien liegt darin, die Ausgestaltung der demokratischen Regierungsweise für ihre Bürger[1] nachvollziehbar zu machen. Neben den politischen Ergebnissen in

1 Aus Lesbarkeitsgründen verwende ich in der vorliegenden Arbeit das generische Maskulinum, damit ist die weibliche Form stets eingeschlossen.

den verschiedenen Politikfeldern steht die Organisation des Parlamentarismus von lokaler bis supranationaler Ebene unter Rechtfertigungsdruck. Genügen die Verfahren im parlamentarischen System den demokratietheoretischen Anforderungen von Transparenz und Partizipation? Ermöglichen sie eine ausreichende Teilhabe aller demokratischen politischen Kräfte am politischen Prozess und führen die Beschlüsse der Parlamente zur Lösung von Problemen und zu gerechten Maßnahmen? Die Komplexität des politischen Systems und die Leistungsfähigkeit seiner inneren Struktur sind für die Wähler schwer in Gänze zu erfassen und zu beurteilen. Auch unter Politikern, Juristen und Wissenschaftlern gibt es verschiedene Auffassungen davon, wie die parlamentarische Entscheidungsfindung funktionieren sollte. Selbst in Ländern mit einer jahrhundertealten Parlamentarismusgeschichte, wie in Großbritannien, aber auch besonders in Deutschland, ist »parlamentstheoretische Selbstverständigungs- und Überzeugungsarbeit« (Patzelt 2004: 99 f.) noch immer nicht obsolet geworden. Das »Ringen um ein empirisch fundiertes, theoretisch realitätsgerechtes und normativ angemessenes Verständnis des parlamentarischen Regierungssystems« (Schindler/Schüttemeyer 2010: 145) hält an.

Um Klarheit darüber zu erlangen, wie das parlamentarische Regierungssystem, wie Parlamentarismus funktionieren kann, müssen die verschiedenen Interpretationsmöglichkeiten klar herausgearbeitet werden. Die Parlamentsforschung trägt neben der Demokratietheorie, der Repräsentationstheorie sowie der Wahl- und Parteienforschung einen wesentlichen Teil dazu bei (grundlegend Loewenberg 1971). Dabei fällt es schwer, die in den verschiedensten Forschungsbereichen festgestellten Funktionszusammenhänge, zumal länderübergreifend komparativ, zu einem Konzept oder einer Theorie zu verdichten. Grundkonstante des parlamentarischen Regierens sind jedoch die politischen Parteien, die die Organisation des politischen Prozesses erst ermöglichen und den Willensbildungs- und Entscheidungsprozess beherrschen. Die politikwissenschaftliche Parlaments- und Parlamentarismusforschung ist deshalb immer auch Forschung über Parteiendemokratie.

Die Verfassungsgründer hatten den Parteien mit Art. 21 I GG in Verbindung mit Art. 38 I GG eine zentrale Stellung zugewiesen. In Kombination mit dem Erfordernis der parlamentarischen Abstimmungen mit Mehrheit ist der geschlossene Abstimmungsmodus der Regierungsmehrheit im Parlament vorgezeichnet gewesen, den wir bis heute kennen und erwarten.

> »Vom Tag seines ersten Zusammentritts an im September 1949 gab es nie den Bundestag ‚als solchen', der unterteilt, als ‚Ganzes' im Sinne der konstitutionellen Doktrin, den anderen Gewalten gegenübergestanden hätte. Von Anfang an war er

> nur in Mehrheit und Opposition vorhanden. Von einem Funktionsverlust ‚des Parlaments' zu sprechen, beschwört ein Geisterreich.« (Hennis 1999: 226)

Trotzdem ist in den 60er-Jahren eine erste Hoch-Zeit der Parlamentarismuskritik entstanden, und es gibt bis heute einflussreiche Stimmen gegen diese Dominanz der Parteien, die parlamentarische Mehrheiten erst ermöglichen. Diese Kritiker orientieren sich an Elementen einer vordemokratischen Vorstellung für die Bewertung des modernen Parlamentarismus, die auf der Annahme eines konfliktären Gegeneinanders der Organe Parlament und Regierung beruhen. Dabei gehen sie von der Existenz eines Verfallsprozesses aus, der aus der Aktionseinheit von Parlamentsmehrheit und Regierung resultiere und der es dem politischen System immer schlechter ermögliche, die Anforderungen an eine parlamentarische Demokratie zu erfüllen (z. B. Kirchhof 2004; Leicht 1996). Hiervon abzugrenzen sind Entparlamentarisierungsthesen, die auf der Verlagerung von Beschlusskompetenzen vom Bundestag auf die Institutionen der Europäischen Union oder anderer supranationaler Institutionen beruhen. Diese Gestaltungsverluste resultieren nicht nur aus einer Reduktion der Parlamentskompetenz im gesetzgeberischen Gestaltungsbereich, sondern auch aus einer strategischen Bevorteilung der Regierung bei intergouvernementalen Aushandlungsprozessen (Schüttemeyer 2007a: 249). Aber auch auf nationalstaatlicher Ebene ist die konstatierte »Marginalisierung« von Parlamenten (Oberreuter 2013) differenziert zu betrachten: Auf der einen Seite steht die Kritik an einer sogenannten Regierungsdominanz, die die ständige Abhängigkeit der Regierung von der Parlamentsmehrheit unterbewertet und damit übersieht, dass das Parlament durch seinen wichtigsten Ausschuss, die Regierung, handelt und damit Regierungsdominanz »intendierte[s] Charakteristikum des Parlamentarismus« (Schüttemeyer 2013b: 454) ist. Auf der anderen Seite zeigt die Erstarkung korporatistischer Arrangements seit den 1990er-Jahren (siehe z. B. Ruck 2004), die oft mit dem Regierungsstil zur Zeit Helmut Kohls in Verbindung gebracht wird, die Notwendigkeit der Verknüpfung parlamentarischer Verfahren mit dem Sachverstand der Betroffenen. Arthur Benz hat aufgezeigt, dass wir uns durch die Möglichkeit der losen Kopplung von Entscheidungen in den verschiedenen Arenen (Verhandlungssysteme und parlamentarisches System) keineswegs in einer postparlamentarischen Demokratie befinden (Benz 1998). Es stellt sich also die Frage, welcher Art von »Entparlamentarisierung« das BVerfG sich gewahr ist, wenn es eine Parlamentarisierung vorantreiben will.

Schwieriger als offen ausgesprochene und begründete Einordnungen zur Rolle des Parlaments sind unterschwellige Anlehnungen an ein konstitutionelles Politikverständnis zu identifizieren. Werner Patzelt hat im Rahmen einer Umfrage für einen großen Teil der deutschen Bevölkerung, aber auch für Abgeordnete des Bundestages festgestellt, dass es einen »latenten Verfassungskonflikt« gebe. Dies sei ein Konflikt

> »zwischen der tatsächlichen Funktionsweise unseres verfassungsmäßigen parlamentarischen Regierungssystems und jenen Vorstellungen, anhand welcher die Bürger beurteilen, ob ihr Regierungssystem ordnungsgemäß funktioniert« (Patzelt 1998: 728).

Schon dieser Befund liefert einen Hinweis darauf, dass die verhältnismäßig schlechte Beurteilung der Arbeit des Parlaments oder das geringe Vertrauen in politische Parteien in Deutschland nicht schlicht von mangelndem Verständnis oder mangelnder Einsicht herrührt, sondern in konfligierenden Mustern begründet liegt, die in den verschiedenen Grundverständnissen über Parlamentarismus divergent bewertet werden. Bereits im 19. Jahrhundert sind zwei unterschiedliche Auffassungen bzw. Theorien darüber erkennbar, wie der Entscheidungsprozess in parlamentarischen Regierungssystemen funktionieren sollte. Die eine versteht Parteien als Entscheidungskörper, weil diese die zentralen kollektiven Akteure im politischen System sind und ihr Personal im Bundestag und in den Landtagen sowie in den Regierungen politische Entscheidungen treffen, die später zu verbindlichen Beschlüssen werden. Auf der anderen Seite existiert die Idealvorstellung, dass Einzelne im Rahmen von Organen im parlamentarischen System nach dem Abschluss eines deliberativen Prozesses entscheiden. Eberhard Schuett-Wetschky hat diese beiden Grundtypen parlamentarischer Demokratie herausgearbeitet und sie später als traditionelle und realistische Sichtweise bezeichnet (Schütt-Wetschky 1992; 1984). Die Unentschiedenheit ihnen gegenüber und den Dissens zwischen ihnen hat er als »Parlamentarismusfrage« beschrieben.[2]

Die konzeptionelle Offenheit dieser Frage wird greifbar, wenn über die demokratietheoretische Bewertung beschlossener Gesetze oder einzelner parlamentarischer Verfahren eine so gravierende Uneinigkeit besteht, dass die Vereinbarkeit mit dem Grundgesetz bezweifelt wird. Es besteht dann die Möglichkeit, im Rahmen von z. B. Organstreitverfahren oder Verfassungsbeschwerden das Verfassungsgericht anzurufen und eine Entscheidung über diese Streitfrage herbeizuführen. In Deutschland hat das BVerfG eine besonders starke Stellung im politischen System inne und gilt als eines der machtvollsten Verfassungsgerichte der Welt (Kneip 2013). Das liegt nicht nur in seinem umfangreichen Entscheidungsbereich und -instrumen-

2 Unveröffentlichtes Manuskript.

tarium begründet, sondern auch in seinem hohen Ansehen in der Bevölkerung, das regelmäßig höher ist als das anderer Verfassungsorgane (Patzelt 2005). Das BVerfG urteilt im Zweifel darüber, ob Gesetze ordnungsgemäß zustande gekommen sind, über deren Inhalte und über die Kompetenzverteilung zwischen den Verfassungsorganen, und es transportiert damit stets ein Stück Parlamentarismusverständnis. Dabei besteht auch eine Interdependenz zwischen der Rechtsprechung des Gerichts, der politischen Wirklichkeit und den Vorstellungen der Bevölkerung darüber, wie ihr politisches System funktioniert bzw. funktionieren soll. Die vielbeschworene Deutungsmacht des BVerfG (Vorländer 2006; Vorländer/Schaal 2007) wird also mindestens durch diesen Aspekt geformt (Sternberg et al. 2015). Seine Entscheidungen und Urteile unterliegen dem unwiderstehlichen Duktus der Überparteilichkeit und Objektivität. Denn es besitzt gerade diejenigen Eigenschaften, die manch einer sich auch für das Parlament und die Arbeit der Parteien wünscht. Sie sollen nach dem Prinzip des Gerichtsprozesses funktionieren, also aufgrund von Recht und Gerechtigkeit nach deliberierenden Verfahren eine möglichst überparteiliche Entscheidung treffen.

Durch seine Rechtsprechung definiert das BVerfG, wie die Vorschriften des Grundgesetzes für ein parlamentarisches Regierungssystem operationalisiert werden, und es gibt keine Institution, die dies aufheben oder dem dauerhaft wirkungsvoll widersprechen könnte – von dem Mittel der Verfassungsänderung abgesehen. Deshalb sind die durch die Entscheidungen veröffentlichten Vorstellungen des Gerichts für die Beurteilung des parlamentarischen Systems von großer Bedeutung. Die verfassungspolitischen Entwicklungen hin zu autokratischen Zuständen, wie etwa in Polen oder Ungarn, zeigen darüber hinaus, wie schnell Verfassungsgerichte zur letzten Bastion einer unabhängigen Kontrolle des Regierungshandelns werden können. Die Richter sind aufgefordert, sich nicht zu politisieren, um auch zukünftig nicht in politische Machtkämpfe verwickelt zu werden (siehe Gärditz/Steinbeis 2018). Darüber hinaus bedeutet auch ein breiter Konsens in der Gesellschaft über das Bekenntnis zur pluralistischen Demokratie nicht, dass die Parlamentarismusfrage an Bedeutung verlöre. Gerade jüngst erstarkte populistische Kräfte versuchen wieder die Praxis parlamentarischer Verfahren zu diskreditieren, indem sie an ein zumindest teilweise überwunden geglaubtes Parlamentsverständnis anknüpfen, wenn es ihrem

Interesse dient, über vermeintlich angreifbare Verfahren den politischen Gegner zu schwächen.[3]

Das Ziel dieser Arbeit ist es deswegen, ausgewählte Entscheidungen des BVerfG seit den 1970er-Jahren bis in die Gegenwart hinsichtlich ihres Gehalts zur Parlamentarismusfrage zu untersuchen. Es sollen erkennbare Linien, Schwerpunkte und Entwicklungen im Zeitverlauf einerseits und entlang verschiedener Aspekte der Arbeit im Bereich von Parlament und Regierung andererseits in den Begründungsmustern herausgearbeitet werden. Gibt es also Widersprüche beziehungsweise Kontinuitäten bei der Beantwortung der Frage, wie das parlamentarische Regierungssystem funktionieren soll? Und ist eine Entwicklung der diesbezüglichen Rechtsprechung im Zeitverlauf zu erkennen? Es soll auch versucht werden, einen Beitrag zur weiteren Konzeptualisierung eines dezidiert parteiendemokratischen Parlamentarismusverständnisses zu leisten.

Im Einführungsteil der Arbeit werden die theoretischen und methodischen Grundlagen der Analyse erläutert. Zunächst werden in aller Kürze die elementaren Funktionen und Verfahrensweisen des BVerfG dargelegt, gefolgt von der Begründung der Methode und der Fallauswahl. Daran anschließend wird das Konzept für das der Analyse der Urteile des BVerfG zugrunde liegende parteiendemokratische Parlamentarismusverständnis entwickelt. Hier wird die Frage beantwortet, welche Prämissen sich aus der Parlamentsforschung für ein solches Verständnis ableiten lassen und wie diese sich von einem eher klassisch ausgerichteten Verständnis abgrenzen. Dazu wird das komplexe Themenfeld parlamentarischer Demokratie in drei Teilbereiche aufgegliedert. Erstens geht es um das Gewaltenteilungsprinzip und die verschiedenen Erscheinungsformen von Machtteilung. Zweitens rückt der Arbeitsbereich von Parlament und Regierung in den Blickpunkt, und es werden Strukturen und Grundmechanismen betrachtet, die bei der politischen Willensbildung eine bedeutende Rolle spielen. Daran knüpft auch die Frage an, wo die Entscheidungen fallen, die zu für alle Bürger verbindlichen Beschlüssen führen. Drittens wird in einem Abschnitt zum Repräsentationsprinzip dargelegt, wie Repräsentation durch Parteien im Par-

3 Siehe BT Drs. 19/1843. Der Antrag der AfD-Fraktion beinhaltet eine Änderung der GOBT, sodass Ausschusssitzungen und Sitzungen anderer Gremien nicht zeitgleich mit Plenarsitzungen des Bundestages stattfinden können. Die AfD war mit dem Versprechen angetreten, im Plenum eine starke Präsenz zu zeigen. Auf die grundlegenden Strukturprinzipien des parlamentarischen Systems, wie z. B. Arbeitsteilung, hingewiesen, wird Jürgen Braun, MdB, mit den Worten zitiert: „Im Grundgesetz steht nichts von Fachpolitikern." (Steffen 2018).

lament stattfindet. Damit sollen Grundprinzipien und Merkmale einer parteiendemokratischen Sichtweise aufgeschlüsselt und dann zu einer Grundstruktur zusammengefasst werden.

Die Analyse der ausgewählten Entscheidungen des Gerichts ist thematisch, nicht chronologisch gruppiert. Eine Gruppe umfasst Entscheidungen, die die innere Organisationsweise des Parlaments betreffen, womit z. B. die Rolle des einzelnen Abgeordneten oder Fragen nach der Sitzverteilung in den Untergremien im Mittelpunkt stehen. Um die Kompetenzverteilung zwischen Mitgliedern des Bundestags einerseits und der Bundesregierung andererseits geht es in einer anderen Gruppe. Hier bietet der Paradigmenwechsel hinsichtlich der Auslandseinsätze der Bundeswehr nach Ende des Kalten Krieges Gelegenheit, Einstellungen des Gerichts zu Gewaltenteilungsfragen zu diskutieren. Die dritte Gruppe vereint die Wahlrechtsentscheidungen, die im Wesentlichen Repräsentationsvorstellungen reflektieren. Die Instrumente der Sperrklausel und das Phänomen der Überhangmandate werden im Rahmen der Abwägung zwischen den Verfassungsprinzipien Wahlgleichheit und Funktionsfähigkeit des Parlaments betrachtet. Den drei Gruppen der Entscheidungsanalyse folgen jeweils ein zusammenfassendes Kapitel, das unter Rückbezug auf das dargelegte Parlamentarismusmodell die Rechtsprechungslinien des Gerichts im Zeitverlauf einordnet. Am Schluss der Arbeit wird überprüft, ob über den Untersuchungszeitraum von fast 45 Jahren und über die drei Themengruppen hinweg eine Entwicklung im Parlamentarismusverständnis des Gerichts stattgefunden hat und wo diese im Spektrum zwischen klassischem und parteiendemokratischem Verständnis zu verorten ist.

2. Untersuchungsgegenstand: Entscheidungen des Bundesverfassungsgerichts

2.1 *Truth and Justice: das Bundesverfassungsgericht an der Schnittstelle zwischen Recht und Politik*

Warum sind die Auffassungen des BVerfG zur Frage, wie das parlamentarische Regierungssystem funktionieren sollte, für die Demokratie so relevant? Weil Verfassungsrechtsprechung mehr als Korrektur bzw. Änderung von Rechtsnormen oder die Klärung und Abgrenzung von Rechten und Pflichten von Staatsorganen bedeutet. Das Verfassungsgericht ist als »demokratischer Akteur« (Kneip 2009) selbst legitimer und mächtiger Mitspieler demokratischer Politik, der zusammen mit den anderen Mitspielern an dem gemeinsamen Ziel einer adäquaten Ausgestaltung der Verfassungsordnung arbeitet (Kneip 2011: 241).

Im Unterschied zu den Instanzen der ordentlichen Gerichtsbarkeit oder z. B. der Verwaltungsgerichtsbarkeit ist das BVerfG ein Verfassungsorgan (Art. 92 GG ff.). Wenngleich die Bürger die Erwartungshaltung haben, dass das Gericht unpolitisch und vor allem unparteiisch sein solle, befindet es sich doch an der Schnittstelle von Recht und Politik (siehe auch Reutter 1998; Hönnige 2007; Scholz 1999; Hein/Ewert 2018). Seine Aufgabe ist die Kontrolle der politischen Akteure. Es ist ein Vetospieler im politischen Prozess. Die Normenkontrolle erstreckt sich von der Grundrechtsgarantie und reicht bis zur Überprüfung einfacher Gesetze auf ihre Kompatibilität mit der Verfassung, was immer auch Auslegung von Verfassungsnormen bedeutet. Die Auslegungsbedürftigkeit des Grundgesetzes ergibt sich aus seiner Offenheit. Wie andere gesetzgebende Versammlungen war auch der Parlamentarische Rat eine Versammlung politischer Gruppen unter bestimmten Mehrheitsverhältnissen. Um zu einem sachlichen Ergebnis bei der Verfassungsgebung kommen zu können, waren Kompromisse und auch Formelkompromisse notwendig, die sich auch auf die Parlamentarismusfrage bezogen. Diese liegen hinsichtlich der Aufnahme der Parteien an exponierter Stelle im Grundgesetz vor, so auch bei der Ausgestaltung der Regierungsstabilität (Galka 2014: 313 ff.). Neben offenen und vieldeutigen Rechtsbegriffen gibt es nicht geregelte Problembereiche, die dem Parlamentarischen Rat nicht bekannt waren und heute auslegungsbedürftig sind.

Zu den Funktionen des BVerfG zählen deswegen neben der Kontrollfunktion im Sinne einer Kontrolle der politischen Akteure, der Kontrolle von Normen und selten der Normenformulierung auch die Verfassungsanpassung durch Fortbildung, Aktualisierung und Neuinterpretation (Kranenpohl 2004: 41; kritisch zum Begriff des Verfassungswandels Voßkuhle 2004).

> »In jeder Konkretisierung von Verfassungsnormen materialisiert sich Wandel. Der Sinn des ursprünglichen Verfassungstextes wird verengt, verschoben, ausgeweitet oder gewichtet.« (Lorenz 2009: 218)

Dieser Verfassungswandel als Verfassungspflege (Voßkuhle 2019: 418) orientiert sich an den Änderungen der tatsächlichen Verhältnisse einerseits und der gesellschaftlichen Vorstellungen andererseits.

> »Gleichzeitig wird deutlich, dass das *BVerfG* den Wandel von gesellschaftlichen Wertvorstellungen und wissenschaftlichen Erkenntnissen nicht einfach unreflektiert nachvollzieht, sondern eruiert, ob und an welchen Stellen dieser Wandel aus der Perspektive des Rechts relevant, also in die Sprache des Rechts übersetzungsfähig ist.« (Voßkuhle 2019: 419)

Mit dieser Aufgabe steht das Gericht vor der Herausforderung, einerseits die Verfassung zu bewahren und andererseits auf gesellschaftliche Veränderungen und Änderungen des Rechtsverständnisses zu reagieren. Die meisten Schlüsselentscheidungen, die zu einer impliziten Verfassungsanpassung geführt haben, fielen in den Bereich der Grundrechte. So erhob das Gericht mit dem sogenannten Lüth-Urteil die freie Meinungsäußerung nach Art. 5 I 1 GG und damit alle Grundrechte zur objektiven Wertordnung für alle Rechtsbereiche. Einzelne der in dieser Untersuchung behandelten Urteile können ebenfalls zu den Urteilen mit Anpassungswirkung gezählt werden. Dies gilt z. B. für die Entscheidung zum Einsatz von AWACS-Flugzeugen über Jugoslawien, womit das BVerfG den Einsatz der Bundeswehr unter ein grundsätzliches Mitbestimmungserfordernis des Bundestages stellte.

Der Wandel des Parlamentarismusverständnisses des BVerfG, der hier behandelt wird, ist jedoch nicht an einzelnen Urteilen abzulesen. Das die Antragsbearbeitung vorausgesetzte Vorverständnis der Richter soll über eine konsolidierte Betrachtung der Begründungsmuster von Entscheidungen herausgearbeitet werden. Diese Vorverständnisse beeinflussen den Verfassungswandel indirekt oder langfristig. Insofern also die Rechtsprechung stets politisch bedingt ist, da sie auf gesellschaftspolitische Änderungen reagiert und nur auf Antrag politischer Akteure tätig werden kann, rücken die integrativen Funktionen des Verfassungsgerichts in den Fokus, bedingt durch die gesellschaftspolitische Integrationsfunktion der Verfassung selbst (grundlegend Schaal 2000).

> »Die Verfassung freiheitlicher Demokratien liefert nicht unmittelbar eine spezifische verbindende Gemeinsamkeit. Sie ist im Gegenteil die institutionelle Antwort auf die Frage, wie in einer Gesellschaft *Verschiedener* mit ganz unterschiedlichen Hintergründen, Funktionen und Überzeugungen friedliches Zusammenleben ermöglicht werden kann. Sie ist, mit anderen Worten, das Integrationsprogramm für eine differenzierte Gesellschaft.« (Lübbe-Wolff 2019: 44)

Das BVerfG ist in der Lage, durch seine ihm angediente parteipolitische Neutralität und die Transformation eines Problems in ein rechtliches Verfahren als Schlichtungsinstanz zu wirken. Dies gilt auch insbesondere für die verschiedenen Auffassungen zum Funktionieren des parlamentarischen Regierungssystems. Es ermöglicht ebenso einen Diskurs über diese verschiedenen Auffassungen in einem deliberativen System.[4] Durch die Thematisierung aktueller verfassungsrechtlicher Probleme und durch die Strukturierung des Diskurses ist es auch Multiplikator in der politischen Kommunikation (Kranenpohl 2004: 45).

Entscheidungen des BVerfG, die im Zusammenhang mit den Prämissen von Parlamentarismus stehen, sind für diese Mitwirkung an der Aufrechterhaltung eines Wertekonsenses mehrfach relevant. Sie überprüfen die Rechtmäßigkeit und korrekte Durchführung von z. B. parlamentarischen Verfahren, stellen selbst ein Verfahren für die Reflektion bisher etablierter Prozesse bereit und geben eine Orientierung zur jeweils behandelten Sachfrage. Der dritte Aspekt ist dabei nicht zu unterschätzen: Entscheidet das Gericht zu einem Gegenstand, der öffentlich umstritten ist, wird sein Urteil nicht selten mit der Sache anstatt mit der behandelten Verfahrensfrage verknüpft. Am Beispiel »Griechenland-Rettung« lässt sich dies verdeutlichen: Die Verfassungsbeschwerde gegen die Zustimmung der Bundesregierung zu einer Reihe von Maßnahmen zur Beilegung der Finanz- und Staatsschuldenkrise im Raum der Europäischen Währungsunion, insbesondere dass sie finanzielle Hilfen zum Erhalt der Zahlungsfähigkeit Griechenlands gewährt hat, blieb als Akt der Zustimmung zur Griechenland-Politik von Bundeskanzlerin Angela Merkel im öffentlichen Gedächtnis. Im Verfahren ging es allerdings im Kern um die Frage, ob das Gesetzespaket die aus Art. 38 I GG bestehende Wahlfreiheit des einzelnen Abgeordneten einschränke, indem die Zahlungsverpflichtungen die Handlungsfreiheit zukünftiger Bundestage, insbesondere ihre Haushaltsautonomie, einschränke (BVerfGE 129, 124). Somit kommen parlamentsrechtlichen Fragestellungen und solchen, die sich mit der Kompetenzverteilung von Bundestag und Bundesregierung

4 Wobei hier zunächst der gesellschaftliche deliberative Vorgang gemeint ist. Die Richter gehen bei ihrer Urteilsfindung ebenso deliberativ vor.

befassen oder die Regeln des politischen Wettbewerbs betreffen, eine besondere Bedeutung zu. Sie haben eine inhaltliche und eine verfahrenstechnische Dimension.

Diese kurze Skizze der Funktionen des BVerfG hat bereits gezeigt, in welcher Weise es zur Strukturierung des demokratischen Systems beiträgt: einerseits durch die Etablierung spezifischer Sichtweisen auf eine Kompetenz- oder auch eine Sachfrage, andererseits durch Verfassungswandel. Seine Funktionen weisen »eindeutig über den Bereich des ‚Rechts' und damit den Charakter der Institution als Gericht hinaus« (Kranenpohl 2004: 46). Es griffe zu kurz, das BVerfG lediglich als »‚Rechtsprechungsautomaten' für Verfassungsfragen« (ebd.) anzusehen. Einer eigenständig intendierten Verfassungsinterpretation der Verfassungsrichter sind jedoch allein deswegen Schranken gesetzt, weil das BVerfG nur auf Antrag tätig wird und damit keine Materie unaufgefordert an sich ziehen kann.

Die verschiedenen Dimensionen der Rechtsauslegung sind auch in der Entwicklungsgeschichte des BVerfG angelegt. Obgleich die Einrichtung eines Verfassungsgerichts im Parlamentarischen Rat nicht umstritten war (Herbert 2019: 15), spielte das Verhältnis von Recht und Politik auch bei der Idee einer letztinstanzlichen Entscheidung eine gewichtige Rolle. Auf der einen Seite sprach die gefestigte rechtstaatliche Tradition seit dem Kaiserreich dafür, diese Aufgabe der Justiz zu übertragen und ihre hinsichtlich ihrer Gesinnung unverdächtigen führenden Köpfe somit in den Demokratisierungsprozess zu integrieren.

> »Nach dem Zusammenbruch von Diktaturen ist häufig nicht nur die alte Politik, sondern Politik überhaupt delegitimiert, nach dem Ende einer Einheitspartei drängt es die Bürger nicht besonders zum demokratischen Engagement in einem Parteienstaat. Als neutral empfundene Experten für die neue Ordnung haben in dieser Situation eine potentiell starke Stellung.« (Bryde 2015: 500)

Auf der anderen Seite bestand die Sorge, dass die Unabhängigkeit der Justiz missbraucht werde könne. Dies drückte sich in einer intensiven Diskussion um die Besetzung der Richterstellen und der weiteren Mitglieder des Gerichts aus. Es ging auf Herrenchiemsee um die Frage, ob ausschließlich zum Richteramt befähigte Personen oder auch andere Persönlichkeiten Teil des Gerichts sein sollten, damit es nicht von politischen Erwägungen belastet sei oder aber damit auch die Berücksichtigung der politischen Verhältnisse garantiert sei (Niclauß 2015: 194 f.). Auch die Kontroverse um die Einführung eines Obersten Bundesgerichts, das für die Überprüfung von Bundes-, Landes- und Völkerrecht zuständig sein sollte, bildet die Abgrenzungsfragen von Recht und Politik noch einmal ab. Es kam dem BVerfG zugute, dass auf dieses in der reinen Rechtssphäre tätige, unpolitische Gericht, so die Intention, verzichtet wurde. Hinter all diesen Überlegungen standen wiederum bereits verschiedene Auffassungen von Demokratie und Gewaltenteilung.

Nach einem langwierigen Gesetzgebungsverfahren zum BVerfGG wurde das Gericht am 17. April 1951 gegründet. In den Beratungen von Bundestag und Bundesrat waren die Bestimmung des Sitzes, die Art der Richterwahl, der Umfang der Befugnisse (z. B. die Einführung einer Verfassungsbeschwerde) und seine weitgehende organisatorische Autonomie, besonders in haushaltsrechtlicher Hinsicht, zentral und strittig (siehe Schiffers 1984). Mit der Arbeitsaufnahme in Karlsruhe begann auch das »innere institution building« (Wahl 2019: 35) des Gerichts. Gerade die anfängliche Konfliktsituation im Hinblick auf die beiden Konkurrenten, das bisherige Höchstgericht und die obersten Verfassungsorgane, bezeichnet Rainer Wahl dabei als »Standardproblem« (2019: 32) für neue Verfassungsgerichte. Er identifiziert drei wesentliche Konflikte im Verhältnis zu den oberen Staatsorganen, die zur Genese des BVerfG beigetragen haben: den EVG-Streit, die Status-Denkschrift[5] des Gerichts und das KPD-Verbot. Beim sogenannten »Status-Streit« um die verfassungsrechtliche Stellung des BVerfG ging es um die Frage, ob es ein Verfassungsorgan »auf Augenhöhe« mit den anderen Verfassungsorganen sein könne. Die von den Richtern vertretene Auffassung, beim BVerfG handele es sich um eine echte richterliche Körperschaft und als der oberste Hüter der Verfassung sei es nach Wortlaut und Sinn des Grundgesetzes zugleich ein mit höchster Autorität ausgestattetes Verfassungsorgan, stieß auf Widerstand bei den anderen Gewalten. In der Status-Denkschrift leiteten die Richter hieraus Forderungen nach vollkommener organisatorischer Unabhängigkeit, nach dem Recht auf einen eigenen Haushaltsplan als Einzelplan und nach dem Status der Richter als Organträger und nicht als Beamte ab (siehe auch Lembcke 2015: 233). Diese eindeutige Botschaft an die anderen Verfassungsorgane und die damit einhergehende Auseinandersetzung um Anerkennung und Emanzipation des Gerichts von seinen Schöpfern hat maßgeblich zur Autorität des Gerichts beigetragen. Nicht zuletzt hat die Selbstbeschreibung als »Hüter« auch sein Bild in der Öffentlichkeit geprägt. Diesem Bild konnte das BVerfG in den Anfangsjahren durch seine große Distanz zur etablierten

5 Die Stellung des Bundesverfassungsgerichts. Denkschrift des Bundesverfassungsgerichts (27.6.1952; gerichtet an Bundespräsident, Präsidenten von Bundestag und Bundesrat sowie Bundesregierung, veröffentlicht am 19.1.1953), in: Juristenzeitung, 1953 (5): 157-158.

Justiz und damit auch durch seine personelle Abgrenzung vom Nationalsozialismus, durch die Entwicklung seiner Grundrechtsprechung und durch eine wissenschaftsorientierte Judikatur auch entsprechen.

Das umfangreiche Aufgabenspektrum des Gerichts gibt ihm trotz fehlender Initativbefugnis die Möglichkeit, seine Leistungsfähigkeit und Professionalität dauerhaft unter Beweis zu stellen. Die Zuständigkeiten sind in Art. 93 GG weit gefasst. Am häufigsten wird das Instrument der *Verfassungsbeschwerde* genutzt (Art. 93 I Ziff. 4a GG, § 90 BVerfGG), das es jedem Bürger ermöglicht, seine grundgesetzlich garantierten Freiheitsrechte gegenüber dem Staat durchzusetzen. Die Individualverfassungsbeschwerde, die 1969 grundgesetzlich verankert wurde, prägt maßgeblich den Arbeitsalltag des Gerichts. Es prüft, ob das jeweils monierte einfache Gesetz mit den Grundrechten der Verfassung vereinbar ist. Um angesichts der Flut von Verfassungsbeschwerden (im Jahr 2017 waren es 5784 Verfahren)[6] seine Arbeitsfähigkeit wahren zu können, werden die Kammern vorgeschaltet, welche die Erfolgsaussichten einer Beschwerde prüfen (§ 93c BVerfGG). Die Verfassungsbeschwerde wird teilweise als Superrevisionsinstanz oder als Höchstgerichtsakt angesehen (so z. B. Voigt 2015: 80), was das BVerfG in seiner Eigendarstellung jedoch zurückweist.[7] Tatsache ist jedoch, dass das Einlegen einer Verfassungsbeschwerde voraussetzungsreich ist: Der Klageweg muss vorher erschöpft sein und auch der Grundsatz der Subsidiarität ist zu beachten. Auch im Parlamentarischen Rat hatte man im Rahmen der Überlegungen zur Einführung der Verfassungsbeschwerde Bedenken ob der Überschneidung mit anderen obersten Gerichten.[8] Obwohl die Verfassungsbeschwerde dem Individualrechtschutz dienen soll, benutzen auch Parteien in Einzelfällen dieses Mittel, um politische Konflikte auszutragen. Es ist jedoch zu träge, um z. B. für die Oppositionsarbeit von Relevanz zu sein (Gusy 2015; Stüwe 2015: 360 ff.).

Eine stärker politische Dimension mit Blick auf die Gewaltenteilung hat das *Organstreitverfahren* (Art. 93 I Ziff. 3 GG, § 13 Ziff. 7 BVerfGG). An-

6 Jahresstatistik 2017 des Bundesverfassungsgerichts: https://www.bundesverfassungsgericht.de/DE/Verfahren/Jahresstatistiken/2017/statistik_2017_node.html, Zugriff am 25.11.2018.

7 „Es handelt sich jedoch nicht um eine Erweiterung des fachgerichtlichen Instanzenzuges, sondern um einen außerordentlichen Rechtsbehelf, in dem nur die Verletzung spezifischen Verfassungsrechts geprüft wird.“: https://www.bundesverfassungsgericht.de/DE/Verfahren/Wichtige-Verfahrensarten/Verfassungsbeschwerde/verfassungsbeschwerde_node.html, Zugriff am 25.11.2018.

8 Der Parlamentarische Rat 1948-1949. Akten und Protokolle Bd. 2, Boppard 1988: 516, 622.

tragsbefugt sind die Staatsorgane sowie ihre Teile, soweit sie im Grundgesetz oder den Geschäftsordnungen mit eigenen Rechten ausgestattet sind. Das heißt, dass fast alle staatlichen politischen Akteure beim BVerfG gegen eine Einschränkung ihrer Kompetenzen vorgehen können, wenn diese sich aus ihren verfassungsrechtlichen Rechten und Pflichten oder denjenigen des Antragsgegners ableiten lassen. Auch Parteien werden nach ständiger Rechtsprechung als antragsbefugt angesehen, »wenn und soweit sie um Rechte kämpfen, die sich aus ihrem besonderen verfassungsrechtlichen Status ergeben« (BVerfGE 44, 125: Rdnr. 39). Das Organstreitverfahren ist mit der Antragsbefugnis der Parteien zu einem Instrument des parlamentarischen Minderheitsschutzes geworden (kritisch hierzu Meinel 2019c: 92). Entsprechend häufig sind in solchen Verfahren das Parlamentsrecht (z. B. die GOBT), das Parteienrecht oder das Wahlrecht Antragsgegenstand. Parlamentsrechtliche Organstreitverfahren sind von besonderer Bedeutung für die hier zu untersuchende Frage, weil sie die Selbstregulierung des Parlaments berühren. Entscheidungen zum Parlamentsrechts reflektieren nicht nur die Wahrnehmung des Parlamentarismus durch den jeweils aktuellen Senat, sondern stellen auch einen Durchsetzungsmechanismus des (Grund)Rechts im parlamentarischen Feld dar, der zu einer Effektivierung des Parlamentsrechts führt und in Summe auf einen »typischen Verrechtlichungspfad« mündet (Cancik 2005: 577). Antragsteller und Antragsgegner stehen sich als konkurrierende politische Akteure gegenüber. »Der Gang nach Karlsruhe« hat sich als statthaftes politisches Mittel etabliert, das zum ganz überwiegenden Teil von der Opposition genutzt wird. Zwischen 1951 und 2013 wurden 76% der Organklagen von Antragstellern eingereicht, die in irgendeiner Form gegenüber der Regierungskoalition opponierten (Stüwe 2015: 352).[9]

> »[D]ie Konstellation Parlament (als Ganzes) versus Regierung findet sich nie – hier zeigt sich die Realität des parlamentarischen Regierungssystems.« (Cancik 2005: 581)[10]

Im Gegensatz zum Organstreitverfahren ist der Kreis der Antragsbefugten bei der *abstrakten Normenkontrollklage* kleiner und genau benannt. Dies liegt unter anderem in der normrevidierenden Wirkung einer Entscheidung zu einer solchen Klage begründet, die es erforderlich macht, dass dieses

9 Die Fraktionen befinden sich in einer Doppelrolle: zum einen (rechtlich gesehen) als Vertreter des Gesamtparlaments bei Klagen gegen Entscheidungen der Bundesregierung ohne Beteiligung des Parlaments (z. B. Urteil „Atomwaffenstationierung“) und zum anderen als Träger eigener Rechte (z. B. Urteil „PDS/Linke Liste“).

10 Im Zeitraum zwischen 1952 und 2002 auf Bundes- und Landesebene.

Mittel sparsam eingesetzt wird. Das Gericht kann hier gesetztes Recht verwerfen oder abändern, was als erhebliche Einschränkung des Demokratieprinzips angesehen werden kann. Ähnlich wie bei der unterstützenden Effektivierung des Parlamentsrechts durch Organstreitverfahren, die in einer Entmachtung des Parlaments mit Blick auf seine Selbstregulierung (z. B. Geschäftsordnungsautonomie) münden kann, steht hier auch die Beschränkung der Kompetenzen des Gesetzgebers und damit des Mehrheitsprinzips im Zentrum einer Kritik an der Verfassungsgerichtsbarkeit selbst und an einer Juridifizierung der Politik. Antragsberechtigt sind nur die Bundesregierung, Landesregierungen oder mindestens ein Viertel der Mitglieder des Bundestages[11] (Art. 93 I Ziff. 2 GG, § 76 ff. BVerfGG). Am Ende der seltenen[12], aber bedeutungsvollen Verfahren wird eine verbindliche Entscheidung über die Vereinbarkeit von Bundes- oder Landesrecht mit dem Grundgesetz getroffen und über Bund-Länder-Kompetenzstreitigkeiten befunden. Einzelne Normen können als nichtig, weil mit dem Grundgesetz unvereinbar, beurteilt werden, was zu einem Zustand führt, als sei die Rechtsnorm niemals erlassen worden. Selten kommt es dann zu einer Situation, in der das BVerfG eine Übergangsbestimmung festlegt und es folglich als Ersatzgesetzgeber agiert. Jedoch auch, wenn das Gericht eine Norm als nur unvereinbar mit dem Grundgesetz einstuft und dem Gesetzgeber eine Frist zur Etablierung einer verfassungskonformen Norm aufgibt, agiert es programmatisch (Agenda-Setting).

> »Diese Rechtsverbindlichkeit unterscheidet sich von der des Gesetzesrechts aber grundlegend dadurch, dass richterliche Entscheidungen (nur) konkret-individuelle, also fallbezogene Verbindlichkeit entfalten, gesetzgeberische Entscheidungen dagegen von (fallunabhängiger) abstrakt-genereller Verbindlichkeit sind.« (Scholz 2014: 37)

Die wichtigsten und zugleich politisch bedeutsamsten Verfahrensarten des BVerfG sind damit benannt. Hinzu kommen Verfahren, die sich mit den Chancen von Gruppen im politischen Wettbewerb befassen: die Wahlprüfungsbeschwerde und die Entscheidung über die Verfassungswidrigkeit von Parteien. Zur Analyse des Repräsentationsverständnisses sind vor allem die Beschwerden, die die Gültigkeit der Wahl oder den Erwerb oder Verlust der Abgeordnetenstellung betreffen, relevant (Art. 41 II GG und § 48 BVerfG). Ist die gerügte Durchführung der Wahl mandatsrelevant, kann

---

11 Bis 01. Dezember 2009 ein Drittel.

12 Abstrakte und konkrete Normkontrollklagen zusammen machten 1,59% aller Verfahren bis Ende 2019 aus (Jahresstatistik des BVerfG 2019: https://www.bundesverfassungsgericht.de/SharedDocs/Downloads/DE/Statistik/statistik_2019.pdf?__blob=publicationFile&v=4, Zugriff am 04.04.2020).

dies zu einer Ungültigkeit der Wahl führen, jedoch kann das Gericht auch Wahlfehler einfach feststellen und eine Nachbesserung verlangen, wie dies nach der Bundestagswahl 2008 wegen des negativen Stimmgewichts der Fall war. Wahlprüfungsverfahren sind vergleichsweise schwierig, weil zu der ohnehin komplexen Materie des Wahlrechts und der Anwendung der Wahlvorschriften die Problematik der Maßstabsbildung hinzukommt. Die entscheidenden Festlegungen im Grundgesetz zum Thema Repräsentation sind rar und wenig konkret, was die Herausbildung eines konkreten Maßstabs erschwert.

Alle in dieser Arbeit zu behandelnden Beschlüsse und Urteile des Gerichts wurden vom Zweiten Senat gefällt. Die im festgelegte Geschäftsverteilung auf zwei Senate – Grundrechte einerseits, Staatsrecht andererseits (§ 14 BVerfGG) – stellt nicht nur eine bloße Zuordnung von Zuständigkeiten dar, sondern führt auch zu einer faktischen Teilung des Gerichts in zwei eigenständige Gerichte, die auch zu interner Konkurrenz und Konflikten führt (Kranenpohl 2010: 128 ff.). Von seinem Recht zur abweichenden Verteilung der Obliegenheiten aufgrund einer vorübergehenden Überlastung einer der beiden Senate macht das Plenum des Gerichts regelmäßig Gebrauch (in der letzten Dekade jährlich). Dies ist vor allem eine Reaktion auf die Dominanz der Verfassungsbeschwerden.[13] [14]

Die *Besetzung der Senate* mit geeignetem Personal ist eine große Herausforderung für das gesellschaftlich-demokratische System. Die insgesamt sechzehn Richter werden je zur Hälfte vom Bundestag und vom Bundesrat gewählt und dürfen keinem Parlament und keiner Regierung angehören (Art. 94 I GG). Die Amtszeit beträgt zwölf Jahre und eine Wiederwahl ist seit 1970 nicht möglich (§ 4 I, II BVerfGG).[15] Die einfachgesetzlich festgelegte Wahl durch den Bundestag auf Vorschlag des Wahlausschusses (zwölf Mitglieder) mit Zweidrittelmehrheit führt zu einer Wahl gemäß parteipolitischem Proporz (§ 6 I, II BVerfGG), der das politische Moment als »spezifische Rationalität der Verfassungsgerichtsbarkeit« (Preuß 1988:

13 Mit einem Gesetzentwurf zur Einführung der Begründungspflicht im BVerfGG (Drs. 19/5492) möchte die AfD dieses Annahmeverfahren ändern und geriert sich dabei als Schützer des Rechtsstaates. Eine Begründungspflicht würde das Gericht in erheblichem Maße belasten und damit lahmlegen, was einer Stärkung des Rechtsstaats zuwiderlaufen würde. Zu Kontrollelementen im Annahmeverfahren (Kranenpohl 2010: 120 f.).

14 Näheres zum Verfahrensablauf siehe Schlaich/Korioth (2018).

15 Die Anzahl der Richter pro Senat wurde mit Beschluss im Juli 1956 von zwölf auf acht gesenkt, womit das erst 1951 erstmals ausgefertigte Gesetz über das BVerfG geändert wurde.

389) mitbegründet. Dennoch ist das Selbstverständnis des Gerichts von Unabhängigkeit, Überparteilichkeit, Neutralität und Integrität geprägt.[16]

Bis 2015 wurde die Wahl vom Wahlausschuss durchgeführt, was den Hauptkritikpunkt am Verfahren darstellte. Obwohl das BVerfG selbst diese Delegation des Bundestages an einen Ausschuss zuletzt 2012 für verfassungsgemäß erklärte (2 BvC 2/10), änderte der Gesetzgeber das Wahlrecht des Ausschusses in ein Vorschlagsrecht. Auch über andere Einzelheiten des Entscheidungsverfahrens kann er durch eine Änderung des BVerfGG mit einfacher Mehrheit bestimmen. Der Proporz blieb weiter bestehen. Ein zweiter Kritikpunkt am Richterwahlverfahren ist eine konstatierte Intransparenz, die sich weniger auf die verdeckte Stimmabgabe, aber vor allem auf das Auswahlverfahren bezieht. Wie auch bei anderen Wahlen fungieren auch Ausschüsse des Parlaments in der Regel nicht als Entscheidungskörper, sondern als Beschlussorgane, hier über einen Vorschlagsbeschluss. Das führt dazu, dass vor allem wenige führende Akteure der regierenden Parteien mit der Vorauswahl des Richterpersonals befasst sind und diese nach den Mechanismen parteiendemokratischer Aushandlungsprozesse mit Paketlösungen abläuft. Ob mehr Öffentlichkeit, z. B. durch öffentliche Anhörung der Kandidaten, zu einer stärkeren Legitimität der Verfassungsgerichtsbarkeit führen könnte, ist fraglich (Landfried 2015: 383 f.). Die Vertraulichkeit des Auswahlprozesses führt im Gegenteil dazu, dass die Wahl der Verfassungsrichter nicht unnötig stark politisiert wird. Vielmehr ist davon auszugehen, dass zum einen das Quorum einer Zweidrittelmehrheit die Kompromissfähigkeit über die politischen Lager hinweg gewährleistet und dass zum anderen die parteipolitische Orientierung der Richter für die spätere Rechtsprechung wenig ausschlaggebend ist (Gschwend et al. 2016; Scholz 2014). Nicht zu verkennen ist jedoch, dass solche Mechanismen der parteipolitischen Selbstregulierung in jüngster Zeit Gefahr laufen, einem pragmatischen Opportunismus anheimzufallen, wie der Wechsel des aktiven Bundespolitikers der CDU, Stephan Harbarth, in das Amt des Vizepräsidenten des BVerfG und des Vorsitzenden des Ersten Senats im November 2018 gezeigt hat. Darüber hinaus wird auch die inner- und intraparteiliche Einigung auf Kandidaten für dieses Richteramt mit der erhöhten Zahl der Parteien im Parlament und ggfs. unterschiedlichen Mehrheiten in den Kammern schwieriger.

Uwe Kranenpohl ist mit seiner Studie über die *Willensbildung*s-, Entscheidungs- und Kommunikationsprozesse des BVerfG zu dem Ergebnis

16 So z. B. dargelegt in den „Verhaltensleitlinien für Richterinnen und Richter des Bundesverfassungsgerichts".

gekommen, dass es sich sowohl bei Senats- als auch bei Kammerentscheidungen um »diskursorientierte Kollektiventscheidungen bei hochgradiger Arbeitsteilung« handele (Kranenpohl 2010: 493). Dennoch trete bei der Senatsberatung der deliberative Aspekt deutlicher hervor (2010: 128). Der Abstimmungsmodus der Mehrheit in den Senaten garantiert, dass ein einzelner Richter nicht »durchentscheiden« kann und dass die Kultur im Gericht diskursorientiert ist. Dies ist zusätzlich durch informelle Normen abgesichert. Dazu gehören die umfassende Auslegung des Beratungsgeheimnisses, ein hohes Maß an Kollegialität, eine zurückhaltende Diskussionskultur und das Verbot von Vorabsprachen[17] (Kranenpohl 2010: 439 ff.; 470 ff.; 480 ff.). Auch diese interne Arbeitsweise trägt also dazu bei, dass dem Gericht der Duktus von Überparteilichkeit und Sachlichkeit zuwächst.

> »Die relative Autonomie des (Verfassungs-)Rechts wird infolgedessen durch die Eigenständigkeit des juristisch-professionellen Feldes und seiner (Fach-)Diskurse einerseits und durch das institutionelle *setting* des Entscheidungsprozesses andererseits erzeugt.« (Wrase 2013: 30)

Dennoch gibt es *Richter*, die durch ihre rechtswissenschaftliche Karriere ein besonderes Profil haben, das sie vor und nach ihrer Zeit als Verfassungsrichter auszeichnet, und die sich darüber hinaus öffentlich zu staatsrechtlichen Themen, politischer Theorie und Problemen des parlamentarischen Regierungssystems äußern. Für den Zweiten Senat, dessen Entscheidungen und Urteile hier behandelt werden[18], sind dies beispielsweise Ernst-Wolfgang Böckenförde (1984-1997), Hans Hugo Klein (1984-1997), Paul Kirchhof (1988-2001), Udo di Fabio (2000-2012), und Andreas Voßkuhle (2010- 2020). Zwar stachen die Einstellungen dieser Richter z. B. in Gestalt des Böckenförde-Theorems oder mittels einzelner Interviews Voßkuhles zu aktuellen politischen Themen wie Migration oder zur Rolle der Justiz besonders hervor, aufgrund der Verhaltensleitlinien des BVerfG sind jedoch bei Stellungnahmen zu aktuellen verfassungsrechtlichen Fragen enge Grenzen gesetzt. Die Senate werden deshalb in dieser Arbeit als Gerichte bzw.

---

17 Dies scheint der maßgebliche Unterschied zur politischen Sphäre zu sein. Die Mechanismen der Gruppen- bzw. Koalitionsbildung werden hier unterbrochen und der offene, deliberative Charakter der Beratungen erhalten. Die Gründe sind zum einen, dass es sich bei der Materie häufig eben doch um unpolitische Fragen oder Fragen mit wenig Auswirkungen auf die politische Praxis handelt und die Richter nur nachgeordnet interessengeleitet sind. Zum anderen sind sie nicht auf die Mehrheitsbeschaffung für eine Wiederwahl, sei es intern oder gegenüber den Bürgern, angewiesen.

18 Auch im Ersten Senat gab und gibt es Richter, die sich in ihren Fachgebieten und z. B. zum Thema Parlamentarismus vermehrt öffentlich geäußert haben. Dies sind vor allem Roman Herzog, Hans-Jürgen Papier und Brun-Otto Bryde.

Kollegien aufgefasst und die nichtspruchrichterlichen Äußerungen einzelner Richter nur ergänzend herangezogen. Dies entspricht auch dem von Uwe Kranenpohl festgestellten Modus der Kollektiventscheidung. Aus diesem Grund kann es auch angemessen sein, von »dem« Verständnis des BVerfG zum Parlamentarismus zu sprechen: Es werden hier nicht die Auffassungen der Einzelrichter untersucht, sondern die Entscheidungen und insbesondere und deren Begründungen des Zweiten Senats, die sich im Zeitverlauf zu einer Rechtsprechungslinie oder einem Entscheidungstenor verdichten.

Wie wirken diese Rechtsprechungslinien auf das politische System und auf die Gesellschaft? *»Hat das Bundesverfassungsgericht Macht?«* (Vorländer 2015: 299) lautet eine Frage Hans Vorländers, der sich maßgeblich mit der von ihm sogenannten Deutungsmacht des Gerichts auseinandergesetzt hat (Schäller 2006; Vorländer 2006). Seine Entscheidungen sind irreversibel, sie sind rechtlich verbindlich und besitzen Gesetzeskraft. Darüber hinaus verfügt das Gericht jedoch über keinen Durchsetzungsapparat für seine Entscheidungen oder Sanktionsmöglichkeiten bei Nichtbeachtung (Voigt 2015: 69 f.). Seine Bindewirkung beruht auf weiteren Faktoren, die im Wesentlichen zu zwei relevanten Säulen zusammengefasst werden können: die große Akzeptanz und Anerkennung durch die Öffentlichkeit (Gawron/Rogowski 2015: 167) und der vorauseilende Gehorsam der politischen Akteure (2015: 159). Beides erreicht das Gericht generell dadurch, dass es als Verkörperung der Verfassung wahrgenommen wird. Diese spezielle Rolle und Autorität liegt zum einen in der Geschichte des Gerichts, seiner Gründung, Etablierung, Spruchpraxis in umstrittenen Fragen und seiner Behauptung gegenüber anderen Institutionen begründet. Zum anderen festigt diese Autorität sich durch die Pflege und Aktualisierung dieser Rolle mit jeder neuen Entscheidung oder personellen Besetzung. Durch seine Rechtsprechungslinien vermag es die Akzeptanz seiner Deutungsangebote zu verstetigen.

> »Über eine Folge von zustimmungsfähigen Entscheidungen baut sich so ein generalisiertes Vertrauen in die Institution der Verfassungsgerichtsbarkeit auf, das nicht mehr allein von der konkreten Spruchpraxis abhängig ist.« (Vorländer 2015: 304)

Dabei ist das Verhältnis zwischen den Interpretatoren der Verfassung und den Adressaten reziprok. Das Gericht ist auf die Folgebereitschaft der Adressaten seiner Entscheidungen angewiesen, indem sie es als legitim ansehen (Kneip 2015: 282). In der Folge passt es, wie dargelegt, seine Exegese in den jeweils aktuellen gesellschaftspolitischen Diskurs ein. Anschauliche Beispiele sind stets Festlegungen entlang sozialmoralischer oder gar anthropologischer Deutungslinien, wenn temporäre Gewissheiten aufgebrochen werden, wie dies bei der Einführung eines positiven Geschlechts, das weder männlich noch weiblich ist, in das Personenstandsregister der Fall war. Bis vor wenigen Jahren wäre die Akzeptanz einer solchen Entscheidung undenkbar gewesen. Der umgekehrte Weg der Antizipation verfassungsgerichtlicher Kontrolle erfolgt seitens der politischen Akteure in ihrer legislativen Tätigkeit und stellt ebenso eine Art der Bindewirkung des Gerichts dar. Ein Gesetz soll verfassungsgerichtsfest sein, gerade wenn es sich um ein Thema handelt, das parteipolitisch stark umstritten ist und/oder die Opposition gar bereits in der Phase der Willensbildung des Parlaments eine Klage ankündigt. Damit hat das BVerfG neben seinem direkten Einfluss (Normverwerfungskompetenz) auch einen indirekten Einfluss auf die Normschöpfung im parlamentarischen System. Auch wenn Verfassungsrichter sich nicht zu aktuell diskutierten Gesetzentwürfen äußern, greift der vorauseilende Gehorsam (Voigt 2015: 74).

> »Bei dieser Deutungsmacht handelt es sich folglich um eine ‚weiche' Form der Ausübung von Macht, die gleichwohl in der Lage ist, nachhaltig zu wirken. Sie ist eine Macht mit Veto-, Verhinderungs- und auch Konformitäts*effekten.*« (Vorländer 2015: 304)

Das Gericht hat auch die Möglichkeit, den Gesetzgeber jenseits von Nichtigkeits- und Unvereinbarkeitserklärungen mit Fristen für die Einsetzung einer verfassungskonformen Regelung oder mit Appellen unter Druck zu setzen. Dieses Mittel hat es zum Beispiel im Jahr 2008 eingesetzt, als es das Wahlrecht zum Deutschen Bundestag als teilweise verfassungswidrig einstufte und eine Frist von drei Jahren setzte, um eine Regelung zu finden, welche die Wirkung von Überhangmandaten abfedert. Die daraufhin fünf Monate nach Fristablauf beschlossene Gesetzesänderung wurde 2012 erneut vom Gericht verworfen. Eine Frist räumte es dann nicht mehr ein. Identifiziert das Gericht Änderungserfordernisse, die nicht direkt im Zusammenhang mit dem Sachverhalt der zu überprüfenden Rechtsnorm stehen, versucht es auch durch Obiter Dicta Impulse zu setzen (Zum Phänomen der Obiter Dicta Bryde 2013).

Durch demoskopische Befunde ist auf der anderen Seite bekannt, dass das BVerfG hohes Vertrauen in der Bevölkerung genießt.[19] Einige der angeführten »Boni« des Gerichts gelten auch in dieser Beziehung, wie etwa die starke Legitimation als Verkörperer der Verfassung. Hinzu kommen weitere Faktoren, die spezifisch in die teilweise unpolitische Öffentlichkeit wirken. Dies sind, vergleicht man sein Institutionenvertrauen mit dem des

19 So gaben Anfang 2020 74% der Befragten an, ein großes Vertrauen zum Bundesverfassungsgericht zu haben (Quelle: Forsa).

Bundestages, wie Patzelt dies tut (2005), erstens seine Unabhängigkeit vom politischen Alltagsgeschäft:

> »Also werden Parlamentsbeschlüsse von all denen als unausgewogen und problematisch erachtet, die ihre Interessen nicht berücksichtigt oder hintangestellt empfinden. Das BVerfG indessen spricht aus, was im ‚unstreitigen Sektor' unserer Gesellschaft liegt oder zu liegen hätte; obendrein ist es durch das akzeptierte Tabu scharfer Richterschelte gegen populistische Infragestellungen seiner Urteile gut geschützt.« (Patzelt 2005: 537)

Die Bewertungsgrundlagen der Bevölkerung gegenüber den Institutionen BVerfG und Bundestag sind unterschiedlich. Während die Zufriedenheit mit dem Gesetzgeber stark auf der tagespolitischen Performanz sowie der wirtschaftlichen Lage beruht, liegt das Urteil über das BVerfG in der Systemzufriedenheit begründet, die der allgemeinen Politikverdrossenheit gegenübersteht (Patzelt 2015: 325 ff.). Der zweite wichtige Faktor ist die Nichtöffentlichkeit des Willensbildungs- und Entscheidungsprozesses des BVerfG. Dies verschafft ihm ein Image, das durch Professionalität, dem Vorrang der Sachfragen vor Machtfragen und vergleichsweiser Konfliktfreiheit geprägt ist. Nicht zuletzt trägt die Selbstinszenierung der Richter und ihres Verfahrens zu einer Verstärkung des durch diese Faktoren begründeten Charismas bei. Die Roben, der Einzug in den Gerichtssaal und die meist ohne konkreten Widerspruch von den politischen Akteuren akzeptierten Entscheidungen sowie Loyalitätsbekundungen führen zu einem sehr vertrauensvollen Bild in der Öffentlichkeit (Kranenpohl 2010: 419 f.). Die Bundesverfassungsrichter sind jedoch ebenso wie z. B. Bundestagsabgeordnete in dieser Hinsicht von den Gesetzmäßigkeiten der Mediendemokratie abhängig. Die Berichterstattung hat erheblichen Einfluss auf die Wahrnehmung der oben genannten Bewertungsmaßstäbe der Bevölkerung, auch wenn die Äußerungen des Gericht längst nicht so kritisch, sondern eher wohlwollend hinterfragt werden (hierzu auch Schaal et al. 2013). Indem es nur seine Entscheidungen öffentlich verkündet (nicht etwa mündliche Verhandlungen öffentlich sind) und Auseinandersetzungen um Sachfragen nicht nach außen getragen werden[20], bietet es auch weniger Angriffsfläche. Das Gericht hat erst im Jahr 1996 eine Pressestelle eingerichtet und seit 2015 einen Twitter-Account, mithilfe dessen seine Pressemitteilungen leichter einem größeren Publikum zugänglich gemacht werden.

Zusammenfassend lässt sich feststellen, dass das Gericht seine Macht im Wesentlichen aus der Bindewirkung seiner nicht mit exekutiver Gewalt

20 Siehe wieder die Verhaltensleitlinien des BVerfG.

durchsetzbaren Entscheidungen bezieht. Wichtiger als die Folgebereitschaft der politischen Akteure ist unter demokratischen Bedingungen dabei die Zustimmung der Öffentlichkeit zum BVerfG als Staatsinstitution. Aus der Akzeptanz als »Hüter der Verfassung« in der Bevölkerung leitet sich seine Autorität ab (Kranenpohl 2010: 503 f.). Besonders interessant für die weitere politikwissenschaftliche Analyse der Einstellungen des Gerichts sind dabei die angenommenen Eigenschaften, die zu so viel Vertrauen verhelfen. Es speist seine Anerkennung vor allem aus seinem unpolitischen Image, der Annahme, es sei nicht Teil der politischen Sphäre und damit dem Parteienstreit enthoben, also aus seiner »würdevolle[n] Distanz zur Politik« (Vorländer 2015: 308). Die Aura des Unpolitischen ist das Entscheidende. Damit verkörpert das BVerfG genau das, was ein Teil der Bürger und auch Beobachter des politischen Geschehens von politischen Akteuren erwarten: die Trennung von Sachfragen und Machtfragen, Reduktion politischer Auseinandersetzung, Deliberation statt Aushandlung.

> »So speist sich das gesellschaftliche Vertrauen in Karlsruhe zu einem Gutteil aus traditionellen Elementen der Legitimation, die einer pluralistischen Demokratie eigentlich entgegenstehen.« (Kranenpohl 2010: 409)

Diese Art der Zustimmung ist in besonderem Maße von der Integrationskraft des Grundgesetzes abhängig, auch wenn seine Kerninhalte oft nicht spezifisch benannt werden können.

> »Die hohe Akzeptanz geht mit einem vielfach geringen Wissen über die Verfassungsinhalte und die Charakteristika der bundesdeutschen Verfassungspolitik einher; das Grundgesetz genießt insofern oft einen unspezifischen Vertrauensvorschuss. Dies schloss, wie zu sehen war, Änderungen nicht aus.« (Lorenz 2009: 225)

Sie gedeiht besonders gut unter Abwesenheit von moralisch heiklen oder parteipolitisch umstrittenen Anträgen sowie maßvollem Eingreifen in die Normgestaltung. Die Institution hat es seit seiner Gründung, auch über krisenhafte Jahre wie die 60er- und 70er-Jahre hinweg, geschafft, diese Zustimmung auszubauen.

> »Verfassungsgerichte, so auch das BVerfG, disziplinieren sich selbst, nach innen hin versuchen sie, durch ihre Interpretationsmethoden, die Rechtsprechungskohärenz, die Herausstellung von Präjudizien und, daraus folgend, die Herausbildung einer institutionellen Eigengeschichte die schriftlichen Begründungen anerkennungswürdig zu halten und die institutionelle Sonderdarstellung zu demonstrieren.«[21] (Vorländer 2015: 307)

Mit seinen Deutungsangeboten und seinem Steuerungspotenzial steht das BVerfG prinzipiell in *Konkurrenz zu anderen Staatsorganen*, insbesondere

21 Sic.: Vermutlich nicht Sonderdarstellung, sondern Sonderstellung.

zum Bundestag und zur Bundesregierung. In den 70er-Jahren während der ersten SPD-geführten Regierung unter Willy Brandt kam es entlang einiger einschlägiger Urteile des Gerichts zu einem Spannungsverhältnis. Das Gericht blockierte den Grundlagenvertrag, die Reform der Hochschulorganisation, die Wehrpflichtreform und eine Lösung für den Schwangerschaftsabbruch (Näheres bei Voigt 2015: 87 ff.). Es trat damit stärker als Vetomacht in Bezug auf den gesellschaftlichen Wandel auf, als dies in den Jahren davor der Fall war.

Im wissenschaftlichen Diskurs knüpfte hier der Beginn einer Debatte an, die die Vereinbarkeit der Rolle des Gerichts als »Hüter der Verfassung« mit dem Demokratieprinzip fortführte (Schmitt-Kelsen-Kontroverse) und den Einfluss des Gerichts kritisch infrage stellte. Christine Landfried reflektierte im Jahr 1984 grundlegend die Wirkung der Verfassungsrechtsprechung auf die parlamentarische Willensbildung und die soziale Realität während der Zeit der sozialliberalen Koalition (Landfried 1996). Sie konnte herausstellen, dass bereits damals Verfassungsrichter zunehmend über Fragen entscheiden mussten, die nur einen losen Bezug zur Verfassung hatten und haben.

Dieser Diskursstrang hält bis heute unter der Verwendung der verschiedensten Termini an.[22] Im Kern geht es um die Frage der Abgrenzbarkeit von Recht und Politik und den Vorwurf, dass das BVerfG als Agenda-Setter im politischen Prozess auftritt, obwohl der Bundestag das einzig demokratisch legitimierte Staatsorgan mit Gestaltungsmacht sein soll. Ein Destillat dieser Diskussion ist zunächst einmal, dass das BVerfG inzwischen als politischer Akteur wahrgenommen und auch so bezeichnet wird. Dies steht einerseits in einem Spannungsverhältnis zu seiner intendierten überparteilichen Grundkonstitution und wirft andererseits die Frage nach der Gewaltenteilung auf. Wo sind die Grenzen der Juridifizierung der Politik zu setzen, wenn das BVerfG Entscheidungen des Gesetzgebers modifiziert und annulliert? Als demokratiefunktional sieht Sascha Kneip das Agieren des Gerichts dann an, wenn es eine Funktion erfülle, die von den politischen Instanzen aufgrund ihrer Funktionslogik (gemeint ist das Mehrheitsprinzip) nicht erbracht werden könne, weil es sich um die Regelung von

22 Dies sind zum Beispiel: „Richter als politische Akteure“ (Gschwend et al. 2016), „judicial self restraint“ (Strohmeier 2013a), „Das entgrenzte Gericht“ (Jestaedt et al. 2011), „Regieren durch Richter“ (Kranenpohl 2013; Vorländer 2011), „Politisierung des Rechts und Verrechtlichung der Politik“ (Bornemann 2007), „Ersatzgesetzgeber“ (Scholz 1999). Außerdem siehe Benda (1988) oder Jekewitz (1980).

Kompetenzkonflikten oder den Schutz der Grundrechte und der Verfassungsprinzipien handele (Kneip 2011: 237 f.). Auf dieser Grundlage kommt er in einer empirischen Analyse des Outputs des BVerfG von 1951 bis 2005 hinsichtlich der Justizialisierung von Politikentscheidungen zu dem Schluss, dass das Gericht das Verhältnis zwischen Intervention und Zurückhaltung immer wieder habe gut ausbalancieren können. Dysfunktionale Interventionen sieht er vor allem in der Steuer- und Finanzpolitik (Kneip 2011: 240). Für die Abgrenzung legitimer Rechtsprechung zum parlamentarischen Regierungssystem ist diese Lesart indes wenig hilfreich. Da alle Parlamentarismusinterventionen des Gerichts entweder Organkonkurrenz oder den Machterwerb betreffen, wären diese immer demokratiefunktional. Es ist ein Analogieschluss, wenn Kneip davon ausgeht, dass Interventionen, die zu einem Machtverlust der Staatsorgane führen, deswegen legitim seien, weil diese Macht »durch die Verfassung (und den darin kondensierten Volkswillen) ohnehin nicht gedeckt« gewesen sei (Kneip 2011: 240). Denn über das, was durch die Verfassung gedeckt ist, entscheidet das Gericht selbst und somit würde es auch über seine eigene Legitimität entscheiden.

Es bleibt also bei dem Dilemma, dass auch die Grenzen des legitimen Handelns des BVerfG Aushandlungssache sind, was die Besetzung der Richterbank durch parteipolitischen Proporz auch reflektiert. Die Garantien, die das Recht und die Verfassungsrechtsprechung liefern, sind prozeduraler Natur. Die Übertragung eines Dissenses in die rechtliche Sphäre zieht die Garantie der Einhaltung ihrer Verfahren nach sich, die durch andere Aushandlungsbedingungen als der politische Prozess gekennzeichnet sind. Neben die Verfahrensgarantie treten zu Maßstäben verdichtete Einstellungen, die wesentlich gefestigter und träger sind als diejenigen in der politischen Sphäre.

> »So beruhen etwa bestimmte dogmatische Deutungsmöglichkeiten der Verfassungsauslegung einerseits auf historisch und diskursiv vorgeprägten Norm- und Rechtsverständnissen. Zugleich kann die Wahl einer Deutungsalternative auch Ausdruck bestimmter *policies* der Richterinnen und Richter sein, die sie mit Blick auf ihre Werteüberzeugungen, eine bestimmte überlegene Sachkenntnis, die (möglichen) politischen und sozialen Wirkungen und nicht zuletzt auch die Rolle und Funktion ‚ihrer' Institution ‚Verfassungsgericht' im politischen Sinne von *judicial politics* formulieren.« (Wrase 2013: 34)

So kann es eine illegitime Juridifizierung von Politik im Einzelfall zwar geben, durch die Interdependenz von Recht und Politik ist diese Abgrenzung jedoch gradueller Natur. Politisch, aber überparteilich – diese Eigenschaft des BVerfG wird für die folgende Analyse im Hinterkopf zu behalten sein.

> »Insofern geht wie bereits erwähnt auf der Grundlage des geltenden Verfassungsrechts auch der Versuch ins Leere, einen demokratischen Mehrwert der gesetzgeberischen Entscheidung gegen die Tätigkeit des Gerichts ins Feld zu führen. Die Verfassung will eben diese Limitierung der ‚politischen Führung' durch ein der juristischen Methode verpflichteten Prozess (und dem Einfluss unzähliger pressure groups, Wahltermine etc.) tendenziell distanziert und unambitioniert gegenüberstehen.« (Menzel 2000: 37)

Neben der theoretischen Frage, ob sich das Gericht gerade mehr in der politischen oder in der rechtlichen Sphäre bewegt, sind die politischen Verhältnisse, in welchen das Gericht agiert, von Relevanz. Es kann zur Sicherung des demokratischen Systems eingesetzt werden oder aber dessen Zweck, die pluralistische Grundordnung, durch seine Rechtsprechung aufgeweicht werden. Es gibt drei wesentliche Gefahren, die dieses Potenzial haben. Das ist erstens die Erstarkung populistischer, insbesondere rechtsextremistischer, Parteien in Europa und in Deutschland. Die Programmatik dieser Parteien impliziert einerseits einen starken evidenten Rekurs auf das Rechtsstaatsprinzip, andererseits sind erhebliche strukturelle Änderungsmaßnahmen des parlamentarischen Systems geplant, wie zum Beispiel die Trennung von Amt und Mandat oder die Direktwahl des Bundespräsidenten.[23] Beide Punkte sind geeignet, das BVerfG zur Durchsetzung dieser Forderungen zu instrumentalisieren und damit das Ansehen des Gerichts zu gefährden. Zweitens zeigt der Blick auf die aktuellen Entwicklungen in z. B. Polen oder Ungarn, dass eine autoritäre Mehrheit im Parlament in der Lage ist, die Justiz substanziell einzuschränken, auch bei großer Resilienz des Verfassungssystems. Es kommt also auch auf die parlamentarischen Mehrheitsverhältnisse an, ob es wünschenswert ist, ein starkes, politisches oder ein eher zurückhaltendes Verfassungsgericht zu haben. Der »Trumpf« des Bundestages mit einfacher Mehrheit über Änderungen des BVerfGG beschließen zu können und somit das Entscheidungsverfahren zu beeinflussen, ist ambivalent – ebenso wie die Möglichkeit des Gerichts, erheblichen Einfluss auf die Ausgestaltung der parlamentarischen Verfahren und die Regeln des politischen Wettbewerbs auszuüben. Die Annahme, es gäbe eine »‚intrakonstitutionelle Prärogative' als Reservefunktion« des BVerfG (Kranenpohl 2004: 44), könnte die Gewaltenteilung im politischen System in Krisenzeiten erheblich beeinflussen.[24] Die dritte Herausforderung für das

---

23 Siehe Programm für Deutschland. Wahlprogramm der Alternative für Deutschland für die Wahl zum Deutschen Bundestag am 24. September 2017.

24 Die Annahme ist, dass ein Vorherrschen populistischer, autokratischer parlamentarischer Mehrheit als Krise des demokratischen Systems gewertet wird.

Steuerungspotenzial des BVerfG ist die Supranationalisierung. Der Vorrang des europäischen Rechts vor dem Recht der Nationalstaaten führt zu Friktionen, deren Lösung noch nicht absehbar sind. Welche Verfassungsteile zum Kern des Grundgesetzes gehören und somit nicht von europäischem Recht tangiert werden dürfen, wie das Gericht mit Fragestellungen umgeht, die mit europäischen Recht verflochten sind und wie das Verhältnis zum Europäischen Gerichtshof ist, sind offene Flanken (siehe z. B. Höreth 2015; Scharpf 2011).

Das BVerfG ist ein politisch relevanter Akteur, der nicht nur auf politische Inhalte Einfluss hat, sondern der durch die Staatsrechtsrechtsprechung seine Wirkungsbedingungen selbst mitbestimmen kann. Das staatliche Funktionen- und Institutionengefüge sowie der Zeitgeist spielen bei der Rechtsfindung eine entscheidende Rolle und prägen diese in den Kernbereichen der parlamentarischen Regierungsweise mit. Die Richter sind »Notare des kollektiven Verfassungsverständnisses ihrer Zeit« (Herrmann 2010: 407). Weil der Vorgang der Verfassungsauslegung reziprok ist, reflektieren die Präjudizien des Gerichts gesellschaftspolitische Präferenzen und den Einstellungswandel. Eine Studie, basierend auf den abstrakten Normenkontrollen und den Bund-Länder-Streitigkeiten im Zeitraum von 1974 bis 2010, weist diese systematische Korrelation nach (Sternberg et al. 2015; Vanberg 2010). Die Rechtsprechungslinien und Auffassungen des BVerfG zur Frage, wie das parlamentarische Regierungssystem funktionieren soll, sind also von größter Relevanz und Tragweite, weil sie auf die Parlamentarismusauffassungen der Öffentlichkeit zurückwirken. Sie können deswegen nicht nur der rechtswissenschaftlichen Analyse überlassen werden. Dennoch:

> »Das BVerfG streift den Charakter einer Institution des rechtswissenschaftlichen Diskurses nicht vollständig ab, denn auch weiterhin sind in seinen Verfahren lediglich Argumente ‚gültig', die auch im rechtswissenschaftlichen Diskurs zulässig sind. Somit besteht die zentrale Funktion der Verfassungsrechtsprechung gerade darin, die in hochdifferenzierten Gesellschaften stets prekäre Kommunikation zwischen den in eigentümlichen Codes kommunizierenden Subsystemen aufrechtzuerhalten und zu intensivieren.« (Kranenpohl 2004: 46)

2.2 Forschungsstand zur Politik- und Parlamentarismusauffassung des Bundesverfassungsgerichts

Eine fortwährende Beobachtung des Politisierungsgrads des BVerfG und die anhaltendende Frage danach, wie weit die verfassungsgerichtliche Kontrolle von Gesetzgebung gehen darf, markiert gleichzeitig eine stetige Abgrenzung zu Funktionen des Parlaments. Nicht nur durch den Inhalt seiner Rechtsprechung, sondern auch durch das in den Entscheidungen zutage tretende Selbstbild drückt das Gericht eine Auffassung über andere Staatsorgane aus, mit dem es sich in einem gewaltenteiligen Gefüge befindet. Aus einem spezifischen Parlamentsverständnis lässt sich neben Anschauungen über Demokratie oder Staat auch ein Parlamentarismusverständnis ableiten. Bis in die späten 90er-Jahre war die Forschung zu Verfassungsgerichten im deutschsprachigen Raum von der Rechtswissenschaft dominiert, während der Supreme Court in den USA längst als Teil des politischen Regierungssystems antizipiert wurde. Dass die Forschungs- und Publikationslücke in den Gesellschaftswissenschaften zum BVerfG inzwischen in Auflösung begriffen ist, belegt auch die Reflexion ebendieser Lücke (siehe z. B. Beyme 2001; Herrmann 2010). Erst seit Anfang der 2000er-Jahre entwickelte sich eine *politikwissenschaftliche Publikationslandschaft* zum BVerfG, die interdisziplinär ausgerichtet ist (z. B. Wrase et al. 2013) und konjunkturellen Schwankungen entlang grundlegender Entscheidungen des Gerichts unterliegt. Es werden Machtstrukturen (z. B. Steinsdorff 2019), seine Funktionen (Kranenpohl 2004), seine Position im politischen System (Gawron/Rogowski 2007; Hönnige/Gschwend 2010; Kneip 2009), die Richterwahl oder das Verhältnis zur Öffentlichkeit aus sozialwissenschaftlicher Sichtweise in den Anfängen diskutiert, ohne jedoch auf grundlegende empirische, insbesondere quantitative Forschung zurückgreifen zu können.

Inzwischen werden nicht nur diese Einzelaspekte näher betrachtet oder wird das Verfassungsgericht am Rande in politikwissenschaftlichen Grundsatzwerken zum politischen Regierungssystem behandelt. Mit »Das Bundesverfassungsgericht im politischen System« (2006) haben Robert van Ooyen und Martin Möllers Beiträge zu allen wichtigen Teilfragen zusammengetragen, die sich über methodische Grundfragen, Verfassungsprinzipien, Politikfelder und die Funktionsweise des Gerichts erstrecken. Die zweite Auflage erschien 2015 angesichts dieser umfassenden und problematisierenden Behandlung folgerichtig unter dem Titel »Handbuch Bundesverfassungsgericht im politischen System«. In der Zwischenzeit war auch die grundlegende empirische Studie von Uwe Kranenpohl zum Willensbildungs- und Entscheidungsprozess des BVerfG erschienen (Kranenpohl 2010). Die Interviewstudie erlaubt einen vollkommen neuen Einblick in die internen Arbeitsprozesse der zwei Senate in Wechselwirkung zwischen Gericht und Umwelt. Sie erhellt das Gerichtsverfahren, die Rolle der Berichterstatter und informeller Normen für die Entscheidungsfindung des Gerichts sowie die Frage, wie Legitimität hergestellt wird.

In der rechts- sowie in der politikwissenschaftlichen Publikationslandschaft zum BVerfG wird zur Darstellung der Positionierung des Gerichts zwischen Recht und Politik der Topos des Hüters verwendet, der schon in der Status-Denkschrift des Gerichts auftauchte. Die *Hüterrolle* wird auf die Verfassung (Wesel 1996; Guggenberger 1998; Scholz 1999; Walter 2000; Lembcke 2007; Schneider 2008; Kelsen 2019), die Demokratie (Wöhst 2017), die Grundrechte (Papier 2004; Bull 2010) oder die europäische Integration (Schröder 1994; Pehle 2012; Wolff 2012) bezogen – und hier sind nur Publikationen genannt, die den Hüterbegriff im Titel tragen. Insbesondere die Hüterfunktion im Sinne eines Schutzes der Rechte des Bundestages ist für Erkenntnisse rings um Sichtweisen zum parlamentarischen Regierungssystem interessant. Martin Paus analysiert das Verständnis des US Supreme Courts von der Rollenverteilung der Bundesorgane im Bereich der auswärtigen Gewalt und legt dafür den Gewaltenteilungsansatz des BVerfG in diesem Politikbereich zugrunde (Paus 2015). Dabei folgt er zumindest grundsätzlich der Annahme einiger Autoren und Richter selbst, dass in den letzten Jahrzehnten die Rechte des Bundestages gestärkt worden seien. Gleichwohl weist er auf Forschungslücken in diesem Bereich hin, wenn er anführt, dass das Gesamtphänomen bislang von der deutschen Staatsrechtlehre »noch nicht eingehend genug gewürdigt« wurde (Paus 2015: 40).

Im Ergebnis stellt Paus für den Bereich der Auswärtigen Politik in den USA sowie in Deutschland eine Gefährdung der Rolle der Volksvertretungen fest, weswegen es dem Schutz von Parlamentsrechten bedürfe. Dennoch sei das deutsche Modell der Verfassungsgerichtsbarkeit als »Hüter des Bundestages« umfassend kritisch zu hinterfragen (Paus 2015: 422). Nicht nur konzeptionell, sondern auch begrifflich stehe infrage, ob die Hüterrolle ein hilfreiches Instrument zur Analyse der Judikatur des BVerfG darstelle (hierzu auch Schild 1998).

> »Ein Erkenntnismehrwert ist aus dieser Formulierung [Hüter der Rechte des Bundestages, Anm. der Verfasserin] auch nicht unmittelbar zu erwarten, sagt sie letztlich nur aus, dass das Gericht grundsätzlich bereit ist, für den groben Erhalt der Institutionenbalance auch zwischen Regierung und Parlament einzutreten.« (Paus 2015: 38, Fn 28)

Aufschlussreicher als allein den Schutz der Parlamentsrechte zu betrachten, ist es, einen umfassenden Blick auf möglichst viele Aspekte des demokratischen Regierens zu richten, mit denen sich das BVerfG im Laufe seiner Rechtsprechung durch Auslegung von Verfassungsnormen befasst hat. Christian Wöhst hat dies mithilfe des Konzepts der angewandten Demokratietheorie für den Zeitraum von 1951 bis 2014 getan. Die Betrachtung des Demokratieverständnisses des BVerfG hatte bisher lediglich die Erkenntnis erbracht, dass das Gericht zwischen einem monistischen (Staatsvolk als Einheit) und einem pluralistischen Verständnis (Individuum als Legitimationsquelle) schwankt (v. a. Hanebeck 2004). Wöhst legt zusätzlich die Annahme zugrunde, dass Verfassungsinterpretation die Wirklichkeit bei der Konkretisierung der Normen miteinbeziehe und diese gleichzeitig präge, wodurch politikwissenschaftliche Analyse sinnvoll möglich sei.

> »Die […] faktische Bedingtheit normativer Geltung von Verfassungsrecht bietet zugleich die Grundlage für ein Verständnis der politikwissenschaftlichen Beobachtbarkeit von Verfassungsinterpretation.« (Wöhst 2017: 13)

Damit begegnet er dem grundsätzlichen Problem, dass die Auffassung vom BVerfG als Theorieproduzenten[25] in der Verfassungsrechtslehre zurückgewiesen wird, weil dort Verfassungsrechtsprechung als, wenn auch die tatsächlichen Verhältnisse adaptierende, Verfassungsauslegung gedeutet wird (grundsätzlich Lietzmann 1998). Laut Wöhst sind jedoch die Argumente des Gerichts einerseits zeithistorisch eingebettet und andererseits kontingent (Wöhst 2017: 14). Er teilt die Rechtsprechung des BVerfG in drei zeitliche Phasen ein, die auf drei Analyseebenen untersucht werden: hinsichtlich der faktischen Problemkonstellation, der normativen Begriffsbildung und der begrifflichen Hilfskonstruktionen, die das Gericht verwendet. In der Folge erkennt er eine Reihe von demokratietheoretischen Grundprinzipien in den Argumentationen des Gerichts und ordnet diese ein. Zum Beispiel die Ausgestaltung des allgemeinen Gleichheitssatzes oder der freiheitlich demokratischen Grundordnung in der »Stabilisierungsphase« (1951-1969), der Meinungs- und Versammlungsfreiheit sowie des Gemeinwohlbegriffs in der »Pluralisierungsphase« (1971-1989) und einer Konsolidierung und Erweiterung dieser Grundsätze unter den Funktionsbedingungen der Mehrheitsdemokratie in der »Internationalisierungsphase« (1990-2014). Die Betonung der Rückkopplung zwischen Staat, Öffentlichkeit und Gesellschaft sei in der Rechtsprechung besonders hervorgetreten.

---

25 Hierzu insbesondere Voßkuhle (2013).

> »Das Gericht entwickelte seine normativen demokratietheoretischen Argumente also weder allein durch eine Ableitung aus einem a priori existierenden, überpositiven Demokratieprinzip monistischer oder pluralistischer Prägung, noch durch eine ausschließliche Orientierung an vorkonstitutionellen Einheitsvorstellungen der deutschen Staats- und Verfassungslehre. Vielmehr konstruierte es die normativen Grundzüge seines demokratietheoretischen Vokabulars im Verlauf einer beständigen Auseinandersetzung mit den faktisch vorhandenen und sich beständig wandelnden Legitimations- und Funktionsbedingungen einer Mehrheitsdemokratie.« (Wöhst 2017: 235)

Die von Wöhst gewonnenen Erkenntnisse bieten Anknüpfungspunkte für die hier vorgelegte Arbeit. Zum einen zeigt die Studie auf, dass eine politikwissenschaftliche Analyse fruchtbar im Hinblick auf neue Erkenntnisse über Verständnisse und Einstellungen des BVerfG sein kann, auch über einen längeren Zeitraum und verschieden besetzte Senate hinweg. Zum anderen stützt sie die hier vorausgesetzte These, dass es virulente Unterschiede in der Verfassungsinterpretation, u. a. durch die Anpassung an Funktionsbedingungen der politischen Praxis, geben kann. Dies deutet im Weiteren darauf hin, dass es derartige Perspektivwechsel des BVerfG, wenn sie schon für demokratietheoretische Begriffe existieren, auch für Grundsätze des Parlamentarismus geben kann.

Im Gegensatz zu Wöhsts breit angelegter Analyse von 80 Entscheidungen des Gerichts wird in dieser Arbeit die Fragestellung auf parlamentarismusspezifische Aspekte eingegrenzt. Eine so begrenzte Fragestellung ermöglicht eine Analyse, die nicht nur an den grundsätzlichen Ergebnissen der jeweiligen Entscheidung, sondern eng an den Entscheidungsbegründungen und Argumentationsmustern orientiert ist. Des Weiteren legt diese Arbeit nicht die bloße Annahme der Existenz einer angewandten Demokratietheorie des BVerfG zugrunde, sondern geht von zwei Idealtypen aus, um welche die Argumente in den Entscheidungsbegründungen mutmaßlich oszillieren. Nicht jeder Hinweis des Gerichts auf ein Element des einen oder anderen Idealtyps muss dabei eine Zustimmung zum dahinter liegenden Parlamentariskonzeption sein. Es kann auch den Ausweg aus einer konkreten Problemkonstellation darstellen oder der Versuch sein, ein neu aufgetretenes Phänomen zu umschreiben.

Ein weiterer grundlegender Forschungsansatz beschäftigt sich mit dem Staats- und Politikverständnis des BVerfG. Robert van Ooyen hat mit einer Reihe von Publikationen zur Erhellung des ambivalenten Verhältnisses des Gerichts gegenüber einem pluralistischen Staatsverständnis beigetragen. Sein mehrfach aufgelegtes und ständig aktualisiertes Buch zur »Staatstheorie« des BVerfG (2020 in 8. Auflage) ist grundlegend für das Verständnis insbesondere der Europarechtsprechung und sehr pointiert (Ooyen 2005;

2008; 2011; 2015b). Durch seine Analyse ideengeschichtlicher Traditionslinien und von Vorverständnissen der Richter in den Entscheidungen seit den 90er-Jahren attestiert er dem Gericht eine nationalliberal-konservative, obrigkeitsstaatliche und antipluralistische Tendenz.

> »Der Begriff des Politischen des BVerfG ist der Begriff des Staates, der zusammen mit dem Begriff des ‚Volkes' (‚Staatsvolk') in einer antipluralistischen Tradition der deutschen Staats- und Verfassungslehre steht. ‚Staat' und ‚Volk' werden dabei als politische Einheit verstanden und als handelndes Kollektivsubjekt von eigener Substanz ontologisiert.« (Ooyen 2005: 17f.)

Diese Tendenz dekliniert der Autor für die wichtigen Verfassungsinstitutionen, so beispielsweise auch für die Parteien mit Rekurs auf die Parteienstaatstheorie Gerhard Leibholz'. Diese stehe sinnbildlich für den Versuch, die eigentlich als Kernelement der pluralistischen Demokratie anerkannte Vielheit der Parteien durch »Verstaatlichung« mit der konstatierten politischen Einheit von »Volk« und »Staat« zur Deckung zu bringen (Ooyen 2005: 44). Welche Konsequenzen dies in der Verfassungsrechtsprechung hat, lässt sich anhand der Entscheidungen zur Parteienfinanzierung und zum Parteibegriff ablesen. In diesen »Zick-Zack-Beschlüssen« schwanke das Gericht zwischen Anerkennung von Parteien als Organen der politischen Einheit Staat und der Furcht vor der Monopolisierung des politischen Prozesses durch ebendiese (Ooyen 2005: 53f.). Während in der Urteilsbegründung zu Parteienfinanzierung I (1958) mit starkem Rekurs auf die Leibholzschen Argumente eine umfassende staatliche Parteienfinanzierung gebilligt wurde, fiel das Gericht mit seiner Begründung zur Parteienfinanzierung II (1966) in eine parteienskeptische Einstellung zurück und sah nur die Erstattung von Wahlkampfkosten als zulässig an. Dagegen bedeutet die Etablierung einer hälftigen staatlichen Parteienfinanzierung im Jahr 1992 eine Sicht auf Parteien als »Quasi-Staatsorgane«:

> »So schlingert die höchstrichterliche Rechtsprechung, weil sie keinen klaren und adäquaten verfassungstheoretischen Maßstab gegenüber der Wirklichkeit der Parteiendemokratie findet, mit dem Instrumentarium der alten, autoritären Staatsrechtslehre hin und her: Erst werden die Parteien im Prinzip zu ‚Staatsorganen' erhöht, dann wieder fast vollständig in den Bereich des Privaten zurückgedrängt, schließlich am Ende, pragmatisch einer ‚mittleren' Linie folgend, als ‚halbstaatlich' und ‚halbprivat', als irgendwie beides begriffen.« (Ooyen 2005: 58)

Diese Ambivalenz zeigt sich auch in denjenigen Parteiverbotsverfahren, die sich mit dem Parteibegriff auseinandersetzen. Indem das Gericht im Fall der Freiheitlichen Deutschen Arbeiterpartei (1994) und dem NPD-Verbotsverfahren I (2003) statt auf die Demokratiefeindlichkeit der Parteien auf die Frage des Maßstabs zur Ermittlung des Parteistatus eingehe, so van Ooyen, zeige es erneut sein Unbehagen bezüglich der Integration der Idee der (rechtmäßigen) Vertretung einzelner, partikulärer Interessen in den Staat als politische Einheit.

> »Es schimmert daher auch hier die in der Parteienkritik Triepels formulierte etatistische Haltung durch, die, wenn sie schon den sog. ‚nicht-staatlichen' Bereich der ‚chaotischen' Gesellschaft jetzt immerhin zur Kenntnis nehmen muss, dann doch wenigstens die Definitionshoheit darüber behalten will, was aus dieser ‚Unordnung' heraus für den Bereich des ‚Staates' für ‚würdig' befunden wird: Partei ist man daher sozusagen nur ‚von Staats wegen', versehen mit dem ‚Gütesiegel' staatliche Anerkennung, stellvertretend und verbindlich ausgesprochen durch das Verfassungsgericht.« (Ooyen 2005: 68)

Die Auffassung zum Wesen und zur Funktion von Parteien ist einer der wichtigsten Indikatoren bei der Frage nach den Merkmalen eines parteiendemokratisch aufgefassten Parlamentarismus. Die Analyse von van Ooyen in diesem Bereich enthält deswegen wichtige Hinweise auf Paradigmenwechsel in der Sichtweise des Gerichts oder auf Bruchstellen in der Argumentationslogik innerhalb und zwischen den Entscheidungen.

Der Autor entwickelt sein Konzept vom »Politikverständnis« des BVerfG vor dem Hintergrund der Europarechtsprechung zum »Staatsverständnis« weiter und erkennt im Wesentlichen eine Verstetigung des Etatismus-Paradigmas unter diesem neuen Anwendungsbereich. Neben der Fortführung seiner Kommentierungen der Entscheidungen des Gerichts stellt er am Rande auch weitere Muster in Form von Defiziten auf Theorieebene angesichts des entstehenden europäischen Parlamentarismus fest. Neben einem Demokratietheorie-Defizit und einem Defizit in der vergleichenden Regierungslehre sieht er u. a. im Lissabon-Urteil des Gerichts ein »stark juristisch geprägte[s], ‚veraltete[s]' oder ‚idealisierte[s]' Verständnis von Parlamentarismus« (Ooyen 2018: 93). Das Gericht hatte 2009 das Begleitgesetz zum Lissabon-Vertrag als teilweise verfassungswidrig eingestuft, weil es Beteiligungsrechte des Bundestags und des Bundesrats nicht genug Raum gebe. Van Ooyen kritisiert die starke Fokussierung des Gerichts auf formale Zustimmungsbefugnisse des Bundestages angesichts der Aktionseinheit von Parlamentsmehrheit und Regierung und stellt eine »‚Placebo-Fehlwahrnehmung' des parlamentarischen Regierungssystems« fest:

> »In seinem ersten Schritt legt es das ‚Westminster-Modell' als ‚äußeren' Maßstab für die repräsentative Demokratie in Europa zugrunde, um diesen ‚nach innen' dann sogleich wieder zugunsten eines (idealisierten) ‚Paulskirchen-Parlamentarismus' zu kippen: Denn wenn die Bedeutung des Parlamentsbeschlusses die haben soll, die das Verfassungsgericht ihm zumisst, dann müssten im Bundestag ‚freie' Abgeord-

> nete als Legislative im Sinne einer strengen Gewaltenteilung entscheiden – das jedoch ist die Vorstellung des Konstitutionalismus des 19. Jahrunderts [sic].« (Ooyen 2018: 156)

Hiermit bestätigt van Ooyen die auch dieser Arbeit zugrunde gelegte Annahme, dass hinsichtlich des Parlamentarismusmodells nicht nur Auslegungsdifferenzen, sondern konzeptionelle Variationen existieren, die teilweise miteinander unvereinbar sind. Durch die neuere Europarechtsprechung, durch die das Gericht gezwungen ist, sich mit der Parlamentarismusfrage neu auseinanderzusetzen, wird diese Offenheit sichtbar. Allerdings unterscheidet sich der in Entwicklung befindliche europäische Parlamentarismus vom Parlamentarismusmodell auf bundesdeutscher Ebene. Um also dem Status quo und den Herausforderungen auf europäischer Ebene analytisch begegnen zu können, ist es lohnenswert, wenn nicht sogar eine Voraussetzung, zunächst Klarheit über die verschiedenen Ausprägungen der bisherigen Wahrnehmung und Interpretation von Parlamentarismus im Kontext verfassungsrechtlicher Maßstabsbildung und deren Konsequenzen zu schaffen.

Dabei kann die Frage nach der Stärkung der Rechte des Bundestages (Stichwort Hüterrolle) ein Vehikel sein, sich einem Parlamentarismusverständnis anzunähern. Dass so eine Stärkung im formellen Sinne durch das BVerfG stattgefunden hat, wird von verschiedenen Autoren, nicht zuletzt von Bundesverfassungsrichtern selbst, bestätigt. Der Frage, ob diese Feststellung zutrifft und sich die von van Ooyen konstatierte »Fehlwahrnehmung« des parlamentarischen Regierungssystems auch in anderen Rechtsprechungsbereichen widerspiegelt, wird in dieser Arbeit systematisch und eingebettet in grundsätzliche parlamentarismustheoretische Annahmen nachzugehen sein. Bei der Beantwortung dieser Fragen bedarf es nicht der voraussetzenden Annahme, dass das BVerfG eine umfassende Parlamentarismustheorie entwickelt hat, wie van Ooyen dies für den Staat annimmt. Die These der Existenz einer »Staatstheorie« war bei Andreas Voßkuhle auf Kritik gestoßen: Eine Staatstheorie des BVerfG könne es nicht geben, weil diese Annahme phänomenologisch, funktional und rechtswissenschaftlich terminologisch problematisch sei. Trotzdem gebe es »Pfadabhängigkeiten« (Voßkuhle 2013: 372). Das Gericht sei ein Organ der Rechtsprechung und nicht Produzent wissenschaftlicher Theorie, somit auch vom Anspruch entlastet, zum Fortgang der Erkenntnis beizutragen (Voßkuhle 2013: 372). Demgegenüber ist einzuwenden, dass alle Verfassungsrichter auch Wissenschaftler sind, sie also nicht nur ein rechtswissenschaftliches Studium abgeschlossen haben, sondern hochspezialisierte Experten auf dem Gebiet des

Verfassungsrechts sind (Oppermann 2001). Diese Kenntnisse können neben der Fähigkeit der Verfassungsauslegung stehen und müssen diese nicht dominieren, wie Voßkuhle meint:

> »Wer als Jurist im Verfassungsstaat und im Rahmen der Verfassungsauslegung auf Staatstheorie Bezug nimmt, steht im *Verdacht*, die Wertungen des Grundgesetzes durch meta-verfassungsrechtliche Überzeugungen überspielen zu wollen. ‚Staatstheorie' wird vielfach gleichgesetzt mit einem bestimmten tiefen Verständnis der Rolle des Staats im Verhältnis zur Verfassung. Für ein Verfassungsgericht ist Staatstheorie in diesem meta-verfassungsrechtlichen Sinne deshalb ein gefährlicher Vorwurf, der seine Legitimationsgrundlage bedroht.« (Voßkuhle 2013: 373)

Auch für andere konzeptionelle Grundtopoi wie das Menschenbild oder die Wertordnung des Grundgesetzes sind »spezifische Ordnungsvorstellungen« des Verfassungsgerichts zu erkennen, weil Verfassungsinterpretation stets Wertentscheidungen beinhalten (Anter 2015). Darüber hinaus sei an die Wandlungs- und Anpassungsfähigkeit von Theorie erinnert, die z. B. auch Wöhst mit seinem Verweis auf eine angewandte Demokratietheorie betont.

Die Gefahr, die Voßkuhle im letzten Zitat beschreibt, bezieht sich nicht nur auf das Verfassungsgericht als Institution, sondern auch auf die einzelnen Richter. Der Grundsatz des judicial self-restraint und die Verhaltensleitlinien für Richter sollen gewährleisten, dass persönliche Meinungsäußerungen von aktiven Verfassungsrichtern die Ausnahme bleiben. Das Gericht soll als Ganzes und nicht durch seine einzelnen Richter nach außen auftreten. Staats- und Demokratieverständnisse des Gerichts oder Leitbilder lassen sich somit teilweise auch über Richter(vor)verständnisse abbilden (Ooyen 2008). Allerdings wurde dies bisher nur vereinzelt getan, wie für Ernst Wolfgang Bockenförde oder Paul Kirchhof (Ooyen 2015b; Schönberger 2014). Fruchtbar für diese Arbeit sind solche Analysen in der Regel nur, wenn die Richter auch als Parlamentarismusforscher oder Publizisten in diesem Bereich auftreten. Rückschlüsse von der staatstheoretischen Sozialisierung einzelner Richter auf konzeptionelle Grundannahmen des Gerichts sind nur begrenzt möglich (sinngemäß auch Voßkuhle 2013: 372).

Die verschiedenen Ansätze zur Untersuchung der Rechtsprechung des BVerfG hinsichtlich generalisierbarer Prämissen wurden damit skizziert. Der Ansatz von Robert van Ooyen zur Analyse von Staats- und Politikverständnis wurde als wichtigster Anknüpfungspunkt identifiziert. Er behandelt bereits am Rande eine »Fehlwahrnehmung« des parlamentarischen Regierungssystems, ohne diesen Pfad weiter im Detail zu verfolgen. Wissenschaftliche Publikationen dagegen, die sich mit der Rechtsprechung zum deutschen Regierungssystem beschäftigen, blicken nur sehr vereinzelt auf die Parlamentarismusfrage.

3. Zum Vorgehen und zur Materialauswahl

3.1 Theoriegeleitete politikwissenschaftliche Textanalyse

Die *Ergänzung der rechtswissenschaftlichen durch die politikwissenschaftliche Verfassungsgerichtsforschung* und die damit verbundene Öffnung der Analyse der Gerichtsbarkeit hat zu einer Diversifizierung der Fragestellungen geführt, indem nicht nur die Rechtsprechung, sondern auch das Gericht selbst zum Untersuchungsobjekt wurde. Während sich eine rechtswissenschaftliche Herangehensweise vor allem mit der »methodisch-dogmatische[n] Herleitung der Entscheidungsbegründung« befasst (Wrase 2013: 23), berücksichtigt der politikwissenschaftliche Zugang theoretische, empirische, machttheoretische und akteurszentrierte Erklärungen für das Handeln des Gerichts im politischen System. Die Rechtswissenschaft dagegen muss solche Phänomene ausblenden, die nicht mit rechtlichen Kategorien erfasst und beschrieben werden können.

Ein Vorverständnis der Richter einer sozial gegebenen Situation kann mithilfe juristischer Methoden nicht erfasst werden. Dafür optimieren die klassischen juristischen Auslegungsmethoden eine objektive Herangehensweise für die Bewertung einer Rechtsnorm. Insbesondere die strengen Prüfschemata, die bei der Auslegung nach Wortsinn und Sprachverständnis einer Regelung fragen, sie in den Bedeutungszusammenhang des entsprechenden Rechtstextes stellen, die Entstehungsgeschichte berücksichtigen und das Ziel reflektieren (z. B. Puppe 2019: 121ff.) sind weitgehende Garanten für den Ausschluss eines nicht intendierten oder sachgerechten Normverständnisses. Jedoch tritt neben diese objektive Auslegungslehre auch in der Rechtswissenschaft eine subjektive Auslegungslehre, die der Intention des Gesetzgebers im Hinblick auf den Normzweck ein größeres Gewicht zubilligt (Puppe 2019: 146; am Beispiel des BVerfG Kötter 2011). Während für die wörtliche bzw. grammatikalische und die systematische Normauslegung nahezu uneingeschränkt gilt, dass Rechtsprechung sich selbstredend in der Hauptsache an Rechtsnormen orientieren muss und zunächst einmal nicht an den sozialen Gegebenheiten politischer Praxis, kommt für den historischen und teleologischen Auslegungsteil bereits ein materielles Moment hinzu. Insofern ist es sachgerecht, die rechtswissenschaftliche Auslegung neben formalen Regeln auch mit der sozialen Wirklichkeit, also der materiellen Seite des politischen Prozesses mit Blick auf

Parlamentarismus, zu konfrontieren. Das BVerfG selbst hat vielfach betont, dass sich seine Rechtsprechung an den sich ändernden tatsächlichen Verhältnissen zu orientieren habe (zuerst BVerfGE 4, 31: Rdnr. 36). Auch wenn es in seinen Entscheidungen also die Differenz von formellen und materiellen Aspekten nicht ausdrücklich zugrunde legt, bedeutet dies nicht, dass diese bedeutungslos ist. Soweit also in der Analyse ausgeschlossen werden kann, dass allein der rechtliche Aspekt einer Sache gemeint sein könnte und weil die Differenz formell/materiell auch vom Gericht selbst implizit verwendet wird, ist es gerechtfertigt, diese Differenz als Maßstab an die Entscheidungen heranzutragen. Als einfaches, grundlegendes Beispiel kann der sogenannte neue Dualismus von Regierungsmehrheit und Opposition genannt werden: Beide Begriffe kommen im Grundgesetz nicht vor. Trotzdem werden die damit verbundenen Phänomene vom Gericht so benannt.

Hilfreich zur Erfassung solcher Phänomene, die im Grundgesetz nicht explizit genannt, aber mit den dortigen Prämissen gekoppelt sind, können der Begriff des Leitbilds (ihn verwendet auch Voßkuhle 2013: 382) oder des Topos sein.

> »Leitbilder sollen den verfassungsrechtlichen Diskurs ‚leiten' und dies mittels veranschaulichender ‚Bilder'. Leitbilder können verfassungsrechtliche Diskussionen insofern ‚leiten', als dass sie die Richtung angeben, in die sich eine Fragestellung idealerweise hin entwickeln soll.« (Szczerbak 2018: 123)

Die Funktion von Leitbildern besteht darin, »entlastende und stabilisierende Deskriptionen« (Szczerbak 2018: 129) zu schaffen, allerdings kann es auch implizite Leitbilder geben (2018: 127), die wenig beschrieben sind. Solche Leitbilder oder Topoi sind hinterfragbar:

> »Hinter den Topoi stehen grundsätzliche und unterschiedliche akzeptanz- und legitimitätsstiftende Ideen. Sie fordern die wissenschaftliche Betrachtung heraus und rechtfertigen es deshalb auch, die Prägung und Übernahme von Argumentationstopoi durch Verfassungsgerichte kritisch zu hinterfragen. Es geht dabei nicht um ein strenges Haften am Wortlaut der Verfassung im Sinne eines unkritischen Positivismus. Ein Faktor für die Stabilität des Verfassungsrechts und das Institutionenvertrauen war ja gerade die Bereitschaft des Bundesverfassungsgerichts, das Grundgesetz weiterzuentwickeln. Es geht aber sehr wohl darum, in jedem Einzelfall zu diskutieren, ob die Argumente, die Verortung der Topoi hinreichend überzeugend sind.« (Cancik/Groß 2019: 74)

Aufgabe des BVerfG ist es, eine Anschauung zu ermitteln, die der möglichst vieler Menschen entspricht, um einen gesellschaftlichen Konsens zu produzieren. Unter den Auslegungsmöglichkeiten ist auch diejenige zu wählen, die »unter den derzeit geltenden Kontextbedingungen eine große und effektive Realisierungschance hat« (Ernst/Johnsen 2005: 753). Deshalb ist im vorangegangenen Abschnitt auf das reziproke Verhältnis von Recht und Politik verwiesen worden.

> »Die sich ergebende Interdependenz zwischen rechts- und politikwissenschaftlichen Fragestellungen bezieht ihre maßgebliche Substanz dabei aus der Tatsache, dass die in rechtlicher Hinsicht umzusetzenden Entscheidungen vor allem durch politische Prozesse herausgebildet werden. Das was rechtlich gelten soll, ist also politisch zu bestimmen.« (Ernst/Johnsen 2005: 752)

Mit dem Übergang eines politischen Konflikt in das »juristische Argumentationsspiel« verbinden sich auch in den Beratungen des BVerfG »in dienlicher Weise Öffnungs- und Schließungstendenzen« (Kranenpohl 2010: 169 f.).

> »Richterliches Entscheiden und Begründen wird maßgeblich geleitet von einer durch professionelle Sozialisation erworbenen und durch institutionelle Praktiken und Diskurse geprägten und verstetigten professionellen (Grund)Überzeugung, vor allem über die Frage wie Entscheidungen zu begründen, welche Argumente ,angemessen' und akzeptiert sind und welche nicht.« (Wrase 2013: 28 f.)

Diese Arbeit untersucht jedoch weder die Rechtsprechung des Verfassungsgerichts mithilfe juristischer Methoden unter einem politikwissenschaftlichen Blickwinkel, noch werden die Beratungs- und Entscheidungsprozesse des Zweiten Senats politikwissenschaftlich analysiert. Vielmehr bilden die politikwissenschaftlichen Implikationen der Rechtsprechung und Entscheidungsbegründungen im Hinblick auf Parlamentarismus das Erkenntnisinteresse. Hieraus sollen theoretische und konzeptionelle Schlüsse auf das implizite Parlamentarismusverständnis der Institution gezogen werden.

Es wurde bereits dargelegt, welche Untersuchungen zur Aufklärung über Demokratie-, Staats- oder Richtervorverständnisse des BVerfG existieren. Solche Bemühungen stehen vor mehreren Problemen: Einerseits ist es bereits für die Analyse der Verständnisse von Einzelpersonen schwierig, die hinter sprachlichen Äußerungen liegenden Einstellungsmuster zu eruieren. Andererseits gilt dies umso mehr für Institutionen. Speziell für eine Institution, die darüber hinaus für sich selbst konstatiert, keine eigene Auffassung zu besitzen, die über die nur bedingt dauerhaften Rechtsprechungslinien hinausgeht. Für einen Verfassungsrichter mag sich die Vorstellung über eine Meta-Konzeption, die über die Verfassung hinausgeht, verbieten (Voßkuhle 2013). Andererseits ist die zeithistorische und soziale Relativität von Verfassungsrechtsprechung festgestellt worden (z. B. Wöhst 2017). Aus diesem Grund erscheint es hilfreich zu sein, in einem ersten Schritt zum einen hinter Einzelpersonen und zum anderen hinter zeitliche oder thematische Grenzen zurückzutreten. Zur Beantwortung der Frage, wie das Parlamentarismusverständnis des BVerfG ausgestaltet ist, werden hier deswegen parlamentarismusrelevante Entscheidungen und Urteile des Gerichts über einen Zeitraum von 45 Jahren über verschiedene Themengebiete analysiert.

Die Eigenschaften des textlichen Materials und die Offenheit der Forschungsfrage deuten bereits darauf hin, dass eine *qualitative interpretative Herangehensweise* an die Fragestellung angemessen ist. Die Dokumente enthalten nicht eine Vielzahl von (numerischen) Informationen und die Informationen folgen auch keinen homogenen Erfassungsmustern, sodass eine quantitative Methode nicht geeignet wäre (Salheiser 2019: 1131). Eine feste Hypothese darüber zu formulieren, welches Parlamentarismusverständnis das Gericht hat, und diese zu verifizieren oder zu falsifizieren scheitert schon an der Operationalisierbarkeit des vermuteten Verständnisses. Geboten ist vielmehr eine offene holistische Herangehensweise, die die Eigenschaften der verschiedenen Argumente in den Mittelpunkt stellt. Interpretative Ansätze und Methoden sind nützlich,

> »wenn wir die Sinnbezüge und Orientierungsrahmen rekonstruieren wollen, die dem Handeln von Akteuren und dem Funktionieren von sozialen Systemen zugrunde liegen und die den Akteuren selbst oft nicht bewusst und in den Systemen wenig transparent sind (Sinnrekonstruktion) [...].« (Blatter et al. 2018: 9)

Die schriftlich fixierten Entscheidungen mit ihrer besonderen Qualität führen zu einem integrativen Ansatz, der Datenerhebung und Datenauswertung systematisch miteinander verbindet.

Die hier angewendete Methode kann als theoriegeleitete Textanalyse (siehe z. B. Gläser/Laudel 1999) bezeichnet werden. Textanalysen, die auch als Inhaltsanalysen bezeichnet werden, bieten die Möglichkeit, in ihrem qualitativ-interpretierenden Spektrum auch »latente Sinngehalte« (Fenzl/Mayring 2019: 633) zu erfassen, nicht nur explizite. Dies ist für die Analyse von Argumentationen und Argumentationslinien in den Aussagen des Gerichts auf Ebene der Einzelentscheidungen unentbehrlich. Es ist nicht nur zu fragen, was in Urteilen und Entscheidungen geschrieben ist, sondern auch, wie dies zu verstehen ist, also welche Bedeutungsvarianten zu unterscheiden sind. Der Begriff der Textanalyse wird dem der Inhaltsanalyse hier vorgezogen, weil der Begriff Inhaltsanalyse stark mit den Prämissen der qualitativen Inhaltsanalyse nach Phillip Mayring besetzt ist. Diese in den 80er-Jahren durch Mayring im deutschsprachigen Raum weiterentwickelte Methode fasst die Inhaltsanalyse als sehr streng regelgeleitet auf (Mayring 2015). Grundlage der Techniken ist die Entwicklung eines abgeschlossenen Kategoriensystems, das zur Analyse des Textes eingesetzt wird. Zwar sollen die Kategorien im Laufe der Anwendung am Material kritisch überprüft und ggfs. verändert werden, jedoch bleibt bei der Voraussetzung eines Ordnungssystems auf diesem niedrigen Abstraktionsniveau eine nicht unerhebliche Einschränkung der Offenheit bestehen. Eine gewisse paradigmatische Offenheit ist aufgrund der Komplexität des Untersuchungsgegenstandes und der bisher nur gering spezifizierten Vorerkenntnisse mit Blick auf die Forschungsfrage jedoch unabdingbar. Noch ein weiteres Hindernis würde sich für die Anwendung der qualitativen Inhaltsanalyse ergeben: Parlamentarismusverständnis ist nicht skalierbar. Die von Mayring vorgeschlagene Kategorienanwendungen durch Kodierung erfordert mindestens die Erstellung einer Rangfolge für Kategorienausprägungen. Zwar mögen die hier im Folgenden vorzustellenden Aspekte parteiendemokratischen Parlamentarismusverständnisses in starker oder weniger starker Ausprägung vorkommen, sie lassen sich jedoch nur unter der Inkaufnahme sehr grober Vereinfachung in eine Rangfolge bringen. Darüber hinaus würde die Anwendung des relativ rigiden Kodierleitfadens vermutlich zu einer Verzerrung der Auswertung der Aussagenbündel des Gerichts führen. Da die Richter vergangene Rechtsprechung(-slinien) in den Urteilen stets wiederholen, könnten Aussagen überbewertet werden, die für den konkreten Fall nur wenig kennzeichnend oder nicht neu in der Argumentation und deshalb nur wenig beachtenswert sind.

Mit der Anwendung der theoriegeleiteten Textanalyse soll versucht werden, diese für meine Forschungsfrage skizzierten Nachteile zu vermeiden. Hierfür wird im Teilbereich der primären Analyse stärker die hermeneutische Herangehensweise angewendet, die als systematische Vorstufe der Inhaltsanalyse verstanden werden kann. Für diese verstehend interpretierende Methode sind folgende Kernaspekte leitend:

- Erstens die Beachtung der *Entstehungsbedingungen* der Entscheidungen und Urteile des BVerfG. Es ist zu berücksichtigen, in welchem zeithistorischen Kontext das Urteil gefasst wurde, wer die Antragsteller sind und um welche Sachfrage es geht. Daneben gewährleistet dies die Beschäftigung mit den Funktionen und Verfahrensarten des Gerichts (Kapitel 2.1).
- Zweitens erfordert die *hermeneutische Herangehensweise*, dass sowohl deduktiv theoretische Grundannahmen an den Untersuchungsgegenstand herangetragen werden als auch andererseits induktiv aus dem Material gewonnene Erkenntnisse Eingang in die Überlegungen finden. Das hier vorausgesetzte parteiendemokratische Parlamentarismusverständnis muss also offen sein für Erweiterungen oder Fokusveränderungen, die sich aus dem Material, also aus der Rechtsprechung, ergeben, und dies muss

in die Textanalyse inkorporiert werden und die sekundäre Analyse speisen. Während in der primären Analyse die Analyse der Argumentation dominiert, tritt in der sekundären Analyse das Bemühen um ihre zeitliche und inhaltliche Bündelung sowie um eine vergleichende Herangehensweise hinzu. Dies wird im Schlussteil der Arbeit umgesetzt.

- Drittens muss die *hermeneutische Differenz* reflektiert werden, die sich in dieser Arbeit aus einer rechtswissenschaftlichen und einer politikwissenschaftlichen Betrachtungsweise ergibt (siehe oben in diesem Abschnitt), um viertens die Gütekriterien wie Angemessenheit und Richtigkeit gewährleisten zu können (zu den fünf Kernaspekten der Hermeneutik für die Inhaltsanalyse siehe Kuckartz 2018: 18 f.).

Die hier vorgenommene Textanalyse lehnt sich am ehesten an die Methode der inhaltlich-strukturierenden qualitativen Inhaltsanalyse an und kombiniert sie mit einer theoriegeleiteten Annäherung.

> »Kern der inhaltlich-strukturierenden Vorgehensweise ist es, am Material ausgewählte inhaltliche Aspekte zu identifizieren, zu konzeptualisieren und das Material im Hinblick auf solche Aspekte systematisch zu beschreiben [...]. Diese Aspekte bilden zugleich die Struktur des Kategoriensystems; die verschiedenen Themen werden als Kategorien des Kategoriensystems expliziert.« (Schreiter 2014)

Strukturen können einerseits Argumentationslinien des Gerichts über zeitliche oder thematische Grenzen hinweg sein oder auch Brüche dieser Linien. Andererseits bilden auch freistehende Konzepte oder Begriffsdefinitionen im Zusammenhang mit dem Verständnis des parlamentarischen Regierungssystems eine Struktur. Das Kategoriensystem wird wie dargelegt nicht allein aus dem Material abgeleitet, sondern auch in Form der Konzeptualisierung eines parteiendemokratischen Parlamentarismusverständnisses vorausgesetzt und als Suchraster eingesetzt. So entsteht ein Verfahren,

> »in dem im empirischen Material enthaltene Merkmalsausprägungen als freie verbale Beschreibung extrahiert werden. Nur die theoretisch definierten Variablen stehen ex ante fest. Welche Ausprägungen extrahiert werden, wird bei der Analyse entschieden.« (Gläser/Laudel 1999)

Kategorisierung wird auch durch die Gruppierung der 28 Entscheidungen geleistet, die nicht chronologisch, sondern nach parlamentarismusspezifischen Ordnungskriterien erfolgt. Praktisch wird die Dokumentenanalyse mithilfe von Tabellen durchgeführt.

Damit ist bereits die Haupttechnik der Inhaltsanalyse benannt. Neben der inhaltlich-strukturierenden Analyse stehen die Techniken Zusammenfassung und Explikation zur Verfügung. Reduzierung von Aussagen kommt bei der Analyse der Dokumente immer dort zum Tragen, wo entweder die konkrete Fallkonstellation erläutert wird, um die Komplexität des Verfahrens zu reduzieren (z. B. wenn es zahlreiche Anträge oder Antragsteller gibt), oder aber wenn es eine Häufung der oben genannten Redundanzen gibt, die in der Untersuchung des Materials als nicht kennzeichnend für das Parlamentarismusverständnis aufgefasst wurden. Von größerer Relevanz für diese Untersuchung ist jedoch die Explikation:

> »Unklare Textstellen werden durch Rückgriff auf den Textstellenkontext und/oder textexternes zusätzliches Material (z. B. auch Wörterbücher) verständlich gemacht.« (Blatter et al. 2018: 119)

Die für die Fragestellung interpretationsbedürftigen Stellen des Materials werden auch durch eine Kontextanalyse erklärt.

> »Eine Dokumentenanalyse kann niemals nur datenimmanent bleiben, sich also allein auf die Dokumenteninhalte berufen, sondern muss mit einer Rekonstruktion des Entstehungs- und Nutzungskontextes des Dokumentes einhergehen [...].« (Salheiser 2019: 1122)

Hierfür bedarf es der Definition der Kontextmaterialien. Diese sind

- erstens rechts- und politikwissenschaftliche Besprechungen der Entscheidung oder des Themenbereichs, in den die Entscheidung fällt;
- zweitens politikwissenschaftliche Literatur zu dem oder den identifizierten Grundprinzipien des Parlamentarismus und
- drittens die Entscheidungen selbst im Vergleich untereinander.

Es stellt eine Besonderheit in der Analyse von Dokumenten der Rechtsprechung dar, dass die Urteile gegenseitiges Kontextmaterial sind. Die Ausführungen des BVerfG sind in der Regel nur im Kontext vergangener Urteile zu verstehen. Das Gericht selbst nutzt, wie in der Rechtsprechung und für die Rechtsfortbildung üblich, den Rekurs auf ältere Urteile.

Die Auswahl der Methode kann auch mit dem Ausschluss anderer potenziell infrage kommender Methoden begründet werden. Auch wenn es sich hier um die Analyse von verschiedenen Rechtsfällen handelt, kann diese Untersuchung nicht als Fallstudie konzipiert werden, da die Entscheidungen nicht als Varianten ein und desselben Phänomens verstanden werden können. Die Dokumente sind keine empirisch feststellbaren sozialen Prozesse. Zwar kann die Urteilsfindung und -verkündung als realer Vorgang angenommen werden, dieser kann jedoch hinsichtlich seiner Vorverständnisse nicht untersucht werden, weil einerseits die Gespräche der Richter untereinander grundsätzlich nicht öffentlich sind, andererseits kognitive Prozesse mit politikwissenschaftlichen Methoden nur mithilfe von Befragungen erforscht werden können, die die bereits genannten Nachteile im Kontext meiner Fragestellung mitbringen. Dies sind auch die Gründe dafür, dass eine Prozessanalyse nicht infrage kommt. Es soll in dieser Arbeit nicht um die Fragestellung gehen, wie die Entscheidungen der Richter zustande gekommen sind. Ein »konfiguratives Verständnis von Kausalität« (Blatter et al. 2018: 236 f.) steht nicht im Mittelpunkt dieser Analyse, sondern die Feststellung bestimmter Verständnisse oder Sichtweisen. Dabei ist zu berücksichtigen, dem BVerfG bei der Ausgestaltung der Differenz – Parlamentarismus und Verständnis von Parlamentarismus – eine besondere Rolle zukommt.

Mit der theoriegeleiteten Textanalyse mag die Synthese von Offenheit und Variablenbildung für diese spezifische Fragestellung am besten gelingen.

> »Die mehrdimensionalen, nominalskalierten Konstrukte, die mitunter in der Theorie als Variablen behandelt werden, entsprechen der Komplexität des Gegenstandes qualitativer Sozialforschung viel besser als einfache, an quantitative Vorbilder angelehnte Variablen und können deshalb als Analyseraster einer Inhaltsanalyse benutzt werden. Der Verzicht auf geschlossene Kategoriensysteme garantiert die notwendige Offenheit der Analyse für unerwartete Informationen.« (Gläser/Laudel 1999)

Die folgende Abbildung soll die Vorgehensweise dieser Forschungsarbeit noch einmal verdeutlichen:

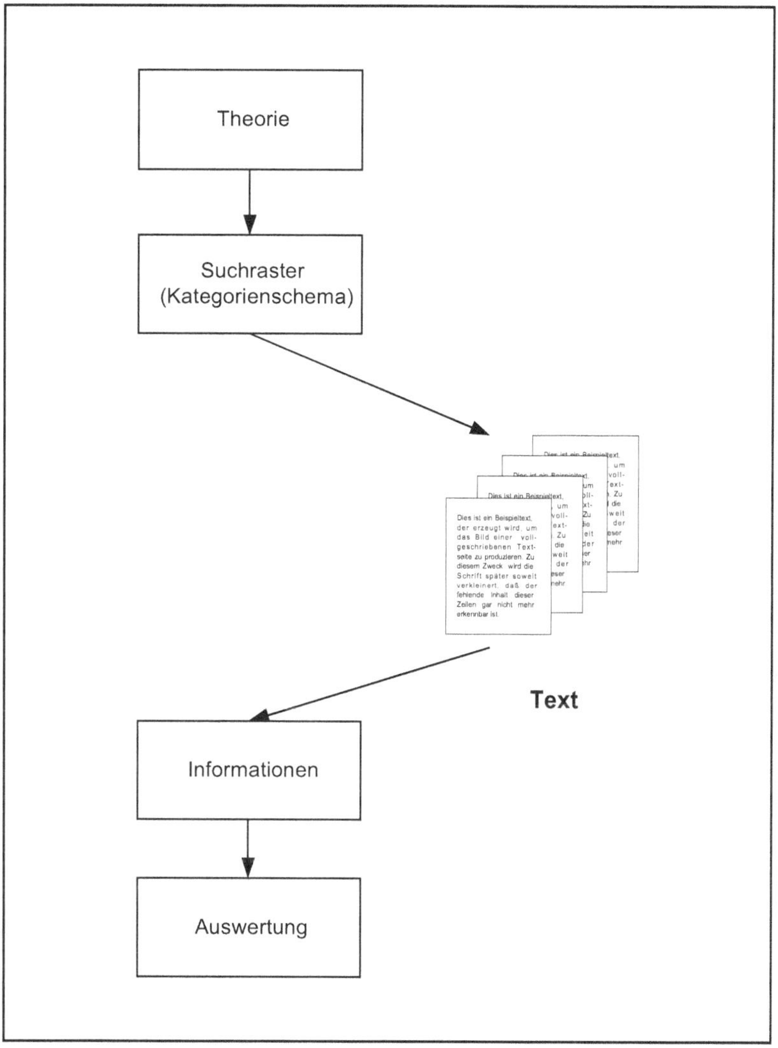

Abbildung 1: Vorgehen der qualitativen Inhaltsanalyse, Quelle: Gläser/Laudel 1999.

Den Ausgangspunkt der Forschungstätigkeit bildet die Kenntnis der zugrunde gelegten Parlamentarismusverständnisse als Idealtypen mit ihren Prämissen und Unterschieden. Sie bilden das Suchraster für die Lektüre der

Verfassungsgerichtsurteile in diesem Fall in drei Kategorien (Gewaltenteilung, Repräsentation und Binnenstrukturen von Regierungsmehrheit und Opposition). Eine erste Grobübersicht führt zur Auswahl der parlamentarismusrelevanten Entscheidungen und ihrer Kategorieneinordnung. Dabei kann eine Entscheidung mehreren Kategorien gleichzeitig zugeordnet werden. Die Merkmale für Parlamentarismusverständnis, die sich aus den Idealtypen ergeben, werden in der folgenden Textanalyse zum einen geschärft und zum anderen adaptiert. Die in Form von Zitaten gesammelten Argumente und Begründungen des Gerichts werden dann in ihrer Tendenz zum klassischen oder zum parteiendemokratischen Verständnis hinsichtlich des jeweiligen Merkmals sortiert, erklärt und kontextualisiert. Die erhaltene Informationen- und Materialsammlung wird schließlich mit Blick auf Kontinuitäten und Brüche im Zeitverlauf sowie mit Blick auf Besonderheiten und Muster ausgewertet (sekundäre Analyse).

Die hier zum Einsatz kommende Methode der Textanalyse ist also theoriegeleitet und operiert mit komplexen, offenen Variablen. Parlamentarismustheorie ist als Teil der empirisch-analytischen politischen Theorie aufgefordert, für politische Systeme, in denen die Repräsentativkörperschaft eine bedeutende Rolle einnimmt, Erklärungen für real existierende Verhältnisse zu finden. Dies können z. B. die Beschreibung von Regelsystemen und Abläufen sein, die Entdeckung von Orientierungsrahmen für Akteure, die Erläuterung von Wenn-dann-Beziehungen für soziales Verhalten oder die Benennung von Determinanten politischer Phänomene. Die Rezeption der rechtlichen Stellung der Staatsorgane und ihrer Verhältnisse untereinander ist hierfür die Voraussetzung. Mit der Etablierung von Repräsentativkörperschaften mit zentraler Rolle im politischen System in Großbritannien, Frankreich, Deutschland und den USA haben sich Demokratietheorie und Repräsentationstheorie zur Theorie des demokratischen Parlamentarismus vereint. Sie wurde aus der Empirie der Parlamente abgeleitet.

> »Somit ist die Vorhut der Parlamentarismustheorie (erst recht das ‚Hauptfeld') pragmatisch und innovativ zugleich vorgegangen, als sie sich zum einen mit einer denkbaren und erprobten Form der Vertretung auseinandergesetzt hat. Zum anderen wurde dieses Vertretungsmodell zum modernen und demokratischen Parlamentarismus weiterentwickelt. Das, was an Parlamentarismus in Theorie und Praxis vorlag, wurde ergänzt, modifiziert und revidiert – unter Rückgriff auf die parallel entwickelten demokratietheoretischen Innovationen.« (Marschall 2017: 30)

Eine so verstandene Theorieentwicklung kann deskriptiv-analytisch und normativ zugleich sein.

Für die hier vorgelegte Untersuchung der Entscheidungen des BVerfG wird ein parteiendemokratisches Parlamentarismusverständnis aus der Abgrenzung zu einem klassischen Parlamentarismusverständnis abgeleitet und dann entlang dieser Differenz reflektiert (siehe Kapitel 4). Es beruht vornehmlich auf einer Analyse der rechtlichen und faktischen Voraussetzungen des Handelns der politischen Akteure. Die verschiedenen Annahmen über das Funktionieren des Parlamentarismus können zu unterschiedlichen Schlussfolgerungen in Bezug auf die Merkmale des parlamentarischen Regierungssystems führen. Parlamentarismuskritik bezieht sich meist eher diffus auf die verschiedensten Phänomene und betrachtet isoliert Erscheinungen in der parlamentarischen Praxis. Nicht all diese Kritik beruht auf der Zugrundelegung eines klassischen Parlamentarismusverständnisses als Maßstab zur Beurteilung der tatsächlichen Zustände. Zur Erhellung der Parlamentarismusfrage bedarf es nicht nur einiger Verweise auf die Praxis, sondern einen alle Bereiche des parlamentarischen Regierungssystems berücksichtigenden konzeptionellen Entwurfs, den auch die hier vorliegende Arbeit nicht leisten kann. Dieser Entwurf darf sich zwar auf die Abbildung und Konzeptionalisierung der Phänomene der Praxis stützen, sich jedoch nicht darin erschöpfen. Er muss auch die Praxis begründen können und erklären, warum seine Prämissen sachgerecht oder angemessen zur Beurteilung des parlamentarischen Systems sind. Diese Orientierung an den faktischen Elementen der politischen Praxis schließt eine kritische Begleitung dieser nicht aus und die Überprüfung seiner rechtlichen Zulässigkeit selbstverständlich ein (zur kritischen Würdigung eines realistischen Parlamentarismusmodells Ernst 2007: 107 f.). Die Annahme von zwei Parlamentarismusverständnissen beruht auf dem Prinzip der Bildung von Idealtypen, die Mittel und nicht Ziel des Erfassens sozialer Wirklichkeit sind (zur Bildung von Idealtypen Weber 1922: 198 ff.; Schütt-Wetschky 1984: 288 f.).

3.2 Materialgrundlage und Auswahl der Entscheidungen

Die theoriegeleitete Textanalyse wird anhand von 29 Entscheidungen des BVerfG zwischen den Jahren 1975 und 2016 vorgenommen. Die Entscheidungen sind als natürliche Daten nicht zu Forschungszwecken entstanden und unterliegen deswegen nicht einer Verzerrung, die durch eine Erhebung selbst entstanden sein könnte (Salheiser 2019: 1122). Material, das durch ein reaktives Verfahren auf die Datenerhebung selbst generiert wurde, wie

z. B. im Falle von Befragungen, unterliegt in dieser Hinsicht einer Veränderung, die durch sozial erwünschte Antworten oder die Fragenformulierung ausgelöst sein kann. Demgegenüber geben natürliche Daten gerade keine gezielte Antwort auf die ausgewählte Fragestellung, sondern enthalten unter Umständen irrelevante Informationen, was ihre Aussagekraft gegebenenfalls einschränkt. Hinsichtlich der weiteren Kriterien der Authentizität und der Verlässlichkeit (Salheiser 2019: 1120) sind die Entscheidungen jedoch als sehr hochwertig anzusehen. Die Quellenherkunft ist zweifelsfrei belegbar und die Quellen durch die öffentliche Zugänglichkeit nachvollziehbar. Auf der anderen Seite unterliegen die Entscheidungen einer gewissen Selektivität im Hinblick auf die Beantwortung der Frage nach dem Parlamentarismusverständnis des Gerichts. Nicht nur die dokumentierten Entscheidungen, sondern auch andere Materialien, wie Biografien von Verfassungsrichtern, Aussagen von einzelnen Richtern oder wissenschaftliche Publikationen von ihnen, könnten Hinweise geben. Darüber hinaus sind auch die Entscheidungen nur ein Ausschnitt der sozialen Wirklichkeit des Gerichts, da sie einen Kompromiss über die Sachfrage darstellen. Die Selektivität ist jedoch gleichzeitig eine Stärke des Materials, weil die Entscheidungen die offiziellen, aggregierten Positionen des BVerfG darstellen und damit als personenübergreifende Institutionenauffassung zum jeweiligen Zeitpunkt angesehen werden können. Das Textmaterial ist per se bereits hochkomprimiert, weil es das Ergebnis rechtswissenschaftlicher Auslegung ist. Es ist starr gegliedert und stark systematisiert. Dies kann als ein weiterer Grund dafür angeführt werden, dass es sich für die hermeneutische Methode der Explikation besonders gut eignet. Material und Methode der wissenschaftlichen Analyse passen zusammen. Eine Hinzuziehung der Abschriften der mündlichen Verhandlungen der Verfahren hat sich nicht als zweckmäßig erwiesen. Zum einen sind die Abschriften nur teilweise öffentlich verfügbar. Zum anderen sind dort Ausführungen der Antragsteller und Antragsgegner dominant, die nur eingeschränkt Rückschlüsse auf die Einstellungen der Institution BVerfG zulassen.

Als Beginn des Untersuchungszeitraums sind die 1970er-Jahre gewählt worden. Nach der Gründung des BVerfG 1951 und seiner Etablierung und allgemeinen Anerkennung als Verfassungsorgan in den Folgejahren war es selbst in die politischen Deutungskonflikte der 70er-Jahre involviert. Es griff zum ersten Mal verstärkt in die Politikfeldgestaltung, insbesondere betreffend die Reformprojekte der sozialliberalen Regierung, ein. Es kam zu einer ersten Welle der gegenseitigen Kritik der »Juridifizierung der Politik« und »Politisierung des Rechts« und das Gericht musste seine Position neben Legislative und Exekutive auch in der Öffentlichkeit behaupten. Bei der

Beurteilung der Machtfülle des BVerfG bilden die 70er-Jahre deswegen eine »diskursive Wasserscheide« (Kranenpohl 2010: 31), aus der das Gericht gestärkt hervorging (Vorländer 2015: 307). Ein weiterer Meilenstein der Entwicklung des Gerichts bildete 1971 die Einführung der Begrenzung der Amtszeit der Richter auf 12 Jahre und die Möglichkeit, abweichende Meinungen der Richter von der Entscheidung der Senate zu veröffentlichen (§ 30 II BVerfGG). Das Ende des Untersuchungszeitraums bildet die letzte parlamentarismusrelevante Entscheidung im Erhebungszeitraum im Jahr 2016.

Die Entscheidungen im Untersuchungszeitraum wurden entlang der Fragestellung gesichtet. Hinweise zum Parlamentarismusverständnis können vor allem in den Entscheidungen gefunden werden, in denen es um staatsorganisationsrechtliche Fragen geht, womit der Zweite Senat befasst ist (§ 14 II BVerfGG). Es sind drei Ebenen im parlamentarischen Regierungssystem zu unterscheiden: die Ebene der Gewaltenteilung, die Ebene der Repräsentation und die innerparlamentarische Ebene. Alle drei Ebenen sollen abgedeckt werden, um ein umfassendes Bild des Parlamentarismusverständnisses erreichen zu können. Auch eine Verteilung auf der Zeitachse ist zu gewährleisten, um Zeiträume untereinander vergleichen zu können und ggfs. Entwicklungen und Veränderungen des Verständnisses zu identifizieren (siehe Übersicht am Ende der Arbeit). Hierbei kann es sich jedoch nur um eine zielgerichtete und gewichtete Auswahl handeln, nicht um eine statistische Verteilung. Es lassen sich einerseits Entscheidungen erkennen, die Kompetenzverteilungsfragen im parlamentarischen Regierungssystem direkt zum Gegenstand haben. Diese sind meist mit Parlamentsbinnenrecht befasst, das die Arbeitsorganisation des Parlaments betrifft, wie z. B. die Urteile zum Untersuchungsausschuss. Sie stellen den größten Anteil der hier behandelten Entscheidungen dar, weil sie explizite Aussagen zum Funktionieren des parlamentarischen Systems enthalten. Andererseits gibt es Entscheidungen zu bestimmten Sachfragen, die implizite Aussagen zur Parlamentarismusfrage enthalten. Ähnlich den Untersuchungen Robert van Ooyens zur Staatstheorie des BVerfG soll es darum gehen, »politisch-theoretische Vorverständnisse« (Ooyen 2015b: 7) in den Entscheidungen festzustellen. Während es van Ooyen jedoch um die Deutung verfassungsrechtlicher Begriffe geht, werden in dieser Arbeit spezifisch parlamentarismusrelevante Aspekte auf verschiedenen Abstraktionsniveaus behandelt. Andreas Voßkuhle sieht eben jene Untersuchung von nicht ausdrücklichen Auffassungen oder Bezugnahmen des Gerichts kritisch. Dies sei noch einmal am Beispiel des Staatsbegriffs dargelegt:

> »Vor diesem Hintergrund macht es nur Sinn, solche Ausführungen in Entscheidungen des Bundesverfassungsgerichts als ‚Staatstheorie' anzusehen, in denen ‚Staat' [...] zum Argument wird. Das beinhaltet ausdrückliche Bezugnahmen auf den Staatsbegriff indes ebenso wie implizite, aber erkennbare Rezeption staatstheoretischer Argumentationsfiguren aus der Wissenschaft, die etwa auf der Ebene des Vorverständnisses die Normauslegung strukturieren.« (Voßkuhle 2013: 374)

Die Einbeziehung von Entscheidungen und Ausführungen, aus denen nur implizit auf Parlamentarismusverständnisse zu schließen ist, wird hier jedoch als sachgerecht angesehen, weil gerade so auf nicht reflektierte Auffassungen und Muster der Richter geschlossen werden kann (zur Erwiderung van Ooyens auf diese Kritik siehe Ooyen 2018: 177 ff.). Es stand auch nicht zu erwarten, dass der Parlamentarismusbegriff selbst überhaupt im Zentrum der Erläuterungen steht. Deshalb muss, um überhaupt etwas über ihn erfahren zu können, auch auf solche Entscheidungen zugegriffen werden, die z. B. nur ein Teilphänomen von Parlamentarismus explizit behandeln oder die Rückschlüsse auf angenommene parlamentarische Funktionsweisen zulassen. Dies geschieht auf der Grundlage der Berücksichtigung des Kontextes der Entscheidung und der Gewichtung des jeweiligen Themas.

Während für den innerparlamentarischen Bereich alle einschlägigen Urteile ausgewählt wurden, die sich mit der Arbeitsweise des Parlaments befassen, wurde für den Bereich der Gewaltenteilung zwischen Legislative und Exekutive der Komplex der Auslandseinsätze der Streitkräfte bestimmt. Die Entscheidungen stellen zum einen eine zusammenhängende Rechtsprechungslinie dar und können zum anderen durch die angenommene Domäne der Regierung in der Außenpolitik Hinweise darauf geben, wie das Gericht Kompetenzen und Aufgaben der Organe abgrenzt. Die Entscheidungen des BVerfG zum Integrationsprozess der Europäischen Union wurden nicht für die Analyse ausgewählt, obgleich ihr Inhalt nicht völlig unberücksichtigt bleibt. Zum einen existiert bereits eine grundlegende Aufarbeitung der Europarechtsurteile (grundlegend: Ooyen 2018; und z. B. Giegerich 2016; Kneip 2016; Karpen 2013), die ständig aktualisiert wird und in Teilbereichen auch parlamentarismusrelevante Fragen behandelt. Zum anderen ist die zugrunde liegende Problematik dieser Entscheidungen für die bundesdeutsche Ebene im Kern demokratietheoretischer, nicht parlamentarismustheoretischer Natur. Van Ooyens Kritik beruht auf der in ihnen zutage tretenden »Entgegensetzung von (nationaler) Demokratie und (europäischem) Parlamentarismus« (Ooyen 2018: 60).

Für die Analyse wurde die online erscheinende Sammlung der Entscheidungen des BVerfG im Rahmen des Projekts »Deutschsprachiges Fallrecht

(DFR)« verwendet, die sich auf Entscheidungen konzentriert, die im universitären Lehrbetrieb benötigt werden. Der Bezug zum Online-Medium gewährleistet eine bessere Verfügbarkeit und auch Nachvollziehbarkeit mit Blick auf ältere Urteile (vor 1997). Die Nummerierung entspricht der vom BVerfG herausgegebenen Sammlung »Entscheidungen«.

Wenn es nicht anders angegeben ist, entstammen Kursivsetzungen in Zitaten dem Original, Unterstreichungen stammen von der Verfasserin.

4. Parlamentarismus als Parteiendemokratie

4.1 Klassisches und parteiendemokratisches Parlamentarismusverständnis

4.1.1 Grundlagen

Immer wieder ist hervorgehoben worden, dass die Deutschen eine besondere Vorstellung von Parlamentarismus hätten. Es gebe »Nachwehen des Konstitutionalismus« (Decker 2004: 438), »historische Vorbelastungen des deutschen Parlamentarismus« (Fraenkel 1960) oder eine spezielle »Ideologie des ‚deutschen Weges'« (Beyme 2014: 122). In der Retrospektive lagen die Hürden, die zu einer späten Etablierung der parlamentarischen Massendemokratie geführt haben, ebenso auf der Ebene des Regierungssystems wie auf der Ebene der politischen Kultur (am Beispiel des deutschen Kaiserreichs: Kreuzer 2004).

Die Kerne der beiden grundsätzlich verschiedenen Auffassungen von Parlamentarismus sind bereits im 19. Jahrhundert in verschiedenen Legitimationstheorien politischer Herrschaft klassisch-liberaler Theoretiker zu finden. Sie gründen sich auf zwei unterschiedliche Vorstellungen parlamentarischer Repräsentation, wie sie sich im Kontext der Demokratisierungsprozesse in England entwickelt haben. John Stuart Mill war einer der ersten Intellektuellen, die sich für eine Ausweitung des Wahlrechts eingesetzt hatten. Allerdings wollte er zur Verhinderung einer »kollektiven Mittelmäßigkeit«, die durch die Beteiligung der ungebildeten Bevölkerung eingetreten wäre, das Stimmrecht zwar nicht mehr an Besitzverhältnisse, aber an persönliche Qualitäten (Mill 1971: 159) koppeln. Seine Skepsis gegenüber einer Herrschaft der ungebildeten Mehrheit im Parlament zeigt sich auch in dem von ihm vorgeschlagenen Wahlverfahren, das die überregionale Wahl von Einzelpersönlichkeiten nach dem Proporzprinzip vorsah, in der die »men of independent thought« (Mill 1861: 92), so hoffte Mill, viele Stimmen auf sich ziehen würden. Demgegenüber lehnte er das Mehrheitswahlrecht ab, das dazu führen könne, dass die sich durchsetzende Meinung im Parlament nur dem Willen einer Minderheit des Volkes entspreche (Mill 1971: 123).

Das auf diese Weise zusammengesetzte Parlament solle nicht ein Organ der Mehrheitsmeinung sein, sondern Ort der Deliberation. Die Verfassung solle so gestaltet sein, dass »kein partikulares Interesse [...] so stark werden können [sollte], daß es in der Lage wäre, sich gegen alle anderen Teilinteressen sowohl als auch gegen Wahrheit und Recht durchzusetzen« (Mill 1971: 119). Die Funktionen des Parlaments lägen, so Mill, dementsprechend in der »Kontrolle über alle Regierungshandlungen« (Mill 1971: 91) und seien damit auf Zustimmung und Vetorecht begrenzt (ebd.). Weder die Gesetzgebung an sich, die durch eine Kommission geleistet werden solle (98), noch die Ausführung der Gesetze solle durch das Parlament geschehen. Nicht vielköpfige Repräsentativkörperschaften, sondern »eine organisierte und unter eine einheitliche Leitung gestellte Körperschaft« sei im Sinne der Grundsätze guten Regierens aktionsfähig (92). Beratung allerdings, durch die sich überparteiliche Allgemeininteressen »nach ausreichender Diskussion und Agitation« (119) gegenüber Sonderinteressen durchsetzten, ordnete er dem Parlament zu.

So fortschrittlich Mills Forderungen nach einem allgemeinen Wahlrecht und der Demokratisierung von Repräsentation waren, so idealistisch-identitär war seine Vorstellung eines objektiv feststellbaren Allgemeinwohls. Andererseits entspricht seine Vorstellung, dass die parlamentarische Repräsentation von Interessen ihre öffentliche Rechtfertigung erzwinge und so zu ihrer Integration beitrage, auch dem heutigen Verständnis von Responsivität. Allerdings beruht dieser Mechanismus auf der Annahme, dass der Abgeordnete nur sein eigenes, nicht aber auch fremde Interessen vertritt. Er hat nicht bedacht, dass die Ausdehnung des Wahlrechts zu einer Stärkung politischer Parteien führt und zu einer schwächeren Stellung des einzelnen Abgeordneten, dessen Unabhängigkeit er für so wichtig hielt (Schmidt 2008: 146). Von zeitgenössischen Autoren wurde er dafür kritisiert. Insbesondere Walter Bagehot setzte sich mit seiner aus Beobachtungen des englischen Regierungssystems erwachsenden Darstellung mit der parteilich geprägten Struktur der Repräsentativregierung auseinander (Bagehot 1971). Grundlage seiner Repräsentationsvorstellung ist die Interessenrepräsentation. Mit einem Satz stellt er die Vorstellungen Mills von einer auf Einzelrepräsentation basierenden Versammlung infrage:

> »The moment, indeed, that we distinctly conceive that the House of Commons is mainly and above all things an elective assembly, we at once perceive that party is of its essence. There never was an election without a party.« (Bagehot 1964: 158)[26]

Die Regierung konzeptualisiert er als besonderen Ausschuss des Parlaments, weil sie ohne eine Mehrheit im Repräsentativorgan handlungsunfä-

26 In der hier verwendeten deutschen Ausgabe: S. 144.

hig sei (Bagehot 1971: 53 f.). Die Gesetzgebungsfunktion sieht er im Gegensatz zu Mill als die Funktion des Parlaments an, die ebenso wichtig wie die exekutive Leitung des Staates sei (139) und die von der Regierung so gut wie möglich vorbereitet werden solle (56).

Dieses normativ ungeklärte Verhältnis zwischen Parlament und Regierung und zur Rolle der Parteien im Kontext der konstitutionellen Monarchie spiegelten sich im Kaiserreich und bis in die Weimarer Republik wider. In der Weimarer Republik war die verbliebene Anknüpfung an den konstitutionellen Dualismus vor allem in der Rolle des direkt gewählten Reichspräsidenten sichtbar (Schönberger 2016: 93, Rdnr. 49) und durch das mangelhaft mehrheitsfähige Parteiensystem verstärkt. Der »Gattungsbegriff« Parlamentarismus (Loewenstein 1959: 82) kann aber insoweit konkretisiert werden, als im deutschen Konstitutionalismus drei modellartig zugespitzte Parlamentarismustypen (Boldt 1980: 403) identifiziert werden können, die die Diskussion unter Parlamentarismustheoretikern und -kritikern prägten.[27]

Auf einer gewissen Vorrangstellung des abstrakten Prinzips der Volkssouveränität beruht das »Modell strikter Parlamentsabhängigkeit der Regierung« (Boldt 1980: 403), auch als reines Parlamentarismusmodell bezeichnet (Veen 1972). Angelehnt an das Legitimationskettenprinzip (BVerfGE 47, 253: Rdnr. 56; Böckenförde 1987) hat das Parlament hier eine höhere Legitimation inne als die von ihm lediglich gewählte Regierung und ist damit Führungsinstanz im Regierungssystem. Das Parlament hat die alleinige politische Macht, während die Regierung nur reine Exekutive im Wortsinn ist und die Parteien bloß Sprachrohr (Boldt 1980: 403). Gewollt ist dementsprechend eine möglichst weitgehende Repräsentativität der Volksvertretung mit den entsprechenden Forderungen hinsichtlich der Methode der Wahl (möglichst wenig konzentrierend, Verhältniswahl), wie sie auch bei Mill zu finden waren.

Demgegenüber steht in der Diskussion um das Wesen des Parlamentarismus nicht etwa eine Vorstellung von der Dominanz der Regierung, sondern ein *Gleichgewichtsmodell*, das vor allem in Deutschland favorisiert wurde (Redslob 1918; siehe auch Alemann 1975: 11 f.). Durch den argumentativen Rückgriff auf die Norm der Gewaltenteilung wird das Absolut-Setzen des Parlaments konzeptionell »korrigiert« oder kompensiert. Die Regierung und das Parlament werden beide als selbstständige Beschlusskörper ange-

27 Zur praktischen Ausgestaltung der Verfassungsordnungen im Kaiserreich und der Weimarer Republik im Zusammenhang mit den beiden Parlamentarismusverständnissen siehe Galka (2014: 37 ff.).

sehen, die miteinander in Konkurrenz stehen und sich gegenseitig kontrollieren sollen (Gewaltenteilungsgedanke). In diesem Systementwurf hat die von der Mehrheit gewählte Regierung das Recht zur Gesetzesinitiative ebenso wie das Recht das Parlament aufzulösen; als Gegengewicht zum Misstrauensvotum (Boldt 1980: 405). Die Regierung wird als relativ selbstständiger Beschlusskörper angesehen, was die verantwortliche Zuschreibung ihres Handelns ermöglicht (ebd.).

Diese Verantwortungszuschreibung kommt im dritten Systementwurf, dem *Modell der Führungsauslese* (Boldt 1980: 406), zum Tragen. Hier ist die Regierung der parlamentarischen Mehrheit übergeordnet, da diese ihre Führer auswählt und diesen auch eine loyale Gefolgschaft ist. Mit seiner »anderen Theorie der Demokratie« hat Schumpeter diese »Methode« beschrieben, die berücksichtigt, dass Kollektive beinahe ausschließlich dadurch handelten, dass sie Führung akzeptierten (Schumpeter 1993: 429).Von einer gouvernementalen Systemauffassung kann hierbei trotzdem nicht gesprochen werden, weil es sich um das Konzept einer parlamentarischen Mehrheitsregierung handelt.

> »Grundsätzlich bildet also die laufende Produktion parlamentarischer Entscheidungen über nationale Fragen die Methode, mit welcher das Parlament die Regierung an der Macht hält oder dies zu tun ablehnt, oder mit der das Parlament die Führerschaft des Ministerpräsidenten annimmt oder ablehnt.« (Schumpeter 1993: 443 f.)

Dementsprechend tritt das Bild einer Gewaltentrennung, also das antagonistische Gegenüber von Parlament und Regierung, in den Hintergrund. An die Stelle der Kontrolle der Regierung durch die Mehrheit tritt nach diesem Entwurf die Darstellung der Regierungs- und Oppositionsposition in der Öffentlichkeit des Parlaments, wie Bagehot es schon benannt hatte. Entsprechend der Orientierung am Westminster-Vorbild und durch eine idealtypischen Überhöhung dieser Modellauffassung der englischen Verhältnisse wird von den Vertretern ein Zweiparteiensystem und damit die Einführung des relativen Mehrheitswahlrechts favorisiert (Boldt 1980: 406).

Für dieses dritte Modell wird also bereits deutlich, dass eine Loslösung von der gedanklichen Ausrichtung an den Staatsorganen – (ehemals monarchische) Regierung versus Parlament – stattfindet. Eine sprachliche Entsprechung wird versucht mittels der Begriffe »Gewaltenverschränkung«, »Gewaltenfusion« oder – negativ bewertend – »Durchbrechung der Gewalteilung« zu finden. Während diese Entwicklung bei der Betrachtung des parlamentarischen Systems zunächst nur ex negativo beschrieben werden kann, stellt z. B. Norbert Gehring Ende der 60er-Jahre mit dem Begriff »Gruppenparlamentarismus« eine positive Benennung der für den politischen Prozess relevanten Einheiten zur Verfügung (Gehrig 1969: 123). Der

Gruppenbegriff geht zurück auf die Modifikation des für den Liberalismus prägenden Allgemeinwohlgedankens. Ernst Fraenkel führte im Rahmen seines pluralismustheoretischen Konzepts an, dass »das Gesamtinteresse als die Resultante im Kräfteparallelogramm gruppenmäßig bestimmter Sonderinteressen zu erfassen« sei (Fraenkel 1991: 162 f.). Er lehnte sich damit an Karl Loewenstein an, der die Rolle der Gruppen in seiner Analyse der Machtverhältnisse im amerikanischen Regierungssystem in Abgrenzung zu den sozialen Klassen aufgearbeitet hatte (Loewenstein 1959: 371 f.).

Die drei Systementwürfe von Parlamentarismus sind nicht als starr und klar abgegrenzt zu verstehen. Ein systematischer Blick auf sie hilft jedoch, die verschiedenen zeitgenössischen Parlamentarismusverständnisse zu erfassen.

Für das Modell der strikten Parlamentsabhängigkeit der Regierung ist, wie dargestellt, der Gedanke einer möglichst spiegelbildlichen Abbildung des Volkswillens von großer Bedeutung. Zum einen ist hiergegen einzuwenden, dass auch mithilfe des Verfahrens der Verhältniswahl eine Abbildung des pluralen Volkswillens nicht annähernd möglich ist, selbst alle politischen Gruppen oder verschiedenen Interessen könnten nicht in verkleinerter Form vertreten werden. Zum anderen ist auch für die Verfechter des Legitimationskettengedankens das Prinzip der repräsentativen Demokratie virulent, was bedeutet, dass es kein imperatives Mandat geben soll. Allein deshalb ist ein durchgängiger Nachvollzug des Volkswillens von Vertretern im Parlament zur Regierung unrealistisch. Der Forderung der Abhängigkeit der Regierung vom Parlament wegen höherer Legitimationsausstattung ist damit teilweise die Grundlage entzogen. Des Weiteren ist – wird das Parlament als Führungsinstanz gedacht – auf die Größe der Volksvertretung (gerade bei Forderung möglichst großer Repräsentativität) hinzuweisen. Für mehrere hundert Repräsentanten verschiedener politischer Gruppen ist die Organisation konkreter Führungsentscheidungen eine kaum zu bewältigende Aufgabe. Problematisch dürften politische Entscheidungen einer großen Versammlung unter Sicherung von Transparenz und Partizipation sein, die ohne Vorleistungen der Exekutive auskommen muss, da diese nur ausführende Funktionen hat (Boldt 1980: 404). Das Phänomen der Arbeitsteilung wird in dieser Stufe der Diskussion von Parlamentarismusmodellen noch nicht einbezogen.

Im Hinblick auf das Gleichgewichtsmodell bezieht sich der einschlägigste Einwand neben der Organorientierung auf die dualistische Ausrichtung des machtteilenden Systems in einer pluralistischen Gesellschaft, welche die Dominanz der Krone gedanklich nur durch das Gegengewicht Regierung ersetzt.

> »Für das alte Theorem eines politischen Gleichgewichts durch bipolare Balance war im Grunde die alte Unterscheidung von Staat und Gesellschaft charakteristisch geblieben, und zwar in der Form, daß Parlamente und auch Parteien als Stabilität garantierende Institutionen zum Staatsbereich geschlagen wurden, die die pluralistische Sphäre der Individualinteressen der Gesellschaft zu integrieren haben. Die Konzeption eines stabilen *Gleichgewichts durch plurales Equilibrium* im parlamentarischen politischen System sieht in den Parteien eher Organisationsformen genuin gesellschaftlicher Interessen, durch deren Konfliktaustragung im öffentlichen Prozeß des Parlamentarismus sich die Politik als Resultate aller gesellschaftlichen Kompromißbildung ergibt.« (Alemann 1975: 17)

Des Weiteren ist im Gleichgewichtsmodell die Regierung nicht nur hinsichtlich der Wahl des Kanzlers vom Parlament abhängig, sondern permanent. Weil aber die Mehrheit im Parlament ihre Mitglieder in die Regierung entsendet, findet Kontrolle im Sinne von checks and balances zwischen den Organen nicht statt. Da das Gleichgewichtsmodell aber auf diese Form der Kontrolle setzt, kann es die Rolle der politischen Opposition nicht ausreichend berücksichtigen. Ein weiterer Punkt, der eine praktisch echte Konkurrenz von Parlament und Regierung verhindert, ist wiederum die Verschiedenartigkeit der Gremien mit Blick auf Größe, Ausstattung usw.

Die hier dargelegten Einwände gegenüber den ersten beiden Systementwürfen von Parlamentarismus wurden zunächst formuliert auf Grundlage der Akzeptanz der Prämisse, dass Staatsorgane als Träger des politischen Prozesses infrage kommen. Für das dritte Modell des Parlamentarismus, die Führerauslese durch das Parlament, für das eine gedankliche Loslösung von ebendieser Orientierung an den Staatsorganen hier ja bereits festgestellt worden ist, ist die entscheidende Frage die Machtkontrolle der Mehrheitsregierung angesichts der augenscheinlichen »Gewaltenverschränkung«. Boldt spricht mit Blick auf dieses Modell sogar davon, dass es »strikt monistisch« sei (Boldt 1980: 406; siehe auch Gehrig 1969: 87). Da sich bei der Verfestigung der Vorstellung einer Mehrheitsregierung aber die Zuordnung von Macht zu Staatsorganen bereits aufzulösen beginnt, kann diese Feststellung nicht in dieser Einfachheit greifen. Dessen ungeachtet bleibt die Frage, wie die Macht der Mehrheit während einer Wahlperiode effektiv eingeschränkt werden kann. Auch zur Beantwortung dieser Frage wäre sich bei der Betrachtung von Kontrollmechanismen den Gruppen zuzuwenden. Betrachtet man aber zunächst diejenigen Vorrichtungen zur Machtbeschränkung, die das Modell der Führerauslese anbietet, wird auch hier eine Schwäche sichtbar. Der Rekurs auf das englische Vorbild, vor allem hinsichtlich des Parteiensystems, suggeriert, dass eine echte Ablösung der Regierungsmehrheit[28], die zu einem politischen Programmwechsel führen würde, nach Parlamentswahlen die Regel ist. Dies kann für Deutschland mit seinem Verhältniswahlsystem und auch für andere Wahlsysteme mit stärker mehrheitsförderndem Effekt nicht vorausgesagt werden. Hier wird der Einfluss von Wahlsystemen auf die Struktur des Parteiensystems absolutiert.

Mit der hier in groben Zügen dargestellten Kritik kann man für oder wider eine Gültigkeit oder Angemessenheit dieser Varianten argumentieren, je nach den zugrunde liegenden Maßstäben[29] und Funktionsanforderungen[30] an Parlamentarismus. Ernst Fraenkel hat für die junge Bundesrepublik die »Vorbelastungen«, die durch die Inkongruenz dieser Vorstellungen entstehen, anschaulich beschrieben. Das verfassungspolitische Denken sei in Deutschland von der unzutreffenden Annahme beherrscht, dass »das Parlament eine aus isolierten Individuen zusammengesetzte Nation vertrete« und dass nicht zur Kenntnis genommen werde, »daß das Parlament in Wirklichkeit auf dem Prinzip der Repräsentation von Interessen« beruhe (Fraenkel 1960: 325).

> »Nach den dem kontinentaleuropäischen parlamentarischen Regierungssystem zugrunde liegenden Vorstellungen delegiert das Volk seine Machtbefugnisse seinen gewählten Repräsentanten, dem Parlament, und das Parlament delegiert sie der Regierung mit der Wirkung, daß das Volk sich durch Vermittlung seines Parlaments selbst regiert. Unter Zugrundelegung dieser vulgär-demokratischen Theorie der Identität von Regierenden und Regierten kann dem Parlament ein Eigenwert nicht zugesprochen werden.« (Fraenkel 1960: 330)

Die Gründe lägen vor allem in der unreflektierten Übernahme des englischen Regierungssystems und in der fehlenden demokratischen parlamentarischen Tradition sowie der Dominanz der Regierungsbürokratie (zum letzen Punkt Fraenkel 1960: 334). Die Ambivalenz gegenüber Parteien als intermediäre Gruppen einerseits und ihrer zentralen, ja existenziellen Stellung im parlamentarischen Regierungssystem sah Fraenkel auch in den Parteien selbst begründet. Es brauche

---

28 Das bedeutet nicht nur z. B. den Wechsel eines kleinen Koalitionspartners im Falle einer minimum winning coalition.

29 Hier kann man vor allem zwei unterschiedliche Maßstabsvorstellungen unterscheiden: zum einen den Realitätsbezug, faktische Existenz bzw. Praktikabilität oder aber normative Vorstellungen vom Vorhandensein gewisser Zustände im Parlamentarismus wie z. B. eine spezifische Vorstellung von Öffentlichkeit oder die Vorstellung von Deliberation, ebenso vom Gemeinwohl.

30 Mit Funktionsanforderungen sind z. B. gemeint: Effizienz des Regierens, Stabilität der Regierung, Relevanz echter Regierungswechsel usw., die vor allem für den Vergleich verschiedener politischer Systeme einschlägig sind.

»Parteien, die sich nicht scheuen, zuzugeben, daß es ihr Ziel ist, ihre Führer in die strategisch bedeutsamen Positionen in Regierung und Verwaltung zu bringen; Parteien, die sich nicht scheuen zuzugeben, daß sie mit den Interessengruppen Hand in Hand arbeiten müssen, ohne diesen Gruppen gegenüber zu kapitulieren« (Fraenkel 1960: 340).

Dies trifft heute noch zu.

4.1.2 Zeitgenössische Variationen

Auch die Arbeit des Parlamentarischen Rates 1948/1949 war von den verschiedenen Parlamentarismusverständnissen seiner Mitglieder geprägt, die maßgeblich die Formulierungen der Grundgesetzartikel bestimmten. Sebastian Galka hat die Diskussion im Parlamentarischen Rat untersucht und einerseits eine »pro-gouvernementale« Sichtweise, die eine Handlungsfähigkeit der Regierung unabhängig von den Mehrheitsverhältnissen im Parlament anstrebe (Galka 2014: 313), identifiziert und andererseits eine »pro-parlamentarische Sichtweise«. Höchster Wert dieser Sichtweise sei dagegen die ständige Möglichkeit einer Mehrheit des Parlaments, den Inhalt und das Personal der Politik zu bestimmen (Galka 2014: 319). In dieser Analyse der Parlamentarismusverständnisse im Parlamentarischen Rat wird deutlich, dass die Frage, ob die Handlungsfähigkeit des Parlaments oder der Regierung maßgeblich für die Stabilität des Regierungssystems sein solle, noch sehr strukturierend für die Diskussion gewesen ist und eine Fokussierung auf das Verhältnis der beiden Organe bestand.

Es kann also festgehalten werden, dass sich in der zeitgenössischen Parlamentarismusliteratur bei der Auseinandersetzung mit Parlamentarismusverständnis stets eine Dichotomie finden lässt, deren Teile unterschiedlich bezeichnet werden. Der Unterschied zwischen einer klassischen und einer parteiendemokratischen Auffassung erschöpft sich nicht in einer rechtswissenschaftlichen Betrachtungsweise einerseits und einer politikwissenschaftlichen andererseits auf das Zusammenwirken von Verfassungsnormen (anders jedoch Decker 2004: 534). Vielmehr bildet die Dichotomie Diskrepanzen im Verständnis von Parlamentarismus ab, die sich auf verschiedenen Abstraktionsebenen zeigen. Der Begriff »klassisch« wird hier verwendet, weil er die Anknüpfung an das klassisch-liberale Repräsentationsverständnis anzeigt. Der Begriff parteiendemokratisch wird gegenüber z. B. dem Begriff »realistisch« (so bei Schütt-Wetschky) vorgezogen, weil er ohne Wertung gegenüber dem Pendant die Struktur der parlamentarischen Praxis auch normativ beschreibt.

Als Annäherung an die Eigenschaften eines parteiendemokratischen in Abgrenzung zu einem klassischen Parlamentarismusverständnis, die hier in den Entscheidungen des BVerfG gesucht werden, werden die verschiedenen Typenunterscheidungen in der Literatur kurz dargestellt. Eine grundlegende Erörterung dieser Dichotomie fehlt bisher. Die wichtigste Ausnahme stellt die grundlegende Unterscheidung von Eberhard Schütt-Wetschky zwischen altliberalem Typ und Gruppentyp des Parlamentarismus dar. Allerdings werden hier nicht alle Kernaspekte des parlamentarischen Regierungssystems dargelegt, sondern es wird anhand des Phänomens Fraktionsdisziplin exemplifiziert (Schütt-Wetschky 1984).

Karlheinz Niclauß hat sich in seinem zuerst 1978 erschienenen Buch mit dem Titel »Der Weg zum Grundgesetz« ebenfalls mit Demokratiekonzeptionen beschäftigt, die in den Beratungen des Parlamentarischen Rates aufeinandertrafen. Anders als bei Galka stellt seine Konzeption von »konstitutioneller Demokratie« einerseits und »sozialer Mehrheitsdemokratie« andererseits einen Teil der politischen Kultur im Nachkriegsdeutschland bzw. politische Zielvorstellungen dar und weniger verschiedene Theoriekonzepte. Die konstitutionelle Demokratie beruht nach Niclauß auf gesellschafts- und kulturkritischen Überlegungen. Erscheinungsformen der modernen Massendemokratie, wie die Relevanz des Parlaments an sich und die damit einhergehende Tragweite von Mehrheitsentscheidungen, lösten Vorbehalte aus, die mit dem Schlagwort »Parlamentsdiktatur« oder »Parlamentsabsolutismus« versinnbildlicht werden können (Niclauß 1998: 90 f.). Dementsprechend plädierten die Vertreter dieser Auffassung für Subsidiarität und Föderalismus, die als Vetopositionen fungieren sollten. Die Vorbehalte gegenüber der Macht der Mehrheit drückten sich auch in Forderungen nach Parteiunabhängigkeit aus. Die Einrichtung einer zweiten Kammer und vor allem das Amt eines Staatspräsidenten sollten hierfür dienlich sein. Der »Parlamentsdiktatur« (Adolf Süsterhenn) wollte man durch die Verteilung der Befugnisse auf verschiedene Staatsorgane Herr werden. Hier taucht auch das Gleichgewichtsparadigma wieder auf, wie es für das gewaltenbalancierende Systemmodell beschrieben worden ist (Kapitel 4.1.1). Bereits im Parlamentarischen Rat wird also deutlich, dass das Prinzip der Gewaltenteilung und das Mehrheitsprinzip in einem Spannungsverhältnis zueinander stehen:

> »Das Mehrheitsprinzip, so wurde argumentiert, sei nur eine Komponente der westlichen Demokratie und mit den Prinzipien des Rechtsstaates und der Gewaltenteilung weder logisch noch seiner Herkunft nach verbunden.« (Niclauß 1998: 91 f.)

Demgegenüber wird in der Konzeption der sozialen Mehrheitsdemokratie die Bedeutung parlamentarischer Mehrheitsentscheidungen besonders hoch angesiedelt. Anders als beim Konzept der konstitutionellen Demokratie orientieren sich seine Forderungen an konkreten politischen Zielvorstellungen, wie insbesondere einer keynesianistisch-interventionistischen Wirtschaftsreform (Niclauß 1998: 36). Der Wunsch nach der Verwirklichung gesellschaftlicher Reformvorstellungen rückte das Gesetzgebungsverfahren und damit das Parlament in den Mittelpunkt. Für das unmittelbar gewählte Parlament und seine Mehrheit sollte der entsprechende Handlungsspielraum ermöglicht werden. Institutionen wie die der zweiten Kammer oder des Staatspräsidenten wurden abgelehnt, weil sie den Gesetzgebungsprozess hätten behindern können (Niclauß 1998: 64 f.). Da der legislativen Funktion ein besonderes Gewicht zukommen und dieses ausschließlich beim unmittelbar gewählten Parlament liegen soll, wird Gewaltenteilung lediglich als Grundriss für die Verteilung von Staatsfunktionen betrachtet (Niclauß 1998: 60), und es wurde eine Gewaltenverschränkung angestrebt, die auf politisch-personellem Wege wirksam werden sollte (61). Es fällt auf, dass dieser letzte Aspekt zwar mit dem oben genannten Modell der Führerauslese gemein ist, jedoch dort von einer Vorrangstellung der Regierung ausgegangen worden ist, während hier das Parlament im Vordergrund stehen soll. Dieser scheinbare Widerspruch lässt sich auflösen, wenn der Fokus auf die Organschranken fallengelassen wird. Die Mehrheit im Parlament wählt ihre Führer aus ihren Reihen aus und diese sind dann in der Regierung vertreten. In diesem Sinne ist die Regierung zwar »übergeordnet«, aber nicht, weil sie als Organ für die Beziehung zum Parlament oder für den Gesetzgebungsprozess besonders herausragende Kompetenzen hätte, sondern in ihrer Eigenschaft als Kollektiv führender Parlamentarier: als Ausschuss des Parlaments (Bagehot 1971: 55). Niclauß siedelt seine Unterscheidung von konstitutioneller Demokratie und sozialer Mehrheitsdemokratie also auf der Ebene von Demokratiekonzeptionen im Parlamentarischen Rat an, die verschieden motiviert waren (politische Kultur einerseits, politische Zielvorstellungen andererseits). Dies zeigt sich auch in seinem Verweis auf die Vorbilder in verfassungspolitischer Hinsicht: auf der einen Seite Ausrichtung an der amerikanischen Verfassungstradition (»composite government«), auf der anderen Seite am englischen Vorbild (»simple constitution«) (Niclauß 1998: 64).

Für die hier aufgestellte These der Existenz einer grundsätzlichen Dichotomie im Verständnis von Parlamentarismus spricht auch die von Heinrich Oberreuter vorgenommene Unterscheidung von »traditionellem Parlamentsverständnis« und »aufgeklärtem Parlamentsverständnis« (Oberreuter 1989b). Er fasst die Einstellungen der Bürger gegenüber dem Bundestag im öffentlichen Diskurs zu einer gespaltenen politischen Kultur zusammen, worunter er »elementare gesellschaftlich-politisch bedeutsame Einstellungen gegenüber den Fundamenten und Institutionen des politischen Systems« (Oberreuter 1989b: 28) versteht. Auf der Grundlage von verschiedenen Bevölkerungsumfragen arbeitet er die Vorstellungen über den Bundestag und sein Funktionieren heraus. Das Nebeneinander und die Ungeklärtheit der verschiedenen Parlamentarismusverständnisse im Parlamentarischen Rat und der Kompromisscharakter des Grundgesetzes wirkten demnach in die Bundesrepublik hinein nach.

> »Vielleicht ist die These mehr als ein Wortspiel, daß es hinsichtlich der Einstellungen zum Parlament hierzulande zwei politische Kulturen gibt: eine starke, sich auch wirkmächtig artikulierende, die vom traditionellen Erbe beherrscht ist, und eine aufgeklärte, die für moderne Entwicklung offene, die freilich schwächer zu sein scheint und im wesentlichen unter Praktikern und Experten im verborgenen blüht.« (Oberreuter 1989b: 39)

Oberreuter identifiziert seit den 60er- und 70er-Jahren einen Wertewandel hin zu mehr Individualismus und Selbstverwirklichung, der mit antiinstitutionellen Einstellungen[31] einhergehe. Im Diskurs der Öffentlichkeit sieht Oberreuter das politische Bewusstsein von einer traditionellen Idealvorstellung geprägt. Dies betreffe vor allem die Vorstellung von einem parteilich ungebundenen Abgeordneten und einer bestimmten Ausgestaltung des Debattenstils (Oberreuter 1989b: 37). Tatsächlich aber seien Arbeitstechniken jenseits der traditionellen Orientierung gefragt, wie Spezialisierung und Arbeitsteilung (38). Und auch hier wird festgestellt, dass die Funktion der politischen Führung konzeptionell und personell dem Bundestag zugefallen sei. Oberreuter dekliniert hier nicht detailliert alle Aspekte des parlamentarischen Systems im Sinne des traditionellen und des aufgeklärten Parlamentsverständnisses. Besonders hilfreich ist jedoch, dass er auf die zugrunde liegenden Pfeiler in der politischen Kultur verweist, die zu einem traditionellen Verständnis führen: Dies seien vor allem ein besonderes Harmoniebedürfnis (der Deutschen) und damit einhergehend erhebliche Vorbehalte gegenüber den politischen Parteien (Oberreuter 1989a: 37; zum Antiparteienaffekt siehe auch Kindler 1958; zum Parteidissens siehe Schuett-Wetschky 2005a). Für die angestrebte Annäherung an die Eigenschaften eines parteiendemokratischen Parlamentarismusverständnisses ist eine weitere Einstellung relevant, auf die hier aufmerksam gemacht wird. Die Auffassung von repräsentativer Demokratie als Notbehelf und von Demokratie

31 Auf antiparlamentarische oder sogar antidemokratische Auffassungen aus dem linken und dem rechten Spektrum, die Oberreuter nennt, wird hier nicht eingegangen.

als plebiszitärer Selbstentfaltung (Oberreuter 1989b: 33 f.). Denn es ist naheliegend, dass die Skepsis gegenüber der Responsivität von Abgeordneten, die Oberreuter in den Umfragen aufzeigt, sich auch auf diejenigen Einheiten überträgt, die Repräsentation organisieren bzw. darstellen, auf politische Parteien. Somit ist auch das Repräsentationsverständnis als ein Teil des Parlamentarismusverständnisses aufzufassen. Allerdings bezieht sich Oberreuters kurze Darstellung lediglich auf den Bundestag, nicht auf das Gesamtsystem Parlamentarismus.

Während bei den bisher genannten Unterscheidungen deren Benennung und Beschreibung im Vordergrund stand, reflektiert Frank Decker bereits die Relevanz der Unterscheidung an sich und ihre wissenschaftliche Verwendung. Decker sieht die Diskrepanz zwischen »konstitutionellem« und »parteiendemokratischem« Parlamentarismusverständnis, anders als es in dieser Arbeit angenommen wird, in »Kommunikationsschwierigkeiten« zwischen Staatsrechtslehre und Politikwissenschaft begründet (Decker 2004: 533). Zwar erfolgt ein Verweis und eine ausführliche Darlegung der historischen Verspätung des parlamentarisch-demokratischen Regierungssystems in Deutschland (ebd.), dennoch könne die Differenz überwunden werden, wenn nur die einen den rigiden Verweis auf Grundgesetzartikel und die anderen den pauschalen Anachronismusvorwurf fallenließen (Decker 2004: 536). Drei normative Missverständnisse des parlamentarischen Systems seien zu identifizieren: erstens die Vorstellung einer organschaftlichen Gewaltenteilung, zweitens von unterschiedlichen Funktionen von Parlament und Regierung (Entscheidung und Ausführung) und drittens die Idee des »government by discussion« (Decker 2004: 534). Die Positionen der parteiendemokratischen Auffassung verhielten sich dazu spiegelbildlich: neuer Dualismus zwischen Regierungsmehrheit und Opposition, faktische Gesetzgebungsarbeit im Bereich der Exekutive und der Charakter der parlamentarischen Debatte im Sinne bloßer Darstellung und Kritik (ebd.).

> »Der Fehler der politikwissenschaftlichen Verteidiger des real existierenden Parlamentarismus liegt darin, dass sie sich bei ihrer Auseinandersetzung mit den ‚altliberalen' Positionen zu sehr am britischen Idealtypus des parlamentarischen Systems orientieren. Charakteristisch für das ‚Westminster-Modell' ist zum einen die vollständige Ausprägung des ‚neuen' Dualismus im Prinzip der alternierenden Regierung und zum anderen der Umstand, dass die jeweilige Mehrheit über einen großen Aktionsradius verfügt, ihre Kreise also nicht durch Mitregenten und sonstige verfassungsrechtliche Gegengewichte gestört werden.« (Decker 2004: 543)

Dagegen befinde sich Deutschland in einer Zwischenstellung zwischen Mehrheits- und Konsensdemokratie. Durch diesen Verweis Deckers auf Lijphards vergleichende Untersuchung von Demokratiemodellen (Lijphart 2012) wird auch deutlich, dass er die Parlamentarismusdichotomie auf der

Ebene konkreter realer parlamentarischer Regierungssysteme verortet, nicht nur im Bereich der konzeptionellen Annahmen.

Damit sind verschiedene Variationen zweier idealtypischer Parlamentarismuskonzeptionen benannt und es ist auch die Frage aufgeworfen, auf welcher Ebene der politikwissenschaftlichen Analyse sich die Unterscheidung von klassischem und parteiendemokratischem Parlamentarismusverständnis befindet. Wie gezeigt wurde, bilden sich Diskrepanzen im Verständnis von Parlamentarismus auf verschiedenen Ebenen ab. Während Niclauß konkrete Politikentwürfe in der Entstehungszeit des Grundgesetzes betrachtet, liegt die Differenz bei Oberreuter in der politischen Kultur und hier konkret zwischen verschiedenen Bezugsgruppen, nämlich zwischen Bürgern und politischen Akteuren, begründet und bei Decker in der Praxis parlamentarischer Regierungssysteme. Dieser Befund ist für die Untersuchung der Urteile des BVerfG wichtig: Hinsichtlich der Konzeptionalisierung des parteiendemokratischen Verständnisses, auch zum Zweck der Analyse und Beurteilung von parlamentarischen Regierungssystemen, besteht ein Theoriedefizit. Dies könnte darauf zurückzuführen sein, dass ihre Phänomene auf den verschiedenen Abstraktionsebenen verortet und analysiert werden. Es herrscht insbesondere keine grundsätzliche Einigkeit darüber, ob eine Veränderung von einem klassischen Verständnis hin zu einem parteiendemokratischen Verständnis im Bereich der Theorie oder im Bereich der Praxis zu verorten ist. Während Schuett-Wetschky, wie Alexander Weiß zutreffend feststellt, von einem »Paradigmenwechsel in der Beschreibung des Parlamentarismus« ausgeht (Weiß 2011: 124), identifiziert Weiß selbst diesen Wechsel als tatsächliche Entwicklung beim Übergang zum Massenparlamentarismus. Im Vergleich zum Paulskirchenparlament legt er dar, inwiefern sich die grundsätzliche Struktur der Arbeitsweise der Abgeordneten geändert habe (Weiß 2011: 88). Mag es graduelle Veränderungen in der Rolle der Parlamentsdebatte hinsichtlich der Frage gegeben haben, inwieweit die Entscheidung vorab von den Mehrheitsfraktionen festgelegt wurde, wie Weiß dies beschreibt, so kann von der Existenz des klassischen Ideals einer deliberierenden Versammlung in der Praxis trotzdem nicht ausgegangen werden.

> »Falsch ist das Kriterium eines ‚goldenen Zeitalters', in dem das Parlament angeblich Suprematie genoss und die Regierung sein ausführendes Organ war. Dieses Zeitalter hat es nie gegeben. Falsch ist ebenso das Kriterium eines souveränen Parlaments; denn es ist undemokratisch: Das Parlament steht im Prozess der Kommunikation mit den Meinungen und Interessen der Gesellschaft. Es unterliegt notwendigerweise ihren Einflüssen. Es entscheidet nur als letzte Instanz und ist dabei in der Regel viele Kompromisse eingegangen. Tatsächlich muss man heute in allen

demokratischen Systemen, seien sie demokratisch oder präsidentiell, von koordinierten Machtträgern sprechen.« (Oberreuter 2013: 24 f.)

Die Bezugnahme Deckers auf real existierende politische Systeme stellt ebenso keinen Widerspruch dagegen dar, die Dichotomie als Differenz auf der Ebene des Verständnisses einzustufen. Denn es liegt nahe, dass gerade die verschiedenen empirischen Erscheinungsformen des Parlamentarismus eine einheitliche Auffassung darüber verhindern können, wie dies die Vorstellung einer »Durchbrechung« der Gewaltenteilung im Vergleich von parlamentarischem und präsidentiellem Regierungssystem zeigt.

Vielfach sind mit Blick auf das deutsche Regierungssystem solche Fehlperzeptionen festgestellt worden. Auch dies deutet darauf hin, dass der Dissens, der in dieser Dichotomie liegt, weiterhin, auch nach Etablierung der modernen Parteiendemokratie, relevant ist. So spricht Wolfgang Zeh von drei »Fehlimpulsen« (Zeh 2007: 63), die für die Ungeklärtheit des Verhältnisses zwischen Parlament und Regierung relevant seien. Diese seien ein verkürzter Kontrollbegriff im Gegensatz zu einem aktiven Kontrollbegriff im Sinne von Mitsteuerung, die Vorstellung der Gewaltenteilung zwischen Parlament und Regierung und eine überholte Separierung zwischen staatlicher und gesellschaftlicher Sphäre (Zeh 2007: 64 ff.). Uwe Thaysen benennt in ähnlicher Weise neun »Diskrepanzen« (Thaysen 2007), deren inhärente Spannungsverhältnisse auszubalancieren seien; darunter der Versuch der Realisierung eines fiktiven Gemeinwohls (Thaysen 2007: 215), die Professionalisierung von Politik, die trotzdem an die Alltagserfahrungen der Bürger (politische Laien) rückgekoppelt sein müsse (219), das Verhältnis von Führen und Folgen (220) und die intransparente Vorbereitung des politischen Wettbewerbs (221). In einem engen Zusammenhang mit den Aspekten Professionalisierung und Führung steht die Hierarchie, die zu systembedingten Ungleichheiten zwischen den Abgeordneten führt. Dies benennt Gerhard Loewenberg als eine der »Paradoxien« des Parlamentarismus (Loewenberg 2007). Andere sind das Verhältnis eines komplexen multipolaren Entscheidungsprozesses gegenüber der binären Alternative Zustimmung oder Ablehnung in der Beschlussfassung von Staatsorganen (Loewenberg 2007: 822 f.).

Was bedeutet es also angesichts dieser Spannungsverhältnisse zusammenfassend, Parlamentarismus konsequent als Parteiendemokratie zu begreifen? Eberhard Schütt-Wetschky hat die von ihm sogenannte realistische Parlamentarismussichtweise systematisch erfasst, formuliert und ausdifferenziert. Die grundsätzliche, zentrale Unterscheidung, die für die Differenzierung zwischen einem parteiendemokratischen und einem klassischen

Parlamentarismusverständnis erforderlich ist, ist diejenige zwischen Entscheidung und Beschluss und damit zwischen der formellen und der materiellen Seite des politischen Prozesses. Diese Unterscheidung wird im klassischen Verständnis nicht konsequent berücksichtigt. Im Hinblick auf die Gesetzgebung meint dies zunächst einmal, dass im Bundestag für alle verbindliche Gesetze beschlossen werden, während aber die Entscheidungen über den Inhalt dieser Gesetze in Parteien fallen. Grund für die Notwendigkeit dieser Unterscheidung ist das auf dem Mehrheitsprinzip beruhende empirische Phänomen, dass Entscheidungen in Gruppen getroffen werden, nicht in Organen: das Gruppenphänomen (Schütt-Wetschky 1984). Die Beschlussfassung in Organen existiert daneben – beide Elemente sind zu differenzieren und notwendigerweise miteinander verknüpft. Aus der Anerkennung der Unvermeidbarkeit des Gruppenphänomens folgt die Anerkennung von Parteien als Entscheidungskörper in der Demokratie. Dies impliziert die Erkenntnis, dass Parteien nicht nur an der Willensbildung und Entscheidungsfindung des Volkes mitwirken, sondern auch – und vor allem – an der des Staates. Dies erreichen Parteien durch Geschlossenheit, also einheitliches Abstimmungsverhalten, was es ihnen aufgrund des Mehrheitsprinzips ermöglicht, die Minderheit für eine bestimmte Zeit von der Entscheidungsfindung auszuschließen. Geschlossenheit wiederum wird innerparteilich durch demokratische Führung erreicht. All diese beschriebenen Elemente – Geschlossenheit von Gruppen, Entscheidungen durch Parteien und demokratische Führung – werden von der klassischen Sicht auf den Parlamentarismus nicht in ihrem Gesamtzusammenhang berücksichtigt. Durch die mangelnde Differenzierung zwischen Entscheidung und Beschluss und damit dem formellen und dem materiellen Aspekt im politischen Prozess geht diese Sicht von ganz anderen Strukturen aus.

Idealtypisch fallen im klassischen Verständnis Entscheidung und Beschluss in eins. Dementsprechend soll in Organen – bzgl. der Gesetzgebung im Parlament – entschieden werden. Dies erfordert, dass jeder Abgeordnete sich ad hoc als Einzelner während einer Plenarsitzung durch Deliberation mit den anderen Parlamentariern entscheidet (ggfs. durchaus nach Vorbereitung der Entscheidung in den Ausschüssen). Dementsprechend würden Beschlüsse nicht entlang einer festen Mehrheit, sondern mit wechselnden Mehrheiten, je nach Sachthema und Auffassung des einzelnen Abgeordneten, fallen. Parteien spielen nach dieser Sicht nur im vorparlamentarischen Raum als »Wahlvorbereitungsorganisationen«, »Transmissionsriemen«, »Vermittler« etc. eine Rolle.

Die hier in dichotomischer Art und Weise vorgenommene Abgrenzung des klassischen und des parteiendemokratischen Parlamentarismusverständnisses soll nicht überdecken, dass die Beschreibung bzw. theoretische Aufarbeitung dieser politischen Prozesse nicht immer eindeutig einer der beiden Sichtweisen zugeordnet werden kann. Es treten so auch verschiedene, sogar widersprüchliche Hinweise auf eine der beiden Sichtweisen auf, oder es gibt hinsichtlich einzelner Merkmale Inkonsequenzen. Auch politische Akteure beschreiben ihre Vorstellungen von Parlamentarismus häufig abweichend zu ihrem tatsächlichen Verhalten. Dies könnte in einem fehlenden Bewusstsein für eine grundsätzliche Differenz und ihre abstrakte Beschreibung oder mindestens für ihre Auswirkung in den Einzelheiten des parlamentarischen Systems begründet liegen. Aus theoretischer Perspektive sind die beiden Stränge jedoch verhältnismäßig eindeutig voneinander abzugrenzen (hierzu Schütt-Wetschky 1984: 267 ff.), was sie für die Analyse geeignet erscheinen lässt.

4.2. Konzeptionelle Grundannahmen des parteiendemokratischen und klassischen Parlamentarismusverständnisses

4.2.1 Gewaltenteilung: Spannungsfeld Gewaltenteilung und Machtteilung

Institutionalisierte Machtteilung zur Sicherung der Freiheit des Einzelnen bei gleichzeitiger innen- und außenpolitischer Handlungsfähigkeit ist eine große Herausforderung für Demokratien. Der Gewaltenteilungsgrundsatz bzw. das Verfassungsprinzip der Gewaltenteilung kann dabei als hintergründiger Topos angesehen werden, der Beschreibung und Analyse von Machtteilung ermöglicht und ein Problembewusstsein für Machtmechanismen schafft (Cancik/Groß 2019: 68). Sieht man ihn für das Grundgesetz in Art. 20 II dargelegt, hat er für die Lösung verfassungsrechtlicher oder gar politischer Probleme wenig Bedeutung. Er wirkt jedoch »im Zusammenhang oder als Ergänzung anderer Rechtsgrundsätze« (Grzeszick 2018: 57; singgemäß auch Becker 1986: 71). Auf der Ebene des Verfassungsrechts dient die Zuweisung von Rechtskompetenzen an verschiedene Verfassungsorgane der organisatorischen und personellen Aufteilung gesetzgebender, ausführender und rechtsprechender Aufgaben im Staat und dabei »vor allem [der] Anerkennung der Unabhängigkeit der Justiz« (Fraenkel/Bracher 1957: 122). Damit soll die Konzentration der Staatsgewalt auf eine Person oder eine Gruppe verhindert werden. Mit der Demokratisierung von Regierungssystemen leitet sich alle Staatsgewalt jedoch von der gleichen Legitimationsquelle, nämlich vom Volk (nicht etwa von Gott), ab, womit vor allem generell die Macht der Träger von Hoheitsgewalt begrenzt werden soll.

Machtteilung im politischen System pluralistischer Demokratien verwirklicht sich nicht nur über die Kompetenzteilung der Staatsorgane, sondern vor allem über die Kombination mit den Grund- und Menschenrechten und einer politischen Öffentlichkeit. Ich verwende den Begriff Gewaltenteilung zur Beschreibung der Aufteilung der einen Staatsgewalt auf Verfassungsorgane oder Institutionen. Die zentralen Aspekte der Gewaltenteilung sind in dieser Hinsicht die Verteilung der Kompetenzen zwischen Parlament und Regierung, die Rolle direktdemokratischer Elemente und föderale Gewaltenteilung. Weil es hier um Parlamentarismus geht, konzentrieren sich die folgenden Ausführungen auf das Verhältnis von Parlament und Regierung. Zur Konzeptualisierung eines Gewaltenteilungsbegriffs, der für die Analyse von Verfassungsauslegung herangezogen werden kann, ist es darüber hinaus unabdingbar, Aspekte von materieller Machtteilung dabei zunächst auszugrenzen. Ein verfassungsrechtliches Verständnis von Gewaltenteilung erfordert es, Gewaltenteilung auf die Erzeugung von Recht zu beziehen (Möllers 2007: 508). Im zweiten Schritt wird das Gewaltenteilungskonzept differenziert und spezifisch parteiendemokratische Gesichtspunkte herausgearbeitet.

Die Gewaltenteilungsnorm wird im Grundgesetz und in den ihr nachgeordneten Rechtsvorschriften konkretisiert. Machtbegrenzung durch Aufteilung von Kompetenzen wird durch die Kontrolle der Staatsorgane untereinander verwirklicht. So steht beispielweise das konstruktive Misstrauensvotum (Art. 67 GG) zur Verfügung, um die Amtszeit eines Bundeskanzlers zu beenden. Die Verwaltung und Rechtsprechung sind an die vom Parlament erlassenen Gesetze gebunden (Art. 20 III GG), die Regierung muss Gesetzen, die außerplanmäßige Ausgaben betreffen, zustimmen (Art. 112 GG) und die Gerichte kontrollieren die Rechtmäßigkeit von Gesetzen und Exekutivakten (z. B. Art. 93 GG). Des Weiteren zwingen Interpellationsrechte eine Regierung zu öffentlichen Stellungnahme über ihr Handeln. Wird ein rechtliches oder politisches Fehlverhalten von Regierungsmitgliedern vermutet, kann ein Untersuchungsausschuss eingesetzt werden (Art. 44 GG). Das Haushaltsrecht ermöglicht es dem Parlament, eine geplante Mittelverwendung der Regierung zu blockieren oder nach Abschluss des Haushaltsjahres zu kontrollieren, was durch die Wahl des Präsidenten des Bundesrechnungshofes personell umgesetzt wird. So dient auch die Wahl des Wehr- und Datenschutzbeauftragten dem Bundestag zur Umsetzung seiner Kontrolle. Nicht zuletzt kann er durch die Einleitung eines Organstreitverfahrens vor dem BVerfG die Nichtigerklärung eines Regierungsbeschlusses erreichen. All diese Mittel haben einen unterschiedlichen Sanktionsgrad. Je nach Auffassung darüber, wie weitgehend und wie weitgehend politisch der Kontrollbegriff zu verstehen ist, kann die Liste der Kontrollmittel erweitert werden (siehe auch Steffani 1989).

Ein klassisches Gewaltenteilungsverständnis besteht aus einem *organorienti*erten, an Rechtskompetenzen orientiertem Verständnis, das gleichzeitig davon ausgeht, dass Organe als unitarische Akteure die Kontrolle durchführen. Die Verfassungsorgane, insbesondere Parlament und Regierung, sind in dieser Sichtweise voneinander unabhängig, sie sind gleichgeordnet und sollen sich gegenseitig kontrollieren. Die Organe werden als Kollegialorgane betrachtet, sodass der Fokus auf ihrer Beschlusskompetenz liegt. In diesem Sinne wird das Kabinett als Regierung und das Parlament als die Gesamtheit aller Abgeordneten aufgefasst. Mehrheit und Minderheit werden vernachlässigt oder als nachgeordnet betrachtet. Ein Blick auf die Debatten bei der Entstehung von Art. 20 II GG im Herrenchiemseekonvent und im Parlamentarischen Rat zeigt, dass die Aufteilung von Staatsgewalt auf jeweils besondere Organe vor allem als Gegenentwurf zu einem »Parlamentsabsolutismus« (Niclauß 1998: 104) konzipiert war. Ob die Mitglieder des Parlamentarischen Rates hieraus auch ein Politikmodell für die künftige Bundesrepublik ableiten wollten, ist fraglich (bejahend Schuett-Wetschky 2001). Die Differenzierung zwischen Gewaltenteilung als einem formalen Strukturprinzip (Aufteilung von Rechtskompetenzen) und einem materiellen Strukturprinzip (Machtkontrolle durch Gegenmacht) war für die Formulierung eines Verfassungsartikels jedenfalls nicht zwingend erforderlich (Galka 2014: 76).

Mit der Zuordnung von Rechtskompetenzen ist jedoch auch eine *funktionale* Differenzierung verbunden, wie dies die Dreiteilung in Exekutive, Legislative und Judikative bereits zeigt. Das BVerfG konkretisiert dies mithilfe der Konzepte der Funktionenadäquanz und der inzwischen relativierten Kernbereichslehre (z. B. BVerfGE 68, 1; BVerfGE 9, 268; siehe auch Sinemus 1982)). Die Aufgaben des Staates sollen von denjenigen Organen erbracht werden, die dafür organisatorisch und legitimatorisch am besten geeignet sind (Maurer 2010: 360, Rdnr. 4). Allerdings sind Maßstäbe und Kriterien der »richtigen« Zuordnung nur in Einzelfällen zu identifizieren (siehe auch Möllers 2007: 498). Offensichtlich ist beispielsweise, dass die Größe des Verfassungsorgans Einfluss auf seine Arbeitsweise und Arbeitsgeschwindigkeit hat und dass das Parlament das einzig direkt legitimierte

Organ ist. Die Kernbereichslehre umfasst die Gewährleistung eines unantastbaren Kernbereichs jeder Staatsgewalt mit dem Ziel, dass die Kompetenzen den erforderlichen Fähigkeiten zur Aufgabenerfüllung entsprechen (siehe Luch 2016: 412, Rdnr. 40 ff.). Die Kernbereichslehre tritt mit Blick auf das Gewaltenteilungsprinzip neben das oder in Konkurrenz zum Gleichgewichts-Paradigma, also das Prinzip wechselseitiger Kontrolle mehrerer Machtträger (Steffani 1997: 19). Weitere Gebote der Gewährleistung funktionaler Aufteilung von Staatsgewalt sind angesichts des Verhandlungsstaats das Gebot der Kooperation, der Effizienz, der Sachgerechtigkeit und der Akzeptanz (Arnauld 2001: 683 f.; siehe auch Ossenbühl 1980). Dabei funktionieren die drei Gewalten nicht unabhängig voneinander, sondern bilden ein »konstitutionelles Arrangement der wechselseitigen Beziehungen«, das eine »vernünftige handlungs- und leistungsfähige Organisation der staatlichen Gewalt« hervorbringt (Grzeszick 2018: 61).

Dieses »leistungsfähige Arrangement« ist im parlamentarischen Regierungssystem durch die ständige Abhängigkeit der Regierung von der Parlamentsmehrheit gewährleistet. Die Abhängigkeit der beiden Staatsorgane wird nicht nur durch die Wahlkompetenz von Parlamenten, wie der des Bundestages (Art. 63 I GG), erreicht, sondern auch durch die Beteiligung des Parlaments an der Kreation anderer oberster Bundesorgane (wie z. B. der Wahl der Bundesverfassungsrichter) oder durch fehlende Inkompatibilitätsregelungen für die gleichzeitige Mitgliedschaft in Parlament und Regierung (Schliesky 2016: 236 ff.). Die beiden Organe können mit der Abschaffung der konstitutionellen Monarchie nicht mehr als Antipoden verstanden werden. Funktionsverschränkungen zeigen sich abgesehen von den genannten Wahlkompetenzen auch in der Tatsache, dass der Bundesrat aus Leitern der ausführenden Gewalt besteht und ständig legislativ tätig ist, dass die Mehrzahl der Gesetzentwürfe von der Regierung stammt[32] oder das Parlament auch Sachverhalte jenseits von Gesetzentwürfen debattiert, die darüber hinaus auch Fragen der Prärogative der Regierung betreffen (Sternberger 1960). In diesen Merkmalen des parlamentarischen Regierungssystems sieht Sternberger in den 1960er-Jahren »nicht die geringste

32 Auch in der Politikwissenschaft wurde dieses Indiz als Indikator, weil zählbar, lange überschätzt. Wenn die Regierung einen Gesetzentwurf einbringt, sagt dies nur, dass sie ihn einbringt, nicht etwa, dass nur Ministeriumsmitarbeiter daran mitgewirkt hätten. Heute ist dieses Argument auch so gut wie nicht mehr zu lesen, was ebenfalls einen Beleg für den Wandel in der Wahrnehmung des parlamentarischen Regierungssystems darstellt.

Neuigkeit«, allerdings verhinderten althergebrachte »Verfassungs-Vorstellungen« und »Denkgewohnheiten« (1960: 29) den Niederschlag in der Begriffssprache (1960: 24).

In einem politischen System mit Funktionenintegration, also unter der materiellen Vereinigung von Gesetzgebung und Vollziehung, tritt neben die funktionelle Differenzierung der drei Aufgabenbereiche Gesetzgebung, Ausführung und Rechtsprechung ebenso die funktionelle Differenzierung zwischen Mehrheit und Minderheit. Die Funktionenintegration entspricht der Reduzierung auf die einzige Legitimationsquelle durch das Prinzip der Volkssouveränität und ermöglicht so verantwortliches Handeln und die Zuordnung von Verantwortlichkeit an einen Entscheidungskörper, die Regierungsmehrheit.

> »Die Regierungsmehrheit stellt als mehr oder weniger übereinstimmend agierende und entsprechend auftretende politische Aktionseinheit von verantwortlichem Regierungspersonal und stimmberechtigter Parlamentsmehrheit den tonangebenden Mittelpunkt eines jeden parlamentarischen Regierungssystems dar.« (Zeh 2007: 67)

Steffani sieht im parlamentarischen Regierungssystem der pluralistischen Parteiendemokratie durch das Phänomen der Regierungsmehrheit neben einer »verfassungsrechtlich-organschaftlichen« eine »verfassungspolitisch-institutionelle« Gewaltenteilung realisiert (Steffani 1997: 26). Mit seiner sechsteiligen Gewaltenteilungslehre war er in den 80er-Jahren zum ersten Mal in der Lage, die verschiedenen Dimensionen von Machtteilung zu adressieren. Die staatsrechtliche, temporale, föderative, konstitutionelle, dezisive und soziale Teilungslehre nimmt die Abstraktion von Staatsorganen vor, die für die Erklärung von Gewaltenteilung durch Machtbeschränkung nowendig ist. Als »Herzstück der politologischen Gewaltenteilungslehre« (Steffani 1997: 48) bezeichnet er die dezisive Teilungslehre. Hier identifiziert er die Diskussions- und Entscheidungsebenen Parteien, Interessengruppen und öffentliche Meinung (1997: 49) und er betont die Interdependenz der verschiedenen Ebenen, die im staatlichen *und* sozialen Raum angesiedelt sind (1997: 52), nämlich Regierung, Parlament, Parteien, Interessensgruppen und öffentliche Meinung.

> »Obgleich der Gedanke machtbegrenzender Gewaltenteilung im demokratischen Rechtsstaat auf vielfältige Weise zur Geltung kommen kann [...] bilden das einander kontrollierende Wechselverhältnis der *Verfassungsorgane* Parlament und Regierung einerseits sowie die Verfassungs*institutionen* Regierungsmehrheit und Opposition andererseits immer noch den Grundstock jedes zeitgemäßen Gewaltenteilungssystems.« (Steffani 1997: 26)

Man mag einwenden, dass die kollektiven Akteure Regierungsmehrheit[33] und Opposition nicht im Grundgesetz existierten und der Begriff »Verfassungsinstitution« deswegen nicht ganz zutreffend sei. Andererseits wurde bereits festgestellt, dass es im Grundgesetz immanente Grundsätze und Prinzipien gibt, die nicht aus einzelnen Verfassungsartikeln abgeleitet werden können, sondern sich aus der Funktionslogik des Regierungssystems insgesamt ergeben.

> »Wer die in der sozialen Wirklichkeit an der Macht teilhabenden Kräfte allzu schnell als politische und nicht als rechtliche Machtträger außer Betrachtung lässt oder von einem Machtgefüge *neben* der Verfassung spricht, verengt unnötig das verfassungsrechtliche Blickfeld. Es handelt sich durchaus um Machtverteilungen innerhalb der Verfassungsordnung, innerhalb des Rahmens, den das Grundgesetz dem Verfassungsleben vorgibt.« (Arnauld 2001: 681)

Zu betonen ist der Erkenntnisfortschritt, den Steffani mit seiner Unterscheidung erreicht, indem er darauf verweist, dass nur mithilfe *beider* Aspekte, dem formellen *und* materiellen Aspekt, Gewaltenteilung im Bereich von Parlament und Regierung »als das Zusammenwirken organschaftlicher und institutioneller Handlungsträger« (Steffani 1997: 26) begriffen werden könne.

Dabei sind Aspekte der formalrechtlichen Gewaltenteilung (vor allem das Mehrheitsprinzip und Minderheitsrechte) die Voraussetzung für die Teilung der politischen Macht zwischen Mehrheit und Minderheit (Schuett-Wetschky 2001: 87 f.). Aus der Abhängigkeit der Regierung vom Parlament ergibt sich die Differenzierung zwischen Gesetzgebung auf der einen Seite und Opposition auf der anderen Seite. Die Leitunterscheidung im politischen System ist die Frage des verbindlichen Entscheidens. Die Akzeptanz der Opposition verkörpert die Anerkennung dieser Tatsache und dass mit ihr eine Asymmetrie verbunden ist.

> »Nur die Regierung kann im politischen System anschlußfähig handeln. Nur sie verfügt über rechtsförmig anwendbare politische Macht. Nur sie ist eine Komponente der Unterscheidung Regierung/Regierte. Auf der anderen Seite garantiert nur die Opposition die Dauerreflexion und die ständige Präsenz einer Optik, in der man sehen kann, daß es auch anders möglich wäre bzw. anders möglich gewesen wäre.« (Luhmann 1989: 19 f.)

Während die Mehrheitsfraktionen im Parlament Gesetzentwürfe erarbeiten und beschließen, ist es die von außen sichtbare Arbeit der Opposition, diese Vorlagen und Gesetze hauptsächlich begleitend und ex-post kritisch zu prüfen. Inzwischen auch empirisch gut untersucht ist die Tatsache, dass die

33 Zur Regierungsmehrheit als Phänomen und Konzept Schuett-Wetschky 2004a, 2003b: 535, Fn 13.

Mehrheitsfraktionen ebenfalls Gesetzgebungstätigkeit kritisch begleiten, jedoch auf eine andere Art als die Opposition (Schwarzmeier 2004). Während diese öffentlich Fehler kritisiert und die formalen Minderheitsrechte zur Offenlegung von Schwächen der Regierung nutzen muss, um sich als programmatische und personelle Regierungsalternative zu profilieren, haben die Mehrheitsfraktionen hingegen ein Interesse daran, kritisch-konstruktiv an Gesetzesvorhaben mitzuwirken. Um die eigene Regierung nicht zu schwächen, geschieht dies hauptsächlich informell und unter Ausschluss der Öffentlichkeit (z. B. Schmidt-Jortzig 2001: 146 ff.). Die Wirkung der Kritik der Mehrheitsfraktionen ist entsprechend stärker als die der Oppositionsfraktionen (siehe auch Siefken 2018b: 52). Die genannte Asymmetrie entsteht durch das vor allem im Bundestag, aber auch anderswo vorherrschende Prinzip des Mehrheitsbeschlusses (Art. 42 II GG) und ist durch das Grundgesetz voll gedeckt. Obwohl es im Grundgesetz den Begriff der Opposition nicht gibt und sich auch keine Oppositionsrechte aus der Verfassung ableiten lassen, gibt es einen allgemeinen verfassungsrechtlichen Grundsatz effektiver Opposition.[34] Er garantiert den Schutz der Minderheit bis hin zum einzelnen Abgeordneten, unabhängig davon, ob er die Regierung unterstützt oder nicht.

Diese funktionale Differenzierung – Gewaltenteilung nicht nur zwischen den Verfassungsorganen Parlament und Regierung, sondern auch innerhalb des Parlaments – führt zu einer beginnenden Dekonstruktion und Ergänzung der Zuordnung der gesetzgebenden Funktion an das Parlament und der ausführenden Funktion an die Regierung. Steffani zeigt bereits auf, dass die Grundfunktion Gestaltung beide Gewalten, Legislative und Exekutive, präge. Die Regierung sei strukturell auch im Funktionsbereich der Legislative tätig, vor allem bei der Planung, also Zielsetzung und Richtungsbestimmung (Steffani 1997: 39). Auch Karl Loewenstein griff in seiner Verfassungslehre eine grundsätzliche Differenzierung zwar auf, blieb jedoch bei der Begriffswahl der Orientierung an Organen und Kompetenzzuordnungen verhaftet, obgleich er auch den Institutionenbegriff und den Begriff der Machtträger verwendet. Er legt dar, dass sich verschiedene Kontrollräume feststellen ließen, in denen sich Gewaltenteilung verwirkliche (Loewenstein 1959). »Interorgan-Kontrollen« bestünden – neben der Gewaltenteilungsnorm nach Art. 20 GG und den Parlamentsrechten – im Föderalismus, im Wahlrecht und in der Parteienkonkurrenz. »Intraorgan-Kontrollen« seien durch die Trennung von Gubernative und Administration (Art. 33 IV GG)

34 BVerfGE 142, 25: „Oppositionsrechte".

sowie die Aufteilung des Personals in Minister und Bundeskanzler einerseits substantiiert (Loewenstein 1959: 173), andererseits durch die Funktionenverteilung zwischen Bundestag und Bundesrat, Prüfungsrechten des Bundespräsidenten und Kontrollrechten der Opposition. Außerhalb der Verfassungsorgane, in der »Extraorgan-Kontrolle«, existierten die Aufteilung zwischen Funktionsträgern und allgemeiner Öffentlichkeit generell (z. B. Meinungsfreiheit, Wissenschaftsfreiheit), die Rechtsetzungsautonomien (z. B. Tarifautonomie) und weitere Kontrollinstanzen wie Verbände (Vereinigungsfreiheit, z. B. Kirchen), Erziehung und Bildung (siehe auch Arnauld 2001: 689 ff.). Diese Systematik unterscheidet sich vom Organmodell, indem es die faktische personelle Verbindung zwischen den Verfassungsorganen berücksichtigt und Elemente des Gewaltenteilungsprinzips auf einfachrechtlicher Ebene damit verknüpft.

Mit der Benennung der verschiedenen Funktionen von Mehrheitsfraktionen und Opposition werden auch Maßstäbe zur adäquaten Aufgabenwahrnehmung der Kollektivakteure (Mayntz/Scharpf 1995) reflektiert. Machtaufteilung und -hemmung ist im Verhandlungsstaat kein Selbstzweck, sondern sollte zielgerichtet eine möglichst optimale Aufgabenerfüllung ermöglichen. Sven Siefken hat die Komplexität parlamentarischer Kontrolle im parlamentarischen Regierungssystem auf empirischer Grundlage strukturiert und dabei sowohl formelle als auch informelle Instrumente berücksichtigt. Er bietet damit einen umfassenden und systematischen Überblick von Kontrolle als Parlamentsfunktion in vier Dimensionen:

Abbildung 112: Instrumente parlamentarischer Kontrolle

Dimension	Instrument	Zeitliche Perspektive
Mitsteuerung (»control«)	konstruktives Misstrauensvotum Budgetrecht Gesetzgebung Delegation Enquête-Kommission Büro für Technikfolgenabschätzung	ex ante
Management	Zielvereinbarungen	
	Controlling Aufsichtsgremien	begleitend
Oversight	Berichterstatter- und Obleute-Gespräche Ministerbriefe Direktkontakt Behörden Wahlkreisarbeit Persönliche Netzwerke	
	Fragerechte Regierungsbefragung Aktuelle Stunde Anhörungen Parlamentarische Kontrollgremien	
Checks (»contre-rôle«)	Untersuchungsausschüsse Petitionsverfahren Wehrbeauftragter Rechnungshof	ex post

Hinweis: Hintergrund grau = informale Instrumente, weiß = formale Instrumente.
Eigene Darstellung.

Abbildung 2: Instrumente parlamentarischer Kontrolle. Quelle: Siefken 2018b: 422.

Eine hohe Bedeutung der Kontrolle kann in den Fachausschüssen verortet werden (Siefken 2018b: 423), was darauf hinweist, dass Kontrolle durch Gesetzgebung existiert bzw. Kontrolle und Gesetzgebung ineinander übergehen. Siefken führt damit eine Forschungsdiskussion fort, die seit den Anfängen der Bonner Republik die rein auf Rechtskompetenzen beruhenden Kontrollmöglichkeiten der Verfassungsorgane zu erweitern sucht, und er belegt damit erneut, dass die Aufzählung der Parlaments- und Minderheitsrechte zur Erfassung von machthemmenden Effekten von Kontrolle nicht ausreicht.

Gemäß den bis hierher aufgezeigten Dimensionen von Gewaltenteilung geht auch Schwarzmeier von zunächst zwei verschiedenen Verständnissen von Kontrolle aus. Neben einem »statischen parlamentarischen Kontrollverständnis«, das auf dem Dualismus von Regierung und Gesamtparlament beruht, identifiziert er ein »differenziertes parlamentarisches Kontrollverständnis«, das sowohl mitwirkende Kontrolle des Gesamtparlaments als auch der Regierungsmehrheit einbezieht. Drittens schließe sich ein »dynamisches parlamentarisches Kontrollverständnis« an, das multifunktionale und multidimensionale Kontrollprozesse als Teil der Gesamtsteuerungsfunktion des Parlaments ansehe (Schwarzmeier 2001: 22-26). Insbesondere werden hier auch außerparlamentarische Akteure einbezogen, wie dies Loewenstein mit dem Konzept der »Extraorgan-Kontrolle« bereits getan hat.

Ein spezifisch parteiendemokratisches Konzept von Machtteilung reflektiert also die Tatsache, dass Subjekte und Objekte von Kontroll- und Steuerungsprozessen gleichzeitig sowohl innerhalb als auch außerhalb von Staatsorganen wirken. Der allgemeinere Begriff, der dann für die Bezeichnung der Handlungseinheiten herangezogen werden kann, ist der Begriff der Gruppe. Er erlaubt einerseits die vollkommene Abstraktion von der Staatsorgangrenze und andererseits von dem Konzept des Dualismus. Ein *gruppenorientiertes mehrdimensionales Machtteilungskonzept* stellt die Partei als die potenteste und am stärksten reglementierte politische Gruppe in den Mittelpunkt. Aber auch die Regierungsmehrheit, die Opposition sowie Mehrheit und Minderheit sind in diesem Sinne Gruppen, die sich durch kongruente Interessen in einer bestimmten Situation auszeichnen. Pluralismus bedeutet »das Mit- und Gegeneinander von autonomen Gruppen mit einem lebendigen Gruppeninteresse, einem ausgeprägten Gruppenbewußtsein und einem hoch entwickelten Gruppenstolz« (Fraenkel 1991: 91 f.). Gewaltenteilung besteht in diesem Sinne in dem In-Beziehung-Setzen von Gruppengefüge und staatsrechtlicher Teilungslehre (Steffani 1997: 53). Interessen, organisiert durch Parteien, sind das entscheidende Strukturmerkmal der Machtteilung in parlamentarischen Demokratien. Parlamentarische Demokratie ist somit Parteiendemokratie. Auch Eberhard Schütt-Wetschky entwirft in seinem »Gruppentyp« als Grundtyp parlamentarischer Demokratie ein an der Realität der Parteiendemokratie orientiertes Gewaltenteilungskonzept.

> »Das neue [Gewaltenteilungs-]Konzept dagegen impliziert die These, daß die Ausübung der beiden genannten Funktionen [Gesetzgebung und Vollziehung] der Regierungsmehrheit übertragen werden sollte, also einer politischen Gruppe; es impliziert ferner die These, daß die öffentliche Kontrollfunktion der Opposition zukommt, also ebenfalls einer politischen Gruppe.« (Schütt-Wetschky 1984: 97, Einfügungen in eckigen Klammern von der Verfasserin)

Die im Grundgesetz festgelegte Mitwirkung der Parteien an der Willensbildung des Volkes und die Vorkehrungen zur Garantie des Parteienwettbewerbs verbinden das gesellschaftliche Gruppenprinzip mit dem staatlichen Gebot der Machtbegrenzung durch Aufteilung der Staatsfunktionen auf verschiedene Organe.

Zwei wesentliche Gründe sprechen für eine solche gruppenorientierte Konzeptualisierung des Gewalten- und Machtteilungserfordernisses. Erstens stellt das Vorhandensein eines Regelwerks Machtkontrolle nicht automatisch sicher. Es gibt keine »mechanische Selbstauslösung« von Kontrollmechanismen, sondern es bedarf mit den Gegebenheiten der Machtverteilung vertrauter Personen, die das System von Kontrolle aktivieren (Holtmann 2004: 312). Zweitens besteht zu einem großen Teil Personenidentität zwischen den handelnden Akteuren in Parlament und Regierung und in Parteien. Dass Parteien ihre Spitzenpolitiker zur Besetzung von Regierungsämtern bereitstellen, ist eines der zentralen Merkmale von Parteiendemokratie (z. B. Detterbeck 2011: 28). Auch die Abgeordneten im Bundestag sind nahezu ausschließlich Parteimitglieder (siehe Kapitel 5.3). Die Einbeziehung oder Berücksichtigung des Gruppengeflechts Partei ist also unabdingbar für das Verständnis von Machtteilung.

> »Mit der Entdeckung der besonderen Steuerungsressourcen des Kollektivakteurs Partei, der als eine Art Spielmacher auf mehreren Spielfeldern zugleich spielt, wird erstmals – noch unausgesprochen – der Blick dafür geschärft, dass Parteipolitik als eine politische Größe begriffen werden kann, welche imstande ist, eingetretene Schieflagen im Verhältnis der Gewalten untereinander sowie zwischen Gewaltenteilungsnorm und politischer Praxis funktional und legitimatorisch auszubalancieren und zwar gerade aufgrund der besonderen Logik des Parteienwettbewerbs.« (Holtmann 2004: 315)

Parlamentarismus als Parteiendemokratie ist die einzig denkbare und in der Praxis existierende Form parlamentarischer Regierungsweise unter freiheitlichen Bedingungen. Die gruppenorientierte Sichtweise auf das Prinzip der Gewaltenteilung reflektiert dies.

Mit Erschließung der Akteursdimension für das Gewaltenteilungsprinzip ist klar, dass die Beziehungen zwischen den »Gewalten« bzw. »Gruppen« informell konfiguriert sind. Informelles Handeln bedeutet in Bezug auf parlamentarisches Regieren vor allem Handeln außerhalb verfassungsrechtlich oder parlamentsrechtlich festgelegter Regeln (zur Binnenstruktur von Gruppen: Kapitel 4.2.2), das der Interaktion und Selbstorganisation kollektiver Akteure dient und deren Handlungsspielraum strukturiert (Grunden 2014: 18). Versteht man auch nur teilweise institutionalisierte Handlungen als formell, stellt sich der Raum zwischen Formalität und Informalität als

Kontinuum dar. Stark informelle Festlegungen sind rechtlich nicht verbindlich, jedoch können Verstöße politische Sanktionen nach sich ziehen. Verdichtete informelle Handlungen verschiedenen Grades und ungeschriebene Regeln und Traditionen (siehe Cancik 2016a: Rdnr. 49 ff.) haben eine komplexe Struktur und sind für den parlamentarischen Alltag prägend. Informelle Handlungsweisen dienen dazu, Dysfunktionen, die eine reine Orientierung am Rechtsrahmen auslösen würden, zu vermeiden und schlicht die Herstellung von Entscheidungsfähigkeit zu erreichen (Grunden 2014: 34 f.; Pannes 2011: 82). Klare Zuordnungen von gewaltenteiligen Mechanismen lösen sich in der Beschreibung von informeller Mitsteuerung im parlamentarischen Prozess auf, da die Mitsteuerung des Parlaments Kontrollkomponenten beinhaltet. Neben den staatsrechtlich regelbasierten Kontrollinstrumenten, die oben dargestellt wurden, kommen informelle Mitsteuerungsmechanismen zum Tragen. Diese sind vor allem Kommunikation unterschiedlich institutionalisierten Grades, die Auswahl von Akteuren, die an diesem Prozess teilnehmen können, und Verhaltensregeln für den Umgang mit der Öffentlichkeit (Schulze-Fielitz 1998; Schwarzmeier 2004; Wewer 1998). Also müsse die vorherrschende statische Wahrnehmung der Gewaltenteilung als Institution um die Prozessdimension erweitert werden, so Holtmann (Holtmann 2007: 115).

Man kann Machtbegrenzung also unter einem *prozessual*en Blickwinkel durch den politischen Prozess an sich verwirklicht sehen. Dieser Prozess muss unter parteiendemokratischen Bedingungen aber nicht nur die Macht von Gruppen eindämmen, sondern auch legitim sein. Zwei Mechanismen stellen dies sicher: zum ersten die Einhaltung eines Verfahrens, das nicht nur die Verfassungs- und Parlamentsrechte umfasst, also legal sein muss, sondern auch die oben als informell charakterisierten Prozesse. Es entsteht eine Doppelstruktur:

> »die Verstrebung der offiziellen Version des Verfahrens einer deliberierenden, mit Mehrheit entscheidenden Versammlung einerseits und einer mit Gruppenbildungen, informalen Beziehungen und Kompetenzverschiebungen durchsetzten faktischen Arbeitsweise andererseits« (Luhmann 1997: 199 f.).

Auf der rechtlichen Ebene ist die Legitimation der Politik durch die Anwendung der Mehrheitsregel als legislativer Entscheidungsregel und bei der Regierungsbildung gesichert. Zum zweiten geschieht Machtteilung in Gruppen faktisch durch Arbeitsteilung. Die Arbeit im Parlament ist hochdifferenziert, vor allem durch das Fraktionen- und Ausschusssystem. Sie besteht aus einem ausgeprägten Expertentum, das sich entlang der Ministerien der Regierung spiegelt, es ist ein Expertenparlament (Oertzen 2006). Steffani hat mit Blick auf die Strukturunterschiede zwischen präsidentiellem und parlamentarischem Regierungssystem die Parlamentstypen Rede- und Arbeitsparlament unterschieden (Steffani 1979). Die Macht des Experten ergibt sich im Arbeitsparlament daraus, dass seine Kollegen in der Fraktion sich auf ihn verlassen müssen. Mangels genauer Kenntnis der Sachlage, denn sie sind ihrerseits Experten für andere Politikfelder, folgen sie ihm in der Regel in seinen Einschätzungen und Vorlagen. Hieraus ergibt sich ein Repräsentationsverhältnis innerhalb von Gruppen im Parlament, eine gegenseitige Abhängigkeit zwischen den Kollegen einer Fraktion (Schüttemeyer 2010: 19 f.). Diese innerparlamentarische Repräsentation wirkt machthemmend und legitimierend. Die Mechanismen in der Parteiendemokratie (Arbeitsteilung, Gruppenprinzip, Repräsentation) und ihre Voraussetzungen (Vereinigungsfreiheit, Mehrheitsprinzip) führen zu einer umfassenderen Konzeptionalisierung des Gewaltenteilungsprinzips, als dies nur unter Beachtung der formellen Regeln zu erreichen wäre. Der Grundsatz der Funktionendifferenzierung wird erweitert. Diese Erweiterungen sind

> »[...] neben dem Freiheitsschutz vor allem die institutionelle Einbindung der sozialen und politischen Kräfte und eine arbeitsteilige, funktionsgerechte und verantwortungsklare Konstituierung, Zuordnung und Balancierung der Gewalten. Die doppelte Aufgabe der Gewalten*trennung und* Gewalten*verknüpfung* findet sich auch auf informaler Ebene wieder [...].« (Schulze-Fielitz 1984: 106)

Diese gruppeninterne Repräsentation existiert auch in Verbänden, Gewerkschaften, Vereinen usw. Vor allem aber gibt es auch innerhalb von Parteien Gruppen, hier Parteiflügel genannt, die Machthemmung und Legitimation ermöglichen. Grundlage hierfür sind das Parteiengesetz und die Satzungen der Parteien sowie Verbindlichkeit durch informelle Mechanismen, wie politische Sanktionen. Innerparteiliche Demokratie trägt in Verbindung mit dem erstgenannten Mechanismus, Legitimation durch Verfahren, zu einer prozessualen Gewaltenteilung bei. Aus den verschiedenen Perspektiven auf das Gewaltenteilungsprinzip lässt sich also schlussfolgern: »Repräsentation und Gewaltenteilung sind koinzident, Parlamentarismus *ist* immer auch Gewaltenteilung.« (Lhotta 2009: 270) Das Institutionendesign des Grundgesetzes sieht multiple Repräsentationsbeziehungen vor und konstituiert das Parlament als Machtverteilungsorgan (2009: 261).

Der Blick auf die verschiedenen Dimensionen des Gewaltenteilungsprinzips – organorientiert, funktional, gruppenorientiert und prozessual – hat gezeigt, dass Gewaltenteilung dem freiheitlichen Parlamentarismus durch Repräsentation inhärent ist. Ein konsequent *parteiendemokratisches Verständnis des Gewaltenteilungsprinzips* sollte alle vier Dimensionen adressieren und somit Rechtskompetenzen, eine adäquate Aufgabenverteilung zwischen Parlament und Regierung, das Gruppenprinzip und Legitimation durch Repräsentation berücksichtigen. Grundlegend für ein solches Verständnis ist die *Unterscheidung des formellen Aspekts einerseits und des materiellen Aspekts andererseits*. Der Umgang mit dem Spannungsverhältnis von Gewaltenteilung durch Aufteilung von Kompetenzen auf Staatsorgane einerseits und Machtteilung durch Gruppenkonkurrenz andererseits ist ein Gradmesser für ein klassisches oder aber ein parteiendemokratisches Parlamentarismusverständnis. Während das parteiendemokratische Parlamentarismusverständnis diese Unterscheidung auf verschiedenen Ebenen vornimmt und für legitim hält, fallen beide Aspekte im klassischen Verständnis in eins.

Die Unterscheidung eines formellen und eines materiellen Aspekts (so z. B. auch Martin Morlok 2019: 23) oder zwischen Entscheidungsverfahren oder Entscheidungsprozess (Bogdandy 2005: 456) zieht die Unterscheidung von Beschlussorganen und Entscheidungskörpern nach sich. Parlamentarische Demokratie, verstanden als Parteiendemokratie, bedeutet, dass

> »Parteien nicht nur Organisationen sind, die in Parlamenten ‚mitwirken' wollen (vgl. § 2 Parteiengesetz), sondern in der Sache als Entscheidungskörper fungieren, auch wenn sie formal an die Staatsorgane – insbesondere das Parlament – gebunden sind« (Schuett-Wetschky 2002: 1537 f.).

Beide Institutionenarten erbringen Leistungen für das politische System, zu denen die jeweils anderen nicht in der Lage sind. Während Staatsorgane oder andere Beschlusskörper aufgrund ihrer Öffentlichkeit und der Teilnahme von Akteuren mit inkongruenten Interessen und/oder ihrer Größe und Organisation in der Regel nicht in der Lage sind, materielle Entscheidungen[35] hervorzubringen, dürfen Parteien oder andere Gruppen keine allgemeinverbindlichen Beschlüsse herbeiführen, weil essenzielle demokratische Garantien, wie insbesondere die Beteiligung von Minderheiten, fehlen. Deswegen sind die »[f]ormale und materielle Seite, staatsrechtlich wirksame Beschlußfassung einerseits und inhaltliche Entscheidung andererseits [...] in der Praxis so gut wie immer voneinander getrennt« (Schuett-Wetschky 2001: 86). Die parteiendemokratische Sichtweise auf das Gewaltenteilungsprinzip beschränkt sich folglich nicht auf die Betrachtung der Organe Parlament und Regierung, sondern berücksichtigt auch Machtteilung außerhalb der Staatsorgane, die in den parlamentarischen Prozess hineinwirken. Parteien als Entscheidungskörper tragen durch *innerparteiliche Machtteilung* (Gruppenprinzip) einerseits und *zwischenparteilicher Macht-*

35 Es ist zu beachten, dass hier eine abweichende Begriffsverwendung von der des Bundesverfassungsgerichts vorgenommen wird. Das BVerfG bezeichnet mit „Entscheidung" i. d. R. die rechtsverbindliche Beschlussfassung.

teilung andererseits zu Machtteilung im Regierungssystem bei. Die Parlamentswahl konditioniert den Parteienwettbewerb und führt zu einer Mehrzahl politischer Parteien, die am politischen Wettbewerb teilnimmt, und in der Regel auch zu einer Mehrzahl, die am politischen Entscheidungsprozess beteiligt ist. Machtteilung existiert somit nicht nur innerparlamentarisch (Regierungsmehrheit und Opposition), innerparteilich (parteiinterne Gruppen), sondern auch zwischenparteilich (Parteiensystem) durch eine potente Opposition im Parteiensystem.

Die sich dadurch auffächernde Komplexität von Machtteilung führt durch die Abstraktion von Staatsorganen (insbesondere Parlament und Regierung) einerseits zu einer Vernachlässigung des Gleichgewichtsgedankens, schon weil es in dieser Sicht mehr als zwei Akteure gibt; zum anderen löst sich die Teilung von Funktionen in Gesetzgebung hier und Vollziehung der Gesetze da weitgehend auf bzw. es breitet sich ein Spektrum aus. Es gibt eine Reihe von verschiedenen Typen politischen Handelns, insbesondere Kommunikationsprozesse, die sich in einem Spektrum zwischen Gesetzgebung und Ausführung bewegen, weswegen die in einem klassischen Gewaltenteilungsverständnis etablierte Kennzeichnung des Parlaments als »Legislative« und der Regierung als »Exekutive« als stark vereinfachend angesehen werden kann (sinngemäß auch Riklin 2010: 241). Führt man diese Erweiterung des Gewaltenteilungsprinzips zurück auf die Funktionen von Verfassungsorganen und (Verfassungs-)Institutionen und ihr Verhältnis zueinander, kann eine andere Funktionenaufteilung identifiziert werden. In formaler Hinsicht – konzentriert auf Gesetzgebung – ist es die Aufgabe des Staatsorgans Bundesregierung, Gesetzentwürfe durch Kabinettsbeschluss amtlich festzustellen und die Aufgabe des Bundestages, sie zu verabschieden. In materieller Hinsicht ist die Aufgabe der Regierungsmehrheit die Politikentscheidung und die Aufgabe der Opposition öffentlich Kritik zu üben und Alternativen bereitzustellen (Schütt-Wetschky 2000: 10). Die Beschlussfunktion der Staatsorgane ist damit nicht obsolet oder entwertet. Sie ist die Voraussetzung für materielle Machtteilung und damit für die freiheitssichernde Funktion des Staates: Neben ihrer konditionierenden Wirkung auf Entscheidungsprozesse in Gruppen (Erreichen des Mehrheitsquorums) hat sie eine *materielle Reservefunktion*. Im Falle eines Versagens parteiendemokratischer Mechanismen, z. B. bei der Konsensbildung oder bei einer mangelnden Integration von Minderheitsinteressen, haben Art. 20 GG und die ihm nachgeordneten Vorschriften eine materielle Funktion. Auch ohne gruppeninterne Vorab-Einigung sorgt sie für die Handlungsfähigkeit des Staates und dessen Legitimität.

Im Vergleich dazu orientiert sich ein idealtypisches klassisches Gewaltenteilungskonzept bei seinen Schlussfolgerungen für das parlamentarische Regierungssystem und für die Praxis eng an der Gewaltenteilungsnorm (Art. 20 III GG). Sie wird als mehr oder weniger einziges Element einer Gewaltenteilungsdoktrin verstanden. Dies unterstellt, dass mit der rechtlichen Kompetenzverteilung auf die gesetzgebenden und ausführenden Organe eine echte Teilung der Entscheidungsgewalt zwischen Parlament und Regierung einhergeht oder notwendig ist. Und daran knüpft die Auffassung an, dass das Parlament als Ganzes, das heißt als Kollegialorgan, agieren solle. Organe werden – ggfs. durch das Handeln der »Organwalter« – als kollegial handelnde Akteure wahrgenommen. Varianten befinden sich in einem Kontinuum zwischen den beiden Gewaltenteilungsverständnissen. So führten die tatsächlichen Ausprägungen des parlamentarischen Regierungssystems in der Bundesrepublik zu einer Relativierung einer rigide auf Rechtskompetenzen fixierten Sichtweise. Ein Schritt auf dem Weg zu einem neuen Verständnis von Gewaltenteilung stellt beispielsweise die 1958 von Ernst Friesenhahn während seiner Zeit als Bundesverfassungsrichter geprägte Formel dar, dass die »Staatsleitung« Parlament und Regierung »zur gesamten Hand« zustünde (Friesenhahn 1967). Dies bedeutete den Beginn einer Kritik am klassischen Gewaltenteilungskonzept. Hier wird zwar ein Zusammenwirken der Staatsgewalten festgestellt, ohne allerdings von Organen als handelnden Kollegialorganen zu abstrahieren. Vertreter eines solchen Konzepts sehen einzelne Phänomene, die sich aus der parteiendemokratischen Praxis des Regierungssystems ergeben, ggfs. als Gefährdung des Gewaltenteilungsprinzips an. Ein klassisches Gewaltenteilungsverständnis findet sich teilweise in der rechtswissenschaftlichen Kommentarliteratur, bei vereinzelten Staatsrechtlehrern und Parlamentarismuskritikern. Ein prominentes Beispiel ist Paul Kirchhof, Bundesverfassungsrichter von 1987 bis 1999 im ersten Senat, der Inkompatibilitätsvorschriften als Garant für Gewaltenteilung ansieht.

> »Außerdem sollte bedacht werden, dass sich Regierungsamt und Abgeordnetenmandat nach der klassischen Idee der Gewaltenteilung ausschließen. Gerade in einem Parteienstaat sollte nicht das Führungspersonal der regierenden Parteien zugleich Regierung und Parlamentsfraktionen dominieren. « (Kirchhof 2004: 367)

Ein organ- und funktionenorientiertes Verständnis von Gewaltenteilung dient der Wahrung von Organ- und damit Zuständigkeitsgrenzen. Ein gruppen- und prozessorientiertes Verständnis fokussiert zusätzlich Machtbegrenzungen. Ein klassisches Verständnis allein trägt wenig zur Frage bei, wie freiheitssichernde Machtteilung gelingen kann. Ein parteiendemokratisches Gewaltenteilungskonzept bildet zwar adäquat die Machthemmungsmechanismen in der Parteiendemokratie ab, diese entziehen sich aber einerseits zu einem großen Teil der öffentlichen Beobachtung[36] und sind andererseits nicht mehr nur mit grundgesetzlichen und einfachrechtlichen Regelungen fassbar. Solch ein Konzept weist eine hohe »Variabilitätsbreite« (Grzeszick 2018: 58) auf. Zu Recht weist Everhard Holtmann darauf hin, dass die Implikationen für das Verhältnis von formeller und materieller Verfassung weitgehend ungeklärt seien. Allerdings kann seiner Annahme, dass die parteiendemokratische Ausprägung des Verhandlungsstaates zu einer *»fortwährenden Dekonstruktion der formalen Gewaltenteilung«* führe, aus den genannten Gründen nicht gefolgt werden (Holtmann 2004: 316). Dies ließe die Entscheidungen des BVerfG auch teilweise obsolet werden, da es sich vorrangig mit formalen Aspekten befassen muss. Dabei sollen die Entscheidungen zu einer Erhellung dieses Verhältnisses beitragen.

4.2.2 Repräsentation: Spannungsfeld einzelner Abgeordneter und Gruppenprinzip

Im vorangegangenen Abschnitt ist die grundlegende Gruppenstruktur des parlamentarischen Systems erläutert worden, die dazu führt, dass die Staatsorgane Parlament und Regierung als Beschlusskörper und Parteien als Entscheidungskörper fungieren. Alle Abgeordneten sind in diese Gruppenstruktur eingebunden. Gleichzeitig haben sie durch die Regelungen in Art. 38 I GG einen besonderen Status als Repräsentanten inne. Diese Strukturspannung zwischen freiem Mandat der Abgeordneten und Parteiendemokratie (Thaysen 2007: 223; Maurer 2010: 403, Rdnr. 63) ist das wichtigste Spannungsverhältnis im Parlamentarismus, das es, insbesondere im Zweifel auch durch das BVerfG, auszubalancieren gilt. Die Terminologie »Status des Abgeordneten« verwendet das Gericht, um

> »den spezifisch staatsrechtlichen Charakter der in Art. 38 Abs. 1 S. 2 GG angesprochenen parlamentarischen Repräsentation gegenüber der mit dem Wortlaut dieser Verfassungsnorm assoziierten Deutungsgeschichte hervorzuheben« (Meinel 2019b: 5).

Hierunter werden seine aus Art. 38 I GG abgeleiteten Rechte verstanden (Maurer 2010: 407, Rdnr. 70). Der vom Wähler berufene Abgeordnete ist frei und gleich. Zu seiner Freiheit gehört ganz wesentlich das Assoziations-

36 Und auch zu einem wesentlichen Teil der empirischen Forschung.

recht, also das Recht, sich im Parlament der Fraktion anzuschließen, zu dessen Partei er gehört (Maurer 2010: 421, Rdnr. 105). Er ist an Aufträge und Weisungen weder seitens Privater noch aufgrund von Parteitagsbeschlüssen, Fraktionsbeschlüssen, Wahlversprechen oder Koalitionsverträgen gebunden. Er kann auch sein öffentliches Amt nicht veräußern oder gegen Geld vorzeitig beenden; die Mandatsausübung darf nicht einer »Pflichtbindung« (Badura 1989: 43) unterworfen sein. Der repräsentative Status mit dem freien Mandat ist »die Absage an alle Versuche, den Abgeordneten als bloßen Funktionär irgendwelcher Kollektive [...] oder basisdemokratischer Organisationen zu vereinnahmen« (Wiefelspütz 2016: 450, Rdnr. 7). Hierin besteht die Unabhängigkeit des Abgeordneten. Sie wäre insbesondere auch dann beeinträchtigt, wenn der Austritt aus seiner Partei einen Verlust des Abgeordnetenmandats zur Folge hätte (Badura 1989: 501, Rdnr. 34) und stellt das Gegenteil zum imperativen Mandat dar. Das Abgeordnetengesetz konkretisiert Gewährleistungen zur Sicherung der Unabhängigkeit, indem es die Annahme von Geldleistungen gegen »Vertretung und Durchsetzung der Interessen des Leistenden im Bundestag« (§ 44a II 2 AbgG) verbietet. Zur Freiheit und Selbstbestimmung des Abgeordnetenmandats gehört es auch, dass jeder Bürger die Möglichkeit haben soll, ein Mandat anzustreben. Eine angemessene Entschädigung ist hierfür die Voraussetzung (Art. 48 GG), damit auch wirtschaftlich schlechter gestellte Personen es sich erlauben können, ihre Hauptbeschäftigung aufzugeben. Auch die freie Berufswahl neben dem Mandat bleibt bestehen, von Inkompatibilitäten hinsichtlich des Richteramts, weisungsgebundener Beamten, des Soldatenberufs, der Bundesratsmitgliedschaft und der Mitgliedschaft im Europäischen Parlament abgesehen.

In einem klassischen Verständnis des Mandats wird die Unabhängigkeit des Abgeordneten häufig dahingehend verstanden, dass er nur seine eigenen, nicht aber »fremde« Interessen vertreten dürfe. Eine Usurpation des Parlamentariers wird dabei in der Hauptsache seitens der Partei festgestellt: In diesem Fall solle das parlamentarische Verfahren dafür sorgen, »Interessenstandpunkte und Parteipositionen zu überwinden« (Kirchhof 2004: 364). Diese Gefahr werde aber auch durch den Wahlakt selbst und die gesellschaftliche Interessenvertretung vermutet, dessen Katalysator der professionelle Politikbetrieb sei (so Schmitt Glaeser 2006). Grundlage eines solchen Unabhängigkeitsverständnisses ist ein im Kern apriorischer Gemeinwohlbegriff[37] und eine daraus folgende »einseitige ,amtsrechtliche' Betrachtung« des Abgeordneten, die »eine materiale Vorwegbestimmung der parlamentarischen Repräsentation voraus[setzt], die dem prozeduralen ,offenen' Grundzug des demokratischen Parlamentarismus nicht vollständig gerecht wird« (Badura 2005: 172).

Aus parteiendemokratischer Perspektive sichert die Differenz der Rechtsräume von Partei und Parlament die Unabhängigkeit des Amtsträgers ab. Zu Recht hebt jedoch Julia von Blumenthal in ihrer kritischen Auseinandersetzung mit dem Gruppenmodell hervor, dass

> »[v]erantwortliche Entscheidung, Begründung der Entscheidung und ein gewisses Maß an Unabhängigkeit [...] wesentliche Maßstäbe sind, die an das Handeln eines Repräsentanten auch in einer modernen repräsentativen Demokratie anzulegen sind« (Blumenthal 2002: 6).

Allerdings blendet das gruppenorientierte Parlamentarismusverständnis die Umsetzung dieser Anforderungen nicht aus, wie die Autorin kritisiert, sondern es ordnet sie neben die rechtlich eindeutig definierte Freiheit und Autonomie des Abgeordneten ein. Es ist nicht normativ gehaltlos, schließt also die Sach- und Wertorientierung von einzelnen Abgeordneten nicht aus, sondern begreift sie als inkorporiert in die Assoziationsfreiheit. Die normative Verpflichtung zur Gemeinwohlorientierung reicht aufgrund der Konkurrenzorientierung des politischen Systems nicht aus; die Folgen der Umsetzung durch kollektives Handeln müssen zentrale Berücksichtigung finden (dazu Schütt-Wetschky 1997: 97 ff.).

Der einzelne Abgeordnete hat seinen repräsentativen Status allerdings gemeinsam mit allen Abgeordneten inne, nur die Gesamtheit der Abgeordneten vertritt das Volk: Die Statusrechte des Abgeordneten sind Organrechte, also »Zuständigkeiten, die dem Abgeordneten als Mitglied des Bundestages eingeräumt werden« (Maurer 2010: 407, Rdnr. 70). Hieraus leitet sich die formale Gleichheit aller Volksvertreter ab. Insbesondere die gleichen Informations- und Beteiligungsrechte, das Rede- und Stimmrecht und das Wahlrecht sind durch Art. 38 I GG nicht nur in ihrem Bestand, sondern auch hinsichtlich der tatsächlichen Ausübung des Mandats gesichert (Wie-

37 Auf das Gemeinwohl-Thema kann an dieser Stelle nicht näher eingegangen werden. Zu Gemeinwohl als regulativer Idee und der Unterscheidung zwischen Gemeinwohl a priori und a posteriori siehe Fraenkel (1966). Zur Offenheit und Prozeduralisierung des Gemeinwohlbegriffs z. B. Schuppert (2003: 223-226) oder Grimm (2002: 127).

felspütz 2016: 448, Rdnr. 2). Die Ausgestaltung dieser Gleichheitsanforderung in Konkurrenz zur effektiven Aufgabenerfüllung als Parlament obliegt der Geschäftsordnungsautonomie des Bundestages (Art. 40 I 2 GG). Dass die Rechte des einzelnen Abgeordneten Mitgliedschaftsrechte des Bundestages sind und als solche geordnet wahrgenommen werden müssen (Wiefelspütz 2016: 458, Rdnr. 30) zeigte sich schon in der ersten Geschäftsordnung des Jahres 1952[38], die bestimmte Anträge bereits nur für Fraktionen vorsah. Hierzu gehören z. B. die Einbringung von Vorlagen in den Bundestag, die Redezeitverteilung im Plenum sowie die Besetzung der Ausschüsse, die den Fraktionen obliegt. »Sie haben [...] die Parlamentsarbeit in organisatorischer und verfahrensmäßiger Hinsicht zu steuern und durch Vorformung der politischen Willensbildung zu fördern.« (Maurer 2010: 423, Rdnr. 109) Insoweit sind die Statusrechte des einzelnen Abgeordneten bereits durch die Integration in seine Fraktion begrenzt. Dass dies rechtmäßig ist, hat das BVerfG immer wieder bestätigt (insbesondere Urteil »Redezeit«, BVerfGE 10, 4).

Interpretationsspielraum, auch mit Folgen für das Parlamentarismusverständnis, bietet die Formulierung des Grundgesetzes, dass die Abgeordneten »nur ihrem Gewissen unterworfen« (Art. 38 I 2 GG) sind. Sie stellt eine Ergänzung zu der Vorgabe der Weisungsfreiheit dar. Vertreter eines eher klassischen Verständnisses des Abgeordnetenstatus sehen in ihr eine Verpflichtung des Abgeordneten, unabhängig von Parteiinteressen zu votieren oder mindestens ein Mittel gegen die mit dem Eintritt in eine Fraktion einhergehende Fraktionsdisziplin, die ein einheitliches Abstimmungsverhalten auch bei abweichender Meinung des einzelnen Abgeordneten sicherstellt. Druckausübung zur Herstellung von Geschlossenheit halten sie für illegitim (typisch Hamm-Brücher 2008). Hiergegen stellt Dieter Wiefelspütz fest, dass außerrechtlicher, insbesondere politischer Druck zum politischen Alltag gehöre. »Verfassungsrechtlich und im Hinblick auf die rechtlich fundierte Freiheit des Abgeordneten ist dieser Druck irrelevant.« (Wiefelspütz 2016: 453, Rdnr. 18) Der Abgeordnete ist in vielfältiger Weise eingebunden in den politischen Kampf um Ansichten und Mehrheiten. Aus parteiendemokratischer Sicht gibt es keinen »Gewissens-Autismus« (Isensee 2007: 254), der Interessen und Konsequenzen von Abstimmungsverhalten ausblenden sollte.

Der freie Status des Abgeordneten garantiert seine Offenheit für verschiedene Interessen und Auffassungen:

38 Bundesgesetzblatt 1952 II vom 03. März 1952: 389.

»[Das Prinzip der demokratischen Repräsentation] zielt nicht auf die lineare Übermittlung eines in der Wahl festgestellten Mehrheitswillen vom (Partei-)Volk an die Staatsorgane, sondern auf einen dialogischen Prozess wechselseitiger umfassender Einwirkung.« (Volkmann 2016: 199, Rdnr. 17)

Dabei ist er im Parlament in eine Hierarchie und in eine Führungsstruktur eingebunden, die eine Grundbedingung für die Funktionsfähigkeit des Parlaments ist. Als Fraktionsmitglied ist er insbesondere an die Fraktionsgeschäftsordnung gebunden, denn er geht mit der Mitgliedschaft ein »öffentlich-rechtliches Dauerrechtsverhältnis« ein (Klein/Krings 2016: Rdnr. 19). Zu den Pflichten der Fraktionsmitglieder gehört es, in wichtigen Fragen von der Fraktionsmehrheit abweichendes Abstimmungsverhalten der Fraktionsführung vorab mitzuteilen.[39] Wiederholtes abweichendes Stimmverhalten ist auch sanktionsbewährt (z. B. Rückruf aus einem Ausschuss). Der Abgeordnete integriert sich jedoch in die Strukturen der Fraktion, weil er dadurch für sich selbst eine größere Handlungs- und Einflussmöglichkeit im Rahmen einer ohnehin in großen Teilen übereinstimmenden politischen Linie durch die gemeinsame Parteizugehörigkeit erkennt.

»Die Stellung des Abgeordneten in der Fraktion kann somit nicht nur als eine Beschneidung seines Wirkungskreises und seiner Aktionsmöglichkeiten gesehen werden. Die Zugehörigkeit zu einer Partei und einer Fraktion verschafft dem Abgeordneten eine Chance politischer Mitwirkung, die weit über den Einfluß mit Hilfe des Mandats allein hinausreicht.« (Badura 1989: 505, Rdnr. 52)

Dieser kurze Abriss zum Status des Abgeordneten zeigt bereits auf, dass das Gruppenprinzip im Parlamentarismus auch auf die Repräsentationsbeziehungen wirkt. Dabei sind wieder ein formaler und ein materieller Aspekt zu unterscheiden. Die durch Wahlen und Abstimmungen manifestierte Staatsgewalt (Art. 20 II 1 GG) autorisiert Repräsentativorgane dazu, »auch für andere in rechtlich gesicherter Entscheidungsfreiheit verbindlich beschließen zu dürfen« (Steffani 1999: 779). Damit ist formal – staatsrechtlich gesehen – der Bundestag als Ganzer, »also das Parlament als Kollegium aller einzelner Abgeordneten«, der Repräsentant des Volkes (Schuett-Wetschky 2005a: 20). Auch Dieter Wiefelspütz führt an: »Der Abgeordnete ist [...] gemeinsam mit der Gesamtheit der Mitglieder des Parlaments, Vertreter des ganzen Volkes.« (Wiefelspütz 2016: Rdnr. 7) Hervorzuheben ist die Unterscheidung der beiden Begriffe Vertretung und Repräsentation. Im Sinne der Unterscheidung des formellen und des materiellen Aspektes ist

39 Z. B. § 17 I Arbeitsordnung der CDU/CSU-Fraktion im Deutschen Bundestag 19.Wahlperiode.

es hilfreich, die Differenzierung der Begriffe Vertretung und Repräsentation vorzunehmen. Der Begriff Vertretung wird vom Grundgesetz verwendet (Abgeordnete als Vertreter des ganzen Volkes, Art. 38 I 2 GG), der Begriff Repräsentation kommt dort nicht in einschlägiger Weise vor.[40]

> »Volksgewählte (Art. 20 II 2 GG) Volksvertretung (Art. 38 I 2 GG) ist das wichtigste Stichwort, welches das Grundgesetz für das Parlament kennt. Das Volk zu vertreten, ist nur einem einzigen Verfassungsorgan aufgegeben; für den Staat zu handeln, sind alle da.« (Meyer 1989: 120, Rdnr. 9)

> »Vertretung ist ein allgemeines rechtliches Prinzip, das sich durch verbindliches Handeln für einen anderen, Verantwortlichkeit ihm gegenüber und oft, aber nicht immer, Abhängigkeit von den Weisungen des Vertretenen auszeichnet.« (Meyer 1989: 121, Rdnr. 10)

Für alle verbindliche Beschlüsse zu fassen, ist allein dem Gesamtparlament aufgegeben; zu repräsentieren »allen« in der Form von Durchsetzungsbemühungen von aggregierten Gruppeninteressen. Während das klassische Parlamentarismusverständnis auf der Annahme beruht, dass Einzelne im Rahmen des Gesamtparlaments repräsentieren (Einzelrepräsentation, eher input-orientiert), geht eine stärker parteiendemokratische Sicht davon aus, dass Abgeordnete als Gruppen auf verschiedenen Ebenen repräsentieren, wie beispielsweise als Mitglied der Mehrheit oder der Minderheit oder auch einer bestimmten Fachbruderschaft (Gruppenrepräsentation, eher output-orientiert). Zurückzuführen ist das Konzept der hier sogenannten »Einzelrepräsentation« auf die Überlegungen John Stuart Mills zur deliberierenden Repräsentativversammlung aus intellektuell herausragenden Persönlichkeiten (siehe Kapitel 4.1.1). Das klassische Verständnis erwartet ein In-eins-Fallen von staatsrechtlicher Vertretung und Repräsentation, das parteiendemokratische Verständnis differenziert die beiden Aspekte.

Repräsentation kann sich in einer pluralistischen Demokratie nicht in einem formalistischen Verständnis als Vertretung erschöpfen. Der »formalistic view«, wie Hanna Pitkin ihn neben anderen Dimensionen beschrieben hat (Pitkin 1967: 39), bleibt in demokratietheoretischer Hinsicht substanzlos. Zur Input-Legitimation müssen die Output-Legitimation und die Akzeptanz der Repräsentierten hinzukommen. In der politischen Theorie wurde dieses Erfordernis mit dem Konzept der *Responsivität* beantwortet, das den oben bereits benannten dialogischen Charakter und die Offenheit von Repräsentationsbeziehungen betont (im deutschsprachigen Raum Uppendahl 1981). Diese Beziehung besteht darin, dass »die Repräsentanten durch *Paarung von Responsivität und Führung* breite Übereinstimmung mit

40 Ausnahme ist Art. 22 I 2 GG: Die Repräsentation des Gesamtstaates in der Hauptstadt ist Aufgabe des Bundes.

den Repräsentierten sichern« (siehe z. B. bei Patzelt 1991: 173). Diese Übereinstimmung kann jedoch nach wie vor nie als Umsetzung eines homogenen und feststellbaren Interessensbündels verstanden werden, sondern impliziert eben auch Exklusion von Präferenzen unter Entscheidungsdruck (Anter 2018: 75 ff.).

Die Substanz einer solchen Repräsentationsbeziehung ist aus vielen verschiedenen Perspektiven beschrieben worden – sei es mit Blick auf das Verhältnis zwischen dem einzelnen Abgeordneten und seinem Wahlkreis (z. B. Siefken 2018a), fokussiert auf die Kommunikationsprozesse zwischen Repräsentanten und Repräsentierten (z. B. Knaut 2010) oder makroperspektivisch mit Blick auf das Gesamtergebnis von Repräsentation für die Politik eines Landes, insbesondere hinsichtlich schwach organisierter Interessen (Linden/Thaa 2014).[41]

Ähnlich der Repräsentationsbeziehung zwischen Abgeordneten und Bürgern sind auch diejenigen innerhalb des Parlaments responsiv, was ein wichtiger Baustein der Gruppenrepräsentation ist. Die Mitwirkung und Beteiligung des einzelnen Abgeordneten sind nicht nur durch seine Statusrechte gesichert, sondern materiell ebenso dadurch, dass die Fraktionsführung sich stets um die Zustimmung der Parlamentarier der eigenen Fraktion bemühen muss (zu Geschlossenheit siehe Kapitel 4.2.3). Die »Folgewürdigkeit [bedarf] des stetigen Beweises durch die Präsentation überzeugender Lösungen« (Schüttemeyer 2013a: 74).

Gruppenrepräsentation ist mehrstufig. Neben der beschriebenen Repräsentation des Wahlvolks durch zu Fraktionen zusammengeschlossene Abgeordnete existiert Repräsentation auf den verschiedenen elektoralen, legislativen und gouvernementalen Ebenen. So kann die Mehrheit der Regierungskoalition, legitimiert durch das Mehrheitsprinzip, im Parlament für alle Bürger verbindliche Beschlüsse herbeiführen. Innerhalb des Parlaments steht die Arbeit in einem Fachausschuss oder in einer Arbeitsgruppe stellvertretend für die Befassung aller Fraktionsmitglieder mit einer bestimmten Sachfrage. Der Fraktionsvorsitzende kann stellvertretend für die Gesamtfraktion agieren. Der Bundeskanzler spricht für sein Kollegialorgan, die Regierung, nach außen. Die Mehrheitsabgeordneten in den Fraktionen handeln als Repräsentanten ihrer Partei. Dies sind nur einige Beispiele für Repräsentation als Führung auf verschiedenen Ebenen. Sie zeigen, dass Repräsentation Arbeitsteilung und Hierarchisierung bedeutet. Repräsentation

41 Einen Überblick über die vielschichtigen Ansätze der theoretisch-normativen Repräsentationsforschung einerseits und der empirisch-analytischen andererseits bieten die Synopsen in einem Beitrag von Alexander Kühne (2013: 474, 484).

dient also der Unterscheidung von Führenden und Geführten. Sie »setzt insoweit eine Funktions- und Rollendifferenzierung voraus« (Schliesky 2016: 222, Rdnr. 31). Entweder sind Repräsentanten führende Fraktions- oder Parteimitglieder, die ein hohes Parlaments-, Regierungs- oder Parteiamt innehaben und/oder sie sind führend als Spezialisten in ihren Fachbereichen tätig. »Innerparteiliche Führung, insbesondere innerparteiliches Kompromissmanagement, ist faktisch zugleich Repräsentation.«[42] Führer handeln für (»acting for«, Pitikin) die Gruppe, die ihnen Gefolgschaft entgegenbringt. Diese Gefolgschaft kann formell durch einen Beschluss sichtbar gemacht worden sein, durch z. B. die Wahl eines Parteivorsitzenden auf einem Parteitag (hochformalisiert), oder aber nur durch Absprachen (gering formalisiert) oder aufgrund stillschweigender Zustimmung (nicht formalisiert). Jedenfalls endet die Führungsfunktion mit der Folgebereitschaft der Geführten. Dies gilt für die Wähler, die eine Regierungskoalition bei der nächsten Bundestagswahl abwählen, für einen Parteitag, der einen neuen Parteivorsitzenden wählt, oder für eine Fraktionsvollversammlung, die nicht mehr hinter ihrem Fraktionsvorsitzenden steht. Formale Position und tatsächliches Führungsverhalten sind dabei interdependent, aber nicht strikt abhängig voneinander. Insbesondere in der fachpolitischen Koordinierung im Parlament definiert das Geflecht formaler Positionen den Kreis der Akteure, die an informellen Entscheidungsrunden beteiligt werden (Kropp 2008: 69). Formale und materielle Repräsentationsebenen sind miteinander verknüpft.[43]

So findet sich auch die formelle Seite des Repräsentationsverhältnisses auf verschiedenen Ebenen des politischen Prozesses wieder. Während staatsrechtlich zum Vertretungsverhältnis gehört, dass nur die Gesamtheit der Abgeordneten befugt ist, rechtlich verbindlich für das ganze Volk zu beschließen, setzt sich dies auf Fraktionsebene mit der Fraktionsvollversammlung und auf Parteiebene durch die in den Satzungen festgelegten Vertretungsrechte, z. B. des Bundesvorstandes einer Partei, fort. Innerparteiliche Demokratie und die demokratische Strukturierung von Fraktionen ist die Voraussetzung für Gruppenrepräsentation.

---

42 Eberhard Schütt-Wetschky: unveröffentlichtes Manuskript.

43 Auf das Thema demokratische politische Führung wird an dieser Stelle nicht noch näher eingegangen, weil es in den Entscheidungen des BVerfG keine entscheidende Rolle spielt. Siehe zu diesem Thema z. B: (Blondel 1987; Burns 1978; Elgie 1995; Fliegauf et al. 2008; Gast 2010; Kropp 2008; Nye 2008; Oberreuter 1992; Schuett-Wetschky 2004; Oertzen 2010; Sebaldt/Gast 2010; Schindler 2019)

Damit ist begründet, warum Repräsentation adäquat als Gruppenrepräsentation konzeptionalisiert werden kann. Gleichzeitig ist es gerechtfertigt, Parteien als Repräsentationskörper besonders hervorzuheben. Grundlage des parteiendemokratischen Repräsentationsverständnisses ist es, dass die Repräsentationsfunktion faktisch Parteien, eingebettet in ein plurales, konkurrenzgeprägtes Parteiensystem, ausüben. Auf der Grundlage des freien Mandats des Abgeordneten und der Normierung der Mitwirkung der Parteien am politischen Willensbildungsprozess entscheiden die Regierungsparteien im Parlament stellvertretend für das Volk; die Oppositionsparteien sind beauftragt, Kritik und Alternativen zu präsentieren und die Regierungspolitik dadurch indirekt zu beeinflussen. Fraktionen sind dabei die wichtigsten Teilgruppen ihrer Parteien hinsichtlich der Vertretung des Parteiprogramms und dessen Leitlinien.[44] In der Praxis stellen die Parteien i. d. R. alle am Willensbildungsprozess beteiligten Akteure. Nur Parteien können Landeslisten vor einer Bundestagswahl beim Wahlleiter einreichen. Kreiswahlbewerber als ggfs. parteilose Einzelbewerber waren in der Geschichte der Bundesrepublik so gut wie nicht erfolgreich. Die von Parteien unter demokratischen Grundsätzen ausgewählten Akteure nehmen als Organwalter auf der einen Seite im Beschlussorgan Parlament Abstimmungen vor. Auf der anderen Seite stellen sie als Gruppenakteure politische Inhalte durch die Genese von Sachentscheidungen her.

> »Die Parteien haben den Willen des Volkes formal zu vereinheitlichen und zu reproduzieren, sie haben zugleich aber auch material-produktiv – durch Kompromiß – erst den Inhalt des Volkswillens zu bestimmen und zu gestalten.« (Gehrig 1969: 113)

Die an der Entscheidungsfindung Beteiligten sind zum größten Teil Mitglieder des Parlaments oder der Regierung, aber nicht ausschließlich. Die Parteien generieren die Mehrheitsmeinung des Volkes, indem sie ihre Programmatik und ihr führendes Personal zur Verfügung stellen (siehe auch Grimm 1989: 200, Rdnr. 4). Die parteiendemokratische Sichtweise versucht diese Tatsachen in allen ihren Konsequenzen möglichst praxisgerecht abzubilden und zu benennen. In der neueren politik- und rechtswissenschaftlichen Literatur findet Repräsentation durch Parteien eindeutig ihren Niederschlag (z. B. Meyn 2001), allerdings in zögerlicher Formulierung, wenn z. B. von »Parteien als Schaltstellen demokratischer Repräsentation« (Volkmann 2016: 191, Rdnr. 9) die Rede ist oder das Bild von Parteien als »Mittler« oder »Bindeglied«, also als »intermediäre Institutionen«, heran-

44 Zum Verhältnis von Partei und Fraktion siehe Kapitel 4.2.3.

gezogen wird. Ob sie staatsrechtlich als Verfassungsorgane aufgefasst werden können, ist umstritten (Maurer 2010: Rdnr. 24 ff.). Festgehalten werden kann aber, dass anderen politischen Kollektivakteuren mit ihren Themen und Standpunkten der »*Zutritt zum Innenbereich des Staates* nur über die politischen Parteien« gelingt (Volkmann 2016: 193, Rdnr, 11; Hervorhebungen im Original fett).

Aus dem Gruppenprinzip in der parlamentarischen Demokratie – kombiniert mit dem demokratischen Mehrheitsprinzip – folgt, dass es keine Einzelrepräsentation im materiellen Sinne geben kann. Diese wäre jedoch die Grundlage für die Verwirklichung von Repräsentation durch Repräsentativität, also durch die Abbildung *von* Gruppen mit bestimmten Eigenschaften in der Volksvertretung. Repräsentation im Sinne von Repräsentativität im Parlament wird jedoch nur noch im Rahmen der Geschlechterbalance oder anderer herausgehobener Einzelmerkmale diskutiert.

> »Deskriptive Ansätze, die auf sozialstrukturelle oder standarddemographische Ähnlichkeits- und Spiegelbildlichkeitsannahmen zwischen Repräsentierenden und Repräsentierten beruhen, sind hingegen kaum forschungsleitend und überdies normativ obsolet.« (Schindler/Schüttemeyer 2010: 156)

Ein klassisches Verständnis von Repräsentation beinhaltet deswegen teilweise auch die Forderung nach Repräsentation im Sinne von soziodemografischer Repräsentativität. Dahinter steht die Idee, dass nicht gemeinsame Interessen, sondern soziodemografische Merkmale das Wahlvolk in Gruppen bündeln sollten. Der einzelne Abgeordnete stünde dann mit seinen Eigenschaften (z. B. Alter oder Berufsstand) als Repräsentant einer entsprechenden gekennzeichneten Gruppe und müsste deren Spezialinteressen vertreten. Das Spannungsverhältnis zwischen einzelnem Abgeordneten und seiner Einbindung in Partei und Fraktion bliebe in dieser Sicht bestehen, weil der Abgeordnete sich nur aufgrund der arbeitsteiligen Gegebenheiten in die Strukturen der Parlamentsarbeit einfügen würde und nur sekundär aufgrund kongruenter politischer Auffassungen. Das parteiendemokratische Verständnis von Repräsentation hingegen fasst das dargelegte Spannungsverhältnis als vitalen Mechanismus demokratischer Repräsentation auf. Das Verhältnis zwischen dem einzelnen Abgeordneten und seiner Partei kann als interdependent beschrieben werden. Das Abhängigkeitsverhältnis beruht auf Gegenseitigkeit. Es ist im Interesse des Abgeordneten, sich in die Struktur der Partei einzufügen, weil er nur so realistische Umsetzungschancen seiner politischen Einstellungen und Vorhaben hat. Gleichzeitig ist insbesondere die Partei im Parlament, die Fraktion, auf die Zustimmung des Abgeordneten zum Handeln der Fraktions- und Parteiführung angewiesen.

4.2.3 Binnenstrukturen von Regierungsmehrheit und Opposition: Spannungsfeld interne Offenheit der Willensbildung und Geschlossenheit nach außen

Im Rahmen der Erläuterung von Kontrolltätigkeiten innerhalb des Bereichs von Parlament und Regierung wurden bereits kurz Mechanismen der politischen Entscheidungsfindung thematisiert. Außerdem ging es im Kapitel zum Thema Gewaltenteilung um die Bedeutung innerparlamentarischer Repräsentation für das parlamentarische Regierungssystem. Beide Aspekte haben die Frage berührt, wie Parlamente organisiert sind. Die Beantwortung dieser Frage kann helfen, die beiden Parlamentarismusverständnisse zu konturieren. Im Folgenden werden einige wichtige Aspekte der Parlamentsorganisation aus der Perspektive eines spezifisch parteiendemokratischen Verständnisses aufgezeigt. Dabei findet eine Konzentration auf diejenigen Aspekte statt, die für Rechtsprechung erfassbar, das heißt durch Rechtsnormen tangiert sind. Das hat zur Folge, dass informelle Prozesse der Entscheidungsfindung zwar berücksichtigt, aber nicht im Detail betrachtet werden.

Die bisher aufgeführten Spannungsverhältnisse von formeller Gewaltenteilung gegenüber materieller Machteilung sowie der Status des einzelnen Abgeordneten gegenüber seiner Eingebundenheit in eine Gruppe schlagen sich auch auf die Binnenstrukturen von Regierungsmehrheit und Oppositionsfraktionen nieder. Hier kulminieren beide je gegenläufigen Strukturprinzipien. Vorhandene Entscheidungen über Politikinhalte müssen in formelle Beschlüsse überführt werden, dabei muss einerseits Geschlossenheit hergestellt werden und andererseits größtmögliche Offenheit für die Integration der verschiedenen Standpunkte gewährleistet sein. Im Parlament liegen einerseits die institutionellen Voraussetzungen und andererseits die grundlegenden Techniken im prozessualen Sinne für diese Erarbeitung von mehrheitsfähigen Politikinhalten.

Wo wird über politische Sachfragen entschieden? Aus dem bisher Dargelegten zur prinzipiellen Unterscheidung zwischen einem klassischen und einem parteiendemokratischen Parlamentarismusverständnis ist deutlich geworden, dass eine den Beschlusskompetenzen von Staatsorganen verhaftete Sicht das *Plenum* als Ort der politischen Entscheidung ansieht, wo die Abgeordneten als Einzelne beraten und entscheiden. Im klassischen Verständnis besteht die wesentliche Funktion des Plenums im »öffentliche[n] Verhandeln von Argument und Gegenargument, [in] öffentliche[r] Debatte und öffentliche[r] Diskussion« (Schmitt 1996: 43). Durch das Arbeiten in Ausschüssen, so Schmitt, gebe der Parlamentarismus seine geistige Basis auf (Schmitt 1996: 62). Während Carl Schmitt Deliberation im Plenum zum

Zweck der Wahrheitsfindung für geboten hielt, forderte sie John Stuart Mill, weil die in einer Gesetzgebungskommission erarbeiteten Vorlagen im Nachhinein erörtert werden sollten, damit »those whose opinion is overruled, feel satisfied that it is heard« (Mill 1861: 82). Die parlamentarische Versammlung selbst hielt er für ungeeignet zur Gesetzgebung. Beide Vorstellungen über die Rolle des Plenums schließen ein sachlich fundiertes und verantwortliches Gestalten und Entscheiden der Volksvertretung aus, das ihr in einem parteiendemokratischen Verständnis jedoch zugerechnet wird. Die Vorstellung eines Honoratiorenparlaments, in dessen Plenum Persönlichkeiten sich durch Rede und Gegenrede gegenseitig überzeugen und zu einer dem Gemeinwohl dienenden Synthese kommen, »ist indes a priori ungeeignet, die Realität einer demokratischen Massengesellschaft und des Sozial- und Leistungsstaates abzubilden« (Schürmann 2016: 612, Rdnr. 8).

Die Vollversammlung hat im parteiendemokratischen Verständnis zwei wichtige Funktionen. Die rechtsverbindliche Beschlussfassung über Gesetzesvorlagen und andere Anträge sowie Wahlen dienen der Feststellung und letztinstanzlichen Legitimation der politischen Willensbildung. Das in Art. 42 II GG festgelegte Prinzip, dass der Bundestag in der Regel mit einfacher Mehrheit beschließen muss, hat tiefgreifende Rückwirkungen für den politischen Prozess: Es führt zu seiner grundsätzlichen Gruppenstruktur.[45] Zweitens dienen die Plenardebatten der Darstellung der im pluralistischen parteiendemokratischen System initiierten und im Parlament konkretisierten Entscheidungen.

> »Die Plenardebatte lässt sich charakterisieren als ein Streitgespräch, dessen Teilnehmer nach formalen Regeln ihre gegenläufigen Standpunkte im Zusammenhang einer politischen Entscheidung oder Positionierung an einem hervorgehobenen Ort öffentlichkeitswirksam klar- und darstellen.« (Schürmann 2016: 610, Rdnr. 2; Hervorhebungen im Original fett)

Der Parlamentsbeschluss legitimiert politische Herrschaft nur, wenn er selbst und das damit zusammenhängende parlamentarische Verfahren den Beherrschten auch gezeigt wird. Dies wird unter anderem durch die Plenardebatte erreicht.[46] Durch das Auseinanderfallen von Herstellung (»bargai-

---

45 Insofern gibt es, entgegen dem Vorwurf von Alexander Weiß, im parteiendemokratischen Parlamentarismusverständnis (Gruppenparlamentarismus) mindestens eine „normativ anspruchsvolle" Funktion der Plenardebatte, die über die Information des Publikums hinausgeht (vgl. Weiß 2011: 135).

46 Die verschiedenen Bezeichnungen dieser Funktion und ihrer Eigenschaft als Teilfunktion der repräsentativen Funktion des Parlaments finden sich bei Patzelt (2003: 24 f.).

ning«) und Darstellung (»arguing«) von Entscheidungen sind die Handlungsräume im Parlament unterschiedlich geprägt. Verhandlung und Kompromissfindung in den Fraktionen weisen eine prinzipielle Konsens- bzw. Zielorientierung auf (Oertzen 2006: 267). Demgegenüber ist die Plenardebatte von einer kontroversen Auseinandersetzung zwischen »eminent politscher Rhetorik« und »sachbezogen-bürokratischem Expertentum« (Schürmann 2016: 610 f., Rdnr. 3) gekennzeichnet. Dass Verhandlung (bargaining) im Plenum nicht stattfindet, gehört auch zur politischen Kultur: Öffentliches Aushandeln von Kompromissen wird von den Bürgern in der Regel sanktioniert (grundlegend Elster 2000).

Bereits vor der Etablierung des massendemokratischen Parlamentarismus im 20. Jahrhundert ist in der parlamentarischen Vollversammlung nicht in der Sache entschieden worden, also sind bereits die Debatten im Frühparlamentarismus von einer der politischen Kommunikation inhärenten »strategischen Komponente« geprägt gewesen (Marschall 2017: 101; siehe auch Schönberger 2016: 83, Rdnr. 34). Die Konzentration auf die Sacharbeit in den Ausschüssen und Kommissionen, auch infolge der steigenden Regelungserfordernisse des modernen Staates, führte zu einem Wandel im Selbstverständnis des Abgeordneten von einem Spezialisten für Gesetzgebung hin zum Fachmann für bestimmte Politikfelder (Professionalisierung). Im Plenarsaal sind deswegen in der Regel nur diejenigen Abgeordneten anwesend, die von der jeweils dargestellten Gesetzesvorlage etwas verstehen, oder es sind eben so viele anwesend, dass eine erfolgreiche Beschlussfassung der Regierungsmehrheit möglich ist. Ein Plenumsbeitrag ist aus Sicht der Abgeordneten »eher das ‚I-Tüpfelchen‘ ihrer Arbeit; *Ziel aber ist die Durchsetzung in der eigenen Fraktion*« (Oertzen 2006: 274). Im Großteil der rechts- und politikwissenschaftlichen Fachgemeinde sowie bei Multiplikatoren der politischen Bildung und bei den politischen Akteuren selbst ist dies Konsens. Das schließt allerdings nicht aus, dass Elemente einer klassischen Vorstellung vom materiell unabhängigen Abgeordneten, der unbeeinflusst über sein Abstimmungsverhalten entscheidet, herangezogen werden, um z. B. im Kampf mit dem politischen Gegner die Arbeitsweise in der Parteiendemokratie infrage zu stellen. Des Weiteren ist über diesen erzielten Konsens hinaus gar nicht klar, welche Konsequenzen die Feststellung, dass Parlamente Beschlussorgane sind und keine Entscheidungskörper, für das parlamentarische Regierungssystem und den Willensbildungsprozess in allen seinen Ausprägungen hat.

Durch die Anerkennung der parlamentarischen Versammlung als reines Beschlussorgan ist jedoch die Frage danach, wo allgemeinverbindliches politisches Entscheiden stattfindet, neu zu stellen. Auch im klassischen Parlamentarismusverständnis geraten deswegen die weiteren Organisationseinheiten des Parlaments, *die Ausschüsse*, in den Blick, insoweit sie als Hilfsorgane des Parlaments gelten. Sie scheinen aus diesem Blickwindel als Ort der Deliberation geeignet, weil sie ein spiegelbildliches Abbild des Plenums darstellen müssen (§ 12 GOBT und ständige Rechtsprechung des BVerfG). Das Parlamentsrecht verpflichtet die Ausschüsse »zur baldigen Erledigung der ihnen überwiesenen Aufgaben«, und »sie haben die Pflicht, dem Bundestag bestimmte Beschlüsse zu empfehlen« (§ 62 I GOBT). Die Bezeichnung als »vorbereitende Beschlussorgane« für Ausschüsse kann sowohl aus klassischer als auch aus parteiendemokratischer Perspektiven als adäquat angesehen werden, weil sie auf der einen Seite die Verortung im formalen Spektrum signalisiert (vorbereitende Beschlussorgane, nicht etwa vorbereitende Entscheidungsorgane) und auf der anderen Seite keine präjudizierende Wirkung einer dem Parlament vorbehaltenen Entscheidung transportiert (lediglich »vorbereitend«). Die Delegation von Aufgaben an Untergliederungen des Bundestages steht in einem Spannungsverhältnis zum sogenannten Plenarvorbehalt. Dieses Spannungsverhältnis wird neuerdings insbesondere mit Blick auf den Ausschuss Europäische Union auch wieder kontrovers diskutiert (siehe z. B. Moench 2017; Payandeh 2019). Auch für diese Frage der Delegation von Rechtsbefugnissen ist die Differenzierung des formellen und des materiellen Aspekts sowie die Frage danach, wo entschieden wird, bedeutsam.

Mit der Erlangung des Selbstbefassungsrechts im Jahr 1969 wurde die Bedeutung des Ausschusswesens für die Kontrolle der Mehrheitspolitik durch die Opposition formell gestärkt. Jedoch wirkt durch das Gebot der Spiegelbildlichkeit und der Beachtung der Mehrheitsverhältnisse die Dominanz der Regierungsmehrheit in die Ausschüsse fort. Inzwischen ist auch empirisch belegt, dass man auf der Suche nach einem Gremium, das nach Deliberation – orientiert an »Truth and Justice« (Mill) – eine möglichst einmütige Entscheidung trifft, auch bei den Ausschüssen nicht fündig wird. Zwar spielen die Fachausschüsse in der Phase der Politikformulierung eine entscheidende Rolle, indem sie in Berichten und Beschlussempfehlungen generelle Einschätzungen formulieren und die vorher ablaufenden informellen Prozesse formal bündeln. Ihre Mitglieder sind auch in weitreichende Policy-Netzwerke eingebunden und sie strukturieren umgekehrt die Handlungslogik der beteiligten Akteure (Siefken 2018c: 790 ff.). Dessen ungeachtet findet in den Fachausschüssen keine ergebnisoffene Diskussion mit anschließender Entscheidung statt. Vielmehr sind sie der »Testraum fürs Plenum« (Oertzen 2006: 271) und der »parlamentarische Notar« (272).

> »Mit der Argumentation im Ausschuss kann weder das Gegenüber noch wie im Plenum eine Zuhörerschaft überzeugt werden; daraus erklärt sich auch die – im Vergleich zum Plenum – relativ gelassene, oft freundliche Stimmung. Der Ausschuss hat seine Funktion darin, die Meinungsbildung der Fraktion zu prüfen, die ‚Frontlinien' zwischen ihnen zu klären und Bereiche von Gemeinsamkeiten auszuloten sowie ihre Stellungnahme quasi notariell zur Kenntnis zu nehmen.« (Oertzen 2006: 272)

Veranschaulichen lässt sich die Rolle der Ausschüsse durch die Verortung in einem realistisch verstandenen *Gesetzgebungsprozess*[47] innerhalb des Bereichs von Parlament und Regierung. Dieser betrachtet nicht nur das durch Parlamentsrecht formell festgelegte Verfahren, sondern auch teilformalisierte Phasen, die dem Grunde nach zeitlich davor liegen.[48] Diese Phasen sind, hier am Beispiel eines Entwurfs der Regierungsmehrheit, die Verhandlungen der Mehrheitsparteien über Eckpunkte eines geplanten Gesetzes, die Erarbeitung eines Entwurfs gemäß dieser Eckpunkte im zuständigen Ministerium (siehe z. B. Busse 2010), ggfs. die Einbringung des fertig verhandelten Gesetzentwurfs ins Kabinett und schließlich die Einbringung des Regierungsentwurfs in das Parlament.[49] Dementsprechend decken die ständigen Ausschüsse die Facharbeit gemäß der Strukturierung der Fachministerien ab. Je nachdem, welche Institution ein Gesetzesvorhaben in das Parlament einbringt, mag dieses Schema variieren, auch sind wechselseitige Abstimmungen zwischen den Mehrheitsparteien und Änderungen möglich. In der Phase der Politikformulierung spielen die Ausschüsse eine bedeutende Rolle, jedoch nicht als »Akteure der Politikformulierung« (Siefken

47 Man mag sich den Begriff „Gesetzgebungsverfahren" als Gegenstück des Prozesses innerhalb des Bundestages vorstellen. Arnim von Bogdandy schlägt zur Unterscheidung die Begriffe „Entscheidungsverfahren" und „Entscheidungsprozess" vor. Da dies aber der hier verwendeten Unterscheidung der Begriffe „Entscheidung" und „Beschluss" entgegensteht, schließe ich mich dem nicht an. „Zur genaueren Konturierung dieser Position dient die Unterscheidung von Entscheidungsprozess und Entscheidungsverfahren. Der Entscheidungsprozess umfasst alle Etappen der tatsächlichen Willensbildung, die in eine hoheitliche Entscheidung münden. Nächtliche Telefongespräche, informale Kaminrunden, politische Absprachen mit politischen Akteuren aller Art, aber auch öffentliche Auseinandersetzungen in den unterschiedlichsten Foren können derartige Etappen bilden. Das Verfahren ist hingegen eine rechtlich determinierte Abfolge von Handlungen qualifizierter Akteure, die in der Ausübung einer Kompetenz mit dem Erlass eines Rechtsakts mündet." (Bogdandy 2005: 456)

48 Der Gesetzgebungsprozess ist nicht linear, es kann Schleifen und Rückkopplungen geben.

49 Gemäß „Gesetzgebungsschema" von Eberhard Schütt-Wetschky. Unveröffentlichtes Manuskript.

2018c: 786 f.). Denn im Kern steht der richtungsgebende Inhalt des geplanten Gesetzes vor Beginn des formellen Verfahrens, an dem auch die Ausschüsse beteiligt sind, fest (so auch Patzelt 2012: 46). Die »Doppelstruktur«, die mit Blick auf das Plenum für die Diskursebene aufgezeigt worden ist, zeigt sich auch im Gesetzgebungsverfahren, das heißt:

> »[...] die Verstrebung der offiziellen Version des Verfahrens einer deliberierenden, mit Mehrheit entscheidenden Versammlung einerseits und einer mit Gruppenbildungen, informalen Beziehungen und Kompetenzverschiebungen durchsetzten faktischen Arbeitsweise andererseits.« (Luhmann 1997: 199f.)

Die Richtungsentscheidungen sind zwischen den Regierungsparteien während der Koalitionsverhandlungen oder in späteren Aushandlungsprozessen getroffen worden. Die Formulierung von Gesetzentwürfen geschieht danach in den Ministerien, ggfs. in Zusammenarbeit mit der Fachebene in den Mehrheitsfraktionen. Diese Delegation ist legitim, weil die Wähler die Regierungsmehrheit insgesamt mit Regierung und Gesetzgebung beauftragen und so lange die Abgeordneten ihre Initiativ- und Kontrollfunktion erfüllen (Oertzen 2006: 277). In einem klassischen Verständnis des Gesetzgebungsprozesses wird der Kern der politischen Willensbildung nicht in den politischen Gruppen, sondern in den Gremien der Staatsorgane gesucht, was dann zu Friktionen zwischen normativer Erwartungshaltung und Ausgestaltung der parlamentarischen Praxis führt.

> »Es mag helfen, ein realistisches Bild für die Parlamentsdarstellung zu entwickeln, das nicht ein falsches (,eigentliche Arbeit im Plenum') durch ein anderes falsches (,eigentliche Arbeit in den Ausschüssen') ersetzt.« (Siefken 2018b: 792)

Die innerparteiliche und innerfraktionelle Willensbildung geht der Ausschussarbeit voraus bzw. interagiert mit ihr und definiert deren Inhalt. In der Parlamentarismusforschung werden diese Phänomene informeller politischer Steuerung begrifflich und analytisch, insbesondere angesichts des politischen Mehrebenensystems, mithilfe verschiedener Ansätze berücksichtigt und nachvollzogen.[50]

> »Informelle Institutionen in demokratischen Rechtsstaaten sind demnach Regelsysteme der Entscheidungsfindung, Führung und Koordination, die zum einen keine rechtliche, aber gleichwohl eine vereinbarte politische Verbindlichkeit auszeichnet

50 Grundlegend zum Konzept der Informalität: (Schulze-Fielitz 1984; 2010; Pannes 2011; Hartwich/Wewer 1991; Bröchler/Grunden 2014; Rudzio 1991). Zum Governance-Konzept: (Mai 2016; Korte/Fröhlich 2009; Folke Schuppert 2011; Benz 2004; Rosenau 1992). Zum Institutionalismus: (Patzelt 2007; Mayntz/Scharpf 1995).

und die zum anderen eine (vorläufige) Abweichung oder Konkretisierung benennbarer Regeln der Formalstruktur darstellen, ohne dass sie einen unmittelbaren bzw. vorsätzlichen Rechtsbruch bedeuten.« (Grunden 2014: 24)

Das Ausmaß der Rezeption politischer Steuerungsprozesse auf der Grundlage von parteiendemokratischen Strukturen und Bedingungen variiert in der Forschung allerdings und es werden keine kongruenten Begriffe verwendet. In einer parteiendemokratisch geprägten Sichtweise wird dieser materiellen und der formellen Seite gleichwertige Beachtung geschenkt, um Zerrbilder zu vermeiden.

Ein weiterer Hinweis auf die fragliche Rolle der Ausschüsse mag in der Debatte um die *Ausschussöffentlichkeit* liegen. Im Rahmen der Parlamentsreformdiskussionen in den 60er- und in den 90er-Jahren, aber auch immer wieder fallweise, wird die Ablösung der fakultativen Ausschussöffentlichkeit durch eine obligatorische gefordert. Diese Forderung wird mit einer »Entlastung« des Plenums begründet oder aber mit allgemeinen Transparenzerwägungen. In der Diskussion geht es um die Abwägung zwischen Effizienzerfordernissen zugunsten vertraulicher Kompromissfindung einerseits und dem demokratischen Öffentlichkeitsprinzip andererseits. Gut abzulesen war diese Abwägung und ihre politische Instrumentalisierung anhand des von der Fraktion Die Linke und der Fraktion Bündnis 90/Die Grünen sowie der Abgeordneten Britta Haßelmann eingebrachten Gesetzentwurfs in der 18. Wahlperiode (BT Drs. 18/3045). Eine obligatorische Ausschussöffentlichkeit wurde hier mit der Begründung gefordert, dass die »unvoreingenommene Meinungsfindung des Parlaments« ohnehin nicht in den Ausschüssen stattfinde, weil »Positionen der Fraktionen in der Regel vor den Ausschussberatungen in entsprechenden internen Fraktionsrunden erarbeitet und bei den parlamentarischen Beratungen nicht mehr grundlegend verändert« würden (BT PlPr 18/176, Anlage 5: 17449). Plastisch beschreibt MdB Petra Sitte hier, dass in den Ausschüssen nicht substanziell entschieden werde. Die Forderung der Ausschussöffentlichkeit könnte also lediglich das Öffentlichkeitsprinzip der Plenarversammlung ergänzen, womit die Ausschussberatungen ihre Struktur mutmaßlich noch stärker dieser angleichen würden. Die zur Veröffentlichung vorgesehenen Protokolle oder Live-Übertragungen wären damit vor allem für Spezialisten und verschiedene Interessenvertreter interessant. Die hier suggerierte Intention, dass »Belange, die bisher gar nicht von den organisierten Interessenvertreterinnen und -vertretern gegenüber den Abgeordneten repräsentiert werden, [...] u. U. mehr Eingang in den Beratungsprozess des Ausschusses« fänden (BT Drs. 18/3045), scheitert an der von der Antragstellerin selbst geschilderten

Praxis. Auf der anderen Seite betonen die Gegner von obligatorischer Ausschussöffentlichkeit, dass dies die Kompromissfindung erschwere, weil »die Nichtöffentlichkeit von Aushandlungsprozessen jedem erlaube, bei einer Kompromissfindung das Gesicht nicht zu verlieren« (BT PlPr 18/176, Anlage 5: 17447). Auch diese Aussage ist zu relativieren, wenn man davon ausgeht, dass sich die Mehrheitsparteien mit Einbringung des Gesetzentwurfes in den Bundestag bereits auf einen Kompromiss geeinigt haben. Doch auch für die Fachleute und Spezialisten im Bundestag muss es die Möglichkeit geben, zu einer Verbesserung des Entwurfs im Detail beizutragen, indem sie sich mit ihren Fachkollegen, vielleicht auch anderer Parteizugehörigkeit, austauschen. Zu unterscheiden ist hier außerdem zwischen stark umstrittenen und weniger umstrittenen Sachfragen. Je stärker eine Frage umstritten ist, desto stärker ist sie bereits vor Beginn des formalen Gesetzgebungsverfahren determiniert, weil der Kompromiss zwischen den Regierungsparteien stärker ausgearbeitet ist. In diesem Sinne ist es zu verstehen, wenn die nur fakultative Öffentlichkeit der Ausschüsse als Voraussetzung für das Funktionieren des Bundestages als Arbeitsparlament angemahnt wird.

> »Kurz gesagt: Während über den gefundenen Kompromiss selbst öffentlich entschieden werden kann und muss, so kann er in nichtöffentlicher Sitzung mit größerem Erfolg ausgehandelt und herbeigeführt werden. Öffentliche Ausschusssitzungen sind deshalb weniger als nichtöffentliche dazu geeignet, sachgerechte Entscheidungen und Kompromisse herbeizuführen. Umgekehrt wäre eine ‚totale Transparenz' geeignet, die Handlungs- und Entscheidungsfähigkeit des parlamentarischen Systems zu gefährden.« (Brocker 2016: 56)

So hat auch Florian Meinel die Tatsache, dass die Bundestagsausschüsse von der Möglichkeit der Ausschussöffentlichkeit (§ 69 I 2 GOBT) bisher so gut wie keinen Gebrauch gemacht haben, als »richtige Entwicklung« bezeichnet, weil diese als Vermittlungsinstitution zwischen Fraktionsarbeitskreisen und dem Plenum sonst unbrauchbar würden (Meinel 2019b: 324 mit Verweis auf Oertzen 2006: 247). Neuere Zahlen zeigen jedoch, dass die Anzahl öffentlicher Sitzungen der Ausschüsse des Bundestages von vier Prozent zwischen der 12. und 17. Wahlperiode auf 22 Prozent in der 18. Wahlperiode (Siefken 2018c: 78 f.) gestiegen ist. Dies kann als Hinweis darauf gewertet werden, dass die Ausschussmitglieder selbst die Vertraulichkeit der Sitzungen aufgrund ihrer Funktion seltener als notwendig erachten.

Auch die obligatorische Öffentlichkeit von Ausschusssitzungen vermag also nichts zur Sichtbarkeit des im klassischen Parlamentarismusverständnis vorhandenen Ideals der offenen Sachdebatte in den vorbereitenden parlamentarischen Beschlussorganen beizutragen, weil die Entscheidungen koalitions- oder fraktionsintern ausgehandelt werden.

Bei den Fraktionen liegt auch die Entscheidung über die Besetzung der Ausschüsse; ihre Mitglieder werden von den *Fraktionen* benannt (§ 57 II GOBT). Das BVerfG sieht sie durch Art. 21 GG als durch das Grundgesetz anerkannt an (BVerfGE 10, 4: Rdnr. 38). Seit den 90er-Jahren werden sie als die zentralen Organisationseinheiten des Parlaments herausgearbeitet (vor allem: Schüttemeyer 1998; Saalfeld 2013). In Art. 53a GG, nur beiläufig erwähnt, sind ihre Konstitution und ihre Arbeitsweise im Abgeordnetengesetz und in der Geschäftsordnung des Bundestages geregelt. Sie sind die Herren des Verfahrens und die Arbeitseinheiten im Bundestag. Sie sind maßgeblich an der Willensbildung des Bundestages beteiligt und als Institution der zentrale Machtfaktor bei der Entscheidungsfindung. Die Aufgaben der Fraktionen sind es,

> »Interessen aufzunehmen, zu selektieren und zu aggregieren, diese legislatorisch umzusetzen und die parlamentarischen Entscheidungen legitimitätsstiftend öffentlich zu den Bürgern rückzuvermitteln« (Schüttemeyer 1998: 313).

Fraktionen sind eine Fortsetzung des Gruppenprinzips im Parlament. Die durch das Mehrheitsprinzip bedingte relative politische Ohnmacht des Einzelnen führt auf Parlamentsebene zum Zusammenschluss zu Fraktionen und zwischen Parteien zu Koalitionen. Rechtsvorschriften auf verschiedenen Ebenen sind hierfür die Grundlage, wie z. B. die Sperrklausel im Bundestagswahlrecht oder alle daraus folgenden »Fünf-vom-Hundert«-Vorschriften der Geschäftsordnung des Bundestages. Durch Spezialisierung in bestimmten Fachbereichen kann sich der einzelne Abgeordnete für seine Fraktionskollegen wertvoll oder unentbehrlich machen. Nur durch die Expertise in den verschiedenen Fachbereichen kann eine sachgerechte Entscheidung über eine große Anzahl von Themen im Organisationskomplex des Bundestages sichergestellt werden. Im »Fraktionenparlament« (Thaysen 1976b: 69) üben die Fraktionen faktisch diejenigen Funktionen aus, die im klassischen Verständnis dem Gesamtparlament zugeschrieben werden. Die oben benannten Funktionen Politikentscheidung und Opposition umfassen genauer die Gesetzgebungs-, Kontroll-, Wahl- und Öffentlichkeitsfunktion der Fraktionen (Klein/Krings 2016: 541-544, Rdnr. 48-62).

In parteiendemokratischer Sichtweise werden Fraktionen als Parteien im Parlament konzeptionalisiert (Kretschmer 1992), weil sie deren Arbeit im Parlament daran fortsetzen, die in den Parteiprogrammen festgelegten Politikinhalte in verbindliches Recht zu überführen. Politisch-konzeptionell und personell bestehen großflächige Überschneidungen. Dabei kann dahingestellt bleiben, ob sie dem staatlichen oder dem gesellschaftlichen Raum zuzuordnen sind. Während in der Staatsrechtslehre die These vertreten wird, dass Fraktionen »nicht Teil der jeweiligen Partei, sondern des Bundestages« (Maurer 2010: 421, Rdnr. 105) seien und somit »als Gliederung des Bundestages der deutschen Staatlichkeit eingefügt« seien (Isensee 2007: 35), stuft z. B. Klaus Detterbeck sie als Parteiorgane neben Parteitagen, Führungsgremien und Parteizentralen ein (2011: 18). Sie sind Ausdruck der Tatsache, dass »parlamentarisches System und politische Parteien in enger Wechselbeziehung« stehen (Volkmann 2016: 188, Rdnr. 3) – je nach Ausprägung der Verbindung von Parlamentsmehrheit und Regierung (vor allem im Vergleich zum präsidentiellen Regierungssystem) und ggfs. der plebiszitären Elemente.

Formell sind Fraktionen Vereinigungen von mindestens fünf vom Hundert der Mitglieder des Bundestages, die derselben Partei angehören (§ 10 I GOBT). »Die Wahrnehmung einer Aufgabe durch die Fraktionen schließt naturgemäß eine gewisse Bindung des einzelnen Abgeordneten an seine Fraktion, eine Beschränkung seiner Freiheit ein.« (BVerfGE 10, 4: Rdnr. 38). Materiell sind Fraktionen auf vielfältige Weise mit ihren Parteien verknüpft. Abgeordnete haben in aller Regel nur durch die Unterstützung ihrer Partei entweder als Wahlkreiskandidat oder als Listenkandidat ein Mandat erlangen können.

> »Das personalisierte Verhältniswahlrecht führt dabei zu einer starken Abhängigkeit aussichtsreicher Kandidaten von ihren jeweiligen Parteien und gibt diesen – einerseits den Führungsgremien der Landes- und Bundespartei, andererseits den lokalen Parteigremien – eine regelrechte Monopolstellung im Rekrutierungsprozess. Die *Erreichbarkeit* parlamentarischer Mandate wird demnach maßgeblich von den politischen Parteien bestimmt, aus Sicht des einzelnen Politikers also von seiner Stellung und Verankerung in der Partei.« (Edinger 2009: 188)

Parteien haben faktisch das Monopol bei der Kandidatenaufstellung und entscheiden damit darüber, welcher Pool von Kandidaten bei der Parlamentswahl zur Verfügung steht (Rekrutierungs- und Gatekeeper-Funktion). Fraktionen sind damit auch Untergliederungen von Parteien, wenn auch die wichtigsten, die gemeinsam mit der Parteiorganisation die Meinungsbildung und Entscheidungsfindung des Staates steuern und das politische Führungspersonal auswählen. Die Fraktionen setzen das jeweilige Parteiprogramm bzw. die Koalitionsvereinbarung im Parlament um. So konditioniert die Arbeit der Fraktionen auch die Wahlchancen und bisweilen auch das Programm der Parteien. Das Verhältnis von Partei und Fraktion besteht in gegenseitigen Abhängigkeiten. Wenn Parteien im Parlament vertreten seien, bestimmten eher die Fraktionen die Politik der Partei als umgekehrt, so Norbert Lammert als langjähriger und intimer Kenner der Abläufe im Bundestag (Lammert 2018: 938). Versucht man die Frage nach dem Rangverhältnis von Partei und Fraktionen nicht institutionen-, sondern prinzipienorientiert zu beantworten, gelangt man zum Führungsphänomen. Abgeordnete sind die Führungsakteure ihrer Parteien innerhalb des Parlaments (Schuett-Wetschky 2004: 26 f.), weil der Aufstellung als Kandidat eine lange Profilierungs- und Sozialisierungsphase vorausging und weil sie sich Vollzeit ihrer Willensbildungsaufgabe widmen.

> »Spätestens seit Mitte der siebziger Jahre ist für beide großen Parteien wie auch insgesamt für die kleinen Parteien in der Bundesrepublik Deutschland festzustellen, daß nicht ,die Partei' ,der Fraktion' mit je anderen, unterschiedlich verankerten und legitimierten Handlungsträgern, etwa die Funktionäre den Mandatsinhabern, gegenübertritt. Vielmehr ist zu differenzieren zwischen einer sporadisch und ehrenamtlich mit Politik befaßten aktiven Parteimitgliedschaft und den ständig Politik betreibenden, spezialisierten, professionellen Akteuren.« (Schüttemeyer 1999b: 63)

Der in der amerikanischen Parteienforschung verwendete Begriff »party in government« (Key 1964) ist in der Lage, diese Realität – Parteien in Parlamenten und Kabinetten – besser zu erfassen. Die tatsächliche Demarkation zwischen Partei und Fraktion liegt auf der formellen Ebene. Während die Fraktion dem Parlamentsrecht unterliegt, gilt für die Partei das Parteienrecht, und sie darf nicht von öffentlichen Mitteln der Fraktionen profitieren. Mit der Intensivierung der Selbstdarstellung der Fraktionen im Internet, insbesondere durch Social-Media-Kanäle, ist diese Abgrenzung im Hinblick auf die Öffentlichkeitsarbeit der Fraktionen schwer nachzuweisen (siehe insbesondere das Organstreitverfahren BVerfGE 140, 1). Auf materieller Ebene sind die Fraktionen »der parlamentarische Arm der Partei« (Volkmann 2016: 201 Rdnr. 19), auf formeller Ebene ist die Abgrenzung von Fraktionen- und Parteifinanzierung unabdingbar im Sinne der Gewaltenteilung.

In Kapitel 4.2.2 ist im Zusammenhang mit der Erläuterung von Einzel- und Gruppenrepräsentation auch die gegenseitige Abhängigkeit des einzelnen Abgeordneten und seiner Gruppe thematisiert worden. In Fraktionen konkretisiert sich diese Abhängigkeit. Sie ist innerhalb des Parlaments durch die Festlegungen § 45 bis § 54 Abgeordnetengesetz stark verrechtlicht und durch die Notwendigkeit zum geschlossenen Handeln im Rahmen des Organs geprägt. Auf der einen Seite ist der Parlamentarier durch seinen Eintritt in eine Fraktion an ihre Geschäftsordnung und somit an die Fraktionsdisziplin gebunden. Die Fraktionsführung ist zu Sanktionen insoweit berechtigt, wie dies zur Sicherung der effektiven parlamentarischen Arbeit notwendig ist (Klein/Krings 2016: Rdnr. 22). Auf der anderen Seite sind Fraktionen ebenso wie ihre Parteien demokratisch strukturiert, das heißt, die höchste Beschlussinstanz ist die Fraktionsversammlung:

> »Die Zustimmung der Fraktionsversammlung ist aber *notwendige* Bedingung, und das gibt ihr Macht gegenüber der Fraktionsführung, die – ganz analog dem Plenum gegenüber den Ausschüssen – von dieser antizipiert und schon bei der Formulierung der eigenen Vorschläge bedacht wird.« (Oertzen 2010: 307)

Auch Danny Schindler hebt mit Blick auf die Rolle der Fraktionsvorsitzenden die notwendigen »Antizipationsschleifen« hervor, die zu »einem vorauseilenden Entgegenkommen führen, um eine Machtprobe zu vermeiden« (Schindler 2019: 338). Von einer Dominierung der Abgeordneten durch die Fraktionsführung kann insoweit nicht gesprochen werden. Der Fraktionsvorsitzende hat nur Macht, solange er für die Zustimmung der Fraktionsmitglieder sorgen kann.

Es ist also festzuhalten, dass Parteien in Parlamenten die Arbeitsweise dieser stark strukturieren. Die parteiendemokratische Perspektive versucht dies entsprechend klar darzustellen, indem sie die Mehrheitsparteien als Entscheidungskörper definiert. Auch in Fraktionen ist die Differenzierung zwischen Entscheidung und Beschluss wichtig, um zu verstehen, wie das parlamentarische Regierungssystem funktioniert. In der Binnenstrukturierung der Fraktion kann die Vollversammlung der Fraktion die hier genannten Aufgaben – sachliche Verfolgung des Parteiprogramms, Beschlussvorbereitung des Parlaments, Kandidatenauswahl und Kommunikation (siehe auch Kretschmer 1992: 176 f.) – jedoch materiell nicht erfüllen. Es ergeben sich die gleichen Probleme wie bei der Vollversammlung des Parlaments hinsichtlich der Größe und der Agilität der Versammlung angesichts des großen Aufgabenspektrums.

Deswegen ist erneut nach anderen Orten zu suchen, an denen fachlich-materielle Entscheidungen bearbeitet werden. Jürgen von Oertzen hat den *Arbeitskreis* bzw. die Arbeitsgruppe (im Weiteren nur noch Arbeitskreis) der Fraktion als Kern der parlamentarischen Willensbildung herausgearbeitet und die Funktionen der daran beteiligten Akteure, insbesondere des Arbeitskreisvorsitzenden, beschrieben (Oertzen 2006). Die grundlegende Studie von Jürgen von Oertzen zu Abgeordnetenrollen kommt zu dem Ergebnis, dass die Arbeitskreise der Ort der Sacharbeit seien.

> »Die Fraktionsversammlung bestätigt die allermeisten Vorlagen der Arbeitskreise ohne Diskussion; nur einige ‚große' Vorhaben, die zum Beispiel mehrere Arbeitskreise betreffen und/oder in der öffentlichen Aufmerksamkeit stehen, können in der Fraktionsversammlung noch diskutiert werden. Die Arbeitskreise entscheiden also de facto meistens jeweils allein für die ganze Fraktion.« (Oertzen 2006: 107)

Auch Helmar Schöne stellt fest, dass das »fraktionsinterne Dissensmanagement« auf der Ebene der Facharbeitskreise beginne (Schöne 2010: 363).

Es zeigt sich somit, dass die Entscheidung/Beschluss-Differenzierung auf verschiedenen Ebenen virulent ist, wobei der materiell-sachliche Aspekt im politischen Normalbetrieb immer auf der Gruppenebene zu finden ist. Je nachdem, welcher Blickwinkel eingenommen wird, kann ein und derselbe Vorgang als Entscheidung oder Beschluss angesehen werden. Jürgen von Oertzen verwendet in diesem Zusammenhang den Begriff »Entscheidungskaskade« (Oertzen 2010: 205f.), die durch die Antizipation der Einstellungen der nächsthöheren Beschlussebene durch die Arbeitsebene funktioniert. Dabei sind Unterschiede in der Ausgestaltung der Arbeitsweise und in den Schritten der Entscheidungsfindung festzustellen. Abweichungen gibt es zwischen den Regierungsmehrheits- und Oppositionsfraktionen einerseits und den verschiedenen Ebenen andererseits. So können z. B. Oppositionsarbeitskreise nicht auf die Informationen aus den Ministerialverwaltungen zurückgreifen. Andererseits unterscheidet sich die Arbeit im Arbeitskreis wesentlich von der Arbeit im Ausschuss, auch wenn beides beschlussvorbereitende Gremien sind. Insbesondere der Arbeitskreis ist jedoch der Ort, an dem *auch* ein deliberatives Vorgehen auftritt (Oertzen 2006: 267). Im regierenden Parlament (und nicht etwa lediglich gesetzgebend oder kontrollierend), wie es im parteiendemokratischen Verständnis aufgefasst wird, sind Entscheidungsprozesse stark dezentralisiert und informalisiert. Die Parlamentarier sind sowohl aktiv beteiligt an der »Programmformulierung und -beschließung sowie Implementationsevaluierung als auch an der geplanten und systematischen Prozesslenkung und -leitung bei der Herstellung allgemeiner Verbindlichkeit« (Schwarzmeier 2001: 50).

Im Rahmen der Erläuterung eines parteiendemokratischen Gewaltenteilungskonzepts hat sich bereits gezeigt, dass die Berücksichtigung von machthemmenden Prozessen mithilfe der Differenzierung formeller und materieller Aspekte unverzichtbar ist. Diese Prozesse finden wesentlich durch die Parlamentsarbeit statt und sind durch die Organisation des Parlaments, hier des Bundestages, strukturiert. Die Parlamentsorganisation ist durch ein sehr viel dichteres und konkreteres Regelgeflecht konditioniert als das Zusammenwirken von Parlamentsmehrheit und Regierung. Für die Arbeit innerhalb des Parlaments sind informelle Strukturen verschiedenster Abstufungen verhältnismäßig gut empirisch untersucht worden. Oben genannt wurden bereits die Studien von Suzanne Schüttemeyer (1998), Manfred Schwarzmeier (2001), Jürgen von Oertzen (2006), Helmar Schöne (2010) sowie von Sven Siefken (2018) und Danny Schindler (2019). Als nur »verhältnismäßig gut« untersucht werden sie deswegen beschrieben, weil die Möglichkeiten der wissenschaftlichen Analyse informellen Akteurshandelns mit dem Grad der Informalität abnehmen. Am Ende ist man stets auf die Auskünfte von Einzelpersonen angewiesen.

Während im vorangegangenen Abschnitt die Frage danach, wo entschieden wird, den Blick auf institutionalisierte Arbeitsweisen, wie das Arbeiten in Ausschüssen und Arbeitskreisen, gelenkt hat, geht es nun um die Frage danach, wie und unter welchen Bedingungen Entscheidungen zustande kommen. Damit geht es um prozessuale Aspekte der Arbeitsweise innerhalb des Bereichs von Parlament und Regierung unter einem parteiendemokratischen Blickwinkel. Einer der wichtigsten Aspekte bei der idealtypischen Differenzierung zwischen einer klassischen und einer parteiendemokratischen Sichtweise mit Blick auf die Funktionsweise des Parlaments ist das Phänomen der *Geschlossenheit*. Geschlossen handelnde Gruppen bzw. spezieller geschlossen abstimmende Fraktionen oder Koalitionen von Fraktionen stellen ein grundlegendes Strukturprinzip des modernen Parlamentarismus dar (siehe Schütt-Wetschky 1984; 1992). Geschlossenheit ist Voraussetzung zur Durchsetzung von Politikinhalten und »Zeichen von Entscheidungskraft und -kompetenz« (Schüttemeyer 1999a: 493); sie wird von der Öffentlichkeit erwartet (z. B. Dittberner 2003: 555).

Ein realistischer Parteibegriff schließt ein, dass Parteien nicht nur als intermediäre Organisationen aufgefasst werden, die bestimmte Interessen in Parlamente hineintragen, sondern dass es evident ist, dass diese Interessen auch geschlossen vertreten werden, um sie in für alle verbindliche Gesetze umzusetzen. Damit ist gemeint, dass sich die führenden Parteiakteure zu jeder politisch wichtigen Sach- oder Personalfrage auf eine Position einigen und diese dann nach außen, gegenüber der Öffentlichkeit, übereinstimmend vertreten (Schuett-Wetschky 2005b: 490).

> »Eine Partei ist eine Gruppe, deren Mitglieder willens sind, im Konkurrenzkampf um die politische Macht in Übereinstimmung miteinander zu handeln.« (Schumpeter 1993: 449 f.)

In Abgrenzung dazu kritisieren Vertreter eines klassischen Ansatzes das Streben nach Geschlossenheit oder dessen Auswirkungen. Prominent vertreten hat dies unter anderem Paul Kirchhof. Er sieht das Spannungsverhältnis der Verfassungsprinzipien in Art. 38 I GG und Art. 21 II 1 GG in einem Ungleichgewicht. Deutlich spricht er sich gegen Parteien als Entscheidungskörper aus:

> »Diese Verfassungserwartung des unparteilichen, für den Auftrag einer allgemeinen, zukunftsgerichteten Gesetzgebung offenen Abgeordneten wird allerdings durch die Dominanz der politischen Parteien im parlamentarischen Gesetzgebungs-

verfahren gefährdet. Die Parteien wirken nicht mehr nur bei der politischen Willensbildung des Volkes mit (Art. 21 Abs. 1 Satz 1 GG), sondern dominieren die Gesetzgebung.« (Kirchhof 2004: 364)

Diese hier von Kirchhof als Dominanz benannte Folge des Gruppenprinzips realisiert sich in geschlossenem Abstimmungsverhalten der Regierungsfraktionen im Plenum des Parlaments. Mehrheiten resultieren nicht aus der Summe von ad hoc praktizierten Einzelvoten, sondern basieren auf einer vorab feststehenden Übereinkunft aus verschiedenen Gründen. Dies können überzeugungs- und wertebezogene, taktische oder personalpolitische Erwägungen sein. Unter Geschlossenheit ist bei der Betrachtung von Regierungssystemen geschlossenes Abstimmungsverhalten gemeint, auch wenn der Grad der Formalität von Beschlüssen über die Abstimmung variiert.

»Denn speziell die Geschlossenheit in Abstimmungen kann als besondere Manifestation von politischer Geschlossenheit im Sinne der eingeführten, abstrakten Definition [Geschlossenheit ist gleichgerichtetes Handeln, Anm. d. Verfasserin] interpretiert werden: Schließlich stellen Abstimmungen das Ende eines oft langen politischen Willensbildungsprozesses dar, in dem politische Macht- und Gegenmachtentfaltung zum Beschluss politischer Inhalte führen.« (Fritzsche 2019: 6 f.)

Es handelt sich bei Abstimmungsgeschlossenheit insoweit um eine relative Geschlossenheit, die nur so weit praktiziert wird, wie dies zur Erreichung eines bestimmten Abstimmungsergebnisses erforderlich ist (Schütt-Wetschky 1984: 18). Sie gewährleistet die Zurechenbarkeit von Entscheidungen und die Verantwortlichkeit der Regierungsmehrheit.

Eine Voraussetzung für die Geschlossenheit einer Gruppe nach außen ist die Möglichkeit der offenen Diskussion nach innen. Bevor sich ein übereinstimmendes Auftreten, z. B. in Form übereinstimmender Stellungnahmen zu einem Sachverhalt gegenüber den Medien, einstellen kann, hat es einen offenen Meinungsaustausch über die Details bspw. eines Gesetzentwurfs nach innen gegeben. Dieser Meinungsaustausch ist innerhalb der Fraktion im Bundestag nicht voraussetzungslos, weil die Eckpunkte eines Vorhabens bei umstrittenen Sachfragen bereits durch Führungsakteure der Regierungsparteien ausgehandelt worden sind. Er ist auch nicht hierarchiefrei, weil es neben der fachlichen und der parteipolitischen Differenzierung eine Ämterhierarchie gibt, die auch Positionen einschließt, die sich in besonderem Maße um die Zustimmung einzelner Akteure, also um die Geschlossenheit der jeweils aktiven Gruppe, bemühen. Dies können z. B. der Arbeitskreisvorsitzende oder der Parlamentarische Geschäftsführer sein. Trotzdem existiert vor allem in den Arbeitskreisen keine totale Einmütigkeit, die eine offene Diskussion unterdrücken würde, sondern es herrscht ein reger Austausch, der der »gegenseitigen politischen wie fachlichen Kontrolle« dient

(Oertzen 2006: 266). Dabei werden in allen Gremien des Bundestages ideologische Positionen und Grenzziehungen zum politischen Gegner aktualisiert (Schöne 2010: 357), und es herrscht eine »kooperativ organisierte Konkurrenz« (Oertzen 2006: 276).

Neben der Ausprägung von Geschlossenheit als Fraktionsdisziplin existiert diese jedoch auch in anderen Gremien. So ist auch eine »Arbeitskreisdisziplin« (Oertzen 2006: 127) zu erkennen, obwohl es dort nicht zu formellen Beschlüssen kommt. Das Herstellen von Zustimmung für gleichgerichtetes Handeln in einer Gruppe ist eine grundlegende Technik für alle Abgeordneten, insbesondere aber in ihrer Rolle als Experte für ein bestimmtes Fachgebiet und für die führenden Akteure in einer Partei. Die Interessendurchsetzung auf Parlamentsebene beginnt in den Facharbeitskreisen der Fraktionen.

> »Von zentraler Bedeutung, um einem Antrag zum Erfolg zu verhelfen, ist es, andere Abgeordnete vom eigenen Anliegen zu überzeugen und unter ihnen Unterstützung einzusammeln, was idealerweise bereits im Vorfeld der Gremiensitzung geschieht.« (Schöne 2010: 361)

Die Fraktionsdisziplin ist auch für die Handlungsfähigkeit des Organs Parlament und damit auch für das parlamentarische Regierungssystem selbst hochfunktional, weil

> »[...] ein hohes bis sehr hohes Ausmaß an Fraktionsgeschlossenheit zur Institutionalisierung von Verantwortlichkeit, zur Transaktionskosteneffizienz der Mehrheitsfindung und zum Verhindern von Entscheidungsblockaden erforderlich ist« (Fritzsche 2019: 3; sinngemäß auch Schüttemeyer 1999a: 484).

Der Kern der Unterscheidung eines parteiendemokratischen und eines klassischen Parlamentarismusverständnisses kann somit auch in der Frage liegen, ob die Folgen des Mehrheitsprinzips als Entscheidungsregel, die Geschlossenheit von Gruppen, Akzeptanz findet. Die Mehrheitsregel hat zur Folge, dass sich eine bloße Mehrheit der Abgeordneten als Entscheidungskörper konstituieren kann. Die Beschlussmacht ist für einen begrenzten Zeitraum monopolisiert. Sofern dies akzeptiert ist, ist entscheidend, wie weitgehend dieses Prinzip durchgesetzt werden soll. Hierüber herrscht keinesfalls Klarheit: Insbesondere im legislativen Bereich müssen Mehrheits- und Proportionalitätsprinzip (weniger konsensuale Mechanismen) stets gegeneinander abgewogen werden und auch im Wahlrecht stehen diese Prinzipien nebeneinander. Gleiches gilt für die Regierungsbildung, wie die Diskussion um Legitimität von Minderheitsregierungen zeigt. Angesichts der Gruppenstruktur des politischen Prozesses spricht vieles dafür, dass ein parteiendemokratisches Verständnis eine stärkere Berücksichtigung des Mehrheitsprinzips impliziert.

Damit das Mehrheitsprinzip als Demokratieprinzip akzeptiert werden kann, muss es von einem adäquaten Minderheitsschutz und von dem Prinzip der *Öffentlichkeit* begleitet sein. Nachdrücklich hat Carl Schmitt die Bedeutung von Diskussion und Öffentlichkeit für einen funktionierenden Parlamentarismus herausgestellt. Hinter seiner Forderung, dass nicht verhandelt, sondern die »rationale Richtigkeit« (Schmitt 1996: 10) gefunden werden solle, verbirgt sich seine antipluralistische Grundhaltung.

Wenn aber das Aushandeln von Eckpunkten der Politik unter Parteiakteuren und die Arbeit an Gesetzen in nicht öffentlichen Gremien und vor allem in informellen Netzwerken geschieht, wie kann die legitimierende Funktion des Öffentlichkeitsprinzips dann sichergestellt werden? Es ist aus parteiendemokratischer Sichtweise, anders als Schmitt es befürchtete, nicht suspendiert, da seine Wirkung weit über das Plenum hinausreicht. Weil das deliberative Moment der Demokratie sich nicht in der Umsetzung von Kompetenzzuordnungen an Staatsorgane findet, kann Öffentlichkeit sich nicht nur in Sitzungsöffentlichkeit erschöpfen. Zwischen der Betrachtung einer rein passiven, darstellenden Öffentlichkeit und einer aktiven, informierenden ist zu unterscheiden. Vielfach ist dies in Funktionenkatalogen für Parlamente reflektiert worden. Man spricht von der Öffentlichkeitsfunktion und der Artikulationsfunktion (z. B. Schüttemeyer 2007b: 51-57), von der Kommunikationsfunktion (Marschall 2017: 154f.) oder der Informationsfunktion (siehe auch Patzelt 2003). Öffentlichkeit als Kommunikation ist so die Voraussetzung für Repräsentation, indem sie die gegenseitige Responsivität von Repräsentierten und Repräsentanten ermöglicht. Das responsive Repräsentationsverhältnis setzt nicht nur Publizität voraus, sondern »beantwortbare parlamentarische Information« (Kißler 1989: 997, Rdnr. 14).

Von diesen komplexen Kommunikationsprozessen, für die Öffentlichkeit die Voraussetzung ist, ist die Forderung nach totaler Transparenz abzugrenzen. Möglichst voraussetzungs- und hierarchiefreier Meinungsaustausch funktioniert gerade nicht unter den Bedingungen von so verstandener Publizität. Parlamentsöffentlichkeit kann nicht totale Transparenz des politischen Prozesses bedeuten.

> »Transparenz ist ebenso wie die Öffentlichkeit der Parlamentsberatungen *kein Selbstzweck*, sondern [...] für den Parlamentsbetrieb ein Funktionsprinzip. Die repräsentative Demokratie verlangt keine totale Transparenz; eine Totalisierung der Öffentlichkeit bedeutet vielmehr eine gravierende Gefahr für die Demokratie, zu der auch das Vertrauen in geschützte Denk- und Kommunikationsbereiche gehört. Die Nichtöffentlichkeit von Akten gegenüber der Allgemeinheit ist vielmehr sogar ein Wesenszug der repräsentativen Demokratie, um die Entpolitisierung und den

> Ausgleich der verschiedenen Interessen sicherzustellen.« (Schliesky 2016: 230, Rdnr. 43)

Mit der Massendemokratie hat sich die Bedeutung von Parlamentsöffentlichkeit diversifiziert.[51] Es gilt nicht nur, Publizität über die Tätigkeiten und Abläufe in Staatsorganen herzustellen, indem z. B. in Gremiensitzungen die physische Anwesenheit von externen Personen wie medialen Multiplikatoren erlaubt ist, sondern das formelle parlamentarische Verfahren sollte nachvollziehbar sein. Für den Bundestag wird dies wesentlich durch das parlamentarische Dokumentations- und Informationssystem umgesetzt und durch die bereitwillige Öffentlichkeitsarbeit der Parteien, Fraktionen und Abgeordneten in den analogen, digitalen und sozialen Medien ergänzt.

Neben der durch Art. 42 I 1 GG garantierten Parlamentsöffentlichkeit wirken in der Praxis der Parteiendemokratie also auch materielle Garantien an der legitimitätsstiftenden Funktion mit. Selbst nicht öffentliche Gremiensitzungen sind in der Regel nicht geheim. Damit ist es möglich, über nicht öffentliche Sitzungen Bericht zu erstatten, sodass sie zur Beurteilungsgrundlage der Bürger über die Leistungen von Politik werden können. Auch Parteien gestalten ihre Zusammenkünfte öffentlich, wenn sie Parteitage oder Kandidatenaufstellungsversammlungen der Presse zugänglich machen (Jürgensen 2018).

Abgesehen von der Öffentlichkeit parlamentarischer und parteiendemokratischer Verfahren ist die wichtigste materielle Ausprägung von Öffentlichkeit jedoch ihr antizipatorischer Effekt, wie er hier auch für die Führungsstrukturen im Parlament beschrieben wurde. Es kann angenommen werden, dass das Bewusstsein darüber, dass eine politische Entscheidung im Plenum begründet und gerechtfertigt sowie gegen Gegenargumente verteidigt werden muss, einen Effekt auf die Formulierung von Argumenten hat. Sie müssen zumutbar und auch für die Minderheit akzeptabel sein. Wie stark dieser Effekt durch die Parlamentsarbeit ist, lässt sich jedoch nicht feststellen.

> »Alle diese Debattenformen sollen nicht unmittelbar Entscheidungen des Bundestages ‚erzielen', sondern sind mit jeweils unterschiedlicher Gewichtung der in Betracht kommenden Adressaten an die Öffentlichkeit gerichtet. Sie sind aber nicht losgelöst von den parlamentarischen Entscheidungsprozessen; zugleich mit und mittels ihrer Adressierung an die strukturiert und aktiv zu verstehende politische Öffentlichkeit wollen sie wiederum auf Entscheidungsprozesse im Parlament *zurückwirken*, also durchaus Parlamentsbeschlüsse auf diesem Wege mit vorbereiten.« (Zeh 1989: 930, Rdnr. 33)

---

51 Zu den verschiedenen Aspekten der Öffentlichkeitsfunktion und zu den Erscheinungsformen von Transparenz siehe Kißler (1989: 996-1015).

Dieser antizipatorische Effekt kann als Teil des Phänomens der vorweggenommenen Reaktion eingeordnet werden, den Sartori in Anknüpfung an Schumpeter festgestellt hat und mit dem er die Verbindung von formeller Ebene (Verfahren) und materieller Ebene (Beeinflussung) herstellt.

> »Gewählte Amtsträger, die (unter Konkurrenzbedingungen) wiedergewählt werden möchten, werden bei ihren Entscheidungen beeinflußt durch die Vorwegnahme (Erwartung) der Reaktion der Wähler auf ihre Entscheidungen.« (Sartori 1997: 160 f.)

Beide Kommunikationsarten – bargaining und arguing – gedeihen i. d. R. nicht unter den Bedingungen von direkter Öffentlichkeit (grundsätzlich dazu Sarcinelli 2011). Sie können jedoch als relevant für politische Entscheidungen angesehen werden, weil beide, die vorhergehende als auch die nachträgliche Kommunikation, (durch Antizipation der Akteure) auf sie wirken. Der institutionelle Mechanismus der Öffentlichkeit der Plenumssitzungen sei, so Alexander Weiß, dass durch die Sanktionierung öffentlichen bargainings die Anwendung von arguing stabilisiert werde. Dadurch erhielten Entscheidungen neben ihrer durch bargaining erreichten Akzeptanz auch Legitimität (Weiß 2011: 197). Dies unterstützt die hier für die parteiendemokratische Sichtweise konstatierte These, dass zum adäquaten Verständnis des modernen parlamentarischen Regierungssystems die formelle und die materielle Seite des politischen Systems als verknüpft betrachtet werden müssen. Formelle Öffentlichkeitserfordernisse sind die Voraussetzung für den verantwortlichen responsiven Repräsentationsprozess.

4.3 Parteiendemokratisches Parlamentarismusverständnis: Übersicht über die Strukturprinzipien

In den vorhergehenden Kapiteln wurden konzeptionelle Grundannahmen des Parlamentarismus im Vergleich zwischen klassischem und parteiendemokratischem Verständnis dargelegt. Dabei konnten nicht alle Einzelaspekte des parlamentarischen Regierungssystems, die in den Entscheidungen des BVerfG behandelt werden, Beachtung finden, sondern es ist prinzipienorientiert vorgegangen worden. Die behandelten Fragen lauteten: Wie kann Gewaltenteilung über Kompetenzaufteilung auf Staatsorgane hinaus gewährleistet werden? Wie sollten Repräsentationssubjekte strukturiert sein, damit sie in der Lage sind, ihre komplexe Aufgabe zu erfüllen? Welche Prinzipien konditionieren die politische Entscheidung? Führt man diese Fragen zurück auf die hauptsächlichen Unterscheidungsmerkmale der beiden Verständnisse in Bezug auf das Funktionieren des politischen Systems, ergibt sich folgende Gegenüberstellung:

Aspekt oder Kriterium der Analyse	Klassisch-liberale Position	Realistische Position
Struktur des politischen Prozesses	individuale Struktur	Gruppenstruktur
Auftreten der Akteure gegenüber der Öffentlichkeit	als Einzelne	in politischen Gruppen (Führung und Geschlossenheit nach außen)
Willensbildung	"von unten nach oben"	Konkurrenz "oben" um die Zustimmung einer Mehrheit "unten"
Politisch-institutioneller Aspekt	Träger des politischen Prozesses sind Staats- bzw. Verfassungsorgane: Parlament ("Legislative") und Regierung	Träger des politischen Prozesses sind politische Gruppen: Regierungs- mehrheit und Opposition (unbeschadet der rechtlichen Befugnisse der Organe Parlament und Regierung)
Funktionaler Aspekt	Oberste (institutionell bestimmende) Funktionen für den Bereich von Parlament und Regierung:	
	Legislative - Exekutive	Regierung im umfassenden Sinn (einschließlich Gesetzgebung) - Opposition
Abschließende politische Entscheidung	im Plenum, öffentlich	vor der Plenardebatte, gruppenintern ("hinter verschlossenen Türen")
Art der Verhandlung im Plenum	Beratung, orientiert an "truth and justice" (Mill)	politischer Kampf, "Schlagabtausch"
Anwesenheit im Plenum	Grundsätzlich alle Abgeordneten	Vertreter der politischen Gruppen: Sprecher, Geschäftsführer, Experten
Art des Repräsentierens	Einzelrepräsentation	Gruppenrepräsentation (unbeschadet der rechtlichen Befugnisse der Abgeordneten als einzelner)
Art der Wahl	Persönlichkeitswahl (Konkurrenz Einzelner)	Gruppenwahl (Konkurrenz politischer Gruppen)

Abbildung 3: Hauptpositionen freiheitlicher Parlamentarismustheorie, Quelle: Schütt-Wetschky 1992: 99.

Diese Übersicht beschreibt vor allem Funktionszusammenhänge des parlamentarischen Regierungssystems, spiegelt damit aber auch die hier genannten Spannungsverhältnisse wider. So beschreibt der in der Tabelle genannte funktionale Aspekt die Frage der Ausgestaltung von Machtteilung im Bereich von Parlament und Regierung. Die (Nicht-)Teilnahme an den Lesungen im Plenum verweist auf die Eingebundenheit des einzelnen Abgeordneten in seine Fraktion und auf daraus erwachsende Arbeitsteilung. Das

Entscheiden »hinter verschlossenen Türen« dagegen gewährleistet die offene interne Debatte in der Gruppe.

Nun soll versucht werden, die Strukturprinzipien des parteiendemokratischen Parlamentarismusverständnisses deutlicher herauszuarbeiten. Verallgemeinerbare Prinzipien sind besser dazu geeignet, an sie demokratietheoretische Anforderungen zu formulieren, wie dies von Kritikern dieses Parlamentarismusverständnisses gefordert wird (z. B. Weiß 2011; Ernst 2007). Parteiendemokratie meint dabei »eine durch institutionelle Arrangements strukturierte repräsentativdemokratische Herrschaftsordnung«, in der Parteien eine »Schlüsselstellung im Prozess der Politikformulierung und -umsetzung« (Wiesendahl 2013: 10) eingeräumt wird.

> »Das Konzept der Parteiendemokratie (*party government*) geht davon aus, dass sachpolitische Entscheidungen (*public policies*) von Parteien bestimmt werden, die sich bei Wahlen durchsetzen. Die Regierungsvertreter werden dabei von den Parteien entsandt und in ihrer Amtsführung auch von diesen kontrolliert.« (Detterbeck 2011: 174)

Folgende Abbildung setzt die hier dargelegten Strukturprinzipien von Parlamentarismus als Parteiendemokratie in Beziehung:

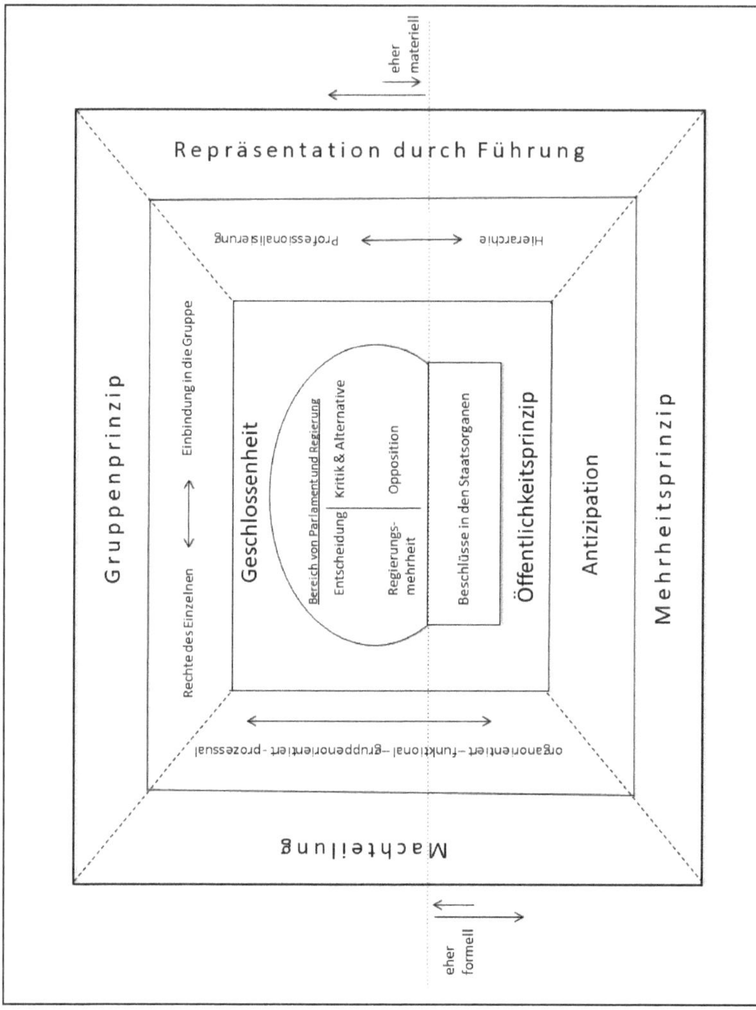

Abbildung 4: Eigene Darstellung

Im äußersten Rahmen sind die grundlegendsten Prinzipien, das Gruppenprinzip und Mehrheitsprinzip einerseits und Machtteilung und Repräsentation andererseits, dargestellt. Man kann sie als je zwei Seiten derselben Medaille auffassen. Die Handlungsgrundsätze im inneren Rahmen sind von ihnen abgeleitet bzw. durch sie bedingt. Durchgezogene Linien bedeuten Abgrenzungen, während gestrichelte Linien zusätzlich eine Verflechtung signalisieren. So gewährleistet das Gruppenprinzip die Aufteilung von Macht auf verschiedene Machtträger. Der Mechanismus der Antizipation findet vor allem im Repräsentationsverhältnis auf verschiedenen Ebenen

Anwendung, z. B. zwischen der Einstellung der Wähler und der Gestaltung von Parteiprogrammen oder zwischen dem Handeln des Fraktionsvorsitzenden und der Haltung der Fraktionsvollversammlung. Er impliziert in diesem Sinne aber auch ein Element der Machtteilung auf prozessualer Ebene, wenn z. B. ein Parlamentarischer Geschäftsführer frühzeitig die Experten der Fraktion für ein bestimmtes Gesetzesvorhaben in den Entscheidungsprozess einbezieht, um seine und daran anschließend die Zustimmung anderer Parlamentarier zu sichern. Pfeile sollen interdependente Beziehungen anzeigen und können Spannungsverhältnisse bedeuten, wie dies bei der Einbindung des einzelnen Abgeordneten oder Parteimitglieds in seiner Gruppe der Fall ist. Alle Strukturprinzipien wirken auf den im Zentrum befindlichen Bereich von Parlament und Regierung ein, wo sie verdichtet wirken: Der Zusammenhalt der Gruppe muss sich jetzt in geschlossenem Abstimmungsverhalten zeigen; Öffentlichkeit kann nun nicht mehr nur freiwillig gewährt werden, sondern ist systematisch und normativ abgesichert; Machtteilung institutionalisiert sich durch die Spaltung von Regierungsmehrheit und Opposition.

Die gepunktete horizontale Linie steht für die gedachte Mitte eines Kontinuums zwischen Formalität und Materialität, sie ist allerdings variabel und mehrdimensional: von verschiedenen Ebenen aus betrachtet kann ein Aspekt als formell und von einer anderen Ebene aus als materiell angesehen werden. Dieses Kontinuum und die Strukturprinzipien wurden in diesem Kapitel näher erläutert. Akteure und Prozesse bildet das Schaubild nicht ab.

Mit der Analyse der Entscheidungen des BVerfG soll auf dieser Grundlage die Frage beantwortet werden, wie das Gericht mit den benannten Spannungsverhältnissen umgeht und wie weitgehend es die parteiendemokratischen Strukturprinzipien explizit oder implizit berücksichtigt.

5. Parlamentarismusverständnis des Bundesverfassungsgerichts: Linien und Begründungsmuster

5.1 Binnenstrukturen von Parlament und Regierung

5.1.1 Das Wesen des Abgeordneten: Berufspolitiker mit Vollalimentation

5.1.1.1 Das Leitbild des unabhängigen Abgeordneten trotz Interessenvertretung im Parlament

In den 60er-Jahren wurde die Institution BVerfG durch die Deutungen von Gerhard Leibholz geprägt. Zwischen 1951 und 1971 Mitglied des Zweiten Senats, beeinflusste er mit seinen Konzepten der Gleichheit und des Parteienstaats die Rechtsprechung des jungen Gerichts stark. Er verhalf ihm mit seiner »Status-Denkschrift« in einem Akt der Selbstautorisation (Herrmann 2006) zur Anerkennung als Staatsorgan (Siehe Kapitel 2.1). Seine Auffassung, wonach der Gleichheitssatz nur verbiete, »daß wesentlich Gleiches ungleich, nicht dagegen daß wesentlich Ungleiches entsprechend der bestehenden Ungleichheit ungleich behandelt« werde (BVerfGE 1, 14: Rdnr. 136), bietet die Grundlage für die aus heutiger Sicht von vielen Autoren als demokratietheoretisch fragwürdig einzustufende Parteienstaatslehre (Wiesendahl 2016; Ooyen 2015b: 229 ff.; Linden 2015: 378; Oberreuter 2004: 182). Mit ihrer Unterstellung einer identitären Beziehung von Volk und Partei drängt sie demokratische Repräsentation an den Rand. Sie mag ein Grund sein für das Spannungsverhältnis zwischen der Anerkennung der politischen Parteien als Kernelemente der pluralistischen Demokratie einerseits und einer Skepsis gegenüber ihrer Fähigkeit einen Gemeinwohlkompromiss herzustellen andererseits (siehe dazu z. B. Zeh 1992). Der hier festgelegte Untersuchungszeitraum markiert den Beginn einer Rechtsprechung nach Leibholz und stellt einen Meilenstein in der inneren Entwicklung des BVerfG dar. Im Jahr 1971 wurde die Amtszeit der Richter auf zwölf Jahre begrenzt, und es wurde die Möglichkeit eröffnet, im Fall einer abweichenden Meinung von Richtern, diese zu veröffentlichen.[52]

52 Viertes Gesetz zur Änderung des Gesetzes über das Bundesverfassungsgericht vom 21. Dezember 1970.

Als zentrales Merkmal bei der Konzeptualisierung von Parlamentarismusauffassung ist innerhalb der Kategorie »Repräsentation« die Rolle bzw. das Wesen des Abgeordneten herausgearbeitet worden. Da in der Textanalyse wesentliche Äußerungen des Gerichts zum Abgeordnetenstatus im Kontext seiner Entschädigung konkretisiert werden konnten, werden diese Urteile zu einer Gruppe zusammengefasst. Dies sind die Urteile zu »Abgeordnetendiäten« (1975), zu »Funktionszulagen« (2000) und zum »Verfassungsrechtlichen Status der Bundestagsabgeordneten« (2007). Hier geht es um die Beantwortung der Frage, wie das Gericht die Aufgabenerfüllung des Abgeordneten im Bezugsrahmen der Parteiendemokratie nach rund 25 Jahren parlamentarischer Praxis unter Geltung des Grundgesetzes verortet und bewertet. Auffassungen des Gerichts hierüber werden zwar nicht ausschließlich über die Frage der Entschädigung von Abgeordneten reflektiert, aber sie bietet eine gebündelte Darstellung und einen »guten Indikator« (Austermann 2014a: 270) für die Professionalisierung der Abgeordnetentätigkeit.

Bis 1975 war man im rechtlichen Sinne stets davon ausgegangen, dass das Abgeordnetenmandat ein Ehrenamt sei. In seinen Entscheidungen 1955 (»Abgeordneten-Entschädigung«) und 1971 (»Stichtagsregelung«) begann das Gericht bereits, diese Sicht zu ändern. In seiner Entscheidung zu § 12 I und II des Hessischen Abgeordnetengesetzes merkte das BVerfG, noch im Leibholz´schen Duktus, an:

> »Im Zuge der durch Art. 21 GG geprägten Entwicklung von der liberalen parlamentarisch-repräsentativen Demokratie zu einer mehr radikalegalitären parteienstaatlichen Demokratie ist die den Abgeordneten in Bund und Ländern gewährte Aufwandsentschädigung zunehmend zu einem Gehalt oder einer Besoldung geworden.« (BVerfGE 32, 157, Leitsatz)

Im Jahr 1975 gab dann die Verfassungsbeschwerde eines Diplom-Ingenieurs gegen Regelungen zum Status und zur finanziellen Ausstattung des Saarländischen Landtages den Anlass, grundsätzlich über die Entschädigungsfrage zu befinden. Der Antragsteller richtete sich damit gegen § 13 I Nr. 4 des Gesetzes Nr. 970 über den Landtag des Saarlandes (LTG), der für ihn maßgebend geworden wäre, wenn er sich für die nächste Legislaturperiode zur Wahl gestellt hätte und gewählt worden wäre. Hiernach erhielten Abgeordnete, die als Beamte oder bei landeseigenen Unternehmen tätig waren, nicht die volle Erstattung ihres wirtschaftlichen Ausfalls aufgrund der Mandatsausübung, sondern nur 60% des bisherigen steuerpflichtigen Entgelts. Diese Summe war darüber hinaus gedeckelt. Die Zuständigkeit und der Prüfungsumfang des Gerichts wurden vom Landtag angezweifelt: einerseits hinsichtlich der Frage, ob der Antragsteller sich nicht als Abgeordneter mittels einer Organklage an den saarländischen Verfassungsgerichtshof hätte wenden müssen, und andererseits, weil das Gericht weitere Vorschriften des Landtagsgesetzes in das Verfahren einbezogen hatte, die gar nicht angegriffen waren. Nach umfangreichen schriftlichen Äußerungen und einer mündlichen Anhörung stellte das BVerfG schließlich fest, dass nicht nur § 13 I Nr. 4 LTG sowohl gegen Art. 48 III 1 GG »als auch gegen den formalisierten Gleichheitssatz« (BVerfGE 40, 296: Rdnr. 35) verstoße, sondern auch fünf weitere Paragrafen, die mit der Vergütungsvorschrift im Zusammenhang standen. Mit dem Urteil wird die Entwicklung des Abgeordneten hin zu einer durch zunehmende Regelungserfordernisse und wachsende Komplexität der Gesetzgebung geprägte Professionalisierung der Arbeitsweise rechtlich nachvollzogen. Diese Anpassung an die gegebenen Verhältnisse stellt einerseits einen Wandel des Parlamentarismusverständnisses des BVerfG dar, andererseits aber auch einen Verfassungswandel, das heißt der Verfassungstext wurde neu gewichtet (siehe Kapitel 2.1). Hinter dem Verfassungswandel liegt zwar stets auch eine Modifikation der Auffassungen, aber dieser wird hier nicht explizit von den Richtern reflektiert. Er bleibt unter dem Niveau eines die späteren Rechtsprechungslinien beeinflussenden Paradigmenwechsels. Dieser betrifft in diesem Fall zunächst das Leitbild des Abgeordneten gemäß Art. 38 I GG. In der Begründung seines Urteils negiert das Gericht ausdrücklich die von klassischen Parlamentarismusannahmen geprägte Vorstellung von »Honoratiorenabgeordneten« und erklärt den Vollparlamentarier zum Normalfall. Die monierten Regelungen des Saarländischen Landtages, der übrigen Landtage und des Deutschen Bundestages gingen »noch von der überkommenen Vorstellung über die Rechtsstellung des Abgeordneten und der ihm danach zukommenden finanziellen Ausstattung aus« (BVerfGE 20, 296: Rdnr. 36). Bereits die Formulierung »überkommene Vorstellung« deutet dabei auf einen expliziten Verfassungswandel hin. Aus der »Entschädigung« sei eine »Bezahlung« für parlamentarische Tätigkeit und diese damit zum Beruf geworden. Auch der Ruhegeldanspruch sei damit ein Annex der Besoldung, der die Unabhängigkeit sichern solle.

> »Dieser Status der Abgeordneten hat sich zwar nicht im Kern, aber in mehrfacher Hinsicht erheblich geändert. Darauf hat das Bundesverfassungsgericht früher schon hingewiesen: ,Im Zuge der in einer Reihe von Staaten zu beobachtenden Entwicklung von der liberal-repräsentativen zur parteienstaatlichen Demokratie scheint in der politisch-gesellschaftlichen Wirklichkeit auch der Charakter der Aufwandsentschädigung sich allmählich zu wandeln. Je mehr nämlich die Abgeordneten von ihrem früheren repräsentativen Status einbüßen, um so weniger wird die Aufwandsentschädigung ihren ursprünglichen Sinn erfüllen können, die Unabhängigkeit des

einzelnen Abgeordneten sicherzustellen. [...]' (BVerfGE 4, 144 [151]).« (BVerfGE 40, 296: Rdnr. 36)

Die Entwicklung hin zur Notwendigkeit eines Vollparlamentariers leitet das Gericht also vor allem aus der Eingebundenheit in die Parteiendemokratie ab und nimmt diese damit anerkennend zur Kenntnis.

»Der Typ des unabhängigen, als Einzelpersönlichkeit gewählten Honoratioren-Abgeordneten, dessen wirtschaftliche Existenz durch das Mandat nicht beeinträchtigt wird und mit ihm nicht verbunden ist, ist immer seltener geworden. Der Umfang der Inanspruchnahme durch das Mandat ist so stark gewachsen, daß der Abgeordnete in keinem Fall mit der im Arbeitsleben sonst üblichen und allgemein als Fortschritt empfundenen wöchentlichen Regelarbeitszeit von 40 Stunden seine Verpflichtungen bewältigen kann. Er wird im Parlament durch Plenar- und Ausschußsitzungen, in der Fraktion und Partei durch Sitzungen und Arbeiten sowie im Wahlkreis durch Veranstaltungen der verschiedensten Art, nicht zuletzt durch Wahlvorbereitungen und Wahlversammlungen in Anspruch genommen. [...] Die parlamentarische Demokratie einer höchst komplizierten Wirtschafts- und Industriegesellschaft, in der Rechtstaat, Freiheit und Pluralismus entscheidend mit Hilfe der politischen Parteien aufrechterhalten werden, verlangt vom Abgeordneten mehr als nur eine ehrenamtliche Tätigkeit, verlangt den ganzen Menschen, der allenfalls unter günstigen Umständen neben seiner Abgeordnetentätigkeit noch versuchen kann, seinem Beruf nachzugehen.« (BVerfGE 40, 296: Rdnr. 37)

Die parteiendemokratische Entwicklung und die daraus resultierenden Auswirkungen auf die Abgeordnetenentschädigung werden vom Gericht als »nicht zufälli[g], sondern notwendi[g]« und »innerlich folgerichti[g] sowie »schwerlich reversibe[l]« eingestuft (BVerfGE 40, 296: Rdnr. 40). Während offenbleiben muss, wie weitgehend die Richter diese Entwicklung perzipieren, kann aus ihrer Erwähnung geschlossen werden, dass sie sie als Systemeigenschaft der parlamentarisch-pluralistischen Demokratie ansehen. Diese Einzelbeobachtung gibt einen Hinweis darauf, dass das BVerfG von Beginn des Untersuchungszeitraums an ein im Grundsatz eher parteiendemokratisches Abgeordnetenleitbild vertrat, das in seinen Abstufungen analysiert werden soll. Die Erwähnung des »klassischen« Bildes des Abgeordneten dient hier nur als Abgrenzungsfolie.

Im Weiteren leitet das Gericht aus der Feststellung, dass das moderne Abgeordnetenmandat unter den Bedingungen der Parteiendemokratie mehr sein müsse als ein Ehrenamt (BVerfGE 40, 296: Rdnr. 38), schließlich die notwendig gewordene Art der Abgeordnetenentschädigung ab:

»Die angemessene, die Unabhängigkeit sichernde Entschädigung im Sinne des Art. 48 Abs. 3 Satz 1 GG ist demnach heute eine Vollalimentation aus der Staatskasse.« (BVerfGE 40, 296: Rdnr. 40)

Hieraus resultiere auch die Notwendigkeit der Versteuerung, weil die Diäten nun nicht mehr als Entschädigung für Mehraufwand und Verdienstausfall aufgefasst werden könnten, sondern als Alimentation, »die den Abgeordneten aus der Staatskasse zur Sicherung ihrer Unabhängigkeit und zur wirtschaftlichen Existenzgrundlage für sie und ihre Familie auf die Dauer ihrer Mitgliedschaft im Parlament gewährt wird« (BVerfGE 40, 296: Rdnr. 63), also als Einkommen.

Darüber hinaus wird die Bezahlung der Abgeordneten einem relativ strikten Gleichheitsgebot unterworfen. Das Landtagsgesetz des Saarlandes sah verschiedene Entschädigungen und Ruhegehälter für Arbeiter, Angestellte, Angestellte des öffentlichen Dienstes und für Beamte vor, die wegen des Gewaltenteilungsgrundsatzes ihre Stellung aufgeben mussten. Dies hielt das Gericht für unvereinbar mit dem Grundgesetz. Für den Gleichheitsgrundsatz sei »nach der historischen Entwicklung zum Demokratisch-Egalitären hin« (BVerfGE 40, 296: Rdnr. 43) im Bereich des Wahlrechts davon auszugehen, dass jedermann seine Rechte in formal möglichst gleicher Weise ausüben können solle. Dies gelte auch für die Ausübung des Mandats.

> »Aus ihm [dem Prinzip der formalisierten Gleichbehandlung] folgt weiter, daß jedem Abgeordneten eine gleich hoch bemessene Entschädigung zusteht, unabhängig davon, ob die Inanspruchnahme durch die parlamentarische Tätigkeit größer oder geringer ist [...].« (BVerfGE 40, 296: Rdnr. 43)

Neben der Freiheit des Abgeordneten (Art. 38 I 2 GG) konturierte das Gericht damit, in Abgrenzung zu Leibholz, auch die formale Gleichheit der Mandatsträger.

Das Leitbild des Abgeordneten, wie es sich in diesem Urteil zeigt, speist sich jedoch noch aus einer weiteren Feststellung, die recht unvermittelt zum Konzept des Abgeordneten als Vollzeitparlamentarier hinzutritt. Die in Art. 48 III 1 GG erwähnte Unabhängigkeit des Abgeordneten, die durch eine angemessene Entschädigung gesichert werden soll, sei gleichzeitig durch diejenigen Institutionen gefährdet, die laut Gericht »an der Aufrechterhaltung des Rechtstaates, der Freiheit und des Pluralismus« entscheidend mitwirkten (s. o.).

> »Schließlich: Die Gefahr einer Beeinträchtigung der Unabhängigkeit des Abgeordneten droht heute nicht mehr vom Staat, sondern eher von der politischen Partei,

der er angehört, und vor allem von einflußreichen Gruppen der Gesellschaft.« (BVerfGE 40, 296: Rdnr. 37)[53]

Dieser Annahme ist in der Sache entgegen zu halten, dass die wirtschaftliche Abhängigkeit von Abgeordneten im Deutschen Reich im Vergleich zur Bundesrepublik besonders groß war, weil aufgrund des Diätenverbots Politiker durch Parteidiäten vergütet wurden. Das damalige Diätenverbot förderte, so Philipp Austermann, das Aufkommen von Berufspolitikern, das es vorgeblich habe verhindern wollen. Schon um die Jahrhundertwende gingen Politiker keinem klassischen bürgerlichen Erwerbsberuf mehr nach (Austermann 2014b: 121). Erst Anfang des 20. Jahrhunderts führte eine Abschaffung des Diätenverbots zu einer Angleichung der Chancen zur parlamentarischen Teilhabe, wie das Gericht dies heute für jedermann »ohne Rücksicht auf soziale Unterschiede, insbesondere auf seine Abstammung, seine Herkunft, seine Ausbildung oder sein Vermögen« (BVerfGE 40, 296: Rdnr. 42), aus dem egalitären Gleichheitssatz folgert. Aber auch aus dem »Beruf auf Zeit« (Conradi 1976: 125 f.), wie ihn die Vollalimentation mit sich bringt, resultiert ein enge Bindung zur Partei, z. B. wenn es um die Aufstellung zur Wiederwahl geht.

Das Spannungsverhältnis zwischen der Unabhängigkeit des Abgeordneten und der Integration in eine politische Gruppe wird hier also vom BVerfG aufgegriffen, aber nicht als Interdependenz, sondern tendenziell als Gegensatz konzipiert. Zwar gibt es auch Hinweise darauf, dass es die Interessenkongruenz beider Akteure erkennt: So führt es an, dass die Wiederwahl des Parlamentariers »in der Regel auch im Interesse der politischen Partei und des Parlaments« (BVerfGE 40, 296: 37) sei. Allerdings wird diese Anerkennung offenbar durch die Annahme überlagert, dass parteipolitische Interessenwahrnehmung durch den Abgeordneten seine Unabhängigkeit gefährde. Dies wird in Kontrast zu den Ausführungen von Richter Seuffert, der eine abweichende Meinung in diesem Urteil darlegt, besonders deutlich. Er verweist darauf, dass unter Unabhängigkeit im Sinne des Art. 48 III 1 GG ein diskriminierungsfreier Zugang zum Parlamentsmandat zu verstehen sei:

»Richtig bedeutet die ‚angemessene Sicherung der Unabhängigkeit' bei gleichem Wahlrecht und gleichem, freien Zugang zum Mandat heute, daß ‚Berufspolitiker'

53 Der voranstehende Satz lautet: „Dem entspricht auch das Erscheinungsbild des heutigen Parlamentariers; für Abgeordnete mit besonderen Funktionen im Parlament oder in den Fraktionen tritt die berufliche Tätigkeit völlig in den Hintergrund." (BVerfGE 40, 296: Rdnr. 37)

im Parlament möglich sein müssen und nicht diskriminiert sein dürfen.« (BVerfGE 40, 296: Rdnr. 85)

Diese dargelegte Widersprüchlichkeit des Begriffs der Unabhängigkeit und der Bewertung der Rolle der Parteien stützt vorläufig die bereits dargelegte These, dass das BVerfG bei der Einordnung von Parteien als Phänomen der parlamentarischen Demokratie ambivalent ist und ein klarer und adäquater verfassungstheoretischer Maßstab zur Einordnung fehlt (Ooyen 2015b: 229). Während das Gericht in der mündlichen Befragung die Annahme zu begründen versucht, dass Abgeordnete als Berufspolitiker ihre volle Arbeitskraft einbringen müssten (vgl. BVerfGE 40, 296: Rdnr. 37), bleibt es bezüglich der »Gefahr der Beeinträchtigung der Unabhängigkeit« durch Parteien bei der reinen Feststellung dieser Annahme. Der Landtag und der Innenminister des Saarlandes, der Deutsche Bundestag, der Bundesrat, die Bundesregierung und die weiteren Landesparlamente sowie der Bayerische Senat und alle im Bundestag vertretenen Parteien hatten die Möglichkeit erhalten, sich beispielsweise zur Frage zu äußern, wie stark die Abgeordneten im Bundestag und in den Landtagen durch ihre parlamentarische Arbeit und in den Wahlkreisen beansprucht seien. Für den Komplex der Gefährdung der Unabhängigkeit von Mandatsträgern ist dies in der Urteilsbegründung nicht erwähnt.

Diese Ambivalenz gegenüber der Interessenvertretung im Parlament, durch Parteien einerseits und Interessengruppen andererseits, korrespondiert mit einem weiteren Argument im Urteil »Abgeordnetendiäten«. Die Richter führen an, dass die Fortführung eines vergüteten Berufs neben der Abgeordnetentätigkeit von den Anforderungen der Unabhängigkeit und Gleichheit nicht berührt sei, eine mit der Intention der Interessenvertretung gewährte Vergütung aber durchaus.

»Art. 48 Abs. 3 GG in Verbindung mit Art. 38 Abs. 1 GG verlangt gesetzliche Vorkehrungen dagegen, daß Abgeordnete Bezüge aus einem Angestelltenverhältnis, aus einem sog Beratervertrag oder ähnlichem, ohne die danach geschuldeten Dienste zu leisten, nur deshalb erhalten, weil von ihnen im Hinblick auf ihr Mandat erwartet wird, sie würden im Parlament die Interessen des zahlenden Arbeitgebers, Unternehmers oder der zahlenden Großorganisation vertreten und nach Möglichkeit durchzusetzen versuchen. Einkünfte dieser Art sind mit dem unabhängigen Status der Abgeordneten und ihrem Anspruch auf gleichmäßige finanzielle Ausstattung in ihrem Mandat unvereinbar.« (BVerfGE 40, 296, Leitsatz)

Diese von Uwe Thaysen umfassend kritisch gewürdigte Unterscheidung zwischen »altruistische[m] Abgeordnete[n], der seine und andere Positionen und Interessen im Parlament ohne jeglichen Eigennutz vertritt«, und »bezahlte[m] Lobbyismus«, der als unzulässig zu verbannen sei (Thaysen 1976a: 13), positioniert das Gericht sogar in den Leitsätzen seines Urteils.

Damit konstruiert es ein Ideal, an dem der einzelne Abgeordnete schon aufgrund der mangelnden empirischen Feststellbarkeit seiner Unabhängigkeit oder den Ursachen einer potenziellen Abhängigkeit scheitern muss. Es wird hier versucht, das formelle Postulat der Unabhängigkeit des Abgeordneten im Zuge der Verfassungsrechtsprechung materiell einzulösen. Ob hier deswegen in der Sache eine »systematisch[e] Diskreditierung des Parlamentarismus« (Thaysen 1976a: 14) vorliegt, ist anzuzweifeln. Gleichwohl lässt das BVerfG trotz der Anerkennung der von Parteien geprägten Funktionsweise des Regierungssystems erkennen, dass es nach seiner Auffassung Interessenvertretung gebe – von illegalen Verpflichtungen abgesehen (siehe Kapitel 4.2.2), die nicht mit der Freiheit und Autonomie des Parlamentariers vereinbar sei. Der Abgeordnete solle nur seine eigenen, nicht aber scheinbar »fremde« Interessen eigennützig vertreten. Repräsentation als Interessenvertretung findet nicht in seiner vollen Ausprägung Anerkennung.

> »Das Urteil vom 5.11.75 verkennt nahezu vollkommen, daß Interessenwahrnehmung und die Regelung sozialer Konflikte, die auf unterschiedliche materielle Interessenslagen zurückzuführen ist, eine historisch konstante wesentliche Funktion des Parlaments ist.« (Thaysen 1976a: 14)

Eine solche interessenskeptische Sichtweise des BVerfG führte schon bei der grundlegenden Technik der Erarbeitung von Kompromissen zu Dissonanzen. Hierbei ist es die Regel, dass Abgeordnete auf Zugeständnissen und komplexen Verhandlungsergebnissen beruhende »fremde« Teilinteressen vertreten, um z. B. ein übergeordnetes, auch »eigennütziges« Sachziel zu erreichen. Der Intention des Gerichts, eine Bestechlichkeit des Abgeordneten möglichst auszuschließen, ist nachvollziehbar. Allerdings ist das Mittel, das es hierfür wählt, nämlich das komplexe Spannungsverhältnis zwischen freiem Abgeordnetenmandat und Interessenvertretung im Parlament auf die Fragwürdigkeit ebendieser zu reduzieren, aus parteiendemokratischer Sicht kritisch zu würdigen. Darüber hinaus suggeriert es die rechtliche Durchsetzbarkeit eines materiellen Anspruches, nämlich der Integrität des Abgeordneten.

5.1.1.2 Formale Gleichheit aller Abgeordneten trotz Funktionendifferenzierung im Parlament

Aus dem Urteil »Abgeordnetendiäten« sind auch Einschätzungen zur grundsätzlichen Arbeitsweise im Parlament abzuleiten. Den formalen

Gleichheitssatz, auf dem die Notwendigkeit der Angleichung der Abgeordnetendiäten beruht, bezieht das Gericht nicht nur auf die Grundvergütung, sondern auch auf leistungsbezogene Zulagen und Staffelungen. In einem Obiter Dictum führt es an, dass nicht nur eine Pauschalisierung der vormals verschieden hohen Entschädigungen für die verschiedenen Typen von Beschäftigungsverhältnissen vorgenommen werden müsse; sondern auch »gestaffelte Diäten für Abgeordnete mit besonderen parlamentarischen Funktionen« müssten entfallen (BVerfGE 40, 296: Rdnr. 43).

Mit Blick auf das Parlamentarismusverständnis des BVerfG offenbart sich also ein weiteres Spannungsfeld: das Spannungsfeld zwischen Gleichheitserfordernis und Funktionendifferenzierung. Die Differenzierung von Funktionen im Parlament wird zwar thematisiert, wenn das Gericht anführt, dass für »Abgeordnete mit besonderen Funktionen im Parlament oder in den Fraktionen [...] die berufliche Tätigkeit völlig in den Hintergrund [tritt]« (BVerfGE 40, 296: Rdnr. 37). Es nimmt also Arbeitsteilung im Parlament zur Kenntnis. Auf der anderen Seite lehnt es eine entsprechende Vergütung verschiedener Funktionen ab. Diese spezifische Anwendung des formalen Gleichheitssatzes innerhalb des Parlaments deutet darauf hin, dass Arbeitsteilung als Folge der modernen Massendemokratie zwar als Funktionsbedingung des parlamentarischen Systems konzediert wird, die Konsequenz hieraus, nämlich die *Hierarchisierung* von verschiedenen Funktionen und Positionen im Parlament und insbesondere in den Fraktionen, aber noch unberücksichtigt bleibt – zumindest nicht folgerichtig als systemnotwendig angesehen wird. Eine Ausnahme vom Gleichheitsgebot wird dabei gerade nicht für die höchsten Funktionsträger in Fraktionen gewährt, die aus der parteiendemokratischen Sichtweise als Entscheidungskörper fungieren, sondern nur für das Verfassungsorgan:

> »Eine Ausnahme vom formalisierten Gleichheitssatz im Sinne eines zwingenden Grundes ist nur für den Parlamentspräsidenten und seine Stellvertreter anzuerkennen; ihre angemessene Entschädigung wird dadurch mitbestimmt, daß sie an der Spitze eines obersten Verfassungsorgans stehen.« (BVerfGE 40, 296: Rdnr. 42)

Dass die Frage der Funktionszulagen als Bestandteil von Abgeordnetenentschädigung ein Thema ist, das in einem Spannungsverhältnis zum praktischen Funktionieren der Parlamentsarbeit steht, belegt auch die Tatsache, dass das Gericht zwei weitere Anträge zu diesem Komplex zugelassen hat (2000 und 2007). Bereits in der Kommentarliteratur der 70er-Jahre wurde die materielle Durchsetzungsfähigkeit des formalen Gleichheitssatzes durch das Mittel der ausnahmslos gleichen Entschädigung von Abgeordneten angezweifelt. Der Status der Gleichheit als Gleichheit an Rechten zur Erreichung eines Mandats und der Befugnisse im Parlament bleibe mit

Blick auf die Chancengleichheit der Abgeordneten »eingebunden in die Funktionsfähigkeit von Parteien und Fraktionen«, so der Jurist Peter Häberle (Häberle 1976: 539); und »ob damit praktisch ein Mehr an Chancengleichheit der Abgeordneten und ein Weniger an Hierarchie und Oligarchie in den Parteien bzw. Fraktionen erreicht werden kann, ist fraglich« (1976: ebd.). Auch aus einer stärker rechtlichen Argumentation heraus können Friktionen mit der tatsächlichen parteiendemokratischen Funktionsweise des Systems festgestellt werden:

> »So zutreffend es sein mag, dass die Abgeordneten bei der Erfüllung der Aufgaben des Bundestages die gleichen Rechte und Pflichten haben und insoweit auch kein Grund für eine unterschiedliche Bemessung des Einkommens ersichtlich ist, so sehr übersieht diese – vom *BVerfG* später auch bestätigte – strikte formale Gleichheit den Umstand, dass sowohl das Parlament als auch die Fraktionen den Abgeordneten zusätzliche Aufgaben mit entsprechenden Belastungen übertragen können. Diese nicht entsprechend bei der Entschädigung zu berücksichtigen, stellt im Ergebnis eine nicht zu rechtfertigende Schlechterstellung der herausgehobenen Amts- und Funktionsträger dar.« (Schwarz 2016: 99)

Nach dem Urteil »Abgeordnetendiäten« kodifizierte der Bundestag sein Abgeordnetenrecht neu, obgleich umstritten ist, ob das hierin dargelegte »demokratische ‚Grundverhältnis' der Parlamentsmitglieder« (Schmidt-Jortzig 2014: 14) tatsächlich Rückschlüsse auf Restriktionen für die Funktionsvergütungen im Bundestag und allgemeingültig für die Landtage zulässt (bejahend Linck 1976: 55, 59; verneinend Schmidt-Jortzig 2014: 14). An die Stelle des Diätengesetzes aus dem Jahr 1968 trat im Jahr 1977 das Gesetz zur Neuregelung der Rechtsverhältnisse der Mitglieder des Deutschen Bundestages, kurz Abgeordnetengesetz (AbgG). Der exakte Betrag der Abgeordnetenentschädigung war damit im Gesetz verankert. Es folgten zahlreiche Änderungen dieses Gesetzes, weil jede Anpassung der Vergütung dies erforderlich machte. Zuletzt wurde es 2014 geändert, nachdem eine vom Bundestag eingesetzte »Unabhängige Kommission zu Fragen des Abgeordnetenrechts« einen umfangreichen Bericht mit Empfehlungen zu Diätenausgestaltung und Altersvorsorge vorgelegt hatte (Schüttemeyer/Schmidt-Jortzig 2014). Seither orientiert sich die jährliche Anpassung an der Entwicklung des Nominallohnindexes.

Nachdem mit dem Urteil aus dem Jahr 1975 das BVerfG das Abgeordnetenmandat als Beruf und Vollzeitbeschäftigung akklamierte, kam es erst im Jahr 2000 wieder zu einer Befassung mit der Entschädigungsfrage. Bei dem Verfahren handelte es sich um ein landesinternes Organstreitverfahren, für welches das BVerfG zuständig war, da der Thüringer Verfassungsgerichtshof in dieser Zeit erst errichtet wurde. Das thüringische Abgeordnetengesetz sah neben der monatlichen Entschädigung für seine Abgeordneten zusätzliche Zahlungen nicht nur für den Landtagspräsidenten und Vizepräsidenten vor, sondern auch für den Fraktionsvorsitzenden und stellvertretenden Fraktionsvorsitzenden sowie für die Parlamentarischen Geschäftsführer und Ausschussvorsitzenden (§ 5 Thüringer Abgeordnetengesetz). Dies war auch in mehreren anderen Ländern für verschiedene Funktionen der Fall.[54] Die Antragsteller waren zwei ehemalige Parlamentarier, die 1990 in den Landtag gewählt und durch die Regelungen zur zusätzlichen Entschädigung nicht begünstigt worden waren. Die ehemaligen Abgeordneten sahen ihren Anspruch auf Gleichbehandlung aus § 2 I und § 9 IV der Vorläufigen Landessatzung für das Land Thüringen sowie aus Art. 3 I GG, Art. 38 I GG und Art. 48 III 3 GG durch den Landtag verletzt. Das Gericht stellte einen Verstoß des angegriffenen Paragrafen des Thüringer Abgeordnetengesetzes gegen die Landessatzung und gegen das Grundgesetz fest, soweit dieser zusätzliche Zahlungen an Parlamentarische Geschäftsführer der Fraktionen, stellvertretende Fraktionsvorsitzende und Ausschussvorsitzende betraf. Damit knüpfte es an das Urteil »Abgeordnetendiäten« aus dem Jahr 1975 an, modifizierte es aber auch. Grundsätzlich unterwarf das Gericht nun die Frage der Schaffung parlamentarischer Funktionsstellen der *Parlamentsautonomie*:

> »Die Schaffung von parlamentarischen Funktionsstellen und deren finanzielle Ausstattung unterfallen der Regelungsmacht des Parlaments in eigenen Angelegenheiten.« (BVerfGE 102, 224: Rdnr. 47)

Die Regelungsmacht des Parlaments sei jedoch durch Art. 38 I GG beschränkt. Zwei »Leitgesichtspunkte« machte das Gericht bei der Gestaltung der Funktionsvergütungen aus: erstens müsse das Parlament »zeitgemäße Strukturen ausbilden können, die der Vielzahl, Bandbreite und Komplexität der Gegenstände parlamentarischer Gesetzgebung und Kontrolle Rechnung tragen« (BVerGE 102, 224: Rdnr. 64). Damit ist das Element der Funktionsfähigkeit des parlamentarischen Systems angesprochen.

> »Demgemäß setzt das Gelingen einer wirksamen und rationalen parlamentarischen Arbeit besondere Qualifikationen demokratischer Führung, vor allem besondere Sach- und Verfahrenskunde sowie Fähigkeiten der Information, Kommunikation und des Vermittelns voraus. Dies spricht dafür, dass Funktionen geschaffen und unter bestimmten Voraussetzungen auch besonders honoriert werden können, mit

54 Einen Überblick über die Ausgestaltung der verschiedenen Funktionsvergütungen der Länder bietet das Dokument „Bericht und Empfehlungen der Unabhängigen Kommission zur Überprüfung des Abgeordnetenrechts" in der 12. Wahlperiode vom 19. Mai 1993: BT Drs. 12/5020, Anlage 16.

deren Hilfe die politische Willensbildung koordiniert werden kann.« (BVerGE 102, 224: Rdnr. 64)

Zweitens dürfe die systematische Ausdehnung von Funktionszulagen der Freiheit des Mandats nicht abträglich sein. Dies betrifft das Verhältnis des einzelnen Abgeordneten zu seiner Fraktion.

»Daraus [aus dem politischen Eingebundensein in Partei und Fraktion; Anm. d. Verfasserin] folgende Abhängigkeiten des einzelnen Abgeordneten von Fraktionsbeschlüssen sind im Rahmen funktioneller Differenzierung der Parlamentsarbeit auch mit Blick auf Art. 21 Abs. 1 GG hinzunehmende. Wird jedoch die Verteilung parlamentarischer Funktionen mit unterschiedlicher Dotierung der Abgeordneten verbunden, so entstehen zusätzliche Abhängigkeiten, die durch die Aufgaben des Abgeordneten innerhalb effektiv organisierter Parlamentsarbeit nicht gerechtfertigt werden, sondern hierzu in Widerspruch treten können: Innerparlamentarische Einkommenshierarchien lassen es erstrebenswert erscheinen, parlamentarische Funktionen aus ökonomischen Gründen, unabhängig von individuellen politischen Intentionen und Kompetenzen, zu übernehmen, auszuüben und gegenüber Konkurrenten zu behaupten.« (BVerfGE 102, 224: Rdnr. 62)

Im Unterschied zum Urteil im Jahr 1975 fokussierte das Gericht also nicht mehr nur den Abgeordneten als Volksvertreter im Gegensatz zu seiner Partei, sondern bezog auch sein interdependentes Verhältnis zur Fraktion in seine Überlegungen ein. Fraktionen hatte das BVerfG schon 1966 als »maßgebliche Faktoren der politischen Willensbildung« eingestuft (BVerfGE 20, 56 »Parteienfinanzierung I«). Die Elemente »Unabhängigkeit des Abgeordneten« und »Funktionsfähigkeit des Parlaments«, die durch Fraktionen als Gruppen politischer Akteure hergestellt werden, wurden gegeneinander abgewogen.

»Dieses letztlich auf Art. 38 Abs. 1 Satz 1 GG fußende Freiheitsgebot des Art. 38 Abs. 1 Satz 2 GG verlangt, die Abgeordneten in Statusfragen formal gleich zu behandeln, damit keine Abhängigkeiten oder Hierarchien über das für die Arbeitsfähigkeit des Parlaments unabdingbare Maß hinaus entstehen.« (BVerfGE 102, 224: Rdnr. 59)

In der Folge stufte das Gericht Zulagen für Fraktionsvorsitzende als zulässig ein, Zulagen für stellvertretende Fraktionsvorsitzende, Parlamentarische Geschäftsführer und Ausschussvorsitzende lehnte es ab. Dies begründete es mit der Annahme, dass zahlenmäßig begrenzte Posten aus finanziellen, nicht aus politischen Erwägungen angestrebt würden, wodurch die Gefahr der Abhängigkeit des einzelnen Abgeordneten von der politischen Gruppe, der er angehöre, weniger stark sei.

»Wird einer nur geringen Anzahl von Funktionsträgern eine zusätzliche Entschädigung gewährt, so ist die Wahrscheinlichkeit gering, dass sich der einzelne Abgeordnete bei der Ausübung seines Mandats an sachfremden Gesichtspunkten wie an zusätzlichen Einkommenschancen orientiert.« (BVerfGE 102, 224: Rdnr. 66)

Deshalb seien Vergütungen auf zahlenmäßig begrenzte und politisch besonders bedeutsame Posten zu begrenzen, da sie sonst zu »Abgeordnetenlaufbahnen«[55] führten, die die Orientierung am Gemeinwohl untergraben könnten.

»Auf der anderen Seite ist der Gefahr zu begegnen, dass durch die systematische Ausdehnung von Funktionszulagen ‚Abgeordnetenlaufbahnen' und Einkommenshierarchien geschaffen werden, die der Freiheit des Mandats abträglich sind und die Bereitschaft der Abgeordneten beeinträchtigen, ohne Rücksicht auf eigene wirtschaftliche Vorteile die jeweils beste Lösung für das Gemeinwohl anzustreben. Funktionszulagen können darum zum einen nur in geringer Zahl vorgesehen werden und sind zum anderen auf besonders herausgehobene politisch-parlamentarische Funktionen zu begrenzen.« (BVerfGE 102, 224, Rdnr. 65)

Das Gericht sah den Status des unabhängigen Abgeordneten nun einerseits durch die Abhängigkeit von seiner politischen Gruppe gefährdet, wenn Hierarchisierung über das für die Arbeitsfähigkeit des Parlaments unabdingbare Maß hinaus stattfände. Andererseits solle vermieden werden, dass der Abgeordnete sich von sachfremden Motiven leiten lasse. Das komplexe Spannungsverhältnis im Wesen des Abgeordneten zwischen Freiheit und Unabhängigkeit einerseits, Gruppenzugehörigkeit und Gemeinwohlorientierung andererseits wird hier erneut deutlich.

»Der Abgeordnete bewegt sich zwar in einem Spannungsverhältnis zwischen der Freiheit seines Mandats und einer Einordnung in die Fraktionsdisziplin. Das politische Eingebundensein des Abgeordneten in Partei und Fraktionen im Bund und in den Ländern ist jedoch verfassungsrechtlich zulässig; denn das Grundgesetz weist den Parteien eine besondere Rolle im Prozess der politischen Willensbildung zu (Art. 21 Abs. 1 GG).« (BVerfGE 102, 224: Rdnr. 61)

Die Tatsache, dass sich Arbeitsteilung und Funktionendifferenzierung gegenseitig bedingen, wird nun als Teil des parlamentarischen Regierungssystems antizipiert. Dies leitet sich aus der Tatsache ab, dass das BVerfG nun auch Fraktionspositionen als zusätzlich vergütungswürdig ansieht. Erste politikwissenschaftliche Studien und Erkenntnisse zu Fraktionen werden im Urteil zur Begründung herangezogen (insbesondere Schüttemeyer 1999b) und die Funktion der Führung für den Fraktionsvorsitzenden hervorgehoben.

55 Während in der Urteilsbegründung der Begriff „Abgeordnetenlaufbahn" in Rdnr. 60 noch mit dem Verweis auf Hans Meyer (1995) verwendet wird, übernahm das Gericht diesen Begriff in Rdnr. 65 ohne Verweis.

»Der Fraktionsvorsitz gilt heute als die Schaltstelle der Macht im Parlament. Die Vorsitzenden der Fraktionen, die die Regierung tragen, übernehmen dabei Vermittlungs- und Koordinierungsaufgaben zwischen Regierung und Parlamentsmehrheit, während die Vorsitzenden der Oppositionsfraktionen in besonderer Weise die Alternative zur Regierung und damit Handlungsoptionen und künftige Wahlmöglichkeiten repräsentieren. Von ihrem Wirken hängen in besonderer Weise das parlamentarische Leben und die öffentliche Wirkung des Parlaments als obersten Organs demokratischer Willensbildung ab (vgl. Schüttemeyer, a. a. O., S. 11 und 60ff.).« (BVerfGE 102, 224: Rdnr. 71)

Dennoch solle die Vergütung dieser hierarchisch differenzierten Posten aufgrund des formalen Gleichheitssatzes die begründungspflichtige Ausnahme bleiben. Es dürften »keine Abhängigkeiten oder Hierarchien über das für die Arbeitsfähigkeit des Parlaments unabdingbare Maß hinaus entstehen« (BVerfGE 102, 224, Leitsatz). Denn im Gegensatz zum Fraktionsvorsitzenden hätten die stellvertretenden Fraktionsvorsitzenden und Parlamentarischen Geschäftsführer keine vergleichbare politische Spitzenstellung inne. Ihre Aufgaben und ihre Verantwortung beschränkten sich auf Teilbereiche der Fraktionsarbeit und auch der Ausschussvorsitzende übe nur koordinierende Funktionen in einem verkleinerten Abbild des Landtages aus (BVerfGE 102, 224: Rdnr. 75). In dieser Hinsicht lehnt sich das Gericht an die Begründung der zusätzlichen Vergütung für Parlamentspräsidenten und ihre Stellvertreter aus dem Urteil »Abgeordnetendiäten« im Jahr 1975 an, wenn es die dort geforderte Bedingung einer »Spitzenposition« (eines Verfassungsorgans) jetzt auch auf die Fraktionsvorsitzenden überträgt. Es bleibt jedoch tiefergehend begründungsbedürftig, warum diese »politische Spitzenstellung« nicht auch für Parlamentarische Geschäftsführer und Ausschussvorsitzende gegeben ist. Politikwissenschaftliche Untersuchungen belegen, dass diesen Rollen eine große Bedeutung für das Funktionieren der parlamentarischen Abläufe zukommt. So haben beispielsweise Ausschussvorsitzende zwar nicht notwendigerweise aus dieser Position generierte Macht, sie sind aber »für das Funktionieren ihres Ausschusses zuständig, und tragen damit indirekt zu vielen Parlamentsfunktionen, insbesondere der Kontroll- und der Gesetzgebungsfunktion, bei« (Oertzen 2006: 214). Parlamentarische Geschäftsführer haben demgegenüber eine dominierende Rolle im Ältestenrat, der eine maßgebliche Koordinierungsfunktion in Verfahrensfragen für das Parlament erfüllt. Darüber hinaus bereitet er »die Sitzungen der Gremien seiner Fraktion vor, sorgt für die notwendige Koordination, ist häufig ihr Personal- und Finanzchef. Im Plenum ist er für Präsenz und Geschlossenheit seiner Fraktion zuständig.« (Petersen 2010: 289) Auf diese sachlich-inhaltliche Dimension einer Kritik am Urteil »Funktionszulagen«[56] geht auch die Rechtswissenschaft ein und betont die Bedeutung der beiden Positionen des Ausschussvorsitzenden und des Parlamentarischen Geschäftsführers für die Arbeits- und Funktionsfähigkeit des Parlaments, die eine Funktionszulage rechtfertigen kann (Laubach 2001: 160).

Betrachtet man den vom BVerfG dargelegten Gegensatz zwischen der vermuteten »Spitzenposition« des Fraktionsvorsitzenden und den weiteren Funktionen im Parlament im Kontext von Parlamentarismuskonzeptionen, wird deutlich, dass dieser aus der Unterscheidung zwischen *dienenden Funktionen für das Gesamtparlament* und Funktionen nur für die jeweilige Fraktion gespeist ist. Während, ebenso wie der Parlamentspräsident, der Fraktionsvorsitzende als Leiter und Vertreter seiner Fraktion Leistungen für die parlamentarische Handlungsfähigkeit erbringe (Vgl. BVerfGE 102, 224: Rdnr. 71), sieht das BVerfG die Funktionen der Parlamentarischen Geschäftsführer oder Ausschussvorsitzenden als untergeordnet an, weil »[i]hre Aufgaben und Verantwortung [...] sich in der Regel auf Teilbereiche der Fraktionsarbeit [beschränken]« (BVerfGE 102, 224: Rdnr. 75) oder sie ihre »koordinierende Funktion in einem verkleinerten Abbild des Parlaments« (ebd.) ausüben. Demgegenüber erfolgt die Anerkennung der »Spitzenposition« (Rdnr. 66) des Fraktionsvorsitzenden aus der »Stellung der Fraktionen als notwendige Einrichtungen des Verfassungslebens« (BVerfGE 102, 224: Rdnr. 69). Den Fraktionen, verstanden als »Funktionenerfüller« für das Gesamtparlament, kommt somit Verfassungsrang zu, der eine Differenzierung des Gleichheitsgrundsatzes gestattet. Der Fraktion in ihrer materiellen Rolle als »binnenplurale Kollektivgebilde« (Schindler 2019: 19) zur Bündelung von gleichartigen Interessen wird dieser Rang nicht zuteil. Einem parteiendemokratischen Verständnis entspräche es dagegen, wenn Fraktionen nicht nur als Garant der Funktionsfähigkeit des Parlaments Anerkennung fänden, sondern als Parteien im Parlament mit eigenen Führungsstrukturen zur Durchsetzung von Sachinteressen, nicht nur zur Sicherung des parlamentarischen Verfahrens (siehe Kapitel 4.3.3). Unter den oben kurz beschriebenen tatsächlich feststellbaren herausgehobenen Leistungen der beiden genannten Positionen des Ausschussvorsitzenden und des Parlamentarischen Geschäftsführers sind dann auch ihre Bemühungen hervorzuheben, für die Geschlossenheit ihrer politischen Gruppe zu sorgen. *Gruppenassoziierte Steuerungsleistungen* stellen für das BVerfG hier jedoch keinen Grund für

56 Zur Begründung der Zulässigkeit von Funktionsvergütungen siehe den Bericht der Unabhängigen Kommission; abgedruckt in Schüttemeyer/Schmidt-Jortzig (2014: 92 ff.).

die Einschränkung des Gleichheitsgrundsatzes dar, weil es den Maßstab der Funktionsfähigkeit nicht gruppen-, sondern allein organorientiert auslegt (BVerfGE 102, 224: Rdnr. 76). In der Konfrontation mit der parlamentarischen Wirklichkeit deutet sich hier die Fragilität des Funktionsfähigkeitsparadigmas an.

Auch die These der drohenden Gefährdung der Unabhängigkeit des Abgeordneten durch seine Partei taucht hinsichtlich der Frage der Funktionszulagen, wie schon in der Entscheidung im Jahr 1975 (BVerfGE 40, 296: Rdnr. 37), wieder auf. Weil die Anzahl der Positionen, für die hier keine Zulagenzahlungen erlaubt werden, beliebig erhöht werden könne, könne ein Einfluss auf die Wahrnehmung dieser Funktionen durch die Erhöhung einer Entschädigung nicht ausgeschlossen werden (BVerfGE 102, 224: Rdnr. 75). Es wäre damit

> »das Tor geöffnet zu einem differenzierten, Abhängigkeiten erzeugenden oder verstärkenden Entschädigungssystem, das der Senat bereits im Urteil vom 5. November 1975 als unvereinbar mit dem Grundsatz der Abgeordnetengleichheit angesehen hat (vgl. BVerfGE 40, 296 [318]).« (ebd.)

Sowohl negative als auch monetäre positive Anreizsysteme werden also als autonomiegefährdend für den Abgeordneten eingestuft. Einen Kriterienkatalog zur Beantwortung der Frage, inwieweit auch andere Parlamentspositionen in der Zukunft eine funktionenrelevante Bedeutung für das Parlament haben könnten, gibt das Gericht hier nicht an die Hand. Die Kopplung der Bedingungen der zahlenmäßigen Begrenztheit und der exponierten politischen Funktion macht eine eindeutige Abgrenzung schwierig. Ein Wandel des Rollenverständnisses, wie dies hier von der Entscheidung 1975 im Vergleich zur Entscheidung 2000 für die Position des Fraktionsvorsitzenden geschehen ist, ist auch in Zukunft denkbar. Die hier vom BVerfG praktizierte klassisch konturierte Anwendung des Maßstabs der Unabhängigkeit übersieht allerdings, dass der einzelne Abgeordnete bereits auf einer sehr viel grundsätzlicheren Ebene, z. B. hinsichtlich seiner Wiederwahlchancen, von seiner Gruppe abhängig ist. Auch hier kann es zu Sanktionen (z. B. Listenplatzierung) kommen. Die Eingebundenheit in eine Gruppe beginnt nicht erst mit dem Antritt des Parlamentsmandats.

5.1.1.3 Absicherung der Unabhängigkeit des Abgeordneten gegen seine Partei oder Interessengruppen

Wie bereits im Urteil »Abgeordnetendiäten« (1975) geht es auch im Urteil »Funktionszulagen« (2000), wie dargelegt, um die Rolle des einzelnen Abgeordneten. Die Fokussierung auf seine unabdingbare Freiheit führt auch zu einer Konzentration auf seine Unabhängigkeit und damit zu einer Gegenüberstellung zu seiner politischen Gruppe, der Partei. Die Frage der Abgrenzung des Abgeordneten von seiner Partei steht dabei, wie gezeigt wurde, stärker im Fokus als ihr responsives Verhältnis. Die Mechanismen der Parteiendemokratie, wie Eingebundensein des Einzelnen, Arbeitsteilung und Hierarchie, werden angesichts Art. 21 I GG als legitim anerkannt, aber es bleibt bei dem Bild zweier Antipoden und der Annahme, die Partei gefährde die Unabhängigkeit des Einzelnen. Dies verdeutlicht nicht zuletzt der Begriff »Gefahr«, der mehrfach vom BVerfG in diesem Kontext verwendet wird.

Die Sichtweise zu Funktionsvergütungen hat das Gericht in einem Nichtannahmebeschluss vom 27. November 2007 bestätigt und die wesentlichen verfassungsrechtlichen Maßstäbe zur Frage der Entschädigungsregelungen als geklärt bezeichnet (2 BvK 1/03: Rdnr. 21). Ob diese Regelungen für alle Landtage und den Bundestag gelten, ist weiterhin umstritten. Allerdings gibt es sowohl in formeller Hinsicht, also mit Blick auf die rechtliche Anwendbarkeit der Aussagen des Gerichts auf diese Parlamente, als auch in materieller Hinsicht Zweifel. So ist eine Anwendbarkeit schon deswegen fraglich, weil die Kompetenzen des Bundestages weit größer als die der Landtage erscheinen und »die von den Bundestagsfraktionen zu leistende Koordinierungs- und Vorbereitungsarbeit um ein Vielfaches höher ist als diejenige von Landtagsfraktionen« (Austermann 2012: 723).

Für die Ambivalenz des BVerfG bei der Bewertung des Spannungsverhältnisses zwischen dem einzelnen Abgeordneten und seiner Fraktion als Partei im Parlament steht ein weiteres Urteil aus dem Jahr 2007, in dem es im Schwerpunkt um die Offenlegung von Nebeneinkünften von Bundestagsabgeordneten ging (Urteil »Verfassungsrechtlicher Status der Bundestagsabgeordneten«). Ein Patt im Zweiten Senat verhinderte, dass ein Verstoß der Regelungen zur Offenlegung gegen das Grundgesetz festgestellt werden konnte (gemäß § 15 IV 3 BVerfGG). In der Urteilsbegründung trafen zwei Abgeordnetenbilder aufeinander, die das Spektrum der eher parteiendemokratischen bis klassisch orientierten Parlamentarismusverständnisse reflektieren.

Neun Mitglieder des Bundestages, die alle neben der Vergütung ihres Abgeordnetenmandats Einkünfte aus selbstständiger Tätigkeit erhielten, hatten sich in einer Organklage gegen die sogenannte Mittelpunktregelung (§ 44a I AbgG) und gegen die sanktionsbewährte Verpflichtung zur Offenlegung dieser Einkünfte gewandt. Der Bundestag habe damit die Rechte der Antragsteller aus Art. 38 I 2 Satz 2 GG und Art. 48 II GG verletzt. Während die Richter übereinstimmend bestätigten, dass die Ausübung des Mandats im Mittelpunkt der Tätigkeit eines Mitgliedes des Bundestages stehe, hatten die Anträge gegen die Offenlegung keinen Erfolg. Die Auslegung der Mittelpunktregelung ist Voraussetzung für das Verständnis der beiden verschiedenen Abgeordnetenbilder, die sich analytisch in zwei Aspekte gliedern lassen. Zum einen geht es erneut um die Frage der *Unabhängigkeit des Abgeordneten, diesmal vorrangig von Interessengruppen*. Zum anderen erweitert sich der Komplex des Verhältnisses von Abgeordnetem und Fraktion jetzt zum abstrakteren Thema *Repräsentation* und auf die Frage, ob diese durch Einzelne oder Gruppen realisiert wird. Während die die Entscheidung tragenden Richter (Broß, Osterloh, Lübbe-Wolff und Gerhardt) die größere Gefahr seitens einflussreicher Unternehmen und Interessengruppen identifizierten, müsse die Unabhängigkeit der Abgeordneten, so die Richter mit abweichender Meinung (Hassemer, Di Fabio, Mellinghoff und Landau), vor allem gegenüber Parteiinteressen abgesichert werden.

Mit der Einführung der Mittelpunktregelung in § 44a I AbgG[57] wurde einfachrechtlich fixiert, was nach der bisherigen Rechtsprechung des BVerfG bereits als gesichert angenommen werden konnte. Die Freiheit des Mandats bedeutet, dass der Abgeordnete frei darin ist, *wie* er sein Mandat ausübt, aber nicht *ob*. Bereits im Urteil »Abgeordnetendiäten« (1975) wurde dies vom Gericht materiell begründet:

> »So sehr er [der Abgeordnete; Anm. d. Verfasserin] theoretisch die Freiheit hat, seine Aktivitäten in diesen drei Bereichen nach eigenem Ermessen bis über die Grenze der Vernachlässigung seiner Aufgabe hinaus einzuschränken, in der Praxis kann er sich dies aus den verschiedensten Gründen nicht leisten.« (BVerfGE 40, 296: Rdnr. 37)

Die von einigen Antragstellern im 2007er-Urteil vorgebrachte gegenteilige Meinung wurde vom Gericht verworfen:

---

57 „Die Ausübung des Mandats steht im Mittelpunkt der Tätigkeit eines Mitglieds des Bundestages. Unbeschadet dieser Verpflichtung bleiben Tätigkeiten beruflicher oder anderer Art neben dem Mandat grundsätzlich zulässig.“

> »Entgegen der Ansicht der Antragsteller steht die Annahme einer verfassungsrechtlichen Pflichtenstellung des Abgeordneten nicht in Widerspruch zur verfassungsgerichtlichen Rechtsprechung; auch nähert sie den Abgeordnetenstatus nicht in bedenklicher Weise demjenigen der Beamten an.« (BVerfGE 118, 277: Rdnr. 212)

Dieser Auffassung der Antragsteller liegt die Annahme zugrunde, dass Abgeordnete mit zusätzlicher mandatsexterner Tätigkeit in besonderem Maß unabhängig seien, weil diese zu nachhaltigen Einkünften führe, die die Unabhängigkeit von Diäten, Wiederwahloptionen und so schließlich von Partei und Fraktion gewährleiste. Dieser Sichtweise erteilt das Gericht eine deutliche Absage:

> »Die Annahme, ein freiberuflich oder unternehmerisch tätiger Abgeordneter entspreche in besonderer, geradezu prägender Weise dem verfassungsrechtlichen Leitbild des unabhängigen, nur seinem Gewissen unterworfenen Abgeordneten (Art. 38 Abs. 1 Satz 2 GG), ist ohne tragfähige Grundlage.« (BVerfGE 118, 227: Rdnr. 215)

Die Begründung speist sich nicht nur aus der Ablehnung der Heranziehung der Grundrechte zur Einordnung der Rechtsstellung des Abgeordneten, sondern auch aus der Betonung seiner Repräsentationsfunktion.

> »Dahinter steht vielmehr auch die Einsicht in den – der Notwendigkeit eines funktions- und repräsentationsfähigen Parlaments folgenden – prinzipiellen Vorrang parlamentsrechtlich-funktioneller vor individual-rechtlichen Gesichtspunkten bei der Bestimmung der verfassungsrechtlichen Rechte und Pflichten des Abgeordneten. Die Rechte des Abgeordneten richten sich nach den Erfordernissen demokratischer Repräsentation und stehen im Dienst der Erfüllung des Gemeinwohlauftrags des Deutschen Bundestages, nicht umgekehrt.« (BVerfGE 118, 277: Rdnr. 216)

Damit ist eine Prämisse der parteiendemokratischen Parlamentarismuskonzeption erfüllt, die die Freiheit des Abgeordneten vorrangig, aber nicht nur, zum Zwecke der Interessenaggregation und -durchsetzung im Rahmen von demokratisch legitimierten Parteien versteht. Art. 38 I GG ist zum einen die Voraussetzung für diesen Prozess der Willensbildung, zum anderen ist er eine Absicherung für den Ausnahmefall und gewährleistet dann das sanktionsfreie, von der Fraktionsmeinung abweichende Abstimmen. Art. 38 I GG legt hiernach einen positiven Freiheitsbegriff zugrunde.

> »Für den Abgeordneten ist das Freie Mandat ein Schutz, dass ihm kein direkter Zwang angetan werden kann. Innerhalb der Fraktion muss ihn seine Freiheit nicht hindern, sich auf das Mannschaftsspiel der Fraktion einzulassen und eine definierte Rolle zu spielen.« (Dittberner 2003: 551)

Das Gericht stuft die parteiendemokratische Prägung der Arbeit im Parlament nicht mehr nur als notwendiges Funktionserfordernis ein, sondern sieht sie als integralen Bestandteil des Wesens des Abgeordneten.

> »Soweit die Antragsteller die Unabhängigkeit der Abgeordneten von den politischen Parteien ins Feld führen, ist daran zu erinnern, dass die politische Einbindung des Abgeordneten in Partei und Fraktion verfassungsrechtlich erlaubt und gewollt ist. Das Grundgesetz weist den Parteien eine besondere Rolle im Prozess der politischen Willensbildung zu (Art. 21 Abs. 1 GG), weil ohne die Formung des politischen Prozesses durch geeignete freie Organisationen eine stabile Demokratie in großen Gemeinschaften nicht gelingen kann (vgl. BVerfGE 102, 224 [239]; 112, 118 [135]). Das besondere Spannungsverhältnis, das in der Doppelstellung des Abgeordneten als Vertreter des gesamten Volkes und zugleich als Exponenten einer konkreten Parteiorganisation liegt und in Art. 21 und Art. 38 GG erkennbar wird (vgl. BVerfGE 2, 1 [72f.]), darf bei der Bestimmung des verfassungsrechtlichen Leitbildes des Abgeordneten nicht unberücksichtigt bleiben.« (BVerfGE 118, 277: Rdnr. 218)

In der parteiendemokratischen Perspektive bildet in diesem Sinne die freie Assoziation der politischen Kräfte in der parlamentarischen Demokratie einen Möglichkeitsraum, der durch Rechtsvorschriften lediglich begrenzt ist, durch diese aber nicht materiell ausgefüllt werden kann. Das Freie Mandat als wesentliche Beschreibung der Abgeordnetenrolle zeigt nur auf, inwieweit Rechtsvorschriften seine freie Arbeit im Parlament absichern. Dies betonen im Urteil »Verfassungsrechtlicher Status der Bundestagsabgeordneten« auch die die maßgebliche Meinung tragenden Richter in neuer Weise:

> »Eine Verpflichtung, die rechtlichen oder tatsächlichen Rahmenbedingungen der Parlamentsarbeit vorrangig auf größtmögliche tatsächliche Unabhängigkeit der Abgeordneten von Partei und Fraktion auszurichten, besteht jedoch von Verfassungs wegen weder generell noch insoweit, als etwa eine möglichst geringe Angewiesenheit der Abgeordneten auf den Bezug von Diäten angestrebt werden müsste.« (BVerfGE 118, 277: Rdnr. 219)

Dies ist für das Gericht einer der Gründe, warum die Mittelpunktregelung nicht anzugreifen sei, und es schließt hieraus später auf die Zulässigkeit der Offenlegungspflichten für Nebeneinkünfte.

Die Richter mit abweichender Meinung hingegen leiten die Freiheit des Mandats aus der grundrechtlich gewährleisteten Freiheit ab und dulden dementsprechend keine Einschränkung hinsichtlich der Art der Ausübung des Mandats, wie sie beispielsweise die Disziplinargewalt eines Dienstherren darstellen würde.

> »Eine weitergehende, verwaltungsförmig ausgestaltete Kontrolle, ob und wie der Abgeordnete sein Mandat ordnungsgemäß versieht, entspricht dagegen nicht dem Leitbild eines weisungsfreien Repräsentanten des Volkes.« (BVerfGE 118, 277: Rdnr. 254)

Ihr Bild vom Abgeordneten reflektiert ein Parlamentarismusverständnis, das sich recht deutlich am klassischen Ende des Spektrums wiederfindet. Anhand von drei Aspekten lässt sich dies verdeutlichen. *Erstens* findet ein

Rekurs auf das Wesen des Abgeordneten als Honoratior statt, den das Gericht bereits im Jahr 1975 als »überkommen« bezeichnet hatte. Ein Honoratiorenparlamentarier, so es ihn gäbe, wäre ein von politischen Leitvorstellungen und Machtambitionen sowie vor allem Parteiinteressen freier Abgeordneter. Nicht seine potenziell mehrheitsfähigen politischen Standpunkte oder seine Führungsfähigkeit hätten solch einen Abgeordneten in das Parlament gebracht, sondern seine persönlichen Eigenschaften, die er von Geburt an oder aufgrund seiner Sozialisation erhalten hätte. Hierauf nehmen die Richter mit abweichender Meinung Bezug:

> »Der Abgeordnete repräsentiert gemeinsam mit der Gesamtheit aller anderen Mitglieder des Parlaments (vgl. BVerfGE 44, 308 [316]; stRspr.) das Volk. Das Grundgesetz verlangt dabei keine ständestaatlich inspirierte Vertretung nach gesellschaftlichen Gruppen; der Repräsentationsgedanke bedingt aber, dass eine besondere Verwurzelung des Abgeordneten in der beruflichen und gesellschaftlichen Sphäre nicht unterbunden, sondern gefördert wird.« (BVerfGE 118, 277: Rdnr. 244)

Für die vier Richter mit abweichender Meinung sind also nicht parteipolitische Interessen, sondern berufliche und gesellschaftliche Eigenschaften ausschlaggebend für die Repräsentation des Volkes. Dies zeigt sich auch in dem Versuch, die Regeln zum Abgeordnetenmandat historisch auszulegen. Hierzu wird auf die Einordnung als Ehrenamt während des Deutschen Reichs und abgeschwächt auch noch während der Weimarer Republik abgestellt, als die Entschädigung noch ein pauschaler Ausgleich für die durch die Ausübung des Mandats entstehenden Nachteile gewesen sei und kein Entgelt für parlamentarische Arbeit (BVerfGE 118, 227: Rdnr. 248). Hieran knüpfe auch das Grundgesetz noch an. Diese anachronistische Herleitung des Abgeordnetenbildes lässt jedoch wesentliche Mechanismen der modernen Parteiendemokratie unbeachtet, wie dies auch Sebastian Roßner betont:

> »Die Vorstellung, daß der sein Mandat als Ehrenamt wahrnehmende Abgeordnete den grundgesetzlich vorgesehenen Normalfall darstelle, mutet wirklichkeitsfremd an. Sie verkennt zum einen die weitgehende Überlagerung der Person des Kandidaten durch seine Parteizugehörigkeit, die in der Perspektive des Wählers eingetreten ist.« (Roßner 2007: 63)

Aus derselben zitierten Passage aus der Begründung der abweichenden Meinung der Richter lassen sich *zweitens* Argumente zur Fundierung eines deskriptiven und auf Repräsentativität ausgelegten Repräsentationsbegriffs ableiten. Wenn der Repräsentationsgedanke bedingt, dass die »Verwurzelung des Abgeordneten in der beruflichen und gesellschaftlichen Sphäre« (siehe oben) gefördert werden solle, führt dies zu einer Zuordnung von Abgeordneten zu ihren soziodemografischen Eigenschaften, die dann proportional im Parlament abgebildet werden müssten. *Drittens* postulieren die vier Richter einen Gegensatz zwischen dem Abgeordneten und seiner Partei, der in der Sichtweise der anderen vier Richter bereits durch ein interdependentes Verhältnis abgelöst wird. Der entscheidende Unterschied zu den das Urteil tragenden Richtern ist die Annahme, dass die Gefahren für die Unabhängigkeit des Abgeordneten aus der parteiendemokratischen parlamentarischen Praxis selbst erwachsen.

> »Dieses Leitbild der Freiheit der Abgeordneten ist keine konstitutionelle Naivität; die freiwillige, aber nie unbegrenzte Einpassung in politische Parteien und Fraktionen gehört ebenso zum Bild des freien Mandats wie die Einfügung in die parlamentarische Ordnung von Regierung und Opposition. Aber der besondere Charakter der Freiheit des Mandats bildet auch ein Gegengewicht zu all den notwendigen funktionalen Einbindungen der Abgeordneten und bedarf deshalb besonderer Achtung, damit nicht aus den organisatorischen und institutionellen Zwängen heraus allmählich eine Funktionalisierung und geschmeidige Anpassung parlamentarischen Verhaltens an anderwärts beschlossene politische Entscheidungen erfolgt. Aufs Ganze und in historischer Perspektive gesehen, wird ein lebendiger Parlamentarismus weniger durch begrenzte Versuche der Interessenlenkung aus der Gesellschaft heraus behindert, sondern auf Grund der Bedingungen des politischen Prozesses.« (BVerfGE 118, 227: Rdnr. 242)

Dies ist ein anschauliches Beispiel dafür, dass Parteien auf der einen Seite als maßgebliche Faktoren in der politischen Willensbildung akzeptiert sein können, ebenso die daraus erwachsenden Konsequenzen für die parlamentarische Ebene, es aber andererseits Vorbehalte gegen ihr Wirken als alle Dimensionen des staatlichen Handelns durchdringende Entscheidungskörper geben kann. Hieran entzündet sich die Parlamentarismusfrage.

> »Es scheint Uneinigkeit über die Frage zu bestehen, wem von beiden, Partei oder Abgeordnetem, bei der Wahrnehmung der Vermittlungsfunktion zwischen Gesellschaft und Staat welcher Anteil und welches Gewicht zukommt.« (Roßner 2007: 62)

Im Ergebnis sehen die abweichenden Richter Hassemer, Di Fabio, Mellinghoff und Landau die Mittelpunktregelung als mit dem Status eines Abgeordneten aus Art. 38 I 2 GG und 48 II GG vereinbar an – allerdings nur in einer bestimmten Auslegung:

> »Gegen den verfassungsrechtlich festgelegten Status des freien Mandats wird verstoßen, wenn sich der Gesetzgeber und die parlamentarische Selbstkontrolle nicht auf die gezielte Verfolgung des Missbrauchs beschränken, sondern flächendeckende Kontroll- und Publikationssysteme einführen, die sich von schonenden und anlassbezogenen Eingriffen entfernen.« (BVerfGE 118, 277: Rdnr. 262)

Die das Urteil tragenden Richter Broß, Osterloh, Lübbe-Wolff und Gerhardt sehen die Mittelpunktregelung dagegen als Rechtspflicht, die »nicht zum Gegenstand administrativer oder verwaltungsgerichtlicher Durchsetzung gemacht werden könne« (BVerfGE 118, 277: 234), und schließen sich damit den Äußerungen der Sachverständigen in der Kommission des Ältestenrates für die Rechtsstellung der Abgeordneten an.

»[Die Mittelpunktregelung, Anm. d. Verfasserin] ist Ausdruck des Vorrangs der Repräsentations- und Funktionsfähigkeit des Parlaments vor mandatsfremden Individualinteressen einzelner Abgeordneter.« (BVerfGE 118, 277: Rdnr. 235)

Wie die Rechtsstellung des Abgeordneten bewertet wird, bildet die Grundlage zur Beurteilung des zweiten Themenfeldes des Urteils, nämlich die Zulässigkeit der Offenlegungspflichten für Einkünfte aus Nebentätigkeiten, die die Richter folglich ebenfalls divergent bewerten. Parlamentarismustheoretisch steht im Kern dieser Betrachtung der Aspekt der *Öffentlichkeit* politischer Herrschaft. Wie bereits hervorgehoben wurde, stufen die das Urteil tragenden Richter im Rahmen der Auslegung von Art. 38 I 2 GG das interdependente Verhältnis von Partei und Abgeordnetem als legitim und integrativ für das politische System ein, während die Abhängigkeit bzw. Unabhängigkeit von Interessengruppen hiervon zu unterscheiden sei:

»Dabei geht es nicht zuletzt um Unabhängigkeit von Interessenten, die ihre Sonderinteressen im Parlament mit Anreizen durchzusetzen suchen, die sich an das finanzielle Eigeninteresse von Abgeordneten wenden. Die Wahrung der Unabhängigkeit der Abgeordneten nach dieser Seite hin hat besonders hohes Gewicht; denn hier geht es um die Unabhängigkeit gegenüber Einwirkungen, die – anders als der Einfluss der Parteien und Fraktionen im Prozess der politischen Willensbildung – nicht durch Entscheidungen des Wählers vermittelt sind.« (BVerfGE 118, 277: Rdnr. 222)

Dem Einfluss von Interessen, die nicht durch Wählerentscheidungen vermittelt sind, soll durch Transparenz begegnet werden. Die Wähler sollen Tätigkeiten neben dem Mandat erkennen können, die auf »Interessenverflechtungen und wirtschaftliche Abhängigkeiten hindeuten können« (BVerfGE 118, 277: Rdnr. 278), während das Bedürfnis, diese Informationen vertraulich zu behandeln, zurückstehen müsse. Dies entspreche »einem Grundanliegen demokratischer Willensbildung« (ebd.).

»Interessenverflechtungen und wirtschaftliche Abhängigkeiten der Abgeordneten sind für die Öffentlichkeit offensichtlich von erheblichem Interesse. Diesbezügliche Kenntnis ist nicht nur für die Wahlentscheidung wichtig. Sie sichert auch die Fähigkeit des Deutschen Bundestages und seiner Mitglieder, unabhängig von verdeckter Beeinflussung durch zahlende Interessenten, das Volk als Ganzes zu vertreten, und das Vertrauen der Bürger in diese Fähigkeit, letztlich in die parlamentarische Demokratie. Das Volk hat Anspruch darauf zu wissen, von wem – und in welcher Größenordnung – seine Vertreter Geld oder geldwerte Leistungen entgegennehmen.« (BVerfGE 118, 227: Rdnr. 274)

Die hier zutage tretende Konstatierung eines Öffentlichkeitserfordernisses für Nebeneinkünfte ist nicht eindeutig im Spektrum der Parlamentarismuskonzeptionen zu verorten. Im Rahmen des Spannungsfeldes »Gewaltenteilung« entspricht sie der Intention der parteiendemokratischen Konzeption, Machtteilung nicht in der formellen Gewaltenteilung der Staatsorgane erfüllt zu sehen, sondern den Fokus stärker auf die notwendige Anreicherung durch Machtteilung im Sinne von multidimensionaler Teilung und Kontrolle politischer Macht, die nicht nur Beschlussmacht ist, zu lenken. So führt das Gericht an anderer Stelle in diesem Urteil aus, dass »die Rückkoppelung zwischen Abgeordneten und Wählern« über die gesamte Wahlperiode »wirksam« zu bleiben habe, damit der Abgeordnete sich der »Kontrolle der Öffentlichkeit« nicht entziehen könne (BVerfGE 118, 227: Rdnr. 272). Insoweit kann die Forderung nach Transparenz von möglichen Interessenverflechtungen als Mittel angesehen werden, Kontrolle politischer Akteure jenseits parlamentarische Kontrolle zu verwirklichen, indem der Abgeordnete die »Grundlagen seiner Unabhängigkeit öffentlicher Beurteilung und Kritik zugänglich« machen muss (Badura 2005: 170).

Diese Sicht auf Kontrolle als System vielfältiger Mechanismen, in der gesellschaftliche und staatliche Akteure anhand verschiedener Kriterien Kontrolle ausüben (siehe auch Siefken 2018b: 34 f.), entspricht der Berücksichtigung formaler und materieller Aspekte des politischen Prozesses. Auch im Urteil »Abgeordnetendiäten« hatte das Gericht betont, dass insbesondere die finanzielle Ausstattung von Abgeordneten dem Gebot der Öffentlichkeit unterliege. Es hatte sowohl eine technische Kopplung der Diäten an Beamtengehälter als auch eine Festsetzung des Entschädigungshöchstbetrags durch das Parlamentspräsidium beanstandet, weil »jede Veränderung in der Höhe der Entschädigung im Plenum zu diskutieren und vor den Augen der Öffentlichkeit darüber als einer selbständigen politischen Frage zu entscheiden« (BVerfGE 40, 296: Rdnr. 41) sei.

> »In einer parlamentarischen Demokratie läßt es sich nicht vermeiden, daß das Parlament in eigener Sache entscheidet, wenn es um die Festsetzung der Höhe und um die nähere Ausgestaltung der mit dem Abgeordnetenstatus verbundenen finanziellen Regelungen geht. Gerade in einem solchen Fall verlangt aber das demokratische und rechtsstaatliche Prinzip (Art. 20 GG), daß der gesamte Willensbildungsprozeß für den Bürger durchschaubar ist und das Ergebnis vor den Augen der Öffentlichkeit beschlossen wird. Denn dies ist die einzige wirksame Kontrolle. Die parlamentarische Demokratie basiert auf dem Vertrauen des Volkes; Vertrauen ohne Transparenz, die erlaubt zu verfolgen, was politisch geschieht, ist nicht möglich.« (BVerfGE 40, 296: Rdnr. 60)

Die Offenlegungspflicht der Nebeneinkünfte unterscheidet sich jedoch von dem 1975 geforderten »Parlamentsvorbehalt« für die Regelung von Abgeordnetenentschädigung, indem das Öffentlichkeitsgebot nicht im parlamentarischen Verfahren, also während der Lesungen eines Gesetzes, eingelöst wird, sondern darüber hinausgeht. Nachvollziehbar wiesen die Richter mit abweichender Meinung 2007 darauf hin, dass sich das Öffentlichkeitsgebot des Grundgesetzes nur auf staatliche Organe und seine Untergliederungen, nicht aber auf den Abgeordneten als Person beziehe (BVerfGE 118, 277: Rdnr. 352, 353).

> »Transparenz ist zudem ein ambivalenter Begriff: Wissen und Aufklärung gehören zur Demokratie ebenso wie der rechtsstaatliche und schonende Umgang mit personenbezogenen Daten. Mit der Forderung nach Transparenz werden gläserne Verhältnisse verlangt, der Amtsträger soll der Öffentlichkeit zeigen, was er tut und wer er ist. Eine solche Forderung ist im Kampf gegen Diktatur und Autokratie eine angemessene Waffe; denn jede illegitime und korrupte Herrschaft braucht Verdunkelung und Heimlichkeit. Nicht ohne Grund hat die friedliche Revolution in der Endphase der DDR mit einer großen Kraftanstrengung die Öffnung der Stasi-Archive verlangt und durchgesetzt. Die Forderung nach absoluter Transparenz zeigt aber dort eher Hilflosigkeit, wo es an den bewährten Sicherungen einer rechtsstaatlichen Demokratie fehlt. Das rechtsstaatliche System des Grundgesetzes benötigt und erlaubt kein jakobinisches Schwert, mit dem man die Hülle privater und gewerblicher Abwehrrechte durchschlagen könnte, um die ‚wahren' Verhältnisse offenzulegen.« (Rdnr. 354)

Der parteiendemokratischen Prämisse, dass das Öffentlichkeitsgebot nicht totale Transparenz bedeuten kann, ist damit entsprochen. Die das Urteil tragenden Richter dagegen betrachten die Funktion der Öffentlichkeit im Rahmen des Spannungsfeldes der Binnenstrukturen des Parlaments. Sie sehen die Einschränkung der Rechte des Abgeordneten zur Sicherung der Funktionsfähigkeit des Parlaments als legitim an:

> »Transparenzregeln finden danach ihre grundsätzliche Rechtfertigung im Vorrang der Repräsentations- und Funktionsfähigkeit des Deutschen Bundestages gegenüber dem Privatinteresse des Abgeordneten an informationeller Abschirmung seiner Tätigkeiten neben dem Mandat.« (BVerfGE 118, 227: Rdnr. 279)

Die Intention, die der Bundestag mit der Neufassung des Abgeordnetengesetzes verfolgt hat, nämlich eine materielle Eigenschaft, namentlich die Integrität des Abgeordneten, durch formale Regeln zu kontrollieren, mag von politischem und öffentlichem Druck getrieben gewesen sein. Indem das BVerfG diesem Vorhaben folgt, zeigt es mit Blick auf den Aspekt »Öffentlichkeit« unter den Maßstäben einer parteiendemokratischen Sichtweise eine gewisse Blindheit gegenüber der Unterscheidung von formellem und materiellem Aspekt. Hiermit ist jedoch nichts über die Bemühungen und die Angemessenheit von Machtmissbrauchs- und Korruptionsbekämpfung und über die Rechtsvorschriften der Anzeigepflichten im Einzelnen gesagt.

Schon die Pattsituation im Zweiten Senat, die auch durch eine verlängerte neunmonatige Beratungszeit nicht aufgelöst werden konnte, deutet auf die Virulenz der verschiedenen Rechtsauffassungen, aber auch Abgeordnetenverständnisse der Richter des BVerfG in dieser speziellen Frage hin. Darüber hinaus wurden die das Urteil tragende Meinung und die abweichende Meinung im Wechselspiel wiedergegeben – nicht wie sonst üblich am Ende des Urteils (§ 30 II 1 BVerfGG). Folgendes Zitat veranschaulicht noch einmal das Dilemma des Gerichts mit Blick auf die Abwägung verschiedener Verfassungsprinzipien. Es stammt aus der Begründung der abweichenden Richter:

> »Damit ist die Argumentation mit der Funktionsfähigkeit und der politischen Vertrauenswürdigkeit des Parlaments in dem gegebenen Zusammenhang ohnehin ambivalent, da diese Anliegen grundsätzlich dazu dienen können, Eingriffe in die Rechtsstellung des Abgeordneten sowohl zu legitimieren als auch abzuwehren: Einerseits trägt nur der nach Maßgabe des Art. 38 Abs. 1 Satz 2 GG freie Abgeordnete dazu bei, dass der Deutsche Bundestag nach der Vorstellung der repräsentativen Demokratie funktionsfähig bleibt und die Bürger das Vertrauen in seine Integrität behalten; andererseits lassen sich diesen Zielen grundsätzlich auch Vorgaben für die Mandatsausübung entnehmen, durch die der Abgeordnete in seiner Freiheit beschränkt wird.« (BVerfGE 118, 227: Rdnr. 355)

Je mehr materielle Anforderungen als Maßstab herangezogen werden, um die Zulässigkeit der Einschränkung formaler Rechtsgüter zu bewerten, desto schwieriger wird die Abwägung. Während beispielsweise die Funktionsfähigkeit des Parlaments anhand der Fähigkeit Mehrheiten zu bilden, noch leidlich beurteilt werden kann, ist dies für die hier vom Gericht genannte »Repräsentationsfähigkeit« schwieriger. Öffentlichkeit und Transparenz sind elementare Voraussetzungen für eine lebendige Repräsentationsbeziehung.

5.1.2 Beschlussfähigkeit und auflösungsgerichtete Vertrauensfrage: Aushöhlung des Formalen?

5.1.2.1 Arbeitsteilung als Bedingung von Repräsentation: zwei Dimensionen

Urteile zu Fragen der finanziellen Ausstattung von Abgeordneten haben Schlaglichter auf die Einschätzungen des Gerichts zum Status des einzelnen

Abgeordneten geworfen. Dabei wurden auch Bezüge zur Arbeit des Parlaments, insbesondere zu seiner Funktions- und Repräsentationsfähigkeit, hergestellt. Um Näheres über die Sichtweisen des Gerichts auf die Arbeitsweise im Parlament, in den verschiedenen Organen und Gremien, zu erfahren, wurden drei weitere Verfahren ausgewählt, die das Verhältnis formeller Rechtsvorschriften einerseits und ihrer praktischen Ausgestaltung im parlamentarischen Raum andererseits behandeln. Man mag zur Beschreibung dieses Verhältnisses die Begriffe Verfassungsrecht und Verfassungswirklichkeit (Hennis 1968) heranziehen. So hilfreich deren Verwendung erscheinen mag, so verschleiern sie doch, dass beide Sinnzusammenhänge genuine gegenseitige Voraussetzungen sind und eine antagonistische Betrachtungsweise deswegen zu Zerrbildern führen kann. Ein klassisches Grundverständnis der Zusammenhänge im Parlamentarismus korrespondiert häufig mit einer stark vereinfachenden Verwendung dieses Begriffspaares, die eine dogmatische Gegenüberstellung beider Sphären impliziert. Dies führt zu einer Abwertung der Verfassungswirklichkeit gegenüber dem Verfassungsrecht und vernachlässigt die Bedeutung der Offenheit und integrativen Kraft der Verfassung (siehe hierzu Kapitel 2.1). Diese vereinfachende Verwendung entspricht dem In-eins-Setzen formeller und materieller Aspekte des politischen Prozesses, das als Merkmal des klassischen Verständnisses herausgearbeitet wurde. Damit werden Ausprägungen der politischen Praxis als »Verfassungserosion« (z. B. Herdegen 2003: 9) (ab-)qualifiziert, ohne dass aber die Grenzüberschreitung zu einer sanktionsfähigen Verfassungswidrigkeit oder Illegalität begründet würde (Papier (2013) stellt ebenfalls Sein und Sollen in dieser Art gegenüber). Eine solche antagonistische Betrachtungsweise lässt einen klaren Maßstab vermissen und ist nicht hilfreich für die Feststellung von Verfassungsverstößen oder die demokratietheoretische Bewertung politischen Handelns. Aus parteiendemokratischer Sicht sind Verfassungsrecht und Verfassungswirklichkeit in der Regel kein Widerspruch:

> »Verfassungswirklichkeit ist aber nicht nur der zusammenfassende Begriff für die aktuell gültigen Interpretationen der verfassungsrechtlichen Regelungen und Bestimmungen, sondern auch die Zustandsbeschreibung, wie Verfassungsrecht beziehungsweise dessen Spielräume mit Leben erfüllt werden.« (Hanke 1994: 419)

In dem Beschluss des BVerfG über eine Verfassungsbeschwerde im Jahr 1977 zeigte sich dieser Zusammenhang bei der Frage nach der Beschlussfähigkeit des Bundestages. Diese ist im Grundgesetz nicht geregelt und unterliegt seiner Geschäftsordnungsautonomie (Art. 40 I 2 GG), was das Gericht hier bestätigte. Das Recht des Parlaments, seine Geschäftsordnungsangelegenheiten autonom zu regeln, erstrecke sich traditionell auf den »Geschäftsgang«, also »das Verfahren für die Abwicklung der Parlamentsgeschäfte«, wozu auch die Vorschriften über seine Beschlussfähigkeit gehörten (BVerfGE 44, 308: Rdnr. 26). Dabei habe der Bundestag allerdings insbesondere zu beachten, dass grundsätzlich alle Abgeordneten an der Willensbildung des Parlaments beteiligt sein müssten. Die Ausgestaltung und Konkretisierung dieser Mitwirkungsbefugnis jedes einzelnen Abgeordneten ist Gegenstand der Analyse in diesem Kapitel.

Die Verfassungsbeschwerde war von einem Bürger ausgegangen, dem wegen fahrlässigen Führens einer Waffe ohne Waffenschein aufgrund des Urteils eines Oberlandesgerichts neben der Verhängung einer Geldstrafe die Tatwaffe entzogen worden war. Er sah sein Recht auf Eigentum (Art. 14 GG) verletzt, weil das 1972 beschlossene Waffengesetz nicht wirksam zustande gekommen sei. Der Grund dafür liege in der Tatsache, dass an der Schlussabstimmung über die Annahme oder Ablehnung des Gesetzentwurfs seinerzeit nur 36 oder 37 Abgeordnete des Deutschen Bundestages teilgenommen hätten (BVerfGE 44, 308: Rdnr. 12). Der damalige § 49 GOBT besagte, dass der Bundestag beschlussfähig ist, wenn mehr als die Hälfte seiner Mitglieder im Sitzungssaal anwesend sind und solange dies nicht von mindestens fünf anwesenden Mitgliedern angezweifelt oder vom Sitzungsvorstand nicht einmütig bejaht wird. Die Verfassungsbeschwerde wurde abgelehnt. In der kurzen Begründung führte das BVerfG an, dass die Regelung über die Beschlussfähigkeit mit der repräsentativen Demokratie im Einklang stehe. Die Argumente der Richter betreffen zwei Merkmale im binnenparlamentarischen Bereich: die *Arbeitsteilung im Rahmen von Parlament und Fraktionen* und die Bedeutung des Plenarbeschlusses.

Ausgehend vom Grundsatz der Volkssouveränität legte das Gericht zunächst dar, dass nicht der einzelne Abgeordnete die Staatsgewalt ausüben könne, sondern nur die Gesamtheit seiner Mitglieder.

> »Im demokratisch-parlamentarischen System des Grundgesetzes vollzieht sich die Repräsentation des Volkes im Parlament durch die Abgeordneten. Bei der Bildung des staatlichen Willens im parlamentarischen Bereich ist das Volk nur dann angemessen repräsentiert, wenn das Parlament als Ganzes an dieser Willensbildung beteiligt ist. Auch wenn das Grundgesetz den einzelnen Abgeordneten als ‚Vertreter des ganzen Volkes' bezeichnet, so kann er dieses doch nur gemeinsam mit den anderen Parlamentsmitgliedern repräsentieren. Denn nicht der einzelne Abgeordnete, sondern das Parlament als Ganzes im Sinne der Gesamtheit seiner Mitglieder, als ‚besonderes Organ' (Art. 20 Abs. 2 GG), übt die vom Volk ausgehende Staatsgewalt aus.« (BVerfGE 44, 308: Rdnr. 29)

Die Formulierung »Parlament als Ganzes« deutet zunächst auf ein klassisches Repräsentationsverständnis hin, wie es John Stuart Mill im 19. Jahrhundert konstruierte (siehe Kapitel 4.1.1). Allerdings kann man die Ausführungen des Gerichts auch als eine reine Beschreibung des rechtlichen Status des Abgeordneten im Verhältnis zur Beschlusskompetenz des Gesamtparlaments verstehen. Die Prämisse, dass Repräsentation durch das Gesamtparlament stattfindet, speist sich nicht per se aus der Annahme, dass das Parlament als Kollegialorgan agieren solle, analog zum Richtergremium, sondern sie basiert auf der Heterogenität des Volkswillens. Die Gesamtrepräsentation ist eine Fortsetzung des Prinzips der Allgemeinheit der Wahl. »Alle Mitglieder des Parlaments (gleichermaßen) bilden das zur verbindlichen Entscheidung berufene Organ.« (Morlok 2016: 158, Rdnr. 45). Als eine solche rein rechtliche Beschreibung soll das oben beispielhaft aufgezeigte Repräsentationsverständnis (»Parlament als Ganzes«) hier vorläufig angesehen werden.

Das Postulat der formellen Beteiligung des ganzen Parlaments (d. h. jedes einzelnen Abgeordneten) an der Willensbildung des Volkes sieht das BVerfG im Weiteren durch die Notwendigkeit der Funktionsfähigkeit des Parlaments eingeschränkt. Dabei müsse jedoch die grundsätzliche Mitwirkungsmöglichkeit jedes Einzelnen im gebotenen Umfang gewährleistet bleiben:

> »Das Prinzip der repräsentativen Demokratie wirkt auf das parlamentarische Entscheidungsverfahren ein, indem es grundsätzlich die Mitwirkung aller Abgeordneten bei der Willensbildung des Parlaments erfordert und bei der Schaffung der äußeren Bedingungen, unter denen die Parlamentsbeschlüsse zustande kommen, Berücksichtigung verlangt. Dabei ist allerdings zu bedenken, daß die allzu starre Anwendung dieses Prinzips auf die zu regelnden Tatbestände des politischen Lebens dessen Geist eher vertreiben als bewahren würde. Vor allem muß dem einzelnen Abgeordneten die Möglichkeit belassen werden, sich bestimmten Sachgebieten, denen sein Interesse gilt und für die er Sachverstand besitzt, besonders eingehend zu widmen und darüber die Beschäftigung mit anderen Themenkreisen, soweit dies vertretbar erscheint, hintanzustellen. Dies erfordert nicht nur die auch auf Arbeitsteilung gegründete Funktionstüchtigkeit des Parlaments, sondern vor allem das parlamentarische System selbst, für dessen Bestand das politische Engagement und der Sachverstand des einzelnen Abgeordneten unverzichtbar sind.« (BVerfGE 44, 308: Rdnr. 30)

Diese Argumentation schließt an das damals erst zwei Jahre zurückliegende Urteil »Abgeordnetendiäten« an, das den Berufsabgeordneten als Regelfall einstufte. Das Mandat erfordere, so das Gericht seinerzeit, »den ganzen Menschen« (BVerfGE 40, 296: Rdnr. 37), was insbesondere seine Fachkenntnisse, die sich in der Regel aus seiner Ausbildung und seinem Beruf ableiteten, und seine sonstigen Fähigkeiten einschließe. Die Richter thematisieren hier nicht nur das Phänomen Arbeitsteilung im parlamentarischen Raum, sondern auch das Phänomen Spezialisierung, indem sie auf Sachverstand und Interessenlagen verweisen (siehe Zitat oben). Die Komplexität und das große Regelungsbedürfnis des modernen Staates erfordern nicht nur eine Arbeitsteilung im Sinne der Verteilung der Arbeitslast, die für die Funktionsfähigkeit des Parlaments unabdingbar ist, sondern auch Spezialisierung und Professionalisierung, welche die »legislative Gestaltungsmacht« von Parlamenten erheblich beeinflussen (Sebaldt 2009: 101f.). Spezialisierung besteht in der Fokussierung auf ein oder wenige Politikfelder und bedingt, dass ein Abgeordneter andere Themen »hintanstellen« muss (Zitat oben). Die Mitwirkung der Abgeordneten am politischen Willensbildungsprozess (nur) außerhalb des Plenums sei legitim, solange dieser Prozess »parlamentarisch« bleibe:

> »Die aus dem Gedanken der Repräsentation abzuleitende prinzipielle Forderung nach Mitwirkung aller Abgeordneten bei Entscheidungen des Parlaments bedeutet allerdings nicht, daß die Abgeordneten das Volk bei solchen Anlässen nur im P l e n u m des Bundestages repräsentieren könnten. Zwar würde das Verlangen nach Präsenz aller Abgeordneten im Plenum dem Geiste des Parlamentarismus und des Prinzips der Repräsentation am ehesten gerecht werden. Indessen darf nicht übersehen werden, daß ein wesentlicher Teil der Parlamentsarbeit traditionell außerhalb des Plenums geleistet wird. Dies beruht einerseits auf der seit Jahrzehnten zunehmenden Kompliziertheit der Lebensverhältnisse und dem damit verbundenen Zwang zur Arbeitsteilung, zum anderen auf der Tatsache, daß die Schwerfälligkeit des Plenums Detailarbeit naturgemäß nur in sehr beschränktem Umfang erlaubt. An diesen Realitäten geht das Grundgesetz nicht vorbei. Dabei ist jedoch vorausgesetzt, daß die endgültige Beschlußfassung über ein parlamentarisches Vorhaben dem Plenum vorbehalten bleibt, die Mitwirkung der Abgeordneten bei der Vorbereitung der Parlamentsbeschlüsse außerhalb des Plenums ihrer Art und ihrem Gewicht nach der Mitwirkung im Plenum im wesentlichen gleich zu erachten ist und der parlamentarische Entscheidungsprozeß institutionell in den Bereich des Parlaments eingefügt bleibt.« (BVerfGE 44, 308: Rdnr. 32; Sperrung im Original)

Es fällt jedoch auf, dass trotz der Anerkennung der arbeitsteiligen Strukturen der Praxis ein Ideal als Maßstab deutlich gegenübergestellt wird. Dieser orientiert sich insoweit an einer klassischen Parlamentarismuskonzeption, als er Repräsentation durch Anwesenheit im Plenum verwirklicht sieht. Es ist anzunehmen, dass die Anwesenheit nicht nur aufgrund einer größeren Anzahl an Ja-Stimmen bei einer Abstimmung für erforderlich gehalten wird, sondern weil angenommen wird, dass es im Plenum zu einer materiellen Auseinandersetzung mit Sachthemen, also einer Formung der Willensbildung im materiellen Sinne, kommen sollte (Stichwort Deliberation). Insoweit die rechtliche Einordnung von Repräsentation durch das BVerfG hier also durch eine materielle Dimension angereichert wird und sich nicht nur auf die rein rechtliche Dimension beschränkt, kann sein Repräsentationsverständnis nun als tendenziell klassisch eingestuft werden.

In Kontrast dazu steht die Tatsache, dass das Gericht diesem klassischen Maßstab die reale Arbeitsweise in der Fraktionen- und Ausschussstruktur an die Seite stellt. Die Geschäftsordnung des Bundestages trage »dem faktischen Zwang zur Arbeitsteilung« Rechnung, indem sie die Einrichtung von Ausschüssen vorsehe. Diese formten Entscheidungen des Plenums der Sache nach vor (BVerfGE 44, 308: Rdnr. 34). Arbeitsteilung existiert also nicht nur zwischen den Abgeordneten, sondern auch zwischen dem Plenum und den weiteren Parlamentsgremien, denen verschiedene Aufgaben zukommen (z. B. Beyme 2014: 169 ff.). Als eine Kompensation für die fehlende Anwesenheit im Plenum stuft das BVerfG auch die Arbeit in den Fraktionen ein. Die Fraktionsvollversammlung findet ebenso Erwähnung wie die Erörterung einer Gesetzesvorlage in den Arbeitskreisen. Diese ermöglichten auch »denjenigen Abgeordneten, die an der Parlamentstätigkeit außerhalb des Plenums sonst nicht unmittelbar beteiligt sein können, eine indirekte Mitarbeit« (BVerfGE 44, 308: Rdnr. 35).

> »Damit erweist sich die <u>vorbereitende Tätigkeit der Fraktionen</u> ungeachtet der Tatsache, daß ihre Mitglieder bei der Abstimmung im Plenum an Fraktionsbeschlüsse rechtlich nicht gebunden sind, als ein <u>tragendes Element der parlamentarischen Willensbildung</u>. Ihre Arbeit erreicht grundsätzlich alle Abgeordneten des Parlaments und gibt ihnen Gelegenheit, ihre <u>repräsentative Funktion außerhalb des Plenums</u> zu erfüllen.« (BVerfGE 44, 308: Rdnr. 35)

Dabei werden sowohl die Ausschüsse als auch die Arbeitskreise der Fraktionen als Hilfsmittel bei der Repräsentation des Volkes durch die einzelnen Abgeordneten dargestellt, nicht aber als parlamentarisch fortgesetzte Willensbildung des Entscheidungskörpers Partei. Dies zeigt sich beispielsweise in der Formulierung, dass die gemeinsamen politischen Grundvorstellungen eine »günstige Voraussetzung« (ebd.) für die Durchsetzung einer einheitlichen Willensbildung der Fraktion bildeten. Aus einer parteiendemokratischen Sichtweise heraus möchte man hinzufügen: Sie sind der Grund, warum die Abgeordneten im Parlament sind. Trotzdem lässt sich an den Ausführungen ablesen, dass auch das Gericht hier davon ausgeht, dass Arbeitsteilung als Fachspezialisierung einerseits und zwischen Plenum und Ausschüssen andererseits die Mitwirkung des einzelnen Abgeordneten erst ermöglicht. Es adaptiert damit auf der einen Seite eine angenommene tatsächliche Entwicklung der Bedingungen der parlamentarischen Regierungsweise (»zunehmende Kompliziertheit der Lebensverhältnisse«) und der praktischen Verfahrenserfordernisse (»Schwerfälligkeit des Plenums«).

Auf der anderen Seite bleibt aber unerwähnt, dass diese Bedingungen nur den äußeren Rahmen für die freie Entscheidung des einzelnen Abgeordneten darstellen, sich einer Gruppe anzuschließen und vor dem Plenumsbeschluss Geschlossenheit über eine Sachfrage herzustellen. Zwar führt das Gericht an, dass »[d]ie Mitwirkung des einzelnen Abgeordneten zumindest bei der Vorbereitung parlamentarischer Entscheidungen [...] im Interesse einer Fraktion wie auch der Partei, der er angehört« (BVerfGE 44, 308: Rdnr. 38), liege; die Gründe für Arbeitsteilung und Professionalisierung sind jedoch zusätzlich und maßgeblich einerseits die Interessenkongruenz der politischen Gruppe und andererseits die Intention des einzelnen Abgeordneten über Fachwissen und kompetentes Agieren in der Fraktion aufzusteigen und seinen politischen Einfluss zu mehren (Schöne 2013: 381). Insofern liefern die Ausführungen des BVerfG ein verzerrtes Bild der Wirklichkeit, wenn es betont, dass »die vorbereitende Tätigkeit der Fraktionen« »grundsätzlich alle Abgeordneten des Parlaments« erreicht (BVerfGE 44, 308: Rdnr. 35). Sie lassen das Strukturprinzip innerparlamentarischer Repräsentation unberücksichtigt, das beinhaltet, dass für ein bestimmtes Fachgebiet zuständige Parlamentarier sich nicht nur aufgrund ihrer Arbeitsbelastung mit anderen Themen nicht beschäftigen können und wollen, sondern dass diese Nicht-Einmischung von anderen Parlamentariern auch erwartet wird (Schöne 2013: 381).

Es müsste aus parteiendemokratischer Sicht dagegen herausgestellt werden, dass bereits die grundsätzliche rechtliche Möglichkeit der Beteiligung aller Abgeordneten die legitime Vertretung des Volkes sicherstellt, wobei die Arbeit der Fraktionen die Wasserscheide zwischen rechtlich normiertem parlamentarischen Verfahren und der Sphäre materieller Repräsentation durch Führung darstellt. Dieses Spannungsverhältnis zeigt sich auch in dem Hinweis des Gerichts darauf, dass »das Gefüge von Regelungen und faktischen Zwängen, in das § 49 GO eingebettet ist«, zwar geeignet sei »die Mitwirkung aller Abgeordneten bei parlamentarischen Entscheidungen sicherzustellen«, für eine »ausreichende Repräsentation« des Volkes jedoch »eine Vermutung« sprechen müsse (BVerfGE 44, 306: Rdnr. 40).

5.1.2.2 Die Rolle des Plenums

Sind also aus der Sicht des BVerfG, wie dargelegt, die Ausschüsse und die Gremien der Fraktionen an der Willensbildungs- und Entscheidungsfindung beteiligt, stellt sich die Frage nach der verbleibenden Funktion des Plenarbeschlusses. Die Frage des Verhältnisses zwischen Plenarbeschluss und parlamentarischer Arbeit in den Ausschüssen sowie in den Fraktionen ist ein wichtiges Element der beiden dargestellten Parlamentarismusverständnisse. Das Spektrum reicht diesbezüglich von der Vorstellung, dass im Plenum ergebnisoffen deliberiert und danach abgestimmt werden solle bis hin zur kritikwürdigen Behauptung, dass das Plenum des Bundestages bloße Ratifikationsinstanz geworden sei (z. B. Papier 2013: 84). Beide extremen Annahmen entsprechen nicht den Prämissen einer parteiendemokratischen Konzeption. Das BVerfG nimmt in der Begründung der Entscheidung »Beschlußfähigkeit« eine Stellung ein, die man zunächst als eine Mittelposition ansehen könnte:

> »Demgemäß wird in der Praxis regelmäßig nur dann mehr als die Hälfte der Abgeordneten einer Schlußabstimmung fernbleiben, wenn über den Inhalt der zu treffenden Entscheidung im wesentlichen Übereinstimmung besteht. Die Schlußabstimmung bildet in einem solchen Falle einen zwar rechtlich notwendigen, in seiner politischen Bedeutung jedoch geminderten letzten Teilakt der parlamentarischen Willensbildung, während die Entscheidung in Wirklichkeit bereits in den Ausschüssen und Fraktionen gefallen ist. Dies kann nicht ohne Auswirkung auf das Gewicht des Einflusses bleiben, der dem Prinzip der Repräsentation auf das Zustandekommen parlamentarischer Beschlüsse beizumessen ist. Repräsentation vollzieht sich im parlamentarischen Bereich vornehmlich dort, wo die Entscheidung fällt. Geschieht dies der Sache nach bereits in den Ausschüssen und Fraktionen des Parlaments, so wird damit auch die Repräsentation in diese Institutionen ,vorverlagert'. Das erscheint unbedenklich, solange der Entscheidungsprozeß institutionell in den Bereich des Parlaments eingefügt bleibt. Dies ist bisher nicht in Frage gestellt.« (BVerfGE 44, 308: Rdnr. 37)

Weder wird also der Plenarbeschluss als politisch obsolet angesehen noch wird Deliberation im Plenum erwartet, da die Entscheidungen nach Ansicht des Gerichts in Ausschüssen und Fraktionen fallen können. Die Thesen der »Vorverlagerung« politischer Entscheidungen und der »geminderten« (politischen) Bedeutung der Schlussabstimmung im Plenum führen jedoch an der nach parteiendemokratischen Maßstäben entscheidenden Differenzierung vorbei: Während der Plenarbeschluss der Sphäre der Formalität zuzuordnen ist, gehört der Prozess der Entscheidungsfindung an das materielle Ende eines gedachten Kontinuums. In diesem Sinne ist es wenig einträglich anzuführen, dass der Plenarbeschluss in seiner politischen Bedeutung gemindert sei, weil ihm diese bei der Behandlung von umstrittenen Sachfragen nicht zugedacht werden kann. Er hat eine rein formelle Bedeutung – und dies ungemindert. In Kapitel 4.2.2 ist deswegen die Unterscheidung der Begriffe Vertretung (formell) und Repräsentation (materiell) vorgeschlagen worden. Der Begriff der Repräsentation, auf den sich das BVerfG hier wesentlich bezieht, kommt in Abschnitt III »Der Bundestag« des Grundgesetzes nicht vor. Er ist ein, wie es Pascale Cancik beschreibt, »ungeschriebener Topo[s] in der Rechtsprechung des Bundesverfassungsgerichts« (Cancik/Groß 2019: 68 f.). Repräsentation im parteiendemokratischen Sinne umfasst beide hier als Vertretung und Repräsentation beschriebenen Beziehungen zwischen Repräsentanten und Repräsentierten. Folgt man dem Gericht in seiner Argumentation und in seiner Begriffsverwendung dahingehend, dass Repräsentation im parlamentarischen Bereich dort stattfinde, »wo die Entscheidung fällt«, stößt man auf Abgrenzungsprobleme, die im prozessualen Charakter politischer Willensbildung begründet liegen. Dass die Frage, wie »der Bereich des Parlaments« (BVerfGE 44, 308: Rdnr. 37, s. o.) begrenzt ist, ein virulentes definitorisches Problem darstellt, zeigt schon die Debatte um die »Auslagerung« oder »Auswanderung« der Politik aus den Institutionen (Benz 2004; kritisch Bülow 2014; zur Entwicklung in der Bundesrepublik: Heer 2012: 140 ff.) im Kontext der Entparlamentarisierungs- und Postdemokratiethese. Hierbei sind Einschnitte in den Kompetenzbereich des Beschlussorgans Parlament einerseits und die Entscheidungsfindung unter Bedingungen pluralistisch-parteiendemokratischer Beteiligung gesellschaftlicher Kräfte und Expertengremien andererseits zu unterscheiden. Allein bezogen auf die Gesetzgebung auf Bundesebene – abgesehen von den Herausforderungen durch das Regieren im Mehrebenensystem – ergeben sich bereits eine Reihe ungeklärter Konflikte unter Anwendung des Maßstabs der Beteiligung aller (einzelnen) Abgeordneten, die eine demokratietheoretische Bewertung erfordern. Während die Willensbildung und Entscheidungsfindung im Rahmen von Fraktionen, hier auch vom BVerfG, als legitim eingestuft wird, kommt es schon gegenüber der Beratung durch Sachverständigengremien und Kommissionen zu Bedenken, die »Diskurhoheit im parlamentarischen Kompetenzfeld« (Herdegen 2003: 13) könne hierdurch eingeschränkt sein. Darüber hinaus stellt die »Externalisierung von Politikformulierung« durch Gesetzgebung auf Honorarbasis durch private Auftragnehmer (siehe Döhler 2012) ein relativ neues Phänomen dar, das neben der Gefahr der klaren Verantwortungszuordnung auch die Frage aufwirft, ob die Gesetzgebungsvorschläge vom ministeriellen Apparat noch ausreichend fachlich durchdrungen werden können. Einen anderen Komplex bildet außerdem die echte rechtliche Delegation von Befugnissen vom Plenum auf Ausschüsse und Gremien, die nicht nur vorbereitend tätig sind, sondern anstelle der Vollversammlung, z. B. über die Aufhebung der Immunität eines Abgeordneten, beschließen (siehe Payandeh 2019).

Zur Beantwortung der Frage, ob das Waffengesetz unter der Geltung von § 49 GOBT rechtmäßig zustande gekommen sei, wäre es also aus parteiendemokratischen Gesichtspunkten entbehrlich gewesen, erstens die Erfordernis der Gesamtrepräsentation als eingeschränkt zu bezeichnen (»keine starre Anwendung«); zweitens unter der Zugrundelegung eines nur angedeuteten klassischen Maßstabs (»Geist des Parlamentarismus«) beide hier genannten Modi der Arbeitsteilung unter ein Licht der »zweiten Wahl« zu stellen und drittens eine politisch geminderte Bedeutung des Plenarbeschlusses zu konstruieren. Die vom BVerfG erfolgte Anerkennung und Charakterisierung von Arbeitsteilung unter der Ägide der Fraktionen als inhärenten Teil des Regierungssystems werden durch diese drei Einordnungen relativiert. Das Gericht selbst liefert in seiner weiteren Begründung den entscheidenden Mechanismus, der eine substanzielle Beteiligung aller Parlamentarier am Willensbildungsprozess garantiert. Die Mitwirkung jedes Abgeordneten liegt

> »im Interesse seiner Fraktion wie auch der Partei, der er angehört. Von seinem Engagement im parlamentarischen Bereich hängen das politische Ansehen und die politischen Wirkungsmöglichkeiten beider Institutionen maßgeblich ab« (BVerfGE 44, 308: Rdnr. 38).

Die faktischen Regeln der Parteiendemokratie und die formellen Regeln der repräsentativen Demokratie wirken zusammen. Dieses Kontinuum aus formellen und materiellen Handlungsspielräumen, in die die Abgeordneten eingebettet sind, führt zu einer Gewährleistung des demokratischen Verfahrens. Für dieses Zusammenwirken stellen die Regeln des Grundgesetzes und der Geschäftsordnung die letzte Grenze dar, wenn der Schutz von Minderheiten gefährdet ist. Mit Blick auf die Beschlussfähigkeit des Plenums kommt es entscheidend auf die rechtlich verbriefte Möglichkeit der Mitwirkung für alle Abgeordneten an.

> »Wird das Volk bei parlamentarischen Entscheidungen nur durch das Parlament als Ganzes, d. h. durch die Gesamtheit seiner Mitglieder, angemessen repräsentiert, so muß die Mitwirkung aller Abgeordneten bei derartigen Entscheidungen nach Möglichkeit und im Rahmen des im demokratisch-parlamentarischen System des Grundgesetzes Vertretbaren sichergestellt sein. Daraus folgt, daß eine Regelung geschaffen sein muß, die dem einzelnen Abgeordneten eine solche Mitwirkung in dem von der Sache her gebotenen Umfang ermöglicht. Ist das der Fall, so begegnet die Regelung über die Beschlußfähigkeit des Bundestages (§ 49 GO) unter dem Gesichtspunkt des Prinzips der repräsentativen Demokratie jedenfalls dann keinen Bedenken, wenn die tatsächlichen Verhältnisse, in die sie eingebettet ist, Anlaß zu der Erwartung bieten, der Abgeordnete werde im Regelfall von der Möglichkeit zur Mitarbeit auch Gebrauch machen.« (BVerfGE 44, 308: Rdnr. 31)

Das bedeutet, dass Abgeordnete nicht daran gehindert werden dürfen, ihre Rechte auszuüben. Solange dies der Fall ist, ist es rechtlich nicht zu beanstanden, dass sich nur ein kleiner Teil der Abgeordneten an der Beschlussfassung im Plenum beteiligt.

Die Analyse des Urteils »Beschlussfähigkeit« hat gezeigt, dass das BVerfG zwar eine Reihe struktureller Grundprinzipien innerparlamentarischer Arbeitsteilung adaptiert, auf der anderen Seite jedoch an einem klassischen Repräsentationskonzept orientiert ist, indem es insbesondere die Differenzierung zwischen formalrechtlicher Beschlussfassung im Plenum einerseits und Entscheidungsfindung andererseits vernachlässigt. Diese Diskrepanz findet ihren Niederschlag auch in der Feststellung, dass die Beteiligung jedes Abgeordneten an der Entscheidungsfindung nur vermutet werden kann. Eine gewisse Orientierungslosigkeit zeigt sich dahingehend z. B. in dem Eilantrag der AfD-Fraktion im Bundestag an das BVerfG, dem Bundespräsidenten die Ausfertigung mehrerer Gesetze zu untersagen (2 BvQ 59/19). In der Sitzung des Bundestages am 27. Juni 2019 hatte ein Abgeordneter der AfD-Fraktion die Beschlussfähigkeit angezweifelt. Daraufhin hatte die Vizepräsidentin diese im Einvernehmen mit dem Präsidium durch eine Sichtkontrolle, nicht aber durch den sogenannten Hammelsprung, festgestellt.[58] Das BVerfG lehnte den Eilantrag ab. Im Hauptverfahren, sollte es nicht an der Antragsbefugnis der Fraktion scheitern (Deger 2019), wird das Gericht aufgefordert sein, seine 1977 offen gebliebenen »Vermutungen« (BVerfGE 44, 306: Rdnr. 40) erneut zu begründen.

5.1.2.3 Formalität und Materialität als widerstreitende Prinzipien?

Im vorangegangenen Abschnitt wurde erläutert, warum das BVerfG es mit dem Prinzip der repräsentativen Demokratie vereinbar hält, wenn nur ein Teil der Abgeordneten an Schlussabstimmungen über Gesetzentwürfe im Plenum teilnimmt. Diesbezüglich hat es unter Anerkennung der parteiendemokratischen Strukturierung des politischen Prozesses im Parlament die Entscheidungsvorbereitung auf der einen Seite und Beschlussfassung auf der anderen Seite graduell differenziert, sie jedoch nicht verschiedenen Sphären (formelle oder materielle) zugeordnet und entsprechend seine Entscheidung nicht auf dieser Differenz gegründet. Auch die Urteile des BVerfG zur sogenannten auflösungsgerichteten Vertrauensfrage berühren

58 PlPr BT 19/107: 13294 f.

das *Verhältnis der formellen und der materiellen Seite des politischen Prozesses*. Darüber hinaus lassen sich diesen Urteilen Hinweise zum Phänomen der Regierungsmehrheit entnehmen. Sowohl die Vertrauensfrage durch Helmut Kohl 1982 als auch durch Gerhard Schröder 2005 unterlagen dem Verdacht »unecht« zu sein und wurden in der Öffentlichkeit und im Fachpublikum intensiv diskutiert (für zulässig halten sie Zeh 1983; Ooyen 2006, für unzulässig dagegen Achterberg 1983; Büttner/Jäger 2006). Im Ergebnis hätte das Vorgehen der beiden Kanzler dazu geführt, dass der Bundestag aufgelöst wurde, obwohl das Vertrauen der Parlamentsmehrheit gegeben gewesen sei. Die Verfahren, die zu den Urteilen »Bundestagsauflösung I« und »Bundestagsauflösung III«[59] führten, haben einen kongruenten Tenor, weil in beiden Fällen ein sogenanntes »ungeschriebenes Tatbestandsmerkmal« hinter einer Norm identifiziert wird. Sie unterscheiden sich in der Beschreibung dieses Merkmals.

Der durch ein konstruktives Misstrauensvotum gegen Helmut Schmidt am 28. September 1982 ins Amt gewählte Bundeskanzler Helmut Kohl hatte bereits vor seiner Wahl angekündigt, Neuwahlen stattfinden zu lassen. Während noch am 16. Dezember 1982 mit der deutlichen Mehrheit von 266 Stimmen die Mitglieder der Fraktionen der CDU/CSU und der FDP dem Haushaltsgesetzentwurf zustimmten, fand am Tag darauf die Beratung des Deutschen Bundestages über den Antrag des Bundeskanzlers statt, ihm das Vertrauen auszusprechen (Art. 68 GG). Nur eine Minderheit der Abgeordneten war bereit, die Vertrauensfrage positiv zu beantworten, woraufhin Helmut Kohl dem Bundespräsidenten empfahl den Neunten Bundestag aufzulösen. Die Anträge mehrerer Abgeordneter im Rahmen eines Organstreitverfahrens bezogen sich formell auf die Anordnungen des Bundespräsidenten Karl Carstens, den Bundestag aufzulösen und den Zeitpunkt der Neuwahl des Deutschen Bundestages auf den 6. März 1983 festzusetzen. Sie sahen dadurch zum einen ihre Rechte als Abgeordnete (Art. 38 I 2 GG) unmittelbar gefährdet oder verletzt. Zum anderen richteten sich die Anträge gegen eine »bloß formale Handhabung des Art. 68 GG« (BVerfGE 62, 1: Rdnr. 61). Dabei ging es nicht um einen Zweifel an der Einhaltung der verfahrensrechtlich notwendigen Schritte zur Auflösung des Bundestages wie das Erreichen oder Nicht-Erreichen einer bestimmten Anzahl von Stimmen, Einhaltung von Fristen oder Gegenzeichnungserfordernisse. Infrage gestellt

59 Der Beschluss „Bundestagsauflösung II“ folgte aus einer unzulässigen Organklage der Familien-Partei Deutschlands und der Ökologisch-Demokratischen Partei, die ihre Rechte verletzt sahen. Der Leitsatz im BVerfGE 114, 107 besagt: „Artikel 68 Absatz 1 des Grundgesetzes dient nicht dem Schutz politischer Parteien, die nicht im Parlament vertreten sind.“

wurde die gewissermaßen hinter dem Verfahren liegende politische Intention der beteiligten Verfassungsorgane Bundestag, Bundeskanzler und Bundespräsident:

> »Eine formale und weite Interpretation des Art. 68 GG in dem Sinne, daß eine Vertrauensfrage auch bei vorhandener parlamentarischer Mehrheit zur Herbeiführung von Neuwahlen benutzt werden könne, lasse Art. 68 GG zur bloßen ,Abwicklungsnorm' für Neuwahlen werden. Sie führe zu einer mit dem Grundgesetz nicht zu vereinenden Stärkung der Stellung des Bundeskanzlers und des Bundespräsidenten. Dem Bundeskanzler werde damit die Möglichkeit gegeben, im Zusammenwirken mit einer Mehrheit der Mitglieder des Bundestages – nur bedingt durch das Einverständnis des Bundespräsidenten – die vom Grundgesetz festgelegte Wahlperiode zu verkürzen und sich einen ihm genehmen Wahltermin auszusuchen.« (BVerfGE 62, 1: Rdnr. 60)

Das Gericht sah die Anträge jedoch als unbegründet an. Im ersten Teil der Urteilsbegründung wird mittels systematischer und historischer Auslegungsmethoden dargelegt, was der Sinn des Art. 68 GG sei. Im zweiten Teil wird ausgeführt, warum die verfassungsrechtlichen Grenzen in diesem aktuellen Fall gewahrt seien. Beide Teile sind geprägt von einer stetigen Vermischung des formellen und des materiellen Aspekts der politischen Willensbildung, worauf sich dieses Kapitel konzentriert.

Auf die Frage also, ob Bundespräsident Carstens die Anordnung zur Bundestagsauflösung hätte unterzeichnen dürfen, antwortete das Gericht, dass er dieses freie Ermessen nur habe, wenn »die formellen oder materiellen Tatbestandserfordernisse« des Art. 68 GG in verfassungsgemäßer Weise erfüllt seien (BVerfGE 62, 1: Rdnr. 104). Dabei habe er die »Einschätzungskompetenz und Beurteilungskompetenz des Bundeskanzlers« zu beachten, wenn nicht »eine andere, die Auflösung verwehrende Einschätzung der politischen Lage der Einschätzung des Bundeskanzlers eindeutig vorzuziehen ist« (Leitsatz). Diese materiellen Tatbestandsmerkmale beginnt das Gericht zu entfalten, indem es den Begriff des Vertrauens in Art. 68 GG definiert:

> »Auch im Rahmen des Art. 68 GG meint Vertrauen die im Akt der Stimmabgabe förmlich bekundete gegenwärtige Zustimmung der Abgeordneten zu Person und Sachprogramm des Bundeskanzlers, mithin die förmliche Kundgabe der Bereitschaft, das zumindest in Umrissen vorgezeichnete Regierungsprogramm oder ein konkretes Verhalten, mit dem der Bundeskanzler die Vertrauensfrage verbindet, grundsätzlich zu unterstützen.« (BVerfGE 62, 1: Rdnr. 108)

Auf der einen Seite gelte Art. 68 GG nicht lediglich für einen »Minderheitenkanzler« (BVerfGE 62, 1: Rdnr. 109) und der Wortlaut schließe auch nicht aus, »daß hinter der Vertrauensfrage von vornherein der politische

Wille stehen darf, auf diesem Wege zur Auflösung des Bundestages zu gelangen, und daß die Abgeordneten mit ihrer Stimmabgabe diesen Weg eröffnen sollen« (ebd.). Aus dieser Argumentation schloss das Gericht im Jahr 2005 selbst die Konstruktion einer »auflösungsgerichteten Vertrauensfrage« (BVerfGE 114, 121: Rdnr. 137). Andere Kommentatoren dagegen gehen davon aus, dass bei Art. 68 GG grundsätzlich die Ermöglichung der Auflösung des Bundestages im Mittelpunkt stehe, da formelle Normen der Regelung der formellen Seite des politischen Prozesses vorbehalten seien, also des Verfahrens und nicht materieller politischer Verhältnisse. Unter diesen Kommentatoren war auch der ehemalige Verfassungsrichter Walter Seuffert, der sich in seiner abweichenden Meinung im Urteil »Abgeordnetendiäten« (1975) gegen die Implementation des »Berufspolitikers« als einer Institution des Grundgesetzes gestellt hatte und auch die Rechtmäßigkeit von Zusatzentschädigungen nicht auf das freie Mandat, sondern auf die besonderen Wahl- und Bestellungsakte des Parlaments zurückführte und insoweit auch in der Vergangenheit für eine sparsame Rechtsauslegung plädiert hatte. Mit Blick auf die historische Auslegung der Richter im Urteil »Bundestagsauflösung I« führt er an, dass Vertrauensfragen im Parlament »früher wie jetzt, rein politische Erklärungen und Abklärungen im Parlament ohne Rechtsfolgen« (Seuffert 1983: 406) seien.

> »Und dasselbe gilt und muß gelten für alle ‚politischen' Entscheidungen, die die Verfassung, ohne das immer ausdrücklich sagen zu müssen, von rechtlichen Bindungen freistellen *muß*: sie sind in dem staatsfreien Raum zu verantworten, den die Politik der Rechtsprechung gegenüber haben muß – ‚von Rechts wegen' in dem Sinne, daß die Rechtsordnung selbst ohne diesen Freiraum nicht lebensfähig wäre, ebensowenig wie sie menschlich wäre ohne die ‚Freiheit' zur Entfaltung der Persönlichkeit, die in den Grenzen des Art. 2 I GG gewährleistet ist.« (Seuffert 1983: 404, Hervorhebungen im Original)

Das Gericht hingegen konstatiert, dass die Norm auf der anderen Seite auf einen materiellen Aspekt hin ausgelegt sei, nämlich »während der laufenden Wahlperiode eines Bundestages einem amtierenden Bundeskanzler zu ermöglichen, ausreichende parlamentarische Unterstützung zu gewinnen oder zu festigen; sie will eine vorschnelle Auflösung des Bundestages verhindern« (BVerfGE 62, 1: Rdnr. 112). Sodann schließt das Gericht aus der formellen Regelung des Art. 68 GG die Notwendigkeit des Vorhandenseins einer bestimmten materiellen politischen Lage:

> »Aus dem normativen Zusammenhang erschließt sich danach, daß die Auflösung des Bundestages auch über den Weg des Art. 68 GG stets eine politische Lage der Instabilität zwischen Bundeskanzler und Bundestag voraussetzt und als ungeschriebenes Tatbestandsmerkmal erfordert, daß der Bundeskanzler der stetigen parlamentarischen Unterstützung durch die Mehrheit des Bundestages nicht sicher sein kann.

> Im Falle des Art. 63 Abs. 4 GG wird der Bundestag unter der drohenden möglichen Auflösung herausgefordert, einen ‚Mehrheitskanzler' zu wählen; im Regelfall des Art. 68 GG wird er dazu angehalten, dem Bundeskanzler mehrheitlich parlamentarische Unterstützung zu gewähren. Die Vorschriften zielen mithin vorrangig darauf ab, Regierungsfähigkeit herzustellen, zu gewinnen oder zu erhalten – und zwar mit dem amtierenden Bundestag, und sei es auch über die Wahl eines anderen Bundeskanzlers. Erst wenn das Drohen der Auflösung ohne Wirkung bleibt, liegt die Auflösung – im Falle des Art. 68 GG nur auf Vorschlag des Bundeskanzlers – im Ermessen des Bundespräsidenten. (BVerfGE 62, 1: Rdnr. 119)

Das ungeschriebene Tatbestandsmerkmal der Instabilität sieht das Gericht für die tatsächliche Situation als gegeben an. Dies begründet es bemerkenswert umfangreich anhand der Beschreibung der politischen Lage in der christliberalen Koalition 1982/83:

> »Nachdem sich der Bundesparteitag der F.D.P. mit großer Mehrheit und mit Unterstützung ihrer der Bundesregierung angehörenden Minister dafür ausgesprochen hatte, daß ein Wahltermin im März 1983 unverzichtbar sei, kann es als ausgeschlossen gelten, daß ein Versuch des Bundeskanzlers, seine Regierungsarbeit desungeachtet bis zum Ende der Wahlperiode weiterzuführen, von der Fraktion der F.D.P. mitgetragen worden wäre. Zu einer anderen Einschätzung brauchte sich der Bundeskanzler von Verfassungs wegen jedenfalls nicht gedrängt zu sehen. Eine materielle Auflösungslage, wie sie Art. 68 GG verlangt, ist damit plausibel dargetan.« (BVerfGE 62, 1: Rdnr. 172)

Eine parteiendemokratische Sichtweise auf das parlamentarische Regierungssystem, das seine Funktionsfähigkeit in Sondersituationen wie der frühzeitigen Beendigung einer Wahlperiode ganz besonders zeigt, setzt die Differenzierung der hier behandelten formellen und materiellen Aspekte voraus. In materieller Hinsicht entfaltet die Entscheidung einer Parteienkoalition oder einer Partei, hier der FDP, die Koalition zunächst nicht fortzuführen, ihre volle Wirkung, unbeschadet der Rechtsansprüche der Verfassungsorgane. Der Wille der Mehrheit der Mitglieder des Bundestages wird durch ihre formelle Beschlussfassung darüber dokumentiert. Dies in einen Widerstreit zu bringen, ist aus parteiendemokratischer Sicht dysfunktional.

> »Ob eine ‚Instabilität' oder eine ‚ausreichende Mehrheit' gegeben ist, hängt ausschließlich von den politischen Zielsetzungen und Entscheidungen ab, die rechtlich zu normieren sich verbietet, unmöglich und verboten ist.« (Seuffert 1983: 405)

Die materielle Flankierung formeller Normen bedeutet jedoch nicht, dass die Normen inhaltsleer oder obsolet wären. Im Fall der Vertrauensfrage ist die wirksame Funktion des Art. 68 GG die Ankündigung der Absicht des Bundeskanzlers, den Bundestag durch Stellung der Vertrauensfrage aufzulösen. Er löst damit die Frist aus, innerhalb derer der Bundestag sein Recht wahrnehmen kann, ggfs. einen anderen Bundeskanzler zu wählen (Seuffert 1983: 407).

Auch in den Auffassungen des BVerfG zur *Reichweite des Prinzips der gegenseitigen Abhängigkeit von Regierung und Parlamentsmehrheit*, also zum Phänomen der Regierungsmehrheit, setzt sich diese Tendenz zur Unterbewertung der materiellen Strukturprinzipien des parlamentarischen Systems fort. Die Abberufbarkeit der Regierung durch das Parlament ist das entscheidende Definitionsmerkmal der parlamentarischen im Unterschied zur präsidentiellen Demokratie. Die Verantwortung des Parlaments, für eine handlungsfähige Regierung zu sorgen, umfasst auch das Einstehen für die Wahl des Kanzlers sowie für das konstruktive Misstrauensvotum und für die Vertrauensfrage. Es obliegt der Entscheidung einer Mehrheit der Abgeordneten im Parlament, ob die Qualität der Regierungsarbeit hinreichend ist, was durch die Beschlussfassung verbindlich wirksam wird. Auch das Zusammenwirken von Parlamentsmehrheit und Bundeskanzler bei der Auflösung des Parlaments gehört zu dieser besonderen Verantwortung. Das BVerfG dagegen konstruiert mit der Bestätigung der Annahme, es gebe eine auflösungsgerichtete, »unechte« Vertrauensfrage (BVerfGE 114, 121: Rdnr. 137), einen Widerspruch zu diesem Prinzip. Darauf weist z. B. folgende Aussage hin:

> »Eine Auslegung dahin, daß Art. 68 GG einem Bundeskanzler, dessen ausreichende Mehrheit im Bundestag außer Zweifel steht, gestattete, sich zum geeignet erscheinenden Zeitpunkt die Vertrauensfrage negativ beantworten zu lassen mit dem Ziel, die Auflösung des Bundestages zu betreiben, würde dem Sinn des Art. 68 GG nicht gerecht. Desgleichen rechtfertigen besondere Schwierigkeiten der in der laufenden Wahlperiode sich stellenden Aufgaben die Auflösung nicht. Daß Bundeskanzler, Bundesregierung und Bundestag sich von Verfassungs wegen solchen Aufgaben nach besten Kräften zu stellen haben, folgt aus ihrer Verpflichtung auf das Gemeinwohl, daraus, daß ihnen Staatsgewalt anvertraut ist, und letztlich aus dem Sinn von Staatlichkeit.« (BVerfGE 62, 1: Rdnr. 120)

Der Bundeskanzler ist jedoch auch bei dem Verfahren nach Art. 68 GG auf die Zustimmung der Parlamentsmehrheit angewiesen. Je nach Situation kann die Zustimmung zum Auflösungsgesuch entweder durch die Verweigerung der Stimme ausgedrückt werden oder aber, bei der Verknüpfung mit einer Sachfrage, durch ihre Bestätigung. Beides läuft auf die im Parlamentarismus allumfassende Verantwortlichkeit des Parlaments hinaus. Diesen essenziellen Zusammenhang lässt das BVerfG jedoch unerwähnt.

Im Unterschied zu einem Selbstauflösungsrecht des Parlaments, wie es in allen Landesverfassungen vorgesehen ist, sind Bundestag und Bundeskanzler bei diesem Verfahren also aufeinander angewiesen. Lothar Michael schlussfolgert hieraus, dass die Vertrauensfrage ein »Machtinstrument des

Kanzlers« sei und die Verantwortung für die Auflösung nicht in den Händen des Bundestages selbst liege (Michael 2016: 1559, Rdnr. 18, 19). Der Parlamentsbeschluss über die Vertrauensfrage könne nicht als Beschluss über die Selbstauslösung aufgefasst werden, weil der Bundestag eine Auflösung nur mit qualifizierter Mehrheit verhindern könne und Nein-Stimmen nicht als formales Votum für Neuwahlen gewertet werden dürften (ebd.). Weil der Bundestag nicht in zwei Schritten – also einmal positiv über die Frage des Vertrauens und zusätzlich negativ über die Frage der Auflösung – in das Verfahren involviert sei, habe er gegen seine Auflösung nach Art. 68 GG allenfalls eine »geschwächte Vetoposition« (Michael 2016: 1560, Rdnr. 20). Diese Einschätzung impliziert, ähnlich wie die des BVerfG, dass der Bundestag als Organ in den Mittelpunkt gerückt wird, und sie unterstellt, dass der übereinstimmende Wille zur Auflösung innerhalb der Regierungsmehrheit nicht vorab in einem fraktions- oder koalitionsinternen Prozess klargestellt wurde.

Für das Gericht aber stellt der Wille der Parlamentsmehrheit und nicht einmal der Wille aller Fraktionen im Bundestag gemeinsam, eine hinreichende Begründung zur Auflösung des Parlaments dar.

> »Dementsprechend kann es für sich allein auch keine Rechtfertigung für die Auflösung des Bundestages abgeben, daß alle im Bundestag vertretenen politischen Parteien oder ihre Fraktionen sich in dem Willen zu Neuwahlen einig sind. Dies mag allenfalls belegen, daß ein konkreter Mißbrauch nicht gegeben ist; als Rechtfertigungsgrund für den Weg der Auflösung wäre eine solche Einigkeit allein unzureichend.« (BVerfGE 62, 1: Rdnr. 122)

Die zentrale Bedeutung von Parteien als Entscheidungskörper und die Mechanismen von Führung in der Parteiendemokratie werden dieses Mal nicht gegenüber den Beschlusskompetenzen der Verfassungsorgane, jedoch gegenüber einer angenommenen, der Verfassung inhärenten tatsächlichen Lagebeschreibung relativiert. Die Annahme, dass politische Mehrheiten allein durch ihre Beschlussfassung über die Bundestagsauflösung entscheiden könnten, sei verfassungswidrig.

> »Solche verfehlten Auslegungen [dass allein der Wille aller Fraktionen ausreichend wäre; Anm. der Verfasserin] beließen als Mißbrauchsschranke für die Anwendung des Art. 68 GG allein die Abstimmung des Bundestages und die Entscheidungsmacht des Bundespräsidenten. Art. 68 GG indes fordert mehr: Der Bundeskanzler, der die Auflösung des Bundestages auf dem Weg des Art. 68 GG anstrebt, soll dieses Verfahren nur anstrengen dürfen, wenn es politisch für ihn nicht mehr gewährleistet ist, mit den im Bundestag bestehenden Kräfteverhältnissen weiter zu regieren. Die politischen Kräfteverhältnisse im Bundestag müssen seine Handlungsfähigkeit so beeinträchtigen oder lähmen, daß er eine vom stetigen Vertrauen der

> Mehrheit getragene Politik nicht sinnvoll zu verfolgen vermag. Dies ist ungeschriebenes sachliches Tatbestandsmerkmal des Art. 68 Abs. 1 Satz 1 GG; es muß erfüllt sein, damit ein Verfahren nach Art. 68 GG im Einzelfall verfassungsmäßig ist.« (BVerfGE 62, 1: Rdnr. 123)

Gegenüber dieser Argumentation ließe sich anführen, dass einem Missbrauch einerseits auf formeller Ebene durch die Mehrheitsregel Einhalt geboten wird und andererseits die faktischen Zustimmungserfordernisse und Führungsmechanismen zum Erhalt von Geschlossenheit einen Missbrauch, wie man ihn durch eine unzulässige Druckausübung gegenüber Abgeordneten vermuten könnte, verhindern.

> »Denn das Recht, die Entlassung von Ministern zu betreiben, das Stellen der Vertrauensfrage und die Rücktrittsdrohung stellen voraussetzungsvolle Steuerungsinstrumente dar. Die Anwendung dieser Waffen erweist sich in der Regierungspraxis als Zeichen von Führungsschwäche, als eine ultima ratio in der politischen Not, wenn es dem Kanzler auf dem Verhandlungswege nicht gelungen ist, die Funktionseinheit von Regierung und parlamentarischer Mehrheit zu organisieren.« (Bröchler 2008: 105)

Gleichwohl kann aus der geminderten Berücksichtigung parteiendemokratischer Aspekte des politischen Prozesses nicht geschlossen werden, dass der Zweite Senat eine reine klassische Sichtweise vertritt. Auch in »Bundestagsauflösung I« zeigen die Richter keineswegs eine Blindheit gegenüber den politischen Funktionsbedingungen. So erkennen sie ein in Art. 68 GG angelegtes »System der gegenseitigen politischen Kontrolle und des politischen Ausgleichs zwischen den beteiligten politischen Verfassungsorganen. Allein dort, wo verfassungsrechtliche Maßstäbe für politisches Verhalten normiert sind, kann das Bundesverfassungsgericht ihrer Verletzung entgegentreten« (BVErfGE 62, 1: Rdnr. 140). Dass das Gericht hier weiterhin organorientiert vorgeht, ist evident.

Während das Urteil »Bundestagsauflösung I« die in der Öffentlichkeit geführten Debatten zur Rechtmäßigkeit des Vorgehens der Kohl-Regierung verstummen ließen, deuten die abweichenden Meinungen der Richter Zeidler, Rinck und Rottmann darauf hin, dass sowohl das Urteil als auch die Begründung innerhalb des Zweiten Senats umstritten waren. Dass sich diese Umstrittenheit nicht als Konflikt in die politische und gesellschaftliche Sphäre übertragen hat, ist nur der Tatsache geschuldet, dass ein Verfassungsverstoß am Ende nicht festgestellt wurde. Wäre die Anordnung des Bundespräsidenten als mit der Verfassung unvereinbar festgestellt worden und wären die Vorstellungen des Gerichts zum Funktionieren der Vertrauensfrage handlungsleitend geworden, hätte dies bei der nächsten instabilen Regierung zu erheblichen Unwägbarkeiten bei der Anwendung des Art. 68 GG geführt. Dennoch wurde die grundsätzliche Argumentation des Senats aus dem Jahr 1983 auch 2005 anlässlich der Vertrauensfrage Gerhard Schröders im Urteil »Bundestagsauflösung III« wieder aufgenommen. Zum einen verstärkt das Gericht die im ersten Urteil zur Auflösung dargelegte Haltung, dass die Vertrauensfrage eine besonders offene Verfassungsnorm[60] sei und die »Befugnis zur Konkretisierung von Bundesverfassungsrecht [...] nicht allein dem Bundesverfassungsgericht, sondern auch anderen obersten Verfassungsorganen« zukomme (BVerfGE 62, 1, Leitsatz). Zum anderen geht das Gericht über das leitende Merkmal »politische Instabilität« aus dem Jahr 1983 mit der Zugrundelegung »eines weiten Begriffs der Handlungsunfähigkeit« (Winkler 2006: 445) hinaus: Die Handlungsunfähigkeit könne auch durch in der Zukunft liegende mangelnde Zustimmung bedingt sein oder durch verdeckte Situationen.

Zur zurückgenommenen Rolle des BVerfG in der Bewertung materieller politischer Tatsachen ist zunächst anzumerken, dass diese im Urteil des Jahres 2005 im Sinne einer eingeschränkten, aber nicht beseitigten Prüfungskompetenz und Prüfungspflicht (BVerfGE 114, 121: Rdnr. 160) nicht nur im Schwerpunkt mit der Einschätzungsprärogative insbesondere des Bundeskanzlers begründet wird, sondern auch mit der begrenzten Möglichkeit einer rechtlichen Beurteilung:

> »Eine Erosion und der nicht offen gezeigte Entzug des Vertrauens lassen sich ihrer Natur nach nicht ohne weiteres in einem Gerichtsverfahren darstellen und feststellen. Was im politischen Prozess in legitimer Weise nicht offen ausgetragen wird, muss unter den Bedingungen des politischen Wettbewerbs auch gegenüber anderen Verfassungsorganen nicht vollständig offenbart werden. Die Einschätzung des Bundeskanzlers, er sei für seine künftige Politik nicht mehr ausreichend handlungsfähig, ist eine Wertung, die durch das Bundesverfassungsgericht schon praktisch nicht eindeutig und nicht vollständig überprüft werden kann und ohne Beschädigung des politischen Handlungssystems auch nicht den üblichen prozessualen Erkenntnismitteln zugänglich ist. Selbst wenn man eine Beweisaufnahme für möglich oder geboten hielte, bliebe dem Kanzler ein eigener Einschätzungsspielraum in Bezug auf die festgestellten Tatsachen, insbesondere in Bezug auf deren Bedeutung für die künftige Entwicklung. Dem politischen Willensbildungsprozess mit seinen zulässigen, auch von taktischen und strategischen Motiven geprägten Verhaltensweisen und Rücksichtnahmen darf in Fragen der politischen Einschätzung nicht mit einer nach vollem Beweis strebenden gerichtlichen Sachverhaltsaufklärung Schaden zugefügt werden. Andernfalls wäre die vom Grundgesetz gewollte Balance zwischen effektiver rechtlicher Bindung der öffentlichen Gewalt und der Ermöglichung wirksamer politischer Handlungsfreiheit verletzt.« (BVerfGE 114, 121: Rdnr. 154)

60 Als weiteres Beispiel für so eine besonders offene Norm kann die Richtlinienkompetenz des Bundeskanzlers genannt werden (Art. 65 GG).

Insoweit wird das im Urteil »Bundestagsauflösung I« eingeführte »materielle Tatbestandsmerkmal« aufgegriffen und eine weitergehende Differenzierung der formellen und materiellen Ebene angedeutet. Diese wird aber nur für eine »verdeckte Minderheitensituation« des Bundeskanzlers reflektiert, die vorliegt, wenn

> »eine organisierte parlamentarische Mehrheit – die nominelle Kanzlermehrheit – sich zwar zu dem von ihr gewählten Kanzler erklärt und ihm äußerlich politische Unterstützung leistet, diese Unterstützung seines politischen Kurses aber in Wirklichkeit nicht so wirksam ist, dass der Bundeskanzler die von ihm konzeptionell vertretene Politik durchzusetzen vermag.« (BVerfGE 114, 121: Rdnr. 153)

Damit negiert das Gericht die von den Antragstellern vorgebrachte Auffassung, dass fehlende Zustimmung vor allem durch Abstimmungsniederlagen über Gesetzentwürfe im Parlament angezeigt werden könne (BVerfGE 114, 121: Rdnr. 93).

> »Grundsätzlich bedürfen der Bundeskanzler und seine Regierung einer verlässlichen parlamentarischen Mehrheit. Verlässlich bedeutet in diesem Zusammenhang, dass der Kanzler für das von ihm vertretene politische Konzept eine prinzipielle und ausreichende parlamentarische Unterstützung erwarten darf. Ob der Kanzler über diese verlässliche Unterstützung verfügt, kann von außen nur teilweise beurteilt werden. Aus den parlamentarischen und politischen Arbeitsbedingungen kann sich ergeben, dass der Öffentlichkeit teilweise verborgen bleibt, wie sich das Verhältnis des Bundeskanzlers zu den seine Politik tragenden Fraktionen entwickelt. Es muss nicht offen und nicht eindeutig zu Tage treten, ob der Kanzler und seine Regierung noch über eine verlässliche parlamentarische Mehrheit verfügen.« (BVerfGE 114, 121: Rdnr. 135)

Erneut ist damit indirekt der Mechanismus von offener interner Debatte, aber relativer Geschlossenheit nach außen (Schuett-Wetschky 2005b: 497) – selbst in der Lage einer Regierungskrise – angesprochen. Erneut wird die Wirkung parteiendemokratischer Elemente in der Sache zwar anerkannt (siehe insbesondere Rdnr. 134). Sie beeinflusst mutmaßlich auch das Ergebnis, aber zeitigt nur eingeschränkte Konsequenzen für die Begründung des Urteils. Eine Bewertung der politischen Lage, obwohl sie der Einschätzung der politischen Akteure obliegt, wird trotzdem durch das Gericht vorgenommen. Dies beginnt mit der materiellen Definition von Handlungsunfähigkeit:

> »Handlungsfähigkeit bedeutet, dass der Bundeskanzler mit politischem Gestaltungswillen die Richtung der Politik bestimmt und hierfür auch eine Mehrheit der Abgeordneten hinter sich weiß.« (BVerfGE 114, 121: Rdnr. 121)

Und setzt sich fort in der Konstatierung der bereits genannten »verdeckten Minderheitensituation« bis hin zu der Annahme, dass ein Vertrauensverlust auch durch einen angenommenen Zustimmungsverlust in der Zukunft begründet werden könne (Beurteilung des zweckgemäßen Gebrauchs der auflösungsgerichteten Vertrauensfrage habe »Prognosecharakter«).

> »Danach ist es gemessen am Sinn des Art. 68 GG nicht zweckwidrig, wenn ein Kanzler, dem Niederlagen im Parlament erst bei künftigen Abstimmungen drohen, bereits eine auflösungsgerichtete Vertrauensfrage stellt. Denn die Handlungsfähigkeit geht auch dann verloren, wenn der Kanzler zur Vermeidung offenen Zustimmungsverlusts im Bundestag gezwungen ist, von wesentlichen Inhalten seines politischen Konzepts abzurücken und eine andere Politik zu verfolgen. Der Kanzler muss zwar unter der Kontrolle und unter Mitwirkung des Bundestages handeln und sich insofern um den alltäglichen Kompromiss bemühen. Die Verfassung sieht die Regierung aber auch nicht als einen exekutiven Ausschuss des Parlamentes an. Voraussetzung für eine effektive gegenseitige Kontrolle der Gewalten ist, dass auch die Bundesregierung einen abgegrenzten Verantwortungsbereich hat (Art. 65 Satz 1 und 2 GG). Die Bundesregierung ist als eigenständiges politisch gestaltendes Verfassungsorgan konzipiert, das Verantwortung vor dem Deutschen Bundestag und vor den Bürgern nur übernehmen kann, wenn es im Rahmen der Kompetenzordnung über ausreichende eigenständige politische Handlungsspielräume verfügt.« (BVerfGE 114, 121: Rdnr. 143)

Es ist also eine Tendenz des Gerichts zu erkennen, die formelle und materielle Ebene zu vermengen und die Abhängigkeit der Regierung vom Parlament zu unterschätzen. Dies bestätigen auch die abweichende Meinung von Richterin Lübbe-Wolff und die Kommentierung des ehemaligen Richters Seuffert.

Im Unterschied zur Begründung des Urteils »Bundestagsauflösung I« beziehen sich die Richter im Jahr 2005 stärker auf das Parlament als entscheidendem Akteur in der Anwendung der Vertrauensfrage. Sie sprechen nun ausdrücklich von einer »parlamentarisch verankerten Regierung« (BVerfGE 114, 121: Rdnr. 134). Bereits 1983 war die Frage diskutiert worden, ob Art. 68 GG in Richtung eines Auflösungsrechts des Bundestages verstanden werden könne oder ein solches eingeführt werden müsste, was der Parlamentarische Rat nach den Weimarer Erfahrungen gerade nicht habe gewähren wollen (siehe auch Niclauß 2006).

> »Während das Urteil aus dem Jahre 1983 das Parlament letztlich vernachlässigte – die Rolle des Bundestags kommt nur in der Bemerkung zum Ausdruck, auch der Bundestag habe wie der Bundeskanzler zu prüfen, ob die Voraussetzungen für eine Auflösung vorlägen –, stellt das BVerfG jetzt zutreffend auf den Gleichklang aller am Verfahren des Art. 68 GG beteiligten Verfassungsorgane ab, namentlich auf den Bundestag und sein Votum.« (Pieper 2007: 291)

Der Kern mit Blick auf die Kontroverse um die auflösungsgerichtete Vertrauensfrage ist somit eine angenommene Gegenüberstellung des Willens des Kanzlers und des Bundestages. Denn das vom Gericht konstruierte Erfordernis eines »materiellen Tatbestandsmerkmals« basiert wesentlich auf der von ihm vermuteten Gefahr, dass der Kanzler ohne einen solchen zusätzlichen Zweck der Norm mit einer ihn verlässlich tragenden Parlamentsmehrheit »einen ihm geeignet erscheinenden Neuwahltermin voraussetzungslos« (BVerfGE 114, 121: Rdnr. 137) bestimmen könne.

> »Das allgemeine Vorurteil – auch das der Antragsteller und ihrer Prozessbevollmächtigten – ging ganz offensichtlich dahin, dass die Parlamentarier sich instrumentalisieren lassen und die Abstimmung im Bundestag manipuliert war. Der Eindruck ist kaum von der Hand zu weisen, dass auch die Apologeten eines Selbstauflösungsrechts letztlich das ungute Gefühl haben, ihre Kollegen im Parlament verhielten sich grundsätzlich so, wie der Kanzler oder die Fraktionsspitze es wünschen.« (Pieper 2007: 297)

Das Gericht hat hier die Chance nicht ergriffen, dieser Sichtweise, die die auf Freiwilligkeit beruhende Evidenz der Geschlossenheit der Regierungsmehrheit vernachlässigt und eine gewisse Regierungsdominanz unterstellt, entgegenzutreten, indem es schlicht auf die Verantwortlichkeit der Regierungsmehrheit zurückverwiesen hätte.

> »Das Gericht hätte die Gelegenheit gehabt und hätte sie im Interesse nicht nur der Stellung des Bundestages, sondern auch der Bestätigung der vom BVerfG selbst den anderen Verfassungsorganen abverlangten Organtreue ergreifen sollen, gleichsam einen Schritt zurücktreten und zunächst untersuchen, inwieweit im Staatsorganisationsrecht eine a priori vorgenommene Abtrennung von ‚nur formellen Anforderungen' vom Zweck der Norm zulässig oder geboten ist. Der umstandslose Zugriff auf den Zweck der Norm hingegen, zu dem ihr Wortlaut nichts hergibt, was über die ‚formalen' Schritte und Folgen der Prozedur hinausginge, verschafft dem Gericht ein – zudem weitgehend gewillkürtes – abstraktes politisches Szenario, an welchem sodann das tatsächlich abgelaufene politische Geschehen gemessen werden muß, wenn dieses Vorgehen einen Sinn haben soll.« (Zeh 2008: 439 f.)

Diese kritische Auseinandersetzung mit der Urteilsbegründung spiegelt sich auch in den abweichenden Meinungen in den Jahren 1983 und 2005 wider. Alle abweichenden Meinungen außer derjenigen von Richterin Lübbe-Wolff 2005 stimmen mit den die beiden Urteile tragenden Richtern dahingehend überein, dass der Wille der Regierungsmehrheit allein, Neuwahlen durchführen zu lassen, zur Rechtfertigung des Verfahrens der Vertrauensfrage nicht ausreichend sei. Sie lassen sich in drei Kategorien unterteilen: *Erstens* ging Richter Zeidler 1983 davon aus, das die Vertrauensfrage nicht deswegen zulässig gewesen sei, weil das materielle Tatbestandsmerkmal vorgelegen hätte, sondern weil es einen Verfassungswandel gegeben habe hin zu einer plebiszitären Legitimation des Kanzlers, der durch Art. 67 GG ins Amt gekommen war (BVerfGE 1, 68: Rdnr. 194). Die These, dass durch die Zulässigkeit der auflösungsgerichteten Vertrauensfrage 1983 und 2005 der Kanzler und das plebiszitäre Moment des parlamentarischen Regierungssystems gestärkt würden, fand auch in der Literatur Zustimmung (Niclauß 2006: 41; so z. B. auch Strohmeier 1983: 429; Winkler 2006: 460). Richter Zeidler sah darüber hinaus ebenso den Willen der Parteien als nicht ausschlaggebend an:

> »Der dem Bundesverfassungsgericht unterbreitete Vorgang läuft darauf hinaus, daß sich politische Führungskräfte des Rechtes berühmen, nur auf der Grundlage ihrer eigenen Vorstellungen von politischer Zweckmäßigkeit und darauf beruhender Willensentschließung nach Belieben die Dauer der Legislaturperiode verkürzen zu können. Dies zielt auf eine punktuelle stillschweigende Durchbrechung der Verfassung, die die Verfassungsväter aus wohlerwogenen Gründen, gestützt auf die gerade in dieser Beziehung besonders reichhaltigen Erfahrungen unter der Weimarer Verfassung, durch die Bestimmung des Art. 79 Abs. 1 Satz 1 GG verhindert wissen wollen. Der Wille der Parteien ‚als solcher' konnte das eingeschlagene Verfahren danach nicht legitimieren.« (BVerfGE 68, 1: Rdnr. 192)

Auch Richter Rick hielt das Tatbestandsmerkmal für nicht gegeben, folgerte aber anders als Zeidler eine Nicht-Zulässigkeit der Vertrauensfrage:

> »Solange die Abstimmungsniederlage nicht Ausdruck einer gegenwärtigen Regierungskrise ist, in der die Bundesregierung ihre Fähigkeit eingebüßt hat, mit Unterstützung der Mehrheit des Parlaments politische Vorhaben durchzusetzen, fehlen die rechtlichen Voraussetzungen für eine Bundestagsauflösung.« (BVerfGE 63, 1: Rdnr. 346)

Eine Ablehnung von Parteien als Entscheidungskörper im Falle Zeidlers zugunsten einer plebiszitären Komponente ist hier relativ deutlich zu erkennen. Ob dabei der Einschätzung, es handele sich um einen Verfassungswandel, zu folgen ist, ist fraglich. Zum einen hatten die das Urteil »Bundestagsauflösung I« tragenden Richter deutlich hervorgehoben, dass auch der über Art. 67 GG gewählte Bundeskanzler die »volle demokratische Legitimität« (BVerfGE 62, 1: Rdnr. 121) besitze und es ein »unverantwortliches Unterfangen« (ebd.) sei, »verfassungsmäßige Verfahren mit der Behauptung abzuwerten oder auszuhöhlen, sie erforderten daneben weitere Legitimationen« (ebd.). Dies spräche dafür, dass es den Wandel nicht gegeben hat, weil keine neue Auslegung zulässig ist. Auf der anderen Seite könnte der Rekurs auf die Intention des Parlamentarischen Rates bei der Schaffung der Norm, der »von der Konstruktion eines größtmöglichen Zwanges zur Stabilität, Kontinuität und zeitlich vollen Ausschöpfung der Legislaturperiode« ausgehe (BVerfGE 62, 1: Rdnr. 198), einer parteiendemokratisch-realitätsorientierten Überprüfung nicht standhalten. Bereits im Parlamentarischen Rat war das Problem virulent, dass die Sicherung der Regierung durch Vorschriften der Verfassung möglich, der Zusammenhalt der Mehrheit jedoch eine politische Aufgabe ist.

> »[...] eine auflösungsgerichtete Verwendung der Vertrauensfrage, um eine wichtige politische Frage vom Volk entscheiden zu lassen, wurde sogar ausdrücklich – und unwidersprochen – erwähnt. Die Kritik an der Praxis 2005 folgte häufig einem Formalismus, der den Ratsmitgliedern, die ja politisch erfahrene Menschen waren, ganz überwiegend fremd war.« (Galka 2014: 150)

Auch dies spricht dafür, dass es keinen Verfassungswandel gegeben hat, weil der Norm von Beginn an ein Aspekt der Selbstauflösung inhärent war. Gegen eine solche Interpretation des Verfassungswandels spricht schließlich ebenso die Tatsache, dass die Anwendung von Art. 68 GG sehr sparsam geschah und alle bisher in der Bundesrepublik gestellten Vertrauensfragen durch Willy Brandt (1972), Helmut Kohl (1983) und Gerhard Schröder (2005) »auflösungsgerichtet« waren.

> »Die Ratio des Art. 68 GG ist letztlich, daß man in singulären Sonderfällen auflösen kann, daß man das mit schlechtem Gewissen und keinesfalls stromlinienförmig und nach Belieben tun kann, und daß es so schwierig ist, daß man es möglichst nicht oft wiederholt. Damit ist auch der Auflösungsfeindlichkeit des Grundgesetzes nach heutiger Sicht ausreichen Rechnung getragen.« (Zeh 1983: 127)

Unter der *zweiten* Kategorie der abweichenden Urteile können die Ansichten der Richter Rottmann 1983 und Jentsch 2005 subsummiert werden, die den Maßstab der »materiellen Auflösungslage« zwar akzeptieren, diesen aber nicht feststellen können. Rottmann sieht eine Ausdehnung der Lage der Instabilität auf einen Zustand, in dem Abstimmungsniederlagen nur zu befürchten sind, als zu weitgehend an (so auch Winkler 2006: 450):

> »Ich bin dagegen der Auffassung, daß im Regelfall nur der Minderheitskanzler das Verfahren gemäß Art. 68 GG einleiten darf. Ein sicheres Indiz dafür ist immer das Erleiden von Abstimmungsniederlagen der die Minderheitsregierung tragenden Partei oder Parteienkoalition im Bundestag.« (BVerfGE 63,1 Rdnr. 360)

Auch Richter Jentsch kann 2005 keine materielle Auflösungslage erkennen:

> »Für diese letztgenannte Einschätzung [dass eine stetige und verlässliche Mehrheit für die Regierungspolitik des Kanzlers angesichts der Drohung abweichenden Stimmverhaltens verschiedener Abgeordneter nicht mehr gegeben sei; Anm. der Verfasserin] stehen allerdings keine sichtbar gewordenen oder nachprüfbaren Anhaltspunkte zur Verfügung. Die vom Kanzler geleitete Bundesregierung hat in der zurückliegenden Legislaturperiode keine einzige Abstimmung verloren, in der die Kanzlermehrheit erforderlich war. Auch die bislang ins Gesetzgebungsverfahren eingebrachten Gesetzentwürfe zur Umsetzung der ‚Agenda 2010' waren im Bundestag erfolgreich.« (BVerfGE 114, 121: Rdnr. 193)

Er sieht jedoch auch die plebiszitäre Komponente nicht als Rechtfertigung an, wenn »das Dilemma des Kanzlers nicht in einer fehlenden parlamentarischen Mehrheit, sondern in einer Serie von Wahlniederlagen« gründet und er also eine Mehrheit im Bundestag habe, aber befürchtet, »nicht mehr die Mehrheit der Menschen im Land hinter sich zu haben« (BVerfGE 114, 121: Rdnr. 210):

> »Die Frage, ob in dieser Ausgangslage der Weg des Art. 68 GG beschritten werden darf, muss mit einem klaren Nein beantwortet werden. Es obliegt der Entscheidung des Bundeskanzlers, ob er in dieser Situation an der von ihm als richtig empfundenen Politik festhalten und sich damit dem Risiko eines weiteren Popularitätsverlusts aussetzen will. Sieht er sich hierzu nicht in der Lage, so steht es ihm frei, die Leitlinien seiner Politik zu ändern oder vom Amt zurückzutreten. Die Auflösung des Bundestags dagegen kann so nicht gerechtfertigt werden.« (BVerfGE 114, 121: Rdnr. 212)

Die *dritte* Kategorie abweichender Meinung kommt einer parteiendemokratischen Sichtweise auf den Sachverhalt am nächsten und geht davon aus, dass die formelle und materielle Ebene getrennt betrachtet werden müssen. Richterin Lübbe-Wolff verweist darauf, dass sich die Kritik an der Auslösung der Vertrauensfrage nur auf den Kanzler beziehe, nicht jedoch auf das Parlament. Hiermit werde die Wertung des Gerichtsbeschlusses verschleiert:

> »Tatsächlich betrifft der Vorwurf, eine ‚instabile Lage' fehlenden Vertrauens in verfassungswidriger Weise nur vorgespielt zu haben, aber zwangsläufig auch das Parlament; mit der Prüfung, ob dies der Fall ist, wird auch die Entscheidung des Parlaments hinterfragt.« (BVerfGE 114, 121: Rdnr. 215)

Durch ihre Feststellung, dass die Vertrauensfrage eine Willensbekundung erfordere, die deswegen nur vom Parlament beantwortet werden könne (BVerfGE 114, 121: Rdnr. 218), lenkt sie die Aufmerksamkeit auf den parlamentskritischen Impetus, der den Urteilen zur Auflösungsfrage zugrunde liegt und dessen Ursachen in der Konstruktion objektivierbarer Maßstäbe von politischer Zustimmung liegt:

> »Die Rolle, die das Bundesverfassungsgericht mit dieser Auslegung dem Bundespräsidenten und sich selbst zuweist, ist fehlbesetzt. Dass die vorgesehenen Akteure sie nicht ausfüllen können und dürfen, liegt in der Natur der Vertrauensfrage als einer nicht auf wirklichkeitsbeschreibende Wissenserklärung, sondern auf wirklichkeitsformende (performative) Willensbekundung gerichteten Frage und in der Natur des freien Mandats der Bundestagsabgeordneten (Art. 38 Abs. 1 GG). Performative Äußerungen können prinzipiell nicht sinnvoll durch deskriptive korrigiert werden.« (BVerfGE 114, 121: Rdnr. 217)

Sie verweist damit auch auf die durch die Vermischung der materiellen und der formellen Sphäre auftretenden erkenntnistheoretischen Komplikationen:

> »Die jetzt getroffene Entscheidung macht das noch deutlicher als die vorausgegangene Entscheidung zur Bundestagsauflösung nach der Vertrauensfrage des Bundeskanzlers Kohl, indem sie ausdrücklich auch die Berufung auf ‚verborgene' und ‚ihrer Natur nach' nicht in einem gerichtlichen Verfahren darstellbare Formen des Konflikts – kurz: auf eine ‚verdeckte' Minderheitslage – ohne weitere Offenlegungsanforderungen für ausreichend erklärt. Ein Tatbestandsmerkmal, dessen Erfülltsein hinreichend dadurch belegt werden kann, dass man auf Verdecktes, Verborgenes und seiner Natur nach vor Gericht nicht Darstellbares verweist, führt nur noch eine juristische Scheinexistenz.« (BVerfGE 113, 121: Rdnr. 222)

Diese Schwierigkeiten liegen nicht in der politischen Sphäre selbst, sondern in der Annahme eines materiellen Tatbestandsmerkmals.

> »Der Dissens betrifft damit die Frage, ob die ‚wirkliche' Vertrauenslage im Parlament dem Abstimmungsergebnis vom 1. Juli 2005 entspricht oder nicht. Dass die Frage, wer hier recht hat, einem Eindeutigkeit erzeugenden Beweis nicht zugänglich ist, liegt nicht daran, dass hier Vertraulichkeitsinteressen gewahrt oder politische Beziehungen geschont werden müssten, sondern daran, dass die Frage überhaupt keinen feststellungsfähigen Sachverhalt zum Gegenstand hat [...].« (BVerfGE 114, 121: Rdnr. 224)

Den Schlussfolgerungen Lübbe-Wolffs ist entgegengehalten worden, dass die Ablehnung eines materiellen Tatbestandsmerkmals zugleich Entstehungsgeschichte und Teleologie der Regelung sowie der grundgesetzlichen Systematik widerspreche (Winkler 2006: 446). Die Verfassungsmäßigkeit werde so einer einheitlichen Staatspraxis untergeordnet und das Verfahren des Art. 68 GG in den politischen Bereich überantwortet (2006: 459). Die nähere Betrachtung der hinter diesem Dissens liegenden Differenz in der Anwendung von rechtswissenschaftlichen Auslegungsmethoden einerseits und der damit zusammenhängenden Bewertung, dass die Prüfkompetenz des BVerfG in den politischen Raum hineinragt, mag zwar Teil der Parlamentarismusfrage sein, muss hier aber zurückgestellt werden.

Die Zusammenschau der abweichenden Meinungen zeigt noch einmal die Umstrittenheit der Urteilsbegründung zur Auflösungsfrage, die sie besonders aufschlussreich für die Analyse des Parlamentarismusverständnisses des Gerichts macht. Obwohl Bundestag und Bundeskanzler ein weiter Ermessensspielraum bei der Beurteilung der Auflösungsfrage eingeräumt wurde und die innerparlamentarischen Mechanismen der Willensbildung anerkannt wurden, wollte man der Regierungsmehrheit die Entscheidung über die politische Lage nicht zugestehen. Die Wiederholung der Argumentation anlässlich der Vertrauensfrage Schröders deutet darauf hin, dass der

Zweite Senat auch im Jahr 2005 nicht dazu bereit war, die faktische Entscheidungsfunktion der Mehrheitsparteien im Parlament zu akzeptieren. Zumindest ist er deren Infragestellung nicht entgegengetreten.

5.1.3 Einzelne Abgeordnete und Gruppen: die Grenze der gleichen Mitwirkungsbefugnis und das Proportionalitätsprinzip

5.1.3.1 Repräsentation in den Ausschüssen

Bereits anlässlich des Urteils »Beschlussfähigkeit« im Jahr 1977 hatte das BVerfG das grundsätzliche Verhältnis zwischen Ausschussarbeit und Plenumbeschluss behandelt. Die unter anderem dort festgestellten Grundsätze lauteten: Es gibt eine Notwendigkeit gleicher Mitwirkungsbefugnisse aller Abgeordneten bei der parlamentarischen Arbeit, die Ausschüsse sind in die Repräsentation des Volkes einbezogen und die Fraktionen sind maßgebliche Faktoren der politischen Willensbildung. Bei der Analyse der Urteile zu Mitwirkungsbefugnissen von fraktionslosen Abgeordneten und parlamentarischen Gruppen[61] ist nun danach zu fragen, ob es weitere, darüber hinaus gehende für die Parlamentarismuskonzeption des Gerichts relevante Aussagen gibt, die insbesondere den Status der Fraktionen weiter konturieren. Die Anerkennung der Rolle der Fraktionen zieht die Frage nach sich, welche Rechte ihnen exklusiv zustehen und welche Rechteeinschränkungen des einzelnen Abgeordneten oder einer parlamentarischen Gruppe, die nicht Fraktionsstatus hat, dementsprechend zulässig sind (zu den Fraktionsrechten grundlegend Hölscheidt 2001).

Der Abgeordnete Thomas Wüppesahl war aus der Fraktion Die Grünen im Jahr 1988 wegen Parteiaustritts ausgeschlossen worden. In den von ihm bisher besetzten Ausschüssen wurde er ersetzt, er sollte im Plenum einen Platz in den hinteren Reihen ohne Telefon erhalten. In dem Organstreitverfahren richteten sich die Anträge gegen die Regelungen der GOBT, die im parlamentarischen Verfahren den Fraktionen spezifische Rechte vorbehalten. Dies sind die Bestimmung der Besetzung des Ältestenrates, der Aus-

61 Um begrifflich zwischen dem hier verwendeten Gruppenbegriff als soziologischem Phänomen und der parlamentarischen Gruppe nach § 10 IV GOBT zu unterscheiden, wird hier für ersteres der Begriff „Gruppe“ und für letzteres der Begriff „parlamentarische Gruppe“ verwendet.

schüsse und der Enquete-Kommissionen durch die Fraktionen, die Antragsrechte der Fraktionen zur Rededauer im Plenum und die Mindestanzahl an Unterschriften für Gesetzesvorlagen des Bundestages oder Änderungsanträge.[62] Diese schränkten die Rechte des Antragstellers gemäß Art. 38 I 2 GG über das Maß hinaus ein, das zur Sicherung des Ablaufs der Parlamentsarbeit notwendig sei, so der Antragsteller. Außerdem verstießen sie gegen das Prinzip der repräsentativen Demokratie, den verfassungsrechtlich garantierten Minderheitsschutz und gegen den strengen Gleichheitssatz. Des Weiteren wurden die Haushaltsgesetze zur Finanzierung der Fraktionen und die Zurückweisung des Antrages auf einen Sitzplatz mit Schreibmöglichkeit und Telefon im Plenum angegriffen.

Das Gericht sieht die Anträge als teilweise begründet an. Dem Abgeordneten Wüppesahl musste die Mitarbeit in einem Ausschuss gewährt werden. Zur Begründung wiederholte das Gericht die wesentlichen Auffassungen aus dem Jahr 1977 (Urteil »Beschlussfähigkeit«) und unterfütterte sie mit weiteren Begründungen, insbesondere zur »Vorformung« der Entscheidungen des Plenums in der Sache. Es entspreche »parlamentarischer Tradition«, dass »im Bundestag ein wesentlicher Anteil der anfallenden Arbeit [...] vor allem in den Ausschüssen« bzw. »ein Großteil der eigentlichen Sacharbeit [...] von den Ausschüssen bewältigt wird« (BVerfGE 80, 188: Rdnr, 120). Diese nähmen »einen Teil des Entscheidungsprozesses entlastend vorweg«, und sie nähmen einen »wesentliche[n] Teil der Informations-, Kontroll- und Untersuchungsaufgaben des Bundestages« wahr (ebd.). Vor allem in den Ausschüssen eröffne sich den Abgeordneten die Chance, ihre eigenen politischen Vorstellungen in die parlamentarische Willensbildung einzubringen (so auch schon im Urteil »Beschlussfähigkeit«). Aus dieser Teilhabe an der Repräsentation des Volkes schließt das Gericht auf das *Prinzip der innerparlamentarischen Repräsentativität*:

> »Durch diese Aufgabenstellung sind sie in die Repräsentation des Volkes durch das Parlament einbezogen; dieses Prinzip prägt den gesamten Bereich der parlamentarischen Willensbildung. Deshalb muß grundsätzlich jeder Ausschuß ein verkleinertes Abbild des Plenums sein und in seiner Zusammensetzung die Zusammensetzung des Plenums widerspiegeln.« (Ebd.)

Weil alle politischen Vorstellungen vertreten sein müssen, könne der fraktionslose Abgeordnete nicht ohne gewichtige Gründe von jeder Mitarbeit in

62 § 6 I und II (Ältestenrat), § 12 (Stellenanteile der Fraktionen), § 35 I und II (Rededauer), § 56 I und II (Enquete-Kommission), § 57 I und II (Mitgliederzahl der Ausschüsse), § 76 I (Vorlagen von Mitgliedern des Bundestages) und § 85 I (Änderungsanträge zu Gesetzesentwürfen in dritter Beratung) GOBT.

den Ausschüssen ausgeschlossen werden (zur Einführung des Spiegelbildlichkeitsprinzips in dieser Entscheidung Meinel 2019b: 10 f.). Dagegen sei es mit dem Grundgesetz vereinbar, dass die Fraktionen die Ausschussmitglieder benennten (§ 57 GOBT). Die daraus resultierende Folge der Zugangsbeschränkungen des fraktionslosen Abgeordneten zur parlamentarischen Arbeit aber, nämlich dass es ihm unmöglich wäre, »seine eigenen politischen Vorstellungen gerade dort in den Willensbildungsprozeß des Bundestages einzubringen, wo sie bei der gegebenen Arbeitsorganisation des Parlaments am ehesten zur Geltung kommen können« (BVerfGE 80, 188: Rdnr. 122), sei nicht hinnehmbar, wenn es genauso viele oder mehr Ausschusssitze wie Abgeordnete gebe.

Die Frage, die sich unter dem Blickwinkel der Unterscheidung von Entscheidung und Beschluss stellt, ist die nach den Grenzen des so konstatierten Prinzips der innerparlamentarischen Repräsentativität, die für die parlamentarische Repräsentation im Parlament gegeben sein muss. Bei der Analyse des Urteils »Beschlussfähigkeit« ist auf diese Abgrenzungsproblematik bereits eingegangen worden. Unter welchen Umständen der »Entscheidungsprozeß institutionell in den Bereich des Parlaments eingefügt bleibt« (BVerfGE 44, 308: Rdnr. 37), steht zur Disposition.

> »Sofern zur Feststellung der Teilnahme an der Repräsentation auf die Teilnahme am Entscheidungsprozess im tatsächlichen Sinne abgehoben werden soll, ist eine klare Abgrenzung kaum vorstellbar. Gerade unter Berücksichtigung der Mehrheitsfähigkeit im Plenum sind vermutlich die Verhandlungen innerhalb der Regierungskoalition und in den Facharbeitskreisen der Fraktionen mindestens so wichtig wie die Ausschußarbeit.« (Bernzen/Gottschalck 1990: 399)

Es kann aus der bisherigen Analyse der Entscheidungen aber geschlussfolgert werden, dass die strenge Auslegung dieses aus Art. 38 I 2 GG abgeleiteten Maßstabs »vornehmlich« für Orte gelten soll, wo die Entscheidung fällt (siehe auch BVerfGE 44, 308: Rdnr. 37). Während den Aussagen des Gerichts im Jahr 1977 relativ deutlich zu entnehmen ist, dass es die politische Entscheidung in Ausschüssen und Fraktionen vermutet (BVerfGE 44, 308: Rdnr. 32), sprechen die Richter 1989 nur von der Erarbeitung von Entscheidungsgrundlagen:

> »Entscheidungen und Beschlüsse des Plenums vorzubereiten, setzt die Erarbeitung mehrheitsfähiger Entscheidungsgrundlagen voraus; damit wäre es schwerlich vereinbar, wenn sich die politische Gewichtung innerhalb des Parlaments in den Ausschüssen nicht widerspiegelte.« (BVerfGE 80, 188: Rdnr. 121)

Es ist bereits dargelegt worden, dass aus politikwissenschaftlich-empirischer Sicht der Annahme nur sehr eingeschränkt gefolgt werden kann, dass in den Ausschüssen des Bundestages substanziell entschieden werde (Kapitel 4.2.3). Auch das Argument des Gerichts, dass die Vorstellungen des einzelnen Abgeordneten im Ausschuss am ehesten zur Geltung kommen könnten, sind zu hinterfragen. Aus parteiendemokratischer Sicht ist für die Frage der Repräsentation im Sinne von Vertretung (formeller Aspekt) entscheidend, ob es zu verbindlichen oder bindenden Beschlüssen in den Ausschüssen kommt. Dies ist für die Fachausschüsse nicht der Fall. Trotzdem sieht das Verfassungsgericht den Bundestag zu einer festgelegten Ausschussorganisation verpflichtet und greift damit in seine Geschäftsordnungsautonomie ein; sieht sogar andernfalls die Repräsentation des Volkes als gefährdet an (siehe auch Zeh 2008: 432 f.)

Weiterhin bringt auch die implizite Annahme des Gerichts, dass die Mitwirkung der Abgeordneten im Ausschuss eine »der Mitwirkung im Plenum vergleichbare Bedeutung« habe (BVerfGE 80, 188: Rdnr. 120), keinen Erkenntnisgewinn für die Frage der Verortung von Repräsentation, da die Funktionen der Gremien sich grundlegend unterscheiden. Neben der Festlegung von nachvollziehbaren Kriterien für die Beteiligung der Abgeordneten, wäre auch die Frage zu klären, für welche Gremien dann ein einklagbarer Rechtsanspruch auf Teilnahme bestünde (Bernzen/Gottschalck 1990: 400).

Es liegt nahe, dass die Tendenz des Gerichts, die fraktionenübergreifende oder einzelabgeordenetenübergreifende Sachdiskussion in den Ausschüssen zu verorten, auf einer, wie Oertzen es nennt, »älteren Position« (Oertzen 2006: 192 mit zahlreichen Nachweisen) zu den Funktionen der Fachausschüsse beruht.

> »In der Literatur zum Bundestag lassen sich zwei unterschiedliche, sich teilweise deutlich widersprechende Ansichten zu den Ausschüssen finden, die unterschiedliche Funktionen des Ausschusses implizieren. Während die eine Position betont, dass im Ausschuss – und nicht etwa im Plenum – Sachdiskussionen und Gesetzgebung stattfänden, sieht die andere in den Ausschüssen ein ‚Plenum im Kleinformat' mit verhärteten Fronten wie in der anschließenden Plenardebatte.« (ebd.)

Dass das Gericht von inhaltlicher weichenstellender Sacharbeit und nicht etwa von fachlicher Detailarbeit in den Fachausschüssen ausgeht, zeigt auch der Hinweis darauf, dass im Gegensatz zum Ausschuss eine Mitgliedschaft des einzelnen Abgeordneten im Ältestenrat nicht erforderlich sei, weil dort keine »Vorformung [der] Willensbildung« (BVerfGE 80, 188: Rdnr. 132) stattfinde. Demensprechend wird eine Vorformung der Willensbildung in den Ausschüssen angenommen. Es reflektiert eine spezifische Seite des klassischen Parlamentarismusverständnisses, wenn – nach der

Einsicht, dass offenbar keine Deliberation im Plenum stattfindet –, diese in den Fachausschüssen vermutet wird:

> »Da Mitwirkung in den Ausschüssen (spezialisierte) Mitwirkung an der Vorbereitung von Entscheidungen des Bundestages ist, bildet den Schwerpunkt der Ausschußarbeit die Beratung der überwiesenen Vorlagen (§ 75 GOBT) und die auf dieser Beratung fußende Erarbeitung von Beschlußempfehlungen an das Plenum. Demgemäß liegt das Schwergewicht der Mitwirkung des einzelnen Abgeordneten an der Ausschußarbeit auf der Einbringung von Argumenten, auf der Befruchtung der Sachdiskussion. Die Beratung einer Vorlage im Ausschuß eröffnet, wenngleich regelmäßig im Rahmen einer von der Mehrheit vorgegebenen politischen Zielsetzung, Möglichkeiten der Einflußnahme durch Rede und Gegenrede. Sie sind für eine wirkungsvolle Mitarbeit des einzelnen Abgeordneten von ausschlaggebender Bedeutung. Folge und notwendiger Bestandteil des Rederechts ist das Antragsrecht. Im Antrag erscheint der Redebeitrag gewissermaßen gebündelt und auf das Wesentliche konzentriert.« (BVerfGE 80, 188: Rdnr. 124)

Es ist demgegenüber eine wichtige Prämisse der parteiendemokratischen Sichtweise, dass in Gremien, in denen Akteure der Mehrheits- und Oppositionsfraktionen gemeinsam teilnehmen, eine ergebnisoffene Diskussion in aller Regel nicht stattfindet und somit die wirkungsvolle Mitarbeit im Sinne von Einflussnahme auf Sachentscheidungen erheblich reduziert ist. Dies entspricht der Funktionsweise von Staatsorganen im Vergleich zum offenen Entscheidungsprozess in Parteien als Entscheidungskörpern. Dessen ungeachtet sind neben der Erarbeitung von Beschlussvorlagen andere Funktionen der Ausschüsse, wie z. B. bei der Kontrolle der Regierung und der technischen Detailarbeit an Gesetzenzwürfen (Siefken 2018b: 121 f.), oder die Bedeutung einzelner Rollen in den Ausschüssen, wie die des Vorsitzenden (z. B. Höhmann 2017), hervorzuheben.

Kommt man also zurück zu der Frage, was das BVerfG unter Repräsentation versteht, ist festzustellen, dass es die im Urteil »Beschlussfähigkeit« konstatierte Prämisse aktualisiert, dass das Parlament nur als Ganzes das Staatsvolk repräsentieren könne. Zur Untermauerung fügt es das Prinzip der innerparlamentarischen Repräsentativität hinzu: Die Ausschüsse des Bundestages müssen ein verkleinertes Abbild des Plenums darstellen, um die Repräsentanz der Gesamtheit aller politischen Kräfte zu gewährleisten.

> »[D]ie Geschäftsordnung [darf] das gleiche Recht jedes Abgeordneten, seine politischen Vorstellungen in den Willensbildungsprozeß des Parlaments einzubringen, nicht antasten« (BVerfGE 80, 188: Rdnr. 117).

Weil es von substanziellen Sachentscheidungen in den Ausschüssen ausgeht, sieht es Repräsentation also weiterhin innerhalb von Staatsorganen als verwirklicht an. Wie weitgehend dieses Repräsentativitätsprinzip ausgestaltet ist, zeigt sich in Konkurrenz zum Mehrheitsprinzip bei der Besetzung der Bundestagsbank des Vermittlungsausschusses (Kapitel 5.1.3.3).

Die innerparlamentarische Repräsentativität ist auch der Kern des Urteils zur Übertragung von Beteiligungsrechten des Bundestags auf ein Sondergremium im Rahmen von Entscheidungen über ESM-Maßnahmen im Jahr 2012 (»Stabilisierungsmechanismusgesetz«). In dem Organstreitverfahren hatten zwei Abgeordneten begehrt festzustellen, dass Teile des StabMechG gegen Art. 38 I GG verstoßen. Die Antragsgegner, Bundestag und Bundesregierung führten an, dass diese Rechteeinschränkung durch seine Geschäftsordnungsautonomie legitimiert sei. Das Sondergremium, das aus neun Mitgliedern des Haushaltsausschusses bestand, war plenarersetzend – in den Worten des BVerfG: entscheidend tätig. Bereits im Jahr 2011 war diese Praxis, also die Delegation von Entscheidungsbefugnissen, als verfassungskonform eingestuft worden (BVerfGE 129, 124). In der Entscheidung 2012 fügen die Richter im Vergleich zu den Formulierungen der 1980er und 1990er Jahre eine zusätzliche Klarstellung des Konzepts der Gesamtrepräsentation hinzu:

> »Der Deutsche Bundestag erfüllt seine Repräsentationsfunktion grundsätzlich in seiner Gesamtheit, durch die Mitwirkung aller seiner Mitglieder, <u>nicht durch einzelne Abgeordnete, eine Gruppe von Abgeordneten oder die parlamentarische Mehrheit</u>.« (BVerfGE 130, 318: Leitsätze, Rdnr. 102)

Damit wird deutlich, dass sie eine Abgrenzung vom Konzept der Gruppenrepräsentation vornehmen wollen. Sie halten es ausdrücklich nicht für ausreichend, dass § 3 III 2 StabMechG lediglich »eine Vertretung aller Fraktionen und eine Abbildung der auf das Verhältnis von Regierung und Opposition bezogenen Mehrheitsverhältnisse« (BVerfGE 130, 318: Rdnr. 155) in dem Sondergremium vorsieht. Der Grundsatz der Spiegelbildlichkeit erfordere, dass die Ausschüsse und Gremien »in ihrer politischen Prägung dem Plenum entsprechen« (BVerfGE 130, 318: Rdnr. 126) müssen; das Plenum müsse »in seiner konkreten, durch die Fraktionen geprägten Gestalt« abgebildet werden (Rdnr. 154). Abweichungen seien nur erlaubt, wenn durch sie der im Plenum bestehenden politischen »Regierungsmehrheit« Rechnung getragen werden könne (BVerfGE 130, 318: Rdnr. 130). Wie schon im Urteil »Wüppesahl« im Kontext der Arbeit der Ausschüsse deutlich wurde, wird eine Fokussierung des Repräsentationsbegriffs auf einen formellen Beschlussaspekt vermieden. Hierauf weist auch das folgende Zitat hin:

> »Öffentliches Verhandeln von Argument und Gegenargument, öffentliche Debatte und öffentliche Diskussion sind wesentliche Elemente des demokratischen Parlamentarismus. Das im parlamentarischen Verfahren gewährleistete Maß an Öffentlichkeit der Auseinandersetzung und Entscheidungssuche eröffnet Möglichkeiten eines Ausgleichs widerstreitender Interessen und schafft die Voraussetzungen der Kontrolle durch die Bürger (vgl. BVerfGE 40, 237 [249]; 70, 324 [355]).« (BVerfGE 130, 318: Rdnr. 108)

Nicht nur Verhandlung und Öffentlichkeit im Sinne der Einhaltung des parlamentarischen Verfahrens (formeller Aspekt), sondern auch Entscheidungssuche und Interessenausgleich (materieller Aspekt) werden also im Organ Parlament verortet. Andernfalls drohe eine »Aushöhlung« (BVerfGE 130, 318: Rdnr. 112) der parlamentarischen Budgetverantwortung. Der Begriff der »Aushöhlung« der Kompetenzen des Bundestages stammt dabei aus dem bereits erwähnten Urteil »EFS« (Europäischer Sozialfonds) aus dem Vorjahr, das auf einer Verfassungsbeschwerde beruhte. Dort war der Begriff von den Antragstellern verwendet worden. (BVerfGE 129, 124: Rdnr. 71, 74). Unter ihnen befand sich auch der Rechtswissenschaftler Karl Albrecht Schachtschneider, der recht eindeutig einem klassischen Parlamentarismusverständnis anhängt, die Ausprägungen der Parteiendemokratie als »verfassungspolitische Fehlentwicklungen des Verfassungsstaates« einstuft (Schachtschneider 2006: 177) und dem Parlamentarismus seine »republikanische Relevanz« abspricht, wenn »die Abgeordneten nicht ausschließlich ihrem Gewissen und damit ihrem Wissen verpflichtet sich mühen, das richtige Gesetz, Gesetze des Rechts, zu erkennen« (179). Diese Begriffsübernahme durch das BVerfG ist bemerkenswert, obwohl damit natürlich nicht gesagt ist, dass die Richter sich Schachtschneiders Argumentation zu eigen machen.

Das Repräsentationskonzept des BVerfG geht damit weit über das hinaus, was im parteiendemokratischen Verständnis als Vertretung des Volkes (formeller Aspekt) (Art. 38 I 2 GG) aufgefasst wird. Das BVerfG rekurriert zu Begründung seines Konzepts dagegen auf das gleiche Abgeordnetenmandat in Verbindung mit dem Demokratieprinzip (Art. 20 II GG), um die Einschränkung der Geschäftsordnungsautonomie des Bundestages zu rechtfertigen, und bezeichnet das Demokratieprinzip als »Repräsentationsfunktion des Bundestages« (BVerfGE 130, 318: Rdnr. 126) . Damit habe das Demokratieprinzip »einen selbstständigen Gehalt als *Gebot hinreichender parlamentarischer Repräsentation*« erhalten, so Florian Meinel (2019b: 15). Auch der Spiegelbildlichkeitsgrundsatz werde damit normativ weiter verselbstständigt (Meinel 2019b: 16).

5.1.3.2 Grundsätzliche Geltung des Gruppenprinzips im Bereich von Parlament und Regierung

Im Urteil »Wüppesahl« hatte das BVerfG im Jahr 1989 dem fraktionslosen Abgeordneten die Mitwirkung in einem Ausschuss des Bundestages zugesichert, solange es ebenso viele Ausschusssitze wie Bundestagsmandate gebe. Allerdings stand ihm zwar ein Antrags- und Rederecht, nicht aber ein Stimmrecht im Ausschuss zu. Dies begründete das Gericht mit der überproportionalen Wirkung seiner Stimme. Im Gegensatz zu Fraktionsmitgliedern repräsentiere der einzelne Abgeordnete keine anderen Parlamentsmitglieder. Seine Rechte müssten sich als Mitgliedschaftsrechte »in deren notwendige gemeinschaftliche Ausübung einfügen« (BVerfGE 80, 188: Rdnr. 111), allerdings müsse das »Richtmaß für die Ausgestaltung der Organisation und des Geschäftsgangs« das »Prinzip der Beteiligung aller Abgeordneten« bleiben (ebd.). Die Abwägung zwischen den Anforderungen Mitwirkungsrecht des Abgeordneten und Proportionalitätserfordernis fiel bezüglich des Stimmrechts im Ausschuss zugunsten der Proportionalität aus. Das heißt, die Stimme des einzelnen Abgeordneten durfte im Vergleich zu Ausschussmitgliedern, die Fraktionskollegen repräsentieren, kein überproportionales Gewicht haben. Für die Mitwirkung im Ausschuss stand im gleichen Urteil die Repräsentativität im Vordergrund. Das heißt, jede politische Strömung, die im Bundestag vertreten ist, soll im Ausschuss eine Mitwirkungsmöglichkeit haben. Für die Wahrnehmung seines Stimmrechts wird der einzelne Abgeordnete dagegen auf das Plenum verwiesen:

> »Der fraktionslose Abgeordnete spricht nur für sich, nicht auch für die Mitglieder einer Fraktion; das unterscheidet ihn von den fraktionsangehörigen Ausschußmitgliedern, mögen diese nun einer Mehrheits- oder einer Minderheitsfraktion angehören. Seinem Einfluß auf die Beschlußempfehlung an das Plenum kommt deshalb nicht das gleiche Gewicht zu wie bei den auch für andere Abgeordnete sprechenden Ausschußmitgliedern. Eine trotz dieser Ungleichgewichtigkeit gleichwohl von Verfassungs wegen bestehende Verpflichtung des Bundestages, dem fraktionslosen Abgeordneten ein Stimmrecht im Ausschuß einzuräumen, bedürfte daher einer verfassungsrechtlichen Rechtfertigung, die sich nur aus Art. 38 Abs. 1 Satz 2 GG gewinnen ließe. Diese Vorschrift gibt jedoch dafür nichts her: Das dem Abgeordneten aus seinem verfassungsrechtlichen Status zukommende Stimmrecht wird in der Sache nicht verkürzt, wenn er im Ausschuß nicht mitstimmen kann; sein Stimmrecht als Abgeordneter kann er vielmehr wie jedes Mitglied des Bundestages im Gesetzgebungsverfahren geltend machen, wenn er in zweiter Lesung Änderungsanträge stellt und für die von ihm für richtig gehaltene Fassung der Vorlage stimmt, ferner auch bei den Abstimmungen in dritter Lesung.« (BVerfGE 80, 188: Rdnr. 125)

Es lässt sich festhalten, dass den Fraktionen als »im Zeichen der Parteiendemokratie notwendige Einrichtungen des Verfassungslebens« (BVerfGE

80, 188: Rdnr. 112) mit Rekurs auf die Differenzierung zwischen Vertretung (formaler Aspekt) und Repräsentation (materieller Aspekt) hinsichtlich der Vertretung ein höheres Gewicht als dem einzelnen Abgeordneten zugestanden wird. Die Bedeutung des Gruppenprinzips hält der Beurteilung des Gerichts stand, insbesondere, wenn es um den Erhalt der Mehrheitsverhältnisse geht.

> »Dem fraktionslosen Abgeordneten das Stimmrecht im Ausschuß zu geben, ist noch weniger mit Rücksicht auf die Funktion der Ausschüsse geboten, die Mehrheitsfähigkeit einer Vorlage im Plenum sicherzustellen. Auch in bezug auf diese Funktion gebührt der Stimme des fraktionslosen Abgeordneten eine wesentlich geringere Bedeutung als der des fraktionsangehörigen. Im Gegensatz dazu bekäme seine Stimme sogar zusätzliches, möglicherweise ausschlaggebendes Gewicht, wenn sie bestehende Mehrheitsverhältnisse im Ausschuß in Frage stellen könnte.« (BVerfGE 80, 188: Rdnr. 126)

Das Repräsentativitätserfordernis im Parlament, so ist den Ausführungen des Gerichts im Urteil »Wüppesahl« zu entnehmen, sei also in dreierlei Hinsicht eingeschränkt. Erstens seien durch die Regelung des § 57 II GOBT dem fraktionslosen Abgeordneten die Ausübung seiner mitgliedschaftlichen Befugnisse *nicht* in einer Weise beschnitten, die sein Recht aus Art. 38 I 2 GG verletze, wenn es ebenso viele Ausschusssitze wie Parlamentssitze gäbe (BVerfGE 80, 188: Rdnr. 123). Dies wurde vom Gericht nicht näher ausgeführt. Es ist aber anzunehmen, dass in der theoretischen Situation, in der es weniger Ausschuss- als Parlamentssitze gibt, die Grenzen dieses Anspruchs in Konkurrenz zu fraktionsgebundenen Abgeordneten liegt. Wahrscheinlich würde der Mitarbeit einer Fraktion im Ausschuss aufgrund ihrer Repräsentationsfunktion der Vorrang eingeräumt werden. Zweitens soll, wie genannt, zwar die Mitarbeit im Ausschuss gewährleistet sein, jedoch ein proporzverzerrendes Stimmrecht nicht gewährt werden. Und drittens »braucht ein fraktionsloser Abgeordneter nicht an den die Ausschußarbeit vorbereitenden, sogenannten Berichterstattergesprächen beteiligt zu werden« (BVerfGE 80, 188: Rdnr. 127). Die auf den ersten Blick dem einzelnen Abgeordneten gegenüber freundliche Rechtsprechung birgt auf den zweiten Blick also auch eine starke Berücksichtigung des Gruppenprinzips und der gruppeninternen Repräsentation. Das Bild des Repräsentationskonzepts des Gerichts am Beispiel der Befugnisse des einzelnen Abgeordneten bleibt damit disparat. Dies wird hier noch einmal für die unterschiedliche Bewertung der Beteiligungsrechte deutlich:

> »Einerseits stellt es auf tatsächliche Vorgänge ab, wenn es um die Frage geht, ob der Abgeordnete – im Sinne der Beteiligung an der ‚Repräsentation' – hinreichend an der parlamentarischen Willensbildung mitwirken kann; andererseits vertritt es

> die Auffassung, gerade diese Tatsachen seien nicht entscheidend.« (Bernzen/Gottschalck 1990: 403)

Auch Martin Morlok sieht in dieser widersprüchlichen Argumentation eine »dogmatische Unstimmigkeit«:

> »Die freiwillige Vereinigung als Bauprinzip der Fraktion kann nicht im Wege eines Vertrages zu Lasten Dritter die Rechte nichtfraktionierter Abgeordneter mindern. Damit ist in der Basis der Begründung des Urteils eine dogmatische Unstimmigkeit angelegt, die sich bei den Einzelfragen zwangsläufig auswirken muß.« (Morlok 1989: 1039)

Diese Unbestimmtheit reflektierten auch die abweichenden Meinungen der Richter Mahrenholz und Kruis. Kern der kontrastierenden Meinungen ist die abweichende Bewertung der integrativen Funktion der Fraktionen einerseits und der Position einzelner Abgeordneter andererseits. Die Ausführungen des Richters Mahrenholz verweisen darauf, dass die Bedeutung, die die das Urteil tragenden Richter dem Ausschuss im Rahmen der Repräsentation des Volkes zumisst, nicht mit der Entbehrlichkeit des Stimmrechts des Einzelabgeordneten kompatibel sei (so auch Zeh 2008: 433). Das Ausschuss-Stimmrecht gehöre zum Gewährleistungsbereich des Art. 38 I 2 GG und stehe nicht zur Disposition des Bundestages im Rahmen seiner Geschäftsordnungsautonomie. Richter Mahrenholz setzt einen deutlichen Impuls in Richtung klassische Parlamentarismuskonzeption, wenn er auf die »Einheit von Debatte und Abstimmung« (BVerfGE 88, 188: Rdnr. 158) insistiert und der Ausschussarbeit die Aufgaben sachliche Debatte, materielle Entscheidung und Kompromissfindung zuordnet.

> »Diese Auffassung läßt sich mit der vom Senat hervorgehobenen Bedeutung der Ausschußarbeit nicht vereinbaren. Indem die Ausschüsse über die Beschlußvorlage an das Plenum beraten, werden Entscheidungsalternativen aus dem Prozeß ausgeschieden und gegebenenfalls unterschiedliche (Detail-)Auffassungen zu einem Kompromiß zusammengeführt. Dagegen gilt die Debatte im Plenum nicht den Einzelheiten und wird auch nicht vergleichbar sachbezogen geführt. Wegen dieser Stufung des Entscheidungsprozesses kann die Abstimmung des Abgeordneten im Ausschuß durch sein Stimmrecht im Plenum weder ersetzt noch nachgeholt werden. Weil die auf die Beschlußempfehlung hinführende Arbeit im Ausschuß in diesem Sinne eine eigenständige – nicht nur vorbereitende – Qualität hat, kommt auch dem Stimmrecht im Ausschuß eine eigenständige Bedeutung zu. Kann es aber, trotz Teilnahme an der Debatte, nicht ausgeübt werden, ist es ‚in der Sache verkürzt' und dem Abgeordneten entzogen.« (BVerfGE 88, 188: Rdnr. 157)

Auch die in der Urteilsbegründung konstatierte Funktion der Ausschüsse, »die Mehrheitsfähigkeit einer Vorlage im Plenum sicherzustellen« (BVerfGE 88, 188: Rdnr. 126), zweifelt Mahrenholz an. Das Prinzip der gruppeninternen Repräsentation zur Sicherung der Regierungsmehrheit sieht er hier nicht als strukturbildend für die Funktionsweise des Parlaments an. Schließlich könne auch ein fraktionsgebundener Abgeordneter nur für sich und nicht auch für seine Gruppe sprechen und abstimmen, wenn er nicht geschlossen mit seiner Regierungsmehrheit stimme.

> »Aus alledem folgt: Unternimmt man es, innerhalb des parlamentarischen Betriebes die einzelne Stimme daraufhin zu bewerten, welches Gewicht ihr ‚gebührt', gibt man nicht nur den Grundsatz preis, daß das Mandat auch im Ausschuß zuerst und vor allem ein freies und gleiches Mandat ist, sondern zugleich die Erkenntnis, daß die Ausschüsse ‚in die Repräsentation des Volkes durch das Parlament einbezogen' sind (C.II.1.a).« (BVerfGE 88, 188: Rdnr. 164)

Demgegenüber führt Richter Kruis an, dass der Bundestag nicht die Rechte aus Art. 38 I GG verletze, indem er dem Abgeordneten keine Möglichkeit einräume, in einem Ausschuss als Mitglied mit Rede- und Antragsrecht mitzuwirken. Der Abgeordnetenstatus sei durch die Gliederung des Parlaments in Fraktionen »geprägt und inhaltlich bestimmt« (BVerfGE 80, 188: Rdnr. 170). Diese Gliederung sei ihm »gewissermaßen immanent« (ebd.). Er schließt ein Plädoyer für das Gruppenprinzip im Parlament an:

> »Die Entscheidung des Senats, die dem fraktionslosen oder fraktionslos gewordenen Abgeordneten das Recht auf eine solche Mitgliedschaft zuspricht, überzeichnet den Abgeordnetenstatus in Richtung auf ein individuelles Grundrecht. Sie läßt außer acht, daß der Arbeitsaufgabe des Parlaments auch die den einzelnen Abgeordneten treffende Integrationslast als Prinzip innewohnt. Diese Integrationslast trägt eine Geschäftsordnungsregelung, die die mitgliedschaftliche Mitarbeit des Abgeordneten in den Ausschüssen davon abhängig macht, daß dieser sich, soweit ihm das zumutbar ist, in die politische Gliederung des Parlaments einbringt und sein Handeln danach ausrichtet. In aller Regel verdankt der Abgeordnete seine Wahl nicht so sehr der Betätigung eigener staatsbürgerlicher Rechte wie vielmehr seiner Aufstellung durch eine Partei oder Wählergruppe (§ 18 Abs. 1 BWG) und – wenn er über die Landesliste kandidiert hatte – dem Umstand, daß seine Partei die Sperrklausel überwinden konnte (§ 6 Abs. 6 BWG).« (BVerfG 80, 188: Rdnr. 171)

Grundlage des hier vorliegenden Dissenses ist die Herleitung der Fraktionsvorbehalte wie z. B. der Bestimmung der Ausschussmitglieder. Aus parteiendemokratischer Sicht werden Fraktionen als vom Grundgesetz mit eigenen Rechten ausgestattet angesehen und nicht nur als Zusammenschluss der Abgeordneten mit eigenen Rechten. Als Gründe für diese Argumentation könnten, so die Aufzählung von Martin Morlok, die deutsche Parlamentstradition, die tatsächliche Praxis der Parlamentsarbeit, die Existenz von Art. 21 GG und schließlich der stetige Rekurs des Grundgesetzes auf eine stabile parlamentarische Mehrheit herangezogen werden (Morlok 1989: 1039). So sieht auch Richter Kruis die »Zuerkennung eines von der Fraktion abgelösten Rechts auf Ausschußsitz« für die Arbeitsfähigkeit des Parlaments als abträglich an, weil sie »die Zersplitterung der Fraktionen fördert und dem Integrationsgebot widerspricht« (BVerfGE 80, 188: Rdnr. 172). Die das Urteil »Wüppesahl« tragenden Richter tendieren eher zu einer Herleitung der Fraktionsrechte aus dem freien Mandat und nehmen damit eine nicht eindeutige Mittelposition zwischen Zustimmung zum Gruppenprinzip und zur Individualstruktur der Parlamentsarbeit ein.

Das BVerfG hatte im Jahr 1989 eine Frage ausdrücklich unbeantwortet gelassen (BVerfGE 80, 188: Rdnr. 121), die sich direkt an die Frage der Mitwirkungsbefugnisse des fraktionslosen Abgeordneten anschließt. Dies ist die Frage nach den *Befugnissen der parlamentarischen Gruppen* (§ 10 Abs. IV GOBT), die ebenfalls keinen Fraktionsstatus haben. Nach der ersten gesamtdeutschen Wahl 1990 kam es zu einer Beschäftigung mit dieser Frage im Rahmen eines Organstreits. Aufgrund der Sonderregelung, die die alten und die neuen Bundesländer als zwei Wahlgebiete auffasste (BVerfGE 82, 322 »Gesamtdeutsche Wahl«), gelang es der Partei PDS/Die Linke mit 2,4 % der gesamten Zweitstimmen in das Parlament einzuziehen, weil sie die 5%-Hürde in den neuen Bundesländern erreichte. Der Bundestag hatte Anträge der Abgeordneten von Bündnis 90/Die Grünen und von PDS/Die Linke abgelehnt, in der GOBT entweder die Fraktionsmindeststärke herabzusetzen oder die beiden Zusammenschlüsse je als Fraktion anzuerkennen. Er folgte jedoch der Empfehlung des Ältestenrats, sie als Gruppe einzustufen und die Ausgestaltung des Gruppenstatus sah eine Reihe von Rechten für die 12. Wahlperiode vor: darunter das Recht ein ordentliches und ein stellvertretendes Mitglied mit Antrags-, Rede- und Stimmrecht für jeden Fachausschuss zu ernennen; durch jeweils ein Mitglied an der Arbeit der Enquete-Kommissionen und Untersuchungsausschüsse mitzuwirken; das Recht, ein Mitglied für den Ältestenrat zu benennen; das Recht auf Redezeit im Plenum entsprechend ihrer Stärke im Verhältnis zu den Fraktionen; das Recht auf finanzielle, technische und personelle Unterstützung ihrer Arbeit und weitere Rechte (BT Drs. 12/149). Der Antrag von PDS/Die Linke richtete sich neben der Herabsetzung der Fraktionsstärke und der Anerkennung als Fraktion auf darüber hinausgehende Rechte der Gruppe, darunter auch die Zuerkennung eines Grundmandats in sämtlichen Ausschüssen und Unterausschüssen und das Recht, einen Ausschussvorsitzenden zu stellen (Hilfsantrag 2).[63] Während das Gericht den

63 Im Detail:
- Einbringung von Geschäftsordnungsanträgen sowie geschäftsordnungsrechtlichen Verlangen und Widerspruchsrechte ohne Quorum

Hauptantrag und den ersten Hilfsantrag als unbegründet zurückwies[64], sah es den zweiten Hilfsantrag als teilweise begründet an. Wieder ging es um die Vereinbarkeit der Regelungen der GOBT mit dem freien Mandat (Art. 38 I 2 GG) und der Geschäftsordnungsautonomie des Parlaments (Art. 40 I 2 GG). Die Anwendung des Prinzips der Chancengleichheit der Parteien (Art. 21 I 1 GG i. V. m. Art. 38 GG) als Maßstab lehnte das Gericht ab (BVerfGE 82, 322: Rdnr. 87).

Entscheidend im Kontext des Parlamentarismusverständnisses des Gerichts ist weiterhin die Abgrenzung und Begründung der Rechte der Fraktionen, hier im Verhältnis zu den Rechten der parlamentarischen Gruppe. Anschließend an das Urteil »Wüppesahl« wird in diesem Urteil »PDS/Die Linke« die Argumentation der innerparlamentarischen Repräsentativität weiter fortgeführt.

> »Insoweit verlangt der Grundsatz der Spiegelbildlichkeit der Zusammensetzung von Parlament und Ausschüssen, daß bei deren Bildung jedenfalls auch Gruppierungen fraktionsloser Abgeordneter Berücksichtigung finden, die sich wegen gleicher Parteizugehörigkeit oder aufgrund eines Wahlbündnisses zusammengeschlossen haben, wenn auf sie bei der gegebenen Größe der Ausschüsse und auf der Grundlage des vom Bundestag jeweils angewendeten Proportionalverfahrens ein oder mehrere Sitze entfielen. Erlangen Abgeordnete, die einer solchen Gruppierung

---

- Recht, eine unbegrenzte Zahl von Aktuellen Stunden zu verlangen
- Recht, die Erstattung von Zwischenberichten gem. § 62 GOBT zu verlangen, soweit es nicht eigene Vorlagen betrifft
- Recht, namentliche Abstimmungen zu fordern
- Recht, sofortige Abstimmung von Anträgen im Plenum zu fordern
- Recht, die Herbeirufung eines Mitgliedes der Bundesregierung zu beantragen
- Zuerkennung eines (Grund-)Mandats mit Antrags-, Rede- und Stimmrecht in:
- sämtlichen Fachausschüssen
- sämtlichen Unterausschüssen
- Untersuchungsausschüssen
- Enquete-Kommission
- Gemeinsamer Verfassungsausschuß
- Vermittlungsausschuß.
- Recht, einen Ausschußvorsitzenden und Stellvertreter (§ 12 GOBT) zu stellen
- Zuerkennung eines Mandats im Gemeinsamen Ausschuß gem. Art. 53a Grundgesetz
- Mandat in der Parlamentarischen Versammlung des Europarates (zugleich Vertreter in der Versammlung der Westeuropäischen Union – WEU)
- Berücksichtigung bei der Zusammensetzung von Delegationen zur Nordatlantischen Versammlung und der Interparlamentarischen Union
- Zuweisung eines vollen Fraktionsgrundbetrages mit insgesamt DM 490.226,-- monatlich (BVerfGE 84, 304: Rdnr. 32)

64 Begründung im Wesentlichen: Rekurs auf Art. 38 I 2 GG, nicht auf Art. 38 I 1 GG.

als Mitglied angehören, unter dieser Voraussetzung einen Sitz in einem Ausschuß, so haben sie dort keinen Status minderen Rechts im Vergleich zu den von den Fraktionen entsandten Mitgliedern.« (BVerfGE 84, 304: Rdnr. 83)

Die im Unterschied zum einzelnen Abgeordneten erweiterten Rechte parlamentarischer Gruppen, wie beispielsweise das Stimmrecht im Fachausschuss oder eine Mitgliedschaft im Ältestenrat, begründet das Gericht mit dem Prinzip der »gleiche[n] Mitwirkungsbefugnis« (BVerfGE 84, 304: Rdnr. 97) bzw. mit dem »Prinzip gleichberechtigter Ausschußmitgliedschaft«, nach dem kein Grund bestehe, »danach zu unterscheiden, ob das Mitglied von einer Fraktion oder von einer Gruppe in den Ausschuß entsandt ist« (BVerfGE 84, 304: Rdnr. 99). Hieraus folgt vor allem, dass die Gruppe nicht nur ein Ausschussmitglied, sondern eine am proportionalen Anteil ausgerichtete Anzahl entsenden kann, und auch, dass die Gruppe auf ihr Verlangen in den Unterausschüssen vertreten sein können müsse (BVerfGE 84, 304: Rdnr. 100). Hinsichtlich der Mitarbeit in den Ausschüssen unterscheidet das Gericht zwischen dem an einem Mindestquorum (fünf von Hundert) ausgerichteten Status der Fraktionen und dem Zusammenschluss von mindestens zwei Abgeordneten also nicht.

Hiergegen hält es andere Differenzierungen für zulässig, von denen hier vier einschlägige herausgegriffen werden. Erstens hat die parlamentarische Gruppe keinen Anspruch auf Berücksichtigung bei der Vergabe von Ausschussvorsitzen. Das Kriterium der inhaltlichen *Sachbezogenheit* des jeweiligen parlamentarischen Vorgangs ist hier entscheidend. Während nach Auffassung des Gerichts die Arbeit im Ausschuss dem Ausschluss von Entscheidungsalternativen und Detailarbeit an Gesetzentwürfen in der Sache diene, gehe es bei der Vergabe des Ausschussvorsitzes lediglich um eine Vorentscheidung bei der »personale[n] Wahrnehmung der mit dem Ausschußvorsitz verbundenen besonderen Leitungsbefugnisse« (BVerfGE 84, 308: Rdnr. 101), nicht um eine inhaltliche Vorentscheidung. Zweitens steht das Kriterium der *Öffentlichkeit* im Zentrum, wenn das Gericht aufgrund des gegebenen Rechts der Gruppen z. B. Gesetzentwürfe einzubringen, auch die Möglichkeit auf Verlangen eine Aussprache im Plenum zu führen, verlangt. Antragsrecht und Aussprache gehörten zusammen:

»Dem Antragsteller muß auf sein Verlangen Gelegenheit gegeben werden, über seine Initiative eine allgemeine Aussprache zu führen. Vor der Beschlußfassung des Parlaments über eine Gesetzesinitiative steht notwendig die Möglichkeit vorgängiger Rede und Gegenrede. Räumt die Geschäftsordnung einer Gruppe von Abgeordneten ein solches Initiativrecht ein, so kann sie von ihm das Recht auf öffentliche Beratung nicht trennen, so wenig allerdings auch die Antragsteller eine Beteiligung anderer Abgeordneter an der Debatte erzwingen können. Den Bundestag als Repräsentationsorgan des Volkes zeichnet das Prinzip der Entscheidung nach *öffentlicher*

Verhandlung aus (Art. 42 Abs. 1 und 2 GG). Gerade die im parlamentarischen Verfahren gewährleistete Öffentlichkeit der Auseinandersetzung und Entscheidungssuche ist wesentliches Element des demokratischen Parlamentarismus (vgl. BVerfGE 70, 324 [355] m. w. N.).« (BVerfGE 84, 308: Rdnr. 103)

Drittens wird vom Gericht die Beschränkung der Möglichkeit Geschäftsordnungsanträge einzubringen (Unterstützung von mindestens 34 Mitgliedern des Bundestages) mit dem Verweis auf die mitgliedschaftliche Eigebundenheit der Abgeordnetenrechte gerechtfertigt. Mit Blick auf das »Interesse des Geschäftsganges« (BVerfGE 84, 308: Rdnr. 108) dürfe der Bundestag die Wahrnehmung von Rechten auf eine Fraktion oder Fünf von Hundert der Abgeordneten beschränken. Diese und weitere Befugnisse sind also um die *Funktionsfähigkeit des Parlaments* willen für parlamentarische Gruppen eingeschränkt. Die vierte Differenzierung bezieht sich auf die angemessene Ausstattung mit sachlichen und personellen Mitteln. Hierfür wurde der parlamentarischen Gruppe vom Bundestag in der 12. Wahlperiode neben den Zuschlägen für die Oppositionsarbeit und für die Anzahl der Mitglieder nur die Hälfte des Grundbetrages zugestanden. Höhere Zuwendungen erachtete das Gericht als nicht erforderlich, weil der Bundestag »aufgrund einer typisierenden Betrachtungsweise davon ausgehen [durfte], daß die von Gruppen zu bewältigenden Aufgaben in der parlamentarischen Arbeit im allgemeinen geringer sind als die Fraktionsaufgaben« (BVerfGE 84, 308: Rdnr. 118). Hiermit konstatiert es trotz des grundsätzlichen Prinzips der gleichen Mitwirkungsbefugnis auch *strukturelle Unterschiede zwischen der Gruppen- und der Fraktionsarbeit.* Mit seinen weiteren Festlegungen werde der Beschluss des Bundestages über die Ausgestaltung von Gruppenrechten den Anforderungen der gleichen Mitwirkungsbefugnisse, insbesondere hinsichtlich der Befugnisse im Plenum, gerecht.

Hatte der Bundestag die Ausgestaltung der Gruppenrechte nach der ersten gesamtdeutschen Wahl geregelt, stellte sich in der 13. Wahlperiode diese Frage erneut, weil es der PDS bei der Wahl 1994 gelang, durch die Erreichung von vier Direktmandaten mittels der Grundmandatsklausel 30 Sitze im Bundestag zu erhalten. Erneut versuchte sie, die Anerkennung als Fraktion oder die Herabsetzung der Fraktionsstärke einzuklagen. Die Anträge waren nur zum Teil zulässig und, soweit zulässig, unbegründet. Die Rechtsprechung des Urteils »PDS/Die Linke« wurde bestätigt und das Gericht sah ausdrücklich keine Veranlassung, »von den Grundsätzen abzuweichen, die der Senat zur Rechtsstellung parlamentarischer Gruppen entwickelt hat« (BVerfGE 96, 264: Rdnr. 58).

> »Ein verfassungsrechtlich tragfähiger Grund für die Festsetzung einer Fraktionsmindeststärke liegt in der Autonomie des Deutschen Bundestages, durch seine Geschäftsordnung die Funktionsfähigkeit des Parlaments zu gewährleisten. Die Geschäftsordnung enthält vielfach Regelungen, die vorsehen, daß bestimmte Antragsrechte nur von einer Fraktion oder fünf vom Hundert der Mitglieder des Bundestages ausgeübt werden können. Die Differenzierung zwischen Fraktionen und anderen Zusammenschlüssen ist gerechtfertigt, da sie der Gefahr begegnet, daß die parlamentarische Arbeit durch eine Vielzahl von – letztlich aussichtslosen – Anträgen kleiner Gruppen behindert wird.« (BVerfGE 96, 264: Rdnr. 62)

Daran ändere auch die Tatsache nichts, dass 26 der 30 Mandate der Partei sogenannte Direktmandate darstellten. Die Zuerkennung und rechtliche Ausgestaltung des Gruppenstatus ermöglichten der Antragstellerin eine »hinreichend effektive Teilnahme an der parlamentarischen Arbeit« (BVerfGE 96, 264: Rdnr. 63).

Aus der Begründung des Beschlusses »Fraktions- und Gruppenstatus« 1997 ist insbesondere der Komplex des Rederechts erkenntnisbringend. Die Gruppe PDS/Die Linke hatte angeführt, dass es willkürlich sei, die Regelungen des § 35 I 2 und 3 GOBT sowie § 35 II GOBT für Gruppen nicht anzuwenden. Diese besagen, dass nach erfolglosem Einigungsversuch im Ältestenrat ein einzelner Redner in der Aussprache des Bundestages nicht länger als 15 Minuten sprechen darf und nur auf Verlangen einer Fraktion einer ihrer Redner eine Redezeit bis zu 45 Minuten in Anspruch nehmen kann. Unter Berücksichtigung der Geschäftsordnungsautonomie wurde vom Gericht eine Gleichstellung der Gruppe mit den Fraktionen im plenaren Rederecht jedoch gerade nicht zugebilligt.

> »Die Antragstellerin hat von Verfassungs wegen keinen Anspruch darauf, entsprechend § 35 Abs. 1 Satz 3 GOBT für einen ihrer Redner eine Redezeit bis zu 45 Minuten unter den gleichen Voraussetzungen wie eine Fraktion in Anspruch zu nehmen. Bei der Bemessung der Rededauer für einzelne Abgeordnete müssen Gruppen nicht in jeder Hinsicht mit den Fraktionen gleichbehandelt werden. Vielmehr darf der Bundestag dem unterschiedlichen Stärkeverhältnis der Zusammenschlüsse durch differenzierte Regelungen Rechnung tragen.« (BVerfGE 96, 264: Rdnr. 96)

Mit Blick auf die Redezeitverteilung ist damit ein substanzieller Unterschied der Rechte der Fraktionen und der Gruppen manifestiert worden, weil diese nicht verlangen könnten, mit den mitgliederstärkeren Fraktionen gleichgestellt zu werden (BVerfGE 96, 264: Rdnr. 98).

Eine Einordnung hinsichtlich klassischer oder parteiendemokratischer Merkmale fällt unter Hinzuziehung der vier Kriterien Sachbezogenheit, Öffentlichkeit, Funktionsfähigkeit und Aufgabenunterschiede differenziert aus. Auch unter einer parteiendemokratischen Perspektive ist die Stärkung der Möglichkeiten zur öffentlichen Darlegung ihrer Auffassungen im Plenum für Zusammenschlüsse unter der Fraktionsschwelle konsequent, insbesondere, wenn die jeweilige Gruppe in der Opposition zu verorten ist, wie es für den Antragsteller PDS/Die Linke im Jahr 1991 der Fall war. Da das geschlossene Handeln der Regierungsmehrheit und die Mehrheitsregel einen weitgehenden Ausschluss der Opposition aus dem materiellen Entscheidungsprozess bei umstrittenen Sachfragen zur Folge hat, kommt dem Prinzip der Öffentlichkeit besondere Bedeutung zu. Auch die in einer parlamentarischen Gruppe i. d. R. reduzierten bzw. erschwerten Mechanismen wie Arbeitsteilung und Hierarchie ziehen strukturelle Nachteile im Vergleich zur Arbeit der Fraktionen nach sich, wodurch die Bedeutung der formellen Seite der Beteiligung am parlamentarischen Verfahren an Relevanz gewinnt. Aus dem gleichen Grund sind aus dieser Sichtweise prozedurale Garantien, also auf das parlamentarische Verfahren gerichtete Rechte (Mitgliedschaft im Ältestenrat), als zielführender einzuordnen als der Versuch, Einfluss auf inhaltliche Sachfragen zu formalisieren.

Somit hat das Gericht auf der einen Seite die Rechte parlamentarischer Gruppen im Vergleich zum Einzelabgeordneten hervorgehoben und somit das Gruppenprinzip gestärkt. Allerdings kann dies auch als eine Stärkung von Kleinstgruppen angesehen werden, wodurch die Richter eine »Prämie« auf eine weitergehende Assoziation vereiteln. Daneben ist die Anerkennung einer parlamentarischen Gruppe von einem Beschluss des Bundestages abhängig, sodass der Einfluss der stärker assoziierten Gruppen, insbesondere der Mehrheit, wiederum gesichert ist. Der Versuch, Rechte der Mitglieder des Bundestages in abgestufter Form zu gewährleisten, gründet jedoch weiterhin in einem klassisch orientierten Repräsentationsverständnis. In den Ausführungen des Gerichts zum Recht auf Aussprache der parlamentarischen Gruppe im Plenum wird dies besonders deutlich, wenn es die »Auseinandersetzung und Entscheidungssuche« im »parlamentarischen Verfahren« als »wesentliches Element des demokratischen Parlamentarismus« ansieht (BVerfGE 84, 308: Rdnr. 103). In der Passage aus dem Urteil zur Haushaltskontrolle von Nachrichtendiensten (BVerfGE 70, 324) aus dem Jahr 1986, auf das hier Bezug genommen wird, stand die Besetzung eines Unterausschusses des Haushaltsausschusses infrage. Hierin heißt es:

> »Allerdings hat ein Abgeordneter im Gesetzgebungsverfahren nicht nur das Recht, im Bundestag abzustimmen (zu ‚beschließen‘, vgl. Art. 42 Abs. 2 GG). Er hat vielmehr auch das Recht zu beraten (zu ‚verhandeln‘, vgl. Art. 42 Abs. 1 GG). Öffentliches Verhandeln von Argument und Gegenargument, öffentliche Debatte und öffentliche Diskussion sind wesentliche Elemente des demokratischen Parlamentarismus. Gerade das im parlamentarischen Verfahren gewährleistete Maß an Öffentlichkeit der Auseinandersetzung und Entscheidungssuche eröffnet Möglichkeiten

> eines Ausgleichs widerstreitender Interessen, die bei einem weniger transparenten Vorgehen sich nicht so ergäben (vgl. BVerfGE 40, 237 [249]).« (BVerfGE 70, 324: Rdnr. 131)

Auch hier ist der Rekurs auf ein klassisches Repräsentationsmodell recht deutlich zu erkennen bis hin zu einer, sicher unbewussten, Anlehnung an den Schmittschen Sprachgebrauch. Auffällig ist auch die Unterscheidung von »Beschluss« und »Beratung«, wobei die Beratung jedoch im Staatsorgan verortet wird.

Auch wenn die Rechte der parlamentarischen Gruppen nur in der 12. und 13. Wahlperiode ein praktisch relevantes Problem darstellen, geben die Ausführungen des BVerfG Aufschluss über die Reichweite der Fraktionsrechte und damit des Gruppenprinzips in seiner Parlamentarismusvorstellung.

5.1.3.3 Proportionalitäts- versus Mehrheitsprinzip

In diesem Kapitel mit dem Untertitel »Die Grenze der gleichen Mitwirkungsbefugnis« stehen mit den Regeln der Arbeit innerhalb des Parlaments die »prozedurale[n] Determinanten« (Morlok 1989: 1037) des Entscheidungsprozesses im wichtigsten Bundesorgan im Fokus.

> »Die aus Gründen des kollegialen Charakters des Bundestages wie der unaufhebbaren Begrenztheit der Zeit und anderer Ressourcen unvermeidbare Knappheit parlamentarischer Handlungsmöglichkeiten muß reguliert werden: nicht jedem kann alles gegeben werden.« (ebd.)

Die garantierten Mitwirkungsbefugnisse einzelner Abgeordneter und die Rechte parlamentarischer Gruppen sind essenzielle Bedingungen der Funktionsfähigkeit des Parlaments, indem sie für Minderheitsschutz und Innovationsfähigkeit sorgen können. Die andere Seite der Medaille der Funktionsfähigkeit ist die konstante Mehrheitsfähigkeit des Parlaments, die das Grundgesetz mit Art. 42 II einfordert. Das Prinzip der Repräsentativität, wie es das BVerfG für die Ausschüsse und Gremien des Parlaments festgestellt hat, steht hierzu in einem Spannungsverhältnis. Der Ausdruck dieses Spannungsverhältnisses wurde mit dem Differenzierungserfordernis zwischen dem besonderen Status der Fraktionen und anderen Akteuren im Parlament verdeutlicht. Als zusätzliches Beispiel kann die Beteiligung am Untersuchungsausschuss genannt werden. In den Urteilen »Wüppesahl« und »PDS/Die Linke« war Akteuren unter Fraktionsstatus die vollberechtigte Mitgliedschaft mit Stimmrecht im Untersuchungsausschuss nicht zuerkannt worden, weil bei der gegebenen Größe des Ausschusses und aufgrund des proportionalen Schlüssels keine Sitze auf Einzelne oder parlamentarische Gruppen entfielen. Ein darüber hinaus gehender Anspruch bestehe nach Ansicht des Gerichts nicht. Die »Mitwirkung« im Untersuchungsausschuss sei dagegen durch das Frage- und Antragsrecht gewährleistet (BVerfGE 84, 304: Rdnr. 114). Gleiches gelte auch für den Vermittlungsausschuss, womit das Gericht hier also das Prinzip der innerparlamentarische Repräsentativität eingeschränkt.

Um die *Reichweite des Proportionalitätsprinizps* ging es im Rahmen eines Konflikts um die Besetzung der Bundestagsbank im Vermittlungsausschuss und in den Arbeitsgruppen des Vermittlungsausschusses. Die entsprechenden Urteile dazu fielen in den Jahren 2004 (»Vermittlungsausschuss«) und 2015 (»Arbeitsgruppen des Vermittlungsausschusses«). Hinter dem Konkurrenzverhältnis von Proportionalität und Mehrheitserfordernis steht die Frage der Bedeutung der Geschlossenheit politischer Gruppen, insbesondere mehrheitsfähigen Gruppen, in bestimmen Parlamentsgremien, hier im Vermittlungsausschuss.

Nach der Bundestagswahl 2002 hatte die Koalition aus SPD und Grünen die Mehrheit der Bundestagsmandate mit nur elf Sitzen Vorsprung vor einer fiktiven Koalition aus CDU/CSU und FDP erlangen können. Weil sowohl das Zählverfahren nach der Methode St. Laguë als auch nach d'Hondt für die Besetzung des Vermittlungsausschusses nicht zu einer Wiedergabe der parlamentarischen Mehrheit führte, beschloss das Parlament in diesem Fall die Methode St. Laguë, ergänzt um einen Korrekturfaktor, anzuwenden. Dieser sollte die Mehrheitsverhältnisse sicherstellen, indem er der stärksten Fraktion im Bundestag einen weiteren Sitz verschafft (BVerfGE 112, 118: Rdnr. 4, siehe auch BT Drs. 15/17). Im Ergebnis führte diese Berechnungsmethode dazu, dass zwar ein Patt vermieden wurde, aber ein Unterschied von 6 zu 8 Sitzen zugunsten SPD und Grünen entstand (Grüne und FDP je ein Sitz). Der Unterschied zwischen den Sitzanteilen im Plenum und im Vermittlungsausschuss betrug zwischen CDU/CSU-Fraktion und der SPD-Fraktion somit 0,5% zu 12,5% (Lang 2005: 190). Die von der Regierungskoalition erdachte Sitzberechnung zur Besetzung hätte ihr eine Mehrheit im Ausschuss ermöglicht.

Die Fraktion CDU/CSU sah ihre Rechte aus Art. 38 I 2 GG in Verbindung mit Art. 40 I 2 GG, Art. 21 I GG, Art. 20 I GG und Art. 77 II GG verletzt. Dem Antrag auf eine einstweilige Anordnung gegen dieses Zählverfahren lehnte das BVerfG im Dezember 2002 zwar ab, sah die Organklage im Mai 2004 aber als begründet an. Hinsichtlich des Parlamentarismusverständnisses des Gerichts ist vor allem die Beurteilung der spezifischen Funktionen und Arbeitsweisen des Vermittlungsausschusses relevant.

Die Richter leiten in der Urteilsbegründung die Notwendigkeit der gleichen Teilhabemöglichkeit der Abgeordneten aus dem Grundsatz der Wahlgleichheit und aus dem freien Mandat ab. Für das Demokratiegebot bedeute dieser Grundsatz, dass jedem Staatsangehörigen, der aufgrund seines Alters und ohne den Verlust seines aktiven Wahlrechts wahlberechtigt ist, ein gleicher Anteil an der Ausübung der Staatsgewalt zustehe (BVerfGE 112, 118: Rdnr. 48).

> »Auf Bundesebene äußert sich diese unmittelbare Teilhabe an der Staatsgewalt – abgesehen von Art. 29 GG – ausschließlich durch die Wahl der Abgeordneten des Deutschen Bundestages. Aus diesem Grund ist es von entscheidender Bedeutung, dass die Wahlgleichheit nicht nach dem Wahlakt sogleich wieder verloren geht. Sie muss auf der zweiten Stufe der Entfaltung demokratischer Willensbildung, d. h. im Status und der Tätigkeit des Abgeordneten fortwirken. Zu dem Status der Abgeordneten gehört deshalb das in Art. 38 Abs. 1 Satz 2 GG gewährleistete Recht auf gleiche Teilhabe am Prozess der parlamentarischen Willensbildung [...].« (BVerfGE 112,118: Rdnr. 49)

> »So setzt sich insbesondere die Gleichheit der Wahl in der gleichen Mitwirkungsbefugnis aller Abgeordneten fort und hält damit auch in den Verzweigungen staatlich-repräsentativer Willensbildungsprozesse die demokratische Quelle offen, die aus der ursprünglichen, im Wahlakt liegenden Willensbetätigung jedes einzelnen Bürgers fließt. (BVerfGE 112, 118: Rdnr. 50)

Diese Freiheit und Gleichheit des Abgeordneten setze sich im »außengerichteten Anspruch der Fraktion auf proportionale Beteiligung an der parlamentarischen Willensbildung« (BVerfGE 112, 118: Rdnr. 53) fort. Ohne die Gliederung des Bundestages in Fraktionen sei auch diese »spiegelbildliche Abbildung der Stärkeverhältnisse des Plenums in verkleinerten, aber für den Bundestag als Ganzes handelnden Gremien« unmöglich und dies setze »genügend große, hinreichend homogene Gruppen von Abgeordneten voraus« (BVerfGE 112, 118: Rdnr. 55). Hiermit setzt das Gericht seine Rechtsprechungslinie hinsichtlich innerparlamentarischer Gleichheit fort, die in den drei bisher behandelten Urteilen zu Rechten von einzelnen Abgeordneten und Gruppen zu identifizieren war. Im Weiteren rückt es die *besondere Stellung und die Arbeit des Vermittlungsausschusses* in den Mittelpunkt und begründet damit die Feststellung, dass diese keine zwingende Ausrichtung der Besetzung des Ausschusses am Mehrheitsprinzip in einem Umfang fordere, dass der Spiegelbildlichkeit im Zweifel zu weichen hätte (BVErfGE 112, 118: Rdnr. 67). Die Sitzverteilung der 15. Wahlperiode gebe daher »nicht mehr in einem noch akzeptablen Umfang die tatsächlichen politischen Kräfteverhältnisse im Plenum des Bundestages wieder« (BVerfG 112, 118: Rdnr. 83).

> »Damit widerspricht sie dem Grundsatz, dass die im Wahlergebnis verkörperte Willensbetätigung des Souveräns möglichst präzise im Parlament und seinen abgeleiteten Gremien abgebildet werden muss. Die vom Antragsgegner gewählte Lösung, den im Zählverfahren unberücksichtigt gelassenen Sitz auf der Bundestagsbank des Vermittlungsausschusses der stärksten Fraktion zuzuweisen, ist mit dem insoweit in § 12 GOBT verkörperten parlamentarischen Binnenrecht grundsätzlich unvereinbar. Das von der Antragstellerin angegriffene Verteilungsergebnis lässt sich mit keiner der üblichen Berechnungsmethoden rechtfertigen; der ‚Korrekturfaktor' steht dem Wortlaut und dem Sinn des § 12 Satz 1 GOBT entgegen. Die insofern unzureichende Proportionalität drückt sich in der Abweichung zwischen der Anzahl der Sitze einer Fraktion auf der Bundestagsbank des Vermittlungsausschusses und deren Gesamtstimmenanteil aus.« (ebd.)

Zwar sei vom Gericht anerkannt, dass der Bundestag ein Zählverfahren gerade im Hinblick darauf auswählt (§ 57 GOBT), dass das Verfahren »die die Bundesregierung tragende politische Mehrheit im Bundestag abbildet« (BVerfGE 112, 118: Rdnr. 56), im Vermittlungsausschuss gelte diese »Prägekraft des Mehrheitsprinzips« (Rdnr. 75) jedoch nur eingeschränkt. Das Gericht identifiziert in diesem Zuge eine Abgrenzung zur Funktionsweise anderer Parlamentsgremien und Ausschüsse. Die strenge strukturelle Trennung zwischen Regierungsmehrheit und Opposition sei hier nicht konstitutiv, weil der Vermittlungsausschuss ein Gremium für institutionelle (nicht etwa politische) Verhandlungslösungen zwischen Bundestag und Bundesrat sei.

> »Während der Bundesrat sich dazu entschieden hat, die ihm in diesem Ausschuss zustehenden 16 Sitze unabhängig vom unterschiedlichen Stimmgewicht der Länder (Art. 51 Abs. 2 GG) mit je einem Vertreter jedes Landes zu besetzen, bleibt der Bundestag an das Repräsentationsprinzip gebunden: Im Vermittlungsausschuss verhandeln nicht die Mehrheit des Bundestages mit einer politischen Mehrheit der Länder, sondern der Bundestag mit dem Bundesrat. Die Bundestagsbank ist deshalb nicht etwa ein verkleinertes Abbild der die Regierung tragenden Parlamentsmehrheit oder gar Repräsentant der Regierung, sondern ein verkleinertes Abbild des ganzen Bundestages in seinem durch die Fraktionen geprägten und auf die Volkswahl zurückgehenden politischen Stärkeverhältnis.« (BVerfGE 112, 118: Rdnr. 59)

Auffällig ist, dass das Gericht hier im Sinne der klassischen Sichtweise die Organe Bundestag und Bundesrat als handelnde Akteure annimmt. Die Feststellung, dass im Vermittlungsausschuss keine politischen Mehrheiten miteinander verhandeln, ist kritisch zu hinterfragen. Auch im Vermittlungsausschuss dominiert das Handeln in Gruppen entlang der Konfliktlinie Parlamentsmehrheit und Opposition. »Die Vorstellung, dass die Konfliktlinie zwischen den beiden Organen verläuft, findet in der politischen Praxis keine Entsprechung.« (Ernst/Johnsen 2005: 758)

Dies belegt auch bespielhaft eine Einlassung des Abgeordneten Wilhelm Schmidt (SPD) im Ausschuss für Wahlprüfung, Immunität und Geschäftsordnung, der sich in der 15. Wahlperiode nach diesem Urteil mit einer alternativen Besetzung des Gremiums befasste:

> »[...] ich denke, als Verhandlungsführer der Koalition im Vermittlungsausschuss sollte ich wenigstens hier an dieser Stelle mit einem Irrglauben aufräumen [...] Die Tatsache nämlich, dass wir im Vermittlungsausschuss ohne Auftrag wertfrei und ohne jede Bindung sitzen, ist also nun – zumindest seit ich das mache, seit sechs Jahren – so weit überholt, dass ich nun wirklich finde, da ist etwas im Theoretischen stecken geblieben oder man hat nicht den richtigen Einblick bekommen entweder bei den Anhörungen im Verfassungsgericht oder an anderer Stelle.« (Protokoll G 32 Ausschuss für Wahlprüfung, Immunität und Geschäftsordnung 15. Wahlperiode, 32. Sitzung, 17.02.2005: Rdnr. 88)

Auch die angeführte Gegenüberstellung zur Vorgehensweise im Bundesrat spricht für eine Berücksichtigung der faktischen Gegebenheiten. Die Auswahl der Mitglieder seitens des Bundesrates erfolgt unabhängig vom unterschiedlichen Stimmgewicht der Länder aufgrund der Bevölkerungszahl, obwohl eine Berücksichtigung möglich wäre (Art. 51 II GG). Stattdessen wird ein Vertreter der jeweiligen Landesregierung entsendet (§ 11 II GO BR), um die Vertretung der Mehrheitsparteien zu sichern.

Das Gericht betont, dass aufgrund der »herausgehobenen Stellung« des Vermittlungsausschusses zu schließen sei, dass das Proportionalitätsprinzip Vorrang habe. Seine Bedeutung im Gesetzgebungsverfahren stehe der Aufgabenwahrnehmung durch Ausschüsse des Bundestages nicht nach (BVerfGE 112, 118: Rdnr. 60) und die Gestaltungsautonomie von Bundestag und Bundesrat sei durch die fehlende Abänderbarkeit seines Vorschlags begrenzt (Rdnr. 61).

> »Aus alledem folgt, dass die Mitglieder des Bundestages im Vermittlungsausschuss die politischen Stärkeverhältnisse im Plenum des Bundestages nach dem Grundsatz der Spiegelbildlichkeit repräsentieren müssen. Andernfalls würde der Bundestag als Ganzes in die Sachzwänge konsensual vorgeprägter Verfahrensentscheidungen gezwungen, auf die er nicht einen Art. 38 Abs. 1 GG entsprechenden gleichheitsgerechten Einfluss gehabt hätte, ohne dass dies durch besondere sachliche Gründe gerechtfertigt wäre.« (BVerfGE 112, 118: Rdnr. 63)

Zwar gelte das Proportionalitätsprinzip nicht uneingeschränkt und müsse mit dem Prinzip stabiler Mehrheitsbildung zum Ausgleich gebracht werden, doch sei der Vorrang des Mehrheitsprinzips eben nicht zwingend (siehe Leitsätze).

»Das Prinzip der proportionalen Repräsentation endet als Gleichheitsanspruch und Minderheitenschutz gleichsam dort, wo Entscheidungen in der Sache getroffen werden.[65] Nur auf diesem Weg kann sich die Mehrheit der Repräsentanten durchsetzen, damit die demokratische Willensbildung als Mehrheitswille in Erscheinung treten kann. Das Grundgesetz regelt nicht nur das Prinzip der Mehrheitsentscheidung, es will auch eine stabile parlamentarische Mehrheit im Einklang mit den die Regierung bildenden politischen Kräften gewährleisten.« (BVerfGE 112, 118: Rdnr. 65)

»Verkleinerte Abbildungen des Bundestages müssen deshalb zwar personell dem Grundsatz der Spiegelbildlichkeit gehorchen, Abweichungen sind aber in begrenztem Umfang gerechtfertigt, wenn im verkleinerten Gremium nur dadurch Sachentscheidungen ermöglicht werden, die eine realistische Aussicht haben, mit dem Willen einer im Plenum bestehenden politischen ‚Regierungsmehrheit' übereinzustimmen. Dies gilt ungeachtet der Frage, ob das Mehrheitsprinzip die gleiche prägende Kraft wie das Repräsentationsprinzip besitzt, in dem sich die Legitimation öffentlicher Herrschaft rückbindet.« (BVerfGE 112, 118: Rdnr. 66)

Die vergleichende Darstellung der Argumentation zum Ausgleich der Prinzipien Proportionalität und Mehrheit zeigt die Ambivalenz der Urteilsbegründung in dieser Frage deutlich auf. Die Entscheidung für das Proportionalitätsprinzip fällt schließlich aufgrund der angenommenen Arbeitsweise im Gremium. Der »vermittelnde Prozess« zwischen Bundestag und Bundesrat, um zu einem »substantiellen Ausgleich widerstreitender Positionen im Gesetzgebungsverfahren« zu kommen, sei in geringerem Maße formalisiert und stärker personalisiert. Darüber hinaus spreche die geringe Gremiengröße und die Nicht-Öffentlichkeit der Beratungen für den besonderen Charakter (BVerfGE 112, 118: Rdnr. 71, 72).

»Die Einrichtung des Vermittlungsausschusses zielt auf die Aushandlung von Kompromissen zwischen den gesetzgebenden Körperschaften; dies gelingt, wenn die für ein konkretes Gesetzgebungsvorhaben maßgeblichen politischen Meinungen zum Ausgleich gebracht werden können. Dabei schließt die normative Ausgestaltung des Vermittlungsverfahrens nicht aus, dass die politische Opposition auf Bundesebene in dem Ausschuss in bestimmten Fällen über eine Mehrheit verfügt. Das ergibt sich aus einem Vergleich der Struktur von Bundesrats- und Bundestagsbank sowie den Regelungen über das Abstimmungsverfahren im Ausschuss.« (BVerfGE 112, 118: Rdnr. 67)

Der Vermittlungsausschuss sei nicht als ein Gremium ausgestaltet, das »konstitutive Beschlüsse fassen soll, in denen sich eine bestimmte politische Mehrheit wiederfindet« (BVerfGE 112, 118: Rdnr. 74). Es wird also

65 Im Urteil „Gruppenrechte" wurde demgegenüber die gleiche Mitwirkungsbefugnis aller Abgeordneten im Ausschuss (also größtmögliche Proportionalität) mit der Begründung verlangt, Repräsentation geschehe dort, wo entschieden würde.

dort das Mehrheitsprinzip als nicht zwingend angenommen, wo Kompromisslösungen (»ein neues politisches Kräfteverhältnis soll Kompromissvorschläge ermöglichen«, BVerfGE 122, 118: Rdnr. 76) zwischen den politischen Lagern gefunden werden müssen, was innerhalb des Bundestages durch das Entscheidungsmonopol der Regierungsmehrheit in der Regel nicht der Fall ist. Eine Ausnahme bilden z. B. Einigungen in Verfahrensfragen, z. B. im Ältestenrat. Auch auf der Ebene der vertikalen Gewaltenteilung tritt diese lagerübergreifende Verhandlung nur im Falle der divergierenden Mehrheiten in Bundestag und Bundesrat für zustimmungspflichtige Gesetze auf. Das Gericht spricht sich in diesem speziellen Fall der Pattsituation auf der Bundestagsbank des Vermittlungsausschusses, die zu einer Mehrheit der Oppositionsparteien im Gremium geführt hätte, dafür aus, dass das Mehrheitsprinzip nicht auf Kosten des Proportionalitätsprinzips durchgesetzt werden dürfe.

> »Obwohl die vorgebrachten Argumente zur Kompromissfindung keine Anhaltspunkte für die Zusammensetzung der Bundestagsbank liefern, führt aus rechtswissenschaftlicher Sicht die systematische Stellung des Vermittlungsausschusses im Institutionengefüge bei gleichzeitigem Festhalten an Bundestag und Bundesrat als Akteuren im politischen Prozess nicht zwingend zu einer Berücksichtigung der Regierungsmehrheit auf der Bundestagsbank.« (Ernst/Johnsen 2005: 757)

Dafür, dass das Gericht die Konsequenzen dieser Organorientierung aber nicht zeitigen will, spricht der viel kritisierte Umstand, dass es den Beschluss des Bundestages zu Beginn der Wahlperiode trotzdem als verfassungskonform einstufte. Der Bundestag habe vorläufig und aufgrund des Zeitdrucks so handeln dürfen (BVerfGE 112, 118: Rdnr. 84), müsse nun aber eine Regelung finden, die eine stärker proportionale Abbildung der Fraktionen im Vermittlungsausschuss gewährleiste. Auch dieser Verweis auf den Zeitfaktor bietet einen Hinweis darauf, dass das Gericht die Relevanz der durch die jeweiligen Gruppeninteressen definierten Konfliktlinien unterbewertet. Beide Fraktionen hatten ein je eigenes Interesse einer bestimmen Sitzaufteilung, woran auch eine längere Verhandlungszeit nichts geändert hätte (siehe auch Lang 2005: 190).

Damit kann das Urteil und seine Begründung als »praxisfern« (2005: 191) bezeichnet werden. Auch die praktischen Folgen für das Gesetzgebungsverfahren seien erheblich gewesen, wie dies der Abgeordnete Volker Beck in der Nachlese beschreibt. Seiner Erfahrung nach sei die Kräfteverteilung auf der Bundestagsbank im Ergebnis für den Gesetzgebungsprozess keinesfalls irrelevant.

»Die Situation ist: Gegenwärtig haben wir ein Patt, mit einem anderen Ergebnis hätten wir kein Patt mehr. Das hätte auf die Zeitabläufe der Gesetzgebungsverfahren Auswirkungen und wahrscheinlich auch auf ihre Substanz. Also insofern ist das jetzt auch kein artistisches Vergnügen, was wir hier veranstalten. Es geht auch nicht darum, dass irgendjemand gerne hier sitzen möchte und wichtig sein will. Vielmehr hat es eine substantielle Auswirkung auf das Ergebnis von Gesetzgebung. Und das ist ja auch der Grund, warum wir am Mehrheitsprinzip in Ausschüssen festhalten: Weil es eben nicht irrelevant wäre, welches Ergebnis die Ausschussberatung hat. Und weil es deshalb durchaus darauf ankommt, dass sich die Mehrheit eben auch repräsentiert sieht.« (Ausschuss für Wahlprüfung, Immunität und Geschäftsordnung 15. Wahlperiode, 32. Sitzung, 17.02.2005: Rdnr. 82)

Kritisch gegenüber der Einstufung der Mehrheit als politische, nicht rechtliche Kategorie, wie die Richter dies hier vornehmen (BVerfGE 112, 118: Rdnr. 65), ist auch Richterin Lübbe-Wolff in ihrer abweichenden Meinung. Eine Pflicht das Teilziel der Mehrheitsbildung zurückzusetzen, existiere nach ihrer Auffassung nicht.

»Demokratische Legitimation vermittelt sich nicht über Minderheits-, sondern über Mehrheitsentscheidungen (vgl. BVerfGE 38, 258 [274])[66]. Das für den demokratischen Verantwortungszusammenhang wichtigste Element des abzubildenden Stärkeverhältnisses der Fraktionen sind deshalb die Mehrheitsverhältnisse. Der Bundestag hat daher grundsätzlich das Recht, für Konfliktfälle dem Ziel der Mehrheitsabbildung den Vorzug zu geben. Dieses Recht folgt aus dem Grundsatz der Spiegelbildlichkeit selbst, nicht aus einem damit konkurrierenden Mehrheitsprinzip.« (BVerfGE 112, 118: Rdnr. 100)

Der Verweis Lübbe-Wolffs auf den Verantwortungszusammenhang macht dabei noch einmal darauf aufmerksam, dass das parlamentarische Regierungssystem auf kontinuierliche, strukturelle Mehrheiten ausgerichtet ist. Auf der Ebene der Regierungsbildung ist dies in der Kanzlerwahl, durch das konstruktive Misstrauensvotum und durch die Vertrauensfrage festgelegt. Neben dem Mehrheitserfordernis nach Art. 42 II GG sorgen auf der legislativen Ebene formelle sowie materielle Organisationsmechanismen wie die Geschäftsordnung des Bundestages, die Gruppenrechte definiert (z. B. Redezeit), oder die Fraktionsdisziplin dafür, dass das Mehrheitsprinzip durchgesetzt wird und nicht etwa der politische Prozess durch Vetopositionen blockiert wird. Diese Aggregationsleistungen der Parteien im und außerhalb des Parlaments können in einem parteiendemokratischen Verständnis gerade dazu dienen, die Gleichheit der Bürger zur Beeinflussung

66 Im Urteil „Magistratsverfassung Schleswig-Holstein", das das Bundesverfassungsgericht als Verfassungsgericht für Schleswig-Holstein beschlossen hat, wird die Regel, dass bei Meinungsverschiedenheiten der Wille der Mehrheit den Ausschlag gibt, als „demokratische Grundregel" bezeichnet (BVerfGE 38, 258: Rdnr. 63).

von Kollektiventscheidungen zu gewährleisten. Sie strukturieren den Diskurs über politische Zielvorstellungen, sodass Bürger überhaupt in die Lage versetzt werden, zu entscheiden (siehe auch Ganghof/Stecker 2009: 220).

Diesen Zusammenhang hat das BVerfG mit Blick auf die Rechtsprechung zu Fraktionen als »maßgebliche Faktoren der parlamentarischen Willensbildung« (z. B. BVerfGE 80, 188: Rdnr. 112) auch aufgegriffen. Die vom Gericht eingeforderte innerparlamentarische Proportionalität zur Durchsetzung der Wahlgleichheit wird aus einer parteiendemokratischen Sicht durch das Mehrheitsprinzip jedoch nicht gehindert, wie das Gericht dies hier zugrunde legt, sondern befördert. Das Urteil »Vermittlungsausschuss« zeigt somit beispielhaft, dass die Frage, welches Prinzip in Grenzfällen wirken soll, umstritten ist. Es kann angenommen werden, dass die Frage wie stark die »Prägekraft« des Mehrheitsprinzips sein soll, Teil der Offenheit der Parlamentarismusfrage ist. Dies wird auch in der Kontroverse um das Wahlverfahren deutlich (Kapitel 5.3). Richterin Lübbe-Wolff stellt dazu in ihrer abweichenden Meinung fest:

> »Zu verlangen ist aber, dass das Ziel der Erfolgswertgleichheit zur Bewältigung des Konflikts nicht weiter zurückgesetzt wird, als es das Ziel der Mehrheitsabbildung erfordert; weiter reicht dessen rechtfertigende Kraft nicht. In diesem Sinne muss die Zurücksetzung möglichst schonend erfolgen. Dieses Gebot hat der Antragsgegner jedoch nicht in einer die Rechte der Antragstellerin berührenden Weise missachtet.« (BVerfGE 112, 118: Rdnr. 112)

Einen weiteren Anlass für die Verortung dieser diskutierten Grenzen der innerparlamentarischen Repräsentativität gab ein Gesetz zur Neuregelung der Leistungen zur Sicherung des Lebensunterhaltes (u. a. ALG II) aus dem Jahr 2010, dem der Bundesrat die Zustimmung versagte. Unmittelbar nach Ende der Sitzung des Bundesrates und nach Einberufung des Vermittlungsausschusses am 17. Dezember 2010 kamen seine Mitglieder zu einem informellen Treffen zusammen und einigten sich auf die Einrichtung einer Arbeitsgruppe.

> »Die Arbeitsgruppe bestand sowohl für die sogenannte A-Seite (Bundestag: SPD und BÜNDNIS 90/DIEGRÜNEN; Bundesrat: SPD- und BÜNDNIS 90/DIE GRÜNEN-geführte Landesregierungen) als auch für die sogenannte B-Seite (Bundestag: CDU/CSU, FDP, Bundesrat: CDU-, CSU- und FDP-geführte Landesregierungen) aus jeweils neun Teilnehmern, davon je vier Abgeordnete des Deutschen Bundestages und je fünf Angehörige der Landesregierungen. Sie sollte erste Kompromissmöglichkeiten sondieren und Vorschläge ausarbeiten. Mitglieder der Fraktion DIE

LINKE im Deutschen Bundestag wurden bei der Zusammensetzung der Arbeitsgruppe nicht berücksichtigt.« (BVerfGE 140, 115: Rdnr. 10)[67]

Da auch auf Antrag die Abgeordnete Katja Kipping, die Mitglied der Fraktion Die Linke war, nicht in die Arbeitsgruppe aufgenommen wurde, sahen zwei Abgeordnete der Fraktion ihre in Art. 38 I 2 GG in Verbindung mit. Art. 21 I GG, Art 20 II GG und Art. 77 II GG gewährleisteten Rechte auf effektive Teilhabe am politischen Willensbildungsprozess verletzt. Die Argumentation der Organklage beruhte im Wesentlichen darauf, dass das Verhältnis zwischen Arbeitsgruppe und Vermittlungsausschuss mit dem Verhältnis zwischen Plenum und Ausschüssen vergleichbar sei. Das Gericht kam zu dem Schluss, dass für die Arbeitsgruppen des Vermittlungsausschusses der Grundsatz der Spiegelbildlichkeit nicht gelte (BVerfGE 140, 115: Rdnr. 101). Weder erstrecke sich die grundsätzlich gleiche Mitwirkungsbefugnis der parlamentarischen Willensbildung auf Arbeitsgruppen des Vermittlungsausschusses, noch seien diese dergestalt in die Repräsentation des Volkes durch das Parlament einbezogen, dass eine möglichst getreue Abbildung der Stärke der im Plenum des Bundestages vertretenen Fraktionen in diesen Arbeitsgruppen erforderlich wäre (BVerfGE 140, 115: Rdnr. 103).

In der Geschäftsordnung des Vermittlungsausschusses ist die Zusammensetzung solcher Unterausschüsse nicht geregelt und auch aus Art. 38 I 2 GG und Art. 77 II GG seien Vorgaben für glciche Mitwirkungsbefugnisse nicht abzuleiten (BVerfGE 140, 115: Rdnr. 103). Im Weiteren stützt sich das Gericht wieder auf die Argumentation zur besonderen Arbeitsweise des Vermittlungsausschusses, wenn es diesbezüglich auf den Kompromisscharakter verweist.

»Das Vermittlungsverfahren dient folglich nicht der öffentlichen parlamentarischen Verhandlung und Beschlussfassung im Sinne von Art. 42 Abs. 1 und 2 GG, auf die sich die aus Art. 38 Abs. 1 Satz 2 GG abzuleitende gleiche Mitwirkungsbefugnis aller Abgeordneten des Deutschen Bundestages in erster Linie bezieht. Vielmehr eröffnet das Grundgesetz um der Effizienz der Gesetzgebung willen die Möglichkeit, die Beratung von Vorlagen einem Ausschuss zu übertragen, der nach seiner Zusammensetzung und seinem Verfahren in besonderem Maße geeignet ist, einen Kompromiss zu erarbeiten (BVerfGE 72, 175 [188]). Um diese ihm zugewiesene Aufgabe erfüllen zu können, ist diesem Ausschuss – innerhalb des von Bundestag

67 Unklar bleibt hier, ob die Aufteilung in A-Seite und B-Seite von den Richtern stammt oder ob sie aus den Anträgen hervorging. Während die Richter 2005 (Urteil „Vermittlungsausschuss") betonten, dass es nicht um die Gegenüberstellung von Mehrheit und Minderheit im Vermittlungsausschuss gehe, wird hier der Aufteilung in Regierungs- und Oppositionsseite sprachlich entsprochen.

und Bundesrat gemeinsam gesetzten Rahmens seiner Geschäftsordnung – ein weiter Spielraum autonomer Verfahrensgestaltung eingeräumt. Damit verbunden ist die Befugnis, sich formeller und informeller Gremien zur Vorbereitung der Beschlussfassung zu bedienen, die im Hinblick auf das jeweils anstehende Thema nach anderen Kriterien als demjenigen der Spiegelbildlichkeit zusammengesetzt sind.« (BVerfGE 140, 115: Rdnr. 105)

Im Unterschied zu den Fachausschüssen und deren Unterausschüssen im Bundestag ist die Repräsentativität der politischen Kräfte hier nicht notwendig, weil im Vermittlungsausschuss Kompromisse über die politischen Lager hinweg gesucht werden sollen. Er besitze »gestaltende Kompetenz« (BVerfGE 140, 115: Rdnr. 105).

»Die vom Vermittlungsausschuss eingerichteten Arbeitsgruppen sind zwar nicht rein organisatorischer Natur, sondern haben die Aufgabe, durch intensive Sacharbeit an der Findung eines mehrheitsfähigen Kompromisses zu einem Gesetzgebungsvorhaben mitzuwirken. Durch die von den Arbeitsgruppen erarbeiteten Kompromissvorschläge kommt es auch zweifellos zu einer inhaltlichen Vorformung der Willensbildung im Vermittlungsausschuss. Dies entspricht aber der spezifischen Arbeitsweise im Vermittlungsausschuss, die weder mit dem deliberativen Verfahren im Bundestag noch mit der Entscheidungsfindung im Bundesrat gleichzusetzen ist.« (BVerfGE 140, 115: Rdnr. 104)

Diese Aussage ist aufschlussreich, weil sie der parteiendemokratischen Annahme entspricht, dass materielle Entscheidungen im Sinne von echten politischen Kompromissen nicht ursächlich in den Gremien und Ausschüssen von Organen stattfinden. Hier im Vermittlungsausschuss, wo durch divergierende Mehrheiten in Bundestag und Bundesrat die materielle Entscheidungsfindung ausnahmsweise in formelle Verfahren gezwungen wird, wird diese durch die geeigneten Bedingungen befördert. Diese Bedingungen sind, wie in der Begründung des Urteils »Vermittlungsausschuss« genannt, eine geringe Größe des Gremiums, ein geringer Formalisierungsgrad, eine vergleichsweise starke Personalisierung, die Öffnung der Beratung für externes Fachwissen (BVerfGE 140, 115: Rdnr. 107) und vor allem ein gewisses Maß an Vertraulichkeit. Solche informellen Gremien schaffen je nach Grad der Formalität »neben den verfassungsrechtlichen Entscheidungskompetenzstrukturen eine politische Beratungs- bzw. Kompetenzstruktur zur funktionalen Erleichterung und Vereinfachung der rechtlichen Entscheidungen« (Schulze-Fielitz 1984: 94). Die Arbeitsgruppen des Vermittlungsausschusses stellen dabei ein im Vergleich zu einer Entscheidungssituation mit klaren Mehrheitsverhältnissen immer noch relativ formalisiertes Gremium dar.

Während beispielsweise im Urteil »Wüppesahl« die Argumente des Gerichts dahingehend interpretiert werden können, dass die Erwartung bestand, dass in den Fachausschüssen substanziell entschieden werde (Entscheidungsalternativen werden ausgeschieden), führt die Argumentation im Urteil »Arbeitsgruppen des Vermittlungsausschusses« zu der impliziten Annahme, dass zwischen den genannten Gremien ein qualitativer Unterschied bezüglich des Arbeitsergebnisses bestehe. Schließlich ist laut Gericht in dem einen Gremium die Repräsentativität gefordert und in dem anderen nicht. Wie bereits erwähnt, wird der Kompromiss als Ergebnis der Gremienarbeit betont.

> »Diese Vorformung ist gerade Sinn und Zweck der Arbeitsgruppen, deren Aufgabe darin besteht, einen gemeinsamen Kompromiss zu erarbeiten. Sie verleiht den Arbeitsgruppen aber keine den Vermittlungsausschuss ersetzende Funktion. Dieser muss abschließend über die Vorlage oder die Vorlagen aus der Arbeitsgruppe oder den Arbeitsgruppen Beschluss fassen. Er befindet sich dabei auch nicht wie der Bundestag in Bezug auf den Einigungsvorschlag des Ausschusses nach Art. 77 Abs. 2 Satz 5 GG in einer Ratifikationslage. Vielmehr steht es ihm frei, die Ergebnisse der Arbeitsgruppen zu übernehmen, insgesamt abzulehnen oder abzuändern.« (BVerfGE 140, 115: Rdnr. 108)

Diese Unterscheidung von verschiedenen parlamentarischen Gremien in einem Kontinuum von formeller und informeller Arbeitsweise richtet die Aufmerksamkeit in parlamentarismustheoretischer Hinsicht auf die Frage der Abgrenzungskriterien für Entscheidungs- und Willensbildungszusammenhänge, in denen die verschiedenen verfassungsrechtlichen Minderheitsgarantien greifen oder nicht greifen. Das Gericht sieht diese Gewährleistung in dem Fall der Arbeitsgruppen des Vermittlungsausschusses nicht als notwendig an, weil ihre Festlegungen formell nicht dazu führten, dass sich der Vermittlungsausschuss in einer Ratifikationsinstanz befinde. Faktisch dürften die Arbeitsgruppenergebnisse durchaus stark prädudizierende Wirkung auf den Ausschuss haben. Dies steht in einem gewissen Widerspruch zu der dargelegten Auffassung des Gerichts, das Repräsentation dort stattfinde, wo substanziell entschieden werde (Kapitel 5.1.3.1). Das Kriterium der Verbindlichkeit der Vorarbeit spielte für die Fachausschüsse keine entscheidende Rolle.

Um die Berücksichtigung der spezifischen Rechte einer anderen Gruppe, die keine Fraktion ist, geht es im Urteil »*Oppositionsrechte*«. Bei der Bundestagswahl 2013 hatte die FDP die Sperrklausel nicht überwunden und erhielt keine Sitze im Parlament. Der CDU/CSU, die eine absolute Mehrheit der Mandate knapp verpasst hatte, fehlte somit der kleine Koalitionspartner. Weil Sondierungsgespräche zwischen SPD, Die Linke und Die Grünen nicht erfolgreich waren, bildeten CDU/CSU und SPD eine sogenannte

Große Koalition, die über 504 von 631 Bundestagsmandaten verfügte. Mit der qualifizierten Dreiviertelmehrheit der Regierungskoalition fiel die Anzahl der Stimmen der Oppositionsfraktionen unter das Quorum, die das Grundgesetz für die Ausübung von parlamentarischen Minderheitsrechten vorsieht, darunter das Antragsrecht auf Einberufung des Bundestages, auf Einsetzung eines Untersuchungsausschusses oder für die abstrakte Normkontrollklage. Auch Minderheitsrechte auf einfachgesetzlicher Ebene waren betroffen, wie die Einsetzung einer Enquete-Kommission oder die Erzwingung von öffentlichen Sachverständigenanhörungen im Ausschuss. Bereits im Koalitionsvertrag hatten die drei Parteien – diese Situation berücksichtigend – einen Passus zu innerparlamentarischen Verfahrensregelungen eingefügt:

> »Eine starke Demokratie braucht die Opposition im Parlament. CDU, CSU und SPD werden die Minderheitenrechte im Bundestag schützen. Auf Initiative der Koalitionspartner wird der Bundestag einen Beschluss fassen, der den Oppositionsfraktionen die Wahrnehmung von Minderheitenrechten ermöglicht sowie die Abgeordneten der Opposition bei der Redezeitverteilung angemessen berücksichtigt.« (Deutschlands Zukunft gestalten: 184)

Dies fand Entsprechung in der Änderung der GOBT, die eine Senkung des Quorums für zahlreiche Minderheitsrechte auf die absolute Zahl 120 vorsah (Einfügung des § 126a GOBT der 18. Wahlperiode). Der entsprechende Gesetzentwurf wurde mit den Stimmen der Großen Koalition und den Grünen in namentlicher Abstimmung angenommen und man betonte die Wichtigkeit, Innovation und Oppositionsfreundlichkeit dieses Vorgangs (BT PlPr. 18/26: 2065 ff.). Im Verlauf der Ausschussberatungen war man noch einem Einwand der Oppositionsfraktionen nachgekommen, die Geltendmachung von Minderheitsrechten nicht von der Antragstellung aller ihrer Mitglieder der Oppositionsfraktionen abhängig zu machen, sondern nur von 120 Mitgliedern des Bundestages.

In dem Organstreitverfahren sah die Fraktion Die Linke ihre Rechte aus Art. 38 I GG unter Verstoß gegen das Demokratieprinzip (Artikel 20 I 2 GG) und gegen Grundsätze des parlamentarischen Regierungssystems (Artikel 45b, 63, 67, 68 und 69 GG: Gebote effektiver Ausübung der Opposition und wirksamer parlamentarischer Kontrolle von Regierung und Parlamentsmehrheit) verletzt, weil der Bundestag gegen den Gesetzentwurf der Fraktion Die Linke gestimmt hatte, der eine Sicherung von »Oppositionsfraktionsrechten« durch eine Verfassungsänderung verwirklicht sehen wollte. Das BVerfG sah die Anträge als zulässig, aber unbegründet an. Eine

Pflicht des Bundestages zur Effektuierung seiner Kontrollrechte durch Einräumung von Oppositionsfraktionsrechten auf Verfassungsebene bestehe nicht (BVerfGE 142, 25: Rdnr. 83).

Die Begründung des Urteils berührt mit der Beantwortung der Frage nach den Trägern von Oppositionsrechten die Gewaltenteilung im Bereich von Parlament und Regierung. Zwei Aspekte darin sind hierfür entscheidend: die Konstatierung des Grundsatzes effektiver Opposition einschließlich der diesbezüglich herausgehobenen Rolle der Oppositionsfraktionen und die Feststellung, dass nicht Fraktionen Rechtsträger von Minderheitsrechten seien. Der Begriff der Opposition kommt zwar in einigen Landesverfassungen, nicht aber im Grundgesetz vor. Der Grundsatz der Opposition wird in der Verfassungsrechtsprechung aus dem Demokratieprinzip (verfassungsrechtlicher Schutz der Opposition) sowie aus dem Mehrheitsprinzip und seiner punktuellen Durchbrechung (Minderheitsrechte) abgeleitet (BVerfGE 142, 25: Rdnr. 86). Er wird so beschrieben:

> »Zusätzlich verfassungsrechtlich abgesichert ist das Recht ‚auf organisierte politische Opposition' (BVerfGE 123, 267 [367]) im Rechtsstaatsprinzip (Art. 20 Abs. 3 und Art. 28 Abs. 1 Satz 1 GG). Der dort verankerte Grundsatz der Gewaltenteilung, der die Gliederung und wechselseitige Kontrolle der gesetzgebenden, der vollziehenden und der rechtsprechenden Gewalt anleitet und namentlich die parlamentarische Kontrolle von Regierung und Verwaltung erfasst (vgl. Art. 45b GG), hat den Bedingungen des parlamentarischen Regierungssystems Rechnung zu tragen, wie sie durch das Grundgesetz und die politische Praxis ausgestaltet werden. Weil danach die Bildung einer stabilen Mehrheit für die Wahl einer handlungsfähigen Regierung und deren fortlaufende Unterstützung unerlässlich ist (vgl. Art. 63 und 67 bis 69 GG), obliegt die parlamentarische Kontrolle der Regierung nicht nur dem Parlament als Ganzem, sondern insbesondere und gerade auch den Abgeordneten und Fraktionen, die nicht die Regierung tragen. Als parlamentarische Opposition stellen sie die natürlichen Gegenspieler von Regierung und regierungstragender Mehrheit dar (sogenannter neuer oder innerparlamentarischer Dualismus; vgl. auch BVerfGE 49, 70 [85f.]; 129, 300 [331]; 135, 259 [293f. Rn. 70]).« (BVerfGE 142, 25: Rdnr. 87)

Der sogenannte neue Dualismus im Gegensatz zum klassischen Gewaltenteilungsmodell wird in der Rechtsprechung des BVerfG seit spätestens 1978 (BVerfGE 49, 70: Rdnr. 39, »Untersuchungsgegenstand«) zur Kenntnis genommen, auch wenn die Konsequenz, nämlich die strukturbildende Funktion dieser Konfliktlinie, wie bis hierher gezeigt wurde, nicht in allen Detailfragen konsequent berücksichtigt wird (z. B. im Urteil »Vermittlungsausschuss«). Dem Konzept des neuen Dualismus entspricht es, dass das Gericht auf die notwendige Wirkkraft der Opposition verweist.

> »Es gilt der Grundsatz effektiver Opposition. Sie darf bei der Ausübung ihrer Kontrollbefugnisse nicht auf das Wohlwollen der Parlamentsmehrheit angewiesen sein.

> Denn die Kontrollbefugnisse sind der parlamentarischen Opposition nicht nur in ihrem eigenen Interesse, sondern in erster Linie im Interesse des demokratischen, gewaltengegliederten Staates – nämlich zur öffentlichen Kontrolle der von der Mehrheit gestützten Regierung und ihrer Exekutivorgane – in die Hand gegeben (vgl. BVerfGE 49, 70 [87]). Der Grundsatz der Gewaltenteilung im parlamentarischen Regierungssystem gewährleistet daher die praktische Ausübbarkeit der parlamentarischen Kontrolle gerade auch durch die parlamentarische Opposition.« (BVerfGE 142, 25: Rdnr. 90)

Die Konzeptualisierung der Opposition nicht bloß als Rechtsträger, der alle Minderheitsmandate vereint, sondern als Kollektivakteur, der die Regierungsmehrheit effektiv infrage stellt, ist ein Element der parteiendemokratischen Sichtweise. Demgegenüber verortet das Gericht die Minderheitsrechte, die maßgeblich zur Durchführung der Oppositionsarbeit notwendig sind, jedoch nicht bei den politischen Gruppen. Das Grundgesetz erkenne Oppositionsfraktionen nicht als spezifische Rechtsträger an, sondern »die Ausgestaltung von Rechten der parlamentarischen Opposition vollzieht sich innerhalb der Ordnung des Grundgesetzes vielmehr über die Rechte der parlamentarischen Minderheiten« (BVerfGE 142, 25: Rdnr. 92). Den entsprechenden Grundgesetzartikeln sei zu entnehmen, dass die Minderheitsrechte an eine bestimmte Qualifizierung, nämlich an ein Quorum, gebunden seien (ebd.). Einen Grund für die Notwendigkeit einer Verfassungsänderung dahingehend, dass nicht einem festen Quorum der Mitglieder des Bundestages die Inanspruchnahme der Minderheitenrechte garantiert ist, sondern auch »der Gesamtheit der Fraktionen, die nicht die Bundesregierung tragen« (BT Drs. 18/838), sieht das Gericht nicht.

> »Dieses Regelungskonzept orientiert sich an den politischen Kräfteverhältnissen im parlamentarischen Regierungssystem, da die parlamentarische Opposition in der Regel die parlamentarische Minderheit verkörpert (vgl. BVerfGE 49, 70 [85f.]), in sich aber – ebenso wie die parlamentarische Mehrheit – nicht notwendig eine homogene Einheit darstellt, sondern in eine Mehrzahl oder sogar in eine Vielzahl von Gruppierungen – Fraktionen oder auch Fraktionsstärke nicht erreichende Gruppen und einzelne Abgeordnete – aufgespalten sein kann (vgl. BVerfGE 70, 324 [363f.]). Das Grundgesetz hat sich dafür entschieden, die parlamentarischen Minderheitenrechte Abgeordneten, die bestimmte Quoren erfüllen, ohne Ansehung ihrer Zusammensetzung zur Verfügung zu stellen (vgl. BVerfGE 124, 78 [107]), mithin die Ausübbarkeit parlamentarischer Minderheitenrechte nicht auf oppositionelle Akteure – wie etwa die Oppositionsfraktionen – zu beschränken.« (BVerfGE 142, 25: Rdnr. 93)

Damit scheitert die Antragstellerin Die Linke mit ihrer Intention, Oppositionsrechte als Fraktionsrechte im Grundgesetz zu verankern. Garantierte

Minderheitsrechte bleiben dem einzelnen Abgeordneten (ggfs. unter Berücksichtigung eines bestimmen Quorums) zugänglich und sind nicht Gruppen vorbehalten.

> »Denn zur neuen Grundeinheit von Opposition erklärt das Bundesverfassungsgericht, auch wenn es etwa noch die Landesregierungen als oppositionelle Akteure nennt und hier und da durchaus auch noch von den »Oppositionsfraktionen« als der »organisierten parlamentarischen Minderheit« spricht, mehr oder weniger deutlich den einzelnen Abgeordneten.« (Volkmann 2017: 482)

Das Gericht wolle damit, so der Vorsitzende des Zweiten Senats, die »verfassungsrechtlich gewollte Flexibilität des parlamentarischen Diskurses und damit das dynamische Grundmoment des Demokratieprinzips« stärken (Voßkuhle 2019: 422). Uwe Volkmann wertet diesen Fokus auf den einzelnen Abgeordneten als Hinwendung zur klassischen Parlamentarismuskonzeption, indem er eine »Individualisierung der Oppositionsgarantie« (Volkmann 2017: 483) feststellt.

> »Statt eines Parlaments, in dem Fraktionen und Gruppen als für den Wähler identifizierbare Exponenten politischer Richtungen miteinander streiten, soll nun ein deliberierendes Gremium kompetenter und vernünftiger Einzelner die Dinge künftig in souveräner Unabhängigkeit richten. In der Sache ist das ehrwürdiges 19. Jahrhundert. Vor allem aber löst es Opposition als ein irgendwie kollektives Phänomen auf; es wird, setzt man die nun einmal eingeschlagene Linie konsequent fort, gar nicht mehr möglich, künftig noch auf irgendeine sinnvolle Weise von ‚der' Opposition zu sprechen.« (Volkmann 2017: 482)

Aufgrund der bisherigen Ergebnisse dieser Textanalyse kann dieser Bewertung jedoch für die Verfassungsrechtsprechung seit den 70er-Jahren insgesamt nicht gefolgt werden. Betrachtet man die Ausführungen des Gerichts in dieser Urteilsbegründung zum Grundsatz der effektiven Opposition insgesamt, so ist festzustellen, dass sich die Aussagen hier lediglich auf eine Rechtezuordnung beziehen. Es gibt Grund zu der Annahme, dass auch dem Verfassungsgericht bewusst ist, dass es materiell Gruppen sind, die die Oppositionsfunktionen ausüben, obgleich es den einzelnen Abgeordneten als Rechtsträger ansieht. Hierauf deutet z. B. die Rechtsprechung zu den Fraktionen hin, deren Bildung ebenfalls auf dem freien Mandat als Recht des einzelnen Abgeordneten beruht. Die Rechte der Fraktionen als Kollektivakteure sind abgesehen von Art. 53a GG durch die GOBT nicht verfassungsrechtlich geregelt. Trotzdem betont das Gericht selbst die Bedeutung der Fraktionen für den parlamentarischen Willensbildungsprozess immer wieder. Sie seien »maßgebliche Faktoren der politischen Willensbildung« (1966, BVerfGE 20, 56) und »im Zeichen der Parteiendemokratie notwendige Einrichtungen des Verfassungslebens« (1989, BVerfGE 80, 188). Auch die Konstruktion des Grundsatzes effektiver Opposition reflektiert die

Berücksichtigung der materiellen Seite des politischen Prozesses. Sie wird hier jedoch nicht ausdekliniert, was im Zusammenhang der Bewertung von Rechtsnormen angemessen scheint. Insoweit ist Pascale Cancik zuzustimmen, wenn sie ausführt:

> »[Das BVerfG; Anm. d. Verfasserin] entnimmt dem Grundgesetz keine Institutionengarantie, sondern eine Funktionsgarantie, die gerade nicht die Institutionalisierung bestimmter Oppositionsrechtsträger fordert. Das ist begrüßenswert. Die Verfassung muss die politische Realität des Fraktionenparlaments, die Abgeordnete weitgehend mediatisiert, nicht nachzeichnen, um sie ausreichend berücksichtigen zu können.« (Cancik 2016b)

Ob die Funktionsfähigkeit der Opposition auch in Zeiten übergroßer Regierungskoalitionen gegeben ist, insbesondere in dem Fall, in dem die Regierungsparteien nicht freiwillig bereit sind, Quoren zur Inanspruchnahme von Minderheitsrechten zu senken, steht infrage. Allerdings hat die lange Phase der Großen Koalition unter Angela Merkel seit 2013 gezeigt, dass in einer solchen Regierungsmehrheit auch die inneren Fliehkräfte wachsen und sich eine stärkere Konkurrenz innerhalb des Regierungsbündnisses einstellt. Insofern sieht Andrea Diehl in der Respektierung der bewussten Entscheidung des Gesetzgebers für die bestehenden Quoren weniger eine intendierte Individualisierung von Oppositionsrechten als einen Appell zu ihrer Absenkung durch eine Grundgesetzänderung (Diehl 2017: 513), was auf einen Optimismus seitens des Gerichts hinsichtlich der konstruktiven Kraft der (übergroßen) Mehrheit hindeuten würde.

Die weitere Argumentation des Gerichts im Urteil zur Klärung der Frage, ob Oppositionsrechte als Einzel- oder Gruppenrechte angemessen konfiguriert werden sollten, ist aus parteiendemokratischer Sicht nachvollziehbar. Die formelle Gleichbehandlung aller Abgeordneten bildet das Fundament der materiellen Funktionenerfüllung in Gruppen und gewährleistet die Unterscheidung von formeller und materieller Seite. Die Einführung spezifischer Oppositionsfraktionsrechte sei mit der Gleichheit der Abgeordneten und ihrer Zusammenschlüsse unvereinbar, so das Gericht (BVerfGE 142, 25: Rdnr. 84). Sie stellte eine rechtliche Bevorzugung zugunsten der oppositionellen Abgeordneten dar.

> »Auch die besondere Situation einer ‚entrechteten' Opposition angesichts einer geradezu ‚erdrückenden' Regierungsmehrheit führt zu keinem anderen Ergebnis. Das insofern von der Antragstellerin vorgebrachte Kompensationsargument greift zu kurz. Durch die Einführung der Opposition vorbehaltener Minderheitenrechte wäre diese lediglich relativ, im Vergleich zu den die Regierung tragenden Abgeordneten, im Vorteil. Geht es der Antragstellerin indes um eine Verbesserung der Kontrollfunktion des Parlaments, wäre es sogar kontraproduktiv, den übrigen Abgeordneten die – zumindest theoretische – Möglichkeit eines situativen Gebrauchs der Rechte

vorzuenthalten. Dies gilt selbst dann, wenn die spezifischen Oppositionsrechte neben und nicht anstelle der bereits vorhandenen Minderheitenrechte eingeführt würden.« (BVerfGE 142, 25: Rdnr. 101)

Der Kompetenzverteilung zwischen den Staatsorganen ist vorbehaltlich einer Verfassungsänderung mit der Gewährleistung der grundgesetzlich garantierten Minderheitsrechte für Einzelne Genüge getan. Wie Volkmann feststellt, »dürfte sich die Rolle des angenommenen Grundsatzes [effektiver Opposition; Anm. d. Verfasserin] im Wesentlichen auf die Verstärkung des Gewichts spezifischer Minderheitsgewährleistungen in Abwägungsvorgängen beschränken« (Volkmann 2017: 481). Die von der Antragstellerin intendierte Stärkung der materiellen Oppositionstätigkeit in ihrer Wirkmächtigkeit kann durch formelle Rechte dagegen nicht garantiert werden. Die zusätzlichen strukturellen Nachteile, die kleine und fragmentierte Oppositionen im Vergleich zu Zeiten einer Regierung in einer minimum winning coalition mit sich bringen, sind in materieller Hinsicht durchgreifender. Fasst man mit Hans-Peter Schneider die Funktionen der Opposition als »Garant verantwortlicher Regierung« auf, indem die Regierung ständig zur Rechtfertigung und Aufklärung über ihre Vorhaben gezwungen ist, und als »alternative Herrschaftsorganisation«, also als Regierung im Wartestand (Schneider 1989a: 1062, Rdnr. 15), wird deutlich, dass die Anwendung der parlamentarischen Minderheitsrechte in dieser Hinsicht nur eine begrenzte Wirkung hat. Sie stellen jedoch Öffentlichkeit für die Minderheit her.[68]

Die Richter des Urteils »Oppositionsrechte« unterstreichen damit den neuen Dualismus als strukturbildende Konfliktlinie im deutschen Parlamentarismus, ohne jedoch eine Übertragung der materiellen Oppositionsfunktion auf Ebene der Gruppen auf die formale Ebene des Verfassungsrechts daraus zu schließen. Allerdings unterlässt das Gericht eine Klarstellung hinsichtlich der formellen und der materiellen Seite des politischen Prozesses und ihrer Wechselwirkungen. Es suggeriert, dass die Gewährung von Minderheitsrechten selbstständig zu einer materiell effektiven Opposition führt und schwächt damit die parteiendemokratischen Blickwinkel ab.

5.1.4 Fazit: Arbeitsteiliges Fraktionenparlament unter der Anforderung der gleichen Mitwirkung aller Einzelnen

Die Analyse der ausgewählten Urteile des BVerfGs zu Binnenstrukturen im Bereich von Parlament und Regierung hat gezeigt, dass das Gruppenprinzip

68 Es stellt sich jedoch die Frage, wie relevant diese Art der Öffentlichkeit in Zeiten ist, in denen Öffentlichkeit für jeden jederzeit herstellbar ist.

in seinen Grundstrukturen bereits seit Beginn des Untersuchungszeitraums 1975 Anerkennung fand. Allerdings ergeben sich für die weiteren Strukturprinzipien des Parlamentarismus und die Merkmale des parlamentarischen Regierungssystems dabei divergierende Ausprägungen.

Beginnend mit dem Leitbild des Berufsabgeordneten, das 1975 im Urteil »Abgeordnetendiäten« seinen Niederschlag fand, ist für die Verfassungsrechtsprechung eine ausdrückliche Distanzierung vom Bild des klassischen Honoratiorenabgeordneten und eine Anerkennung der parteiendemokratischen Eingebundenheit kennzeichnend. Allerdings persistieren in der Begründung dieser Entscheidung gleichzeitig Vorstellungen eines Gegensatzes zwischen dieser Eingebundenheit und der Unabhängigkeit des Abgeordneten. Das Gericht bettet das Abgeordnetenleitbild nicht vollständig in die Funktionszusammenhänge des parlamentarischen Regierungssystems in einem parteiendemokratischen Sinne ein, was sich beispielhaft anhand der Frage der Funktionsvergütungen für Abgeordnete zeigt. Hierarchische Strukturen in Fraktionen sollen die begründungspflichtige Ausnahme bleiben, sie werden nicht als natürliche Folge von Arbeitsteilung verstanden.

Auch zwei Jahre später anlässlich des Urteils »Beschlussfähigkeit« machte das Gericht deutlich, dass Arbeitsteilung und Spezialisierung, die das Berufspolitikertum notwendig macht, Strukturprinzipien der Arbeitsweise des Parlaments seien. Konterkariert wird dies jedoch durch einen erratischen Rückgriff auf einen »Geist des Parlamentarismus«, dem eine Präsenz aller Abgeordneten im Plenum besser gerecht werden würde (BVerfGE 44, 308: Rdnr. 32). So ein expliziter Rückgriff auf einen klassischen Maßstab ist in der Rechtsprechung für den innerparlamentarischen Bereich zwar die Ausnahme, deckt sich jedoch mit dem eher klassischen Repräsentationsverständnis, das das Gericht hier zeigt. Dabei kann die Festlegung, dass das Parlament das Volk nur angemessen vertrete, wenn »das Parlament als Ganzes« an der Willensbildung beteiligt sei, angesichts des hintergründigen klassischen Maßstabs (Geist des Parlamentarismus) nicht als rein rechtliche Aussage gewertet werden. Demensprechend wird die Arbeit in den Ausschüssen und den Gremien der Fraktionen vom Gericht als Kompensation für eine fehlende Anwesenheit im Plenum aufgefasst, wobei sie auch als tragendes Element der parlamentarischen Willensbildung eingestuft wird.

Trotz der Anerkennung und Berücksichtigung der faktischen parteiendemokratischen Grundstrukturen in den späten 70er-Jahren auch in Form des neuen Dualismus, tauchte der Begriff Regierungsmehrheit erst 1983 in der Entscheidung zur Vertrauensfrage Helmut Kohls auf. Hier diente er jedoch als Beschreibung einer regierungsfähigen Mehrheit im technischen Sinne und nicht der Benennung der Aktionseinheit von Parlamentsmehrheit und Regierung. Diese Unterbewertung des Phänomens der Regierungsmehrheit zeigte sich auch in der Einschätzung, dass über den politischen Willen der beteiligten (und ggfs. aller anderen!) Parteien und Fraktionen hinaus vom Gericht das Vorliegen eines »ungeschriebenen sachlichen Tatbestandsmerkmals« als Voraussetzung für die Einleitung des Verfahrens nach Art. 68 GG verlangt wurde. Neben formeller Verfahrenstreue konstatierte es damit auch materielle Voraussetzungen für die Legitimität des Willens der Regierungsmehrheit, das Parlament aufzulösen. Um diese festzustellen, nahm es eine materielle politische Lagebeurteilung über die vermuteten Vertrauensverhältnisse in der christlich-liberalen Koalition vor. Hierin ist nicht nur die Vermengung des formellen und des materiellen Aspekts des politischen Prozesses zu sehen, sondern auch eine nicht unerhebliche Infragestellung des Beschlusses der Parlamentsmehrheit. Auch im Jahr 2005 wiederholte sich diese klassisch orientierte Gegenüberstellung zwischen dem Willen des Kanzlers und der Mehrheit. Das Misstrauen gegenüber dem zweistufigen Prozess auf dem Weg zu einer allgemeinverbindlichen Entscheidung – erst materielle Entscheidung dann formales Verfahren – steht den Prämissen der parteiendemokratischen Sichtweise klar entgegen, denn diese Wechselbeziehung vernachlässigte das Gericht im Zusammenhang mit der Vertrauensfrage. Erneut muss davon ausgegangen werden, dass es die Auffassung vertrat oder wenigstens nach außen trug, in Staatsorganen würden materielle Entscheidungen über umstrittene Fragen getroffen. Die beiden Urteile stechen heraus und stehen neben der Antizipation parteiendemokratischer Elemente wie der Gruppenstruktur oder des neuen Dualismus.

Auf die Binnenstrukturen des Parlaments bezog sich dagegen die Auseinandersetzung um die Rechte von einzelnen Abgeordneten und parlamentarischen Gruppen. Zwar spielt der geschäftsordnungsrechtliche Gruppenstatus seit 1998 keine Rolle mehr in der politischen Praxis. Gleichwohl ließen sich aus der Abwägung zwischen den Rechten des einzelnen Abgeordneten (Urteil »Wüppesahl« im Jahr 1989) und dem Status der Gruppe unterhalb der Fraktionsschwelle in den Jahren 1991 und 1997 Schlüsse für die Gewichtung des Gruppenprinzips im politischen Prozess und für die Beteiligungsgarantien Einzelner ziehen. Der Kristallisationspunkt findet sich in den genannten Urteilen ausschließlich in der Funktionsfähigkeit des Parlaments. Diese ist als »Verfassungsgebot« ein besonderer, der Gleichheit gleichrangiger, rechtfertigender Grund für die Differenzierung zwischen Abgeordneten anerkannt.

»Die für eine Teilnahme am Prozeß der parlamentarischen Willensbildung geltenden Gleichheitsanforderungen müssen durch das Verfassungsgebot der Sicherung der Funktionsfähigkeit des Parlaments eine Einschränkung erfahren.« (BVerfGE 96, 264: Rdnr. 63)

Für die Funktionsfähigkeit spielt das in der parteiendemokratischen Auffassung zentrale Gruppenprinzip eine tragende, vom Gericht prinzipiell auch anerkannte Rolle. Nicht nur die Differenzierung zwischen einzelnen Abgeordneten und Fraktionen ist erlaubt, sondern graduell auch zwischen Fraktionen und Gruppen. Dabei erlangt in den Urteilen implizit immer wieder auch die Unterscheidung zwischen Entscheidung und Beschluss Relevanz, ohne dass sie explizit formuliert würde. Hinsichtlich der Arbeitsteilung zwischen Plenum und den Ausschüssen stellte das BVerfG fest: Wo substanziell entschieden werde, finde Repräsentation statt und dort solle Repräsentativität gewährleistet sein (BVerfGE 44, 308: Rdnr. 37). Die Ausschüsse des Bundestages sah das Gericht dabei in dieser Funktion als zentral an (eigentliche Sacharbeit) und konzipierte sie als Ersatzdeliberatorium, in der die (einzelnen) Abgeordneten die Chance hätten, ihre Vorstellungen einzubringen. Obwohl das Gericht also wesentliche parteiendemokratische Funktionsbedingungen in seine Überlegungen einbezog, sind Relikte des klassischen Verständnisses in den Entscheidungen zu Einzel- und Gruppenrechten weiter zu erkennen. Weil das Gericht sich jedoch auf das »Richtmaß« der gleichen Beteiligung aller Abgeordneten rhetorisch stark konzentriert, tritt das Prinzip der Gleichheit in Konkurrenz, nicht in Interdependenz im Verhältnis zum Gruppenprinzip in den Vordergrund.

Die zunehmende Komplexität und Professionalisierung der Parlamentsarbeit zog eine Hierarchisierung nach sich, die im Jahr 2000 die Frage nach einer Differenzierung der Abgeordnetenentschädigung erneut aufwarf. Wiederum waren die Äußerungen von einer Billigung der Interdependenz von Arbeitsteilung und Funktionendifferenzierung geprägt und flankiert von der subkutanen Skepsis gegenüber der Interessenvertretung durch Parteien. Es war offenbar eine Herausforderung zu definieren, innerhalb welchen Rahmens »Abhängigkeiten des einzelnen Abgeordneten von Fraktionsbeschlüssen [...] im Rahmen funktioneller Differenzierung der Parlamentsarbeit auch mit Blick auf Art. 21 Abs. 1 GG« hinzunehmen seien (BVerfGE 102, 224: Rdnr. 62). Dabei reüssierten Überlegungen zu einem einseitigen, aus finanziellen Erwägungen erwachsenen Abhängigkeitsverhältnis des Abgeordneten gegenüber seiner Partei oder anderen Interessengruppen, die schon im Urteil »Abgeordnetenentschädigung« erwogen worden waren, erneut. Sie stellten Repräsentation, die als Kommunikationsbeziehung beschrieben werden kann, in der multidimensionale reziproke Einflusskanäle existieren, unterkomplex dar. Dabei soll, so Klaus von Beyme,

»die konstitutionell verbriefte Fiktion, der Abgeordnete sei nur seinem Gewissen unterworfen« gerade als »eine Art Abschirmung gegen Einwegkommunikationen« fungieren, die »eine bestimmte sektorale Interessenrepräsentation begünstigen würden« (von Beyme 2014: 211). In diesem Urteil trug diese »Fiktion« also dazu bei, dass das BVerfG die Interdependenz des Verhältnisses Abgeordneter-Partei in parteiendemokratischen Sinne angemessen einordnete.

Diese Überlegungen zur Abhängigkeit des Abgeordneten von seiner Partei wurden im Jahr 2007 im Zusammenhang mit den Offenlegungspflichten für Nebeneinkünfte von Abgeordneten relativiert. In Kontrast zur Beeinflussung durch Interessenverbände sah das Gericht hier den Einfluss von Partei und Fraktion als legitim an, weil dieser »durch Entscheidungen des Wählers vermittelt« sei (BVerfGE 118, 277: Rdnr. 222). Es wurde auch die repräsentative Eingebundenheit des Abgeordneten in Partei und Fraktion betont. Teil des Leitbildes des Abgeordneten blieb gleichzeitig das Postulat der Unabhängigkeit.

Während in den Urteilen in den Jahren 1991 und 1997 mit den Rechten für parlamentarische Gruppen in ihrer Existenz und Ausprägung, die Frage der Repräsentativität in parlamentarischen Gremien im Mittelpunkt stand, ging es in den Urteilen »Vermittlungsausschuss« und »Arbeitsgruppen des Vermittlungsausschusses« 2004 und 2015 um die Reichweite dieses Prinzips im Vergleich zum Mehrheitserfordernis in Zweifelsfällen. Der Vergleich beider Urteile zeigt, dass eine Akzeptanz des Gruppenprinzips als Mehrheitsgarant für das Gericht nur unter der Bedingung möglichst exakter innerparlamentarischer Repräsentativität akzeptabel war. Dies führt zu der Annahme, dass dem Aspekt der Gleichheit im Laufe der Jahre in Abwägungsentscheidungen eine hohe ausschlaggebende Bedeutung zugemessen wurde. Hierauf deutet auch die Analyse der Wahlrechtsurteile hin (siehe Kapitel 5.3). Darüber hinaus hat sich die Begründung des allgemeinen Gleichheitssatzes gewandelt. Während der Senat im Urteil »Abgeordnetendiäten« 1975 die formalisierte Gleichbehandlung aus Art. 38 I 1 GG (gleiche staatsbürgerliche Rechte) und im Urteil PDS/Die Linke 1991 aus Art. 38 I 2 GG (parlamentsbezogener Gleichheitsgrundsatz) ableitete, bezog er im Urteil »Funktionszulagen« 2007 beide Gründe mit ein:

> »Denn diese stehen im Hinblick auf das durch sie konkretisierte Prinzip der repräsentativen Demokratie in einem unauflösbaren, sich wechselseitig bedingenden Zusammenhang. So setzt sich insbesondere die Gleichheit der Wahl in der gleichen Mitwirkungsbefugnis aller Abgeordneten fort. Beide besonderen Gleichheitssätze stützen den Repräsentationsgedanken aus unterschiedlichen Richtungen.« (BVerfGE 102, 224: Rdnr. 58)

Die Begründung des Gleichheitssatzes wurde damit gestärkt und die spezifische Anwendung auf eine breitere Grundlage gestellt.

Die Urteile rund um den Vermittlungsausschuss lenken zusätzlich die Frage darauf, wie Gremien, für die das Repräsentativitätserfordernis gelten muss, von anderen Gremien abgegrenzt werden können und unter welchen Bedingungen Abstriche von diesem Erfordernis geduldet werden können.

> »Der Grundsatz der Spiegelbildlichkeit enthält für sich genommen keine Aussage über die zulässige Größe eines Ausschusses oder eines anderen Untergremiums. Je kleiner das Untergremium ausfällt, desto mehr Abgeordnete werden allerdings an der Wahrnehmung ihrer Statusrechte gehindert, und umso weniger ist insofern der Repräsentationsfunktion entsprochen. Daher steigen die Anforderungen an eine sachliche Rechtfertigung der Delegation von Entscheidungsbefugnissen mit der abnehmenden Größe eines Untergremiums. In Ausnahmefällen kann dies trotz formaler Wahrung des Grundsatzes der Spiegelbildlichkeit zu einer Verletzung von Art. 38 Abs. 1 Satz 2 GG wegen der zu geringen Größe des Untergremiums führen (BVerfGE 130, 318 [354][69]). (BVerfGE 140, 115: Rdnr. 97)

Schlusspunkt des Analysezeitraums für das Parlamentsbinnenrecht bildet schließlich der Umgang mit verfassungsrechtlich garantierten Minderheitsrechten zu Zeiten einer übergroßen Regierungsmehrheit. Indem das Gericht die Oppositionsrechte den einzelnen Abgeordneten und nicht den Oppositionsfraktionen zuordnete, wahrte es die aus parteiendemokratischer Sicht notwendige Differenz zwischen formell garantierten Minderheitsrechten und materieller Oppositionstätigkeit. Dass die »Mediatisierung und Monopolisierung der Politik durch Parteien und Fraktionen« rechtlich nicht abgesichert ist und ihre politische Bedeutung »rechtlich insofern nur unvollkommen reflektiert« wird, ist wichtig, um ihre Funktion zu erhalten (Morlok 1989: 1047). Die Differenz zwischen Entscheidungskörpern und Beschlussorganen legitimiert die Monopolisierung der Macht bei der Regierungsmehrheit. Dem hat das BVerfG in der Entscheidung »Oppositionsrechte« entsprochen.

Die Entscheidungen, die sich mit den Strukturen innerhalb der Regierungsmehrheit befassen, zeigen eine grundsätzliche Reflexion parteiendemokratischer Funktionsbedingungen in Form der Berücksichtigung des Gruppenprinzips auf, da Fraktionen als »maßgebliche Faktoren der politischen Willensbildung« (bereits 1966: BVerfGE 20, 56) gelten. Gleichzeitig bleibt die Organorientierung über alle Bereiche sowie über den gesamten Zeitraum bestehen und wird begleitet von einer bis in die jüngeren Entscheidungen getragenen Skepsis gegenüber der potenziellen Usurpation der Un-

69 Urteil „Stabilisierungsmechanismusgesetz".

abhängigkeit des Abgeordneten durch seine Partei. Die Dominanz der Fraktionen im parlamentarischen Willensbildungsprozess schlägt sich auch nur begrenzt auf das Repräsentationsverständnis des Gerichts nieder. Der 1977 noch ausdrücklich klassische Maßstab, der an die Repräsentationsprozesse angelegt wurde, konnte auch im Laufe der 80er- und 90er-Jahre nicht vollständig abgelegt werden.

5.2 Verhältnis zwischen Parlament und Regierung

5.2.1 Grundsätzliches zur Frage der Gewaltenteilung im Zusammenhang mit den Einsätzen der Bundeswehr im Ausland

Die Beantwortung der Frage, auf welcher rechtlichen Grundlage der Einsatz der Bundeswehr als bewaffnete Streitkräfte bei Einsätzen im Ausland erfolgen soll, erfolgt in einem Spannungsverhältnis zwischen demokratischer Legitimation und der Stellung und Handlungsfähigkeit des Landes im internationalen Staatenverbund. Das Grundgesetz sieht drei verschiedene Grundlagen für die Legitimation von Einsätzen der deutschen Streitkräfte im Ausland vor. Der Fall der Einbindung in ein System kollektiver Sicherheit nach Art. 24 II GG im Rahmen der Vereinten Nationen, der NATO oder der Gemeinsamen Sicherheits- und Verteidigungspolitik der EU stellt seit 1994 den wichtigsten Begründungszusammenhang dar. Die Aufstellung und Verwendung von Streitkräften regelt seit 1956 Art. 87a GG, der Verteidigung als ihre Hauptaufgabe festlegt. Kommt es zu einem Angriff auf deutsches Territorium, greift mit Art. 115a I GG die Feststellung des Verteidigungsfalls. Die Unbestimmtheit dieser Normen lässt bereits vermuten, dass es eine Reihe von Szenarien gibt, bei denen es fraglich ist, welche Norm zur Legitimation eines Auslandseinsatzes herangezogen werden könnte. Einsätze, bei denen die Bundeswehr unilateral oder außerhalb kollektiver Sicherheitssysteme agiert, sind nach bestehender Meinung durch Art. 51 VN-Charta gedeckt. Schwierig ist dagegen die Auslegung des Begriffs Verteidigung oder in der Folge die Beantwortung der Frage, was ein bewaffneter Einsatz ist. Art. 2 Parlamentsbeteiligungsgesetz bietet erst seit 2005 hierfür Anhaltspunkte. »Transparente, berechenbare und nachprüfbare Kriterien zur Beschlussfassung über eine Beteiligung an bewaffneten Friedensmissionen fehlen.« (Gießmann/Wagner 2009: 8)

Dies ist eine Ursache dafür, dass das BVerfG eine Reihe von Urteilen hervorgebracht hat, die die Leitplanken für den Auslandseinsatz der Bundeswehr an den Grenzen des Verteidigungsfalls einerseits und an den Grenzen des Systems kollektiver Sicherheit andererseits definieren müssen. Während das Wehrverfassungsrecht von 1956 nur die Wiederbewaffnung der Bundesrepublik nach dem Zweiten Weltkrieg regelt, steht Deutschland heute vor der Aufgabe der Einbindung in ein komplexes System kollektiver Sicherheit und Verteidigung. Zusätzlich stellt sich unter den Bedingungen sich ständig verändernder Anforderungen aufgrund neuer Bedrohungslagen und Verteidigungserfordernissen die Fragen danach, wann welche Art von Verwendung der Streitkräfte auf welche Weise legitimiert werden kann, immer wieder neu. Einen dauerhaften Kriterienkatalog kann es nicht geben. Einsatzszenarien können nur begrenzt für die Zukunft antizipiert werden. Welche Entscheidungsnotwendigkeiten Cyberwar und Drohnenkrieg noch hervorbringen werden, ist schwer prognostizierbar. Internationales Regierungshandeln und Außenpolitik sind von einem »permanenten Wechselverhältnis historischer Grundlagen und dynamischer aktueller Herausforderungen« gekennzeichnet (Nowrot/Tietje 2016: 1504, Rdnr. 63).

Verfassungsrechtsprechung, die sich dezidiert mit dem Verhältnis von Parlament und Regierung in der auswärtigen Gewalt beschäftigte, war bis in die 80er-Jahre selten und schlug sich insbesondere in der Entscheidung zum Petersberger Abkommen mit Blick auf die Zustimmungspflicht gemäß Art. 59 II GG nieder (BVerfGE 1, 351). Mit der Westintegration Deutschlands und einem möglichen militärischen Engagement außerhalb des NATO-Bündnisgebietes stellte sich jedoch die Frage nach der Auslegung vor allem von Art. 24 II GG neu. Seit der Wiedervereinigung hat sich das Gewicht von Landes- und Bündnisverteidigung zugunsten von Einsätzen außerhalb des NATO-Bündnisgebietes (»Out of Area«) verschoben. Rafael Biermann identifiziert dabei vier Phasen des gesteigerten militärischen bewaffneten Engagements: jeweils seit 1990 (Zäsur Wiedervereinigung), 1994 (Out of Area- Urteil des BVerfG), 1998 (gesteigertes NATO-Engagement) und 2001 (Anschläge vom 11. September) (Biermann 2004).

Eine Ausweitung des Streitkräfteeinsatzes ließ auch eine Beteiligung des Parlaments an diesen weittragenden Entscheidungen mit Blick auf die demokratische Legitimität solcher Einsätze als notwendig erscheinen. Bei der Frage des Zustimmungserfordernisses des Bundestages bei Auslandseinsätzen der Bundeswehr, das seit 2005 durch das PBG geregelt ist, handelt es sich also um eine Kompetenzfrage zwischen den Organen Parlament und Regierung und berührt damit das Strukturmerkmal Gewaltenteilung im parlamentarischen Regierungssystem. Die Rechtsprechung des Verfassungsgerichts zum Gewaltenteilungsgrundsatz, das es vor allem in Art. 20 II GG verankert sieht, stellt das Prinzip der Gewaltenteilung neben das Prinzip der Gewaltenverschränkung. Damit sind unter gewaltenteilenden vor allem gewaltenbeschränkende Mechanismen zu verstehen. Grenzen der Variabilität von Gewaltenteilung sind erreicht, wenn eine Gewalt ein Übergewicht über eine andere Gewalt erhält, ihr für die Erfüllung ihrer Aufgaben notwendige Zuständigkeiten entzogen werden oder der Kernbereich der Tätigkeiten und Aufgaben angetastet wird (Bleckmann 1998: 195).

> »Im Endergebnis verbietet das Gewaltenteilungsprinzip, wie das Bundesverfassungsgericht richtig hervorhebt, damit nur eine Verlagerung der Gewalten, die der einen Gewalt ein Übergewicht über die andere Gewalt verleiht.« (Bleckmann 1998: 204)

Grundsätzlich wird die auswärtige Gewalt, das heißt das internationale Handeln des Staates, als eine Domäne der Exekutive angesehen. Angesichts einer Intensivierung der »*Binnen*relevanz zwischenstaatlicher Rechtshandlungen« (Cremer 2003: 25) durch Globalisierung und Intergouvernementalismus beginnt sich diese Sichtweise jedoch aufzulösen. Der Parlamentsvorbehalt ist ein Ausdruck dafür. In der Betrachtung der Urteile des BVerfG geht es also zum einen um die Zuständigkeitsverteilung zwischen Bundesregierung und Bundestag beim Beschluss über den Einsatz von Streitkräften und zum anderen um Kontrollbefugnisse des Bundestages, da er durch das Zustimmungserfordernis auch Einfluss auf Art und Umfang eines Truppeneinsatzes hat. Welches Verständnis von Gewaltenteilung und Kontrolle transportiert das Gericht mittels dieser Reihe von Urteilen? Wie begründete das Gericht die Einführung des Parlamentsvorbehalts und die Etablierung einer »Parlamentsarmee«? Wie ist es in den Folgejahren mit der daraus resultierenden Praxis – insbesondere einer konstatierten Gefahr einer akklamatorischen Funktion des Parlamentsvorbehalts – umgegangen?

5.2.2 Machtbalance zwischen Parlament und Regierung? Die auswärtige Gewalt in der Kompetenzordnung zwischen Bundestag und Bundesregierung

5.2.2.1 Die auswärtige Gewalt als Funktion der Exekutive

Mit dem NATO-Doppelbeschluss hatten die Mitgliedsstaaten des Bündnisses vereinbart, dass die USA ab 1983 nukleare Mittelstreckenraketen in Europa stationieren sollte, über deren Einsatz der Präsident der USA zu beschließen befugt war. Die Angst vor einem atomaren Rüstungswettlauf löste nach den 1960er-Jahren eine zweite Welle einer starken Friedensbewegung aus. Nachdem die Abrüstungsverhandlungen zwischen den USA und der UdSSR ohne Erfolg geblieben waren, stimmte der Bundestag trotz kontroverser Diskussion (BT PlPr 10/36) der Stationierung von Pershing II-Raketen auf Bundesgebiet am 22. November 1982 zu. Mit den Stimmen der regierenden CDU/CSU- und FDP-Fraktion bestätigte der Bundestag »seine Entschließung vom 26. Mai 1981, ‚die Bundesregierung bei der konsequenten und zeitgerechten Verwirklichung des Beschlusses der NATO vom 12. Dezember 1979 in seinen beiden Teilen' zu unterstützen« (BT Drs. 10/260).

Die Partei Die Grünen war nach der Wahl 1983 erstmals in den Bundestag eingezogen und hatte sich in der Debatte um die Atomwaffenstationierung klar ablehnend positioniert. Die Atomraketen dienten zur Kriegsführung, nicht zur Abschreckung, so der Vorwurf unter anderem an Bundeskanzler Kohl. Damit waren sie in der sicherheitspolitischen Debatte, anlehnend an die Typisierung von Robert van Ooyen, in einer idealistischen Position mit pazifistischer Ausrichtung zu verorten. Dieser Position gegenüber stand die »realistische Position«, die einen erweiterten Sicherheitsbegriff zur Grundlage hat (Ooyen 2015b: 62). Eingebettet war dieser Widerstreit in den Struktur- und Wertewandel der 80er-Jahre, der sich auch auf die Tektonik des Parteiensystems und den Stellenwert klassisch-repräsentativer Partizipationsformen auswirkte und durchaus als Bruch mit den bisherigen Kontinuitäten dieser Strukturen aufgefasst werden kann (siehe Ruck 2012).

Nach dem Scheitern einer Strafanzeige gegen die Bundesregierung und einer einstweiligen Verfügung reichten Die Grünen also am 16. Dezember 1983 Organklage ein. Die Fraktion sah die Rechte des Bundestages aus Art. 79 I 1 GG in Verbindung mit Art. 24 I GG, 25 GG sowie aus Art. 59 II 1 GG in Verbindung mit Art. 20 III GG verletzt. Durch das BVerfG war nun die Frage zu klären, ob die Bundesregierung Rechte des Bundestages verletzt hatte, indem sie der Aufstellung von nuklear bestückten amerikanischen Mittelstreckenraketen der Bauart Pershing II und Marschflugkörpern in der Bundesrepublik ohne spezielle Ermächtigung zugestimmt hatte. Hätte diese einseitige völkerrechtserhebliche Erklärung jedoch einer Zustimmung in Form eines Gesetzes nach Art. 59 II 1 GG bedurft? Am 18. Dezember 1984 wies das Gericht den Antrag der Grünen in einer Eilentscheidung zurück. Die Zustimmungserklärung sei ein verteidigungspolitischer Akt im Rahmen eines Vertragssystems zur kollektiven Selbstverteidigung und seines Vollzugs und besitze nicht die Rechtsnatur einer selbstständigen Vertragsabschlusserklärung nach Art. 59 II 1 GG, womit dieser Artikel nicht anwendbar sei (BVerfGE 68, 1: Rdnr. 131). Der Bundestag habe mit seiner Zustimmung zum Nordatlantikvertrag, dem Vertrag über die Westeuropäische Union sowie dem Aufenthaltsvertrag ausländischer Streitkräfte in der Bundesrepublik dem amerikanischen Präsidenten als besonderem Organ des Vereidigungsbündnisses deutsche Hoheitsrechte im Sinne des Art. 24 I GG übertragen. Dass es zu einer Situation kommen könnte, in der die in diesen Verträgen getroffenen Regelungen tatsächlich umgesetzt werden, sei abzusehen gewesen.

Für die Frage des Parlamentarismusverständnisses sind neben den Ausführungen zum Völker- und Vertragsrecht insbesondere die Aussagen des Gerichts zur Aufgabenteilung zwischen Parlament und Regierung relevant. Die Richter führen an, dass eine Anwendung von Art. 59 II 1 GG in der vom Antragsteller ersonnenen Weise, nämlich als Ausdehnung des Zustimmungserfordernisses nach diesem Artikel für andere Akte als Vertragsabschlusserklärungen, im Sinne der Gewaltenteilung des Grundgesetzes bedenklich wäre. Die »Zuordnung staatlicher Aufgaben zu bestimmten Funktionen und Trägern« stehe einer solchen Auslegung entgegen (BVerfGE 68, 1: Rdnr. 142). Dass Art. 59 II 1 GG den gesetzgebenden Körperschaften keine Initiativ-, Gestaltungs- oder Kontrollbefugnis im Bereich der auswärtigen Beziehungen verleihe, sondern sowohl inhaltlich als auch auf eine bloße Zustimmung in Form eines Gesetzes beschränkt bleibe, sei ein Element der Gewaltenteilung.

> »Art. 59 Abs. 2 Satz 1 GG ist im Lichte des Art. 20 Abs. 2 GG auszulegen. Die dort als Grundsatz normierte organisatorische und funktionelle Unterscheidung und Trennung der Gewalten dient zumal der Verteilung von politischer Macht und Verantwortung sowie der Kontrolle der Machtträger; sie zielt auch darauf ab, daß staatliche Entscheidungen möglichst richtig, das heißt von den Organen getroffen werden, die dafür nach ihrer Organisation, Zusammensetzung, Funktion und Verfahrensweise über die besten Voraussetzungen verfügen, und sie will auf eine Mäßigung der Staatsgewalt insgesamt hinwirken. Die Konzentration politischer Macht, die darin läge, dem Bundestag in auswärtigen Angelegenheiten – über die ihm im

> Grundgesetz zugeordneten Befugnisse hinaus – zentrale Entscheidungsbefugnisse exekutivischer Natur zuzuordnen, liefe dem derzeit vom Grundgesetz normierten Gefüge der Verteilung von Macht, Verantwortung und Kontrolle zuwider. Daran ändert es nichts, daß – auf der Ebene des Bundes – allein die Mitglieder des Bundestages unmittelbar vom Volk gewählt sind. Die konkrete Ordnung der Verteilung und des Ausgleichs staatlicher Macht, die das Grundgesetz gewahrt wissen will, darf nicht durch einen aus dem Demokratieprinzip fälschlich abgeleiteten Gewaltenmonismus in Form eines allumfassenden Parlamentsvorbehalts unterlaufen werden (BVerfGE 49, 89 [124ff.]). Auch der Grundsatz der parlamentarischen Verantwortung der Regierung setzt notwendigerweise einen Kernbereich exekutivischer Eigenverantwortung voraus (BVerfGE 67, 100 [139]). Die Demokratie, die das Grundgesetz verfaßt hat, ist eine *rechtsstaatliche* Demokratie, und das bedeutet im Verhältnis der Staatsorgane zueinander vor allem eine *gewaltenteilende* Demokratie.« (BVerfGE 68, 1: Rdnr. 144)

Mit diesem funktionalistischen Gewaltenteilungsverständnis schloss das Gericht an ein klassisches Gewaltenteilungskonzept im Sinne der Kompetenzverteilung zwischen Bundestag und Bundesregierung an. Im klassischen Parlamentarismusverständnis wird diese Kompetenzverteilung als wirkmächtig für Machtteilung erachtet. Im parteiendemokratischen Verständnis hingegen wird zwischen Beschlussmacht und politischer Macht unterschieden (siehe Kapitel 4.2.1). Eine Unterscheidung oder Abgrenzung von Machtteilung und -kontrolle durch Macht und Gegenmacht im Sinne politischer Macht nahm das Gericht hier jedoch nicht vor. Dies ist im Rahmen der Beurteilung von Rechtskompetenzen zunächst einmal nicht verwunderlich und adäquat. Gleichzeitig jedoch sah es die gewaltenteilende Funktion der Aufteilung von Rechtskompetenzen durch die Verteilung von »Macht, Verantwortung und Kontrolle« (s. o.) umgesetzt. Rechtliche Teilung von Beschlussmacht wurde in dieser Entscheidung als faktische Machtkontrolle verstanden. In parteiendemokratischer Sichtweise können diese Aspekte jedoch nicht gleichgesetzt werden. Verfügung über eine Beschlusskompetenz bedeutet im Gefüge des parlamentarischen Regierungssystems, insbesondere durch die Abhängigkeit der Regierung von der Parlamentsmehrheit, nicht immer gleichzeitig politische Machtausübung oder Verantwortlichkeit. Die fehlende Differenzierung ist deswegen von besonderer Bedeutung und wird hier als klassisches Element gewertet, weil die gewaltenteilende Wirkung des »Neuen Dualismus« hier gänzlich unberücksichtigt bleibt, während nur ein Jahr zuvor, in der Urteilsbegründung »Bundestagsauflösung I«, der Begriff »Regierungsmehrheit« (BVerfGE 62, 1: Rdnr. 111) in Abgrenzung zur Parlamentsmehrheit als Analysekategorie Verwendung fand. Konsequenzen für die Begründung der Rechtsprechung zur Gewaltenteilung zog der Zweite Senat aus dem Phänomen Regierungsmehrheit jedoch nicht.

Das Gericht führte neben rechtlichen auch inhaltliche Argumente dafür an, dass Außenpolitik die Prärogative der Exekutive bleiben solle. Zwar räume Art. 59 II 1 GG dem Bundestag in bestimmtem Umfang Mitwirkungsbefugnisse an der Willensbildung für die Vornahme von Akten im Bereich der auswärtigen Beziehungen ein, und diese seien auch nicht bloß Ausnahmen (BVerfGE 68, 1: Rdnr. 143). Jedoch sei die Außenpolitik für den Bestand der Bundesrepublik Deutschland von solch herausragender Bedeutung, dass eine Erweiterung des Anwendungsbereichs von Art. 59 II 1 GG

> »einen Einbruch in zentrale Gestaltungsbereiche der Exekutive darstellen [würde]; sie verlagerte in weitem Umfang politische Macht zu Lasten der Exekutive auf den Bundestag in einem Handlungsbereich, der funktionell betrachtet nicht Gesetzgebung im Sinne des Art. 20 Abs. 2 Satz 2 GG darstellt« (BVerfGE 68, 1: Rdnr. 145).

Die Zustimmung zum NATO-Doppelbeschluss ohne Ratifizierung durch den Bundestag sei auch deswegen funktionengerecht, weil die Organe sich in ihren Aufgaben unterschieden: Die Regierung verfüge im Vergleich zum Parlament über diejenigen Ressourcen und die Arbeitsweise, die für außenpolitische Entscheidungen notwendig seien und sie sei durch die Legitimationskette voll institutionell, funktionell und personell demokratisch legitimiert (Art. 20, II GG) (BVerfGE 68, 1: Rdnr. 145).

> »Die grundsätzliche Zuordnung der Akte des auswärtigen Verkehrs zum Kompetenzbereich der Exekutive beruht auf der Annahme, daß institutionell und auf Dauer typischerweise allein die Regierung in hinreichendem Maße über die personellen, sachlichen und organisatorischen Möglichkeiten verfügt, auf wechselnde äußere Lagen zügig und sachgerecht zu reagieren und so die staatliche Aufgabe, die auswärtigen Angelegenheiten verantwortlich wahrzunehmen, bestmöglich zu erfüllen.« (ebd.)

Hieraus ist zu schließen, dass das Gericht die Prärogative in der Außenpolitik als echte politische verantwortliche Gestaltungsmöglichkeit wertet, dem der Bundestag als Organ mit seinen Kontrollbefugnissen entgegentritt. Erneut deutet dies auf ein in dieser Hinsicht klassisches Parlamentarismusverständnis hin. Wenn demgegenüber mit Walter Bagehot die Regierung als Exekutivausschuss des Parlaments verstanden wird, löst sich der strukturelle Gegensatz auf der Entscheidungsebene zwischen Parlament und Regierung, der hier für die auswärtige Gewalt konstatiert wird, auf, weil »[d]ie Macht der Exekutive [...] vor allem von ihrer Fähigkeit ab[hängt], den politischen Willen ihrer Mehrheit zutreffend zu antizipieren« (Schüttemeyer 2007a: 246). Die Argumente des Gerichts fokussieren hingegen die formell eigenständige, in der Außenpolitik legitimerweise herausgehobene Stellung der Regierung.

> »Die Organisation der grundgesetzlichen Demokratie beruht indes, wie dargelegt, nicht darauf, alle Handlungen und Entscheidungen, die aus sich oder in ihren Folgen von politisch weittragender oder existentieller Bedeutung sind, dem Parlament zuzuweisen oder es daran in Gesetzesform zu beteiligen. Auch die Exekutive, und innerhalb ihrer besonders die Regierung, ist als ‚politische' Gewalt ausgestaltet und nicht etwa von vornherein auf politisch weniger bedeutsame Entscheidungen beschränkt. Die Staatsgewalt in allen ihren Funktionen ist nach dem Grundgesetz, wenn auch in unterschiedlicher Weise, demokratisch konstituiert und legitimiert und auf dieser Grundlage gewaltenteilig organisiert. Es ist daher keineswegs ein Defizit an Demokratie, wenn die Exekutive im Bereich der auswärtigen Angelegenheiten auch ausschließliche Befugnisse zu weittragenden, möglicherweise existentiellen Entscheidungen besitzt. Deshalb sind mit dieser Kompetenzverteilung allfällig verbundene politische Risiken von Verfassungs wegen hinzunehmen.« (BVerfGE 68, 1: Rdnr. 148)

Der Verweis auf die mit der Kompetenzverteilung verbundenen »politischen Risiken« betätigt den Eindruck, dass das Gericht von politisch eigenständigen Handlungen der Regierung ausgeht. Zwar werden in Rdnr. 145 das Wahlrecht des Bundestages und das konstruktive Misstrauensvotum genannt und in Rdnr. 193 näher ausgeführt. So könne der Bundestag neben seinen Haushalts- und Kontrollbefugnissen auf die Regierung einwirken und durch die Wahl eines neuen Bundeskanzlers die Regierung stürzen. Diese Hinweise auf eine Ex-Post-Kontrolle des Gesamtparlaments offenbart jedoch eine organorientierte Argumentation, die nicht durch die Nennung materieller Machtteilungsaspekte flankiert wurde. Die Wirkungen der Art. 36 GG, 63 GG, 64 GG und 67 GG auf die dauerhafte Abhängigkeit der Regierung vom Parlament auf materieller Ebene wurden nicht konsequent zu Ende gedacht.

Auch die Tatsache, dass es sich bei der Aufstellung nuklearer Mittelstreckenwaffen auf dem Gebiet der Bundesrepublik Deutschland um eine für das Staatsganze bedeutsame Leitentscheidung handele, führe nicht zu einer Einschränkung der Rechte des Bundestages, weil die Aufstellung eben der parlamentarischen Kontrolle unterliege (BVerfGE 68, 1: Rdnr. 190). Man kann es mit der Formel »exekutive Prärogative sticht Wesentlichkeit« zuspitzen, wenn das Gericht ausführt, dass dieser wesentliche Akt, »angesichts der ausdrücklich normierten Kompetenzregelungen für den Bereich der auswärtigen Angelegenheiten eine besondere Gesetzgebungsbefugnis des Bundestages nicht zu begründen« vermag (BVerfGE 68, 1: 190). Ebenso könne der Gedanke, dass der Bundestag durch seine vergleichsweise transparenten Entscheidungsprozesse im parlamentarischen Verfahren eine »Richtigkeitsgewähr« seiner Entscheidungen biete, die Verteilung der Kompetenzen zugunsten der Regierung in der auswärtigen Gewalt nicht ändern (BVerfGE 68, 1: Rdnr. 191).

Für die Bewertung des Parlamentarismusverständnisses des Gerichts ist festzuhalten, dass das Ergebnis des Urteils »Atomwaffenstationierung« aus parteiendemokratischer Sichtweise eine unter dem rechtlichen Aspekt adäquate Funktionenteilung zwischen Parlament und Regierung propagiert. Gerade in den Feldern Außen- und Sicherheitspolitik ist das Parlament darauf angewiesen, dass es einen Ausschuss hervorbringt, der aufgrund seiner Größe und seiner Arbeitsweise in der Lage ist, mit einem Verhandlungsmandat der politischen Mehrheit ausgestattet, komplexe Sachverhalte intergouvernemental zu beraten und operative Sicherheitsmaßnahmen zeitnah zu ergreifen. Die Begründung des Gerichts jedoch, die eine Trennung des Entscheidungskörpers in zwei sich materiell unterscheidende Kollektivakteure[70] implizit voraussetzt, ist von einem klassischen Impetus geprägt. In Zeiten stabiler parlamentarischer Mehrheiten, auf die das Grundgesetz angelegt ist, ist diese Trennung in der Praxis nicht einschlägig. Die »enge inhaltliche Bindung und personelle Verknüpfung von Fraktionen der Mehrheit mit der Regierung«, die in der »Kongruenz ihrer Interessen, und zwar sachpolitisch, taktisch und strategisch« gründet (Schüttemeyer 2007a: 245), verhindert eine Machtteilung zwischen Parlament und Regierung im materiellen Sinne .

Diese Ambivalenz hinsichtlich parteiendemokratischer und klassischer Aspekte reflektiert auch die abweichende Meinung von Richter Mahrenholz. Das Urteil des BVerfG erging aufgrund der Stimmen der Richter Zeidler, Niebler, Steinberger, Träger, Böckenförde und Klein. Richter Mahrenholz lehnte das Urteil seiner Kollegen ab. Für ihn sei das Gewaltenteilungsprinzip nach Art. 20 II GG eben nicht zum Maßstab der Interpretation des Art. 59 II zu erheben, weil dieser selbst eine Normierung der Gewaltenteilung darstelle (BVerfGE 68, 1: 198). Die Erteilung einer »carte blanche« für die Regierung sei mit Abschluss der Verträge nicht beabsichtigt gewesen. Es habe auch keinen Bedarf dafür gegeben, den Gesetzgeber von der Produktion schnell wechselnder Regelungen zu entlasten. Mahrenholz sah durch die Ermächtigung eine Gewichtsverschiebung im Verfassungsgefüge zugunsten der Exekutive (BVerfGE 68, 1: Rdnr. 217) und eine Erosion des Gesetzesvorbehalts des Art. 24 I GG.

> »Nach der Entscheidung des Senats vom 8. August 1978 [...] ist Art. 59 Abs. 2 Satz 1 GG eine spezielle Ausprägung des generellen, 'alle wesentlichen Entscheidungen' umfassenden Gesetzesvorbehalts des Grundgesetzes. Ist die Zustimmung der

70 Regierung und Parlamentsmehrheit lassen sich durchaus angemessen als zwei getrennte Kollektivakteure auffassen, allerdings liegt der Schwerpunkt dann auf einem anderen Blickwinkel, z. B. auf Intraorganprozessen.

> Bundesregierung zur Stationierung der Streitkräfte eine so wesentliche Entscheidung der Außenpolitik, daß die politische Kontrolle des Gesetzgebers geboten ist, so unterfällt sie dem Gesetzesvorbehalt.« (BVerfGE 68, 1: Rdnr. 243)

Richter Mahrenholz verwies außerdem auf Elemente eines neuen, gewaltenverschränkenden Gewaltenteilungskonzepts, das nicht nur faktisch seine Wirkung entfalte, sondern auch in der Weiterentwicklung von verfassungsrechtlichen Rechtsnormen seit der Weimarer Verfassung seinen Niederschlag finde.

> »Vor allem legt weder die parlamentarische Regierungsform des Grundgesetzes noch legen die Erfahrungen mit dieser Verfassung ein Verständnis des Verhältnisses der beiden politischen Gewalten dahin nahe, daß die Wahl eines neuen Kanzlers die Quittung für einzelne Regierungsmaßnahmen sein solle. Die politische Kontrolle soll in stabilen Regierungsverhältnissen ausgeübt werden. Die Verfassung ermöglicht gerade die Verbindung von stabiler Führung der Regierungsgeschäfte mit der Ausdehnung der parlamentarischen Zuständigkeit über das Weimarer Maß hinaus. Diese Verbindung beider Gewalten wurde, in wachsender Distanzierung zum 'Gewaltenteilungsmonismus' der konstitutionellen Verfassungsperiode, nach Erlaß des Grundgesetzes weiterentwickelt (vgl. Art 45a, 45b, 45c, 87a Abs.1, 115a Abs. 2 i. V. m. Art. 53a GG).« (BVerfGE 68,1: 245)

Damit argumentierte Mahrenholz im Vergleich zu den das Urteil tragenden Richtern in diesem Einzelaspekt stärker parteiendemokratisch, indem er das Phänomen Regierungsmehrheit auch für seine rechtliche Beurteilung berücksichtigte. Das BVerfG lehnte also bei der Frage der Entscheidungskompetenz zur Stationierung von Pershing II-Raketen eine stärkere Beteiligung des Parlaments hinsichtlich Fragen der strategischen Außenpolitik ab. Es beabsichtigte nicht, die mit Art 59 II 1 GG in die Verfassung eingeführte »Parlamentarisierung der Willensbildung im auswärtigen Bereich« weiter auszubauen (BVerfGE 68, 1: Rdnr. 143) und begründete dies mit einem im klassischen Spektrum zu verortenden Gewaltenteilungsverständnis.

5.2.2.2 Ausbalancierung der Gewalten durch den wehrverfassungsrechtlichen Parlamentsvorbehalt? Der Versuch formeller Kompensation materieller Komplexität

Diese grundsätzliche Haltung zur *Ausgestaltung von Gewaltenteilung* im Sinne einer Funktionenteilung änderte sich teilweise mit der Einführung des wehrverfassungsrechtlichen Parlamentsvorbehalts im Jahr 1994. Er resultierte aus dem Urteil des Gerichts über die verbundenen Organstreitverfahren zur Adria-, AWACS- und Somalia-Mission. Deutschland befand sich erstmals nach dem Ende des Zweiten Weltkriegs in einer Situation, in der es einer Bündnisverpflichtung und Erwartung zum militärischen Engagement insbesondere seines Bündnispartners USA entgegensah. Die Bundesregierung stand vor der Frage, ob die Bundeswehr sich auch durch die Entsendung von Soldaten an Einsätzen außerhalb des NATO-Bündnisgebietes beteiligen werde. Hierbei ging es um zwei Einsatzgebiete in drei Missionen. Zum einen hatten die VN gegen Jugoslawien Waffen- und Handelsembargos verhängt, die von der NATO und der Westeuropäischen Union seit 1992 überwacht werden sollten. Deshalb beschloss die christlich-liberale Bundesregierung die Durchsetzung der Embargos gegen Jugoslawien durch Kräfte der deutschen Marine (Adria-Einsatz) und der Luftwaffe (AWACS-Einsatz). Zum anderen waren schon seit April 1992 Bundeswehrsoldaten damit befasst, im Rahmen der UN-Blauhelm-Operation UNOSOM I eine Waffenruhe in Somalia zu überwachen und humanitäre Hilfe zu leisten. Auf Drängen der Bündnispartner wollte man im Rahmen von UNOSOM II nun auch eine aktivere Rolle in VN-Friedensmissionen spielen, sodass der Bundesminister der Verteidigung, Volker Rühe, im April 1993 den Einsatz weiterer Soldaten veranlasste. In der Folge entbrannte im Bundestag eine kontroverse Debatte über das Engagement der Bundeswehr, auch über die Regierungsmehrheit-Oppositionsgrenze hinweg (Jungbauer 2012: 149 ff.). Während die regierenden Parteien die Auslandseinsätze der Bundeswehr mit Verweis auf die Sicherheit des Landes, auf Bündnissolidarität und Einflusssicherung rechtfertigten, kritisierte die Opposition die mangelnde Legitimation der Einsätze durch fehlende Kontroll- und Mitbestimmungsmöglichkeiten des Parlaments. Die Debatte reflektierte die »Zielkonflikte zwischen Sicherheit, demokratischer Legitimität und Rechtsstaatlichkeit« (Prem 2013: 2). Als immer wahrscheinlicher wurde, dass die AWACS-Flugzeuge das Flugverbot auch mit Gewalt durchsetzen sollten, wandte sich auch die regierende FDP gegen einen Verbleib des Kontingents.

Die vier verbundenen Organstreitverfahren (gegen drei Militäreinsätze und die Fortbildung des NATO-Vertrages), in dem die SPD-Fraktion und in einem Fall auch die FDP-Fraktion Antragsteller waren, richteten sich gegen die Einsätze der Bundewehr im Rahmen von Missionen der NATO, der WEU oder den VN ohne vorherige gesetzliche Zustimmung des Bundestages. Das BVerfG sah die Rechte des Bundestages verletzt, indem die Bundesregierung gegen Art. 20 III GG in Verbindung mit Art. 79 I und II GG und Art. 87a II GG, gegen Art. 115a GG, Art. 59 II GG und Art. 24 I GG verstoßen habe. Im Kern warfen die Antragsteller der Bundesregierung vor, dass der Einsatz der Bundeswehr nicht dem Verteidigungsauftrag diene. Sie habe der Feststellung des Verteidigungsfalls durch den Bundestag mit Zustimmung durch den Bundesrat, der Zustimmung oder Mitwirkung des

Bundestages bei völkerrechtlichen Verträgen, die sich auf Gegenstände der Bundesgesetzgebung beziehen und der parlamentarischen Zustimmung bei Übertragung von Hoheitsrechten auf zwischenstaatliche Einrichtungen nicht entsprochen. Sie habe im Verbund mit anderen Mitgliedsstaaten einen informellen Prozess des Wandels des NATO-Vertrages bewirkt und somit durch eine »,Salamitaktik' von Gipfelerklärungen und Strategiekonzepten« (Sauer 2009: 596) den Zustimmungsvorbehalt nach Art. 59 II 1 GG umgangen.

Das BVerfG entsprach im Kern den Anträgen der Antragsteller und stellte Folgendes fest:

- Art. 24 II GG berechtigt den Bund nicht nur zum Eintritt in ein System gegenseitiger kollektiver Sicherheit, sondern bietet auch die verfassungsrechtliche Grundlage die damit verbundenen typischen Aufgaben zu übernehmen. Das heißt auch Verteidigungsbündnisse sind von dem Artikel erfasst.
- Art. 87a GG (Streitkräfte dürfen nur über Verteidigung hinaus eingesetzt werden, wenn das GG es zulässt) steht dem nicht entgegen.
- Das GG verpflichtet die Bundesregierung für einen Einsatz bewaffneter Streitkräfte die grundsätzlich vorherige konstitutive Zustimmung des Bundestages einzuholen (*wehrverfassungsrechtlicher Parlamentsvorbehalt*).
- Zur Friedenswahrung kann die Bundesrepublik gemäß Art. 24 GG in einer Beschränkung ihrer Hoheitsrechte einwilligen, ohne damit schon Hoheitsrechte an eine zwischenstaatliche Einrichtung zu übertragen.
- Ob ein System gegenseitiger kollektiver Sicherheit ausschließlich oder vornehmlich unter den Mitgliedsstaaten Frieden garantieren soll oder bei Angriffen von außen zum kollektiven Beistand verpflichten soll, ist unerheblich.[71]
- Hat der Gesetzgeber der Einordnung in ein System gegenseitiger kollektiver Sicherheit zugestimmt, erfasst dies auch die Eingliederung von Streitkräften in Verbände des Systems.

---

71 Die Begriffe „kollektive Verteidigung" und „kollektive Sicherheit" bedeuten zwei konzeptionell unterschiedliche Regime des völkerrechtlichen Friedenssicherungsrechts: einerseits Bedrohung des Bündnisses von einem externen Aggressor und andererseits potenzieller Friedensstörer als Teil des kollektiven Systems.

- Tatbestände, die von Art. 59 II 1 GG nicht erfasst werden (sich nicht auf Gegenstände der Bundesgesetzgebung beziehen), sind grundsätzlich dem Kompetenzbereich der Bundesregierung zuzuordnen (BVerfGE 90, 286: Leitsätze).

Dieses Urteil vom 12. Juli 1994 bringt die bis dahin eindeutige Klärung der verfassungsrechtlichen Bedingungen der Einsätze der Bundeswehr im Ausland. Solche Einsätze außerhalb des Bündnisgebiets der NATO sind möglich, solange sie im Rahmen eines Systems kollektiver Sicherheit völkerrechtskonform stattfinden. Grundlegend für die Analyse des Parlamentarismusverständnisses des Gerichts sind hierbei die Auffassungen zur Ausgestaltung des exklusiven Gestaltungsbereichs der Regierung in der Außen- und Sicherheitspolitik. Erst 10 Jahre zuvor hatte das BVerfG festgestellt, dass die Außenpolitik eine Funktion der Exekutive sei (BVerfGE 68, 1: Rdnr. 144). 1994 wurde ein aus der Rechtsprechung zum Untersuchungsrecht stammender Begriff hinzugefügt: Die Funktionenzuordnung setze einen »Kernbereich exekutiver Eigenverantwortung« (BVerfGE 67, 100: Rdnr. 174, »Flick-Untersuchungsausschuss«) voraus, der ein »vertraulicher nicht ausforschbarer Initiativ-, Beratungs- und Handlungsbereich« (BVerfGE 67, 100: Rdnr. 173) sei. Sicherheitspolitisch schlage sich dieser in der Befehls- und Kommandogewalt des Verteidigungsministers über die Streitkräfte nieder (Art. 65a GG), der im Verteidigungsfall auf den Bundeskanzler übergehe (Art. 115b GG).

Die historisch und traditionell bedingte Domäne der Exekutive in der Außenpolitik reflektiert das im Vergleich zum Innenverhältnis des Staates anarchisch strukturierte Verhältnis der Staaten in der Welt zueinander (Dieterich et al. 2008: 171 f.). Allerdings stellt die Europäisierung und Globalisierung der Außenpolitik diese Sicht auf zwischenstaatliche Konkurrenz infrage, weil Konfliktlinien sich nicht mehr mit Staatengrenzen decken. Neben der Annahme des BVerfG, dass »auf Dauer typischerweise allein die Regierung in hinreichendem Maße über die personellen, sachlichen und organisatorischen Möglichkeiten verfügt, auf wechselnde äußere Lagen zügig und sachgerecht zu reagieren« (BVerfGE 68, 1: Rdnr. 145), führen auch der Informationsvorsprung der Regierung, die Möglichkeit für Einzelakteure sich in diesem Politikfeld zu profilieren sowie der geringe Stellenwert der Außenpolitik in der Öffentlichkeit zu einer Exposition der Regierung (Hellmann et al. 2007: 20 f.).

Auch das Gericht betonte im Urteil »Out of Area« 1994, dass die *Gestaltung der Außenpolitik eine Funktion der Regierung* sei (mit Verweis auf das Urteil »Atomwaffenstationierung«), und exemplifizierte dies anhand der

Abgrenzung und Definition der Regelung nach Art. 59 II 1 GG. Abweichend hiervon werde »den Gesetzgebungsorganen ein Mitwirkungsrecht im Bereich der Exekutive eingeräumt« (mit Verweis auf das Urteil zum Petersberger Abkommen und zum Deutsch-Französischen Wirtschaftsabkommen 1952), das »dem Parlament eine eigene politische Mitwirkungsbefugnis« verleihe, »deren Ausübung sich – funktionell betrachtet – als ein Regierungsakt in der Form eines Bundesgesetzes darstellt« (BVerfGE 90, 286: Rdnr. 261). Dem Parlament sei insoweit eine Sachkompetenz zuerkannt. Andererseits führe die Bundesregierung in eigener Kompetenz Verhandlungen über völkerrechtliche Verträge, habe das Initiativrecht für ein Zustimmungsgesetz nach Art. 59 II 1 GG inne, bestimme gegenüber dem Gesetzgeber den Vertragsinhalt und habe durch die reine Ermächtigung des Parlaments die Kompetenz, den Vertrag abzuschließen oder zu beenden (BVerfGE 90, 286: Rdnr. 263). Alle anderen Akte der auswärtigen Gewalt unterlägen der Prärogative der Regierung.

> »Akte der auswärtigen Gewalt, die vom Tatbestand des Art. 59 Abs. 2 Satz 1 GG nicht erfaßt werden, sind grundsätzlich dem Kompetenzbereich der Regierung zugeordnet.« (BVerfGE 90, 286: Rdnr. 264)

Das Gericht lehnte also eine erweiterte Auslegung von Art. 59 II 1 GG dahingehend ab, dass »immer dann, wenn ein Handeln der Bundesregierung im völkerrechtlichen Verkehr die politischen Beziehungen der Bundesrepublik Deutschland regelt oder Gegenstände der Bundesgesetzgebung betrifft, die Form eines der gesetzgeberischen Zustimmung bedürftigen Vertrages gewählt werden muß« (BVerfGE 90, 286: Rdnr. 265) und vollzog damit die Argumentationslinie aus dem Urteil »Atomwaffenstationierung« nach. Mit dieser Festlegung koppelte das Gericht die strenge Auslegung des Art. 59 II 1 GG an den Gewaltenteilungsgrundsatz, was für die folgende Rechtsprechung zur Weiterentwicklung kollektiver Bündnissysteme eine erhebliche Folgewirkung haben sollte. Einen informellen Prozess des Wandels des NATO-Vertrages wollte es nicht einer Vertragsänderung gleichgesetzt wissen, wenn die Vertragspartner »keine neuen vertraglichen Rechtsbindungen entstehen lassen wollen« (BVerfGE 68,1 Rdnr: 275).

> »Es handelt sich vielmehr um ein faktisches, prozeßhaftes Geschehen im Zusammenwirken der beteiligten Völkerrechtssubjekte. Wäre auf ein solches Geschehen, soweit es in überdies nur schwer erkennbaren Fällen zu einer inhaltlichen Änderung des Vertrages führt, Art. 59 Abs. 2 Satz 1 GG anzuwenden, verwischte dies die erforderliche klare Kompetenzabgrenzung zwischen der für die auswärtige Politik verantwortlichen Regierung und dem mitentscheidungsberechtigten Gesetzgeber.« (BVerfGE 90, 286: Rdnr. 275)

> »Die [...] strikte Auslegung des Art. 59 Abs. 2 Satz 1 GG gewährleistet die notwendig eindeutige Kompetenzabgrenzung zwischen Bundesregierung und Gesetzgeber; sie ist ein Element der Gewaltenteilung [...]. Sie gibt den beteiligten Bundesorganen verläßliche Maßstäbe, um im vorhinein die Grenzen ihrer Kompetenzen und Befugnisse bestimmen zu können (vgl. auch BVerfGE 81, 310 [335ff.]) und wahrt damit insbesondere die außenpolitische Handlungsfähigkeit der Bundesrepublik Deutschland.« (BVerfGE 90, 286: Rdnr. 277)

Dass sich diese Zuweisung der auswärtigen Gewalt an die Exekutive aus materieller Perspektive an einem »überkommenen« Konzept (so auch Sauer 2009: 617) der Kompetenzordnung zwischen Parlament und Regierung orientiert, wurde anhand des Urteils »Atomwaffenstationierung« bereits dargelegt.

Demgegenüber kann die Einführung des sogenannten konstitutiven wehrverfassungsrechtlichen Parlamentsvorbehalts (BVerfGE 9, 286: Rdnr. 321) als eine Kompensation für die so konzeptionell persistierte Domäne der auswärtigen Gewalt aufgefasst werden. Er bedeutet im Rahmen des Gewaltenteilungsprinzips eine Aufweichung der vorher strikten Formulierung zur Funktionenteilung zwischen Parlament und Regierung, indem er »dem Deutschen Bundestag (ausnahmsweise) beim Auslandseinsatz der Streitkräfte unmittelbar kraft Verfassungsrecht eine besondere Befugnis des Parlaments zur Mitgestaltung der auswärtigen Gewalt« einräumt (Wiefelspütz 2009: 139). Die Bundeswehr soll ein »Parlamentsheer« sein:

> »Während die auswärtige Gewalt von der Verfassung weitgehend dem Kompetenzbereich der Exekutive zugeordnet wird [...], sehen die grundgesetzlichen Regelungen über die Wehrverfassung für den Einsatz bewaffneter Streitkräfte grundsätzlich eine Beteiligung des Parlaments vor. Die auf die Streitkräfte bezogenen Regelungen des Grundgesetzes sind – in den verschiedenen Stufen ihrer Ausformung – stets darauf angelegt, die Bundeswehr nicht als Machtpotential allein der Exekutive zu überlassen, sondern als 'Parlamentsheer' in die demokratisch rechtsstaatliche Verfassungsordnung einzufügen, d. h. dem Parlament einen rechtserheblichen Einfluß auf Aufbau und Verwendung der Streitkräfte zu sichern.« (BVerfGE 90, 286: 322)

Dieses Mitgestaltungsrecht des Parlaments ist für das BVerfG nicht »Manifestierung der Wesentlichkeitstheorie im Bereich der auswärtigen Gewalt« (Nowrot/Tietje 2016: 1497, Rdnr. 53), sondern es wird jenseits der auswärtigen Gewalt aus dem innerstaatlichen Gewaltenteilungsschema konstruiert. Das Prinzip eines konstitutiven Parlamentsvorbehalts für den Einsatz von Streitkräften sei der Wehrverfassung des Grundgesetzes unmittelbar zu entnehmen und seit dem Übergang zum parlamentarischen Regierungssystem 1918 Verfassungstradition (BVerfGE 90, 286: Rdnr. 325 f.). Damit definiert das Gericht den Zustimmungsvorbehalt für den Einsatz der

Streitkräfte auch als Strukturmerkmal des parlamentarischen Regierungssystems. Mit der Abänderung der Reichsverfassung in Art. 11 II, der zur Kriegserklärung die Zustimmung des Bundesrates und des Reichstages erforderlich machte, sei die kaiserlichen Prärogative durch die gesetzgebende Körperschaft eingeschränkt worden (BVerfGE 90, 286: Rdnr. 327). Welche Annahmen aber haben das Gericht nun zu der Schlussfolgerung geführt, dass ein »Parlamentsheer« seit 1918 in der Verfassung angelegt sei? Dies sind im Einzelnen:

- Die Aufnahme von Art. 59a I ins Grundgesetz (1968 wieder abgeschafft).
- Die Aufnahme von wehrrechtlichen Vorschriften 1956 in das Grundgesetz, die »eine verstärkte parlamentarische Kontrolle der Streitkräfte und des Regierungshandelns im militärischen Bereich« (BVerfGE 90, 286: Rdnr. 331) vorsehen. Dies seien die Einrichtung eines ständigen parlamentarischen Untersuchungsausschusses (Art. 45 a I GG) und die Einrichtung des Amtes des Wehrbeauftragten (Art. 45b GG) sowie die Einführung von verschärften Regeln bei der Aufstellung des Militärhaushalts (Art. 87a I 2 GG).
- die Feststellung des Verteidigungsfalls (Art. 115a I GG) (konkrete Entscheidung über die Verwendung von Streitkräften).

Mit dieser Einordnung rückte die Argumentation des Gerichts partiell von der Prämisse der klaren Kompetenzabgrenzung ab, indem es eine Anpassung von Kompetenzgrenzen vornahm. Diese Anpassung soll offenbar der Ausbalancierung der Gewalten angesichts der angenommenen erweiterten Handlungsspielräume infolge von Europäisierung und Multilateralismus dienen. Hierauf deutet die Herleitung aus dem innerstaatlichen Gewaltenteilungsprinzip hin, während das Gericht durch den Parlamentsvorbehalt gleichzeitig den »von der Verfassung für außenpolitisches Handeln gewährte Eigenbereich exekutiver Handlungsbefugnis und Verantwortlichkeit« nicht berührt sieht (BVerfGE 90, 286: Rdnr. 347). So registriert das Gericht durch die angenommene exklusive Beteiligung der Regierung an bündnispolitischen Aushandlungsprozessen durchaus einen »für das Parlament undurchschaubare[n] Bereich völkerrechtlicher Handlungsformen« (BVerfGE 90, 286: Rdnr. 308). Die Regierung habe dem Bundestag im Fall von substanziellen Umgestaltungsprozessen Ergebnisse zur Zustimmung vorzulegen, wenn diese auf eine Vertragsänderung angelegt seien (BVerfGE 90, 286: Rdnr. 309). Diese Entscheidung darüber obliege jedoch der Bundesregierung selbst:

> »Es kann weder Sache des Bundestages noch des Bundesverfassungsgerichts sein, völkerrechtlich zu überprüfen, ob schon ein Rechtsvertrag vorliegt oder aber die Erklärungen der NATO- und WEU-Partner sich noch im Vorfeld des rechtlich Verbindlichen bewegen.« (ebd.)

Die Einführung eines Parlamentsvorbehalts zusätzlich zur, wie das Gericht nun konstatierte, »Grundsatzverantwortlichkeit des Parlaments für die Streitkräfte« (BVerfGE 90, 286: Rdnr. 334) kann also auch als Versuch aufgefasst werden, die auf internationaler Ebene etablierten informellen Prozesse als Akte »im Grenzbereich zwischen politischer Absichtserklärung, konkretisierender Vertragsauslegung und selbständiger Vertragserweiterung« (Nolte 1994: 666) kontrollierbarer zu machen. Dass dies zu neuen Auslegungsproblemen führen kann, ist bereits im Zusammenhang mit den Urteilen zur Vertrauensfrage deutlich geworden. So auch hier:

> »Die Schwäche dieses Postulats liegt offenkundig in der seinerseits fehlenden Abgrenzbarkeit dieses Grauzonenbereichs, dem damit verbundenen Zwang zur Hemmung und Formalisierung delikater außenpolitischer Verhandlungsprozesse und schließlich in der Gefahr ständiger Organstreitigkeiten vor dem Bundesverfassungsgericht um die Zustimmungspflichtigkeit informeller Akte.« (Nolte 1994: 671)

Damit existiert auf der einen Seite eine implizite Fixierung auf das Gleichgewichts-Paradigma, die der Orientierung an den Staatsorganen verhaftet bleibt, wie sie sich bereits im Urteil »Atomwaffenstationierung« gezeigt hat. So betont das Gericht mit Blick auf die Haushaltsplanung die »Grundsatzverantwortlichkeit des Parlaments für die Streitkräfte« (BVerfGE 90, 268: Rdnr. 334), durch die sich »für den Bereich der Streitkräfte eine Regierungsaufgabe des Parlaments begründet [...]« (BVerfGE 90, 286: Rdnr. 334) – und nicht etwa der parlamentarischen Mehrheit. Der Rekurs auf den Begriff »Regierungsaufgabe des Parlaments«, den Helmut Quaritsch in den 60er-Jahren verwendet hatte, fällt in eine Reihe solcher Versuche, die Praxis der Parteiendemokratie mithilfe von analytischen Begriffen, die einer Organorientierung unterliegen, vollständig zu beschreiben (z.B. auch Friesenhahn 1967), wie dies auch im Parlamentarischen Rat in der Diskussion über das Thema Gewaltenteilung der Fall war (Galka 2014: 76 f.). Streng genommen gehört auch der Begriff der »Gewaltenverschränkung zwischen Parlament und Regierung« (z. B. Schneider 1989b) auch dazu, weil er zwar die Abhängigkeit der Regierung von der Parlamentsmehrheit zur Kenntnis nimmt, die praktische Konsequenzen jedoch auf der falschen Ebene, auf der Ebene der Organe, nicht der der Gruppen, einordnet. So induziert er Kritik, die eine so gemeinte Verschränkung als demokratietheoretisch »zweifelhaft« (z. B. Meyer 1989: 129, Rdnr. 29) ansehen kann.

Auf der anderen Seite kann hinsichtlich des Parlamentarismusverständnisses des BVerfG nicht ausgeschlossen werden, dass das Gericht berücksichtigt, dass die neben die parlamentarische Kontrolle tretende Steuerungsfunktion der Haushaltverantwortlichkeit der Regierungsmehrheit als Gruppe zuzuordnen ist. Hierauf weisen jedenfalls die weiteren Ausführungen in der vom Gericht zitierten Publikation von Helmut Quaritsch hin. Das Militär vollziehe die Organisationsentscheidungen, die das Parlament im Haushaltsplan treffe. Die »Entscheidungskompetenz des Parlaments« sei auch nicht dadurch aufgehoben, dass der Haushaltsplan für das Militär in enger Kooperation mit der Exekutive aufgestellt werde. In der Bundestagspraxis partizipiere der Haushaltsausschuss an der Fachkenntnis des Verteidigungsausschusses (Quaritsch 1968: 251).

> »Die Organisation ist nicht das ‚Hausgut' des Verteidigungsministeriums, sondern schon über den Haushaltsplan der positiven Bestimmungsmacht des Parlaments ausgesetzt. Das ist nicht mehr parlamentarische Kontrolle der Exekutive, sondern eindeutig ‚Regierung', mag in einer vernünftigen Praxis dem parlamentarischen Votum die Kooperation der Exekutive und Parlament auch vorangehen. Diese Kooperation aber wird in jedem Gesetzgebungsverfahren geübt, bedeutet also nicht besonderes.« (Quaritsch 1968: 251f.)

Anschaulich beschreibt Quaritsch hier die Mitsteuerungsaktivitäten der Parlamentsmehrheit in Kooperation mit seiner Regierung, nicht nur beim Einsatz von Streitkräften, sondern in Form von »Mitregieren« (Patzelt 2003: 29 f.) durch Gesetzgebung. So unterstellt wird, dass die Richter des Zweiten Senats die weiteren Ausführungen Quaritschs zur Kenntnis genommen haben, so finden sie doch keinen Eingang in die Begründung. Der organorientierte Dualismus steht in den expliziten Ausführungen des BVerfG im Vordergrund.

Im Urteil »Atomwaffenstationierung« im Jahr 1984 hatte das Gericht angeführt, dass eine Beteiligung des Parlaments in Form einer Zustimmung zu einer Weiterentwicklung des NATO-Vertrages auch deswegen nicht geboten sei, weil es über angemessene parlamentarische Kontrollrechte wie das konstruktive Misstrauensvotum und die Haushaltskompetenz verfüge (BVerfGE 68,1: Rdnr. 149). Auch im Urteil »Out of Area« im Jahr 1994 tritt dieses Argument wieder auf, wobei hier zusätzlich von den reinen Rechtskompetenzen zur Kontrolle abstrahiert und auf ein konstruktives Einwirken auf die Regierung verwiesen wird.

> »Im übrigen kann der Bundestag, wenn er die Außenpolitik der Regierung mißbilligt, insbesondere wenn er die Entstehung nicht erwünschter völkerrechtlicher Verpflichtungen befürchtet, der Bundesregierung mit den vielfältigen Mitteln der politischen Kontrolle entgegentreten (vgl. BVerfGE 68, 1 [89]). Entwicklungen der Art, wie sie den Gegenstand der vorliegenden Verfahren bilden, vollziehen sich unter

den Augen der Öffentlichkeit. Das Parlament ist deshalb auch tatsächlich jederzeit in der Lage, sich aus eigener Initiative durch Einwirkung auf die Bundesregierung in den Willensbildungs- und Entscheidungsprozeß einzuschalten, der sich zwischen den Staaten vollzieht.« (BVerfGE 90, 286: Rdnr. 278)

Aspekte der Machtteilung werden also neben den kompetenzlichen Differenzierungen nicht völlig außer Acht gelassen und damit das klassische Konzept von Gewaltenteilung variiert, indem auf »Einwirkungsmöglichkeiten« des Parlaments auf die Regierung verwiesen wird. Es bleibt jedoch zum einen dabei, dass in der Urteilsbegründung der Kompetenz- und nicht der Machtverteilung im Bereich von Parlament und Regierung entscheidende Bedeutung zugemessen wurde. Zum anderen fehlte es wiederum an Hinweisen auf z. B. das Phänomen der Regierungsmehrheit. So stellt der Parlamentsvorbehalt einen bloß rechtlichen Nachvollzug dessen dar, was durch das Agieren der Regierungsmehrheit ohnehin gewährleistet ist. Demensprechend kommt es nach Einführung des Parlamentsvorbehalts nicht zu einer Reduzierung von Bundeswehreinsätzen im Ausland, wie dies von den Antragstellern, den damaligen Oppositionsparteien augenscheinlich erhofft worden war.

So stellt Klaus Brummer unter Bezugnahme auf das Gesamtparlament eine schlechte Positionierung des Bundestages mit Blick auf seine »war powers« (Dieterich et al. 2008) fest, trotz im internationalen Vergleich hohen Befugnissen.

»Gleichwohl scheint er schlecht positioniert zu sein, um die ihm zur Verfügung stehenden formellen wie auch informellen Wege zur Beeinflussung der Bundesregierung bei Entsendeentscheidungen – seine »war powers« – zu nutzen. Neben den Einschränkungen, die sich aus den Kompetenzen der Bundesregierung ergeben, werden die Einflussmöglichkeiten des Bundestags durch mehrere ‚parlamentsinterne' Faktoren zusätzlich begrenzt.« (Brummer 2014: 596)

Als Hemmnisse identifiziert Brummer die fehlenden Initiativ- und Ausgestaltungsrechte für Militäreinsätze, die »geringe Konfliktbereitschaft« in Form von informellen Absprachen mit und innerhalb der Mehrheitsfraktionen und drittens die Uneinigkeit innerhalb der Opposition (Brummer 2014: 600 f.). Aus parteiendemokratischer Sicht sind dies funktionsgerechte und systemadäquate Mechanismen des parlamentarischen Regierungssystems, die die Handlungsfähigkeit des Parlaments stärken. »Hemmnisse« stellen sie nur dar, wenn man das Gesamtparlament als Entscheidungskörper auffasst.

Die Entscheidung zum Einsatz »Out of Area« 1994 zeigt im Vergleich zur Entscheidung »Atomwaffenstationierung« 10 Jahre zuvor eine Tendenz zur Ablösung von einem strengen Verständnis der »Prärogative exekutiver Eigenverantwortung«, ohne die Prämisse jedoch aufzugeben. Während auf der einen Seite die Einführung des wehrverfassungsrechtlichen Parlamentsvorbehalts als rechtlicher Nachvollzug der faktischen Einheit von Parlamentsmehrheit und Regierung in diesem Feld aufgefasst werden könnte, bleibt das Gericht jedoch klar einer Organorientierung verhaftet. Die Entscheidung des BVerfG ist dabei auch unter dem Lichte zu betrachten, dass es 1994 erheblich unter Druck gestanden hatte, in diesem konkreten Sachverhalt der Zustimmung zum Einsatz von Streitkräften in Jugoslawien die Lösung eines politischen Konflikts herbeizuführen. So sieht Robert Glawe in dem Urteil eine »judikative Kompensation des politischen Gestaltungsausfalls in Regierung und Parlament – eine Kompromisslösung zur politischen Durchsetzbarkeit von Auslandseinsätzen« (Glawe 2011: 5). In diese Richtung weisen auch die abweichenden Meinungen der Richter Böckenförde und Kruis. Sie halten den Antrag der FDP-Fraktion für unzulässig, weil sie das Organstreitverfahren benutzt habe, einen politischen Konflikt vom Gericht klären zu lassen. Sie hätte vorher alle parlamentarischen Möglichkeiten ausschöpfen sollen, den Gesetzgeber zur Geltendmachung seiner Rechte zu bringen (BVerfGE 90, 286: Rdnr. 358 f.)

5.2.3 Abgrenzung effektiver parlamentarischer Mitwirkungsbefugnis: Einsatz bewaffneter Streitkräfte im Ausland

5.2.3.1 Die auswärtige Gewalt als materielle Prärogative der Exekutive

Mit dem Urteil »Out of Area« hatte das BVerfG Art. 24 GG so ausgelegt, dass der Bundesregierung eine rechtlich weitgehend uneingeschränkte Mitwirkung Deutschlands in internationalen Sicherheitsorganisationen wie der NATO oder auch der damaligen WEU und die Mitwirkung an der Weiterentwicklung dieser möglich war. Dies wurde zusätzlich dadurch verstärkt, dass es nur bei wesentlichen Änderungen völkerrechtlicher Vereinbarungen eine parlamentarische Zustimmung nach Art. 59 II 1 GG für notwendig erachtete, womit der politische Entscheidungsspielraum der Regierung großzügig abgesteckt wurde. Auf die parlamentarismusrelevanten Implikationen mit Blick auf Gewaltenteilung ist im vorangegangenen Abschnitt eingegangen worden. Die Entdeckung des wehrverfassungsrechtlichen Parlamentsvorbehalts stellte zwar das Ende einer Debatte um die Zustimmungspflicht des Parlaments zu Militäreinsätzen im Ausland dar, markierte aber gleichzeitig den Anfang seiner Präzisierung und Auslegung. Dies lag begründet in der sich intensivierenden Bündnisverpflichtungen und der Übernahme des Konzepts der kollektiven Verteidigung sowie der nun geschaffenen Möglichkeit, im Organstreitverfahren gegen eine fehlende Zustimmung des Bundestages zu klagen. In den Folgejahren hat das Gericht seine Argumentationslinie weiter verfolgt und ausgebaut. Vor allem drei Urteile stehen für die Intensivierung und Flexibilisierung des Einsatzes von Streitkräften: der Beschluss zur Beteiligung der Bundeswehr an einer NATO-Luftoperation gegen die Föderative Republik Jugoslawien im Jahr 1999 (»Kosovo«), das Urteil zum neuen strategischen Konzept der NATO 2001 (»NATO-Konzept) und das Urteil über die Beteiligung der Bundeswehr an einer Internationalen Sicherheitsbeistandstruppe (ISAF) im Rahmen der NATO 2007 (»Afghanistan-Einsatz«). Robert van Ooyen sieht in seiner kritischen Würdigung dieser Reihe von Urteilen ein »staatstheoretisches Vorverständnis von Außen- und Sicherheitspolitik« seitens des BVerfG, das die »carte blanche« im Bereich der auswärtigen Gewalt vergrößert (2015c: 666; siehe auch 2015a). Dies steht auf den ersten Blick im Widerspruch zum erteilten Parlamentsvorbehalt und der daraus gefolgerten Einschätzung, der Bundestag habe damit im Sachbereich des auswärtigen Handelns eine »zentrale Steuerungs- und Kontrollfunktion« hinzubekommen (Nowrot/Tietje 2016: 1495, Rdnr. 50) oder es habe eine »erhebliche Parlamentarisierung« der auswärtigen Beziehungen (Bogdandy 2005: 450) stattgefunden.

Die erste Streitfrage nach dem grundlegenden Urteil zu Einsätzen der Bundeswehr außerhalb des NATO-Bündnisgebietes war die Intervention im Kosovo zur Verhinderung einer humanitären Katastrophe in Jugoslawien. Sie hatte ohne ausdrückliche Zustimmung des UN-Sicherheitsrates stattgefunden und war umstritten, weil sie nicht eindeutig unter das Recht der individuellen und/oder kollektiven Selbstverteidigung subsummiert werden konnte. Die Organklage der Fraktion PDS richtete sich darauf, dass die Regierung durch den Einsatz der Streitkräfte Art. 25 GG, Art. 26 GG, Art. 87a II GG in Verbindung mit Art. 24 II GG und Art. 79 I und II GG verletzt habe – und damit die Rechte des Bundestages. Zwar hatte der Bundestag in Anwendung des Parlamentsvorbehalts den militärischen Maßnahmen am 16. Oktober 1998 zugestimmt. Die PDS-Fraktion war jedoch der Auffassung, dass für den Einsatz eine Verfassungsänderung notwendig gewesen wäre, weil er gegen das völkerrechtliche Gewaltverbot und die verfassungsrechtliche Friedenssicherungspflicht verstoße. Das Gericht ließ den Antrag gar nicht erst zu, weil »die verfassungsrechtliche Ermächtigung des Bundes, Streitkräfte in einem System kollektiver Sicherheit einzusetzen, grundsätzlich geklärt« sei (BVerfGE 100, 266: Rdnr. 20) und durch die erfolgte Zustimmung des Bundestages keine Organrechte beeinträchtigt sein könnten. Das Beispiel zeigt deutlich, welcher Entscheidungsspielraum sich der Regierungsmehrheit durch die Erweiterung des kollektiven Sicherheitssystems eröffnete. Die Parlamentsminderheit hatte keine Möglichkeit, den Kosovo-Einsatz zu verhindern. Dieser Konflikt betrifft jedoch nicht die Frage der Gewaltenteilung zwischen Parlament und Regierung im parlamentarischen System, sondern die Problematik des Verfassungswandels, den das BVerfG mit seiner Rechtsprechung 1994 eingeleitet hatte (Roellecke 1995).

Diese Liberalisierung der Handlungsspielräume der Regierung im Verfassungsrahmen setzte sich auch mit dem Urteil über das neue Konzept der NATO 1999 fort und erfuhr gleichzeitig eine Einschränkung. Die Bundesregierung hatte dem Strategiekonzept der NATO vom 24. April 1999 zugestimmt, in dem Voraussetzungen für Militäreinsätze jenseits der kollektiven Verteidigung festgelegt wurden. Die PDS-Fraktion kritisierte, dass der friedenswahrende Charakter des Bündnisses dadurch nicht mehr gewahrt sei. Im Anschluss an das Urteil »Atomwaffenstationierung« begründete das BVerfG erneut, warum die Grenze einer formellen Vertragsänderung, die eine Zustimmung nach Art. 59 II 1 GG auslösen würde, nicht gegeben sei. Die konsensuale Fortentwicklung des NATO-Vertrags verstoße nicht gegen wesentliche Strukturentscheidungen des Vertragswerkes (BVerfGE 104, 151: Rdnr. 154). Erneut wurde darauf insistiert, dass es in der Außenpolitik einen materiellen Entscheidungsspielraum der Regierung, unabhängig von der Parlamentsmehrheit, gebe:

> »Das Grundgesetz hat in Anknüpfung an die traditionelle Staatsauffassung der Regierung im Bereich auswärtiger Politik einen weit bemessenen Spielraum zu eigenverantwortlicher Aufgabenwahrnehmung überlassen. Sowohl die Rolle des Parlaments als Gesetzgebungsorgan als auch diejenige der rechtsprechenden Gewalt sind schon aus Gründen der Funktionsgerechtigkeit in diesem Bereich beschränkt.« (BVerfGE 104, 151: Rdnr. 149)

Mit seiner Zustimmung zum NATO-Vertrag im Jahr 1955 habe das Parlament die Regierung ermächtigt, diesen Vertrag fortzuentwickeln. Es trage »die politische Verantwortung gegenüber dem Bürger« für diese Bindungen und die Verantwortung erschöpfe sich nicht in einem einmaligen Zustimmungsakt, sondern beziehe sich auch auf den Vertragsvollzug (BVerfGE 104, 151: Rdnr. 152). Erneut verwies das Gericht auch auf die parlamentarischen Kontrollrechte als Kompensation für den weitreichenden Handlungsspielraum der Regierung bei der Fortbildung völkerrechtlicher Verträge (BVerfGE 104, 151: Rdnr. 150).

Ein grundlegender Perspektivenwechsel zum Verhältnis von Parlament und Regierung ist gegenüber dem Urteil »Out of Area« hier also nicht zu erkennen. Allerdings hebt sich das Urteil im Detail ab. Der 1994 eingeführte Parlamentsvorbehalt sollte vor allem einen kompensatorischen Charakter angesichts der festgestellten Regierungskompetenzen in der auswärtigen Gewalt inne haben. Das ihm zugeschriebene Ziel war es, zu einer Balance der Gewalten (Sauer 2009: 614; Meermagen 2011: 478) beizutragen. Flankierend zu dieser organorientierten Sichtweise verwies das Gericht im Urteil »NATO-Konzept« 2001 eher nebenbei auf ein Zusammenwirken der Organe: »Die Verfassung sieht vor, dass Regierung und Legislative im Bereich der auswärtigen Gewalt zusammenwirken.« (BVerfGE 104, 151: Rdnr. 153) Für die auswärtige Gewalt stellte das Gericht also nicht nur eine »Regierungsaufgabe des Parlaments« (BVerfGE 90, 286: Rdnr. 334) fest, sondern auch eine Arbeitsgemeinschaft beider Organe.

Ein weiterer vormals klarer Ansatz wurde mit dem Urteil vom Gericht flexibilisiert. Wurde im Beschluss »Kosovo« das Organstreitverfahren gegen die Bundesregierung 1999 gar nicht erst zugelassen, ging das Gericht nun davon aus, dass ein Verstoß gegen die friedenswahrende Ausrichtung der NATO doch den Grund für einen Organstreit aufgrund eines Verstoßes gegen Art. 59 II 1 GG darstellen könne.

> »Die verfassungswidrige Überschreitung des – freilich weit bemessenen – Gestaltungsspielraums der Bundesregierung, insbesondere die Überschreitung des im Zustimmungsgesetz zum NATO-Vertrag enthaltenen Integrationsprogramms, kann schließlich auch von einer Parlamentsminderheit im Organstreitverfahren vor dem Bundesverfassungsgericht gerügt werden.« (BVerfGE 104, 151: Rdnr. 150)

In Anbetracht der Tatsache, dass

> »die Realität der internationalen Beziehungen [weitgehend] von nicht rechtsförmigem oder jedenfalls nicht eindeutig als rechtsförmig zu qualifizierendem Handeln geprägt ist, das sich prozesshaft so verdichtet, dass daraus völkerrechtliche Konsequenzen gezogen werden« (Sauer 2009: 605)

und damit unter der geltenden Rechtsprechungslinie des BVerfG Auslandseinsätze der Bundeswehr »in räumlicher und inhaltlicher Hinsicht (‚Frieden') mit einfacher Parlamentszustimmung nahezu unbegrenzt möglich« (Ooyen 2015c: 683) waren, hat das Gericht damit einen Weg für ein Veto einer Parlamentsminderheit gesucht.

Diesen Weg hat wiederum die Fraktion PDS/Die Linke anlässlich der Erweiterung des Militäreinsatzes in Afghanistan im Rahmen des ISAF-Einsatzes eingeschlagen. Die Zustimmungserfordernisse zu Einsätzen von Streitkräften im Ausland waren inzwischen durch den Beschluss des Parlamentsbeteiligungsgesetzes konkretisiert worden. Im Vergleich zum Kosovo-Einsatz war der ISAF-Einsatz zwar durch den UN-Sicherheitsrat legitimiert, aber die Antragstellerin monierte, dass er »keinen Bezug mehr zur Sicherheit im euro-atlantischen Raum aufweise, auf die der NATO-Vertrag, auch in seiner Fortentwicklung bis hin zum neuen Strategischen Konzept der NATO von 1999, abstelle« (BVerfGE 118, 244: Rdnr. 13). Der Einsatz diene nicht der euro-atlantischen, sondern der afghanischen Sicherheit.

> »[Die Antragstellerin, Einfügung d. Verfasserin] behauptete einen (allein rügefähigen) systemrelevanten Transformationsprozess der NATO, machte ihn aber an einem (für sich genommen eigentlich nur im Kontext des wehrverfassungsrechtlichen Parlamentsvorbehalts rügefähigen) konkreten Bundeswehreinsatz fest.« (Sauer 2009: 609)

Dass sich die Luftaufklärung durch Tornado-Kampfflugzeuge mit der »Operation Enduring Freedom« der USA infolge der Anschläge vom 11. September 2011 überschnitt, habe zur Völkerrechtswidrigkeit dieser Operation geführt, weil eine Friedenswahrung nicht mehr vorgelegen habe. Die Anträge wurden vom Gericht als unbegründet eingestuft. Weder sei der Bezug konkreter militärischer Einsätze der NATO zur Sicherheit des euro-atlantischen Raums gelöst worden, noch habe die NATO sich von ihrer friedenswahrenden Zwecksetzung abgekoppelt (BVerfGE 118, 244: Rdnr. 50). Eine strukturelle Abweichung vom NATO-Vertrag sei nicht gegeben, weil der Bezug auf den euro-atlantischen Raum nicht bedeute, »dass militärische Einsätze der NATO auf das Gebiet der Vertragsparteien beschränkt sein müssten« (BVerfGE 118, 244: Rdnr. 53).

Mit diesem Urteil festigte das Gericht noch einmal seine Rechtsprechungslinie, die bezüglich des Verhältnisses von Parlament und Regierung folgende Prämissen umfasst: Die Regierung hat einen weit bemessenen Spielraum exekutiver Eigenverantwortung im Bereich der auswärtigen Gewalt. Sie muss für einen Einsatz bewaffneter Streitkräfte grundsätzlich die vorherige konstitutive Zustimmung des Parlaments einholen. Und: Die Fortentwicklung eines Systems gegenseitiger kollektiver Sicherheit, die keine formelle Vertragsänderung darstellt, bedarf keiner gesonderten Zustimmung des Bundestags. Robert van Ooyen resümiert dies wie folgt:

> »[Die Tornado-Entscheidung steht, Einfügung d. Verfasserin] zu einer Entscheidungsreihe in Kontinuität [...], die insgesamt ein doppeltes verfassungspolitisches ‚Unbehagen' auslöst, weil deutlich wird, 1) wie weit sich die verfassungsrechtlichen Grenzen hier haben verschieben lassen und 2) wie sehr dies zugunsten des Verständnisses von Außen- und Sicherheitspolitik als einer ureigenen Domäne der Regierung geschieht.« (Ooyen 2015c: 666)

Der eingangs dargestellte Gegensatz zwischen Einführung des wehrverfassungsrechtlichen Parlamentsvorbehalts und einer »carte blanche« der Bundesregierung im Bereich der auswärtigen Gewalt erweist sich aus Sicht eines parteiendemokratischen Parlamentarismusverständnisses jedoch als sekundär für eine Analyse der Machtverteilung im Regierungssystem. Vielmehr sind hier die Stärkung bzw. Adaption der gesamtstaatlichen Bündnis- und Handlungsfähigkeit im Rahmen multilateraler Sicherheitssysteme einerseits und die Legitimation dieses zwischenstaatlichen Handlungspotenzials andererseits gegenüberzustellen. Inwieweit das Gericht diese Differenzierungen reflektierte, ist anhand ausdrücklicher Äußerungen nicht eindeutig festzustellen. Neben der aus rechtlicher Perspektive aufgabenadäquaten Organorientierung des BVerfG ist jedoch auch das Insistieren auf die exekutive Prärogative der Regierung herauszustellen, die bis auf den Verweis auf Funktionengerechtigkeit und Tradition (z. B. BVerfGE 104, 151: Rdnr. 149) nicht weitergehend begründet wird. Auch hier wirkt sich die fehlende Differenzierung zwischen der formellen und der materiellen Seite des politischen Prozesses aus. Die Darstellung des Gerichts, die den Anschein einer materiellen Gegenüberstellung von exekutiver Prärogative und wehrverfassungsrechtlichem Parlamentsvorbehalt anbietet, geht nur zum Teil über Konzeptionen der auswärtigen Gewalt hinaus, die in der Rechtsprechung der frühen Bundesrepublik ihren Niederschlag fanden.[72] Die Grundauffassung des BVerfG vom Wesen der auswärtigen Gewalt gehe, so Eberhard Menzel schon 1954, von einer »zu starre[n] Beurteilung des Verhältnisses von Exekutive und Legislative im Bereich der auswärtigen Gewalt« (Menzel 1954: 346) aus.

> »*Diese Auffassung steht aber mit der modernen Entwicklung nicht im Einklang.* [...] Die Auswärtige Gewalt im modernen Staat ist nicht mehr eine einseitige Angelegenheit der Exekutive, sondern gemeinsame Aufgabe der Exekutive und der Legislative, der Regierung und des Parlaments. Sie ist eine *,kombinierte' Gewalt.*« (Menzel 1954: 348)

In diese Richtung argumentiert auch Robert van Ooyen, jedoch bezogen auch auf die rechtliche Ebene:

> »Schließlich: Eine separate ,föderative Gewalt' im Bereich der Außenpolitik, in der die Regierung von ganz wenigen Erfordernissen parlamentarischer Zustimmung abgesehen frei schalten und walten kann, ist dem Grundgesetz unbekannt. In der zentralen Bestimmung des Art. 20, in dem alle Gewalten an die Legitimation durch die Bürger/innen rückgebunden werden, finden sich eben nur die drei ,klassischen' Formen ,horizontaler Gewaltenteilung'.« (Ooyen 2015c: 677)

72 Wie erwähnt sind dies die Urteile „Petersberger Abkommen" und „Deutsch-Französisches" Wirtschaftsabkommen.

Auch Pascale Cancik konstatiert, dass der erweckte Eindruck, »der exekutive Kernbereich sei eine klar definierbare Rechtsposition, die vielfach erfolgreich durchgesetzt wird«, einer genaueren Analyse nicht standhält (Cancik 2014: 889 f.). Obwohl der Begriff vielmehr »notwendige Unklarheiten« (2014: 890) umfasse, sieht sie in ihm eine Grundlage für die rechtlichen Aspekt von Gewaltenteilung:

> »Das Grundproblem des Kernbereichsarguments liegt darin, dass es zwischen Parlament und Regierung anders, als der Sprachgebrauch manchmal signalisiert, keinen wirklich klar umrissenen Bereich gibt, der auf Dauer und völlig unabhängig vom jeweiligen Gegenstand und Informationsinteresse des Parlaments dessen Kontrolle entzogen wäre. [...] Trotz dieser Unklarheiten bleibt die Abgrenzung aus Gründen der Effektivierung des Gewaltenteilungsprinzips erforderlich.« (Cancik 2014: 891)

Kennzeichnend für diese Grundauffassung des Gerichts ist insbesondere seine »Sowohl-als-auch«-Argumentation: Zwar bestehe ein Zustimmungserfordernis des Bundestages für den Streitkräfteeinsatz, das Parlament übe auch eine Regierungsfunktion aus, Regierung und Legislative im Bereich der auswärtigen Gewalt wirkten auch zusammen, aber dessen ungeachtet bliebe der Regierung im Bereich auswärtiger Politik ein weit bemessener Spielraum zu eigenverantwortlicher Aufgabenwahrnehmung überlassen (erneut: BVerfGE 118, 244: Rdnr. 43). Dies sei zur Sicherung der außen- und sicherheitspolitischen Handlungsfähigkeit Deutschlands notwendig (ebd.). Im Jahr 2003 sprach das Gericht sogar von einem »Kernbereich eigener Entscheidungsfreiheit« (BVerfGE 108, 23: Rdnr. 39, »Bewaffnete Bundeswehreinsätze«). Das Gewaltenteilungsverständnis des Gerichts beruht also nicht nur auf einer rein rechtlichen Kompetenzzuordnung zwischen Regierung und Parlament, sondern es impliziert eine materielle Aufgaben- und Machtverteilung zwischen den beiden Organen, weswegen es im Grundsatz als klassisch einzustufen ist. Eine Anerkennung der aus parteiendemokratischer Sichtweise strukturbildenden Mechanismen des parlamentarischen Regierungssystems, insbesondere der Rolle der Fraktionen der Parlamentsmehrheit in der Außenpolitik, wird damit erschwert.

5.2.3.2 Handlungsverbund versus Entscheidungsverbund

Bisher sind anhand einiger einschlägiger Urteile zum Streitkräfteeinsatz im Ausland die Vorstellungen des BVerfG zum Verhältnis zwischen Parlament und Regierung insbesondere unter der Prämisse der exekutiven Prärogative in der auswärtigen Gewalt betrachtet worden. In diesem Abschnitt wird nach den Konsequenzen der Ausgestaltung des Parlamentsvorbehalts im Detail für die Gewalten- und Machtteilung gefragt. Mit dem Parlamentsbeteiligungsgesetz (ParlBG) hat der Bundestag im Jahr 2005 der Aufforderung des Gerichts entsprochen, »die Form und das Ausmaß der parlamentarischen Mitwirkung« (BVerfGE 90, 286: Rdnr. 348) zu definieren. Das Gesetz legt eine Begriffsbestimmung, die Antragstellung und das Zustimmungsverfahren selbst fest. Folgende Regelungen sind mit Blick auf die Kompetenzabgrenzung zwischen Parlament und Regierung von besonderer Relevanz: Das Parlament hat keine Initiativbefugnis zur Einbringung einer Vorlage zur Beteiligung des Bundestages beim Einsatz bewaffneter deutscher Streitkräfte im Ausland. Es kann die Vorlagen der Bundesregierung nicht abändern (§ 3 III ParlBG) und nach Erteilung der Zustimmung kann die Bundesregierung entscheiden, ob sie das ihr erteilte Mandat tatsächlich nutzt; zudem bedürfen Einsätze bei Gefahr im Verzug keiner Zustimmung des Bundestages (§ 5 ParlBG).

> »Das PBG realisiert nicht nur parlamentarische Kontrolle – vor allem in Gestalt eines umfassenden Informationsrechts – sondern gewährleistet die maßgebliche Beteiligung des Deutschen Bundestages an zentralen Akten der Außen- und Sicherheitspolitik. Zur Kontrolle kommt staatsleitende (Mit)Gestaltung durch das Parlament hinzu.« (Wiefelspütz 2009: 146)

Die konkrete Frage, was als »Einsatz bewaffneter Streitkräfte« gilt, musste das Gericht erst zehn Jahre nach dem Urteil »Out-of-Area-Einsätze« im Jahr 2003 beantworten. Die Bundesregierung der rot-grünen Koalition hatte zum Schutz der Türkei vor irakischen Luftangriffen mit deutschen Soldaten besetzte AWACS-Flugzeuge entsendet. In der Regierungskoalition hatte man sich darauf geeinigt, dass keine Zustimmungspflicht des Bundestages vorliege, weil die Überwachungsflüge über der Türkei keinen bewaffneten Einsatz von Streitkräften darstellten und die Aufgabe der AWACS-Flugzeuge in dem rein defensiven Schutz der Türkei als NATO-Bündnispartner bestehe (BVerfGE 108, 34: Rdnr. 17). Während laut ParlBG ein Einsatz bewaffneter Streitkräfte vorliegt, »wenn Soldatinnen oder Soldaten der Bundeswehr in bewaffnete Unternehmungen einbezogen sind oder eine Einbeziehung in eine bewaffnete Unternehmung zu erwarten ist« (§ 2 I ParlBG), stellt sich hier die Frage nach der Präzisierung der verfassungsrechtlichen Anforderungen an den Parlamentsvorbehalt. Denn »‚Einsatz bewaffneter Streitkräfte' ist ein verfassungsrechtlicher Begriff, dessen Konkretisierung [...] nicht von einem im Rang unter der Verfassung stehenden Gesetz verbindlich konkretisiert werden kann« (BVerfGE 121, 135: Rdnr. 61). Der Antrag auf eine einstweilige Anordnung zur Herbeiführung eines Bundestagsbeschlusses wurde abgelehnt, weil das Gericht keine schweren

Nachteile durch die Aufrechterhaltung des Beschlusses der Bundesregierung sah und nicht ersichtlich wäre, dass die Rechte des Bundestages deutlich überwögen.[73] Gleichwohl legte es ein Prüfprogramm für das Hauptverfahren vor, das klären sollte, ab wann und inwieweit der Einsatz in integrierten NATO-Verbänden zu einem den Parlamentsvorbehalt auslösenden bewaffneten Einsatz wird (BVerfGE 108, 34: Rdnr. 34). Die oben benannte »Sowohl-als-auch«-Positionierung des Gerichts zeigte sich hier also wieder in einer Abwägungsfrage zwischen konstitutivem Parlamentsvorbehalt einerseits und außenpolitischer Verantwortung der Exekutive mit ihrem Kernbereich eigener Entscheidungsfreiheit andererseits. In der Abwägungsentscheidung über die einstweilige Anordnung wird noch einmal deutlich, dass das BVerfG die Relevanz des übereinstimmenden Handelns des Kollektivakteurs Regierungsmehrheit deutlich unterbewertet, wenn es anführt, dass die Bundesregierung im Falle einer solchen Anordnung durch das Gericht vor der Situation stünde, »eine politisch ungewisse und zeitlich möglicherweise aufwändige parlamentarische Zustimmung zu erwirken« (BVerfGE 108, 34: Rdnr. 40). Dass sich die beteiligten Regierungsfraktionen bereits vorab auf die Einschätzung geeinigt hatten, dass keine Notwendigkeit zur Einholung der Zustimmung des Parlaments vorliege, wird in dieser Formulierung völlig außer Acht gelassen.

In der Sache hebt das Gericht die Auslösung des Parlamentsvorbehalt durch eine Kriegserklärung hervor, die heute durch »eine sukzessive Verstrickung in bewaffnete Auseinandersetzungen« ersetzt sei (BVerfGE 108, 23: Rdnr. 33). Die Abgrenzung zwischen dem bewaffneten Einsatz von Streitkräften und der Einbeziehung in Kampfhandlungen wird also schwieriger.

Dies wird auch im Urteil »Luftraumüberwachung Türkei« (Organstreitverfahren) deutlich, das erst rund fünf Jahre später, im Jahr 2008, fiel. Die Anträge sah das Gericht als begründet an. Die Bundesregierung hätte die Zustimmung des Bundestages vor dem Einsatz der AWACS-Flugzeuge einholen müssen, da »greifbare tatsächliche Anhaltspunkte für eine drohende Verstrickung in bewaffnete Auseinandersetzungen« bei der Luftraumüberwachung bestanden hatten (BVerfGE 121, 135: Rdnr. 84).

> »Für den wehrverfassungsrechtlichen Parlamentsvorbehalt kommt es nicht darauf an, ob bewaffnete Auseinandersetzungen sich schon im Sinne eines Kampfgeschehens verwirklicht haben, sondern darauf, ob nach dem jeweiligen Einsatzzusam-

73 Zur Frage, ob tatsächlich ein Zustimmungserfordernis bestanden hat: Dreist 2004.

menhang und den einzelnen rechtlichen und tatsächlichen Umständen die Einbeziehung deutscher Soldaten in bewaffnete Auseinandersetzungen konkret zu erwarten ist und deutsche Soldaten deshalb bereits in bewaffnete Unternehmungen einbezogen sind.« (BVerfGE 121, 135: Rdnr. 76)[74]

Betrachtet man die Urteilsbegründung unter der Perspektive des Parlamentarismusverständnisses und hier mit Blick auf Gewaltenteilung, sind drei Aspekte besonders hervorzuheben. Zum einen knüpft die Argumentation an das Urteil »Atomwaffenstationierung« aus dem Jahr 1984 an, indem es den Verweis auf eine aufgabenadäquate Organzuständigkeit und damit eine bestimmte Arbeitsteilung aktualisiert. Zum zweiten kreiert es im Zuge der Konkretisierung des Parlamentsvorbehalts einen sogenannten »Entscheidungsverbund« (BVerfGE 121, 135: Rdnr. 71) zwischen Parlament und Regierung über den Einsatz bewaffneter Streitkräfte. Zum dritten kommt es in der Entscheidung zu einer speziellen Differenzierung zwischen Gewaltenteilung und parlamentarischer Kontrolle. Frank Sauer sieht in dem Urteil deshalb »eine grundsätzlich angelegte und über die entscheidungserhebliche Frage hinausgehende Aufarbeitung des Gewaltenteilungsproblems« (Sauer 2009: 614).

74 Die entscheidenden Ausführungen zur technischen Abgrenzung lauten: „Ein Anhaltspunkt für die drohende Einbeziehung deutscher Soldaten in bewaffnete Auseinandersetzungen besteht, wenn sie im Ausland Waffen mit sich führen und ermächtigt sind, von ihnen Gebrauch zu machen. Denn es kann dadurch je nach dem Verlauf des tatsächlichen Geschehens dazu kommen, dass die Bewaffnung in die Anwendung von Waffengewalt mündet. Solange es sich allerdings rechtlich nur um eine Ermächtigung zur Selbstverteidigung handelt und der Einsatz selbst einen nicht-militärischen Charakter hat, ist, wie der Senat bereits festgestellt hat, die Schwelle der Zustimmungsbedürftigkeit nicht schon durch diese Ermächtigung erreicht (vgl. bereits BVerfGE 90, 286 [388]). Hat der Einsatz dagegen ein eigentliches militärisches Gepräge, weil es ihm etwa darum geht, ein Territorium oder bestimmte Objekte vor Angriffen zu schützen, und deuten die näheren Umstände auf eine unmittelbar bevorstehende Verwicklung in Kampfhandlungen hin, so liegt eine Einbeziehung in eine bewaffnete Unternehmung auch dann vor, wenn die am Einsatz beteiligten Soldaten der Bundeswehr zwar selbst unbewaffnet sind, aber als wesentlicher Teil des den bewaffneten Einsatz durchführenden integrierten militärischen Systems handeln. Wer im Rahmen einer bewaffneten Auseinandersetzung etwa für den Waffeneinsatz bedeutsame Informationen liefert, eine die bewaffnete Operation unmittelbar leitende Aufklärung betreibt oder sogar im Rahmen seiner militärischen Funktion Befehle zum Waffeneinsatz geben kann, ist in bewaffnete Unternehmungen einbezogen, ohne dass er selbst Waffen tragen müsste [...].“ (BVerfGE 121, 135: Rdnr. 81)

Zunächst zu der hier sogenannten besonderen Art der Arbeitsteilung: Während die »deutsche Mitwirkung an der strategischen Gesamtausrichtung und an der Willensbildung über konkrete Einsätze des Bündnisses [...] ganz überwiegend in den Händen der Bundesregierung [liegt]«, obliege es dem Parlament, darüber zu befinden, »ob sich Soldaten der Bundeswehr an einem konkreten Einsatz beteiligen, der im Bündnis beschlossen wurde« (BVerfGE 121, 135: Rdnr. 69). Das Gericht hebt sodann noch einmal hervor, dass der Parlamentsvorbehalt sich von dem Mechanismus der parlamentarischen Kontrolle grundlegend abgrenze und in den Bereich der verantwortlichen Entscheidung einzuordnen sei. Die Ausführung der Entscheidung obliege dann wieder der Regierung.

> »Mit der Anwendung militärischer Gewalt endet der weit bemessene Gestaltungsspielraum der Exekutive im auswärtigen Bereich. Der Deutsche Bundestag ist bei Einsatz bewaffneter Streitkräfte nicht lediglich in der Rolle eines nachvollziehenden, nur mittelbar lenkenden und kontrollierenden Organs, sondern er ist <u>zur grundlegenden, konstitutiven Entscheidung berufen</u>, ihm obliegt die Verantwortung für den bewaffneten Außeneinsatz der Bundeswehr. Die Bundeswehr ist insofern ein ‚Parlamentsheer', ungeachtet der Kommandostruktur (vgl. Art. 65a, Art. 115b GG), die <u>die militärisch-operative Führung dann wieder in die Hand der Exekutive legt</u>.« (BVerfGE 121, 135: Rdnr. 70)

Die Frage, ob diese Arbeitsteilung, die »Teil des Bauprinzips der Gewaltenteilung« sei und nicht ihre Durchbrechung (BVerfGE 121, 135: Rdnr. 73), eine »nicht unerheblich[e] Neujustierung des Verhältnisses zwischen Parlament und Regierung in Fragen der kollektiven Sicherheit im Sinne einer klaren Stärkung des Parlaments« (Sauer 2009: 614) bedeutet, ist entscheidend für das Parlamentarismusverständnis. Dieter Wiefelspütz sieht im wehrverfassungsrechtlichen Parlamentsvorbehalt keine Ausweitung der parlamentarischen Mitwirkung bei der Ausübung der Exekutivfunktionen. Das Verhältnis zwischen Exekutive und Parlament habe sich nicht verändern können, weil praktisch erst nach der Streitkräfteentscheidung des BVerfG 1994 Auslandseinsätze bewaffneter deutscher Streitkräfte ein wichtiger Bestandteil der deutschen Außenpolitik geworden seien (Wiefelspütz 2009: 110 f.). Martin Paus dagegen sieht in den Rechtsprechungslinien zur Entwicklung des Parlamentsvorbehalts ein »Paradebeispie[l] für Versuche des Bundesverfassungsgerichts, dem drohenden Bedeutungsverlust des Bundestages im Bereich der auswärtigen Gewalt entgegenzuwirken« (Paus 2015: 43). Eine Beibehaltung der formellen Domänenabgrenzung steht also dem bereits erwähnten augenscheinlichen Versuch des Gerichts gegenüber, angesichts einer Dynamisierung der Bündnis- und Verteidigungspolitik nach Ende des Kalten Krieges für eine Kompensation in

Form eines Parlamentsvorbehalts sorgen zu wollen; hierauf deutet auch eine Äußerung im Urteil »Luftraumüberwachung Türkei« hin.

> »Wegen der politischen Dynamik eines Bündnissystems ist es umso bedeutsamer, dass die größer gewordene Verantwortung für den Einsatz bewaffneter Streitkräfte in der Hand des Repräsentationsorgans des Volkes liegt.« (BVerfGE 121, 135: Rdnr. 69)

Dass eine materielle Änderung der Machtverhältnisse im Regierungssystem aus parteiendemokratischer Sicht hiermit nicht gegeben ist, wurde bereits ausgeführt. Das Gericht selbst bezeichnet den Wandel in der Aufteilung von Rechtskompetenzen durch den Parlamentsvorbehalt als »Entscheidungsverbund« von Parlament und Regierung.

> »Dem Übergang von der Diplomatie zur Gewalt korrespondiert eine Veränderung in den Proportionen der innerstaatlichen Gewaltenteilung. Der durch den Parlamentsvorbehalt solcherart hergestellte Entscheidungsverbund von Parlament und Regierung über den Einsatz bewaffneter Streitkräfte stellt den der Exekutive verfassungsrechtlich zugeordneten eigenen Handlungs- und Verantwortungsbereich für die Außenpolitik (vgl. BVerfGE 68, 1[87f.]) dabei nicht grundsätzlich in Frage. Denn für die Entscheidung über die konkreten Modalitäten und den Umfang einzelner Einsätze verbleibt es ebenso bei der Alleinzuständigkeit der Bundesregierung wie für die Koordination der Streitkräfteintegration in und mit den Organen internationaler Organisationen (vgl. BVerfGE 90, 286 [389]).« (BVerfGE 121, 135: Rdnr. 71)

Unter der Prämisse der Differenzierung zwischen den Begriffen Entscheidung und Beschluss muss der »Entscheidungsverbund« vom Begriff des »Handlungsverbundes« zwischen Parlament und Regierung abgegrenzt werden, der von Winfried Steffani auch als Regierungsmehrheit bezeichnet wurde. In seinem Sinne führen die gemeinsamen Interessen und Strategien zu einem gemeinsamen Handeln von Parlamentsmehrheit und Regierung und vereinigen diese als »integrierte politische Aktionseinheit« (Steffani 1979: 59). Der vom Gericht sogenannte »Entscheidungsverbund« dagegen beschreibt die Zustimmungsnotwendigkeit qua Beschluss durch zwei Verfassungsorgane. Auch der Verweis auf die Alleinzuständigkeit der Regierung bei der Festlegung des Umfangs und der Modalitäten einzelner Einsätze deutet darauf hin, dass das Gericht hier lediglich die formelle Seite des politischen Prozesses im Blick hat. In der Praxis jedoch findet eine Antizipation des Willens der Parlamentsmehrheit statt, um Geschlossenheit zu gewährleisten.

Besonders aufschlussreich im Hinblick auf die intendierte materielle Funktion des Parlamentsvorbehalts ist der Hinweis des Gerichts auf die Parlamentsdebatte. Ein Blick zurück auf das Urteil »Atomwaffenstationierung« aus dem Jahr 1984 zeigt, dass hier eine erweiterte Beteiligung des

Parlaments an Akten der auswärtigen Gewalt ausdrücklich nicht mit einer höheren demokratischen Qualität des Parlaments – im Vergleich zum Regierungsbeschluss – begründet worden war:

> »Auch der Gedanke der ‚Richtigkeitsgewähr', die das parlamentarische Verfahren wegen der vergleichsweisen Transparenz der Entscheidungsprozesse bietet, kann nicht eine Änderung der vom Grundgesetz ausdrücklich vorgenommenen Verteilung der Kompetenzen zugunsten des Parlaments bewirken.« (BVerfGE 68, 1: Rdnr. 191)

Auch die Organe der vollziehenden Gewalt bezögen ihre institutionelle und funktionelle demokratische Legitimation aus dem Demokratieprinzip (BVerfGE 68, 1: Rdnr. 145). Abweichend hierzu argumentiert das Gericht jetzt im Urteil »Luftraumüberwachung Türkei« im Jahr 2008, der Parlamentsvorbehalt diene auch dazu, eine adäquate Beteiligung der Opposition an der öffentlichen Debatte zu sichern.

> »Der wehrverfassungsrechtliche Parlamentsvorbehalt sichert insoweit eine adäquate Organzuständigkeit gerade im Hinblick auf die Beteiligung der Opposition in freier parlamentarischer Debatte und macht es damit auch der öffentlichen Meinung besser möglich, über die politische Reichweite des jeweiligen Einsatzes zu urteilen.« (BVerfGE 121, 135: Rdnr. 71)

Die Entscheidung über die Beteiligung an Kampfhandlungen soll also in ein öffentliches parlamentarisches Verfahren inkorporiert werden. Darauf, dass hiermit auch eine höhere Legitimation der Entscheidung verbunden sein soll, deutet auch die bereits zitierte Aussage hin, solche Entscheidungen sollten »in der Hand des Repräsentationsorgans des Volkes« liegen (BVerfGE 121, 135: Rdnr. 69). Neben dieser Berücksichtigung der Konfliktlinie Regierungsmehrheit/Opposition stellt auch die Erwähnung des Öffentlichkeitsaspekts die Aufnahme eines parteiendemokratischen Elements dar. Damit geht das Gerichts über eine reine Organorientierung hinaus, die hier z. B. bei Dieter Wiefelspütz noch durchklingt.

> »Das Prinzip des doppelten Schlüssels [der doppelten Legitimation; Anm. d. Verfasserin], der grundsätzlich vorherigen Zustimmung und der von Regierung und Parlament gemeinsam geteilten Verantwortung hat die deutsche Politik in die Lage versetzt, die nachhaltige Unsicherheit, ja Verstörung im Umgang mit der bewaffneten Macht der Streitkräfte Schritt für Schritt zu überwinden, ohne dabei die Anwendung von militärischer Gewalt zu verharmlosen.« (Wiefelspütz 2007: 90 f.)

Diese Aussage deutet aber auch darauf hin, dass es die vorrangige Funktion des Parlamentsvorbehalts ist, durch die Öffentlichkeit des parlamentarischen Verfahrens zusätzliche Legitimation zu erlangen. 14 Jahre nach der Formulierung des wehrverfassungsrechtlichen Parlamentsvorbehalts wird damit in den Ausführungen des Gerichts eine Begründung für dieses Zustimmungserfordernis deutlich, die auch aus einem parteiendemokratischen Parlamentarismusverständnis heraus als nachvollziehbar und systemadäquat angesehen werden kann.

Der »Entscheidungsverbund«, den das Gericht durch den wehrverfassungsrechtlichen Parlamentsvorbehalt verwirklicht sieht, führt darüber hinaus noch einmal zurück auf das Verhältnis von Gewaltenteilung und parlamentarischer Kontrolle. Wiederholend wird konstatiert, dass der Parlamentsvorbehalt ein »Bauprinzip der Gewaltenteilung« sei und dass das Parlament neben ihm zusätzlich parlamentarische Kontrollrechte angesichts einer Weiterentwicklung des vertraglichen Integrationsprogramms der NATO einsetzen könne (BVerfGE 121, 135: Rdnr. 66). Gleichzeitig betont das Gericht die grundlegende, konstitutive und verantwortliche Entscheidung des Parlaments über Auslandseinsätze der Bundeswehr (BVerfGE 121, 136: Rdnr. 70). Das Parlament entscheidet und es kontrolliert. Sieht das Gericht damit parlamentarische Regierung in einem parteiendemokratischen Sinne verwirklicht? Nicht nur Gewaltenteilung und parlamentarische Kontrolle prägen das moderne parlamentarische Regierungssystem, sondern parlamentarisches Regieren im Sinne von Entscheiden. Es geht im parteiendemokratischen Parlamentarismusverständnis in der Praxis darum, »Parlamentarische Regierung und Parlamentarische Kontrolle lebendig miteinander [zu] verknüpfen« (Sternberger 1964: 19). Das Prinzip der Gewaltenteilung hat hierbei eine rein rechtlich relevante, das Verfahren prägende Bedeutung. Der materielle machthemmende Faktor des Parlamentsvorbehalts liegt in seiner Disziplinierung des gouvernementalen Führungspersonals. In der Tat unterliegen die führenden Parlamentarier und die Regierungsvertreter einer Informationsasymmetrie, auf die das Gericht im Urteil »Luftraumüberwachung Türkei« hinweist:

> »Die verfassungsrechtlich gebotene Wahrnehmung parlamentarischer Verantwortung für die Fortentwicklung eines Systems gegenseitiger kollektiver Sicherheit kann allerdings auf praktische Schwierigkeiten stoßen, weil die Bundesregierung durch ihren Wissensvorsprung und durch die Erfahrung der kooperativen Bedingungen im Bündnissystem den <u>Vorteil des unmittelbar Handelnden</u> genießt. (BVerfGE 121, 135: Rdnr. 67)

Allerdings ist diese Informationsasymmetrie in parteiendemokratischer Sichtweise auf das Regierungssystem eine bewusst gewählte Ausprägung des Prinzips der Arbeitsteilung zwischen Parlament und Regierung bzw. zwischen Führungspersonal und anderen Abgeordneten. Durch den Parlamentsvorbehalt ist die formelle Registrierung der Zustimmung der Parlamentsmehrheit zum Vorgehen ihres Führungspersonals notwendig geworden. Somit ist dieses noch dringender als sonst gehalten, die Spezialisten in Verteidigungsfragen unter den Abgeordneten ausreichend zu informieren und in die Lage zu versetzen, eine verantwortliche Entscheidung zu treffen. Auch die hinteren Führungsreihen der Partei im Parlament müssen sich durch die Spezialisten so gut repräsentiert fühlen, dass sie sich eine Beschlussfassung über den Streitkräfteeinsatz zutrauen. Der Opposition dient die Informationspflicht der Regierung dazu, öffentlich pointiert zu den Plänen der Regierung Stellung beziehen zu können.

> »Der konstitutive Parlamentsvorbehalt hat hier vor allem zur Folge, dass sich die Bundesregierung um eine frühzeitige und umfassende Information der Sicherheitspolitiker im Parlament bemüht, die wiederum frühzeitig Unterstützung signalisieren oder aber Bedenken anmelden können. Auf dieser Grundlage kann die Bundesregierung die Partner in der NATO wiederum von Anfang an über mögliche Einschränkungen eines Bundeswehreinsatzes unterrichten.« (Wagner 2009: 170)

Auf die herausragende Bedeutung der Informationspflicht im Zusammenhang mit dem Parlamentsvorbehalt deutet auch das Urteil »Evakuierung aus Libyen« im Januar 2015 hin. Im Zuge eines Evakuierungseinsatzes wurden im Februar und März 2011 deutsche Staatsbürger aus Libyen ausgeflogen, weil sich dort der Aufstand der Bevölkerung gegen das Regime Muammar al-Gaddafis verstärkt hatte. Die Zustimmung des Bundestages zum Einsatz der Streitkräfte hatte nicht vorgelegen, weil die Regierungsmehrheit die Schwelle zu einem erwartbaren Einbezug in eine bewaffnete Auseinandersetzung nicht überschritten sah. Auch nachträglich einen Beschluss gemäß ParlBG zu fassen, hatte die Mehrheit des Bundestages im Plenum abgelehnt (BT PlPr 17/99). Die Fraktion Bündnis 90/Die Grünen hatte daraufhin ein Organstreitverfahren eingeleitet. Das Gericht sah die Voraussetzungen für den wehrverfassungsrechtlichen Parlamentsvorbehalt als gegeben an. Allerdings habe die Regierung über den in einer Eilentscheidung (»Gefahr im Verzug«, § 5 I ParlBG) vorgenommenen Einsatz nachträglich dann keine Zustimmung des Bundestages einzuholen, wenn der Einsatz zum frühestmöglichen Zeitpunkt der Parlamentsbefassung bereits beendet sei (BVerfGE 140, 160: Rdnr. 66). Die Bundesregierung müsse aber den Bundestag »unverzüglich und qualifiziert über die Grundlagen ihrer Einsatzentscheidung und den Verlauf des Einsatzes unterrichten« (ebd.). Den Ausführungen des Gerichts ist zu entnehmen, dass diese Informationspflicht in so einem Fall der parlamentarischen Kontrolle diene.

> »Vielmehr ist es Aufgabe des Deutschen Bundestages selbst und seiner Untergliederungen, im Falle eines von der Exekutive wegen Gefahr im Verzug beschlossenen und vor einer möglichen Parlamentsbefassung beendeten Einsatzes bewaffneter

Streitkräfte, seine parlamentarischen Kontrollbefugnisse wahrzunehmen. Das parlamentarische Regierungssystem stellt ihm auch für diesen Fall geeignete Instrumente zur politischen Kontrolle der Bundesregierung zur Verfügung. Er kann sein Frage-, Antrags-, Debatten- und Entschließungsrecht ausüben und dadurch auf zukünftige Entscheidungen der Regierung einwirken oder durch die Wahl eines neuen Bundeskanzlers die Regierung stürzen, Art. 67 Abs. 1 Satz 1 GG (vgl. BVerfGE 131, 152 [196]).« (BVerfGE 140, 160: Rdnr. 101)

Das Gericht führt also die vorgenommene Trennung von Gewaltenteilung und parlamentarischer Kontrolle wieder zusammen, indem es für das Ausbleiben des Parlamentsvorbehalts die parlamentarischen Kontrollrechte als Kompensation anführt. Diese sollen »die parlamentarische (Mit-)Verantwortung für den Einsatz der Streitkräfte aufrechterhalten, die der wehrverfassungsrechtliche Parlamentsvorbehalt fordert« (Achenbach 2017: 496). Auch hier wird noch einmal deutlich, dass die Informationspflicht und die Kontrollmöglichkeiten vor allem Garantien für die Parlamentsminderheit darstellen. Das Rechtsinstrument des Parlamentsvorbehalts bietet ein Verfahren zur Sicherstellung von Information und Öffentlichkeit über das Handeln der Regierung(-smehrheit).

Wie ist der vom BVerfG dargelegte »Entscheidungsverbund« mit Blick auf das Parlamentarismusverständnis des Gerichts zu bewerten? Die Analyse hat gezeigt, dass die Einführung des wehrverfassungsrechtlichen Parlamentsvorbehalts nicht eine Formalisierung der Aktionseinheit von Parlamentsmehrheit und Regierung bedeutet und bedeuten kann. Einzelne Einlassungen und Hinweise des Gerichts deuten darauf hin, dass ihm bewusst ist, dass eine Zustimmung der Parlamentsmehrheit zu Einsätzen der Bundeswehr durch informelle Abstimmungsprozesse innerhalb der Regierungsmehrheit stets gewährleistet ist. Eine explizite Aussage hierzu findet sich jedoch nicht. Demgegenüber wird durchaus deutlich, dass die Beschlussfunktion des Parlaments vor allem der Herstellung von Öffentlichkeit und der Beschäftigung auch der Parlamentsminderheit mit der Sachfrage dient. Trotzdem blieb das Gericht bezüglich der »Regierungsfunktion« (Sellin 2004: 369) des Parlaments (Schliesky 2016: 249, Rdnr. 77) nicht nur der Organorientierung verhaftet, sondern verdeckte hiermit auch die materielle Funktionsweise des Regierungssystems. Das Gezeigte deutet darauf hin, dass das BVerfG unter der »Regierungsaufgabe des Parlaments« (BVerfGE 90, 286: Rdnr. 334) eben nicht Parlamentarisches Regieren versteht.

»Unter dieser ‚Gesamtleitungsfunktion' wird die Mitwirkung des Parlaments an politischen Entscheidungen, an der Staatsleitung mit der Regierung gemeinsam verstanden. Als Beispiele werden vor allem die Aufgaben des Parlaments im Bereich des Wehrverfassungsrechts oder der europäischen Integration angeführt. Eine solche globale Kategorie verstellt jedoch den Blick auf eine präzisere Ausdifferenzierung der Parlamentsfunktionen und damit auf wichtige Teilaspekte.« (Schliesky 2016: 249, Rdnr. 77)

Somit vollzieht das Gericht die empirisch feststellbare Handlungseinheit von Parlamentsmehrheit und Regierung zwar nach, der Schritt zur konzeptionellen Integration dieses Phänomens in die Strukturen des Regierungssystems, inklusive seiner reflektiven Benennung, bleibt jedoch aus.

5.2.4 Fazit: Drei Modifikationsstufen für das Verständnis des Verhältnisses zwischen Parlament und Regierung

Die Analyse der ausgewählten Entscheidungen zum Einsatz der Bundeswehr im Ausland in den Jahren 1984 bis 2015 hat gezeigt, dass die Auffassung des BVerfGs zum Verhältnis zwischen Parlament und Regierung eine Entwicklung durchlaufen hat. Es lassen sich drei Stufen identifizieren.

Im Urteil »Atomwaffenstationierung« bezog sich das Gericht auf die Rechtsprechungslinie zur auswärtigen Gewalt der letzten Dekaden, wie sie sich in den Entscheidungen zum Petersberger Abkommen oder zum Deutsch-Französischen Wirtschaftsabkommen zeigte. Die in diesen beiden Entscheidungen aufgezeigte Kompetenzaufteilung auf die Staatsorgane im Sinne von Regierungsakten einerseits und Gesetzgebung andererseits wird um eine *funktionalistische Komponente* erweitert. Die Regierung sei deswegen besonders zur Vornahme von Akten auswärtiger Gewalt geeignet, weil sie über die »personellen, sachlichen und organisatorischen Möglichkeiten« (BVerfGE 68, 1: Rdnr. 145) hierzu verfüge. Zwar wurde für das Parlament ein entsprechender Fähigkeitenkatalog vorgelegt, jedoch wiederholte das Gericht die zuerst 1978 (BVerfGE 49, 89) vorgebrachte Auffassung, dass ein allumfassender Parlamentsvorbehalt eine dem Prinzip der gewaltenteiligen Demokratie zuwiderlaufenden Gewaltenmonismus darstelle. Es folgerte aus dieser Funktionengliederung auch eine Verteilung politischer Macht und Verantwortung. Da die Zuordnung von Aufgaben zu dem »richtigen« Verfassungsorgan als Element der Gewaltenteilung aufgefasst wird, sieht es in einem allumfassenden Parlamentsvorbehalt die Gefahr des Gewaltenmonismus. Obgleich das Phänomen Regierungsmehrheit nur ein Jahr zuvor in der Begründung des Urteils »Bundestagsauflösung I« berücksichtigt worden war, fand es im Urteil »Atomwaffenstationierung« keine Erwähnung. In dem durch die Stationierung von Pershing-II-Raketen markierten Anfang einer Internationalisierung und Intensivierung deutscher Sicherheitspolitik sah das Gericht durch Art. 59 II 1 GG den Einfluss der Legislative tatsächlich als grundsätzlich beschränkt an. Die Prämisse der exekutiven Prärogative in der auswärtigen Gewalt wurde in dieser Entscheidung mit der Zuordnung der Außenpolitik als Domäne der Exekutive verknüpft und als wirkmächtig für Machtverteilung angesehen. Die Übergewichtung des formellen Aspekts kann hier neben dem fehlenden Rekurs auf die Regierungsmehrheit als ein Merkmal einer eher klassisch orientierten Parlamentarismussichtweise identifiziert werden.

Auch in seiner Grundsatzentscheidung zum »Out-of-Area«- Einsatz von Streitkräften im Jahr 1994 bekräftigte das Gericht seine Annahme, dass die Gestaltung der Außenpolitik eine Funktion der Regierung sei. Gleichzeitig sah es für die Dynamisierung von Verteidigungsbündnissen nach Ende des Kalten Krieges offenbar ein Kompensationserfordernis, was als solches jedoch nicht benannt wird. Mit der Einführung des wehrverfassungsrechtlichen Parlamentsvorbehalts[75] geht eine Relativierung der vorher strikten Formulierungen zur Funktionenteilung zwischen Parlament und Regierung einher. Während das Gericht 1984 noch organisatorische, funktionelle und verfahrenstechnische Hemmnisse für das Parlament feststellte, Entscheidungen im Bereich der auswärtigen Gewalt zu treffen, sah es diese im Urteil »Out of Area-Einsätze« für die Entscheidung über den Einsatz von Streitkräften nicht mehr in dieser Deutlichkeit. Die verantwortliche Mitwirkung der Legislative an der auswärtigen Gewalt durch eine konstitutive Zustimmung zum Streitkräfteeinsatz stellte einen Paradigmenwechsel in der Rechtsprechung des BVerfG dar. Er markierte die zweite Stufe im Verständnis des gewaltenteilenden Verhältnisses zwischen Parlament und Regierung. Diese Stufe besteht in der *Antizipation des Gleichgewichtsparadigmas*. Dieses beruht auf der Prämisse der Ausbalancierung der Gewalten: Der nun konstatierte wehrverfassungsrechtliche Parlamentsvorbehalt steht der persistierten Annahme eines Eigenbereichs exekutiver Handlungsbefugnis und Verantwortung in der Außenpolitik ausgleichend gegenüber.

Die Frage ist, ob das BVerfG die Forderung nach Parlamentsbeteiligung in dem Bewusstsein aufgestellt hat, dass die Regierungsmehrheit ohnehin strukturell geschlossen handelt, oder ob es tatsächlich organschaftliche Gewaltenteilung zur Machtkontrolle für ausreichend hält. Berücksichtigt man

75 Ob das Gericht diesen Vorbehalt in einem Akt der Rechtsschöpfung geschaffen hat oder ob er immer schon da war, nur aufgrund der veränderten Umstände nun explizit benannt wurde, ist umstritten. Die Begriffe „Einführung“ oder „Schaffung“ zielen hier darauf ab, dass es sich um ein neues Argument des Gerichts handelt.

die Beschreibungen des Gerichts zum politischen Prozess, die für den innerparlamentarischen Bereich aufgezeigt wurden, kann man davon ausgehen, dass das Phänomen der Regierungsmehrheit in den Abwägungen des Gerichts grundsätzlich virulent ist. Zieht man zusätzlich Erkenntnisse zum verfassungsgerichtlichen Oppositionsbegriff hinzu, die darauf hindeuten, dass das Gericht die Funktion der Opposition vor allem darin sieht, Kritik innerhalb des Systems legal zu artikulieren und darin selbst abzuarbeiten, ohne jedoch den von den Parteien hergestellten politischen Gesamtwillen und die politische Einheit zu stark anzutasten (Volkmann 2017: 487), wird dieser Eindruck bestätigt.

Das Konzept der Gewaltenbalance bleibt ähnlich wie das Konzept der Gewaltenverschränkung auf halbem Wege zu einer parteiendemokratischen Sichtweise stecken. Während die Organorientierung dabei nicht per se als Verharren in klassischen Denkstrukturen gedeutet werden kann, wiegt die Doppeldeutigkeit der Haltung des Gerichts hier zum Verhältnis Parlament und Regierung schwer. Hierfür ist auch die Einführung des Begriffs des »Entscheidungsverbunds« im Jahr 2008 ein Beispiel, der nur auf den ersten Blick die strukturellen Gegebenheiten im parlamentarischen System reflektiert. Auf den zweiten Blick wird klar, dass es bei einem klassischen Verständnis der auswärtigen Gewalt als verantwortlichem Eigenbereich der Exekutive bleibt, das die Außen- und Sicherheitspolitik einer »,schöpferischen' Staatsräson überlässt«, die an das obrigkeitsstaatliche Verständnis von Staatskunst erinnert (Ooyen 2015c: 684). Vom Konzept der Gewaltenbalance unterscheidet sich der sogenannte *»Entscheidungsverbund«* als dritte Stufe des Verständnisses des Parlament-Regierung-Verhältnisses, indem er nicht mehr auf der Unabhängigkeit, sondern gerade auf der Abhängigkeit beider beteiligter Organe beruht. Neben der formellen Registrierung der Zustimmung der Parlamentsmehrheit zum Regierungshandeln lenkte das Gericht hier die Aufmerksamkeit, eher nebenbei, auch auf den Aspekt der Beteiligung der Opposition unter der Bedingung von Öffentlichkeit als Zweck des Parlamentsvorbehalts. Die machthemmende Wirkung der Konfliktlinie zwischen Regierungsmehrheit und Opposition wurde damit indirekt betont, aber nicht ins Zentrum der Argumentation gestellt. Die Debatten um die »Out-of-Area«-Einsätze in den 80er-Jahren und 90er-Jahren hatten gezeigt, dass dessen Legitimität auch von einer allgemeinen Akzeptanz oder einem gewachsenen Konsens über die Notwendigkeiten einer militärischen Reaktion auf neue Handlungserfordernisse abhängig sein kann. Es ist in diesem Kapitel herausgearbeitet worden, dass der wehrverfassungsrechtliche Parlamentsvorbehalt als Versuch verstanden werden kann, ein Verfahren zu etablieren, das diesen in der jeweiligen Situation vorhandenen Konsens testet.

> »Die Bestimmung über die konstitutive Entscheidung des Bundestages ist also unter den Bedingungen der neuen Gewaltenteilung ein Test, ob in dieser Frage von größter politischer Tragweite die Handlungseinheit aus Regierung und Regierungsfraktionen noch besteht oder nicht.« (Link 2001: 54)

Allerdings kommt diesem Test aus einer parteiendemokratischen Perspektive für die öffentliche Meinung die größere Relevanz zu. Auch Werner Link sieht hierin die eigentliche »demokratische Ratio« (Link 2001: 55) des Parlamentsvorbehalts, was vom Gericht jedoch nicht thematisiert wurde.

Während diese stufenweise Entwicklung hin zu einer eher parteiendemokratischen Auffassung eingebettet in die Gesamtauffassung des Gerichts zum Thema Parlamentarismus betrachtet werden muss, weist sie doch die beschriebenen Ambivalenzen und Unvollständigkeiten auf. So entfällt insbesondere die Unterscheidung von formeller und materieller Ebene. Dies führt zu der eingangs gestellten Frage, ob der Parlamentsvorbehalt tatsächlich eine materielle Stärkung des Parlaments bedeutet. In seiner grundlegenden Studie zur Parlamentarisierung der deutschen Sicherheits- und Verteidigungspolitik kommt Stefan Jungbauer für die konkreten Beteiligungsmechanismen des Parlaments zu dem Schluss, dass das Parlament (als Organ) seine entscheidende Mitwirkung im auswärtigen Bereich nicht gewährleisten könne.

> »Im Zusammenhang mit der Entsendung bewaffneter deutscher Streitkräfte in einen Auslandseinsatz überwiegen in Bezug auf die politischen Willensbildungs- und Entscheidungsprozesse die Entparlamentarisierungstendenzen, die sich aus dem postparlamentarischen Diskussionsstrang ableiten lassen, eindeutig die neoparlamentarischen Argumentationsmuster.« (Jungbauer 2012: 369)

Dabei sieht er die ausbleibende Parlamentarisierung in Globalisierungsprozessen in der präjudizierenden Eigenschaft von Vorentscheidungen in intergouvernementalen Gremien und in der »Gatekeeper«-Funktion der Regierung im Hinblick auf die Information der Fraktionsspitzen und Fachpolitiker begründet (Jungbauer 2012: 370 f.). Eine Parlamentarisierung der deutschen Sicherheits- und Verteidigungspolitik könne nicht festgestellt werden. Parallel dazu sei aber auch die exekutive Prärogative durch die Einbindung Deutschlands in die Bündnisstrukturen der EU, NATO und UN geschwächt worden. Im Gegensatz dazu ist die Arbeit von René Lüddecke zu nennen, der ungeachtet dieses Strukturwandels in den internationalen Beziehungen einen Ausbau der wesentlichen Parlamentsfunktionen im Bereich der Außenpolitik sieht (Lüddecke 2010). Es kommt also entscheidend darauf an, ob die formelle Seite oder die materielle Seite bei der Machtanalyse betrachtet wird. Für die Erhellung tatsächlicher Machtstrukturen ist als handelnde Einheit die politische Gruppe neben den Staatsorganen in den Blick zu nehmen, weil die Flexibilisierung von Außenpolitik diese Subjekte gleichermaßen betrifft. So wird klar, dass die Entwicklungen, auf die der Parlamentsvorbehalt eine spiegelbildliche Reaktion darstellte, vor allem Veränderung von Kommunikationsstrukturen sind.

> »Wenn Demokratisierung von Außenpolitik als ein Aufbrechen innerstaatlicher außenpolitischer Entscheidungsstrukturen aufgrund gesellschaftlicher Veränderungen und Europäisierung von Außenpolitik als eine primär gouvernementale Reaktion auf neue Anforderungen des Regierens in einem zunehmend integrierten Europa zu verstehen ist, dann kann man Transnationalisierung und Globalisierung als grenzüberschreitende Veränderungen fassen, die unter anderem jene exklusiven zwischenstaatlichen Kommunikationsverbindungen aufbrechen, die die Institution der Diplomatie bis weit in das 20. Jahrhundert hinein prägten.« (Hellmann et al 2007: 22)

Eine konsequent parteiendemokratische Parlamentarismusauffassung würde die Interdependenz der materiellen und der formellen Seiten verstärkt in den Blick nehmen und somit ein »Expectation Capability Gap« zu vermeiden versuchen, der sich aus dem Narrativ der Stärkung des Parlaments durch den Parlamentsvorbehalt ergibt und dazu verleitet, Beschlussmacht als reine »Akklamation« zu desavouieren. Das BVerfG hat trotz der dargelegten Entwicklung seines Gewaltenteilungsverständnisses dieser Sichtweise und den damit verknüpften Anforderungen nicht folgen können.

> »Zugespitzt formuliert handelt es sich dann aber bei der Rechtsprechung des Bundesverfassungsgerichts in diesem Punkt entweder bewusst um bloß symbolische (Verfassungs-)Politik, die es zugleich erlaubt, sich über die »Bande« des Parlamentsvorbehalts selbst als politischer Akteur im Spiel zu halten; oder aber um eine völlige Fehleinschätzung der Funktionsweise des bundesdeutschen Regierungssystems.« (Ooyen 2015c: 683)

5.3 Determinanten im Verhältnis zwischen Bundestag und Wählern: Wahlrecht und Repräsentationsverständnis

5.3.1 Grundsätzliches und offene Fragen wahlrechtlicher Verfassungsrechtsprechung im Kontext von Parlamentarismus

In der Analyse der Entscheidungen des BVerfG wurden bis hierin das Parlament als Institution mit seiner arbeitsteiligen Organisation sowie sein Verhältnis als Organ zur Regierung näher betrachtet. Damit wurde das Demokratieprinzip Repräsentation im innerparlamentarischen Raum bereits berührt, allerdings noch nicht die Frage, wie das Repräsentationsverhältnis zwischen Abgeordneten und Bürgern entsteht. Das Verfassungsgericht bringt im Bereich des Wahlrechts neben dem Parlamentsrecht die meisten Entscheidungen hervor. Dies mag unter anderem daran liegen, dass Verfahren im Wahlrecht-Kontext über zahlreiche Wege, nämlich auf dem Wege der Normenkontrollklage, der Organklage, der Verfassungsbeschwerde und der Wahlprüfungsbeschwerde, eingeschlagen werden können. Darüber hinaus gibt das Grundgesetz in Art. 38 I 1 nur die sogenannten Wahlgrundsätze für die Ausgestaltung des Wahlrechts vor und überlässt Weiteres der einfachen Gesetzgebung. Dies gilt sogar für die Auswahl des Wahlsystems – Verhältniswahl oder aber Mehrheitswahl –, wobei das Verfassungsgericht die Wahlfreiheit in dieser Frage genauso unnachgiebig betont, wie es nie zu einem Systemwechsel in der Bundesrepublik gekommen ist. Die zahlreichen Entscheidungen über den Wahlrechtskomplex signalisieren auch die Bedeutung und die Sensibilität gegenüber diesem Vorgang des Machterwerbs. Anders als bei Sachfragen determinieren die Wahlrechtsregelungen, ähnlich wie das Parlamentsrecht, die realen Chancen auf Durchsetzung der politischen Ziele kollektiver Akteure. Da sie »die Bedingungen der politischen Konkurrenz berühren, die jeweilige parlamentarische Mehrheit somit gewissermaßen in eigener Sache tätig wird« (BVerfGE 120, 82: Rdnr. 103), sieht das BVerfG hier einen besonderen Kontrollauftrag begründet. Die Schwelle für Wahlrechtsänderungen, die in einen eindeutigen Einfluss auf das Verhältnis zwischen Stimmen- und Mandatsverteilung auf die einzelnen Parteien mündet, ist dementsprechend hoch. Im Bereich des Wahlrechts herrscht, wiederum korrespondierend zum Parlamentsrecht, Inkrementalismus vor. Schon das Nachdenken über mögliche Reformen und daraus resultierende Konzepte unterliegt einer starken Pfadabhängigkeit, wie Joachim Behnke dies für das neue Wahlgesetz aufgrund des BVerfG-Urteils

»Landeslisten« zeigt (Behnke 2014), die einen »großen Wurf« regelmäßig verhindert. Den letzten ernsthaften Versuch, das Wahlsystem zu wechseln, unternahm federführend die CDU/CSU-Fraktion im Rahmen der ersten Großen Koalition, was jedoch 1968 letztlich doch am Widerstand der SPD scheiterte. Während eine einfache Mehrheit für die Änderung des Bundeswahlgesetzes ausreichend ist, ist es angesichts der politischen Kultur und der parlamentarischen Tradition im Bundestag geboten, einen parteienübergreifenden Konsens zu erzielen. Weil das Wahlrecht die eigenen Machtchancen tangiert, wäre andernfalls die Akzeptanz und damit die Legitimität der Entscheidung gefährdet und die Anrufung des BVerfG durch die nicht am Kompromiss beteiligten Oppositionsparteien vorprogrammiert.

Diese genannte Selbstbefassung mit der Ausgestaltung der eigenen Machtchancen machte die Wahlrechtsfrage auch im Parlamentarischen Rat bereits zu einer politisch umstrittenen Frage. Anders als die heutigen Diskussionen um die Frage des Wahlrechts, war die Debatte im Wahlrechtausschuss des Parlamentarischen Rats im Kern eine Wahlsystemdebatte (Galka 2014: 171 ff.), die von der CDU/CSU geprägt wurde. Die von der SPD vertretenen Argumente für die Einführung einer Verhältniswahl, hinter der die Idee einer weitgehenden Spiegelbildlichkeit der Abbildung der Bevölkerungsgruppen im Parlament stand, stellten im Wesentlichen bereits die Kristallisationspunkte der Grundalternativen dar. Man sah vor allem den Unterschied zwischen »mathematischer Gerechtigkeit« und einem »historischen Gerechtigkeitsprozess« in einer funktionierenden Demokratie. Der Attraktivität des Gerechtigkeitsarguments hatten die Befürworter des Mehrheitswahlsystems die Erfahrungen aus der Weimarer Republik entgegenzusetzen. Die daraus abgeleitete Forderung nach Regierungsstabilität war jedoch auf beiden Seiten Konsens, wobei die Verhältniswahlbefürworter verfassungsrechtliche Absicherungen etablieren wollten (z. B. ein konstruktives Misstrauensvotum). Das personalisierte Verhältniswahlrecht, wie es bis heute gilt, kann als Kompromiss zwischen diesen beiden Positionen verstanden werden (Galka 2014: 190). Verfassungsrechtlich festgelegt wurde das Verhandlungsergebnis jedoch nicht.

Nachdem die ersten beiden Bundestagswahlen 1949 und 1953 auf der Grundlage vorläufiger Wahlgesetze durchgeführt worden waren, knüpfte das erste ständige Bundeswahlgesetz von 1956 im Wesentlichen an die hälftige Vergabe der Sitze nach relativem Mehrheitswahlrecht und nach den

Grundsätzen des Verhältniswahlrechts an.[76] Es setzte außerdem die notwendige Anzahl der Direktmandate zur Teilnahme an der Stimmverteilung auf drei fest und regelte das Verfahren der Briefwahl und die Einrichtung eines Bundeswahlausschusses. Für die Vorgehensweise bei der Ermittlung der Landeslistensitze wurde bereits zu diesem Zeitpunkt eine vorgeschaltete Oberverteilung der Sitze auf Bundesebene vorgesehen. Dies führte in Kombination mit Überhangmandaten bereits bei der Wahl 1957 zu dem heute diskutierten Effekt des negativen Stimmgewichts. Bei den Wahlrechtsänderungen, die vor dem Untersuchungszeitraum dieser Arbeit beschlossen wurden, handelt es sich im Wesentlichen um Änderungen von Wahlkreiszuschnitten aufgrund von Bevölkerungsentwicklungen oder kommunalen Gebietsveränderungen.

Bei der Beurteilung von Wahlrechtsänderungen, Änderungen der tatsächlichen Verhältnisse oder Neubewertungen von Wahlrechtsfragen orientiert sich das BVerfG an den in Art. 38 I 1 GG genannten Wahlrechtsgrundsätzen. Was bedeutet es konkret, dass die Wahlen zum Deutschen Bundestag allgemein, unmittelbar, frei, gleich und geheim sein sollen? Die Gleichheit ist dabei der am schwierigsten zu definierende Maßstab und gleichzeitig zentral im Zusammenhang mit der Parlamentarismusfrage. Für Parlamentarismus in seiner Gruppenstruktur sind einigungsfördernde Effekte des Wahlrechts und die Fragmentierung des Parteiensystems wichtige Stellschrauben für die Funktionsfähigkeit des parlamentarischen Regierungssystems.

Die Gleichheit der Wahl erfordert, dass nicht nur alle Bürger unabhängig von ihrem wirtschaftlichen, politischen oder sozialen Status das Wahlrecht ausüben können (Allgemeinheit der Wahl), sondern auch, dass sie es in gleicher Weise können. Jede Stimme soll gleich viel zählen. Sie stellt

> »eine Konkretisierung und Präzisierung des allgemeinen Gleichheitssatzes dar, beläßt es aber nicht beim allgemeinen Willkürverbot (so Art. 3 I GG), sondern fordert die formale Wahlrechtsgleichheit und die Chancengleichheit der an der Wahl beteiligten Parteien und Personen« (Maurer 2010: 375, Rdnr. 8).

Das BVerfG versteht diesen Grundsatz also »im Sinne einer *strengen und formalen Gleichheit*« (Sacksofsky 2016: 293, Rdnr. 30; Hervorhebung im Original fett), wobei er keinem absoluten Differenzierungsverbot unterliegt. Schon 1952 stellte das BVerfG auf die verschiedenen Bedeutungen dieses Wahlrechtsgrundsatzes bei der Mehrheitswahl und bei der Verhältniswahl ab. Während es bei der Mehrheitswahl nur darauf ankomme, dass die Wähler »nicht einen verschieden starken Einfluß auf das Wahlergebnis

76 Die Einführung des Zweistimmensystems erfolgte 1953.

haben« (BVerfGE 1, 208: Rdnr. 114), sei bei der Verhältniswahl der Gleichheit damit nicht Genüge getan. Hier müssten die eingeschalteten rechnerischen Operationen dafür sorgen, dass jede Stimme einen möglichst gleichen Einfluss auf das Wahlergebnis (die Mandatsverteilung) hat (Rdnr. 119). Die Differenzierung der beiden Wahlsystemtypen ist dabei rein definitorischer Natur. Es wird nach der politischen Zielvorstellung differenziert, die ein Gesetzgeber mit dem Wahlrecht erreichen will (Repräsentationsprinzip). Entweder strebt er es in der Hauptsache an, »eine (parteiliche) Regierungsmehrheit hervorzubringen« oder das hauptsächliche Ziel ist »die möglichst getreue Wiedergabe der in der Bevölkerung bestehenden sozialen Kräfte und politischen Gruppen« (Nohlen 2014: 153 f.). Technisch kann zwischen Mehrheitswahl und Verhältniswahl nicht eindeutig unterschieden werden, weil sich das Wahlsystem zwischen einem Einheitswahlkreis, in dem alle Mandate nach Proporz vergeben werden, und einem Einpersonenwahlkreis, in dem alle Mandate nach Majorz vergeben werden, in einem Kontinuum befindet.

Entscheidungen des BVerfG zum Wahlrecht unterliegen also stets Abwägungsentscheidungen, wie dies bereits im Spannungsverhältnis zwischen den Rechten des einzelnen Abgeordneten (freies Mandat) und den Fraktionsrechten deutlich geworden ist. Es wird »zwischen den Interessen und Anliegen des einfachen Gesetzes und denen der kollidierenden Grundrechtsvorschrift eine Abwägung getroffen, wie sie auch sonst für die Lösung eines Interessenkonflikts charakteristisch ist« (Puppe 2019: 172). Es handelt sich um einen binären Vergleich zweier Grundsätze oder Funktionserfordernisse, also im Falle des Wahlrechts die Alternativen »möglichst stabile Regierungsmehrheit« und »möglichst getreue Wiedergabe der Kräfte«, die in eine Rangfolge gebracht werden müssen.

Eine Abwägung zwischen Wahlrechtsgrundsätzen findet z. B. auch im Kontext der Hilfestellung für Personen mit Einschränkungen statt. Einerseits ist durch die Hilfestellung die Unmittelbarkeit und auch die Geheimheit der Wahl eingeschränkt, andererseits ist dieses Vorgehen im Sinne der Allgemeinheit der Wahl geboten. Denn Unmittelbarkeit der Wahl bedeutet nicht nur, dass die Stimme höchstpersönlich abgegeben werden muss:

> »[Der Grundsatz, Einfügung d. Verfasserin] schließt darüber hinaus jedes Wahlverfahren aus, bei dem sich zwischen Wähler und Wahlbewerber nach der Wahlhandlung eine Instanz einschiebt, die nach ihrem Ermessen die Abgeordneten auswählt und damit dem einzelnen Wähler die Möglichkeit nimmt, die zukünftigen Abgeordneten durch die Stimmabgabe selbsttätig zu bestimmen.« (BVerfGE 7, 63: Rdnr. 16)

Dies bedeutet vor allem ein Verbot der indirekten Wahl (z. B. durch Wahlmänner), aber auch, dass es keine »Parteienwahl« geben kann. Hieraus ergibt sich die Notwendigkeit von Wahllisten, auf denen Personen angegeben sind, die vor der Stimmabgabe feststehen und bekannt sind (Sacksofsky 2016: 297, Rdnr. 41). Dieses Zusammenspiel des Verbots einer Parteienwahl einerseits sowie der herausragenden Stellung der Parteien bei der politischen Willensbildung des Volkes und im Wahlrecht andererseits, ist kennzeichnend für die Spannungsverhältnisse in der parlamentarischen Demokratie.

Eine weitere Sachfrage im Zusammenhang der Unmittelbarkeit der Wahl ist die Regelung des Nachrückens im Fall des Ausscheidens eines Bewerbers oder eines Abgeordneten. Auch hier spielt die Einschätzung des Gerichts zur Bedeutung der Parteibindung eine entscheidende Rolle. Das Nachrücken aus einer Landesliste derjenigen Partei, für die der Bewerber angetreten war (§ 48 BWahlG), hält es für zulässig, weil die Parteizugehörigkeit mit »anderen objektiven Eigenschaften gleichzustellen ist, die ein Bewerber erfüllen muß, um in das Parlament einrücken zu können«, denn der Abgeordnete sei eben auch Exponent seiner Partei (BVerfGE 7, 63: Rdnr. 27). Auf der anderen Seite ist nach Erschöpfen der Liste eine Nachwahl durchzuführen und kein Nachrücker von der Partei zu bestimmen.

Für die Freiheit der Wahl ist es außerdem konstitutiv, dass der Akt der Stimmabgabe ohne Druck oder Zwang stattfindet, die Kandidatenaufstellung in den Parteien frei (und demokratisch) abläuft, die Wahlvorschläge rechtzeitig veröffentlicht werden und die Wähler keinerlei unzulässigen Pressionen jedweder Art ausgesetzt sind (Meyer 2015: 517). Die jeweilige Abgrenzung von Wahlbeeinflussung, vor allem durch die amtierende Regierung,[77] und Druck sind dabei die eigentlichen Herausforderungen. Die Wähler müssen »in einem freien und offenen Prozess der Willensbildung ihre Wahlentscheidung finden und fällen können« (BVerfGE 44, 125: Rdnr. 46).[78] Zur Wahlfreiheit gehört auch ein grundsätzlich freies Wahlvorschlagsrecht für alle Wahlberechtigten, lediglich für die Aufstellung von

77 Wahlbeeinflussung staatlicherseits ist unzulässig; durch Private, auch gesellschaftliche Gruppen, zulässig. Angesichts der Personenidentität von Inhabern von Regierungsämtern und hohen Parteiführern ist die Differenzierung ebenfalls eine Herausforderung.

78 Das BVerfG verknüpft diese Freiheit der Willensbildung mit der Öffentlichkeit der Verhandlungen von Bundestag und Bundesrat: „Die freiheitliche demokratische Grundordnung des Grundgesetzes gewährleistet die verfassungsrechtlichen Voraussetzungen dieses freien und offenen Prozesses der Meinungsbil-

Landeslisten besteht ein Monopol der Parteien (§ 27 BWahlG), was aufgrund der besonderen Rolle der Parteien mit Art. 21 GG und der Vermeidung der Zersplitterung des Parlaments vom Gericht gebilligt wird.

Hinsichtlich des Wahlrechtsgrundsatzes der *Gleichheit* bleibt zu klären, »welchen Maßstäben Ungleichbehandlungen im Wahlrecht genügen müssen, um als gerechtfertigt angesehen werden zu können« (Sacksofsky 2016: 305, Rdnr. 61). Die Wahlgleichheit betrifft nicht nur die Umrechnung von Stimmen in Mandate, sondern eine Vielzahl von Aspekten des Wahlrechts und des Wahlverfahrens sowie das Vorfeld der Wahl, insbesondere die Personengruppen der Wahlvorschlagsberechtigten, der Wahlkandidaten, der Wahlberechtigten und der Wähler (Meyer 2015: 518). Die wichtigsten Einschränkungen des sogenannten Erfolgswerts stellen jedoch weiterhin das Wahlsystem an sich sowie die Sperrklauseln dar. Letztere sind aufgrund der Notwendigkeit der Handlungs- und Entscheidungsfähigkeit des Parlaments derzeit rechtlich anerkannt, aber nicht unumstritten (siehe z. B. Beckermann/Weidemann 2014; Decker 2016; Fremuth 2018).

Beim Erfolgswert handelt es sich genauer besehen um die gleiche rechtliche Erfolgschance bei Abgabe der Stimme. Für die Bewertung des Funktionierens von parlamentarischen Regierungssystemen ist es ausschlaggebend, wie diese Chancengleichheit operationalisiert wird: z. B. in einem politischen oder in einem rein rechtlichen Sinne oder bezogen auf die legislative oder die gouvernementale Ebene. Das deutsche Wahlrecht mit seiner Kombination aus Verhältniswahl mit Personenwahlanteil bietet reichlich Anknüpfungspunkte für Fragen zur konkreten Umsetzung von Gleichheit in der Mehrheits- und Verhältniswahllogik (siehe auch Wild 2003). Die Konkretisierung von Wahlrechtsgrundsätzen durch das Gericht weist noch einmal auf seine bedeutende Rolle bei der Auslegung der Verfassung im Bereich des Bundestagswahlrechts als zentralem Legitimationsakt und Quelle der folgenden Legitimationskette für politische Entscheidungen hin. Es prägt unser Verständnis davon, wie Demokratie funktionieren soll.

Die Tatsache, dass das BVerfG zahlreiche Entscheidungen[79] zum Wahlrecht hervorgebracht hat, könnte zu der Annahme verleiten, dass seine Grundlagen in Deutschland kontrovers seien, seine Regeln ambivalent oder

---

dung und Willensbildung des Volkes, insbesondere durch die zahlreichen grundrechtlichen Verbürgungen der Freiheit und Gleichheit und durch institutionelle und verfahrensrechtliche Vorkehrungen, wie z. B. die grundsätzliche Öffentlichkeit der Verhandlungen von Bundestag und Bundesrat (Art. 42 Abs. 1, 52 Abs. 3 Satz 3 GG) oder die Publizität der Rechtsetzung (Art. 76, 77, 82 Abs. 1 GG)." (BVerfGE 44, 125: Rdnr. 46)

79 Siehe z. B. die Übersicht auf https://www.wahlrecht.de/wahlpruefung/ , Zugriff am 04.04.2020.

seine Auswirkungen prekär. Dies gilt für die deutsche Wahlrechtstradition jedoch keineswegs. Sie ist von einer grundsätzlichen Kontinuität geprägt, die zu Änderungen in der Vergangenheit nur in Einzelregelungen, z. B. des Verrechnungsverfahrens, und nicht in Grundsätzen geführt hat. Die wesentlichen umstrittenen Merkmale sind Regeln mit zugangsbeschränkender Wirkung (z. B. Sperrklauseln) und das Phänomen der Überhangmandate mit der Folge des negativen Stimmgewichts. Für die Betrachtung der Parlamentarismusfrage sind nicht alle technischen Details der Verrechnung der Stimmen in Mandate relevant, aber sie verweisen fallweise auf grundsätzliche Interpretationslinien.

Die prinzipielle Problematik besteht in der Eingrenzung dessen, was Gleichheit der Wahl im Rahmen der im parlamentarischen Regierungsprinzip geltenden und notwendigen Funktionserfordernisse bedeuten kann und sollte. Um dies ableiten zu können, bedarf es auch der Berücksichtigung der Maßstäbe zur Beurteilung der Güte eines bestimmten Wahlsystems als Konkretisierung von Wahlgleichheit und Chancengleichheit. Die politikwissenschaftlichen Standardprüfkriterien Repräsentation, Konzentration, Partizipation, Einfachheit und Legitimität (Nohlen 2014) zieht in Teilen auch das Gericht heran.

Die innerhalb der Kategorie Repräsentation herausgearbeiteten Prämissen Einzelrepräsentation oder Gruppenrepräsentation (Kapitel 4.2.2) stellen die Grundlage zur Beurteilung der Ausführungen des Gerichts zu den mehrheitsfördernden Elementen des Bundestagswahlrechts dar. Lassen die Ausführungen Rückschlüsse darüber zu, welche Handlungseinheiten – Gruppen bzw. Fraktionen oder einzelne Abgeordnete – als grundlegend für die parlamentarische Arbeit, aber vor allem für das Repräsentationsverhältnis zwischen Wählern und Gewählten erachtet wird? Insoweit es in den Entscheidungen um die genauere Betrachtung von Elementen des Verhältniswahlrechts und des Mehrheitswahlrechts geht: Wie wird der Unterschied der beiden Elemente Personen- und Parteienwahl in der personalisierten Verhältniswahl jeweils dargestellt? Auch in der politikwissenschaftlichen Literatur wird die Mehrheitswahl sowohl mit dem Argument der persönlichen Bindung des Wahlkreisabgeordneten zu den Bürgern als auch mit der Bedeutung des Verstärkereffekts gestützt. Bei Befürwortern der Mehrheitswahl oder von stärker mehrheitsfördernden Elementen sind meist auch Merkmale einer parteiendemokratischen Parlamentarismussichtweise zu finden (z. B. Schütt 1973). Diese Verknüpfung ist jedoch nicht eindeutig. Hans Herbert von Arnim ist der bekannteste Vertreter einer hier als klassisch bezeichneten Sichtweise, der trotzdem die Mehrheits- und nicht die Verhältniswahl unterstützt. Seine Argumentation zielt darauf ab, dass eine relative Mehrheitswahl in Kombination mit Direktwahlelementen den Einfluss der Parteigremien, z. B. durch die Erarbeitung von Kompromissen bei Koalitionsvorhandlungen, reduziere (Arnim 2009). In der Argumentation des BVerfG ist jedoch allein die Handlungs- und Entscheidungsfähigkeit des Parlaments der entscheidende Maßstab. Wie wird also der Trade off aus Integrationsleistung der Wahl und Funktionsfähigkeit des Parlaments im Hinblick auf Regierungsbildung und Gesetzgebung bewertet?

Für die Analyse wurden die Urteile des Gerichts ausgewählt, die mit Blick auf diese offenen Fragen von Repräsentation besonders aussagekräftig sein können. Zwei Themenbereiche sind hier zu identifizieren: die Rechtfertigung der Sperrklausel, und die Zulässigkeit von Überhangmandaten inklusive des Phänomens des negativen Stimmgewichts. Beide Themen betreffen das Problem der Differenzierung der grundgesetzlich garantierten Gleichheit der Wahl auf verschiedene Weise und sind lang- oder mittelfristig »Dauerbrenner« im personalisierten Verhältniswahlsystem. Die Tatsache, dass sich das Gericht immer wieder mit ihnen beschäftigen muss, deutet darauf hin, dass sich hinter ihnen ein parlamentarismustheoretischer Grunddissens versteckt.

5.3.2 Funktionsfähigkeit von Parlamenten und Sperrklausel

5.3.2.1 Struktur und Arbeitsweise von Parlamenten ohne Regierungsbildungskompetenz

Mit dem Beschluss des Europäischen Rats vom 20. September 1976 über die Einführung von Wahlen der Versammlung der Europäischen Gemeinschaft wurde das in den Gründungsverträgen festgelegte Vorhaben umgesetzt, die Mitglieder des Europäischen Parlaments durch allgemeine, unmittelbare Wahlen zu bestimmen. Schon vor der Durchführung der ersten Direktwahl zum Europäischen Parlament kam es zu einer Anrufung des BVerfG. Die Verfassungsbeschwerde, die 1978 gegen die im europäischen Wahlgesetz (EuWG) verankerte Sperrklausel in Höhe von 5% erhoben wurde, wurde am Maßstab des Grundgesetzes geprüft. Die Wahlen zum Europäischen Parlament auf Bundesebene müssen allgemein, unmittelbar, frei, gleich und geheim sein und fanden alle fünf Jahre nach Grundsätzen der Verhältniswahl mit starren Listen und 5%-Sperrklausel statt. Die Prüfung dieser Beschwerde durch die Richter ist besonders aufschlussreich, weil diese darlegen, was sie unter den klassischen Aufgaben des Parlaments verstehen, wie sie diese gewichten und welche Ausgestaltung sie erwarten. Die Einführung von Wahlen zum Europäischen Parlament bot den Anlass, sich über diese existenziellen Fragen von Vertreterversammlungen erneut Gedanken zu machen. Die Verfahren der Beschwerdeführer (ein Bürger und eine mitgliedschaftlich organisierte politische Vereinigung ohne Parteistatus) wurden verbunden. Der Bürger sah durch § 2 VI EuWG sein Grundrecht auf Wahlrechtsgleichheit verletzt: »Bei der Verteilung der Sitze auf die Wahlvorschläge werden nur Wahlvorschläge berücksichtigt, die mindestens fünf vom Hundert der im Wahlgebiet abgegebenen Stimmen erhalten haben.« Der Bürger begründete dies mit den Argumenten, dass zum einen eine wesentliche Beeinträchtigung der Funktionen der Versammlung durch eine Parteienvielfalt im Europäischen Parlament nicht zu befürchten sei. Zum anderen sei die hier in Zweifel gezogene 5%-Sperrklausel nicht geeignet, eine Parteienzersplitterung im Europäischen Parlament zu verhindern (BVerfGE 51, 222: Rdnr. 24). Die politische Vereinigung bezog sich auf die Ungleichbehandlung bei der Berücksichtigung von Wahlvorschlägen (Chancengleichheit) und verwies darauf, dass größere Parlamentariergruppen für die Repräsentation nationaler politischer Strömungen im europäischen Kontext unbedeutender geworden seien (BVerfGE 51, 222: Rdnr. 25 f.). Die Begründung der Antragsteller orientierte sich hintergründig an der Ablehnung des Gleichheitsverständnisses von Gerhard Leibholz, dessen Amtszeit 1971 geendet hatte. Seine Interpretation von Gleichheit impliziert, dass der betreffend Art. 3 I GG dem Gesetzgeber zustehende Ermessensspielraum auch auf Art. 38 I 1 GG übertragbar sei. Dies lehnen seine Kritiker ab. Das Gleichheitsprinzip des Art. 38 GG stehe nicht zur Disposition einer Einschränkung aus sachlichen Gründen, weil es selbst gemeinsam mit Art. 20 II GG erst die Voraussetzung für die demokratisch legitimierte Handlungsfreiheit des Gesetzgebers darstelle (Murswiek 1979: 50). Die differierenden Gleichheitsverständnisse sind in verschiedener Hinsicht für das Parlamentarismusverständnis des Gerichts relevant, wie dies bereits im Zusammenhang mit dem Verständnis des Abgeordnetenstatus als individueller oder organschaftlicher Natur herausgearbeitet worden ist.

Im Urteil »5%-Klausel« folgt das BVerfG der Infragestellung der Angemessenheit der Sperrklauselfunktionen nicht und erklärt die Beschwerde für unbegründet:

> »Die 5vH-Sperrklausel des § 2, Abs. 6 EuWG ist mit dem Grundgesetz vereinbar, weil sie an dem durch besondere, zwingende Gründe gerechtfertigten Ziel, einer übermäßigen Parteienzersplitterung im Europäischen Parlament entgegenzuwirken,

orientiert ist und das Maß des zur Erreichung dieses Zieles Erforderlichen nicht überschreitet.« (BVerfGE 51, 222: Rdnr. 46)

Das Gericht hat in ständiger Rechtsprechung seit der ersten Anwendung der Sperrklausel über das gesamte Bundesgebiet bei Bundestagswahlen das Postulat der Funktionsfähigkeit der Volksvertretung und die Gebote gleicher Erfolgswert sowie gleiche Wettbewerbschancen der politischen Parteien gegeneinander abgewogen. Schon im Urteil über den Antrag der Bayernpartei zur Grundmandatsklausel 1957 wiesen die Richter darauf hin, dass der Gleichheitssatz mit Blick auf das Wahlrecht keinem Differenzierungsverbot unterliege.

»Der Gesetzgeber darf Differenzierungen in dem Erfolgswert der Stimmen bei der Verhältniswahl vornehmen und demgemäß die politischen Parteien unterschiedlich behandeln, soweit dies zur Sicherung des Charakters der Wahl als eines Integrationsvorganges bei der politischen Willensbildung des Volkes, im Interesse der Einheitlichkeit des ganzen Wahlsystems und zur Sicherung der mit der Parlamentswahl verfolgten staatspolitischen Ziele unbedingt erforderlich ist [...].« (BVerfGE 6, 84: Rdnr. 28)

Welche Gründe für eine Differenzierung zulässig sind, entwickelte sich seitdem in der Rechtsprechungslinie des BVerfG fort. Im Wesentlichen traten fortlaufend die folgenden Variationen auf: Die Mehrheitsbildung solle nicht erschwert, die Zusammenarbeit innerhalb des Parlament solle erleichtert werden; kleineren Gruppen, die ein nicht am Gesamtwohl orientiertes Programm verträten, solle der Einzug ins Parlament erschwert werden und die Bildung einer nach innen und außen handlungsfähigen Regierung erleichtert werden. Im Jahr 1957 sind noch dahingehende deutliche Aussagen zu finden, z. B.:

»Mit dieser Begründung dürfen daher sogenannte ‚Splitterparteien' bei der Zuteilung von Sitzen in der Verhältniswahl ausgeschaltet werden, um Störungen des Verfassungslebens vorzubeugen.« (BVerfGE 6, 84: Rdnr. 28)

Diese Gründe verdichteten sich zu dem Maßstab der Funktionsfähigkeit des Parlaments (BVerfGE 1, 208: Rdnr. 126). Anders als heute[80] wurde auch die Intention der Vermeidung von Kleinstparteien im Parlament der Sache nach und durch die Verfassung als legitim angesehen.

80 Im Urteil zur 3%-Sperrklausel bei den Europawahlen 2014 wies das BVerfG z. B. darauf hin, dass die Annahme, dass nur politische Parteien, die die Sperrklausel überwinden könnten, hinreichend repräsentativ seien und einen verlässlichen Beitrag zur Legitimation von Volksvertretungen leisteten, nicht gerechtfertigt sei. Sie würde der Offenheit des politischen Prozesses nicht gerecht. (BVerfGE 135, 259: Rdnr. 76)

Im Gegensatz zur Bundesebene, wo das Parlament den Bundeskanzler wählt, entfällt für das EP eine vergleichbare Funktion der Wahl einer Regierung. Es gab noch keinen rechtlichen Einfluss auf die Bestellung des Europäischen Rats und der Kommission. Deswegen bezogen sich die Aussagen des Gerichts 1979 zur Begründung der Sperrklausel vor allem auf die weiteren Aufgaben der Vertretung im Rahmen ihrer Beratungs- und Kontrollbefugnisse. Der Aufgabenkreis des EP sei mit dem der Parlamente der Mitgliedsstaaten nur bedingt vergleichbar (BVerfGE 51, 222: Rdnr. 62). Es geht also um die Frage, ob aufgrund seiner Bedeutung und aufgrund seiner Arbeitsweise eine Reduktion der Anzahl der Parteien im Parlament gerechtfertigt sein kann. Indem das Gericht die einzelnen Befugnisse des EP dekliniert, werden die verschiedenen Perspektiven des Gerichts auf den politischen Prozess deutlich. Zum einen wird *parlamentarische Kontrolle in Form von Mitsteuerung* besonders hervorgehoben und zum anderen die strukturbildende Funktion der Parteien im Parlament. Diese Merkmalskonstellationen entsprechen einer stärker parteiendemokratisch geprägten Sichtweise, wobei die Argumente im Einzelnen betrachtet und gewichtet werden müssen.

Das Gericht benennt zunächst die umfangreichen Beratungsbefugnisse des EP beim Gesetzgebungsverfahren. Diese seien neben der Initiativbefugnis zur Rechtsetzung bei der Selbstorganisation vor allem Konsultationen sowie Mitbestimmungsrechte beim Haushaltsplan. Auf der Seite der Kontrollrechte nennt es Frage- und Anhörungsrechte sowie die Kontrolle der Kommission in den Ausschüssen.

> »Obwohl das Mißtrauensvotum des Art. 144 EWGV wegen des fehlenden Investiturrechtes bislang keine größere Bedeutung erlangt hat, übt das Europäische Parlament auf anderem Wege eine umfassende und wirksame Kontrolle der gesamten Tätigkeit der Kommission aus. Neben die nachträgliche Kontrolle durch die Erörterung des Gesamtberichtes ist mehr und mehr eine begleitende Kontrolle durch das parlamentarische Interpellationsrecht getreten.« (BVerfGE 51, 222: Rdnr. 67)

Daneben würden die Mitglieder des Rechnungshofes vom Rat nach Anhörung des Parlaments ernannt und der Rat müsse parlamentarische Fragen beantworten und ein Vertreter sei stets in die Sitzungen des Parlaments eingebunden, was auf eine »Einigung zwischen Parlament und Rat unter Mithilfe der Kommission« (BVerfGE 51, 222: Rdnr. 64) abziele. Bliebe dem EP im Rahmen seiner beratenden Tätigkeit auch eine echte Mitentscheidung versagt,

> »so kommt dieser [Einigung, Einfügung d. Verfasserin] doch für das Funktionieren und die Fortentwicklung der Europäischen Gemeinschaften eine große praktische Bedeutung zu; sie erweist sich etwa daran, daß die vom Europäischen Parlament

> beschlossenen Änderungsvorschläge in den meisten Fällen von der Kommission übernommen werden«. (BVerfGE 51, 222: Rdnr. 65)

Hier wird also zum einen die Verstärkung der parlamentarischen Kontrollrechte im Laufe der Zeit betont und zum anderen die Bedeutung begleitender Kontrolle durch in parlamentarischer Übung etablierten Verfahren, wie z. B. die Routine, dass stets ein Vertreter des Rates bei Sitzungen des Parlaments anwesend sei (BVerfGE 51, 222: Rdnr. 68). Dass die Richter die begleitende Kontrolle besonders erwähnen, spiegelt dabei ihre Aufmerksamkeit für den parlamentarischen Prozess im Kontext der modernen Funktionsweise parlamentarischen Regierens wider. Die enge Zusammenarbeit von Regierungsmitgliedern und Parlamentsabgeordneten wird, trotz fehlender Aufgabe zur Regierungsbildung, als funktional für die Arbeitsweise im EP angesehen und hebt seine Bedeutung für den Prozess der politischen Willensbildung hervor. Das Gericht verortet somit Teile des politischen Steuerungsprozesses, der Entscheidung und Kontrolle einschließt, beim Parlament.

> »Parlamentarische Mitsteuerung bezeichnet die aktive Beteiligung der Parlamentarier sowohl an der Programmformulierung und -beschließung sowie Implementationsevaluierung als auch an der geplanten und systematischen Prozesslenkung und -leitung bei der Herstellung allgemeiner Verbindlichkeiten. Sie umfasst Strukturen, Instrumente und Prozesse der Information, Beeinflussung, Entscheidung, Kommunikation und Kontrolle.« (Schwarzmeier 2001: 50)

Zumindest die letztgenannten Mechanismen der Information und Beeinflussung werden hier vom BVerfG genannt. Aber auch die klassische Funktion der Budgetgestaltung des Parlaments findet Erwähnung. Es fehle zwar ein klassisches Budgetrecht, jedoch gebe es »echte Mitentscheidungsrechte«, indem z. B. ein Letztentscheidungsrecht für diejenigen Ausgaben bestehe, die sich nicht zwingend aus den Vertragsgrundlagen[81] oder aus aufgrund des Vertrages erlassenen Rechtsakten ergäben (BVerfGE 51, 222: Rdnr. 66).

Anders als dies im parlamentarischen System auf nationalstaatlicher Ebene zu konstatieren ist, kann im politischen System der EU (noch) nicht von der strukturbildenden Wirkung des Phänomens der Regierungsmehrheit gesprochen werden. Winfried Steffani stufte deswegen das Repräsen-

81 Konkret ist dies der Vertrag zur Änderung bestimmter Haushaltsvorschriften, Verträge zur Gründung der Europäischen Gemeinschaften und der Vertrag zur Einsetzung eines gemeinsamen Rates und einer gemeinsamen Kommission der Europäischen Gemeinschaften vom 22. April 1970.

tativsystem auf supranationaler Ebene als »Parlamentarismus im allgemeinen Sinne« ein, im Gegensatz zum Parlamentarismus im engeren Sinne mit Regierungsbildungsfunktion (Steffani 1978: 251).

Auch durch die Herstellung von *Öffentlichkeit,* z. B. durch die Publizität von Plenardebatten und schriftlichen Antworten auf Anfragen, werde ein gewisser Druck auf die übrigen Organe der EU hergestellt, so das Gericht. Die Öffentlichkeitsfunktion gehört zu den traditionellen Parlamentsfunktionen, die das EP vor allem durch die Nutzung der verschiedenen Kontrollrechte ausübt. Mündliche oder schriftliche Anfragen von EU-Abgeordneten oder die Wahl des Europäischen Bürgerbeauftragten dienen vor allem einem Zweck: der Herstellung von Öffentlichkeit. Aus einer parteiendemokratischen Perspektive ist mit der Ausübung dieser Kontrollrechte nicht die Erwartung verbunden, dass der Rat die Richtung seiner Politik ändert oder Einschätzungen der Parteien, die in der Regel in der Minderheit sind, offen übernimmt. Kontrolle bedeutet unter anderem die Herstellung von Öffentlichkeit, das Publikmachen der Regierungspolitik und die Darstellung von Gegenkonzepten. Die Kenntnisgabe von Informationen an die Bürger und fakultative Öffentlichkeit sind dabei wesentliche Elemente der Öffentlichkeitsfunktion, die auch das BVerfG bei der Bewertung der Rolle des EP gegenüber den übrigen Organen der EU als faktisch wirkungsvoll einstuft (BVerfGE 51, 222: Rdnr. 67).

Während bis hier die Funktion des EP in Abgrenzung zu den anderen Organen der EU behandelt wurde, bezieht sich das Gericht auch auf dessen innere Arbeitsweise, um zu rechtfertigen, dass eine Fragmentierung verhindert werden darf. Im Wesentlichen nennt es dabei die *arbeitsteilige Ordnung* und die institutionelle *Aufteilung in parteipolitische Fraktionen.* Zwar unterscheidet sich der Aufgabenkreis des EP von dem der Parlamente der Mitgliedsstaaten auch in den gesetzgeberischen Funktionen, die Organisation und Arbeitsweise sei aber im Wesentlichen gleich (BVerfGE 51, 222: Rdnr. 70). Auch hier werde die Parlamentsarbeit »weitgehend in den Ausschüssen geleistet, die bei den Konsultationen der Versammlung im Rechtsetzungsverfahren eine zentrale Rolle spielen« und fakultativ öffentlich seien (BVerfGE 51, 222: Rdnr. 71). Arbeitsteilung und Spezialisierung seien auch hier funktionsnotwendig:

> »Das Europäische Parlament kann die ihm gestellten Aufgaben nur dann wirksam bewältigen, wenn es durch eine, den vielschichtigen Spezialmaterien angemessene, interne Arbeitsteilung allen seinen Mitgliedern die notwendige Sachkenntnis verschafft und zu einer überzeugenden Mehrheitsbildung in der Lage ist.« (BVerfGE 51, 222: 73)

Die Fähigkeit zur Arbeitsteilung sei wiederum bedingt durch Gruppenbildung:

> »Die Arbeitsfähigkeit eines so heterogen zusammengesetzten Parlaments wie der Versammlung hängt in noch stärkerem Maße als bei einem nationalen Parlament von dem Vorhandensein großer, durch gemeinsame politische Zielsetzungen verbundener Gruppen von Abgeordneten ab.« (BVerfGE 51, 222: Rdnr. 74)

Das Parlament müsse die weitverzweigten Tätigkeiten seines »Gegenspielers« Kommission (BVerfGE 51, 222: Rdnr. 75) mittels der aggregierten Fähigkeiten der Abgeordneten kontrollieren.[82]

> »Schon unter diesem Blickpunkt erweisen sich Vorkehrungen, die wie die in das Europawahlgesetz aufgenommene 5vH-Sperrklausel darauf abzielen, den Einzug einer Gruppe von weniger als fünf Abgeordneten in die Versammlung zu verhindern, als sachlich gerechtfertigt und zur Gewährleistung der Funktionsfähigkeit des Europäischen Parlaments zwingend geboten. Denn eine leidglich aus vier oder weniger Abgeordneten bestehende Gruppe vermag den vielfältigen Anforderungen, die die Parlamentsarbeit an sie stellt, schwerlich in umfassender Weise zu genügen.« (BVerfGE 51, 222: Rdnr. 76)

Des Weiteren hätten sich die Abgeordneten von Anfang an in »parteipolitisch orientierten Fraktionen« zusammengeschlossen, die »in der Praxis mehr und mehr an Bedeutung gewonnen« hätten (BVerfGE 51, 222: Rdnr. 72). Hiergegen sei der faktische Einfluss einzelner fraktionsloser Abgeordneter auf die Willensbildung des EP gering und sie seien angesichts der vielfältigen Anforderungen der Parlamentsarbeit, auch in einer relativ kleinen Gruppe, überfordert (BVerfGE 51, 222: Rdnr. 72, 76). Hieraus lässt sich schließen, dass eine *grundsätzliche Anerkennung des Gruppenprinzips* in Abgrenzung zur Individualstruktur von Vertreterversammlungen auch auf supranationaler Ebene für das Gericht offenbar obligatorisch ist.

Neben diesem Verweis auf die Struktur des EP als Expertenparlament kommt auch *Geschlossenheit* als wesentliches Strukturmerkmal vor. Mit Blick auf die Integrationsfunktion des EP für die Mitgliedsstaaten der EU hält das Gericht geschlossenes Auftreten nach außen für so wichtig, dass deswegen die Aufteilung des Parlaments in übermäßig viele kleine Gruppen verhindert werden darf.

> »Dem gerecht zu werden [der Integration der durch die Europäischen Gemeinschaft verbundenen Mitgliedsstaaten, Anm. d. Verfasserin], ist nur ein Parlament in der

82 Anders als dies bei Urteilen für die Bundesebene der Fall wäre, führt aufgrund der fehlenden Regierungsbildungsfunktion die Darstellung von Parlament und Kommission als „Gegenspieler“ nicht zu der Annahme einer organorientierten Sichtweise.

Lage, das zu einer überzeugenden Mehrheitsbildung und damit zu einem möglichst geschlossenen Auftreten fähig ist.« (BVerfGE 51, 222: Rdnr. 77)

Während also bei Wahlrechtsurteilen auf bundesdeutscher Ebene vor allem die Bildung und Wahl der Regierung als Argument zur Begründung der notwendigen Integrationsfähigkeit des Parlaments herangezogen wurden, ist es hier die besondere Bedeutung des EP für den Zusammenhalt der europäischen Völker. Das Gericht hält in diesem Fall offenbar den Mechanismus »geschlossenes Handeln« nicht nur für Wahlen und Abstimmungen des Parlaments für relevant, sondern darüber hinaus auch für die Aggregation und Durchsetzung von Interessen, nachhaltiges politisches Handeln und dauerhafte Organisation politischer Prozesse. Denn es führt an, dass eine kleine Gruppe nicht in der Lage sei, »die zahlreichen Maßnahmen der Europäischen Gemeinschaften in ihrem vielschichtigen und weiträumigen Tätigkeitsbereich zu verfolgen und kritisch zu beurteilen« (BVerfGE 51, 222: Rdnr. 76).[83]

Das BVerfG thematisierte in der Entscheidung »5%-Sperrklausel« 1979 darüber hinaus die enge *Verzahnung zwischen Fraktion und Partei*. Ein erfolgreiches Wirken des EP hänge stark davon ab, dass

> »die Versammlung und ihre Abgeordneten [...] sowohl bei der Diskussion und Formulierung konkreter Maßnahmen wie zu deren Verwirklichung noch im besonderen Maße einer engen Verzahnung mit den die Politik der Mitgliedsstaaten bestimmenden Parteien [bedürfen]. Dazu vermögen im nationalen Berelch unbedeutende Splittergruppen, die keine unmittelbare Verbindung zu den maßgeblichen politischen Kräften ihres Herkunftslandes haben, wenig oder nichts beizutragen.« (BVerfGE 51, 222: Rdnr. 78).

Dies spiegelt einerseits ein Bewusstsein für die Bedeutung der Parteiorganisation wider, die politische Macht gegenüber Rat und Kommission entfaltet. Andererseits deutet das Wort »noch« darauf hin, dass diese Bedeutung im Zuge der Entwicklung eines parlamentarischen Regierungssystems schwindet oder schwinden sollte.[84] Insoweit das BVerfG in der Fortentwicklung parlamentarischer Organisationsformen eher die Emanzipation der Fraktion von ihrer Partei als die Interdependenz beider sieht, kann dies als Element eines klassischen Verständnisses eingestuft werden.

83 Zur Frage, ob das System der Europäischen Union als parlamentarisches Regierungssystem aufzufassen ist, siehe Decker (2007) und Knelangen (2005).

84 Eine andere Möglichkeit ist, dass das Gericht an die Entwicklung eines europäischen Parteiensystems denkt, das nicht mehr „nur“ aus Zusammenschlüssen der nationalen Parteien, sondern aus europäischen Parteien besteht, die direkt an der Willensbildung beteiligt sind.

Damit sind mit Blick auf die Frage der Funktionsfähigkeit der Vertreterversammlung die wesentlichen Argumente herausgearbeitet worden, die aus Sicht der Richter für die Zulässigkeit einer Differenzierung der Erfolgswert- und Chancengleichheit durch die 5%-Sperrklausel sprechen. Das BVerfG sieht Aspekte der »Mitsteuerung«, die Gruppenstruktur, inklusive Geschlossenheit, und die relative Dominanz der Parteiorganisation als virulent für die Strukturen und die Arbeitsweise des EP an und benennt damit wichtige parteiendemokratische Merkmale. Eine Adaption klassischer Elemente ist nicht zu erkennen. Bei der Bewertung des Parlamentarismusverständnisses des BVerfG ist dabei allerdings zu berücksichtigen, dass sich an das politische System der EU als System »sui generis« nur eingeschränkt die aus der Rechtsprechung auf Bundesebene erwachsenen Maßstäbe anlegen lassen. Rechtsgrundlage zur Bewertung bleibt jedoch auch hier das Grundgesetz.

Auch auf der *kommunalen Ebene* haben die Vertreterversammlungen mit Ausnahme der Stadtstaaten heute keine Regierungsbildungsfunktion mehr. Mit den flächendeckenden Kommunalreformen seit den späten 90er-Jahren, die zum großen Teil die Direktwahl von Bürgermeistern und Landräten nach sich zogen, stellte sich deswegen die Frage nach der Erforderlichkeit und Angemessenheit der Zugangshürden zu den Versammlungen der Gemeinden und Kreise neu. Das bietet die Möglichkeit, auch fallweise die Auffassungen des BVerfG zu parlamentarischen Strukturen auf der Ebene der kommunalen Selbstverwaltung zu betrachten. Die zur Beurteilung des Sachverhaltes heranzuziehenden Wahlrechtsgrundsätze sind auf den verschiedenen Vertretungsebenen zwar identisch (Art. 28 GG), jedoch müssen die Unterschiede zwischen gesetzgebenden Parlamenten einerseits und verwaltenden Gemeindevertretungen[85], die der Rechtsaufsicht unterliegen, andererseits berücksichtigt werden.

Die Zugangshürde zur Teilnahme an der Mandatsverteilung in Höhe von fünf von Hundert der abgegebenen Stimmen bestand seit 1959 im Gemeinde- und Kreiswahlgesetz Schleswig-Holstein (§ 10 I GKWG). Anlass der Anstrengung eines Organstreitverfahrens beim BVerfG[86] durch den Landesverband der Partei Bündnis 90/Die Grünen war die Einführung der Direktwahl der Bürgermeister und Landräte im Jahr 1998.[87] Die Partei Die

85 Trotzdem werden hier im Zusammenhang mit den kommunalen Gemeindevertretungen auch die Begriffe „Parlament" oder „parlamentarisch" verwendet.

86 Da Schleswig-Holstein bis 2008 nicht über ein institutionalisiertes Landesverfassungsgericht verfügte, war das Bundesverfassungsgericht zuständig.

87 Die Direktwahl der Landräte wurde 2009 wieder abgeschafft.

Linke und Bündnis 90/Die Grünen begründeten ihre Anträge im Wesentlichen damit, dass die Anwendung der Sperrklausel damit entbehrlich geworden sei. Die beiden Parteien sahen ihr Recht auf Gleichheit der Wahl und auf Chancengleichheit als politische Parteien verletzt, weil der Landtag in seiner Sitzung am 13. Dezember 2006 den Antrag der Fraktion Bündnis 90/Die Grünen zur Änderung des Kreiswahlgesetzes betreffend die Abschaffung der 5%-Sperrklausel abgelehnt hatte. Sie waren mit ihrem Antrag erfolgreich. Das Gericht sah den mit der Beibehaltung der Sperrklausel verbundenen Eingriff in diese Rechte als nicht gerechtfertigt an (BVerfGE 120, 82: Rdnr. 113). Dabei richtete sich das Gericht nach der Prämisse, dass der besondere sachliche und in der Verfassung legitimierte Grund, der zu einer rechtmäßigen Differenzierung der Gleichheitsgebote führen kann, an den tatsächlichen Gegebenheiten orientiert sein muss.

> »Differenzierende Regelungen müssen zur Verfolgung ihrer Zwecke geeignet und erforderlich sein. Ihr erlaubtes Ausmaß richtet sich daher auch danach, mit welcher Intensität in das – gleiche – Wahlrecht eingegriffen wird. Ebenso können gefestigte Rechtsüberzeugung und Rechtspraxis Beachtung finden. Der Gesetzgeber muss sich bei seiner Einschätzung und Bewertung nicht an abstrakt konstruierten Fallgestaltungen, sondern an der politischen Wirklichkeit orientieren.« (BVerfGE 120, 82: Rdnr. 109)

Diese hinreichenden Gründe, die »die Beibehaltung der Fünf-Prozent-Sperrklausel zur Sicherung der Funktionsfähigkeit der Kommunalvertretungen in Schleswig-Holstein nach den rechtlichen und tatsächlichen Verhältnissen erforderlich machen« (BVerfGE 120, 82: Rdnr. 127), sah das Gericht für die Situation in Schleswig-Holstein nach Einführung der Direktwahl nicht als gegeben an. Zur Begründung konzentrierte es sich, wie in der Rechtsprechung zur Sperrklausel zu den Europawahlen, auf die *innere Arbeitsweise des Parlaments* und seine Aufgaben und damit auf die spezifischen Entscheidungsstrukturen auf der Kommunalebene.

Ein wesentlicher Aspekt war hierbei ebenso die Rolle von Kleinparteien bei der Vertretung des Gesamtwohls. Das BVerfG hatte in der Rechtsprechung zu Sperrklauseln auf Europaebene den Befund, dass der unbegrenzte Proporz im Rahmen des Verhältniswahlrechts es auch solchen kleinen Gruppen erleichtere ins Parlament einzuziehen, »die nicht ein am Gesamtwohl orientiertes politisches Programm, sondern im wesentlichen nur einseitige Interessen vertreten« (BVerfGE 51, 222: Rdnr. 53, Stichwort Splitterparteien), noch als zulässigen Grund für Differenzierungen der Wahlgleichheit eingestuft. Für die Legitimation der Sperrklausel auf Kommunalebene reiche diese Begründung jedoch nicht aus.

> »Auch in der Sicherung der Gemeinwohlorientierung politischer Kräfte kann gegenwärtig kein zwingender Grund für die Beibehaltung der Fünf-Prozent-Sperrklausel für die Wahl der Kommunalvertretungen in Schleswig-Holstein gesehen werden.« (BVerfGE 120, 82: Rdnr. 115)

Zur Begründung heißt es:

> »Kommunalverfassungsrecht und -wirklichkeit sind von dem Gedanken des Selbstbestimmungsrechts der Gemeindebürger geprägt. Auch wenn insbesondere in größeren Gemeinden und Kreisen die Willensbildung der Bürger überwiegend von den politischen Parteien geformt wird, so folgt doch aus der Garantie der kommunalen Selbstverwaltung, dass die Auslese der Kandidaten für die kommunalen Vertretungskörperschaften jedenfalls auch nach partikularen Zielen möglich sein muss und daher nicht ausschließlich den ihrem Wesen und ihrer Struktur nach in erster Linie am Staatsganzen orientierten politischen Parteien vorbehalten werden darf. Es muss auch ortsgebundenen, lediglich kommunale Interessen verfolgenden Wählergruppen (Rathausparteien oder Wählervereinigungen) das Wahlvorschlagsrecht und ihren Kandidaten eine chancengleiche Teilnahme an den Kommunalwahlen gewährleistet sein [...].« (BVerfGE 120, 82: Rdnr. 117)

Damit trägt das Gericht einerseits den Besonderheiten und der Garantie der kommunalen Selbstverwaltung Rechnung, stellt andererseits aber auch fest, dass eine vermeintliche Gemeinwohlsicherung kein Grund für die Einschränkung der Wahlgleichheit sein könne (siehe auch Rossi 2008: 305).

Bereits im Jahr 2003 hatte das BVerfG die Gelegenheit genutzt und anlässlich einer Organklage der PDS festgestellt, dass nach der Änderung des kommunalen Verfassungsrechts im Jahre 1995 der Sperrklausel möglicherweise die Rechtfertigung entzogen sei und eine Überprüfungs- und Nachbesserungspflicht des Gesetzgebers begründet sein könnte (BVerfGE 107, 286: Rdnr. 35). Die Organklage war wegen einer Fristversäumung unzulässig. Dennoch führte das Gericht im Rahmen der Erläuterungen zur Zulässigkeit und zur Antragsbefugnis auch inhaltlich zum Antrag aus und transportierte hiermit Erwartungen an die Landesregierung zur Wahlrechtsänderung, die auch 2008 wieder aufgegriffen wurden. Der Gesetzgeber sei verpflichtet, Normen des Wahlrechts zu überprüfen und gegebenenfalls zu ändern, wenn die verfassungsrechtliche Rechtfertigung dieser Norm durch neue Entwicklungen infrage gestellt werde (BVerfGE 120, 82: Rdnr. 107). Diese Infragestellung wurde im Jahr 2008 durch den 2003 durch das Gericht selbst erbrachten Hinweis als gegeben angesehen.

Die Besonderheit des kommunalen Entscheidungsverfahrens sah das Gericht neben der fehlenden Regierungsbildungsfunktion[88] vor allem in der fehlenden Gesetzgebungstätigkeit der kommunalen Vertretungskörper-

88 Oder für ein einer Regierung vergleichbares Gremium.

schaften. Sie seien nicht als Parlamente im staatsrechtlichen Sinne zu verstehen, sondern als in einem örtlich beschränkten Wirkungsbereich verwaltende Organe. Daran ändere auch die kollegiale Struktur des Vertretungsorgans sowie die Befugnis zur Satzungsgebung nichts (BVerfGE 120, 82: Rdnr. 122). Anders als beim Urteil zu den Wahlen zum EP im Jahr 1979 führte also im Jahr 2008 auf kommunaler Ebene die fehlende Regierungsbildungsfunktion nicht zu einer Beibehaltung der Sperrklausel. Dies mag zum einen in dem langen Zeitraum von fast 30 Jahren begründet liegen, der zwischen den beiden Urteilen lag und in dem sich die Bewertungsmaßstäbe geändert haben mögen. Auf der anderen Seite lagen die strukturellen Gründe in den abweichenden Regelungen für die Arbeit der Gemeinderäte und Kreistage gegenüber denen des EP. Abgesehen von den offensichtlichen Unterschieden wie Größe der Versammlung, Regelungsumfang und -komplexität sowie -kompetenz sind dies die Abstimmungsmodi.

Der wesentliche rechtliche Unterschied dürften dabei auch aus der Sicht des Gerichts die Regelungen in § 39 I 1 Gemeindeordnung für Schleswig-Holstein und § 34 I 1 Kreisordnung für Schleswig-Holstein sein, die Abstimmungen zu Sachentscheidungen in den Kommunalvertretungen mit relativer Mehrheit ermöglichen und somit die Beschlussfähigkeit der Versammlung in der Regel garantieren. Auch bei Wahlen gilt grundsätzlich das Meiststimmenverfahren. Das Mehrheitsprinzip kristallisiert sich also an dieser Stelle als entscheidendes Kriterium bei der Bewertung der Funktionsfähigkeit von Organen heraus. Dauerhafte stabile Mehrheitsverhältnisse, die durch das Auftreten von Splitterparteien gefährdet werden könnten, seien aufgrund des Meiststimmenverfahrens in der Versammlung nach Einführung der Direktwahlen der Bürgermeister und Landräte nicht mehr bzw. nicht mehr in gleichem Maße notwendig (BVerfGE 120, 82: Rdnr. 131;), so auch Rossi (2008: 305).

> »Die Direktwahl des Bürgermeisters – Entsprechendes gilt für den Landrat – garantiert bereits weitgehend eine funktionierende Gemeindeverwaltung unabhängig von den Mehrheitsverhältnissen in der Gemeindevertretung [...]. Denn der Bürgermeister trägt in eigener Zuständigkeit die alleinige umfassende Verantwortung für die Leitung der Gemeindeverwaltung, für die sachliche und wirtschaftliche Erledigung der Aufgaben und für den Geschäftsgang der Verwaltung.« (BVerfGE 120, 82: Rdnr. 133)

Auch für die Arbeit der Ausschüsse sieht das Gericht keine maßgebliche Einschränkung der Funktionsfähigkeit. Zwar gelte auch hier, »dass generell eine vorbereitende Willensbildung umso schwerfälliger und komplizierter wird, je größer ein Kollegialgremium ist« (BVerfGE 120, 82: Rdnr. 141).

Jedoch könne die Gemeinde einerseits frei über die Zahl der Ausschussmitglieder bestimmen, andererseits diene die Beschlussvorbereitung in den Ausschüssen gerade der Berücksichtigung von politischen Auffassungen von Minderheiten (BVerfGE 120, 82: Rdnr. 142). Auch die abweichende Wahlperiode der Vertreterversammlung (5 Jahre) von der des Bürgermeisters oder Landrats (6 bis 8 Jahre) deute auf eine Unabhängigkeit beider Institutionen hin.

> »Somit ist bereits in der Gemeinde- und der Kreisordnung vorgesehen, dass der hauptamtliche Bürgermeister und der Landrat auch mit einem kommunalen Vertretungsorgan zusammenarbeiten können und müssen, in dem die parteipolitische Mehrheit nicht notwendigerweise der eigenen Parteizugehörigkeit entspricht. Diese Gesichtspunkte stärken die Stellung des Bürgermeisters und des Landrats gegenüber der Gemeindevertretung beziehungsweise dem Kreistag [...].« (BVerfGE 120, 82: Rdnr. 132)

Ein vergleichbares Prüfprogramm zu parlamentarischen Mitsteuerungsprozessen, das das Gericht 1979 für das EP durchgeführt hatte, ist für die kommunale Ebene nicht anzutreffen. Die dort angeführten Punkte berücksichtigten bemerkenswert ausführlich parteiendemokratische Mechanismen, die ins Parlament hineinwirken. Für die kommunale Ebene dagegen wird die begleitende Kontrolle des Bürgermeisters durch die Versammlung, seine Orientierung an Positionen in der Vertreterversammlung, die Öffentlichkeitsfunktion der Versammlung oder die Relevanz des geschlossenen Handelns von politischen Gruppen in der Urteilsbegründung nicht diskutiert. Die Bedeutung der Versammlung im Vergleich zum obersten Verwaltungsleiter wird offenbar aufgrund des reduzierten Regelungsumfangs und der Regelungstiefe auf kommunaler Ebene als geringer eingeschätzt. Obwohl neben dem Kriterium der Einführung der Direktwahl, die eine gewisse Präsidentialisierung und somit Personalisierung des Regierungssystems zur Folge hat, auch das Aufgabenspektrum des Parlaments auf der jeweiligen politischen Ebene herangezogen wird, bleibt die Regierungsbildungsfunktion das ausschlaggebende Kriterium für die Zulässigkeit von Sperrklauseln auf kommunaler Ebene.

> »Im Kern wird damit in der juristischen Literatur und in den neueren Verfassungsgerichtsentscheidungen die Position vertreten, dass durch die Direktwahl die ‚Regierungsbildung' unabhängig von der Funktionsfähigkeit der Kommunalvertretungen gesichert ist.« (Bogumil et al. 2010: 789)

Damit ist im Vergleich zum Urteil »5%-Klausel« (bei Europawahlen) auch eine stärkere Fokussierung auf den formalen Aspekt festzustellen. Dass stabile Mehrheitsverhältnisse in den Kommunalvertretungen bei einer Direktwahl nicht mehr in gleichem Maße erforderlich sind, ist zwar in formaler Hinsicht zutreffend, lässt aber Regierungsbildungsprozesse, die der Wahl (egal ob direkt oder durch das Parlament) vorgelagert sind, unberücksichtigt (siehe auch Kapitel 5.3.2.2). Rufen wir uns die Kriterien ins Gedächtnis zurück, die zur Rechtfertigung einer Differenzierung der Wahlgleichheit im System der Verhältniswahl vom BVerfG bereits seit 1952 herangezogen wurden: Dies sind die Aufgaben der Regierungsbildung und der Gesetzgebung, die »in einem gewissen Spannungsverhältnis stehen« (BVerfGE 1, 208: Rdnr. 124).

> »Die Wahl soll den Staat mit handlungsfähigen Organen versehen, d. h. mit einem Parlament, das nach seinen Mehrheitsverhältnissen fähig ist, eine Regierung zu bilden und sachliche gesetzgeberische Arbeit zu leisten.« (ebd.)

Es fällt auf, dass sich als »tatsächliche Gegebenheiten« (BVerfGE 4, 31: Rdnr. 36) ausschließlich die Legitimation des obersten Verwaltungsleiters geändert hat, nicht aber alle anderen genannten Kriterien. Von den in den Argumenten zugrunde liegenden Zuständen sind fast alle auch nach der Änderung des Kommunalverfassungsrechts nicht neu oder treffen auch auf andere Vertretungskörperschaften zu. Gemeindevertretungen oder Kreistage waren auch vor der Einführung der Direktwahl keine Gesetzgeber im eigentlichen Sinne und Parlamente auf allen Ebenen des Regierungssystems stehen vor der Problematik der Zuständigkeit für Bereiche, die sie selbst betreffen. Auch das Meiststimmenverfahren wurde vorher bereits angewendet. Lediglich der Aspekt der fehlenden Wahlfunktion für eine Exekutive hat sich tatsächlich geändert. Es kann also davon ausgegangen werden, dass die Sperrklausel in diesem Fall mehr für die Regierungsbildung und weniger für die Funktionsfähigkeit des Parlaments als wichtig erachtet wird. Für das EP wurde dies 1979 noch umgekehrt bewertet. Da die Regierungsbildungsfunktion eine Funktion des Parlaments ist, sind jedoch beides zwei Seiten derselben Medaille. Die Sperrklausel dient ebenso der »Regierungsfähigkeit« (Decker 2016: 463) in Parlamenten im Sinne des Konzept des parlamentarischen Regierens. Trotzdem kommt das Gericht zum Ergebnis der Ablehnung der Sperrklausel bei fehlender Wahl des Verwaltungsleiters:

> »Bei der Rechtfertigung von Sperrklauseln ist das Kernargument also regelmäßig eines, das nicht in den Organisationsbedürfnissen oder Zwängen der Willensbildung des Parlaments gründet, sondern in Anliegen außerhalb des Parlaments (stabile Regierung, arithmetische Repräsentation).« (Lepsius 2016: 145)

Diese Grundeinstellung des BVerfG setzte sich mit dem zweiten Rechtsprechungskomplex zur *Sperrklausel bei Europawahlen in den Jahren 2011 und 2014* fort. Die Entscheidung aus dem Jahr 2011 nahm Bezug auf das Kommunalrechturteil in Schleswig-Holstein aus dem Jahr 2008 (»Sperrklausel

Kommunalwahl«); sie grenzte sich nicht nur vom Urteil aus dem Jahr 1979 zu den Europawahlen ab, sondern knüpfte auch inhaltlich-argumentativ nicht daran an. In dem dazwischenliegenden Zeitraum fanden sieben Wahlen zum Europäischen Parlament statt. Während im Jahr 2009 aufgrund der geltenden 5%-Sperrklausel 2,8 Millionen Stimmen in Deutschland für Parteien oder politische Vereinigungen abgegeben wurden, die keinen Sitz im EP erhalten konnten, sank die Zahl im Jahr 2014 nach Wegfall der Sperrklausel auf 512.422 Stimmen. Diese Zahl stieg allerdings bei der Wahl 2019 wieder auf ca. 1,43 Millionen Stimmen an, weil erheblich mehr Parteien an der Wahl teilnahmen, die aufgrund ihres schlechten Wahlergebnisses kein Mandat erringen konnten (Bundeswahlleiter 2019: 46). Der erhoffte Effekt einer besseren Wahlgleichheit wurde also relativiert.

Nach der Europawahl 2009 legte unter anderem der Staatsrechtswissenschaftler Hans Herbert von Arnim Wahlprüfungsbeschwerde gegen § 2 VII EuWG ein. Zuvor hatte der Bundestag mehrere Wahlprüfungsverfahren gegen dieselbe Sache negativ beschieden und auf die bisherigen Einlassungen des Bundeinnenministeriums sowie des BVerfG selbst dazu verwiesen (BT Drs. 17/220: 7). Das Gericht ist in der Regel [89] nicht an seine Rechtsprechung gebunden, sondern kann bei veränderten tatsächlichen Gegebenheiten sein Rechtsverständnis erneut überprüfen. Für die Entwicklung der Kompetenzen und der Arbeitsweise des EP war dies in besonderem Maße der Fall, weil die EU seit 1979 erheblich gewachsen war und es Veränderungen der Rechtsbefugnisse des EP und damit seiner Rolle in der Gesetzgebung gab. Das BVerfG erklärte am 09. November 2011 die 5%-Sperrklausel für verfassungswidrig und nichtig, da der mit ihr verbundene schwerwiegende Eingriff in die Grundsätze der Wahlrechtsgleichheit und Chancengleichheit der politischen Parteien unter den gegebenen rechtlichen und tatsächlichen Verhältnissen nicht zu rechtfertigen sei (BVerfGE 129, 300, Leitsatz). Dabei bejaht es zwar den Zweck der Sperrklausel, kommt jedoch für ihre Auswirkungen zu neuen Schlüssen. Das Urteil ist eines der umstrittensten zur Wahlrechtsfrage und beruht auf einer Fünf-zu-drei-Mehrheit der Richter, was von einer »geringstmögliche[n] Überzeugungskraft« (Schönberger 2012: 81) der Begründung innerhalb des Senats zeugt. Einer der Richter trug die Begründung zwar nicht mit, stimmte aber den-

89 Eine Ausnahme kann die Anwendung von § 31 Abs. 1 BVerfGG sein, der die Bindewirkung der Entscheidungen des BVerfG festlegt. „Dagegen spricht jedoch, dass sich das BVerfG selbst nicht mit voller Strenge an diese Norm hält, um nicht auf Dauer an eine eigene Entscheidung gebunden zu sein (sonst bestünde die Gefahr der ‚Versteinerung').“ (Kramer/Bahr 2012: 191)

noch für die Abschaffung der Sperrklausel, ohne seine Motive offenzulegen. Die Meinungsänderung nur eines Richters hätte gereicht, um die Nichtigerklärung unmöglich zu machen.

Die neue Argumentation des Gerichts stützt sich im Wesentlichen auf zwei Säulen: zum einen fehle es an Anhaltspunkten, dass eine Zunahme von Parteien mit ein oder zwei Abgeordneten im EP zu strukturellen Veränderungen innerhalb des Parlaments führe, die eine Beeinträchtigung seiner Funktionsfähigkeit hinreichend wahrscheinlich werden ließe. Zum anderen seien die Aufgaben des EP so ausgestaltet, dass es an zwingenden Gründen, in die Wahl- und Erfolgswertgleichheit mit Sperrklauseln einzugreifen, fehle (BVerfGE 129, 300: Rdnr. 96). Im Folgenden soll zunächst dieses zweite Argument, also die dargelegte Struktur der Aufgaben und Arbeitsweisen des EP, betrachtet werden.

Das Gericht widmet sich in seiner Urteilsbegründung der Analyse des parlamentarischen Entscheidungsprozesses und hebt dabei die *integrative Kraft der Fraktionen* hervor. Auch im strukturell abweichend gestalteten parlamentarischen Verfahren der EU-Organe im Vergleich zum deutschen Regierungssystem hätten einzelne Abgeordneten Anreize, sich Fraktionen anzuschließen. Diese seien vor allem Mindestquoren für die Bildung einer Fraktion (mindestens 25 Mitglieder aus einem Viertel der Mitgliedsstaaten) sowie finanzielle Vorteile und die Möglichkeit der Mitarbeit an den ständigen Ausschüssen. Der einzelne Abgeordnete verfüge demgegenüber »kaum über nennenswerte Möglichkeiten der Politikgestaltung« (BVerfGE 129, 300: Rdnr. 104). Die Herstellung von Geschlossenheit als funktionales Element der Fraktionenarbeit wird also wie gehabt berücksichtigt. Sie wird für die EU-Ebene sogar als noch ausgeprägter und anspruchsvoller als für die Bundesebene angenommen:

> »Eine Folge der Aufnahme einer Vielzahl von nationalen Parteien und Abgeordneten unterschiedlicher Herkunft und Tradition ist allerdings, dass die einzelnen Fraktionen im Europäischen Parlament eine große Bandbreite verschiedener politischer Strömungen in sich vereinen. Der innere Zusammenhalt aufgrund ähnlicher Präferenzen in den Fraktionen des Europäischen Parlaments ist geringer als in den nationalen Parlamenten, differiert allerdings auch zwischen den einzelnen Fraktionen. Diesbezügliche Unterschiede sind auch auf die Strategie einzelner Fraktionen des Europäischen Parlaments zurückzuführen, eine möglichst große Fraktionsstärke zu erreichen, was neu in das Parlament eintretenden Kräften zugute kommen kann.« (BVerfGE 129, 300: Rdnr. 105)

Zwar müssten die Fraktionen aufgrund der Sitzverteilung im Parlament zur Mehrheitsgewinnung Bündnisse eingehen und wäre dies erschwert, könnte dies auch zu einer Beeinträchtigung der Funktionsfähigkeit führen, jedoch fehle es für eine dahingehende Prognose an Erkenntnissen (BVerfGE 129, 300: Rdnr. 107).

»Zwar ist nicht zu verkennen, dass die für die parlamentarische Willensbildung erforderliche Kompromisssuche und Konsensbildung umso aufwendiger wird, je mehr Akteure mit unterschiedlichen Auffassungen einbezogen werden müssen und je weiter die Ausgangspositionen voneinander entfernt sind. Diesem allgemeinen Gesichtspunkt kann jedoch für die Mehrheitsbildung im Europäischen Parlament kein entscheidendes Gewicht zugemessen werden.« (BVerfGE 129, 300: Rdnr. 108)

Warum ist das nicht der Fall? Die Gesetzgebung im EP ist – anders als z. B. im Bundestag – nicht durch den Dualismus von Regierungsmehrheit und Opposition geprägt, was neben der fehlenden Regierungsbildungs- und Regierungserhaltungsfunktion vor allem an den verschiedenen Mehrheitserfordernissen liegt. In verschiedenen Fällen ist eine einfache Mehrheit (z. B. bei der Billigung des sogenannten gemeinsamen Standpunkts des Europäischen Rats) oder eine qualifizierte Mehrheit (z. B. zur Änderung oder Ablehnung des gemeinsamen Standpunkts) erforderlich. Wechselnde Mehrheiten sind nicht, z. B. durch entsprechende Vorschriften in Koalitionsverträgen, ausgeschlossen, sondern gehören fakultativ zum Repertoire.[90] Prägend sei jedoch, so das BVerfG, die Zusammenarbeit der beiden größten Fraktionen (Christdemokraten und Sozialdemokraten), wodurch es auf die Anzahl der daneben existierenden fraktionslosen Abgeordneten oder kleineren Fraktionen nicht ankomme.

»Der Aufwand für eine Konsensbildung zwischen diesen beiden Fraktionen ist unabhängig von der Zahl der fraktionslosen Abgeordneten und kleineren Fraktionen.« (BVerfGE 129, 300: Rdnr. 109)[91]

Selbst wenn es kein Bündnis als große Koalition gäbe, seien die Fraktionen darin geübt, immer wieder neue Mehrheiten zu organisieren.

»Es ist von keiner Seite vorgetragen worden oder sonst ersichtlich, dass mit Abgeordneten kleiner Parteien, sofern sie sich nicht überhaupt einer parlamentarischen Mitwirkung entziehen, in einer Größenordnung zu rechnen wäre, die es den vor-

90 In der Legislaturperiode 2009 bis 2014 stimmte die größte Fraktion, die EVP-Fraktion (Europäische Volkspartei), am häufigsten (in 83,1 % der Fälle) mit der ALDE-Fraktion (Allianz der Liberalen und Demokraten in Europa) ab, am zweithäufigsten (in 75,5% der Fälle) mit den Fraktion S&D (Progressive Allianz der Sozialdemokraten) (Wientzek 2019: 17).

91 Zur Kritik u. a. daran, dass das Gericht die Mandatsvergabe an Kleinparteien damit begründet, dass sie im Parlament ja sowieso keinen Einfluss hätten, siehe Schönberger (2012).

> handenen politischen Gruppierungen im Europäischen Parlament unmöglich machen würde, in einem geordneten parlamentarischen Prozess zu Entscheidungen zu kommen.« (BVerfGE 129, 300: Rdnr. 110)

Ein weiterer Begründungszusammenhang stellt die Relevanz informeller Entscheidungsprozesse dar, die für die Gesetzgebung im EP grundlegend sind. Der Verweis auf nicht vollständig formalisierte Handlungsmöglichkeiten, die durchaus eine Wirkung für Gesetzgebung und Kontrolle durch das EP haben, tauchte bereits im Urteil aus dem Jahr 1979 auf – dort allerdings noch zur Untermauerung der Befürwortung der Sperrklausel. Das Gericht unterstrich damals die Bedeutung von in parlamentarischer »Übung« (BVerfGE 51, 222: Rdnr. 68) etablierte Verfahren für die Parlamentsarbeit und auch für die Zusammenarbeit mit dem Rat. Im Urteil 2011 wird das sogenannte »first reeding agreement« erwähnt. Es begünstige durch nicht öffentliche trilaterale Absprachen zwischen Parlament, Kommission und Rat die Verabschiedung eines Gesetzes bereits in erster Lesung und werde in ca. 70% der Rechtsetzungsverfahren angewendet (BVerfGE 51, 222: Rdnr. 113). Im Urteil des Jahres 2011 werden diese informellen Verhandlungen[92] jedoch als Grund für die Ablehnung der Sperrklausel herangezogen.

> »Für diese informellen Verhandlungen benötigen die Vertreter des Europäischen Parlaments einen gesicherten parlamentarischen Rückhalt. Er wird ihnen durch fortlaufende Abstimmung mit den Fraktionen vermittelt. Weshalb durch den Hinzutritt weiterer kleiner Parteien, selbst wenn viele ihrer Abgeordneten fraktionslos blieben, eine grundlegende Änderung der Verhältnisse zu erwarten sein könnte, ist nicht deutlich geworden.« (BVerfGE 129, 300: Rdnr. 114)

Da die Vertreter des EP bei den »Trilogen« schon bisher Absprachen mit mehreren Fraktionen oder Fraktionsgruppen hätten pflegen müssen, könne nicht dargelegt werden, dass relevanter zusätzlicher Abstimmungsaufwand existiere.

Es kann sich der Einschätzung von Christoph Schönberger angeschlossen werden, dass das hier ausgesprochene Lob der Integrationskraft der Fraktionen zynisch sei und die weitere Kompensation hinzutretender nationaler Splitterparteien mit allen sprachlichen und kulturellen Unterschieden durchaus eine Zumutung für die Fraktionen darstellen könne (Schönberger 2012: 84). Sollte es beispielsweise in den Ausschüssen vermehrt zu Pattsituationen kommen, die den Eintritt in das first reading agreemet verwehren,

92 In einem Spektrum von formell zu informell ist das Verfahren als teilformalisiert anzusehen. Es war fest gehalten in: „Gemeinsame Erklärung zu den praktischen Modalitäten des neuen Mitentscheidungsverfahrens (Artikel 251 EG-Vertrag)", Amtsblatt der Europäischen Union 2007/C 145/5.

kann man dies nur als Verkomplizierung des parlamentarischen Verfahrens begreifen. Dies fasst auch das Gericht so auf, sieht hierin jedoch keine entscheidende Beeinträchtigung der Funktionsfähigkeit des Parlaments, obgleich sich der parlamentsinterne Abstimmungsverlauf komplizierter gestalten könne (BVerfGE 129, 300: Rdnr. 117). Es stellt sich daneben jedoch auch die existenzielle Frage, wie sich aus so einer Situation heraus eine Mehrheit im Plenum zusammenfinden kann. Auch der Verweis des Gerichts auf das fehlende qualifizierte Zustimmungserfordernis des EP im ordentlichen Gesetzgebungsverfahren (Billigung durch die Mehrheit der abgegebenen Stimmen) ist in dieser Hinsicht nicht ausreichend. Für die Funktionsfähigkeit des Parlaments als demokratisch legitimiertem Beschlussorgan muss es aus parteiendemokratischer Sicht ja gerade darauf ankommen, sich auch gegen abweichende Auffassungen im Rat und in der Kommission durchsetzen zu können, weil der direkte Zugriff auf die Kommission (Misstrauensvotum) durch die Anwendung einer Zweidrittelmehrheit erschwert ist (Art. 234 Vertrag über die Arbeitsweise der Europäischen Union).

Das BVerfG leitet seine Schlussfolgerungen aus einer starken Anlehnung an das deutsche Regierungssystem auf Bundesebene ab. Aus den Umständen, dass das EP einerseits keine Unionsregierung wähle, die für ihre Existenz oder ihre Gesetzgebung auf seine fortlaufende Unterstützung durch das EP angewiesen wäre (BVerfGE 129, 300: Rdnr. 118), und dass andererseits für das Zustandekommen eines Rechtsaktes die aktive Zustimmung des Parlaments nicht zwingend erforderlich ist, zieht das BVerfG also den Schluss, dass die unionale Gesetzgebung so konzipiert sei, dass sie nicht von bestimmten Mehrheitsverhältnissen im EP abhänge (BVerfGE 129, 300: Rdnr. 122).

> »Der Senat suggeriert so, Leitidee des deutschen Staatsorganisationsrechts sei die stabile Parlamentsmehrheit, welche die Bundesregierung trägt, Leitidee des Unionsrechts dagegen ein Gesetzgebungsverfahren, das zur Not auch ohne das Parlament zurechtkommt.« (Schönberger 2012: 85)

Eine herausragende Bedeutung des qualifizierten Mehrheitsprinzips und der dauerhaften Unterstützung der Regierung stuft das Gericht nicht als besondere Qualität des parlamentarischen Regierungssystems der EU ein, das sinnvoll oder wünschenswert wäre. Auch 1979 hatte das Gericht auf das Fehlen dieser beiden Aspekte verwiesen. Im Vergleich zum Jahr 2011 war jedoch noch die Erwartung einer Entwicklung hin zu einem stärker parteiendemokratisch geprägten System zu erkennen. So wurde z. B. angeführt, dass die »klassischen Aufgaben der Parlamente, die sich im parlamentarischen Regierungssystem herausgebildet haben, das Recht, die Regierung auszuwählen, und die gesetzgeberischen Funktionen nur in ersten Ansätzen vorhanden« seien (BVerfGE 51, 222: Rdnr. 62). Die Bewertung einer solchen Entwicklung hin zu einem klassischen Dualismus weist der Gericht 2011 jedoch von sich:

> »Welche Konsequenzen es hätte, wenn sich die politischen Strukturen im Europäischen Parlament in eine Richtung entwickelten, wie sie bei den nationalen Parlamenten etwa in Bezug auf eine antagonistische Profilierung von Regierung und Opposition beobachtet werden kann, lässt sich gegenwärtig nicht abschätzen, weil eine derartige Entwicklung von einer Vielzahl unbekannter Faktoren abhängt und insoweit spekulativ bleiben muss.« (BVerfGE 129, 300: Rdnr. 109)

Hierzu führt wiederum Christoph Schönberger in seiner kritischen Würdigung des Urteils aus:

> »Es ist geradezu widersprüchlich für die kontrastierende Rechtfertigung der Sperrklausel im deutschen Bundestagswahlrecht auf die Leitideen einer Staatspraxis zu verweisen, die sich erst im Schutz dieser Klausel überhaupt hat ausbilden und festigen können.« (Schönberger 2012: 85)

Für die parlamentarismusspezifische Betrachtungsweise ergibt sich aus der Argumentation des Gerichts zur Arbeitsweise von Parlamenten ohne Regierungsbildungskompetenz somit ein relativ klares Bild. Zwar berücksichtigt es auch teilformalisierte Absprache- und Verhandlungsprozesse sowie die Integrationsleistung der Fraktionen und bezieht die parteiendemokratische Aushandlungslogik mit ein. Jedoch entsprechen die Schlussfolgerungen hieraus eher einer Orientierung an einem Parlamentarismusmodell, das die Erforderlichkeit der Funktionsfähigkeit, soweit die Regierungsbildungskompetenz entfällt, formalistisch aus der Handlungsfähigkeit des Vertreterorgans ableitet, nicht aus der Notwendigkeit seiner Fähigkeit zum parlamentarischen Regieren, zum Entscheiden und Gestalten. Dementsprechend sieht es kein Problem darin, die Aushandlungsprozesse durch die Teilnahme weiterer schwach organisierter politischer Gruppen zu belasten. Die anscheinende Demokratisierung durch die Abschaffung der Sperrklausel rekurriert auf ein handlungs- und entscheidungsschwaches Parlament, was im Widerspruch zur gewachsenen Bedeutung des EP durch den Lissabon-Vertrag steht.

> »Die Entscheidung zur Verfassungswidrigkeit der 5%-Klausel bei der Wahl zum EuP lässt sich aber auch ganz anders verstehen, weil sich in ihrer Begründung letztendlich wiederum das bekannte Muster zeigt, das EuP nicht als »echtes«, sondern bloß als »Hilfsparlament« der Völker wahrzunehmen. Und das benötigt dann auch keine Sperrklausel, weil es eben gar nicht wirklich richtig funktionieren muss.« (Ooyen 2018: 142)

Der Vergleich der Argumentationsweisen aus den Jahren 1979 und 2011 lässt erkennen, dass sich das Gericht von einer am Mehrheitsprinzip und an der Funktionenverschränkung der Regierungs- und Vertreterorgane orientierten Sichtweise eher entfernt.

Diese Tendenz setzte sich auch im Jahr 2014 fort, als das BVerfG auch die 2013 vom Gesetzgeber eingeführte *3%-Sperrklausel* für verfassungswidrig und nichtig erklärte. Unter der Mitwirkung aller Fraktionen im Bundestag, außer Die Linke, hatte die Bundesregierung damit dem Umstand Rechnung tragen wollen, dass eine stärkere antagonistische Profilierung von Regierung und Opposition stattfinde und verlässliche Mehrheiten für die Gesetzgebung der EU immer wichtiger würden (BT Drs. 17/13705). Der Hintergrund dieser Einschätzung war zum einen die geplante Aufstellung von Kandidaten für das Amt des Kommissionspräsidenten durch die europäischen Parteien bei der Wahl 2014[93] und zum anderen eine Entschließung des EP, in der gefordert wurde, »geeignete und angemessene Mindestschwellen für die Zuteilung der Sitze festzulegen«.[94] Damit bezog sich der Gesetzgeber auf tatsächlich geänderte Verhältnisse im Gefüge des europäischen Regierungssystems, die das Gericht im Urteil 2011 für nicht prognostizierbar gehalten hatte. Die Klagen beim BVerfG wurden stante pede von diversen Kleinparteien, darunter die NPD, die Piratenpartei und die Grauen Panther, sowie wieder von Hans Herbert von Arnim eingereicht.

Obwohl es eine Vielzahl neuer Argumente für die erneute Einführung einer Zugangshürde zum EP gab, wie z. B. die Aufforderung des EP selbst zur Einführung einer Mindestschwelle oder die gestiegene politische Bedeutung des EP im politischen System (siehe z. B. der Gesetzentwurf BT Drs. 17/13705, die Studie von Sohn/Czuratis (2012) oder die Kommentierung von Misol (2017)), hielt das Gericht an seinem Prüfungsmaßstab fest und begründete seine Entscheidung im Wesentlichen wieder mit den gleichen Argumenten. Zwar erkannte es an, dass die Etablierung einer festen Regierungsmehrheit unter Umständen zur Rechtfertigung der Sperrklausel führen könne, diese politisch angestrebte Entwicklung stecke aber noch in den Anfängen und die tatsächlichen Auswirkungen der in Gang gesetzten politischen Dynamik auf die Funktionsfähigkeit des EP, aufgrund dessen z. B. der Kommissionspräsident auf die fortlaufende Unterstützung einer stabilen Mehrheit angewiesen sein könnte, seien nicht abzusehen (BVerfGE 135, 259: Rdnr. 72). Auch auf die Integrationskraft der Fraktionen (und damit der europäischen Parteifamilien) wird erneut Bezug genommen. Diese

93 Am 11. November 2015 wurde die Änderung zur Aufstellung der Spitzenkandidaten in einer Wahlrechtsreform vom EP angenommen (Entschließung des Europäischen Parlaments zu der Reform des Wahlrechts der Europäischen Union).

94 Entschließung des Europäischen Parlaments vom 22. November 2012 zu den Wahlen zum Europäischen Parlament im Jahr 2014.

werde jedoch durch eine höhere Zahl Abgeordneter kleinerer Parteien nicht zwingend beeinträchtigt.

> »Darüber hinaus kann auch nicht ohne weiteres unterstellt werden, dass die bislang praktizierte flexible Mehrheitsbildung im Parlament (vgl. BVerfGE 129, 300 [331]) durch die Zuwahl neuer Abgeordneter kleiner Parteien nennenswert erschwert würde. So erscheint es nicht zwingend, dass die Integrationsfähigkeit der europaweiten Parteifamilien, von denen im Wesentlichen die Fraktionsbildung im Europäischen Parlament ausgeht und die damit entscheidend zu seiner Funktionsfähigkeit beitragen, im Zuge der Politisierung des Europäischen Parlaments Einbußen erleidet. Möglich ist auch, dass etwaige deutlichere politische Gegensätze zwischen den einzelnen Fraktionen deren internen Zusammenhalt gerade erhöhen.« (BVerfGE 135, 259: Rdnr. 79)

Damit bleibt das Gericht bei seiner Argumentationslinie von 2011, welche die Interdependenz von mehrheitsfördernder Wirkung der Sperrklausel und Integrationsfähigkeit der Fraktionen unberücksichtigt lässt.

5.3.2.2 Grenznutzen mehrheitsfördernder Effekte: Integrationsfunktion der Wahl versus formale Gleichheit

Die Analyse der Entscheidungen des BVerfG zur Zulässigkeit der Sperrklausel ist bis hierher im Hinblick auf die Aufgaben und die Funktionsweise der Vertreterversammlungen auf Kommunal- und Europaebene geschehen. Grundlegend für die Rechtsprechung ist aber nicht nur diese spezifische Einordnung der Parlamente ohne Regierungsbildungskompetenz durch das Gericht, sondern auch eine Verschärfung des angelegten Maßstabs. Bereits in seinem Urteil zur 7,5%-Sperrklausel zur Wahl des Landtages Schleswig-Holsteins hatte das Gericht auf die notwendige Verhältnismäßigkeit des angelegten Maßstabs verwiesen und dies im Laufe der Jahre immer wieder aktualisiert:

> »Nun sind die Entscheidungen des Bundesverfassungsgerichts auf politische Realitäten bezogen, und das Gericht darf nicht den politischen Raum außer acht lassen, in dem sich seine Entscheidungen auswirken. Es geht hier nicht um ein abstraktes Wahlrecht, sondern um ein konkretes Wahlgesetz in einem bestimmten Land zu einem bestimmten Zeitpunkt. Die Wahlrechtsgleichheit muß im Rahmen des jeweiligen Staatsganzen beurteilt werden. Eine Wahlrechtsbestimmung kann in dem einen Staat zu einem bestimmten Zeitpunkt gerechtfertigt sein und in einem anderen Staat oder zu einem anderen Zeitpunkt nicht [...].« (BVerfGE 1, 206: Rdnr. 162)

Eine Änderung der tatsächlichen Verhältnisse war mit der Einführung der Direktwahl der Bürgermeister und der Landräte auf kommunaler Ebene in Schleswig-Holstein eingetreten. Das Gericht kam zu dem Schluss, dass hierdurch die Verwaltung der Gemeinde auch ohne die garantierte Mehrheitsfähigkeit der Vertreterversammlung gesichert sei, weil der Bürgermeister die alleinige umfassende Verantwortung für die Leitung der Gemeindeverwaltung und die Erledigung der sachlichen und wirtschaftlichen Aufgaben trage (BVerfGE 120, 83: Rdnr. 133).

Es kann angenommen werden, dass diese Sichtweise erneut auf einer formalistischen Interpretation der Parlamentsarbeit und auf einer Unterbewertung der Zusammenarbeit von gewählter Vertreterversammlung und oberstem Verwaltungsleiter beruht. Zweifel daran, dass die Aufgaben der Kommunalverwaltung als so untergeordnet zu bewerten sind, dass die Mehrheitsbildung zu vernachlässigen ist, sind auch mit Blick auf die themengleiche Rechtsprechung des Saarländischen Verfassungsgerichtshofs[95] erlaubt. Ein kurzer Blick auf den Inhalt der Argumente des BVerfG soll dies verdeutlichen, um den Kern des klassischen Aspekts herausarbeiten zu können.

Kommunale Selbstverwaltung erschöpft sich in einem parteiendemokratischen Verständnis nicht in einem fallweisen, wechselnden Zusammensuchen von Mehrheit (so auch Wendt 2012: 450). Stabile Mehrheiten sind auch für das Regieren der Vertreterversammlung von Belang, das »wichtige Führungs- und Kontrollaufgaben« beinhaltet und für die »effektive Willensbildung und effiziente Entscheidungsfindung in den Kommunalvertretungen« ein hohes Gut sind (Krajewski 2008: 351). Des Weiteren ist ihr Funktionenkatalog mit dem des Bundestages vergleichbar, wenn auch nicht in gleicher Ausprägung (Marschall 2017: 178). Ein Blick auf empirische Untersuchungen in Nordrhein-Westfalen zeigt, dass die Bedeutung von klaren Mehrheiten auch nach der Einführung der Direktwahl nicht abgenommen hat. Gerade in konkurrenzdemokratisch geprägten großen Gemeinden oder Städten drohen durch den Wegfall der Sperrklausel Blockadesituationen, Vetomacht von Kleingruppierungen, längere Sitzungszeiten im Gemeinderat oder eine Zunahme der Anfragen (Bogumil et al. 2010: 791). Für die Funktionsfähigkeit der Versammlung hat die Anzahl der zu berücksichtigenden Minderheitsauffassungen gerade auf diejenigen Merkmale des Regierungssystems Einfluss, auf die es aus parteiendemokratischer Sicht machtpolitisch ankommt. Dies sind vor allem die sowohl für die erfolgreiche Arbeit der Fraktionen als auch für die Steuerungsfähigkeit des Gesamtparlaments essenzielle Arbeitsteilung und Professionalisierung. Auch für kleine Gruppierungen oder fraktionslose Abgeordnete wäre es funktional,

95 SaarlVerfGH: Lv4/97. Eine Übersicht über die Urteile der Landesverfassungsgerichte zu den jeweiligen Sperrklauseln bieten Morlok und Heinig (2000).

ihre Fachkompetenz einerseits und das Wählerstimmenpotenzial andererseits zu bündeln. Auch in Kommunen gilt: Wer in die Koalitions- und Ausschussverhandlungen nicht eingebunden ist, hat wenig Einflusschancen (Bogumil et al. 2010: 798). Kann der einzelne Abgeordnete oder eine kleine Gruppe in der kommunalen Vertreterversammlung erst im Plenum seine oder ihre Auffassungen vorbringen, bleibt der erhoffte Effekt des Wegfalls der Sperrklausel – Beteiligung möglichst vieler unterschiedlicher politischer Kräfte – aus. Diese Prägung des politischen Prozesses durch Gruppen gilt für die Erarbeitung und Durchsetzung von Sachentscheidungen ebenso wie für die Rekrutierung von Personal; auch für das Amt des Bürgermeisters.

Das BVerfG allerdings sieht mit dem Wegfall der Wahlkompetenz der Vertreterversammlung die Regierungsbildungsfunktion als erledigt an, was wiederum eine Verengung auf den formalen Aspekt bedeutet. Die hinter der Wahl stehenden Auswahlprozesse parteiendemokratischer Prägung bleiben auch ohne die Wahlfunktion wirksam, wie anhand einer empirischen Studie in Niedersachsen gezeigt werden konnte. Die Entwicklung eines Pools durchsetzungsfähiger Führungskräfte hänge auch von Prozessen der Rekrutierung ab und die Wirkung von Bürgermeistern in ihren Ämtern werde »wesentlich von den parteipolitischen Mehrheitsverhältnissen vor Ort und dem Vorhandensein informeller Entscheidungsnetzwerke mitbestimmt« (Gissendanner 2005: 85).

Die grundliegende Differenz eines umfassenden, stärker parteiendemokratisch geprägten Verständnisses der Abläufe im repräsentativen System und einer an formalen Verfahren auf Parlamentsebene verhafteten Sichtweise drückt sich auch in der mangelnden Berücksichtigung der Voraussetzungen und *Auswirkungen der Sperrklausel auf Parteiebene* aus. Die Funktion der Integration verschiedener Interessen innerhalb der großen Parteien wird außer Acht gelassen. Der Charakter der Wahl als Integrationsvorgang hat auch auf der kommunalen Ebene einen Wert außerhalb des Parlaments, indem er dazu führt, dass die Parteien Interessen bereits intern zum Ausgleich bringen (Wendt 2012: 451f.; siehe zu mechanischen und psychologischen Effekten der Sperrklausel auch Grotz 2009: 161). Der mehrheitsfördernde Effekt der Sperrklausel ist mehrdimensional. Er wirkt auf der Ebene der Organe und auf der Ebene der Gruppen. Dies gilt auch für die sogenannte natürliche Sperrklausel, die sich von der Größe der zu wählenden Vertreterversammlung ableitet. Der ausschließliche Rekurs auf die Wahlrechts- und Chancengleichheit laut Grundgesetz bietet für diese Sichtweise jedoch keine Anknüpfungspunkte.

Unabhängig von den empirisch feststellbaren Strukturveränderungen in den Kommunalparlamenten oder von einer prinzipiellen Befürwortung oder Ablehnung der Sperrklausel ist darüber hinaus eine *Verschärfung des Maßstabs*, der durch das BVerfG angelegt wird, festzustellen. Eine Funktionsbeeinträchtigung der Kommunalparlamente in Schleswig-Holstein sah das Gericht 2008 nur dann als gegeben an, wenn es zu einer Situation kommt, in der Beschlüsse in der Versammlung überhaupt nicht mehr gefasst werden könnten. Dass die Funktionsfähigkeit auch andere Aspekte umfassen kann, wird hier ausgeblendet. Zwar könne die »mit einiger Wahrscheinlichkeit zu erwartende Beeinträchtigung der Funktionsfähigkeit der kommunalen Vertretungsorgane« (BVerfGE 120, 82: Rdnr. 125) die 5%-Sperrklausel rechtfertigen, jedoch sieht das Gericht diese nicht als gegeben an.

> »Es erscheint zwar durchaus wahrscheinlich, dass mit der Abschaffung der Fünf-Prozent-Sperrklausel mehr Parteien und Wählervereinigungen in die jeweiligen kommunalen Vertretungsorgane einziehen werden. Auch ist es möglich, dass Mehrheitsbildung und Beschlussfassung aus diesem Grund erschwert werden. Beschlüsse können umso leichter gefasst werden, je weniger Fraktionen aufeinandertreffen und je weniger Standpunkte verarbeitet werden müssen. Andererseits reicht die bloße ‚Erleichterung' oder ‚Vereinfachung' der Beschlussfassung nicht aus, um den mit der Fünf-Prozent-Sperrklausel verbundenen Eingriff in die Wahlgleichheit und die Chancengleichheit der politischen Parteien zu rechtfertigen. [...] Denn Demokratie setzt das Aufeinandertreffen verschiedener Positionen und das Finden von Kompromissen voraus. [...] Nicht jeder Konflikt und nicht jede politische Auseinandersetzung in den Kommunalvertretungen kann als Störung der Funktionsfähigkeit angesehen werden [...]. (BVerfGE 120, 82: Rdnr. 126)

Im Gegensatz zu einer bloßen Neubewertung einer tatsächlichen Situation drückt sich die Maßstabsverschärfung in der angehobenen Schwelle für eine angenommene Funktionsbeeinträchtigung aus. Als Kontrast kann eine Entscheidung herangezogen werden, die außerhalb des Untersuchungszeitraums liegt.[96] 1957 war über das Kommunalwahlgesetz in Nordrhein-Westfalen befunden worden. Zur Rechtfertigung der Sperrklausel hatte das Gericht damals noch von dem Vorhandensein von »Splitterparteien« direkt auf eine Funktionsbeeinträchtigung geschlossen.[97] Eine »ordnungsgemäße Er-

96 Sie wird nur zum Beleg der Maßstabverschärfung herangezogen, bleibt jedoch bei der bilanziellen Bewertung des Parlamentarismusverständnisses unberücksichtigt.

97 Im Übrigen unabhängig von der Frage der Regierungsbildungskompetenz der Vertreterversammlung: „Es kommt also darauf an, ob das Vorhandensein von Splitterparteien dazu führen kann, daß der Rat diese seine Funktionen nicht ordnungsmäßig ausüben kann, daß insbesondere eine ordnungsmäßige Erledigung

ledigung der Angelegenheiten der Gemeindeverwaltung« müsse gewährleistet sein (BVerfGE 6, 104: Rdnr. 46), »etwaige Störungen im Ablauf der Gemeinde« (Rdnr. 49) verhindert werden und die »reibungslose Erfüllung der Verwaltungsaufgaben« (Rdnr. 53) gegeben sein.

> »Gerade dieses normale Funktionieren, auf das es allein ankommt, kann aber durch das Vorhandensein von Splitterparteien ebenso gestört werden wie das normale Funktionieren eines Parlaments.« (BVerfGE 6, 104: Rdnr. 50)

Hierbei dürfe der Gesetzgeber auch einen in der Zukunft liegenden »Notstand« zu verhindern versuchen (BVerfGE 6, 104: Rdnr. 53). Dieser Prognosespielraum wird dem Gesetzgeber demgegenüber in der Begründung des Urteils im Jahr 2008 aberkannt:

> »Der Gesetzgeber darf daher nicht frei darüber befinden, von welchem Wahrscheinlichkeitsgrad an er Funktionsstörungen in Betracht ziehen will. Andernfalls würde eine gerichtliche Kontrolle gesetzgeberischer Prognoseentscheidungen, einschließlich deren tatsächlicher Grundlagen, unmöglich gemacht.« (BVerfGE 120, 82: Rdnr. 124)

Auch für die Europawahlen setzt sich diese Maßstabsverschärfung zur Beurteilung der Funktionsfähigkeit des Parlaments fort. Anschließend an die Ausführungen zu Aufgaben und Mehrheitserfordernissen des EP stellt das Gericht in der Entscheidung zur Ablehnung der Sperrklausel 2011 fest, dass es unproblematisch sei, wenn auch qualifizierte Mehrheiten einmal nicht zustande kämen.

> »Die Anordnung qualifizierter Mehrheiten ist von den Verträgen so gewollt, zielt gerade auf eine breite Zustimmung im Europäischen Parlament und nimmt nicht zuletzt mit Blick auf das institutionelle Gleichgewicht mit den anderen Organen (Art. 13 EUV) der Europäischen Union in Kauf, dass das Europäische Parlament bei unüberwindbaren Meinungsverschiedenheiten keine durchsetzbare Position erlangt […]. Eine Funktionsbeeinträchtigung des Europäischen Parlaments käme allenfalls in Betracht, wenn bei realistischer Einschätzung die Zahl der grundsätzlich kooperationsunwilligen Abgeordneten so hoch wäre, dass qualifizierte Mehrheiten in aller Regel praktisch nicht mehr erreichbar wären. Dass mit dem Wegfall der hier in Rede stehenden Sperrklauseln derartige Verhältnisse eintreten könnten, ist nicht zu erwarten.« (BVerfGE 129, 300: Rdnr. 111).

Erst in einer Blockadesituation geht das Gericht nun von einer Funktionsbeeinträchtigung aus, die die Differenzierung der Wahlrechtsgleichheit

---

der Angelegenheiten der Gemeindeverwaltung nicht mehr gewährleistet ist. Daß der Rat weder gesetzgeberische Funktionen im eigentlichen Sinne hat noch eine ‚Regierung' bilden muß, ist für die Entscheidung dieser Frage unerheblich." (BVerfGE 6, 104: Rdnr. 46) rechtfertigen könnte. Dies zeigt sich schon in der Begriffsverwendung innerhalb der Urteilsbegründung. Zunächst ist die Rede von der »Fähigkeit [des EP, Einfügung d. Verfasserin], in angemessener Zeit zu einer Mehrheitsentscheidung in einer bestimmten Frage zu kommen« (BVerfGE 129, 300: Rdnr. 107), dann geht es um eine Situation, die es dem EP »unmöglich machen würde, in einem geordneten parlamentarischen Prozess zu Entscheidungen zu kommen« (Rdnr. 110), und schließlich wird die notwendig nachzuweisende »Tendenz zu einer Blockade parlamentarischer Willensbildung« (Rdnr. 112) negiert. In der Sache fordere das Gericht, so auch Christoph Schönberger, den Nachweis, dass die parlamentarische Arbeit ohne die Klausel praktisch zum Erliegen käme (2012: 83).

Diese Verschärfung ist bemerkenswert und wird von den Richtern mit abweichender Meinung nicht geteilt. Sie sehen schon durch mögliche Funktionsbeeinträchtigungen die Sperrklausel gerechtfertigt.

> »Der Begriff der Funktionsbeeinträchtigung wird letztlich verengt auf Funktionsunfähigkeit. Dafür gibt es in der Rechtsprechung des Bundesverfassungsgerichts keine Grundlage.« (BVerfGE 129, 300: Rdnr. 158)

Als funktionsfähig kann eine Vertreterversammlung aus parteiendemokratischer Sicht insbesondere dann angesehen werden, wenn die Aggregation verschiedener Standpunkte innerhalb der arbeitsteiligen Struktur einer Fraktion, Partei, Arbeitskreis oder auch Fachbruderschaft gewährleistet ist. Dagegen ist ein durch zahlreiche Kleinparteien und einzelne Abgeordnete fragmentiertes Parlament auch aus Gründen der Repräsentation unter Umständen dysfunktional. Zwar gehören Aushandlungsprozesse und Kompromissbildung in Intragruppenprozessen zu den zentralen Handlungsformen von kollektiven Akteuren. Werden jedoch package deals über Ressortgrenzen und trotz programmatisch grober Abweichungen notwendig, beeinflusst dies die Qualität und Legitimität der politischen Entscheidungen negativ (Output-Legitimation). Bei der Bewertung der Input-Legitimation kommt es darauf an,

> »dass die gewählten Gruppierungen tatsächlich im Parlament die Interessen ihrer Wähler effektiv vertreten können und die Wählerschaft potentiell auch nach einer Wahlperiode beurteilen kann, ob die Gruppierungen und Fraktionen sich bemüht haben, ihre Wahlversprechen einzulösen« (Bogumil et al. 2010: 802).

Diese Gefahr sehen z. B. die Richter mit abweichender Meinung, Di Fabio und Mellinghoff, bei unbegrenztem Proporz im Europaparlament als gegeben an:

»Damit würde zur Bildung von Mehrheiten ein größerer Konsens erzwungen, der es den Bürgern erschwerte, Entscheidungen sinnvoll einzelnen Parteien zuzurechnen und die Ausrichtung politischer Großtrends zu erkennen.« (BVerfGE 129, 300: Rdnr. 153)

In den Ausführungen des BVerfG kommen wiederum Überlegungen zu Wechselwirkungen zwischen einem zersplitterten Parlament und der Stabilität des Parteiensystems in diesem Urteil nicht vor.

2014 wiederholte sich diese Argumentation in der Ablehnung der 3%-Sperrklausel im Prinzip inhaltsgleich. Auch angesichts der in Anfängen begriffenen Entwicklung einer antagonistischen Gegenüberstellung von Parlamentsmehrheit und Opposition könne die Sperrklausel nicht gerechtfertigt werden, weil die Auswirkungen der in Gang gesetzten politischen Dynamik auf die Funktionsfähigkeit des EP nicht abzusehen sei (BVerfGE 135, 259: Rdnr. 72). Auch der Schutz des intendierten Demokratisierungsschubs des europäischen Regierungssystems rechtfertige den Eingriff in die Wahlrechtsgleichheit und Chancengleichheit der Parteien nicht. Im Gegenteil: Es entspreche der Offenheit des politischen Prozesses, dass kleine Parteien hierzu einen Beitrag leisten könnten (BVerfGE 135, 259: Rdnr. 76). Wie auch schon im Urteil 2011 von den Richtern Udo di Fabio und Rudolf Mellinghoff wird hier von Richter Peter Müller eine abweichende Meinung vertreten und auch vorgetragen. Sie bezieht sich im Wesentlichen auf den Vorwurf einer unverhältnismäßigen Kontrolldichte des Gerichts und auf die Überbeanspruchung der vielgerühmten Integrationskraft der Fraktionen, die immer noch heterogener seien als auf nationaler Ebene (BVerfGE 135, 259: Rdnr. 17, siehe auch BVerfGE 129, 300: Rdnr. 154[98]). Nach seiner Einschätzung reicht schon die Einschränkung der Fähigkeit des Parlaments zur Bildung handlungsfähiger Mehrheiten für die Rechtfertigung einer Sperrklausel aus. Inwieweit der Prozess der Personalisierung und Politisierung des EPs zu einer Profilierung von Regierungsmehrheit und Opposition führen könne, sei offen. Richter Müller weiter:

98 „Die Verfassung ist im Hinblick auf das Wahlsystem offen und verleiht dem Bundesverfassungsgericht deshalb kein Mandat, bei der konzeptionellen Ausgestaltung eines Wahlsystems allzu feingliedrig mit dem Gleichheitssatz zu prüfen, fallweise zu korrigieren und so allmählich in die Rolle des Wahlgesetzgebers zu schlüpfen. Die Wahlgrundsätze aus Art. 38 GG nötigen nicht zur Ausgestaltung eines reinen Modells, sondern sie lassen Modifikationen und Mischungen zu (vgl. BVerfGE 95, 335 [349f., 354]), so dass die Fünf-Prozent-Klausel als grundsätzlich zulässiges Regulativ gegen die Nachteile einer hohen Abbildungsleistung der verschiedenen, auch kleineren und kleinsten, politischen Strömungen gewichtet werden muss." (BVerfGE 129, 300: Rdnr. 154)

> »Soweit daraus jedoch abgeleitet wird, dass der mit der Anordnung des Verhältniswahlrechts auf europäischer Ebene verfolgte Gedanke repräsentativer Demokratie im Europäischen Parlament uneingeschränkt zu entfalten ist (vgl. BVerfGE 129, 300 <336>), darf dies auch angesichts ihres formalen Charakters nicht zu einer Verabsolutierung der Grundsätze der Wahlrechtsgleichheit und der Chancengleichheit der Parteien gegenüber der Sicherung des Charakters der Wahl als Integrationsvorgang bei der politischen Willensbildung des Volkes führen.« (BVerfGE 135, 259: Rdnr. 25)

Die Maßstabsverschärfung hinsichtlich der Funktionsfähigkeit des Parlaments ist als tendenzielle Annäherung eines klassisches Parlamentarismusverständnis zu deuten, weil sie auf einen Bedeutungsgewinn des Proporzes in Konkurrenz zur Entscheidungsfähigkeit und damit Leistungsfähigkeit des Parlaments hinweist.

Kern des in den abweichenden Auffassungen zutage tretenden Dissenses ist also die Abwägung zwischen den Prinzipien Integrationsfunktion der Wahl und Wahlrechtsgleichheit. Grundlage für die Abwägung ist das Verhältnismäßigkeitsprinzip, das verlangt, dass eine Maßnahme zum Schutz eines Rechtsprinzip, das ein anderes Rechtsprinzip einschränkt, geeignet, erforderlich und angemessen sein muss (zur Offenheit dieses Prinzips kritisch Meinel 2019a; Cancik/Groß 2019). Für die hier behandelten Walrechtsentscheidungen lässt sich eine Wertung zugunsten des Aspekts der Wahlgleichheit, die zu einer höheren Repräsentativität der gewählten Versammlung führen soll, feststellen. Es kann auch von einer »Überhöhung« der Gleichheit gegenüber anderen Prinzipien (Haug 2014: 472) oder von einer »eindimensionalen Zuspitzung auf Proportionalität« (Nohlen 2014: 395) gesprochen werden.

Das *Repräsentationsverständnis* der die Urteile zum Europawahlrecht tragenden Richter beruht also auf einer verstärkten Ausrichtung an dem Konzept der Repräsentativität. Seit 1997 (Urteil »Überhangmandate II«) wendet das Gericht das Konzept der Erfolgswertgleichheit für die Verhältniswahl strenger an und etabliert damit einen Maßstab, der dazu führt, dass jeglicher konzentrierende Effekt in diesem Wahlsystem zunächst einmal als illegitim und rechtfertigungsbedürftig angesehen wird.

> »Er [der Senat; Einfügung d. Verfasserin] behauptet einen von konkreten Verfassungsnormen weitgehend abgelösten universellen Standard der Wahlrechtsgleichheit für alle Wahlen in Deutschland und will die Eigenheiten der Volksvertretungen lediglich bei der Rechtfertigung von Differenzierungen in Hinblick auf deren Funktionen berücksichtigt sehen.« (Schönberger 2012: 82)

Repräsentative Demokratie bedeutet für das Gericht unter Anwendung des Verhältniswahlrechts größtmögliche Repräsentativität, auch auf der Ebene der EU.

> »Ebenso wenig ist die Gesetzgebung der Union von einer gleichbleibenden Mehrheit im Europäischen Parlament abhängig, die von einer stabilen Koalition bestimmter Fraktionen gebildet würde und der eine Opposition gegenüberstünde. Erst recht gilt dies für Informations- und Kontrollrechte des Parlaments, die auch in den nationalen Parlamenten herkömmlich als Minderheitenrechte ausgestaltet sind. Deshalb fehlt es an zwingenden Gründen, in die Wahl- und Chancengleichheit durch Sperrklauseln einzugreifen, so dass der mit der Anordnung des Verhältniswahlrechts auf europäischer Ebene verfolgte Gedanke repräsentativer Demokratie (Art. 10 Abs. 1 EUV) im Europäischen Parlament uneingeschränkt entfaltet werden kann.« (BVerfGE 129, 300: Rdnr. 118)

Die Richter mit abweichender Meinung argumentierten entgegnend, dass die Sperrklausel nicht als Verletzung der Erfolgswertgleichheit, sondern als Erfolgswertdifferenzierung angesehen werden solle (BVerfGE 129, 300: Rdnr. 150). Aber auch das gegenläufige Rechtsprinzip, die Integrationsfunktion der Wahl, sieht das Gericht in der Urteilsbegründung nicht als statthafte Begründung für die Beibehaltung einer Sperrklausel an.

> »Es ist nicht Aufgabe der Wahlgesetzgebung, die Bandbreite des politischen Meinungsspektrums – etwa im Sinne besserer Übersichtlichkeit der Entscheidungsprozesse in den Volksvertretungen – zu reduzieren. Vielmehr ist gerade auch auf europäischer Ebene die Offenheit des politischen Prozesses zu wahren. Dazu gehört, dass kleinen Parteien die Chance eingeräumt wird, politische Erfolge zu erzielen. Neue politische Vorstellungen werden zum Teil erst über sogenannte Ein-Themen-Parteien ins öffentliche Bewusstsein gerückt. Es ist gerade Sinn und Zweck der parlamentarischen Debatte, entsprechende Anregungen politisch zu verarbeiten und diesen Vorgang sichtbar zu machen (vgl. zum Ganzen BVerfGE 111, 382 [403ff.]).« (BVerfGE 129, 300: Rdnr. 126)

Es weist vieles darauf hin, dass der Zweite Senat im Jahr 2011 das Europäische Parlament als Ort »echter« (»uneingeschränkter«: BVerfGE 129, 300: Rdnr. 118) repräsentativer Demokratie und als offenen Resonanzraum für jegliche politischen Strömungen auffasst, der (noch) nicht vom Dualismus von Regierungsmehrheit und Opposition okkupiert ist. Eine Anlehnung an das klassische Parlamentarismusverständnis, demzufolge Einzelinteressen unabhängig vom Geschlossenheitsdruck politischer Gruppen mindestens artikuliert werden können sollen, liegt nahe. Ein parteiendemokratischeres Verständnis bewertete die Integrationskraft der Parteien höher und nicht nur für die parlamentarische Ebenen als funktional. Durch die begrenzte Anzahl an Parlamentssitzen bewirkt jede Wahl eine Integration politischer Interessen auch über die Nichtberücksichtigung von Stimmen. Da das Gericht den Zusatznutzen der sogenannten rechtlichen Sperrklausel (im Gegensatz zur natürlichen Sperrklausel) nur in der geminderten Zahl zu integrierender politischer Parteien im Parlament sieht, kann es diesen nicht als schwerer wiegend im Vergleich zu einer formalen Wahlrechtsgleichheit sehen.

Es stellt sich die Frage, welche Gründe es für das Gericht gibt, zum einen den Prognosespielraum des Gesetzgebers einzuschränken und zum anderen für die vergleichsweise schwache Berücksichtigung parteipolitisch basierter Entscheidungsprozesse. Einen Hinweis gibt die Begründung des Gerichts im Hinblick auf die Forderung, dass der Prognosespielraum des Gesetzgebers einzuschränken sei. Für die kommunale Ebene führt es an:

> »Der Einsatz der Sperrklausel basiert auf der Einschätzung des Gesetzgebers von der Wahrscheinlichkeit des Einzugs von Splitterparteien, durch sie künftig zu erwartender Funktionsstörungen und deren Gewichts für die Aufgabenerfüllung der kommunalen Vertretungsorgane. [...] Gerade bei der Wahlgesetzgebung besteht die Gefahr, dass die jeweilige Parlamentsmehrheit sich statt von gemeinwohlbezogenen Erwägungen vom Ziel des eigenen Machterhalts leiten lässt [...]. Die im Landesparlament vertretenen Parteien könnten an der Fünf-Prozent-Sperrklausel festhalten, um die Konkurrenz durch kleinere Parteien und kommunale Wählergemeinschaften möglichst klein zu halten [...].« (BVerfGE 120, 82: Rdnr. 124).

Abgesehen von der Frage der Juridifizierung politischer Gestaltungsspielräume tritt hier erneut eine Skepsis gegenüber der Durchdringung allen staatlichen Handelns mit parteiendemokratischen Strukturen auf. Im Rahmen der Analyse der Rechtsprechung zur Binnenstruktur des Bereichs von Parlament und Regierung wurde dies bereits in den Entscheidungen zum Thema Abgeordnetenentschädigung aufgezeigt (Kapitel 5.1.1). Dass aber die an der Gesetzgebung beteiligten Parteien die Ausgestaltung der Sperrklausel allein an zukünftigen Wahlchancen orientierten könnten und nicht an der Funktionsfähigkeit der Volksvertretung, scheint recht pessimistisch. Das Argument trägt außerdem die Auffassung, bei der Ablehnung der Sperrklausel durch das BVerfG gehe es um die »Existenz eines Kartells, das mittels der Sperrklausel eine Barriere gegen Außenseiter errichtet« (Arnim 2012: 224) oder mindestens um illegitime Parteiinteressen. Es wird übersehen, dass Verfolgung von Parteiinteressen und des Gesamtwohls kein Widerspruch sein müssen:

> »Die verfassungsgerichtlichen Kontrollmaßstäbe [...] dürfen nicht aus einem unbestimmten Generalverdacht heraus so verschärft werden, dass der Wahlgesetzgeber ein berechtigtes Gemeinwohlanliegen deshalb nicht länger verfolgen darf, weil die Beteiligten dabei auch die Aussichten ihrer Parteien bei künftigen Wahlen mitberücksichtigen.« (Schönberger 2012: 83)

Auch in den Aussagen der Richter mit abweichender Meinung zum Europawahl-Urteil 2011 kristallisiert sich der Dissens mit den das Urteil tragenden Richtern darüber, wie die Rolle der Parteien zu bewerten ist, noch einmal heraus:

> »Wahlrechtsfragen sind der politischen Gestaltung des Gesetzgebers unterworfen (Art. 38 Abs. 3 GG), dessen Regelungsauftrag angesichts der Allgemeinheit der

Wahlgrundsätze dem Gericht Zurückhaltung auferlegt. Daraus folgt kein rechtsfreier Raum, es ist aber Vorsicht geboten, namentlich angesichts einer der Rechtsprechung innewohnenden Tendenz, Gleichheitsanforderungen im Laufe der Zeit allmählich zu verschärfen. Eine strengere Prüfung ist auch nicht deshalb verlangt, weil Parteien als Fraktionen im Parlament gleichsam in eigener Sache entscheiden würden. Denn dies kann – anders als bei Diätenfragen – beim Wahlrecht nicht einfach unterstellt werden. Kleinere Parteien, die auch aus der Regierungsverantwortung heraus das Wahlrecht regelmäßig mitgetragen haben, sind bereits selbst ‚Opfer' der Sperrklausel geworden; man sollte nicht ohne Weiteres mit dem Verdacht arbeiten, hier wollten etablierte Parteien, in einem Kartell organisiert, die Konkurrenz fernhalten.« (BVerfGE 129, 300: Rdnr. 156)

Zusammenfassend ist festzustellen, dass das BVerfG sowohl hinsichtlich der Schwelle der Funktionsbeeinträchtigung als auch bei der »Idealisierung von Splitterparteien« (Haug 2014: 480) sowie im Hinblick auf sein formales Verständnis der Wahlgleichheit seine Maßstäbe seit 1979 verschärft hat. Diese Maßstabverschärfung wird jedoch nicht reflektiert. Das Gericht suggerierte dagegen, dass die Rechtsprechungsänderung lediglich aus der Veränderung der tatsächlichen Rahmenbedingungen resultierte (so auch Haratsch 2019: 181). Die Zäsur, die dadurch für die Wahlrechtsprechung besteht, begründet sich somit in Einzelfragen auch mit einem nicht vollständig ausgeprägten parteiendemokratischen Parlamentarismusverständnis. Dies ist für das in der Genese befindliche Regierungssystem der EU noch folgenreicher als für die deutsche Kommunalebene.

5.3.3 Überhangmandate und Grundmandatsklausel

5.3.3.1 Rechtfertigung von weiteren Disproportionalitäten: die Bedeutung des Aspekts der Persönlichkeitswahl im personalisierten Verhältniswahlrecht

Die Tatsache, dass das deutsche personalisierte Verhältniswahlsystem bei der Verrechnung von Erst- und Zweitstimmenergebnis Überhangmandate produziert, die bis 2013 nicht ausgeglichen wurden, führte in der Sache bereits 1988 zu einer ersten Wahlprüfungsbeschwerde beim BVerfG. Obwohl sich die Beschwerde der Antragsteller gegen das Berechnungssystem zur

Sitzverteilung richtete, äußerten sich die Richter auch zu § 6 V BWahlG[99], der einen Ausgleich für Überhangmandate ausschließt. Die Rechtsprechung des Gerichts belief sich bis dahin auf die Argumentation, dass die durch Überhangmandate verursachte Abweichung vom Erfordernis der Erfolgswertgleichheit jeder Stimme als notwendige Folge des besonderen Charakters der personalisierten Verhältniswahl mit dem Grundgesetz vereinbar sei (z. B. BVerfGE 16, 130; siehe auch Backhaus (2015)). Absolute Gleichheit könne mit keinem Sitzzuteilungsverfahren erreicht werden.

> »Die Verstärkung des Gewichts der für die CDU [bei der Bundestagswahl 1987; Einfügung d. Verfasserin] abgegebenen Wählerstimmen, die durch das der CDU zugefallene Überhangmandat eingetreten ist, hält sich im Rahmen der durch das Sitzverteilungsverfahren ohnehin vorgegebenen und unvermeidlichen Differenzierung des Stimmgewichts der für die verschiedenen Parteien abgegebenen Wählerstimmen[100] […].« (BVerfGE 79, 169: Rdnr. 9)

Nach der Bundestagswahl 1994 reichte die niedersächsische Landesregierung erneut Klage gegen diesen Artikel im Rahmen eines Normkontrollverfahrens ein. CDU und FDP hatten erneut die Wahl gewonnen und konnten ein Regierungsbündnis mit einer komfortablen Mehrheit von 14 Mandaten bilden. Ohne die zwölf Überhangmandate der CDU wäre diese Koalition wesentlich fragiler gewesen. Das erste Mal wurde den Bürgern und den politischen Akteuren die Bedeutung dieser zusätzlichen Mandate bewusst, auch wenn sie für die Regierungsbildung dieses Mal nicht entscheidend gewesen waren.

Der Prozessbevollmächtige Hans Meyer führt im Wesentlichen drei Argumente gegen die Rechtsprechungslinie des Gerichts an. Erstens sei das geltende Wahlrecht nicht als Mischwahlsystem, sondern als Verhältniswahlsystem zu qualifizieren (BVerfGE 95, 335: Rdnr. 39), womit bei dem technischen Element der Mehrheitswahl des personalisierten Verhältniswahlsystems nicht die mehrheitsbildende Funktion, sondern der Einfluss auf die personelle Zusammensetzung des Bundestages intendiert sei. Der Eingriff in die Wahlrechtsgleichheit sei mit dem Ziel der engeren Bindung eines Teils der Abgeordneten an die Wähler des Wahlkreises zweitens auch deswegen nicht zu rechtfertigen, weil dies auch unter den Bedingungen von Kompensationsmaßnahmen für die anderen Landeslisten gewährleistet sei.

---

99 „In den Wahlkreisen errungene Sitze verbleiben einer Partei auch dann, wenn sie die nach den Absätzen 2 und 3 ermittelte Zahl übersteigen. In einem solchen Falle erhöht sich die Gesamtzahl der Sitze (§ 1 Abs. 1) um die Unterschiedszahl; eine erneute Berechnung nach den Absätzen 2 und 3 findet nicht statt.“

100 Dafür müsse die Anzahl der für die Erlangung eines Überhangmandats erforderlichen Stimmen zwischen der Partei mit der geringsten und der höchsten Stimmenzahl für ein Mandat liegen.

Somit sei die Abweichung nicht zwingend. Da der Bundestag ein unitarisches und kein föderales Staatsorgan sei, stelle sich schließlich der Parteienproporz vorrangig vor dem Länderproporz dar, womit Überhangmandate einer Partei durch eine entsprechende Zahl von Listenmandaten, die sie in anderen Bundesländern errungen habe, verrechnet werden könnten (BVerfGE 95, 335: Rdnr. 41 f., vgl. auch Meyer (1994) und Nicolaus (1996)).

Das auf diese Einwände folgende Urteil des BVerfG stellt eine Wende in der bisherigen Rechtsprechungslinie auf diesem Gebiet dar: Es begründet zum einen die Verfassungsmäßigkeit von Überhangmandaten erneut und begrenzt zugleich die zu tolerierende Anzahl auf fünf Prozent. Als eines der umstrittensten Urteile beruht es auf einer Pattsituation im Senat: Nur die Stimmengleichheit hat die Feststellung eines Verfassungsverstoßes verhindert. Die die Entscheidung tragenden Richter stellen keinen Verstoß von § 6 V 2 und § 7 III 2 in Verbindung mit § 6 V 2 BWahlG gegen das Grundgesetz fest. Unausgeglichene Überhandmandate sind somit zulässig. Allerdings fügen sie hinzu, dass der Gesetzgeber darauf zu achten habe, dass sich »die Zahl der Überhangmandate in Grenzen hält« (BVerfGE 95, 335: Rdnr. 63).

Welcher neue Blickwinkel auf das parlamentarische Regierungssystem, welche demokratietheoretischen Überlegungen oder Änderungen der tatsächlichen Verhältnisse haben zu dieser einschränkenden Bedingung bei der Zulässigkeit von unausgeglichenen Überhangmandaten geführt? Zunächst wird die bisherige Rechtsprechungslinie durch das Gericht vertiefend begründet, indem die Teilcharaktere der Mehrheits- und der Verhältniswahl beschrieben werden und auf die Freiheit des Gesetzgebers bei der Gestaltung des Wahlrechts verwiesen wird. Es sei nicht die Aufgabe des BVerfG, zu prüfen, ob der Gesetzgeber eine »zweckmäßige oder rechtspolitisch vorzugswürdige Lösung« gefunden habe (BVerfGE 95, 335: Rdnr. 82), wichtig sei aber, dass der Gesetzgeber die im Rahmen des jeweiligen Systems (Mehrheitswahl oder Verhältniswahl) geltenden Maßstäbe der Wahlgleichheit konsequent zu beachten habe. Das besondere Anliegen der personalisierten Verhältniswahl sei es, durch die Wahl der Wahlkreiskandidaten »eine engere persönliche Beziehung zumindest der Hälfte der Abgeordneten des Deutschen Bundestages zu ihrem Wahlkreis zu gewährleisten« (BVerfGE 95, 335: Rdnr. 93).

> »Die Wahl des Abgeordneten als Person – und nicht als Exponent einer Partei – stärkt den repräsentativen Status des Abgeordneten als Vertreter des ganzen Volkes (Art. 38 Abs. 1 Satz 2 GG; vgl. BVerfGE 11, 266 [273]), stützt die nach Art. 21 Abs. 1 Satz 3 GG gebotene innerparteiliche Demokratie und gibt dem Vertrauen des Wählers zu seinem Repräsentanten eine persönlichkeitsbestimmte Grundlage.« (BVerfGE 95, 335: Rdnr. 77)

Der Verweis auf diesen Persönlichkeitsaspekt der Wahl lässt begrenzte Rückschlüsse auf das Repräsentationsverständnis der Richter in diesem Feld zu. Gemäß seiner wiederholt genannten Unterscheidung von Bewertungsmaßstäben in den beiden Wahlsystemtypen (Zählwertgleichheit und Erfolgswertgleichheit) geht es auch beim Repräsentationskonzept von zwei verschiedenen Repräsentationssubjekten aus. Während es dem Verhältniswahlsystem die Repräsentation durch Parteien zuschreibt, knüpft es an das technische Element der Mehrheitswahl die Repräsentation durch Persönlichkeiten bzw. Einzelne gemäß dem so aufgefassten Konzept der personalisierten Verhältniswahl.

In der parteiendemokratischen Parlamentarismussichtweise wird Repräsentation, wie dargelegt, als Repräsentation durch Gruppen konzeptualisiert. Materiell sind es nicht einzelne Abgeordnete, die im Parlament das Volk vertreten, sondern geschlossen handelnde Gruppen von Abgeordneten. Wenn das BVerfG in seinen Ausführungen das technische Element der Mehrheitswahl als Personenwahlaspekt versteht, ist zwar nicht anzunehmen, dass es von Einzelrepräsentation als strukturierendem Element in der parlamentarischen Demokratie ausgeht. Allerdings ist es fraglich, ob die Herauslösung des Persönlichkeitsaspekts bei der Wahlrechtsfrage praxisgerecht ist, zumal direkt auf die Herauslösung aus dem Parteienumfeld Bezug genommen und dieses bewertet wird. Der »repräsentative Status« des Abgeordneten als Vertreter des ganzen Volkes werde gestärkt, wenn er »nicht als Exponent seiner Partei« gewählt werde. Dies suggeriert zum einen, dass es im politischen Normalfall einen einflussreichen (nicht machtlosen) einzelnen Abgeordneten geben kann, und zum anderen, dass sich seine Repräsentation inhaltlich-qualitativ von (s)einer Gruppe unterscheiden kann. Hans Meyer hatte in der Begründung seiner Normenkontrollklage bereits nachvollziehbar darauf hingewiesen, dass es sich bei dem deutschen Wahlsystem um ein Verhältniswahlsystem (nicht etwa ein Mischwahlsystem) handele, womit der (bundesweite) Parteienproporz Vorrang habe. Aus einem parteiendemokratischen Verständnis heraus wäre hinzuzufügen, dass es sich bei beiden Aspekten des Wahlsystems – unbeschadet der Tatsache, dass nach Art. 38 I GG nur Personen in den Bundestag gewählt werden können – faktisch um Parteienwahl handelt: einmal entschieden nach der Entscheidungsregel Proporz (im gesamten Wahlgebiet) und einmal nach dem Entscheidungsregel Majorz (im Wahlkreis). Parteien sind die Entscheidungskörper in der parlamentarischen Demokratie und eine von ihnen bereitgestellte Auswahl an (Führungs-)Personal steht zur Auswahl bei einer Bundestagswahl bereit. Auch die Aufstellung von Wahlkreiskandidaten ist das Ergebnis eines innerparteilichen demokratischen Prozesses, auf den die

Landesverbände wesentlichen Einfluss ausüben (siehe z. B. Höhne 2017). Bei der Entscheidung des Wählers für einen Wahlkreiskandidaten steht das Programm der jeweiligen Partei als Richtgröße des politischen Handelns parat und ist hauptsächlicher Fixpunkt bei der Wahlentscheidung und in der Repräsentationsbeziehung (siehe z. B. Deiss-Helbig 2013). Dies liegt unter anderem darin begründet, dass weder durch die Erststimme tatsächlich eine Personenwahl ausgeübt wird, weil erstens die Personenwahl sich nur im Rahmen des parteipolitischen Proporzes bewegen kann (Lenski 2009: 497) und es zweitens keine echte Auswahl zwischen Wahlkreiskandidat und Listenkandidaten einer Partei gibt, da oftmals eine Listenabsicherung besteht (500). Noch bewirkt die Erststimme eine engere Bindung des Abgeordneten an den Wahlkreis, weil der entscheidende Schritt zum Erreichen eines Bundestagsmandats eben oft in der Aufstellung liegt. Für die Wahlentscheidung ist »sozialpsychologisch die Rolle der Parteien bei der Bindung der Wähler an den Abgeordneten tragend« (Lenski 2009: 505). Dass das Gericht diese Zusammenhänge nicht würdigt, deutet darauf hin, dass es die Rolle von Parteien entweder unterschätzt oder zu einem gewissen Grade normativ zurückgedrängt wissen will.

Auch im Rahmen der Rechtsprechung zum negativen Stimmgewicht hat das Gericht im Jahr 2012 die Argumentation wiederholt, dass es bei der Erststimme um die Wahl von »Persönlichkeiten« gehe (BVerGE 131, 316: Rdnr. 133). Es spricht jetzt nicht mehr nur von einer Stärkung des repräsentativen Status des Abgeordneten, sondern thematisiert auch eine Kompensation der Rolle von Parteien im Willensbildungsprozess:

> »Die Zielsetzung der sogenannten personalisierten Verhältniswahl, dem Wähler die Möglichkeit zu geben, auch im Rahmen der Verhältniswahl Persönlichkeiten zu wählen, ist von der Verfassung gedeckt. Auf diese Weise möchte der Gesetzgeber die Verbindung zwischen Wählern und Abgeordneten, die das Volk repräsentieren, stärken und zugleich in gewissem Umfang der dominierenden Stellung der Parteien bei der politischen Willensbildung des Volkes (Art. 21 Abs. 1 Satz 1 GG) ein Korrektiv im Sinne der Unabhängigkeit der Abgeordneten (Art. 38 Abs. 1 Satz 2 GG) entgegensetzen.« (BVerGE 131, 316: Rdnr. 133)

Dieses Ziel könne nur verwirklicht werden, wenn das Wahlkreismandat auch vergeben werde, wenn das nach dem Proporz ermittelte Sitzkontingent der Landesliste seiner Partei erschöpft sei (ebd.). In diesen Aussagen liegt die Annahme, dass das BVerfG die Unabhängigkeit des Abgeordneten gegen die Usurpation durch die interessengeleitete Partei in Stellung bringt, recht deutlich auf der Hand und lässt Rückschlüsse auf Residuen eines klassischen Repräsentationsverständnisses zu. Dass das BVerfG sich bei der Rechtfertigung von Überhangmandaten vor allem auf die Betonung des Persönlichkeitsaspekts bei der Wahl beruft, ist vor allem durch die teleologische Auslegung begründet, die nach der Intention des Gesetzgebers fragt.[101] Dass die Wahlkreisabgeordneten faktisch aufgrund ihrer persönlichen Eigenschaften in den Bundestag gewählt werden, kann in der modernen Parteiendemokratie trotzdem bezweifelt werden (dazu Morlok 2005: 101 f.).

Im zweiten Teil seines Urteils zu Überhangmandaten im Jahr 1997 ging das Gericht auch auf die Frage der *zulässigen Anzahl von Überhangmandaten* ein, die allerdings nicht Teil des Antrags gewesen war. Indem es eine Obergrenze festlegte, transportierte es eine »kritische(re) Haltung zu Überhangmandaten« (Strohmeier 2013b: 632) als bisher. Die Differenzierung des Stimmgewichts der Wählerstimmen sei zwar nicht schon deshalb abzulehnen, weil sie sich außerhalb des Rahmens der ohnehin vorhandenen Ungleichheiten durch die Verhältniswahl bewege oder sich darauf eine Mehrheit im Bundestag gründe. Auch habe das Gericht bisher keinen Anlass gehabt, eine Obergrenze zu bestimmen, jedoch

> »kann aus den Entscheidungen gefolgert werden, daß die Zahl der Überhangmandate sich in einem Rahmen halten muß, der den Grundcharakter der Bundestagswahl als einer am Ergebnis der für die Parteien abgegebenen Stimmen orientierten Verhältniswahl nicht aufhebt« (BVerfGE 95, 335: Rdnr. 102).

Der Grundcharakter der Wahl liege prinzipiell darin, dass der Legitimationsvorgang für die Abgeordneten des deutschen Bundestages »hälftig personenbezogen und hälftig parteibezogen« stattfinden solle (BVerfGE 95, 335: Rdnr. 114).[102] Träten Verhältnisse ein, die zu einem regelmäßigen größeren Anfall von Überhangmandaten führten, könne sich hieraus ein tatsächlicher Handlungsauftrag für den Gesetzgeber ergeben. Auch hier wird noch einmal deutlich, dass die Richter den Aspekt der Persönlichkeitswahl als tatsächlich relevanten Faktor für die Definition des Repräsentationsverhältnisses betrachteten. Durch die Vorschaltung der Mehrheitswahl solle eine »engere persönliche Beziehung der Wahlkreisabgeordneten zu dem Wahlkreis, in dem sie gewählt worden sind, geknüpft werden« (BVerfGE 95, 335, Rdnr. 100). Diese sei insgesamt bis zu einer Abweichung von fünf Prozent gewährleistet.

> »Das Fünfprozentquorum, das dort [in der Anwendung der Sperrklausel; Einfügung d. Verfasserin] den rechtlichen Rahmen für einen schonenden Ausgleich zwischen parteibezogener Wahlgleichheit und Funktionsfähigkeit des Parlaments bietet, mag auch hier – bezogen auf die reguläre Gesamtzahl der Parlamentssitze – als Anhalt

101 In Rdnr. 131 in BVerfGE 95, 335 bezieht sich das Gericht vor allem auf Literatur vor 1956.

102 Mit Verweis auf § 1 I 1 BWahlG.

dienen, nach dem der Abweichung von den Prinzipien der hälftigen Zusammensetzung des Bundestages nach Wahlkreis- und nach Listenmandaten und der proportionalen Verteilung der Sitze nach dem Ergebnis der für die Parteien abgegebenen (Zweit)Stimmen eine Grenze gesetzt ist.« (BVerfGE 95, 335: Rdnr. 115)

Im Gegensatz dazu halten die vier Richter mit der abweichenden Meinung es im Hinblick auf die Einhaltung der Unmittelbarkeit bzw. Erkennbarkeit der Wahl für ausreichend, wenn die Zahl der zusätzlichen Sitzzahl erkennbar sei. Sie müsse nicht begrenzt sein. Es erschließe sich nicht, warum diese Erkennbarkeit bei »regelmäßigem Anfall in größerer Zahl« nicht gegeben sein sollte (BVerfGE 95, 335: Rdnr. 189). Diese vier Richter sind darüber hinaus der Auffassung, dass der Gesetzgeber das Wahlgesetz an die veränderten Verhältnisse, wie ein geändertes Wahlverhalten und eine neue Wahlkreiseinteilung nach der Wiedervereinigung, die zu einer erheblichen Steigerung der Zahl der Überhangmandate geführt hatten, hätte anpassen müssen.

Der Grund für die abweichende Auffassung ist die Einordnung des deutschen Wahlsystems: Sie gehen bei ihrer Bewertung von einem Verhältniswahlrecht aus, das sich vor allem am Maßstab der Erfolgswertgleichheit messen lassen muss. Demensprechend ist der Proporz nach Zweitstimmen das ausschließliche Verteilungssystem und Abweichungen davon nur in einem Ausmaß zulässig, in dem ohnehin Unschärfen bei der proportionalen Sitzverteilung entstehen – von anderen zwingenden Gründen für eine Ungleichheit abgesehen (BVerfGE 95, 335: Rdnr. 118). Die Differenzierung des Erfolgswerts müsse sich vor der strikten Wahlrechtsgleichheit rechtfertigen, nicht vor dem »Grundcharakter der Wahl als Verhältniswahl« (BVerfGE 95, 335: Rdnr. 166). Folglich verstehen die die Auffassung des Urteils tragenden Richter Überhangmandate als Direktmandate, da sie nicht aufgrund einer Proportionalrechnung zugeteilt werden können. Die Richter mit der abweichenden Auffassung stufen sie als Listenmandate ein (BVerfGE 95, 335: Rdnr. 156), da kein Kandidat über die Mehrheitswahl für einen Überhangsitz gewählt werden kann. Alle regulären Bundestagssitze werden nach dieser Auffassung nach Proporz verteilt und Elemente der Mehrheitswahl dienen nur der Auswahlmöglichkeit von Personen. Es fehle an einem gleichrangigen Zweck, der es rechtfertige, Differenzierungen in Form von nicht ausgeglichenen Überhangmandaten zu tolerieren.

Damit folgen die Richter mit der abweichenden Meinung gerade der Rechtsprechungslinie des BVerfG seit den 50er-Jahren. Die tragenden Richter weichen in ihrer Begründung hiervon ab, indem sie der für die Verhältniswahl spezifischen Erfolgswertgleichheit einen »übergeordneten allgemeinen Grundsatz der Wahlgleichheit« (BVerfGE 95, 335: Rdnr. 105), nämlich die Erfolgschancengleichheit (ebd.), gegenüberstellen. Mit diesem werde gewährleistet, dass jeder Wähler mit seiner Erst- und Zweitstimme – ex ante betrachtet – die gleiche rechtliche Möglichkeit habe, auf die Zusammensetzung des Bundestages Einfluss zu nehmen (BVerfGE 95, 335: Rdnr. 108; siehe auch Backhaus (1997: 738)).

Erfolgschancengleichheit gewährleistet eine proportionale Verteilung der Wählerstimmen »nur« vor Abgabe der Stimme. An die Stelle der eindeutigen Maßstäbe der Zählwertgleichheit für den Mehrheitswahlaspekt (im Sinne des Gerichts des Persönlichkeitsaspekts) und der Erfolgswertgleichheit für den Verhältniswahlaspekt tritt nun der übergeordnete Grundsatz der Wahlgleichheit im beschriebenen Sinne. Damit kann der Spielraum, den der Gesetzgeber in der Ausgestaltung eines Wahlsystems, das nicht durch die Regeln der reinen Verhältniswahl geprägt ist, hat, anders beschrieben werden. Der Wechsel in der Begriffswahl, der in der Kommentierung auch als Auswechselung des Prüfungsmaßstabs und als kompletter Begründungswechsel bezeichnet worden ist (Lenz 1997: 1536), deutet jedoch lediglich auf das benannte Kontinuum zwischen Verhältniswahl und Mehrheitswahl hin, innerhalb dessen die Richter das personalisierte Verhältniswahlsystem jetzt verorten müssen.

In dieser knappen Vier-zu-vier-Entscheidung des Senats deutete sich bereits ein Wandel in der Rechtsprechung an, der später in den Urteilen zum negativen Stimmgewicht seinen Niederschlag insbesondere im Jahr 2012 fand. Die Frage, wieviel Mehrheitswahl in der personalisierten Verhältniswahl erlaubt ist, deutet – ähnlich wie die Maßstabsverschärfung im Kontext der Sperrklauselfrage – auf eine Veränderung des Gleichheitsverständnisses hin. In der Entscheidung »Landeslisten« wendet sich das BVerfG gegen das Urteil »Überhangmandate II« aus dem Jahr 1997. Die Frage danach, ab welcher Anzahl Überhangmandate noch mit dem Charakter der Verhältniswahl vereinbar seien, könne nicht mehr mit der Orientierung am 5%-Quorum beantwortet werden. Dieses finde seine Rechtfertigung in der Annahme, dass der Einzug »sogenannter Splitterparteien« in das Parlament dessen Funktionsfähigkeit beeinträchtige (BVerfGE 131, 316: Rdnr. 141).

> »Dieser Aspekt steht mit der hier zu beantwortenden Frage der Wahrung der Wahlrechts- und Chancengleichheit in keinem Zusammenhang.« (BVerfGE 131, 316: Rdnr. 141)

An die Differenzierung der Wahlrechts- und Chancengleichheit der Parteien werden also, bezogen auf die regelmäßig anfallenden ausgleichslosen Überhangmandate, strengere Maßstäbe angelegt als an Differenzierungen, die aufgrund der Sicherung der Funktionsfähigkeit des Parlaments notwendig sind. Diese Anpassung der Rechtsprechung sieht das Gericht vor allem in den geänderten politischen Verhältnissen begründet. Die Höchstgrenze sieht es bei »etwa 15 Sitzen« (BVerfGE 131, 316: Rdnr. 145) respektive bei »mehr als etwa einer halben Fraktionsstärke« (BVerGE 131, 316, Rdnr. 127).

Neben der Verschärfung des Gleichheitsmaßstabes, der sich in der Begrenzung von Überhangmandaten zeigt, deutet sich an, dass das BVerfG den konzentrierenden Effekt von Überhangmandaten innerhalb der personalisierten Verhältniswahl infrage stellt. Indem es die Überhangmandate am Maßstab der Erfolgswertgleichheit misst, kann es sie als Abweichung vom Prinzip der Wahlgleichheit einstufen und verwischt dadurch den klaren Blick auf ihr eigentliches Wesen, nämlich dass sie gerade die Bevorzugung bestimmter Parteien erreichen sollen, deren Wahlbewerber besonders erfolgreich in den Wahlkreisen waren (Lang 2014: 69). Konzentrierende Effekte in der Umrechnung von Stimmen in Mandate kommen jedoch der im parteiendemokratischen Parlamentarismusverständnis intendierten Neigung zur effektiven Gruppenbildung entgegen. In den Entscheidungen zu Überhangmandaten und zum negativen Stimmgewicht konzentriert sich das BVerfG angesichts der staatspolitischen Alternativen, eine (parteiliche) Regierungsmehrheit hervorzubringen oder möglichst getreu die in der Bevölkerung bestehenden sozialen Kräfte wiederzugeben, jedoch nur auf das zweite Ziel.

Der Anlass für eine erneute Wahlprüfungsbeschwerde gegen die *Grundmandatsklausel* (§ 6 VI BWahlG) war der durch vier Direktmandate erzielte Einzug der PDS in den Bundestag nach der Bundestagswahl 1994. Damit war diese Regelung nach 37 Jahren zum ersten Mal wieder zum Tragen gekommen und rückte nach der zweiten gesamtdeutschen Wahl in das Bewusstsein. Es stellte sich die Frage, ob die bisherige verfassungsrechtliche Einordnung dieser Regelung unter den veränderten Bedingungen noch angemessen und eindeutig war. Der Antragsteller führte an, dass die PDS bei der Sitzverteilung gemäß Proportionalverfahren nicht hätte berücksichtigt werden dürfen, weil die Grundmandatsklausel verfassungswidrig sei, da sie die Wahlrechtsgleichheit und die Chancengleichheit der Parteien verletze. Außerdem konterkariere sie die Sperrklausel (BVerfGE 95, 408: Rdnr. 15, 16).

Das Gericht bestätigte einstimmig seine Rechtsprechungslinie zu diesem Thema seit den 50er-Jahren und wies die Anträge als unbegründet zurück. Die Tatsache, dass die Grundmandatsklausel den Zweitstimmen für Parteien, die das 5%-Quorum nicht erreicht haben, unterschiedliche »Erfolgskraft« gebe, sei gerechtfertigt (BVerfGE 95, 408: Rdnr. 50). Die Grundmandatsklausel müsse sich zwar grundsätzlich am Grundsatz der Erfolgswertgleichheit messen lassen (nicht etwa an der Erfolgschancengleichheit, die am selben Tag vom Gericht eingeführt wurde), Abweichungen ließen sich jedoch, so die bekannte Formel, durch zwingende Gründe rechtfertigen. Ähnlich wie beim Urteil zu den Überhangmandaten wichen die Richter, zumal hier einstimmig, vom Begründungszusammenhang der bisherigen Argumentation des BVerfG ab. Zum Beispiel wurde der Begriff des zwingenden Grundes »aufgeweicht« (Heintzen 1997: 747).

> »Die Rechtsprechung des Bundesverfassungsgerichts verlangt allerdings nicht, daß sich die Differenzierungen von Verfassungs wegen als zwangsläufig oder notwendig darstellen, wie dies etwa in Fällen der Kollision der Wahlrechtsgleichheit mit den übrigen Wahlrechtsgrundsätzen oder anderen Grundrechten der Fall sein kann [...]. Es werden auch Gründe zugelassen, die durch die Verfassung legitimiert und von einem Gewicht sind, das der Wahlrechtsgleichheit die Waage halten kann [...]. Dabei ist es nicht erforderlich, daß die Verfassung diese Zwecke zu verwirklichen gebietet [...]. In diesem Zusammenhang rechtfertigt das Bundesverfassungsgericht Differenzierungen auch durch »zureichende«, »aus der Natur des Sachbereichs der Wahl der Volksvertretung sich ergebende Gründe« [...]. (BVerfGE 95, 408: Rdnr. 44)

Im Überhangmandate-Urteil vom selben Tag zeigt sich diese Relativierung u. a. in dem Hinweis, dass das, was als zwingender Grund für eine begrenzte Differenzierung der Wahlgleichheit anzuerkennen sei, nicht ein für alle Mal abstrakt beurteilt werden könne, von Bereich zu Bereich sowie je nach Ausmaß der Betroffenheit der jeweiligen Verfassungsprinzipien variiere und auch abhängig sei von Wertungen, die im Rechtsbewusstsein der Bevölkerung lebendig seien (BVerfGE 95, 335: Rdnr. 199). Dabei rekurrierten die Richter zwar auf verschiedene ältere Urteile zum Thema zulässige Differenzierungen (vor allem auf BVerfGE 1, 208 zum Thema 7,5 %-Sperrklausel bei den Wahlen zum Landtag in Schleswig-Holstein). Dennoch kann die konkrete Formulierung dieser ansonsten eher abstrakt herangezogenen Annäherungsversuche an den Begriff »zwingender Grund« im Zusammenhang mit der Begründung und Rechtfertigung konkreter wahlrechtlicher Vorschriften als Ansatz zu einer neuen Argumentationslinie begriffen werden.

Welches sind nun die sachlich legitimierten Gründe, die die Grundmandatsklausel rechtfertigen? Drei wesentliche Begründungen sah das Gericht als ausschlaggebend für die Ablehnung der Beschwerde an. Zum ersten sei es legitim, den Vorgang der Wahl als Integrationsvorgang zu gestalten.

> »Die Grundmandatsklausel dient dem von der Verfassung legitimierten Zweck des Ausgleichs teils gegenläufiger Ziele, nämlich ein funktionsfähiges Parlament zu schaffen und eine effektive Integration des Staatsvolks zu bewirken. Hierzu knüpft die Regelung an geeignete und verfassungsrechtlich unbedenkliche Kriterien an und

stellt sicher, daß sich das Ausmaß der Differenzierungen im Rahmen des gesetzgeberischen Konzepts hält.« (BVerfGE 95, 408: Rdnr. 52).

Nicht leicht eingängig ist dabei, dass die Funktionsfähigkeit des Parlaments und die Integration des Staatsvolks als Begründung für eine Erhöhung der Anzahl der Parteien im Parlament benannt werden. Politikwissenschaftlich wird beispielsweise unter der Integrationskraft von Parteien eher ihre Fähigkeit beschrieben, möglichst viele unterschiedliche Interessen zu aggregieren, also zu wenigen Strängen zusammenzuführen. Hier in der Begründung des Verfassungsgerichts ist darunter jedoch auch der Leitgedanke gemeint, »daß alle bedeutsamen politischen Kräfte und alle gewichtigen politischen Anliegen im Parlament repräsentiert sein sollen« (Heintzen 1997: 746).

Es sei zweitens Sache des Gesetzgebers, die Belange Funktionsfähigkeit des Parlaments, integrative Repräsentanz (BVerfGE 95, 408: Rdnr. 49), Wahlrechtsgleichheit sowie Chancengleichheit der Parteien in eine Balance zu bringen. Dazu könne er den Zugang zum Sitzverteilungsverfahren von der Überwindung mehrerer Hürden abhängig machen. Das Gericht achte diesen Spielraum und prüfe lediglich, ob dessen Grenzen überschritten seien, nicht aber, ob der Gesetzgeber zweckmäßige oder rechtspolitisch erwünschte Lösungen gefunden habe (BVerfGE 95, 408: Rdnr. 49).[103] Der Gesetzgeber könne sogar eine niedrigere Anzahl von Direktmandaten für die Teilnahme an der Zweitstimmenverrechnung festlegen – immer unter der Voraussetzung, dass sich die Wahlvorschrift im Wahlwettbewerb neutral verhalte.[104]

Für die Analyse der Parlamentarismusauffassung des BVerfG aufschlussreich ist außerdem drittens die Beantwortung der Frage, nach welchem Kriterium die Integrationskraft einer Partei beurteilt wird. Bereits im oben aufgegriffenen Bayernpartei-Urteil (BVerfGE 6, 84: Rdnr. 33) hatte das BVerfG die Unbedenklichkeit der Grundmandatsklausel mit der Intention des Gesetzgebers begründet, die Vergabe der halben Mandatsanzahl im Wahlkreis nach Personen gestalten zu wollen und hat diesen Zusammenhang auch im Überhangmandate-Urteil 1997 wieder aufgegriffen. So auch im Grundmandatsurteil: Der Gesetzgeber könne die Integrationskraft einer

103 Damit dürfte das BVerfG in einem veritablen expectation-capability gap stecken und die unterschwelligen Erwartungen der Bürger und der antragstellenden Institutionen enttäuschen. Es scheint gerade so, als würden die Richter hierauf explizit hinweisen wollen.

104 Ob sich solche Verzerrungen allerdings im Parteienwettbewerb neutral verhalten, ist zu bezweifeln. Hier ist wieder auf die Sperrklausel zu verweisen, die ja nicht nur ihren tatsächlichen Stimmenverlust zur Folge hat, sondern auch einen verstärkenden Effekt besitzt.

Partei auch von ihrem Erfolg bei der Mehrheitswahl ableiten, nicht nur von dem bei der Verhältniswahl (BVerfGE 95, 408: Rdnr. 55). Dies ist insofern eine interessante Kontradiktion zum Überhangmandate-Urteil vom gleichen Tag, als dort der Sieg im Wahlkreis ja ursächlich vor allem dem Walkreiskandidaten und seinem Bezug zu den Wahlkreisbürgern zugeschlagen worden war. Hier konstruierte das Gericht die Mehrheitswahl im Wahlkreis jedoch auch als Parteienwahl, wie es der parteiendemokratischen Sichtweise auf das Wahlsystem und Repräsentation entspricht.

> »Wenn ein parteiangehöriger Abgeordneter ein Direktmandat erringt, drückt sich in der Wahl dieses Kandidaten in aller Regel zugleich auch das Ausmaß der Billigung der politischen Anliegen der Partei aus, die ihn nominiert hat. Findet ein Wahlkreiskandidat einer Partei das Vertrauen der Mehrheit der Wähler im Wahlkreis, so darf der Gesetzgeber davon ausgehen, daß hierin zugleich ein besonderes Maß an Zustimmung zu der hinter dem Kandidaten stehenden Partei liegt. Gelingt es in seltenen Ausnahmefällen einer Partei, mit ihren Kandidaten mehrere Wahlkreismandate zu erringen, ohne aber in ihrem Gesamtergebnis die Sperrklausel zu überwinden, so kann der Gesetzgeber in diesem sich bereits in Parlamentssitzen niederschlagenden Erfolg ein Indiz dafür sehen, daß diese Partei besondere Anliegen aufgegriffen hat, die eine Repräsentanz im Parlament rechtfertigen. In diesem Sinne darf der Gesetzgeber die Grundmandatspartei als politisch bedeutsam ansehen.« (BVerfGE 95, 408: Rdnr. 56)

Zum einen fallen hier Widersprüche zu den Ausführungen zur Zulässigkeit von Überhangmandaten auf, in denen die Parteiunabhängigkeit des Inhabers eines Direktmandats betont wurde. Zum anderen wird in dieser Aussage wieder der Eindruck erweckt, es handele sich bei der hälftigen Besetzung der Mandate durch Mehrheitswahl in der Praxis nicht ebenfalls um eine Parteienwahl. Dass das besondere politische Gewicht einer Partei am Erfolg nach Mehrheitswahl in den Wahlkreisen bemessen werden soll, wobei diese Wahl doch vorgeblich in erster Linie eine Personenwahl sein soll, deckt zugleich eine Dissonanz im idealtypischen Aufbau der beiden Parlamentarismussichtweisen auf. In den früheren Entscheidungen hatte das Gericht noch auf die lokale Bedeutsamkeit einer Partei mit Blick auf die Grundmandatsklausel Bezug genommen (örtliche Schwerpunktparteien, BVerfGE 6, 84: 32). Dieses Argument wurde in der Begründung 1997 explizit ausgeschlossen: Der Gesetzgeber darf »die Aussagekraft der Grundmandatsklausel ohne Rücksicht auf regionale Nähe aus dem Wahlkreiserfolg ableiten« (BVerfGE 95, 408: Rdnr. 63). Auch »verstreute« Direktmandate sprächen somit aus Sicht des BVerfG für die Annahme, dass eine Partei ein besonderes Anliegen vertrete. Während der Bewertungsmaßstab für konzentrierende Effekt des Wahlsystems also verschärft wurde, wurde derjenige zur Beurteilung einer möglichst weitgehenden Proportionalität aufgeweicht.

Die zusammenfassende Betrachtung der Komplexe Sperrklausel, Überhangmandate und Grundmandatsklausel zeigt, dass das Gericht die verschiedenen Gründe zur Abweichung von der Wahlgleichheit in verschiedener Ausprägung berücksichtigt hat. Während bis zur Wiedervereinigung die Sicherung des Charakters der Wahl als Integrationsvorgang bei der politischen Willensbildung des Volkes und die Gewährleistung der Arbeitsfähigkeit des Parlament mit der Funktionsfähigkeit der Regierung verbundene Ziele waren, wurden sie mit den neueren Urteilen verselbstständigt, wodurch es zu Zielkonflikten kam (Heintzen 1997: 748).

5.3.4 Fazit: Maßstabsverschärfung und Parteienskepsis

Bei der Analyse der ausgewählten Wahlrechtsurteile wurden die Begründungen des BVerfG für die Rechtfertigung von Sperrklauseln und seine Einstellungen zu den Effekten des personalisierten Verhältniswahlsystems auf Bundesebene behandelt. Die Entscheidungen zu Zugangshürden fielen im Untersuchungszeitraum für die Europa- und die Kommunalebene. Die Parlamente auf beiden Ebenen hatten zum Zeitpunkt der jeweiligen Entscheidungen keine vollständige Regierungsbildungs- und -erhaltungsfunktion inne. Deswegen ist in der Bewertung der Sperrklausel vor allem das Rechtfertigungsmoment der Funktionsfähigkeit des Parlaments zentral. Dass auch das Gericht selbst auf einmal aufgestellte Prämissen rekurrierte, indem es auf Begründungen der jeweils anderen Ebene querverwies, unterstützt die Annahme, dass die Entscheidungen auf den verschiedenen Ebenen – hinsichtlich der Parlamentarismusauffassung, nicht hinsichtlich inhaltlicher Fragen – vergleichend betrachtet werden können. Den Einwand, das Gericht habe damit die Maßstäbe für die jeweiligen Einzelwahlen eingeebnet (Schönberger 2012: 82 f.), verfängt m. E. nur für die Ebene der einfachgesetzlichen Regelungen im Detail, nicht für grundsätzliche Annahmen für das Funktionieren von parlamentarischen Systemen.

In der Begründung der Entscheidung »Fünf-Prozent-Sperrklausel« im Jahr 1979 widmete sich das Gericht einer verhältnismäßig ausführlichen Darlegung der Entscheidungsprozesse im Europäischen Parlament. Es reflektierte dabei zahlreiche parteiendemokratische Aspekte der parlamentarischen Entscheidungsfindung wie informellen Informationsaustausch oder parlamentarische Kontrolle, die gleichzeitig der Mitsteuerung dienen. Aber auch die Relevanz des Gruppenprinzips fand Erwähnung, indem auf die wichtige Rolle der Fraktionen eingegangen wurde und auf die Rolle der Parteiorganisation zur Unterstützung ihrer Arbeit. Es ist wahrscheinlich auch der Tatsache geschuldet, dass das BVerfG zum ersten Mal Stellung zum politischen Prozess in der EU bezog, dass es sich besonders intensiv mit der Arbeitsweise des EP auseinandersetzte. Die Zulässigkeit der Wahlgleichheitsdifferenzierung leitete das Gericht auch aus dem »Aufgabenkreis der zu wählenden Volksvertretung« ab (BVerfGE 51, 222: Rdnr. 52). Der Erhalt der Handlungsfähigkeit des EP sei geboten, weil es als Vertretung der Europäischen Völker mit seinem komplexen Aufgabenbereich immer bedeutender werde und ihm eine Integrationsfunktion für die Europäische Gemeinschaft zukomme. Je bedeutender das Organ im Gesamtsystem sei, desto schützenswerter sei seine Handlungsfähigkeit.

Das mag auch einer der Gründe gewesen sein, der fast 30 Jahre später zur Ablehnung der Zugangshürde bei der Kommunalwahl in Schleswig-Holstein geführt hatte, nachdem die Direktwahl der Landräte und Bürgermeister eingeführt worden war. Für die Vertreterversammlungen in den Gemeinden sah das Gericht eine bloße »Erleichterung« oder »Vereinfachung« (BVerfGE 120, 82: Rdnr. 126) der Beschlussfassung nicht als ausreichend für die Rechtfertigung der Sperrklausel an, weil im Wesentlichen der Bürgermeister in eigener Zuständigkeit die alleinige umfassende Verantwortung für die Leitung der Gemeindeverwaltung trage. Innerparlamentarische und innerparteiliche Absprachen, die zwar nicht zu einer formalen Wahl des Verwaltungsleiters, doch aber zu einer Gewährleistung der Handlungsfähigkeit der gesamten Gemeindeverwaltung führen und durch eine größere Anzahl von Parteien erschwert werden können, wurden nicht thematisiert. Der Umkehrschluss also, dass für Parlamente ohne Regierungsbildungsfunktion keine stabilen Mehrheiten vonnöten seien, offenbart eine Verengung auf den rechtlichen Aspekt.

Dies wird noch deutlicher, als das Gericht in den Jahren 2011und 2014 erst die 5%-Hürde und schließlich auch die 3%-Hürde für die Wahlen zum EP für grundgesetzwidrig erklärte. Trotz der gestiegenen rechtlichen und tatsächlichen Bedeutung des EP im politischen System der EU und für die Rechtsetzung der europäischen Völker wurde der Eingriff in die Wahlgleichheit und Chancengleichheit der Parteien nicht als gerechtfertigt angesehen. Das Argument der Integrationskraft der Fraktionen, das 1979 noch dazu beigetragen hatte, eine stärkere Fraktionenbildung zu unterstützen, führte 2011 zur Ablehnung der Sperrklausel. Sie sichere die Einbindung vieler kleiner Gruppierungen ausreichend ab, sodass es zu einer Blockade der Beschlussfassung nicht kommen könne. Die Sperrklausel-Rechtsprechung des BVerfG zum Europawahlrecht negiere damit, so Volker Haug, geradezu bemüht »die offensichtliche Bedeutung des EP als demokratisch unmittelbar legitimiertes Integrations- und Repräsentationsorgan von rund einer halben Milliarde Menschen bei einem gleichzeitig unpolitischen Verständnis der Arbeitsweise des EP und seiner Fraktionen« (2014: 486).

Auch dass der Gesetzgeber nun eine komplette (gegenwärtige, nicht zukünftige) Blockadesituation nachweisen muss, um die Differenzierungen der Wahlrechtsgleichheit zu begründen, ist neu und bedeutet eine Verschärfung des Maßstabs zur Rechtfertigung eines konzentrierenden Effekts. Mit dieser Haltung hat sich das Gericht wegbewegt von einer grundsätzlichen Akzeptanz der Sperrklausel als legitimes Mittel zur Aggregation politischer Interessen hin zu einem bloß technischen Mittel zur Verhinderung einer Blockadesituation im Parlament. Mehrheitsfähigkeit wird nicht mehr oder nicht mehr in gleichem Maße mit Gemeinwohlorientierung verknüpft. War diese Verknüpfung mindestens bis 1979 ein Hilfsmittel zur Operationalisierung von Gemeinwohl (Stichwort Splitterparteien), tritt dies seit den 90er-Jahren zugunsten der Berücksichtigung von zahlreicheren, dafür weniger mehrheitsfähigen politischen Interessen in den Hintergrund.

Eine Maßstabsverschärfung (siehe auch Wöhst 2017: 168) findet sich auch in der Rechtsprechung zu den ausgleichslosen *Überhangmandate*n, die das Bundeswahlgesetz bis 2013 ermöglicht hatte. Ihre proporzverzerrende Wirkung hatte das BVerfG in ständiger Rechtsprechung für zulässig erklärt, solange sie nur in begrenzter Zahl aufträten. In der Entscheidung 1997 bestätigten die Richter zwar die grundsätzliche Einschätzung, dass Überhangmandate zum Charakter der personalisierten Verhältniswahl gehörten, sie beschränkten ihre Anzahl jedoch auf fünf Prozent der Gesamtmandate. 2012 erfolgte eine Kappung auf eine Anzahl von Fünfzehn. Damit rückte das Gericht auch von seiner bisherigen Linie ab, dass die Bestimmung des Umfangs der hinzunehmenden Überhangmandate Sache des Gesetzgebers sei, wie dies bis 1997 der Fall war. Die Entscheidung stellte auch hinsichtlich der Juridifizierung der Entscheidungen des Gesetzgebers eine »Kehrtwende« dar (Strohmeier 2013b: 633).

Hinter der Einführung der Obergrenze stand die Konsultation eines zusätzlichen Maßstabs der allgemeinen Wahlrechtsgleichheit, der Erfolgschancengleichheit, den das Gericht der Zählwertgleichheit für den Mehrheitswahlaspekt und der Erfolgswertgleichheit für den Verhältniswahlaspekt überstülpte. Dies ist insbesondere mit Blick auf das Repräsentationsverständnis des Gerichts relevant. Es begriff Überhangmandate im Jahr

1997 uneingeschränkt als Aspekt der Persönlichkeitswahl, welche die Unabhängigkeit des Abgeordneten von seiner Partei sichern sollten. Die Funktionszusammenhänge der Parteiendemokratie, nämlich dass Parteien auf die Rekrutierung und Aufstellung der Wahlkreisbewerber, die später das Parteiprogramm im Parlament durchsetzen, grundlegenden Einfluss haben, blieb hinsichtlich dieses Einzelaspekts unbeachtet. Diese mangelnde Berücksichtigung des parteiendemokratischen Aspekts wandelte sich 2012, als die Überhangmandate auf Fünfzehn gedeckelt wurden, in eine noch skeptischere Betrachtung der Rolle von Parteien hinsichtlich der Repräsentationsfunktion: Direktmandate dienten dazu, die dominierende Stellung der Parteien im Willensbildungsprozess zu korrigieren (BVerfGE 131, 316: Rdnr. 133).

Es zeigt sich in der Zusammenschau hinsichtlich der Frage der Direktmandate also ein Widerspruch zwischen der tendenziellen Infragestellung mehrheitsfördernder Effekte im Wahlrecht und der Auffassung der Direktmandate als Persönlichkeitswahlaspekt (siehe zu diesem Widerspruch auch die Diskussionen im Parlamentarischen Rat: Galka 2014: 189 f.).

Kern der Rechtsprechung des BVerfG im untersuchten Zeitraum im Kontext der fraglichen Wahlrechtsvorschriften sind somit die steigenden Proportionalitätsforderungen in Form einer Verschärfung des Gleichheitsmaßstabes.

6. Parteiendemokratisches Parlamentarismusverständnis im Spiegel der Verfassungsrechtsprechung

6.1 Überblick und Einordnung

Die theoriegeleitete Textanalyse von über 25 Entscheidungen des Bundesverfassungsgerichts konnte verschiedene Aspekte seines Parlamentarismusverständnisses benennen. Diese Aspekte waren innerhalb der drei Spannungsverhältnisse »Gewaltenteilung und Machtteilung«, »Einzelner Abgeordneter und Gruppenzugehörigkeit« und »Interne Offenheit der Willensbildung und Geschlossenheit nach außen« dahingehend zu verorten, ob sie eher einem klassischen oder eher einem parteiendemokratischen Verständnis zuzurechnen sind. In den drei korrespondierend gebildeten Themengruppen von Entscheidungen zu den Binnenstrukturen des Bereichs von Parlament und Regierung, zur Gewaltenteilung und zum Thema Repräsentation fiel diese Einordnung divergent aus. Der Grundbestand eines parteiendemokratischen Parlamentarismusverständnisses in Form der Anerkennung des Gruppenprinzips war seit Beginn des Untersuchungszeitraums 1975 vorhanden, jedoch beschränkt auf den Kontext der innerparlamentarischen Strukturierung des Parlaments durch Fraktionen. Das Gewaltenteilungs- und das Repräsentationsverständnis blieben dagegen klar organorientiert und adaptierten die parteiendemokratische Strukturierung des politischen Prozesses im gesamten Untersuchungszeitraum kaum.

Von 1975 bis ca. 1990 war der Nachvollzug der fraktionengeprägten parlamentarischen Praxis von einem hintergründigen klassischen Maßstab begleitet, der sich zuweilen explizit, wie 1977 mit dem Verweis auf den »Geist des Parlamentarismus« im Urteil »Beschlussfähigkeit« und zuweilen implizit, in Form der Sorge um eine Usurpation des freien Mandats durch die Eingebundenheit in eine Partei (z. B. »Abgeordnetendiäten« 1975), zeigte. In den ersten fünfzehn Jahren nach der Wiedervereinigung war das BVerfG mit der erweiterten Nachrüstungsfrage und mit einer Reihe von Spezialfragen des Parlamentsrechts befasst, die im Wesentlichen eine Festigung und Weiterentwicklung ihrer Rechtsprechung zur Frage des Spannungsverhältnisses zwischen dem einzelnen Abgeordneten und dem Eingebundensein in seine Gruppe brachte. Auch die prinzipielle Haltung, dass nur das Parlament als Ganzes das Volk repräsentieren könne, wird hier durch die Prämisse der innerparlamentarischen Repräsentativität bei der Besetzung von

Parlamentsgremien vertieft. Mit dem Beginn der grundlegenden Wahlrechtsdebatten mit dem Urteil zu Kommunalwahlen in Schleswig-Holstein 2008 ist eine Hinwendung zu einem graduell klassischeren Parlamentarismusverständnis zu verzeichnen, der bereits 1997 im Urteil »Überhangmandate II« angelegt war. Mehrheitsfördernde Effekte des Wahlrechts unterlagen von da an einem immer strengeren Rechtfertigungsdruck. So sehr die arbeitsteiligen Aspekte des Regierungssystems mit Blick auf die Arbeitsweise des Fraktionenparlaments reflektiert und schließlich auch ihre Prägung durch Parteien anerkannt wird (z. B. im Urteil »Verfassungsrechtlicher Status der Bundestagsabgeordneten«), umso stärker reüssierte in den Wahlrechtsentscheidungen ein Repräsentationskonzept, das zwar nicht Einzelrepräsentation einfordert, aber die Integrationsleistung der Parteien auf das unbedingt notwendige, für die Funktionsfähigkeit des Parlaments erforderliche Maß beschränkt wissen will. Die Entscheidungen zur Zustimmungserfordernis des Bundestages für Auslandseinsätze der Bundeswehr dagegen unterliegen einer ebenfalls klassisch induzierten Organorientierung und Beharren auf einem – auch materiellen – exklusiven Gestaltungsbereichs der Regierung in der Außen- und Sicherheitspolitik unter Vernachlässigung der Konfliktlinie zwischen Regierungsmehrheit und Opposition. Eine in einem parteiendemokratischen Parlamentarismusverständnis nachvollziehbare Begründung für die Entdeckung des »Entscheidungsverbundes« von Parlament und Regierung durch die Einführung des wehrverfassungsrechtlichen Parlamentsvorbehalts lieferte das Gericht erst 2008, 14 Jahre danach.

Die somit benannten Phasen und Schlaglichter in der Entwicklung des Parlamentarismusverständnisses des BVerfG sind also nicht als streng voneinander abgegrenzt zu verstehen; zwischen den drei Kategorien Binenstrukturen der Regierungsmehrheit, Repräsentationsverständnis und Gewaltenteilungsverständnis gibt es Überlappungen und Widersprüche. Sie korrespondieren hinsichtlich des groben Zeitverlaufs mit den Phasen, die Christian Wöhst für seine demokratietheoretische Einordnung der Verfassungsrechtsprechung vorgenommen hat: Zwischen 1971 und 1989 stellt er eine Konsolidierung und Erweiterung, insbesondere der Grundsätze freier Oppositionsausübung und der Garantie des demokratisch-parlamentarischen Prozesses unter den Funktionsbedingungen der Mehrheitsdemokratie fest, und zwischen 1991 bis 2014 die Auseinandersetzung mit dem faktischen Strukturwandel der Legitimitätsbedingen dieser, insbesondere durch die Veränderungen im Parteiensystem und die Europäisierung (Wöhst 2017: 232 ff.). Die hier festgestellte zusätzliche Zäsur um den Beginn der

2000er Jahre fiel zusammen mit der Annäherung der Stimmanteile bei Bundestagswahlen für Großparteien (CDU/CSU und SPD) und Kleinparteien (alle anderen), also der nachlassenden Bindungskraft der Volksparteien und der geringeren Bedeutung von Lagerbildung.

Hinsichtlich der Veränderung parlamentarismusassoziierter Prämissen ist der Verständniswandel des Zweiten Senats von einem generellen Inkrementalismus geprägt. Er ist nur ausnahmsweise in Leitentscheidungen, so z. B. in der Entscheidung zur Abgeordnetenentschädigung 1975 oder zur Einführung des Parlamentsvorbehalts 1994, zu finden, sondern stattdessen in den Details der Begründungsmuster und -zusammenhänge. Auch zeigten sich erwartungsgemäß keine direkten Reflexionen zur Parlamentarismusfrage, also zur Alternative zwischen einem klassischen und einem parteiendemokratischen Verständnis. Zu verzeichnen sind jedoch graduelle Veränderungen von verfassungsrechtlichen Topoi oder Leitbildern, die in den Abwägungsentscheidungen des Gerichts eine entscheidende Rolle spielen. Besonders hervorzuhebende Entscheidungsmuster und die dazugehörigen Topoi werden im Zusammenhang mit den dargelegten Spannungsfeldern im Folgenden benannt und in den Kontext parlamentarismustheoretischer Überlegungen gestellt.

In dieser sekundären Analyse stehen ebenso wie in der primären Analyse der Entscheidungen komplexe mehrdimensionale Parlamentarismusprinzipien den bipolaren Abwägungsentscheidungen des BVerfG nach dem Grundsatz der Prinzipienkonkordanz gegenüber. Dies ist nur auf den ersten Blick ein unüberwindbarer Widerspruch, weil auch Konkordanz einen permanenten Prozess der öffentlichen Auseinandersetzung um Höchstwerte und Prinzipen bedeutet (Fischer-Lescano 2008). Trotzdem war es eine Herausforderung, in der Textanalyse nicht der Tendenz anheimzufallen, eine rein auf Rechtsnormen beruhende Argumentation als klassisch und eine die tatsächlichen Gegebenheiten berücksichtigende Argumentation als per se parteiendemokratisch einzustufen (siehe auch Kapitel 3.1) und stattdessen die Begründungsmuster des Gerichts genau zu hinterfragen. Bei der Einordnung erwiesen sich die flankierenden Einordnungen der Richter mit abweichender Meinung mehr noch als die Entscheidungen als Kontextmaterial untereinander als hilfreich, weil sie es ermöglichten, konkurrierende rechtliche Einschätzungen zum selben Zeitpunkt zu vergleichen.

Die Analyse der Entscheidungen des BVerfG kann wiederum nur Erkenntnisse über das Verständnis solcher Parlamentarismusaspekte hervorbringen, die durch die Transformation in ein rechtliches Verfahren prinzipiell abgebildet werden können und wo dies unter den Bedingungen des fehlenden Selbstbefassungsrechts des BVerfG auch geschieht. Nicht alle

Prinzipien, wie beispielsweise das Phänomen der politischen Führung, können über Rechtsprechung in einen Klärungsprozess überführt werden. Auf der anderen Seite gibt es hiervon auch Ausnahmen, wie sich dies in den Urteilen zu den Vertrauensfragen zeigte. Hier nahm das Gericht eine Abgrenzung des Vertrauensbegriffs vor, der typischerweise nicht zu den rechtlichen Begriffen gehört.

Die theoriegeleitete Textanalyse erwies sich dabei als geeignet, um eine tiefergehende, nicht nur auf den Entscheidungsformeln oder Leitsätzen basierende Analyse des Parlamentarismusverständnisses vorzunehmen. Unangemessene Vereinfachungen konnten so vermieden werden, wie sich dies z. B. in der Erarbeitung der unterschiedlichen Begründungsmuster der Ablehnung der Sperrklausel auf verschiedenen Ebenen oder der Begründungserweiterungen des Parlamentsvorbehalts über die Jahre gezeigt hat. Im Rahmen der konkreten Inhaltsanalyse war dabei die Differenz zwischen Inhalt der Entscheidung einerseits und Parlamentarismusverständnis andererseits bewusst zu halten. Explikationen und Bewertungen zum Inhalt der Entscheidungen waren auf das für das Verständnis und die Einordnung von Argumenten notwendige Maß zu beschränken, jedoch war es selbstverständlich auch notwendig, konkrete Entscheidungsinhalte mit dem dahinterliegenden Verständnis zu verknüpfen.

6.1.1 Binnenstrukturen von Regierungsmehrheit und Opposition: Anerkennung des innerparlamentarischen Gruppenprinzips (Fraktionen) unter persistierender Parteienskepsis

In Kapitel 4.2.3 zum theoretischen Rahmen dieser Arbeit wurde die Kategorie »Binnenstrukturen von Regierungsmehrheit und Opposition« anhand des Spannungsverhältnisses zwischen der Notwendigkeit zur Geschlossenheit der Fraktionen einerseits und offener Diskussion andererseits erläutert. Daran knüpfte die Frage an, wo über Politikinhalte, die zu für alle Bürger verbindlichen Gesetzen werden, entschieden wird.

Es wurde bereits dargelegt, dass das BVerfG hinsichtlich der Binnenstrukturen des Parlaments im Grundsatz ein parteiendemokratisches Parlamentarismusverständnis hat, wobei die Ausprägung variiert. Welche Unterschiede und Gemeinsamkeiten in den einzelnen Aspekten des parlamentarischen Regierungssystems haben sich ergeben? Aus der Rechtsprechung konnten in dieser Kategorie *vier Schwerpunkte* herausgearbeitet werden. Diese sind Auffassungen zur Aufgabe und zur Funktion von Fraktionen, Arbeitsteilung zwischen dem Plenum und anderen Gremien und eng damit zusammenhängend zum Ort der politischen Entscheidung. Daneben sind Äußerungen zur Funktionsfähigkeit von Parlamenten relevant sowie begleitend stets die Frage des Verhältnisses von Formalität und Materialität.

Aufgabe und Funktion von Fraktionen, Arbeitsteilung: Bereits 1977 hatte das BVerfG die »vorbereitenden Tätigkeiten der Fraktionen« als »tragendes Element der parlamentarischen Willensbildung« (BVerfGE 44, 308: Rdnr. 35) anerkannt. Dies schloss an die Rechtsprechung zum EVG-Vertrag im Jahr 1953 an (BVerfGE 2, 143), in dessen Rahmen Fraktionen als parteifähig im Organstreitverfahren eingestuft wurden, und seitdem sie Rechte des Bundestages vor dem BVerfG geltend machen können. Im Jahr 1959 wurde diese Anschauung mit dem »Redezeit«-Urteil wiederholt: Es sei unzweifelhaft, dass Fraktionen »den technischen Ablauf der Parlamentsarbeit in gewissem Grade zu steuern und damit zu erleichtern haben« (BVerfGE 10, 4: Rdnr. 38). Das Spannungsverhältnis zwischen der sich in der Arbeit der Fraktionen zeigenden Arbeitsteilung und dem grundsätzlichen Erfordernis der Mitwirkung aller Abgeordneten bei der Willensbildung des Parlaments löste das BVerfG anlässlich der Entscheidung »Beschlussfähigkeit« 1977 zugunsten der gruppeninternen Arbeitsteilung auf. Unter dessen Wirkung solle man keine zu »starre Anwendung« des Prinzips der repräsentativen Demokratie verlangen (BVerfGE 44, 306: Rdnr. 30). Das Gericht habe, so Florian Meinel, die Beschlussfähigkeitsregelung als Beschränkung des Prinzips der repräsentativen Demokratie begriffen »und sodann funktional durch die Erfordernisse der parlamentarischen Arbeitsteilung gerechtfertigt« (Meinel 2019b: 7). Die arbeitsteilige Struktur des Bundestages mit seinem Ausschusssystem zeigt sich nicht nur durch die Unterscheidung der thematischen Fachausschüsse, sondern auch durch die Abgrenzung der Tätigkeit der Ausschüsse von der des Plenums selbst. Das Plenum sei aufgrund seiner »Schwerfälligkeit« (BVerfGE 44, 308: Rdnr. 32) nur sehr begrenzt für »Detailarbeit« geeignet (ebd.). Der Grundstein eines parteiendemokratischen Verständnisses, das wesentlich auf der Organisationsautonomie des Fraktionenparlaments beruht, war damit gelegt bzw. gefestigt worden. Die reine klassische Vorstellung, dass einzelne Abgeordnete gemeinsam im Plenum nach Deliberation unabhängig entscheiden, spielt für das Ergebnis der Rechtsprechung keine Rolle mehr. Allerdings kommt sie als hintergründiger Maßstab in dieser ersten Phase noch vor. Er zeigt sich auch darin, dass Arbeitsteilung und Spezialisierung zur Bewältigung der komplexer werdenden Aufgaben der Gesetzgebung zunächst vorrangig in einer funktionalistischen Bedeutung Berücksichtigung fanden, da sie, so das Verständnis des Gerichts, auf dem »faktische[n] Zwang« (BVerfGE 44, 308:

Rdnr. 34) zur Arbeitsteilung beruhe. Zwar ist auch aus einem parteiendemokratischen Verständnis heraus der Annahme zuzustimmen, dass Abgeordnete sich aus zweckgeleiteten Rationalitätserwägungen zu Fraktionen zusammenschließen und geschlossen handeln. Jedoch tun sie dies auch, weil sie »kollektivistische Repräsentationsvorstellungen« (Fritzsche 2019: 56 f.) (unterschiedlichen Grades) haben, das heißt sich selbst hinter den Kollektivrepräsentanten Partei stellen. Dies beruht vor allem auch auf den Gründen der gemeinsamen Sozialisation in der Partei und einer grundsätzlichen Interessenkongruenz. Diese Aspekte bleiben für die Bewertungsgrundlagen des Gerichts jedoch unberücksichtigt; seine Sichtweise auf Fraktionen technischer Natur.

Dass aus Arbeitsteilung auch verschiedene Funktionen und Hierarchien für die Abgeordneten erwachsen, hatte das BVerfG bereits in seiner Entscheidung zu »Abgeordnetendiäten« 1975 berücksichtigt. Allerdings hielt es ausschließlich die Position des Parlamentspräsidenten und seiner Stellvertreter für zusätzlich vergütungswürdig, also die herausgehobenen Funktionen auf Ebene des Staatsorgans. Die besonderen Aufgaben der Fraktionsführung, durch die auch auf Ebene des Entscheidungskörpers Fraktion eine Hierarchisierung entsteht, sah es nicht als so gewichtig an, dass sie gegenüber dem »Prinzip der formalisierten Gleichbehandlung« (BVerfGE 40, 298: Rdnr. 42) überwiegen könnten. Die schon in den 50er-Jahren entwickelten Gleichheitsmaßstäbe im Wahlrecht wurden hier auch auf den Bereich der innerparlamentarischen Willensbildung angewendet (so auch Wöhst 2017: 230). Den das Gleichheitsprinzip überwiegenden Stellenwert sah das Gericht für die Fraktionsfunktionsträger erst im Jahr 2000 als gegeben an und erachtete nun Funktionszulagen für Fraktionsvorsitzende als zulässig, weil sie nicht nur als Koordinatoren des parlamentarischen Verfahrens, sondern auch als »Schaltstelle der Macht« (BVerfGE 102, 224: Rdnr. 71) verstanden werden könnten. Vier Jahrzehnte der Arbeit des Bundestages als Fraktionenparlament und dessen wissenschaftlicher Aufarbeitung spiegeln sich hier wider. Hinsichtlich der Auffassungen zum Parlament konnte für das BVerfG nun keine Rede mehr davon sein, dass über Stellung und Aufgaben der Fraktionen »in mancherlei Hinsicht Zweifel bestehen« (BVerfGE 10, 4: Rdnr. 38, Urteil »Redezeit« 1959).

Allerdings keimt die Frage nach der Reichweite, besser gesagt nach der Tiefenwirkung[105], des angewendeten Gleichheitsmaßstabes nicht nur auf der individuellen Ebene des Abgeordnetenmandats, sondern auch auf der

105 Die Gleichheit der Abgeordneten erstreckt sich fraglos auf alle Abgeordneten. Fraglich ist, wie tiefgehend in allen Bereichen des parlamentarischen Handelns die Umsetzung rechtlich fixiert werden kann und sollte.

Ebene der Parlamentsgremien auf. Die Entscheidungen zur Besetzung des Vermittlungsausschusses bzw. seiner Arbeitsgruppen 2004 und 2015 sind hierfür Beispiele (Kapitel 5.1.3.3). Das Gericht sah die »Prägekraft des Mehrheitsprinzips« in Konkurrenz zum aus dem Gleichheitsprinzip abgeleiteten Proportionalitätsprinzip als nachrangig an. Dies begründete es mit der speziellen Arbeitsweise des Vermittlungsausschusses, in dem es zu Kompromisslösungen zwischen zwei Staatsorganen käme. Es sah es als gerechtfertigt an, die Geschäftsordnungsautonomie des Bundestages hier einzuschränken und eine Neuberechnung der Besetzung der Bundestagsbank des Vermittlungsausschusses zu verlangen, die eine weitergehendere Proportionalität gewährleistet. Es hielte es sogar für zulässig, wenn eine politische Bundesratsmehrheit im Vermittlungsausschuss in die Minderheit geriete (BVerfGE 112, 118: Rdnr. 70). Neben einer recht praxisfremden Organorientierung scheint hier auch eine »Hyperthrophie des Spiegelbildlichkeitsprinzips« (Meinel 2019b: 13) durch, die eine Ausrichtung an dem parteiendemokratisch motivierten Ziel der Durchsetzung mehrheitsfähiger Gruppeninteressen eher entgegensteht. Für die Arbeitsgruppen des Vermittlungsausschusses sieht das BVerfG 2015 diese strengen Proportionalitätserfordernisse dagegen nicht als gegeben an (kritisch Achenbach 2015).

Ort der politischen Entscheidung: Die hier beschriebene grundsätzliche Anerkennung von Arbeitsteilung und Spezialisierung innerhalb der Fraktionen kann darüber hinaus jedoch nicht als Ausdruck eines voll ausgeprägten parteiendemokratischen Parlamentarismusverständnisses gewertet werden. Die Entscheidungsfindung im politischen Prozess verortete das Gericht, wie im Urteil »Wüppesahl« 1989 deutlich wurde, weiterhin im Staatsorgan Parlament, indem es die substanzielle Entscheidung in den Fachausschüssen des Bundestages vermutete. Aus der Konstruktion der Ausschüsse als »Ersatzdeliberatorien«, in denen der einzelne Abgeordnete die Chance hat, seine eigenen politischen Vorstellungen in die parlamentarische Willensbildung einzubringen, belegt zum einen, dass die Vorstellung, dass es eine gemeinsame Beratung von Mehrheit und Minderheit gäbe, noch nicht ganz ad acta gelegt war und ist. Zum anderen lässt es auf eine geminderte Wahrnehmung der Parteien im Parlament als Entscheidungskörper schließen.

Hierauf deuten auch parteienskeptische Äußerungen im Rahmen der Entscheidungen zur Abgeordnetenvergütung zum Jahr 2000 hin, die Parteien zumindest in diesem Kontext als Hindernis, nicht als Mittel zur Freiheit des Abgeordneten konstruieren. Erst 2007 konstatierte das Gericht ausdrücklich, dass die politische Einbindung des Abgeordneten in die Partei nicht nur erlaubt, sondern auch »gewollt« sei (BVerfGE 118, 227: Rdnr. 218).

Demgegenüber verstärken sich in der Wahlrechtsprechung diesbezügliche Formulierungen, wenn das Gericht feststellt, der Gesetzgeber habe mit der Direktwahlmöglichkeit »in gewissem Umfang der dominierenden Stellung der Parteien bei der politischen Willensbildung des Volkes (Art. 21 Abs. 1 Satz 1 GG) ein Korrektiv im Sinne der Unabhängigkeit der Abgeordneten (Art. 38 Abs. 1 Satz 2 GG) entgegensetzen« wollen (BVerfGE 131, 316: Rdnr. 133). Insoweit ist der Befund Robert van Ooyens im Kontext der Rechtsprechung zur Parteienfinanzierung zu bestätigen, dass das BVerfG hinsichtlich der Rolle der Parteien ambivalent sei (Ooyen 2005: 44).

Funktionsfähigkeit von Parlamenten: Mit der Zäsur in der Rechtsprechung des BVerfG, die durch die Ablehnung der Sperrklausel auf kommunaler (2008) und europäischer Ebene (2011 und 2014) eingetreten ist (so z. B. Arnim 2012: 224; Haratsch spricht von »Bruch« 2019: 178), änderten sich die Schlussfolgerungen, die das BVerfG aus den bisher zur Kenntnis genommenen binnenparlamentarischen Strukturen gezogen hatte.[106] Die Funktionsfähigkeit des EP bzw. der schleswig-holsteinischen Vertreterversammlungen wurden in diesen Fällen nicht (mehr) an die Gewährleistung der Arbeitsleistung des Parlaments selbst, insbesondere hinsichtlich Gesetzgebung geknüpft, sondern an exogene Faktoren. Diese sind für das kommunale Parlament die Funktionsfähigkeit bzw. die Stabilität der Regierung: Durch die Direktwahl der Bürgermeister und Landräte sieht das BVerfG die Regierungsbildungsfunktion als entfallen an. Diese Sichtweise unterstellt ein weitgehend unabhängiges Funktionieren von Vertreterversammlung und Gemeindeleitung seitens des Bürgermeisters, die durch seine »besondere institutionelle Unabhängigkeit« (BVerfGE 120, 182: Rdnr. 132) begründet sei. Ein parteiendemokratisches Verständnis der Regierungsbildungsfunktion hingegen geht über die reine Wahlkompetenz der Vertreterversammlung hinaus und berücksichtigt auch die Rekrutierungsfunktion, die den Fraktionen in den Kommunalparlamenten zukommt. Im Fall des EP ist dagegen der besagte exogene Faktor die Funktionsfähigkeit des gesamten Institutionengefüges der EU (so Haug 2014: 473), die das BVerfG unabhängig von bestimmten Mehrheitsverhältnissen im Parlament ansieht (BVerfGE 129, 300: Rdnr. 122). Eine so konstruierte Funktionsfähigkeit des Parlaments, die bei Abwesenheit einer formellen Regierungswahlfunktion im Prinzip nur noch die Beschlussfähigkeit des Organs als Maßstab

106 Entweder ändern sich die Schlussfolgerungen des Gerichts aus den Grundannahmen oder das hinter den bisherigen Schlussfolgerungen (nämlich, dass ein übermäßiges Vorhandensein von Kleinparteien zu Funktionsbeeinträchtigungen des Parlaments führen werde) liegende Grundverständnis änderte sich.

versteht und die substanzielle Mehrheitsfähigkeit von politischen Konzepten und Strategien beiseitelässt, entfernt sich von einem Parlamentarismusverständnis, dessen zentraler Kern das parlamentarische Regieren ist, das heißt verantwortliches Handeln durch das demokratische Legitimationszentrum.

In der Verschärfung des Maßstabs der Funktionsfähigkeit auf eine vorliegende oder drohende Handlungsunfähigkeit, wie dies in Kapitel 5.3.2.2 aufgezeigt wurde, liegt also auch eine Verengung auf den formalen Aspekt vor, indem der Zweck der Integration politischer Strömungen des Wahlvorgangs innerhalb von Parteien und auf Parteisystemebene unberücksichtigt bleibt. Den dahinterliegenden Dissens, der sich auch in der fehlenden Übereinstimmung der an den Entscheidungen beteiligten Richter widerspiegelt und der hier dezidiert hinsichtlich der Parlamentarismusfrage untersucht wurde, beschreibt Pascale Cancik als »klassische[n] Konflikt zwischen ‚Mehrheitsbildungsfunktion' oder genauer: Parteien-Konzentrationsförderung durch Wahlrecht einerseits und Verhältniswahrung andererseits in neuem Gewande« (Cancik 2013: 287).

Verhältnis von Formalität und Materialität: Dieses Thema begleitete die Analyse fast aller Entscheidungen des BVerfG, was auch in der Untersuchung von Rechtsauslegung selbst begründet liegt (siehe Kapitel 3.1). Die Urteile zu den beiden Vertrauensfragen von Helmut Kohl und Gerhard Schröder präsentieren die Orientierung des Gerichts an den »tatsächlichen Gegebenheiten« (zuerst BVerfGE 4, 31: Rdnr. 36) besonders anschaulich, weil es nicht nur Rechtsnormen auslegte, sondern auch ein dahinterliegendes ungeschriebenes sachliches Tatbestandsmerkmal, nämlich das Vertrauen der Parlamentsmehrheit, überprüfte. Dieses ungewöhnlich starke Ausgreifen in den Raum der tatsächlichen Politik, also die Verwendung materieller Maßstäbe durch das Gericht, veranschaulicht jedoch, warum es gerechtfertigt ist, an die Rechtsprechung nicht nur formelle, sondern auch materielle Verständnisgrundlagen anzulegen, wie dies hier mit den beiden Parlamentarismusverständnissen durchgeführt wurde. So hat auch die Rechtsprechung zu Minderheitsrechten im Fall der Großen Koalition gezeigt, dass das Gericht zwischen der Garantie formeller Minderheitsrechte und politischer Opposition unterscheidet. Die stärkere Rezeption der materiellen Seite des politischen Prozesses erlaubt eine Berücksichtigung der parteiendemokratischen Prägung des parlamentarischen Regierungssystems und die gedankliche Abstraktion von Staatsorganen als politische Akteure. Auf der anderen Seite führt die Vermengung der beiden Aspekte auf der Ebene der Begriffe auch immer wieder zu Ambivalenzen und Widersprüchen; ebenso dass die Rezeption der Erkenntnisse der Parlaments- und Parteienforschung durch das Gericht unterschiedlich intensiv erfolgt. Die ausbleibende Reflexion dieser Differenz und die mangelnde Berücksichtigung auf konzeptionell-theoretischer Ebene, wie dies beim Thema Repräsentation besonders zu beobachten ist, erschwert eine klare Zuordnung der Funktionen Entscheidung und Beschluss und ihrer Funktionsträger.

In den vier Schwerpunkten der Kategorie »Binnenstrukturen von Regierungsmehrheit und Parlament« können also drei verfassungsrechtliche Topoi ausgemacht werden, deren Ausgestaltung strukturierend für das Parlamentarismusverständnis sind. Dies ist neben der Funktionsfähigkeit des Parlaments der Grundsatz der gleichen Mitwirkungsbefugnis, der Grundsatz effektiver Opposition und das ungeschriebene sachliche Tatbestandsmerkmal.

6.1.2 Gewaltenteilungsmodell: Anerkennung eines »Entscheidungsverbunds« von Parlament und Regierung unter Beibehaltung der exekutiven Eigenverantwortung

Das Bundesverfassungsgericht selbst hat vielfach betont, dass sich seine Rechtsprechung an den sich ändernden tatsächlichen Verhältnissen zu orientieren habe. Für die Gewaltenteilungsfrage ist dies besonders wichtig, weil sich in diesem Grundsatz das Nebeneinander von formaler und materieller Machtteilung, das für das demokratische Gemeinwesen so essenziell ist, zeigt. In der Darlegung eines parteiendemokratischen Parlamentarismusverständnisses sind deswegen verschiedene Blickwinkel auf Gewaltenteilung aufgezeigt worden: ein organorientierter, funktionenorientierter, gruppenorientierter und prozessorientierter. In der Rechtsprechung des BVerfG dominierte im Untersuchungszeitraum eine organorientierte und in Teilen funktionenorientierte Herangehensweise. Sie ist jedoch von Beginn an von der Wahrnehmung des sogenannten neuen *Dualismus zwischen Regierungsmehrheit und Opposition* begleitet. Bereits 1978 fand dieser in einer Entscheidung zum Untersuchungsausschussrecht im Landtag Schleswig-Holstein seine Erwähnung (zur Übersicht der Leitentscheidungen des BVerfG zur Opposition siehe Diehl (2017)).

> »Das ursprüngliche Spannungsverhältnis zwischen Parlament und Regierung, wie es in der konstitutionellen Monarchie bestand, hat sich in der parlamentarischen Demokratie, deren Parlamentsmehrheit regelmäßig die Regierung trägt, gewandelt. Es wird nun vornehmlich geprägt durch das politische Spannungsverhältnis zwischen der Regierung und den sie tragenden Parlamentsfraktionen einerseits und der Opposition andererseits. Im parlamentarischen Regierungssystem überwacht daher

> in erster Linie nicht die Mehrheit die Regierung, sondern diese Aufgabe wird vorwiegend von der Opposition – und damit in der Regel von einer Minderheit – wahrgenommen.« (BVerfGE 49, 70: Rdnr. 39)

Was die hier untersuchten Urteile betrifft, so wurde der neue Dualismus im Jahr 2004 (»Vermittlungsausschuss«) in deskriptiver Weise aufgegriffen; ebenso im Jahr 2007, allerdings lediglich im Kontext der Prozessstandschaft der Fraktionen, die Rechte für den Bundestag vor dem BVerfG geltend machen können. Hier erkennt das Gericht eine »weitgehend[e] Übereinstimmung von Regierung und der sie tragenden Parlamentsmehrheit im parlamentarischen Regierungssystem« (BVerfGE 117, 359: Rdnr. 23). Auch die Ablehnung der 3%-Sperrklausel bei Europawahlen begründete das BVerfGE 2014 mit dem Fehlen einer »antagonistische[n] Profilierung von Regierung und Opposition« (BVerfGE 135, 259: Rdnr. 72) auf europäischer Ebene, ohne jedoch für die Bundesebene dieses Verhältnis tiefergehend begründet oder erläutert zu haben. Dies geschah im Grunde auch im Urteil »Oppositionsrechte« 2016 nicht: Hier wurde als einziges qualifizierendes Merkmal dieses grundlegenden Verhältnisses hinzugefügt, dass es eine »strukturelle, insbesondere informatorische Schwäche der Opposition gegenüber der Regierungsmehrheit [gibt], die unter anderem auf der Nähe der die Regierung tragenden Fraktionen zur Ministerialbürokratie beruht« (BVerfGE 142, 25: Rdnr. 105). Eine prominente Erwähnung erlebte der Dualismus dann erst in der Europarechtsprechung des BVerfG, insbesondere im Lissabon-Urteil 2009.

In den untersuchten Entscheidungen nahm das Gericht das Verhältnis von Regierungsmehrheit und Opposition jedoch nicht als grundlegendes Analyseinstrument zur Verfeinerung seines Gewaltenteilungsverständnisses im Sinne einer parteiendemokratischen Sichtweise auf. Aufbauend auf dieser Feststellung ist der Frage, was das BVerfG unter Gewaltenteilung versteht, dann auch vor allem in den Entscheidungen, die sich mit dem Verhältnis *zwischen* Parlament und Regierung befassen, nachgegangen worden. Elemente materieller Machtteilung wurden im Bereich der Binnenstrukturen von Parlament und Regierung verortet.

In der Entscheidung »Atomwaffenstationierung« 1984 zeigte sich das Gewaltenteilungsverständnis des BVerfG, abgesehen von der obligatorischen formellen Abgrenzung, ausdrücklich auch funktionenorientiert. Die Aufgabenteilung in der Außenpolitik zwischen Parlament und Regierung (Gesetzgebung einerseits, Ausführung andererseits) verstand das BVerfG nicht nur als reine Kompetenzordnung, sondern auch in einem materiellen Sinne. Aufgrund der verschiedenen Fähigkeiten und Ressourcen der Organe in personeller, sachlicher und organisatorischer Hinsicht sei die Regierung zur Entscheidung über Außenpolitik prädestiniert, während diese Fähigkeiten, insbesondere zum schnellen Entscheiden, das Parlament nicht aufbringe. Mit dieser Entscheidung löste sich das BVerfG weitgehend von der Kernbereichslehre, die in den ersten Jahrzehnten der Bundesrepublik seine Vorstellung von Gewaltenteilung dominiert hatte, und schwenkte um auf »die überzeugendere Konzeption der Funktionsgerechtigkeit oder Organadäquanz«, die »eine Funktion konkret dem geeignetsten Organ zuordnet, wobei die Eignung nach den Kriterien der demokratischen Legitimation, der Struktur des Entscheidungsverfahrens beurteilt wird« (Heun 2014: 75). Diese funktionenorientierte Sichtweise wird trotz der hier von Heun hervorgehobenen Entwicklung im Verständnis des BVerfGs im Vergleich zur Kernbereichslehre im klassischen Bereich des Spektrums eingestuft, weil sie eine materielle Machtteilung zwischen den Organen Parlament und Regierung unterstellt und weil sie dualistisch geprägt ist. Dagegen ist faktisch auch im außenpolitischen Feld die Regierung in der Sache auf die Zustimmung ihrer Parlamentsmehrheit angewiesen, auch wenn kein Gesetz zur Umsetzung einer Maßnahme notwendig ist.

Mit Einführung des wehrverfassungsrechtlichen Parlamentsvorbehalts 1994 (Urteil »Out of Area«) fand eine Lockerung dieser strikten Ausrichtung an der Funktionenteilung zwischen Parlament und Regierung in der Außenpolitik statt. Er wurde als Regierungsfunktion des Parlaments angesehen bzw. als Regierungsakt in Form eines Bundesgesetzes, womit es nun auch auf formaler Ebene zu einer Überlagerung von Gesetzgebung und Ausführung in diesem Bereich kam. Das Phänomen des neuen Dualismus, das in den Entscheidungen im Kontext von parlamentarischen Minderheitsrechten teilweise Erwähnung fand, tauchte hier nicht auf. Dafür trat das Gleichgewichtsparadigma zum Gewaltenteilungsverständnis hinzu. Der wehrverfassungsrechtliche Parlamentsvorbehalt sollte der Kompensation der durch die immer engere Einbindung in kollektive Sicherheits- und Verteidigungssysteme gestiegenen Entformalisierung von Entscheidungsprozessen auf der Ebene der intergouvernementalen Verhandlungssysteme dienen.

Diese Prämissen – *funktionengerechte Organzuständigkeit und das Gewaltenbalance-Paradigma* – wurden auch in der Entscheidung 2008 zur Luftraumüberwachung über der Türkei erneut aktualisiert. Im Zusammenhang mit der Konkretisierung der Frage, was als zustimmungspflichtiger bewaffneter Streitkräfteeinsatz zu gelten habe, führte das BVerfG im nun den sogenannten *»Entscheidungsverbund«* zwischen Parlament und Regierung über diese Frage ein. Die Tatsache, dass beide Staatsorgane dem Einsatz zustimmen mussten, deutet nicht mehr auf eine Unabhängigkeit, sondern gerade auf eine Abhängigkeit beider beteiligter Organe hin. Das bedeutet jedoch nicht, dass das BVerfG dem Phänomen der Regierungsmehrheit eine weitere rechtliche Grundlage gegeben hätte. Denn der Parlamentsvorbehalt soll ein »Bauprinzip der Gewaltenteilung sein« (BVerfGE 121, 135: 73), nicht parlamentarisches Regieren und auch nicht nachgelagerte parlamentarische Kontrolle, sondern ein arbeitsteiliger Entscheidungsprozess. Dies bedeutet parlamentarismustheoretisch zweierlei: Zum einen liegt die machthemmende Wirkung des Parlamentsvorbehalts, wie gezeigt wurde (Kapitel 5.2.3.2), vor allem in der Inkorporation der Entscheidung in ein öffentliches parlamentarisches Verfahren. Auf die machthemmende Funktion von Öffentlichkeit hatte auch schon die Entscheidung zur Offenlegungspflicht von Nebeneinkünften der Abgeordneten hingewiesen (»Verfassungsrechtlicher Status des Bundestagsabgeordneten«, 2007), die diese nicht mehr nur durch Plenar- bzw. Parlamentsöffentlichkeit verwirklicht sah. Zum anderen trägt die Anforderung, dass erst die Regierung die strategische Entscheidung über die Beteiligung an einem System kollektiver Sicherheit trifft, dann das Parlament über den konkreten Streitkräfteeinsatz entscheidet und schließlich wieder die Regierung die militärisch-operative Führung (Kommandogewalt) übernimmt, den Ansatz eines prozessualen Gewaltenverteilungsverständnisses in sich (Kapitel 4.2.1). Beide Aspekte entsprechen eher einem parteiendemokratischen Verständnis. Allerdings trägt das Gericht diese beiden Gründe für die Schaffung des »Entscheidungsverbundes« von Parlament und Regierung nicht explizit vor, sondern verbleibt in seinen Begründungszusammenhängen klassisch. Dies zeigt z. B. die Tatsache, dass das BVerfG bis zum Ende des Untersuchungszeitraums auf die Existenz einer außenpolitischen exekutiven Prärogative insistiert. Der Parlamentsvorbehalt schränke den »eigenständigen Entscheidungs- und Gestaltungsspielraum« der Exekutive durch die verantwortliche Mitwirkungsbefugnis des Parlaments in der Außenpolitik nicht ein. Diese »Sowohl-als-auch-Argumentation« verdeutlicht noch einmal das Dilemma, in welchem das BVerfG steckt, wenn es tatsächliche, machtrelevante Vorgänge mit Mitteln der bipolaren Abwägungsentscheidung beurteilen muss. Hierauf verweist auch Christian Wöhst beispielhaft mit Blick auf die Debatte um die auflösungsgerichtete Vertrauensfrage (siehe Kapitel 5.1.2.3):

> »Sobald insbesondere das parlamentarische Entscheidungsfindungsverfahren einem vom Gericht angefertigten prozeduralen Muster entsprechen muss, droht die Eigenrationalität der Politik allzu schnell mit rechtlichen Rationalitätsmaßstäben in Konflikt zu geraten. (Wöhst 2017: 237)

Explizit dagegen betont das Gericht im Kontext des wehrverfassungsrechtlichen Parlamentsvorbehalts die zentrale Informationspflicht der Bundesregierung gegenüber dem Parlament, die Voraussetzung dafür sei, dass es »mitentscheiden« (BVerfGE 121, 135: Rdnr. 82) könne[107]. Es benennt damit eine wichtige Absicherung parlamentarischer Minderheitsrechte, die einerseits eine sachliche Auseinandersetzung mit der Regierungspolitik sowie Kritik ermöglicht und andererseits zu einer »demokratischen Politisierung des Regierungshandelns« (Achenbach 2017: 515) beiträgt.

Hier wurde im Sinne der klaren Abgrenzung von formeller und materieller Sphäre Gewaltenteilung im Gegensatz zu Machtteilung als Aufteilung von Rechtskompetenzen verstanden. Dies war notwendig, um die Begründungen und Argumentationsmuster der Verfassungsgerichtsentscheidungen hinsichtlich seines Gewaltenteilungsverständnisses fruchtbar zu machen. Damit bleiben Intra- und Extraorgankontrolle in ihren verschiedenen Ausprägungen zunächst einmal ausgeblendet, weil hier das gewaltenteilige System zwischen Parlament und Regierung betrachtet wurde. Jedoch gibt es Effekte auf Macht und Gegenmacht, die verfassungsrechtlich fundiert sind, denen »eine eigenständige normative Bedeutung allerdings nur in begrenztem Maße zukommt, weswegen die verfassungsrechtliche Überprüfung konkreter Machtverschiebungen an den gewaltenteiligen Subsystemen anzusetzen hat« (Arnauld 2001: 698). Wendet man sich diesen Subsystemen zu, wird deutlich, dass unzulässige Machtverschiebungen vor allem durch die konsequente Einhaltung formeller Minderheitsrechte gesichert werden können (Kapitel 5.1.3). Dies hat das BVerfG mit seinem Urteil »Oppositionsrechte« im Jahre 2016 umgesetzt. Trotz der praktischen Relevanz der Konfliktlinie zwischen Regierungsmehrheit und Opposition ist es nicht dem Irrtum der Antragsteller aufgesessen, Minderheitsrechte als Oppositionsfraktionsrechte zu konzipieren.

Trotz dieser Ansätze eines impliziten parteiendemokratischen Gewaltenteilungsverständnisses bleibt das BVerfG in seinen Begründungsmustern einem organorientierten Verständnis verhaftet, auch wenn es die Machtträger zum Teil als Institutionen konzeptualisiert, was die Erwähnung vor allem der Opposition immer wieder zeigt. Ein Grund hierfür könnte sein, dass

107 „Dies bedeutet zugleich, dass die Bundesregierung verpflichtet ist, den mitentscheidenden Bundestag in, gemessen an seiner Entscheidungskompetenz, hinreichender Weise mit den erforderlichen Informationen über den Einsatzzusammenhang und gegebenenfalls über im Gang befindliche Planungen in Systemen gegenseitiger kollektiver Sicherheit zu versorgen (vgl. BVerfGE 90, 286 [388f.])." (BVerfGE 121, 135: Rdnr. 82).

es den Grundsatz der Gewaltenteilung zwischen Parlament und Regierung als eigenständiges Verfassungsprinzip zu retten versucht, obwohl es in der Massendemokratie nur eine einzige Legitimationsquelle, das Volk, gibt. In parteiendemokratischer Sicht ist deswegen Kontrolle zur Machthemmung zentral, nicht nur Machtteilung. Das BVerfG stellt dagegen mit seinem an Teilung orientierten Machthemmungskonzept andere Formen dieser zurück (siehe auch Arnauld 2001: 684 f.).

In der Kategorie des Gewaltenteilungsverständnisses können damit zwei verfassungsrechtliche Topoi ausgemacht werden, die für das Parlamentarismusverständnis des BVerfG kennzeichnend sind. Dies ist neben der Funktionengerechtigkeit der Kernbereich exekutiver Eigenverantwortung.

6.1.3 Repräsentationsverständnis: Anerkennung des Integrationsvorgangs der Wahl unter Verschärfung des Gleichheitsmaßstabs

Repräsentationsvorstellungen des BVerfG spiegeln sich zum einen in seinen Entscheidungen zu Binnenstrukturen des Parlaments wider, also zum legitimen Maß der Eingebundenheit des einzelnen Abgeordneten in die fraktionengeprägte Arbeitsweise im Parlament, und zum anderen auch in Entscheidungen zur ersten Stufe der Repräsentation, dem Wahlakt. In Kapitel 4.2.2 ist das Konzept der Gruppenrepräsentation (parteiendemokratisches Verständnis) und der Einzelrepräsentation (klassisches Verständnis) gegenübergestellt worden. Grundsätzlich geht das BVerfG durch die verfassungsrechtliche Anerkennung der Parteien als Verfassungsinstitutionen (BVerfGE 1, 208: Rdnr. 54, kritisch zu diesem Begriff: Maurer (2010: 336, Rdnr. 26)) von Gruppenrepräsentation aus. Politische Parteien seien »politische Handlungseinheiten, deren heute die Demokratie bedarf, um die Wähler zu politisch aktionsfähigen Gruppen zusammenzuschließen und ihnen so überhaupt erst einen wirksamen Einfluß auf das staatliche Geschehen zu ermöglichen« (BVerfGE 11, 266: Rdnr. 24). Diese Anerkennung zeigte sich in der Entscheidung zu »Abgeordnetendiäten« 1975 schon in der Konstatierung einer »Entwicklung von der liberal-repräsentativen zur parteienstaatlichen Demokratie« (BVerfGE 40, 296: Rdnr. 36). Dem gegenüber steht die Feststellung, dass »[b]ei der Bildung des staatlichen Willens im parlamentarischen Bereich [...] das Volk nur dann angemessen repräsentiert [ist], wenn das Parlament als Ganzes an dieser Willensbildung beteiligt ist.« (BVerfGE 44, 308: Rdnr. 29) Dieses Spannungsverhältnis zwischen Gruppenprinzip und Repräsentation durch alle einzelnen Abgeordneten wird vom BVerfG hinsichtlich verschiedener innerparlamentarischer

Rechte, wie z. B. hinsichtlich des Rechts zur Ausschussbesetzung oder zur Teilhabe am Ältestenrat, jedoch zugunsten der Fraktionen (als Gruppen) aufgelöst, wie die Entscheidungen »Wüppesahl«, »PDS/Die Linke« und »Fraktions- und Gruppenrechte« gezeigt haben.

Mit der Einführung der Prämisse der innerparlamentarischen Repräsentativität (Kapitel 5.1.3.1) in der Entscheidung »Wüppesahl« 1989 manifestierte das BVerfG jedoch gleichzeitig seine Vorstellung von Repräsentation, die es 1977 im Urteil »Beschlussfähigkeit« begründet hatte: Weil nur die Gesamtheit der Mitglieder des Parlaments Repräsentation bewirken könne, stufte es die Repräsentations- und Funktionsfähigkeit nur als intakt ein, wenn die Ausschüsse ein verkleinertes Abbild des Plenums darstellten. Dies deutet auf ein Konzept hin, welches Repräsentation nicht als »wechselbezügliches Verhältnis« (Payandeh 2019: 216) versteht, sondern davon ausgeht, dass der Wille eines Repräsentationsobjekts erfasst und abgebildet werden könne. Was jedoch aus parteiendemokratischer Sicht für das Volk als normativ obsolet gilt (Kapitel 4.2.2), dürfte dann auch für das Plenum wenigstens nicht ohne Weiteres übernommen werden. Während es nicht adäquat wäre, Bevölkerungsgruppen anhand univariater Merkmale in Gruppen zwecks spiegelbildlicher Repräsentation einzuteilen, ist die Fraktionszugehörigkeit auf Parlamentsebene durchaus ein solches Merkmal, das eine Zuordnung grundsätzlich rechtfertigt. Allerdings kommt auf der Entscheidungsebene die Komplexität des Entscheidungsprozesses hinzu, die verstärkt wird durch eine dennoch unterschiedliche Rangfolge von Präferenzen jedes Abgeordneten (Loewenberg 2007: 822). Deshalb ist das zentrale Organisationsprinzip des parlamentarischen Regierungssystems auch die Unterscheidung von Mehrheit und Minderheit und nicht Proporz (siehe auch Meinel 2019c: 110). Auch hier spiegelt sich also die Ambivalenz zwischen einem klassisch geprägten repräsentationstheoretischen Anspruch und der Akzeptanz, teilweise auch argumentativer Unterstützung der parteiendemokratischen Praxis wider. Hieraus erwächst ein Dissens, den Meinel hinsichtlich der spiegelbildlichen Besetzung von Bundestagsausschüssen als das Fehlen eines belastbaren verfassungsrechtlichen Repräsentationsbegriffs in der Rechtsprechung des BVerfG beschreibt (Meinel 2019c: 109). Auf der Grundlage dieses Dissenses entwickelt es jedoch eine Rechtsprechung, die die Verlagerung von Beschluss- oder Beschlussvorbereitungsbefugnissen aus dem Plenum auf Ausschüsse oder andere Gremien als rechtfertigungsbedürftig ansieht.

> »Die alltägliche und notwendige Arbeitsteilung im Parlament erscheint in dieser Betrachtungsweise als Abweichung vom Idealbild des Parlamentarismus, als verfassungsrechtlich rechtfertigungsbedürftige Pathologie.« (Payandeh 2019: 212)

Das konkurrierende Rechtsgut zur Geschäftsordnungsautonomie des Bundestages, die arbeitsteilige Prozesse regelt und sichert, ist die Rechtsstellung des Abgeordneten. Sie wird aus einem Individualrecht des Abgeordneten abgeleitet und die institutionelle Eingebundenheit tritt in den Hintergrund. Noch einmal also scheint das Gruppenprinzip auf der einen Seite durch die innerparlamentarische Repräsentativität gestärkt, weil die Vorschrift der Geschäftsordnung, dass die Zusammensetzung der Ausschüsse im Verhältnis der Stärke der einzelnen Fraktionen vorzunehmen sei, als verfassungsrechtlich unbedenklich deklariert wird (BVerfGE 80, 188: Rdnr. 121). Auf der anderen Seite aber persistiert zum einen die Auffassung, Repräsentation verwirkliche sich nur über das Gesamtparlament; zum anderen verstärkt das Gericht die aus diesem klassisch inspirierten Repräsentationsverständnis resultierenden Konsequenzen, indem es in den Urteilen »Wüppesahl« und »PDS/Die Linke« zunächst von einer »Teilnahme« aller, also jedes einzelnen Abgeordneten, an Verhandlungen und Entscheidungen des Bundestages spricht, dann im Urteil »Fraktions- und Gruppenstatus« aber von »Recht auf gleiche Teilhabe am Prozess der parlamentarischen Willensbildung« (BVerfGE 96, 264: Rdnr. 60).[108]

Die fehlende reflektive Differenzierung zwischen dem formellen und dem materiellen Aspekt von Repräsentation verstärkt diese ungeklärte Ambivalenz noch. Für die praktische Ausgestaltung der politischen Willensbildung (arbeitsteiliges Fraktionenparlament) bietet dieses ambivalente Repräsentationsverständnis des Gerichts keine fruchtbaren Anknüpfungspunkte und ist so hinsichtlich wesentlicher demokratietheoretischer Fragen wie der Frage der Transparenz, der Verantwortungszuschreibung oder der Einhaltung von Verfahrensregeln ratlos. Dementsprechend stellt es fest, dass für eine ausreichende Repräsentation des Volkes durch die Abgeordneten, also die angemessene Beteiligung des einzelnen Abgeordneten in (materielle) Repräsentationsprozesse, eine »Vermutung« (BVerfGE 44, 308: Rdnr. 40, auch in den Leitsätzen) sprechen müsse. Wichtige Abgrenzungslinien, z. B. hinsichtlich der Frage, wie weit das Repräsentativitätsprinzip greifen muss, bleiben ungeklärt, weil es an dem Repräsentationsparadigma »Mitwirkung aller Einzelnen« ohne Abstufungen festhält.

Auch auf der Ebene der Wahlrechtsprechung ist seit 2008 ein Repräsentationskonzept zu erkennen, das eine größtmögliche Proportionalität von Stimmen zu Mandaten als obersten Maßstab setzt. Christian Wöhst sieht hierin die Antwort auf einen durch die europäische Integration mit einer

108 Dieser qualitative Wechsel der Begriffe ist Florian Meinel aufgefallen (Meinel 2019b: 11, Fn. 45).

»zunehmenden Entparlamentarisierung einhergehenden Legitimationsverlust des Wahlaktes«, indem in das Wahlrecht das Demokratieprinzip inkorporiert werde (Wöhst 2017: 229). Es ist anzunehmen, dass das Gericht damit auch auf eine Entwicklung in den Einstellungen der Bürger und der öffentlichen Meinung reagiert, die sich in einer »erhöhten Repräsentativitätssensibilität« (Cancik 2013: 278) zeigt. Gemeint ist damit eine erhöhte Aufmerksamkeit gegenüber dem Ziel und Ergebnis von Repräsentationsvorgängen, wie Repräsentanten, Verfahren und Politikergebnissen (ebd.). Die Verhältniswahl wird dabei normativ als »ein effizientes politisches Instrument zur besseren Durchsetzung oder Verteidigung gesellschaftlicher Interessen« (Nohlen 2014: 151) angesehen. Insbesondere die Wahlrechtsrechtsprechung der letzten Jahre adaptiert respektive transportiert diese Haltung.

Für die Analyse der Parlamentarismussichtweise des Gerichts kristallisiert sich für die Rechtsprechung zu diesem Thema folgendes Bild heraus: Es handelt sich in den Beschreibungen und Begründungen der Richter um eine parteiendemokratische Situationsbeschreibung, der jedoch eine Motivation in Richtung Proportionalitätsfixierung unterliegt. Dabei fungiert zum einen der Topos der Funktionsfähigkeit des Parlaments bei der beschriebenen Verschärfung des Gleichheitsgrundsatzes als äußerst schwer zu definierender, ja fragiler Maßstab (Kapitel 5.3.2.2), der in der spezifischen Auslegung des Gerichts die Funktionsfähigkeit auf Beschlussfähigkeit verengt und insbesondere die Stabilität des Parteiensystems, sekundär werden lässt. Zum anderen transportiert die in diesem Kontext wiederholt hervortretende Auffassung des Gerichts, die Parteien würden sich bei Entscheidungen über die Wahlrechtsfrage per se vom eigenen Machterhalt leiten lassen, eine parteienskeptische Haltung.

Mit der Kontroverse um die Frage der Überhangmandate lässt sich dies zusätzlich verdeutlichen: Spätestens seit 1994 fiel den Überhangmandaten eine neue Funktion zu, nämlich eine Regierungsbildung nicht nur verstärken, sondern ermöglichen zu können. Die Änderung der tatsächlichen Verhältnisse forderte eine Einordnung des Gerichts heraus, wie es das Verhältnis von Direktmandaten und Listenmandaten bewertet. Dabei fällt auf, dass es die Rolle des (einst randständigen) Phänomens der Überhangmandate und die Bedeutung des Direktmandats stark betont. Der als so wichtig eingestufte Persönlichkeitsaspekt (Kapitel 5.3.3.1) bei der personalisierten Verhältniswahl ist dabei konzeptionell der Vorstellung von Einzelrepräsentation zuzuordnen. Diese Orientierung zeigte sich z. B. auch in der Haltung des Gerichts zur Problematik der »Überhang-Nachrücker« (BVerfGE 97,

317) im Jahr 1998[109]: Frei werdende Bundestagsmandate sollten dann nicht von der Landesliste einer Partei nachbesetzt werden, solange Überhangmandate in einem Land vorhanden seien, weil der Wähler mit seiner für den Wahlkreisbewerber einer Partei abgegebenen Erststimme nicht zugleich alle Bewerber der Landesliste dieser Partei als Ersatzleute mitwähle (BVerfGE 97, 317: Rdnr. 31). Angenommen wird hier eine Differenzierung der Legitimation nach Erststimmen und Zweitstimmen, die jedoch dem Status (der Gleichheit) der Abgeordneten widerspricht und eine Höherbewertung, jedenfalls andersartige Legitimation von Direktmandaten unterstellt (siehe auch Ipsen 2013: 268).

Im Urteil Überhangmandate II 1997 wurden diese Mandate durch die Einführung des übergeordneten Grundsatzes der allgemeinen Wahlgleichheit, also der Erfolgschancengleichheit, einerseits gerechtfertigt und andererseits ihre Anzahl begrenzt. Der Maßstab ermöglichte es, Überhangmandate nicht verbieten zu müssen, weil diese die Erfolgswertgleichheit nicht unwesentlich verletzen. Andererseits bietet er die Möglichkeit, an das technische Element der Mehrheitswahl der personalisierten Verhältniswahl den strengeren Gleichheitsmaßstab, nicht etwa nur die Zählwertgleichheit, anzulegen. Die Höherbewertung des Proportionalitätsprinzips zeigt an, dass das BVerfG bereit ist, in einem Trade off aus Funktionsfähigkeit des Parlaments für Regierungsbildung und Gesetzgebung und der Abbildung der »wesentlichen politischen Strömungen im Volk« (BVerfGE 95, 335: Rdnr. 126) im Repräsentationsorgan, den jedes Wahlrecht darstellt, sich zugunsten der Abbildung zu entscheiden. Diese Tendenz spiegelt sich auch in der in der Fachdebatte aufkeimenden Idee wieder, das personalisierte Verhältniswahlsystem, und damit die Entscheidungsregel Proporz, im Grundgesetz zu verankern (siehe z. B. Morlok et al. 2016: 1631, Rdnr. 24 oder die öffentlichen Forderungen von Norbert Lammert).

Dass die Argumente »Integration des Staatsvolks« und »Funktionsfähigkeit des Parlaments« teils gegenläufig, also sowohl in der Begründung der Sperrklausel (Reduzierung der Anzahl der Parteien im Parlament) als auch in der Begründung der Grundmandatsklausel (Erhöhung) auftauchten, zeigt zum einen, wie neutral sich das Gericht hinsichtlich der Wahlsystementscheidung dennoch positionieren will: ob die Wahl eher als Parteienwahl oder als Personenwahl aufgefasst werden kann, wird offengelassen. Zum anderen deutet es darauf hin, dass das Gericht die Strukturprinzipien parlamentarischer Demokratie, wie sie von der parteiendemokratischen Sicht-

109 Diese Entscheidung wurde in dieser Arbeit nicht analysiert.

weise konstatiert werden, nur zurückhaltend berücksichtigt, wie insbesondere das grundlegende Gruppenprinzip oder den Dualismus von Regierungsmehrheit und Opposition. Nach der Ansicht mehrerer Urteile aus verschiedenen Dekaden wird deutlich: Je politischer das BVerfG sein will (oder muss) in dem Sinne, dass es zunächst Wahlrecht bewertet und dann indirekten Einfluss auf die Gesetzgebung nimmt, desto unpolitischer argumentiert es in dem Sinne, dass es Erwägungen der politischen parlamentarischen Praxis weniger miteinbezieht.

Während also für die Binnenstruktur des Bereichs von Parlament und Regierung die Akzeptanz der Parteien und die Interdependenz mit dem einzelnen Abgeordneten einerseits Anerkennung findet, kommt es im Bereich der innerparlamentarischen Repräsentation und im Wahlrecht zu einem Schritt Richtung klassischem Verständnis. Der in diesem Kontext verwendete Topos ist neben der Proportionalität die innerparlamentarische Repräsentativität.

6.2 Parlamentarismusspezifische Topoi des Bundesverfassungsgerichts

Neben einer zeitlichen Einordnung und der Zuordnung von Argumentationsmustern des BVerfG zu den grundlegenden Kategorien der idealtypischen Verständnisse, wurden auch Topoi benannt, die das Gericht zur Abwägung seiner parlamentarismusassoziierten Entscheidungen heranzieht. Die Gemeinsamkeit von ungeschriebenen Topoi sei, so Pascale Cancik, dass sie am Anfang nur sehr knapp begründet würden, dass aus dem Vorhandensein eines Phänomens ein normativer, durch das BVerfG durchsetzbarer Anspruch gefolgert werde und dass sie vage seien (Cancik/Groß 2019: 73). Darüber hinaus sollten Leitbilder bzw. Topoi schlüssig und kohärent sein, weil innere Widersprüche destabilisierend wirkten und Unsicherheit erzeugten (Szczerbak 2018: 135). In der Analyse der Entscheidungen des BVerfG konnten folgende Topoi herausbearbeitet werden:

- Funktionsfähigkeit des Parlaments
- Grundsatz der gleichen Mitwirkungsbefugnis
- Grundsatz effektiver Opposition
- ungeschriebenes sachliches Tatbestandsmerkmal
- Funktionengerechtigkeit
- Kernbereich exekutiver Eigenverantwortung
- innerparlamentarische Repräsentativität

Es konnte gezeigt werden, dass das BVerfG hinsichtlich wesentlicher Prinzipien des Parlamentarismus ambivalent ist. Diese Ambivalenzen resultieren nicht nur aus den verschiedenen Auffassungen zu inhaltlich-fachlichen Fragen im Zweiten Senat, sondern auch aus der Offenheit der Parlamentarismusfrage; vereinfacht ausgedrückt aus der Alternative zwischen klassischem oder parteiendemokratischem Verständnis. Sie ist auch in den abweichenden Voten abzulesen, die gerade mit Blick auf die Vertrauensfrage oder beim Urteil zu den Funktionszulagen für Bundestagsabgeordnete einen erheblichen Teilbereich dieser abweichenden Verständnisse aufzeigen. Eine intensivere konzeptionelle Berücksichtigung der in Abbildung 4 dargestellten Strukturprinzipien des Parlamentarismus und ihrer Zusammenhänge in den Begründungen des BVerfG könnte helfen, praxisgerechten Antworten auf die aktuellen Herausforderungen parlamentarischer Demokratie eine Grundlage zu geben.

Die durch die Geschäftsordnungsautonomie des Bundestages gewährleistete *Funktionsfähigkeit des Parlaments* zieht das Gericht als Grund zur Einschränkung der Gleichheit der Abgeordneten (Parlamentsrecht) und zur Einschränkung der Chancengleichheit der Parteien (Wahlrecht) heran. Eine Beeinträchtigung dieser Prinzipien stellt es nur fallspezifisch fest, ohne verallgemeinerbare Gründe dafür aufzustellen, unter welchen Umständen ein Parlament funktionsfähig sei. Unter der Annahme, dass es in der Parteiendemokratie eine wesentliche Funktion des Fraktionenparlaments ist, zu regieren, also Entscheidungen über Politikinhalte zu erarbeiten oder zu konkretisieren, wäre es zielführend, Funktionsfähigkeit nicht nur rein technisch im Sinne des ungehinderten Ablaufs der parlamentarischen Verfahren zu verstehen und auf die Abwesenheit von Funktionsunfähigkeit zu verengen, wie dies in den Urteilen zur Sperrklausel bei Europawahlen deutlich geworden ist, sondern die strategische Entscheidungsfähigkeit als Aufgabe zu berücksichtigen. Im Bereich des Wahlrechts wurden im Zuge der steigenden Proportionaliätsorientierung die Input-Strukturen des politischen Prozesses gestärkt. Durch seine Parlamentstradition einerseits, aber auch durch seine Flexibilität und Reformfähigkeit andererseits ist der Bundestag und sind Parlamente generell in der Lage, gesteigerte Anforderungen durch Intergouvernementalismus, Supranationaliät und allgemein größerer Komplexität zu kompensieren. Eine Stärkung auch der Output-Strukturen, wie beispielsweise weitere Delegationsmöglichkeiten vom Plenum auf Ausschüsse, kann dies unterstütztzen.

Die Funktionsfähigkeit des Parlaments steht außerdem in einem Spannungsverhältnis zum *Grundsatz der gleichen Mitwirkungsbefugnis* jedes einzelnen Abgeordneten am politischen Willensbildungsprozess, der vonseiten des BVerfG als wesentlich für die Verwirklichung von Repräsentation angesehen wird, und sich als *innerparlamentarische Repräsentativität* fortsetzt. Aufgrund der Prinzipien der Arbeitsteilung und der politischen Führung ist die Mitwirkung der Abgeordneten, insbesondere hinsichtlich ihrer persönlichen Fähigkeiten und Kenntnisse, verschieden. Da die gleiche Mitwirkungsbefugnis vom Gericht ausdrücklich nicht auf die Beschlussfassung in Parlamentsgremien begrenzt ist, sondern »[ö]ffentliches Verhandeln von Argument und Gegenargument« (BVerfGE 140, 115: Rdnr. 92) umfasst, sind zukünftige Abgrenzungsfragen eine große Herausforderung. Wie können Abgrenzungskriterien für Gremien aussehen, die den strengen, mit der Repräsentationsfunktion begründeten Anforderungen von innerparlamentarischer Repräsentativität und Öffentlichkeit unterliegen müssen oder eben nicht unterliegen müssen? Welche Abstufungen kann und sollte es zum Zwecke des Minderheitsschutzes hier geben? Dies betrifft zum einen Ausschüsse und Gremien mit plenarersetzender Funktion, wie im Fall des ESM-Sondergremiums, aber auch beschlussvorbereitende Gremien, wie am Beispiel der Arbeitsgruppen des Vermittlungsausschusses gezeigt wurde. Ein abgestuftes innerparlamentarisches Repräsentationssystem scheint angesichts der fortschreitend komplexer werdenden Entscheidungen und Prozesse im Zuge der europäischen Integration unumgänglich. Ein klares und klar abgegrenztes Repräsentationsverständnis, das nicht nur die Abbildung politischer Strömungen, sondern auch das wechselseitige Führungsverhältnis der Akteure berücksichtigt, würde helfen Regeln hierfür festzulegen, z. B. hinsichtlich der Fragen, ob die Delegation mit einer Wahl der Gremienmitglieder einhergehen muss oder ob ein »Rückholrecht« des Plenums bestehen sollte (siehe auch Schürmann 2016: 580 f., Rdnr. 16).

Der erst 2016 so formulierte *Grundsatz effektiver Opposition* deutet darauf hin, dass das BVerfG die Notwendigkeit sah, die durch quotierte Minderheitsrechte garantierte Beteiligung der Opposition am parlamentarischen Prozess zusätzlich mit einem normativen Gebot zu untermauern. Hintergrund mag angesichts kleiner und/oder fragmentierter Oppositionen und einer geringeren Wahrscheinlichkeit echter Regierungswechsel die Intention gewesen sein, die Informationsgewinnung für die Opposition zu gewährleisten bzw. zu erleichtern. Die Entscheidung zu parlamentarischen Informationsrechten betreffend die Auskunft über teilstaatliche Wirtschaftsunternehmen wie der Deutschen Bahn AG (BVerfGE 146, 1) untermauerte 2017 diese Haltung noch einmal und unterstrich die demokratische Legitimationsfunktion des Fragerechts. Das Strukturprinzip der Unterscheidung zwischen formellen und materiellen Aspekten im Regierungssystem entspricht einem solchen Schutz: Da die Minderheit für die Dauer der Legislaturperiode, von indirekten Effekten abgesehen, von der Entscheidungsfindung ausgeschlossen ist, ist die Sicherung formeller Informationsrechte der Oppositionsfraktionen ein unabdingbares Element parlamentarischer Kontrolle.

Der *Topos des ungeschriebenen sachlichen Tatbestandsmerkmals* ist dagegen ein Beispiel dafür, wie das BVerfG die Einbeziehung materieller Aspekte bei der Bewertung von Rechtsfragen auf einer weiteren Abstraktionsebene behandelt. Der Begriff des Tatbestandsmerkmals stammt aus dem Strafrecht und bezeichnet eine partielle Definition eines Begriffs, die helfen soll zu beurteilen, ob ein bestimmter Sachverhalt einem bestimmten Begriff entspricht (Puppe 2019: 88). Im Falle der Vertrauensfrage war dies die politische Lage der Instabilität, die vorliegen müsse, damit die Vertrauensfrage gestellt werden dürfe (Kapitel 5.1.2.3). Ob es angemessen sein kann, auch für Verfassungsrecht Tatbestandsmerkmale zu bilden, war auch unter den Verfassungsrichtern umstritten. Jedenfalls stellt dies einen weiteren Hinweis auf eine Juridifizierung materieller politischer Prozesse dar, anstelle der Differenzierung formeller und materieller Aspekte in den Begründungsmustern des Gerichts. Während das Gericht bei der Anwendung dieses Topos zwei Mal zu dem Schluss kam, die Vorgehensweise des Mehrheitskanzlers nicht abzulehnen, ermöglicht allein die Existenz des ungeschriebenen Tatbestandsmerkmals im Verfassungsrecht, auch einen anderen Ausgang dieser Abwägung. Man kann sich vorstellen, zu welchen Schwierigkeiten die Anwendung auf andere, ebenfalls recht offene Verfassungsnormen führen könnte. Zu denken wäre hier insbesondere an die Richtlinienkompetenz (Art. 65 GG), die sich für findige Antragsteller eignen würde, eine Ausgestaltung in Form der Beschreibung eines hinter einer Norm liegenden Tatbestandsmerkmals zu provozieren.

Der Topos der Funktionsfähigkeit des Parlaments ist die Fortführung des *Topos der Funktionengerechtigkeit*, durch die im Sinne des Gerichts Gewaltenteilung verwirklicht ist. Mit der Einführung des Parlamentsvorbehalts wurde offenbar, dass die Unterscheidung von Regierungsakt und Gesetzesbeschluss als formeller Aspekt von Gewaltenteilung angesichts des neuen Dualismus von Regierungsmehrheit und Opposition nur mehr ein Residuum der einstigen Differenz von gesetzgebender und ausführender Staatsmacht ist. Ein so verstandenes Gewaltenteilungskonzept hat im parteiendemokratischen Parlamentarismus kaum mehr einen relevanten Inhalt. Fast widersprüchlich stellte sich deswegen das Beharren des Gerichts darauf dar, dass trotz der echten parlamentarischen Mitentscheidungsbefugnis des Parlaments bei Auslandseinsätzen der Bundeswehr und ständiger Abhängigkeit der Regierung von der Parlamentsmehrheit ein *Kernbereich exekutiver Eigenverantwortung* im Sinne materieller Entscheidungsmacht der Regierung bliebe. Da der Nexus des Prinzips der Führung in dieser Argumentation fehlt, haben beide Topoi machtpolitisch keinerlei Erklärungskraft. Der Topos »Kernbereich exekutiver Eigenverantwortung« ist ein Beispiel für eine sich verselbstständigte Argumentation. Dieser »nicht ausforschbare Initiativbereich, Beratungsbereich und Handlungsbereich« (»Flick-Untersuchungsausschuss«, BVerfGE 67, 100) stammt aus dem Untersuchungsausschussrecht und bezog sich dort ursprünglich auf den Geheimhaltungsanspruch von Akten, nicht jedoch auf einen politischen Entscheidungsspielraum. Vom Kontext gelöste Topoi können verfassungspolitischen Klärungsbedarf überdecken (Cancik/Groß 2019: 73), der hier offenbar für das stärkere Engagement Deutschlands in Systemen kollektiver Sicherheit bestand.

Überlegungen zur Machtbegrenzung der Regierung im Bereich der Außenpolitik könnten unter Berücksichtigung des Prinzips der Führung stattdessen zum Beispiel zu der Frage leiten, ab welcher Schwelle die Notwendigkeit einer formellen Registrierung der informellen Zustimmung zum Regierungshandeln greifen müsste, um Regelungslücken der Kontrolle sowohl innerhalb der Mehrheit als auch durch die Minderheit und somit Legitimationslücken aufzudecken. Mit der Einführung des Parlamentsvorbehalts hat das BVerfG die Entscheidung über den Auslandseinsatz bewaffneter Streitkräfte in ein öffentliches parlamentarisches Verfahren überführt. Mit der vertieften Einbindung Deutschlands in kollektive Sicherheitssysteme hat es offenbar eine strukturbildende Grenzverschiebung im Gewaltenverhältnis gesehen. Auch andere Strukturen der Gewaltenteilung unterliegen solchen Änderungen. Everhard Holtmann benutzt hierfür den Begriff »dynamische Gewaltenteilung« (Holtmann 2004). Auch in einem parteiendemokratischen Parlamentarismusverständnis kann es zu Verschiebungen kommen, die »‚asymmetrische' Anordnungen im Gewaltenverhältnis dauerhaft ausbilden« (Holtmann 2004: 312).

Das Gericht hat hierfür Abhilfe geschaffen, jedoch nicht in der nach außen dargestellten und öffentlich perzipierten Weise. Es ging nicht um eine zusätzliche echte Mitentscheidungsfähigkeit des Gesamtparlaments im Gegensatz zur Regierung, sondern um die legitimitätsstiftende Herstellung von Öffentlichkeit, die auch der Minderheit die öffentliche Beteiligung ermöglicht und nebenbei den Druck zur Geschlossenheit für die Führungskräfte der Mehrheitsfraktionen erhöht. Dies hat dann auch zur Folge, dass Kampf um Deutungshoheit, wie in diesem Fall zum Thema Sicherheitspolitik, gesichert stattfindet. Lücken und Defizite in der Kontrolle der Regierung durch die Minderheit und durch die Mehrheit können auch aus einer Nichtanpassung von Kontrollstrukturen an veränderte Gegebenheiten resultieren, wie beispielsweise beim Einsatz von militärischen Spezialkräften mit unspezifischen Einsatzmandaten (Noetzel/Schreer 2006). Wenn notwendig und möglich, sollte solchen Kontrolllücken erhöhte Aufmerksamkeit gewidmet werden. Dabei stößt das parlamentarische Gestaltungspotenzial und damit auch das Kontrollpotenzial selbst an seine Grenzen, vor allem aufgrund der Prozesse der Europäisierung und Globalisierung. Dies zeigte sich auch im Zusammenhang mit dem Streitkräfteeinsatz.

Angesichts dessen kann es umso wichtiger sein, den gesellschaftlichen und parlamentarischen Konsens darüber aufrechtzuerhalten und zu aktualisieren, wo die legitimationsstiftende Funktion der bloßen Mehrheit endet, auch abgesehen von den im Grundgesetz festgelegten Fällen. Insbesondere im Bereich des Wahlrechts und der parlamentarischen Selbstorganisation, wie beispielsweise hinsichtlich des Schutzes von Oppositionsrechten zu Zeiten einer übergroßen Koalition, rücken die Parteien in vielen Fällen von der Konkurrenzlogik ab und die Regierungsmehrheit bemüht sich um einen parteienübergreifenden Konsens im Sinne einer Selbstbeschränkung (siehe auch Holtmann 2007: 120).

Der Topoi der Funktionengerechtigkeit ist jedoch auch in einem parteiendemokratischen Verständnis nicht obsolet. Neben der Funktionendifferenzierung Entscheidung und Kritik/Alternative können weitere Zuordnungen legitimatorischer oder organisatorischer Art getroffen werden. Ein prozessuales Gewaltenteilungskonzept könnte, wie Bernd Grzeszick dies beschreibt, individuelle Selbstbestimmungsgarantien in Form von Grundrechten und kollektive Selbstbestimmungsgarantien in Form von demokratischen Entscheidungen beschreiben. Auf organisatorischer Ebene ließen sich allgemein gefasste und zukunftsbezogene Entscheidungen dem kollektiv legitimierten Parlament zuordnen, retrospektiv und auf den Einzelfall bezogenen Entscheidungen den Gerichten und alles dazwischen der Verwaltung (Grzeszick 2018: 64).

Die kritische Betrachtung der aufgezeigten parlamentarismusspezifischen Topoi des BVerfG hat gezeigt, dass es eine Reihe von Anknüpfungspunkten mit einem parteiendemokratischen Parlamentarismuskonzept gibt. Auf die konzeptionelle Reflexion seiner Topoi hat das BVerfG zwar keinen direkten Einfluss, aber es hat es in der Hand, den Grundstein im Parlamentarismusverständnis zu legen, damit ein Grundkonsens über Parlamentarismus als Parteiendemokratie weiter gedeihen kann. Dabei ist es auch ein wesentlicher Impulsgeber bei der Kritik und Weiterentwicklung eines solchen Konzepts.

7. Stärkung des Parlaments und Schwächung des Parlamentarismus

Eingangs wurde betont, dass es kritisch zu hinterfragen ist, ob der Darstellung, das Bundesverfassungsgericht stärke die Stellung des Parlaments als zentralen Ort politischer Willensbildung und Entscheidung, zugestimmt werden kann. Zu berücksichtigen ist bei dieser Einschätzung neben der Tatsache einer zunehmenden Juridifizierung der Politik und dem damit einhergehenden Gestaltungsverlust des Bundestages auch das Parlamentarismusverständnis des Gerichts.

Seine eigenen Kompetenzen zur Prägung und Fortentwicklung der Ordnung des Grundgesetzes hat das BVerfG vor allem seit den 1970er-Jahren genutzt, wenn auch unterschiedlich im Bereich des Staatsrechts und in den Politikbereichen. Während in der Gesetzgebung, also im Bereich der Inhaltskontrolle, eine zunehmende Kontrolldichte und eine Verfeinerung der Dogmatik vorherrschte, z. B. in der Steuerpolitik oder Familienpolitik, zeigte sich in der Rechtsprechung zum Parlamentsrecht eine flexible und einzelfallbezogene Herangehensweise (Heun 2014: 77). Damit ist das Staatsorganisationsrecht zwar weniger direkt von der Juridifizierung betroffen und das Verfassungsrecht kann per se auch nicht unpolitisch sein, jedoch ist eine Okkupation des Politischen durch die Rechtsprechung dann als parlamentsunfreundlich einzustufen, wenn die Differenz zwischen Prozessen und Inhalten der Politik als Kriterium für die Arbeitsteilung zwischen Parlament und Verfassungsgericht (Landfried 2015: 373) verwischt wird oder wenn eine starke Einschränkung der Befugnis zur Selbstregulierung (Geschäftsordnungsautonomie) stattfindet. Beispiele für eine derartige Zurückdrängung des parlamentarischen Gestaltungsspielraums sind die Entscheidungen zur spezifischen Ausschussorganisation, z. B. des Vermittlungsausschusses oder des ESM-Sondergremiums. Sie wurzeln seit dem Wüppesahl-Urteil in einer zunehmenden Subjektivierung des freien und gleichen Mandats, das heißt, dass sich dieses nicht in der Zugehörigkeit zur Gesetzgebungskörperschaft und dem gleichen Stimmrecht im Plenum erschöpft, sondern normativ aufgeladen ist und Gleichheit und Freiheit ständig aktualisiert werden müssen. Hiermit ist der Gedanke verknüpft, dass es Einzelklägern freisteht, »gestützt auf ihr ‚Stimmrecht' zu einem ‚gehaltvollen Parlamentarismus' –, grundsatzpolitische Entscheidungen, etwa im Bereich der Europäischen Integration, unmittelbar selbst zu hinterfragen«

(Paus 2015: 49 f.). Dies verschafft dem Verfassungsgericht neue Gestaltungsoptionen.

Auch die Begrenzung des Prognosespielraums des Parlaments bei der Einschätzung zukünftiger politischer Lagen bedeutet eine Einschränkung seiner Regelungsfreiheit und seines Ermessenspielraums. Hinsichtlich der Auslandseinsätze der Bundeswehr, der politischen Lage der Instabilität im Kontext der Vertrauensfrage und bei der Funktionsfähigkeit des EP durch die Abschaffung von Sperrklauseln negiert das BVerfG ausdrücklich, dass es der Regierungsmehrheit zustehe, auch einen in der Zukunft liegenden Zustand als Bewertungsgrundlage anzunehmen. Weder könne ein Vertrauensverlust durch einen angenommenen Zustimmungsverlust des Kanzlers in der Zukunft begründet werden, noch könnten nur angenommene schwierigere Bündniskonstellationen der Fraktionen im EP einen ausreichenden Grund zur Einschränkung der Wahlrechtsgleichheit durch die Sperrklausel rechtfertigen, weil eine gerichtliche Kontrolle dieser Prognoseentscheidungen aufgrund von Abwesenheit tatsächlicher Grundlagen unmöglich gemacht würde (BVerfGE 120, 82: Rdnr. 124). Auch hier ragt die Selbsteinschätzung des Gerichts, sich als Prüfinstanz auch konkreter politischer Verhältnisse aufzufassen, in die politische Einschätzungsprärogative hinein.

Die Juridifizierung der Politik liegt teilweise in der Existenz einer starken Verfassungsgerichtsbarkeit selbst begründet, welche die funktionalen Unterschiede zu politischen Institutionen verdeutlicht und mit weitreichenden Kompetenzen ausgestattet ist. Dies war zumindest in der frühen Bundesrepublik auch durch einen »Generalverdacht gegenüber ‚der' Politik und dem System der auf unbeschränktem Mehrheitsprinzip basierenden Demokratie« bedingt (Vorländer 2011: 17). Die Analyse der Inhalte und Begründungsmuster der ausgewählten Entscheidungen hat ebenfalls gezeigt, dass ihnen über diese Kompetenzkonkurrenz hinaus ein zum Teil parlamentsskeptischer Impetus zugrunde liegt. Zu Recht hat Martin Paus deshalb darauf hingewiesen, dass eine Hüterrolle zugunsten des Parlamentes nicht allein aus den bisher in diesem Kontext im Schwerpunkt beachteten Rechtsprechungslinien zur Entwicklung der Mitwirkungsrechte des Bundestages im Rahmen der Europäischen Integration abgeleitet werden könne (Paus 2015: 45 f.). Es lohnt auch ein Blick zurück auf grundlegende Entscheidungen zum Parlaments- und Wahlrecht.

Hier zeigt sich, dass vordergründig parlamentsfreundlichen Entscheidungen Begründungsmuster auf der Grundlage eines eher klassischen Parlamentarimusverständnisses unterliegen. Weil das Gericht überwiegend noch von der – nicht nur rein formellen – Gegenüberstellung von Parlament und

Regierung ausgeht, »stärkt« es die Kompetenzen des Bundestages als Organ, jedoch damit nicht automatisch die Handlungsfähigkeit der Mehrheit, auf die es für ein starkes Parlament nicht nur, aber vor allem ankommt. Ein Beispiel hierfür bietet noch einmal die Begründung zur Rechtfertigung der sogenannten auflösungsgerichteten Vertrauensfrage, die nicht etwa allein auf die gegebenen Verfahrensfragen abzielte, sondern die materielle Lagebeurteilung vom Bundestag weg hin zur Verfassungsrechtsprechung verschob. Zwar bewertete das Gericht hierbei vordergründig nur die Einschätzung des Bundeskanzlers, da aber Regierung und Parlamentsmehrheit eine Aktionseinheit bilden, ist hiermit untrennbar auch eine Infragestellung des Mehrheitsentscheids des Bundestages verbunden. Diese Infragestellung, die sich in der Entscheidungsbegründung, nicht aber im Ergebnis ausdrückt – beide Vertrauensfragen wurden als zulässig eingestuft –, unterminiert eher die Gesamtverantwortung des Parlaments, als dass sie gestärkt würde. Im Hinblick auf die Frage, ob es trotz bestehender Zustimmung der Parlamentsmehrheit zur Arbeit des Bundeskanzlers zu einer Auflösung des Bundestages gekommen ist (beliebiger Neuwahltermin), mithin zu einer nicht vorgesehenen Selbstauflösung, hätte das BVerfG die Möglichkeit gehabt, auf die politische Sphäre zurückzuverweisen. Es selbst betonte die Offenheit dieser Grundgesetzregelung, die durch einen weitgehenden Konsens unter den Parteien hätte behoben werden können, indem ein Beschluss über eine Grundgesetzänderung herbeigeführt worden wäre. Dass das Gericht diese Frage nicht in die Verantwortung der Parteien im Parlament gelegt hat, zeigt ebenso eine Form der »Entparlamentarisierung« auf.

Auch die Rechtsprechung zur Sperrklausel bei den Wahlen zum EP deutet nicht auf eine Stärkung dieser Institution hin. Hervorzuheben ist hier, dass das Gericht eine Entwicklung hin zu einer antagonistischen Profilierung von Regierung und Opposition für das politische System auf EU-Ebene nicht nur nicht zu erkennen vermag, sondern sie auch nicht zur Grundlage seiner Rechtsprechung macht. Es skizziert das EP eher als machtloses Parlament mit nachgelagerten Zustimmungsbefugnissen und zeigt in Verbindung mit dem pauschalen Eigeninteressen-Vorwurf an die Parteien bei Wahlrechtsfragen auf diese Weise ein »antirepräsentatives Ressentiment« (Lepsius 2016: 144), das in den Kontext der generellen europaskeptischen Rechtsprechung eingebettet ist. Augenscheinlich sieht das Gericht eine weitergehende Vertiefung des Parlamentarismus der EU im Sinne einer Verbindung aus formellen Beschlusskompetenzen der Organe, insbesondere des Parlaments, und Parteien als Entscheidungskörpern nicht als dezidiertes Ziel des Integrationsprozesses an. Ihm ist deswegen im Zuge der kritischen Kommentierung seiner Europarechtsprechung, aber auch zur

Sperrklauselfrage mindestens Europaskepsis attestiert worden (Ooyen 2015d; Steinbeis 2014; Giegerich 2016). Auch der Leitgedanke und die Intention des Gerichts, nämlich hinreichende Repräsentation dadurch gewährleisten zu wollen, dass eine angenommene strukturelle Benachteiligung von Minderheiten durch das Mehrheitsprinzip »korrigiert« werden müsse, fußt auf einem eher klassischen Repräsentationsverständnis. Das Ergebnis, also die Zersplitterung des EP bzw. seiner Fraktionen, schwächt eher dessen Handlungsfähigkeit und mindert damit auch den Einfluss, den Bürger auf konkrete Politikergebnisse nehmen können.

Die Analyse der Entscheidungen des BVerfG hat ebenso ergeben, dass zusätzliche Rechte und Kompetenzen des Bundestages nicht per se zu einer Demokratisierung des politischen Prozesses oder zu einer besseren Kontrolle der Mehrheit führen. Am Beispiel des Parlamentsvorbehalts konnte verdeutlicht werden, wie das BVerfG trotzdem an dem Bild der Parlamentsstärkung festhält, auf der anderen Seite aber auch an dem Topos der exekutiven Eigenverantwortung. Dieser Fall zeigt, dass es zu Friktionen kommen kann, wenn das Gericht konzeptionelle parteiendemokratische Elemente aufnimmt, wie hier das grundsätzliche Zusammenwirken von Regierung und Parlamentsmehrheit, sie aber klassisch begründet, hier mit dem Argument der materiell wirksamen Gewaltenteilung. Es provoziert dann enttäuschte Erwartungen des Bürgers, wenn auch nach Einführung des Parlamentsvorbehalts alle Anträge nach dem ParlBG positiv beschieden werden. Zusätzlich birgt speziell der wehrverfassungsrechtliche Parlamentsvorbehalt die Gefahr, dass die formelle Zustimmungsbefugnis als demokratisches Deckmäntelchen für außen- und sicherheitspolitisch schwerwiegende Entscheidungen missverstanden wird und die Zulässigkeit des Streitkräfteeinsatzes zu einer »bloßen Kompetenzfrage« wird (Ooyen 2005: 77), also der Gefahr einer bloß akklamatorischen Funktion ausgesetzt ist. Auch die Verantwortlichkeit der Regierung gegenüber dem Parlament und damit auch ihre Führungsleistung können damit geschwächt werden.[110]

Die Rechtsprechung zur Vertrauensfrage und zum Parlamentsvorbehalt stellt damit Beispiele für den bewussten oder unbewussten Versuch des Gerichts dar, dem informalen Charakter des Regierens zu begegnen (in diesem Sinne auch Meinel 2019b: 25 f.). Etwas weniger offensichtlich ist dies bei der Konstatierung des Topos effektiver parlamentarischer Opposition, weil der Oppositionsbegriff in der Rechtsprechung bereits verankert ist. Eine Theorie der Opposition hat das Gericht zwar auch im Urteil »Oppositionsrechte« nicht dargelegt (Volkmann 2017: 484). Es hatte davon abgesehen,

110 Oder aber herausgefordert sein. Siehe Kapitel 5.2.3.2

Minderheitsrechte als Oppositionsfraktionsrecht einzustufen und reklamierte für sich damit eine Stabilisierung der Grenzen von Verfassungsauslegung (Voßkuhle 2019: 421) und eine »bewusst[e] Zurückhaltung gegenüber der politischen Eigenrationalität« (422). Anschließend an die oben genannte Annahme, dass Topoi zunächst nur knapp begründet werden, ist eine Erweiterung aber dennoch zu erwarten, insbesondere eine Spezifikation dessen, was unter »effektiv« verstanden wird. Dabei zu bedenken ist jedoch Folgendes:

> »Eine formelle Konstitutionalisierung informaler Entscheidungsprozesse erscheint daher weithin nutzlos: Die Nichtöffentlichkeit von informalen Entscheidungsprozessen ist die im demokratischen Alltagsprozess unhintergehbare Kehrseite der Verfassung als öffentlicher Prozess [...].« (Schulze-Fielitz 2010: 119)

Es zeigt sich also, dass die Art der Entparlamentarisierung die hinter einer Intention des BVerfG steht, Parlamentarisierung, also eine Stärkung der Rechte des Bundestages zu betreiben, sich nicht allein erschöpft in einem Kompetenzverlust durch Europäisierung und Globalisierung. Auch die sogenannte Informalisierung von politischen Prozessen, die der Gruppenstruktur von politischen Entscheidungen inhärent ist, gehört hierzu.

Zusätzlich zur Kompetenzkonkurrenz zwischen BVerfG und Bundestag sowie Bundesregierung tritt durch die Rechtsprechung des Gerichts ein konkurrierendes Narrativ über Parlamentarismus hinzu, das nicht nur durch die Ergebnisse der Urteile, sondern auch durch die Begründungsmuster transportiert wird. Die sogenannte Parlamentarismusfrage, also die Frage, ob ein parteiendemokratisches oder ein klassisches Parlamentarismusverständnis als Maßstab zur Bewertung des parlamentarischen Regierungssystems herangezogen werden sollte, wird so vom BVerfG faktisch durch die Bewertung des Parlaments- und Wahlrechts sowie über den Einfluss auf Meinungen und Auffassungen in der Bevölkerung beantwortet. Dies gilt selbst und erst recht, wenn die Begründungsmuster durch die Bürger nur sehr eingeschränkt und vereinfachend wahrgenommen werden sollten. Dabei produziert das Gericht, wie gezeigt wurde, durch Abwägungsentscheidungen auch immer wieder Widersprüchlichkeiten. Dies liegt zum einen daran, dass die konfligierenden Muster des Parlamentarismus – einzelne Abgeordnete eingebunden in das Gruppenprinzip, Funktionsfähigkeit unter möglichst adäquater Repräsentation aller politischen Lager, formelle öffentliche Beschlussfassung unter der Voraussetzung informeller Entscheidungsfindung – ausbalanciert werden müssen. Sie gründen aber auch in den Schwierigkeiten einer an den tatsächlichen Bedingungen der Parteiendemokratie zwar orientierten Rechtsprechung, die jedoch zu einem erheblichen Teil einem klassischen Parlamentarismusverständnis unterliegt. Es kann der

Versuch einer Kompensation von wahrgenommenen Legitimationsdefiziten festgestellt werden, der mittels einer Renaissance von klassischen Elementen unternommen wird.

Die in den Rechtsprechungslinien zutage tretenden Änderungen der Sichtweisen des Gerichts reflektieren dabei die tatsächlichen Veränderungen des politischen Systems. Hierzu gehören die klassischen Probleme der Parteiendemokratie, die in der nachlassenden Bindungskraft der Parteien münden. Dies ist die sinkende Problemlösungskompetenz der Parteien durch die Übernahme von massenmedialem Agenda Setting kombiniert mit einer Kurzfristorientierung, aber ebenso die mangelnde Rollenwahrnehmung von Oppositionsparteien, die gar keine Regierungsbeteiligung anstreben. Ebenso steht das Konzept der Gruppenrepräsentation unter Druck, wenn nicht mehr stabile Konfliktlinien, sondern eine affirmative, themenbezogene und emotionalisierte Herangehensweise an Politik vorherrscht. Es muss allerdings unterschieden werden zwischen Leistungsdefiziten der Parteien und Ablehnung der Parteien als geschlossen handelnde Entscheidungskörper.

Das BVerfG wird zukünftig mit einer Reihe von Fragestellungen konfrontiert werden, für die ein kohärentes Parlamentarismusverständnis entscheidend ist. Dies ist z. B. die Wahlrechtsfrage auf Bundesebene – und zwar nicht hinsichtlich der Mechanismen der Ober- und Unterverteilung, sondern hinsichtlich der Sperrklausel auf Bundesebene. Die Argumente, die für die Kommunal- und Europaebene vorgebracht wurden, könnten auch auf Bundesebene angewendet werden, wenn es z. B. regelmäßig zu Minderheitsregierungen käme. Hinsichtlich der wachsenden Komplexität von Aufgaben könnte auch die Legitimität von Ausschüssen mit plenarersetzender Funktion eine Rolle spielen. Wie verhält sich das Gericht gegenüber dem Topos der gleichen Mitwirkungsbefugnis, wenn sie immer häufiger eingesetzt werden? Wie ist die Legitimität von Gesetzgebungsagenturen zu bewerten? Bei weiterhin kleinen und fragmentierten Oppositionen besteht die Notwendigkeit, Minderheits- und Beteiligungsrechte zu schützen. Gleichzeitig kann es zu einer extensiven Wahrnehmung von Kontrollrechen kommen, die den parlamentarischen Ablauf stören. Wie ist mit diesem Spannungsverhältnis umzugehen? Hinsichtlich des ungeschriebenen sachlichen Tatbestandsmerkmals bestünde die Möglichkeit, dass es auch bei anderen offenen Verfassungsnormen angewendet wird, wie z. B. mit Blick auf die Richtlinienkompetenz. Auch hier ließe sich von Antragstellern in missbräuchlicher Absicht anführen, dass sie nicht nur formelle Relevanz habe, sondern hinter ihr ein ungeschriebenes Merkmal stehe, für das Erfüllung verlangt werden könnte. Nicht zuletzt werden im Bereich der Auslandseinsätze der Bundeswehr Einordnungs- und Abgrenzungsprobleme bei der Frage der Bewaffnung schwerwiegender werden und damit die Frage erneut virulent, ab wann eine Parlamentsbeteiligung zwingend sein sollte.

Zur Beantwortung dieser und anderer Fragen ist die Etablierung eines gemeinsamen realistischen, parteiendemokratischen Maßstabs unabdingbar, der auf der klaren Kenntnis der dem Parlamentarismus zugrundeliegenden Strukturprinzipien beruht. Er ist zur Erhaltung der Reformfähigkeit des parlamentarischen Systems notwendig. Andernfalls kann eine Stärkung des Parlaments eine Schwächung des Parlamentarismus bedeuten.

Übersicht über die analysierten Entscheidungen

1975	BVerfGE 40, 296	»Abgeordnetendiäten«
1977	BVerfGE 44, 308	»Beschlussfähigkeit«
1979	BVerfGE 51, 222	»5%-Klausel« (EUWG)
1983	BVerfGE 62, 1	»Bundestagsauflösung«
1984	BVerfGE 68, 1	»Atomwaffenstationierung«
1989	BVerfGE 80, 188	»Wüppesahl«
1991	BVerfGE 84, 304	»PDS/Die Linke«
1994	BVerfGE 90, 286	»Out-of-Area-Einsätze«
1997	BVerfGE 95, 335	»Überhangmandate II«
1997	BVerfGE 95, 408	»Grundmandatsklausel«
1997	BVerfGE 96, 264	»Fraktions- und Gruppenstatus«
1999	BVerfGE 100, 266	»Kosovo«
2000	BVerfGE 102, 244	»Funktionszulagen«
2001	BVerfGE 104, 151	»NATO-Konzept«
2003	BVerfGE 108, 34	»Bewaffnete Bundeswehreinsätze«
2004	BVerfGE 112, 118	»Vermittlungsausschuss«
2005	BVerfGE 114, 121	»Bundestagsauflösung III«
2007	BVerfGE 118, 244	»Afghanistan-Einsatz«
2007	BVerfGE 118, 277	»Verfassungsrechtlicher Status der Bundestagsabgeordneten«
2008	BVerfGE 120, 82	»Sperrklausel Kommunalwahl«
2008	BVerfGE 121, 135	»Luftraumüberwachung Türkei«
2008	BVerfGE 121, 266	»Landeslisten«
2011	BVerfGE 129, 300	»Fünf-Prozent-Sperrklausel EuWG«
2011	BVerfGE 130, 318	»Stabilisierungsmechanismusgesetz«
2012	BVerfGE 131, 316	»Landeslisten II«
2014	BVerfGE 135, 259	»Drei-Prozent-Sperrklausel Europawahl«
2015	BVerfGE 140, 115	»Arbeitsgruppen des Vermittlungsausschusses«
2015	BVerfGE 140, 160	»Evakuierung aus Libyen«
2016	BVerfGE 142, 25	»Oppositionsrechte«

Literaturverzeichnis

Achenbach, Jelena 2015: Mehr als nur Formalien: zur Vermittlungsausschuss-Entscheidung des BVerfG, in: Verfassungsblog, in: https://verfassungsblog.de/mehr-als-nur-formalien-zur-vermittlungsausschuss-entscheidung-des-bverfg/; 5.4.2020.

Achenbach, Jelena 2017: Parlamentarische Informationsrechte und Gewaltenteilung in der neueren Rechtsprechung des Bundesverfassungsgerichts, in: Zeitschrift für Parlamentsfragen 48: 3, 491-515.

Achterberg, Norbert 1983: Vertrauensfrage und Auflösungsanordnung, in: Deutsches Verwaltungsblatt 98: 9, 477-486.

Alemann, Ulrich von 1975: Stabilität und Gleichgewicht als Theoreme der Parteien- und Parlamentarismustheorie, in: Politische Vierteljahresschrift 16: 1, 3-28.

Anter, Andreas 2015: Ordnungsdenken in der Rechtsprechung des Bundesverfassungsgerichts, in: *Ooyen, Robert Chr. van/Möllers, Martin H. W.* (Hrsg.): Handbuch Bundesverfassungsgericht im politischen System, Wiesbaden.

Anter, Andreas 2018: Repräsentation und Demkratie, in: *Stekeler-Weithofer, Pirmin/Zabel, Benno* (Hrsg.): Philosophie der Republik, Tübingen, 67-78.

Arnauld, Andreas von 2001: Gewaltenteilung jenseits der Gewaltentrennung. Das gewaltenteilige System in der Verfassungsordnung der Bundesrepublik Deutschland, in: Zeitschrift für Parlamentsfragen 32: 3, 678-698.

Arnim, Hans Herbert 2012: Was aus dem Urteil des Bundesverfassungsgerichts zur 5-Prozent-Klausel bei Europawahlen folgt, in: Die öffentliche Verwaltung 65: 6, 224-227.

Arnim, Hans Herbert von 2009: Mehrheitswahl und Partizipation, in: Wahlsystemreform. Zeitschrift für Politikwissenschaft Sonderband. 184-211.

Austermann, Philipp 2012: Das Abgeordnetenbild des Bundesverfassungsgerichts, in: Zeitschrift für Parlamentsfragen 43: 4, 719-726.

Austermann, Philipp 2014a: Die Entwicklung der Entschädigung und der reisebezogenen Ansprüche im deutschen Abgeordnetenrecht, in: Zeitschrift für Parlamentsfragen 34: 2, 270-282.

Austermann, Philipp 2014b: Die Geschichte der Abgeordnetenentschädigung, in: *Schüttemeyer, Suzanne/Schmidt-Jortzig, Edzard* (Hrsg.): Der Wert der parlamentarischen Repräsentation. Entwicklungslinien und Perspektiven der Abgeordnetenentschädigung, Baden-Baden, 103-145.

Backhaus, Ralph 1997: Neue Wege beim Verständnis der Wahlgleichheit? Besprechung des Überhangmandate-Urteils des Bundesverfassungsgerichts, in: Deutsches Verwaltungsblatt 112: 737-744.

Backhaus, Ralph 2015: Die Überhangmandate vor dem Bundesverfassungsgericht eine rechtshistorische Betrachtung, in: *Gornig, Gilbert H.* (Hrsg.): Rechtspolitische Entwicklungen im nationalen und internationalen Kontext. Festschrift für Friedrich Bohl zum 70. Geburtstag, Berlin, 259-280.

Badura, Peter 1989: Die Stellung des Abgeordneten nach dem Grundgesetz und den Abgeordnetengesetzen in Bund und Ländern, in: *Schneider, Hans-Peter/Zeh, Wolfgang* (Hrsg.): Parlamentsrecht und Parlamentspraxis in der Bundesrepublik Deutschland. Ein Handbuch, Berlin, 489-521.

Badura, Peter 2005: Das politische Amt des Abgeordneten und die Frage seiner Entschädigung, in: Zeitschrift für Staats- und Europawissenschaften 3: 2, 167-184.

Bagehot, Walter 1964: The Englisch Constitution, London.

Bagehot, Walter 1971: Die englische Verfassung, Neuwied u.a.

Becker, Jürgen 1986: Gewaltenteilung im Gruppenstaat. Ein Beitrag zum Verfassungsrecht des Parteien- und Verbändestaates, Baden-Baden.

Beckermann, Benedikt/Weidemann, Daniel 2014: K(l)eine Opposition ohne Rechte?: Parlamentarische Minderheitenrechte im Schatten der Fünfprozenthürde, in: Der Staat 53: 2, 313-329.

Behnke, Joachim 2014: Das neue Wahlgesetz im Test der Bundestagswahl 2013, in: Zeitschrift für Parlamentsfragen 45: 1, 17-37.

Benda, Ernst 1988: Das Verhältnis von Parlament und Bundesverfassungsgericht, in: *Thaysen, Uwe/Davidson, Roger H./Livingston, Robert G.* (Hrsg.): US-Kongreß und Deutscher Bundestag: Bestandsaufnahmen im Vergleich, Wiesbaden, 217-232.

Benz, Arthur 1998: Postparlamentarische Demokratie? Demokratische Legitimation im kooperativen Staat, in: *Greven, Michael* (Hrsg.): Demokratie - eine Kultur des Westens?, Opladen, 201-222.

Benz, Arthur 2004: Multilevel governance - Governance in Mehrebenensystemen, in: *Benz, Arthur/Dose, Nicole* (Hrsg.): Governance - Regieren in komplexen Regelsystemen. Eine Einführung, Wiesbaden, 125-146.

Bernzen, Christian/Gottschalck, Detlef 1990: Abgeordnetenstatus und Repräsentation: Anmerkungen zum „Wüppesahl-Urteil" des Bundesverfassungsgerichtes, in: Zeitschrift für Parlamentsfragen 21: 3, 393-403.

Beyme, Klaus von 2001: Das Bundesverfassungsgericht aus der Sicht der Politik- und Gesellschaftswissenschaften, in: Festschrift 50 Jahre Bundesverfassungsgericht, Band 1, Tübingen, 493-505.

Beyme, Klaus von 2014: Die parlamentarische Demokratie. Entstehung und Funktionsweise 1789-1999, Wiesbaden.

Biermann, Rafael 2004: Der Deutsche Bundestag und die Auslandseinsätze der Bundeswehr. Zur Gratwanderung zwischen exekutiver Prärogative und legislativer Mitwirkung, in: Zeitschrift für Parlamentsfragen 35: 4, 607-626.

Blatter, Joachim/Wagemann, Claudius/Langer, Phil C. 2018: Qualitative Methoden in der Politikwissenschaft. Eine Einführung, Wiesbaden.

Bleckmann, Albert 1998: Vom Sinn und Zweck des Demokratieprinzips: ein Beitrag zur teleologischen Auslegung des Staatsorganisationsrechts, Berlin.

Blondel, Jean 1987: Political leadership. Towards a general analysis, London.

Blumenthal, Julia von 2002: Auswanderung der Politik aus den Institutionen. Schwächung der repräsentativen Demokratie. Replik auf Eberhard Schuett-Wetschky, in: Zeitschrift für Politikwissenschaft 12: 1, 3-26.

Böckenförde, Ernst-Wolfgang 1987: Demokratie als Verfassungsprinzip, in: *Isensee, Josef/Kirchhof, Paul* (Hrsg.): Handbuch des Staatsrechts der Bundesrepublik Deutschland, Band 2, Heidelberg, 887-950.

Bogdandy, Armin 2005: Parlamentarismus in Europa: eine Verfalls- oder Erfolgsgeschichte?, in: Archiv des öffentlichen Rechts 130: 3, 445-464.

Bogumil, Jörg/Grohs, Stephan/Holtkamp, Lars 2010: Zersplitterte Kommunalparlamente oder Stärkung lokaler Demokratie? Warum die Abschaffung der kommunalen Fünfprozenthürde in Nordrhein-Westfalen ein Fehler war, in: Zeitschrift für Parlamentsfragen 41: 4, 788-803.

Boldt, Hans 1980: Parlamentarismustheorie : Bemerkungen zu ihrer Geschichte in Deutschland, in: Der Staat 19: 3, 385-412.

Bornemann, Basil 2007: Politisierung des Rechts und Verrechtlichung der Politik durch das Bundesverfassungsgericht? Systemtheoretische Betrachtungen zum Wandel des Verhältnisses von Recht und Politik und zur Rolle der Verfassungsgerichtsbarkeit, in: Zeitschrift für Rechtssoziologie 28: 1, 21.

Bröchler, Stephan 2008: Regieren mit und ohne Richtlinienkompetenz - Handlungsspielräume der Bundeskanzler in Deutschland und Österreich, in: *Holtmann, Everhard/Patzelt, Werner* (Hrsg.): Führen Regierungen tatsächlich? Zur Praxis gouvernementalen Handelns, Wiesbaden, 99-114.

Bröchler, Stephan/Grunden, Timo 2014: Informelle Politik: Konzepte, Akteure und Prozesse, Wiesbaden.

Brocker, Lars 2016: Plenaröffentlichkeit und nichtöffentliche Ausschussberatung: Das arbeitsteilige Konzept des Art. 42 Abs. 1 Satz 1 GG, in: Zeitschrift für Parlamentsfragen 47: 1, 50-57.

Brummer, Klaus 2014: Die begrenzten „war powers" des Bundestags, in: Zeitschrift für Parlamentsfragen 45: 3, 596-614.

Bryde, Brun-Otto 2013: Ober Dicta, in: *Durner, Wolfgang/Peine, Franz-Joseph/Shirvani, Foroud* (Hrsg.): Freiheit und Sicherheit in Deutschland und Europa. Festschrift für Hans-Jürgen Papier zum 70. Geburtstag, Berlin, 493-501.

Bryde, Brun-Otto 2015: Der Beitrag des Bundesverfassungsgerichts zur Demokratisierung der Bundesrepublik, in: *Ooyen, Robert Chr. van/Möllers, Martin H. W* (Hrsg.): Das Bundesverfassungsgericht im politischen System, Wiesbaden, 497-510.

Bull, Hans Peter 2010: Das Bundesverfassungsgericht Hüter der Freiheitsrechte, in: 60 Jahre Grundgesetz, Berlin [u. a.], 402-409.

Bülow, Marco 2014: Postdemokratie im Parlament, in: *Arnim, Hans Herber von* (Hrsg.): Volkssouveränität, Wahlrecht und direkte Demokratie. Beiträge auf der 14. Speyerer Demokratietagung vom 6. bis 7. Dezember 2012 an der Deutschen Universität für Verwaltungswissenschaften Speyer, 118-123.

Bundeswahlleiter 2019: Europawahl 2019, in: Informationen des Bundeswahlleiters 5, Teil 1.

Burns, James MacGregor 1978: Leadership, New York.

Busse, Volker 2010: Regierungsinternes Gesetzgebungsvorbereitungsverfahren, in: *Schrenk, Klemens H./Soldner, Markus* (Hrsg.): Analyse demokratischer Regierungssysteme, Wiesbaden, 221-236.

Büttner, Andreas/Jäger, Marc 2006: Bundestagsauflösung und Vertrauensfrage: Überlegungen zur Verfassungswidrigkeit der Bundestagsauflösung vom 21. Juli 2005 unter Berücksichtigung des Urteils des Bundesverfassungsgerichts vom 25. August 2005, in: Die öffentliche Verwaltung 59: 10, 408-417.

Cancik, Pascale 2005: Entwicklungen des Parlamentsrechts. Die Bedeutung des verfassungsgerichtlichen Organstreitverfahrens, in: Die öffentliche Verwaltung 58: 14, 577-587.

Cancik, Pascale 2013: Wahlrecht und Parlamentsrecht als Gelingensbedingungen in repräsentativer Demokratie, in: Veröffentlichungen der Vereinigung der Deutschen Staatsrechtslehrer 72: 269-322.

Cancik, Pascale 2014: Der „Kernbereich exekutiver Eigenverantwortung"- zur Relativität eines suggestiven Topos, in: Zeitschrift für Parlamentsfragen : ZParl 45: 4, 885-907.

Cancik, Pascale 2016a: § 9 Rechtsquellen des Parlamentsrechts, in: *Morlok, Martin/Schliesky, Utz/Wiefelspütz, Dieter* (Hrsg.): Parlamentsrecht. Handbuch, Baden-Baden, 365-393.

Cancik, Pascale 2016b: Der Grundsatz (in)effektiver Opposition: zum Urteil des Bundes-verfassungs-gerichts in Sachen Oppositions-fraktionsrechte, in: Verfassungsblog, in: https://verfassungsblog.de/der-grundsatz-ineffektiver-opposition-zum-urteil-des-bundesverfassungsgerichts-in-sachen-oppositionsfraktionsrechte/; 28.2.2018.

Cancik, Pascale/Groß, Thomas 2019: Verfassung ohne Verfassungstext. Ungeschriebene Topoi in der Rechtsprechung des Bundesverfassungsgerichts, in: *Durner, Wolfgang/Reimer, Franz/Spiecker, Inda* (Hrsg.): Das sinnvoll Denkbare denken, das davon Machbare machen. Gedächtnisschrift für Arndt Schmehl, Berlin, 63-74.

Conradi, Peter 1976: Parlamentarier in privilegienfeindlicher Demokratie. Anmerkungen eines Bundestagsabgeordneten zum „Diäten-Urteil" des Bundesverfassungsgerichts, in: Zeitschrift für Parlamentsfragen 7: 1, 113-126.

Cremer, Hans-Joachim 2003: Das Verhältnis von Gesetzgeber und Regierung im Bereich der auswärtigen Gewalt in der Rechtsprechung des Bundesverfassungsgerichts: eine kritische Bestandsaufnahme, in: *Geiger, Rudolf* (Hrsg.): Neuere Probleme der parlamentarischen Legitimation im Bereich der auswärtigen Gewalt, 11-32.

Decker, Frank 2004: Konstitutionelles versus parteiendemokratisches Parlamentarismusverständnis? Bemerkungen zu einer überholten Dichotomie, in: *Brink, Stefan/Wolff, Heinrich Amadeus* (Hrsg.): Gemeinwohl und Veranwortung. Fachzeitschrift für Hans Herbert von Arnim zum 65. Geburtstag, Berlin, 533-554.

Decker, Frank 2007: Parlamentarisch oder präsidentiell? Institutionelle Entwicklungspfade des europäischen Regierungssystems nach dem Verfassungsvertrag, in: Zeitschrift für Staats- und Europawissenschaften 5: 2, 181-202.

Decker, Frank 2016: Ist die Fünf-Prozent-Sperrklausel noch zeitgemäß? Verfassungsrechtliche und -politische Argumente für die Einführung einer Ersatzstimme bei Landtags- und Bundestagswahlen, in: Zeitschrift für Parlamentsfragen 47: 2, 460-471.

Deger, Roni 2019: Wie hoch müssen die Hammel springen? Zur Frage der Rechtmäßigkeit des verweigerten Hammelsprungs, in: Verfassungsblog, in: https://verfassungsblog.de/wie-hoch-muessen-die-hammel-springen/; 1.2.2010.

Deiss-Helbig, Elisa 2013: „Ich bin einer von Euch" – Zur Bedeutung sozialer und politischer Kongruenz von Abgeordneten und Bürgern für das Gelingen von Repräsentation, in: Zeitschrift für Parlamentsfragen 44: 3, 546-566.

Detterbeck, Klaus 2011: Parteien und Parteiensystem, Konstanz.

Diehl, Andrea 2017: Parlamentarische Minderheiten- und Oppositionsrechte, in: *Scheffczyk, Fabian/Wolter, Kathleen* (Hrsg.): Linien der Rechtsprechung des Bundesverfassungsgerichts. Erörtert von den wissenschaftlichen Mitarbeiterinnen und Mitarbeitern, Band 4, Berlin, 491-517.

Dieterich, Sandra/Hummel, Hartwig/Marschall, Stefan 2008: Exekutive Prärogative vs. parlamentarische war powers - Gouvernementale Handlungsspielräume in der militärischen Sicherheitspolitik, in: *Holtmann, Everhard/Patzelt, Werner* (Hrsg.): Führen Regierungen tatsächlich? : zur Praxis gouvernementalen Handelns, 171-188.

Dittberner, Jürgen 2003: Freies Mandat und politische Geschlossenheit Widerspruch oder Ergaenzung zweier Prinzipien des Parlamentarismus?, in: Zeitschrift für Parlamentsfragen 34: 3, 550-564.

Döhler, Marian 2012: Gesetzgebung auf Honorarbasis - Politik, Ministerialverwaltung und das Problem externer Beteiligung an Rechtsetzungsprozessen, in: Politische Vierteljahresschrift 53: 2, 181-210.

Dreist, Peter 2004: AWACS-Einsatz ohne Parlamentsbeschluss Aktuelle Fragestellungen zur Zulässigkeit von Einsätzen bewaffneter Streitkräfte unter besonderer Berücksichtigung der NATO-AWACS-Einsätze in den USA 2001 und in der Türkei 2003, in: Zeitschrift für ausländisches öffentliches Recht und Völkerrecht 64: 1001-1043.

Edinger, Michael 2009: Profil eines Berufsstands: Professionalisierung und Karrierelogiken von Abgeordneten im vereinten Deutschland, in: *Blumenthal, Julia von/Schöne, Helmar* (Hrsg.): Parlamentarismusforschung in Deutschland. Ergebnisse und Perspektiven 40 Jahre nach Erscheinen von Gerhard Loewenbergs Standardwerk zum Deutschen Bundestag, Baden-Baden, 177-215.

Elgie, Robert 1995: Political leadership in liberal democracies (Comparative government and politics), New York.

Elster, Jon 2000: Arguing and Bargaining in Two Constitutuent Assemblies, in: Journal of Constitutional Law 2: 2, 345.

Ernst, Christian 2007: Normative Voraussetzungen und praktische Handhabung parlamentarischer Entscheidungsprozesse, in: *Schliesky, Utz/Ernst, Christian* (Hrsg.):

Recht und Politik wissenschaftliches Symposium für Edzard Schmidt-Jortzig zum 65. Geburtstag, Köln, 95-120.

Ernst, Christian/Johnsen, Lars 2005: Spiegelbildlichkeit oder Mehrheitsprinzip Die Besetzung der Bundestagsbank im Vermittlungsausschuss aus rechts- und politikwissenschaftlicher Sicht, in: Zeitschrift für Parlamentsfragen 36: 4, 748-763.

Fenzl, Thomas/Mayring, Philipp 2019: Qualitative Inhaltsanalyse, in: *Philippi, Nina/Blasius, Jörg* (Hrsg.): Handbuch Methoden der empirischen Sozialforschung; Band 1, 633-648.

Fischer-Lescano, Andreas 2008: Kritik der praktischen Konkordanz, in: Kritische Justiz 41: 2, 166-177.

Fliegauf, Mark T./Kießling, Andreas/Novy, Leonard 2008: Leader und Follower - Grundzüge eines inter-personalen Ansatzes zur Analyse politischer Führungsleistung, in: Zeitschrift für Politikwissenschaft 18: 4, 399-421.

Folke Schuppert, Gunnar 2011: Governance-Forschung: Versuch einer Zwischenbilanz, in: Die Verwaltung 44: 2, 273-289.

Fraenkel, Ernst 1960: Historische Vorbelastungen des deutschen Parlamentarismus, in: Vierteljahrshefte für Zeitgeschichte 8: 4, 323-340.

Fraenkel, Ernst 1966: Möglichkeiten und Grenzen politischer Mitarbeit der Bürger in einer modernen parlamentarischen Demokratie. Besinnung auf das Wesen politischer Erziehung und Bildung, in: Aus Politik und Zeitgeschichte 16: 14, 1-13.

Fraenkel, Ernst 1991: Deutschland und die westlichen Demokratien, Frankfurt am Main.

Fraenkel, Ernst/Bracher, Karl Dietrich (Hrsg.) 1957: Staat und Politik, Frankfurt am Main.

Fremuth, Michael Lysander 2018: Die Verfassung kennt sie nicht und die Demokratie bedarf ihrer nicht - Zur Notwendigkeit der Revision bei der Fünf-Prozent-Sperrklausel im Recht zur Wahl des Deutschen Bundestages, in: Juristenzeitung 73: 1, 13-22.

Friesenhahn, Ernst 1967: Parlament und Regierung im modernen Staat, in: *Stammen, Theo* (Hrsg.): Strukturwandel der modernen Regierung, Darmstadt, 9-73.

Fritzsche, Erik 2019: Fraktionsgeschlossenheit und Regierungssysteme. Empirische und normative Einsichten aus weitgespannten Vergleichen (Vergleichende Politikwissenschaft SpringerLink), Wiesbaden.

Galka, Sebastian 2014: Parlamentarismuskritik und Grundgesetz. Parlamentarismuskonzeptionen in der Verfassungsdiskussion des Parlamentarischen Rates 1948/1949, Wiesbaden.

Ganghof, Steffen/Stecker, Christian 2009: Das institutionelle Design parlamentarischer Demokratien. Zum Zusammenspiel von Wahl- und Gesetzgebungssystemen, in: *Ganghof, Steffen/Hönnige, Christoph/Stecker, Christian* (Hrsg.): Parlamente, Agendasetzung und Vetospieler, Wiesbaden, 215-236.

Gärditz, Ferdinand/Steinbeis, Maximilian 2018: "Die meisten Dinge, die in Polen und Ungarn gelaufen sind, könnten ohne weiteres hier auch passieren", in: Verfassungsblog, in: https://verfassungsblog.de/die-meisten-dinge-die-in-polen-und-ungarn-gelaufen-sind-koennten-ohne-weiteres-hier-auch-passieren/; 15.3.2018.

Gast, Henrik 2010: Der Bundeskanzler als politischer Führer: Potenziale und Probleme deutscher Regierungschefs aus interdisziplinär Perspektive.

Gawron, Thomas/Rogowski, Ralf 2007: Die Wirkung des Bundesverfassungsgerichtes: rechtssoziologische Analysen, Baden-Baden.

Gawron, Thomas/Rogowski, Ralf 2015: Die Wirkung des Bundesverfassungsgerichts, in: *Ooyen, Robert Chr. van/Möllers, Martin H. W, Christoph* (Hrsg.): Handbuch Bundesverfassungsgericht im politischen System, Wiesbaden, 153-168.

Gehrig, Norbert 1969: Parlament, Regierung, Opposition. Dualismus als Voraussetzung für eine parlamentarische Kontrolle der Regierung, München.

Giegerich, Thomas 2016: Zwischen Europafreundlichkeit und Europaskepsis – Kritischer Überblick über die bundesverfassungsgerichtliche Rechtsprechung zur europäischen Integration, in: Zeitschrift für europarechtliche Studien 19: 1, 3-48.

Gießmann, Hans J./Wagner, Armin 2009: Auslandseinsätze der Bundeswehr, in: Aus Politik und Zeitgeschichte 59: 48, 3-9.

Gissendanner, Scott 2005: Rekrutierung, Wahl und Wirkung direkt gewählter Bürgermeister in Niedersachsen, in: *Haus, Michael* (Hrsg.): Institutionenwandel lokaler Politik in Deutschland. Zwischen Innovation und Beharrung, Wiesbaden, 85-109.

Gläser, Jochen/Laudel, Grit 1999: Theoriegeleitete Textanalyse? Das Potential einer variablenorientierten qualitativen Inhaltsanalyse, in: WZB Discussion Paper No. P 99-401, Wissenschaftszentrum Berlin für Sozialforschung (WZB).

Glawe, Robert 2011: Bündnisverpflichtung versus Parlamentsrecht? Zur Reichweite parlamentarischer Mitsprache bei Einsätzen der Bundeswehr, in: Konrad Adeneuer Stiftung Analysen und Argumente 98.

Grimm, Dieter 1989: Parlament und Parteien, in: *Schneider, Hans-Peter/Zeh, Wolfgang* (Hrsg.): Parlamentsrecht und Parlamentspraxis in der Bundesrepublik, Berlin, 199-216.

Grimm, Dieter 2002: Gemeinwohl in der Rechtsprechung des Bundesverfassungsgerichts, in: *Münkler, Herfried/Fischer, Karsten* (Hrsg.): Gemeinwohl und Gemeinsinn im Recht. Konkretisierung und Realisierung öffentlicher Interessen, Berlin, 125-139.

Grotz, Florian 2009: Verhältniswahl und Regierbarkeit. Das deutsche Wahlsystem auf dem Prüfstand, in: Wahlsystemreform, 156-183.

Grunden, Stephan 2014: Informelle Machtarchitekturen im parlamentarischen Regierungssystem – Zur Analyse der Entstehung, Funktion und Veränderung informeller Institutionen, in: *Bröchler, Stephan/Grunden, Timo* (Hrsg.): Informelle Politik. Konzepte, Akteure, Prozesse, Wiesbaden, 17-49.

Grzeszick, Bernd 2018: Gewaltenteilung im demokratischen Rechtsstaat, in: *Stekeler-Weithofer, Pirmin/Zabel, Benno* (Hrsg.): Philosophie der Republik, Tubingen, 57-66.

Gschwend, Thomas/Sternberg, Sebastian/Zittlau, Steffen 2016: Are Judges Political Animals after All? Quasi-Experimental Evidence from the German Federal Constitutional Court, Rochester, NY.

Guggenberger, Bernd 1998: Hüter der Verfassung oder Lenker der Politik? Das Bundesverfassungsgericht im Widerstreit, Baden-Baden.

Gusy, Christoph 2015: Die Verfassungsbeschwerde, in: *Ooyen, Robert Chr. van/Möllers, Martin H. W* (Hrsg.): Handbuch Bundesverfassungsgericht im politischen System, Wiesbaden, 333-347.

Häberle, Peter 1976: Freiheit, Gleichheit und Öffentlichkeit des Abgeordnetenstatus: zum Diätenurteil des BVerfG, in: Neue juristische Wochenschrift 29: 13, 537-543.

Hamm-Brücher, Hildegard 2008: Das bestrafte Gewissen, in: Süddeutsche Zeitung, 17.3.2008, 2.

Hanebeck, Alexander 2004: Bundesverfassungsgericht und Demokratieprinzip: Zwischen monistischem und pluralistischem Demokratieverständnis, in: Die öffentliche Verwaltung 57: 21, 901-909.

Hanke, Christian 1994: Informale Regeln als Substrat des parlamentarischen Verhandlungssystems, in: Zeitschrift für Parlamentsfragen 25: 3, 410-440.

Haratsch, Andreas 2019: Das Bundesverfassungsgericht und die Sperrklauseln bei Europawahlen Europarechtsfreundlichkeit, Unionstreue und der kategorische Imperativ, in: Europäische Grundrechte-Zeitschrift 46: 7, 177-185.

Hartwich, Hans-Hermann/Wewer, Göttrik (Hrsg.) 1991: Regieren in der Bundesrepublik II Formale und informale Komponenten des Regierens in den Bereichen Führung, Entscheidung, Personal und Organisation, Opladen.

Haug, Volker M. 2014: Muss wirklich jeder ins Europäische Parlament? Kritische Anmerkungen zur Sperrklausel-Rechtsprechung aus Karlsruhe, in: Zeitschrift für Parlamentsfragen 45: 2, 467-487.

Heer, Sebastian 2012: Die Evolution des Deutschen Bundestages. Stabilität als verfassungshistorische Verpflichtung, in: *Patzelt, Werner J* (Hrsg.): Parlamente und ihre Evolution. Forschungskontext und Fallstudien, Baden-Baden.

Hein, Michael/Ewert, Stefan 2018: Die Politisierung der Verfassungsgerichtsbarkeit. Eine ideengeschichtliche und systematische Begriffsrekonstruktion, in: *Knobloch, Jörn/Schlee, Thorsten* (Hrsg.): Unschärferelationen: Konstruktionen der Differenz von Politik und Recht, Wiesbaden, 103-128.

Heintzen, Markus 1997: Die Bundestagswahl als Integrationsvorgang. Besprechung des Grundmandatsurteils des Bundesverfassungsgerichts, in: Deutsches Verwaltungsblatt 112: 12, 744-749.

Hellmann, Gunther/Wolf, Reinhard/Schmidt, Siegmar 2007: Deutsche Außenpolitik in historischer und systematischer Perspektive, in: *Schmidt, Siegmar/Wolf, Reinhard/Hellmann, Gunter* (Hrsg.): Handbuch zur deutschen Außenpolitik, Wiesbaden, 15-46.

Hennis, Wilhelm 1968: Verfassung und Verfassungswirklichkeit, Tübingen.

Hennis, Wilhelm 1999: Die Rolle des Parlaments und die Parteiendemokratie, in: Regieren im modernen Staat. Politikwissenschaftliche Abhandlungen I, Tübingen, 226-273.

Herbert, Ulrich 2019: Was nützt eine Historisierung des Bundesverfassungsgerichts? Die Perspektive der Zeitgeschichte, in: *Meinel, Florian* (Hrsg.): Verfassungsgerichtsbarkeit in der Bonner Republik, Tübingen, 15-25.

Herdegen, Matthias 2003: Informalisierung und Entparlamentarisierung politischer Entscheidungen als Gefährdungen der Verfassung?, in: Veröffentlichungen der Vereinigung der Deutschen Staatsrechtslehrer 62: 7-116.

Herrmann, Dietrich 2006: Akte der Selbstautorisierung als Grundstock institutioneller Macht von Verfassungsgerichten, in: *Vorländer, Hans* (Hrsg.): Die Deutungsmacht der Verfassungsgerichtsbarkeit, Wiesbaden, 141-173.

Herrmann, Dietrich 2010: Politikwissenschaftliche Forschung zum Bundesverfassungsgericht, in: *Schrenk, Klemens H./Soldner, Markus* (Hrsg.): Analyse demokratischer Regierungssysteme, Wiesbaden, 401-425.

Heun, Werner 2014: Der Parlamentarismus im Spiegel der Verfassungsrechtsprechung, in: Jahrbuch der Göttinger Akademie der Wissenschaften 2013: 1, 93-107.

Höhmann, Daniel 2017: Delegationsprobleme in Koalitionsregierungen. Ausschussvorsitzende als Instrument der gegenseitigen Kontrolle von Regierungsparteien in den deutschen Bundesländern, in: https://fis.uni-bamberg.de/handle/uniba/43136; 8.11.2019.

Höhne, Benjamin 2017: Wie stellen Parteien ihre Parlamentsbewerber auf?, in: *Koschmieder, Carsten* (Hrsg.): Parteien, Parteiensysteme und politische Orientierungen: Aktuelle Beiträge der Parteienforschung, Wiesbaden, 227-253.

Hölscheidt, Sven 2001: Das Recht der Parlamentsfraktionen, Rheinbreitbach.

Holtmann, Everhard 2004: Dynamische Gewaltenteilung - ein vergessenes Thema der Politikwissenschaft, in: Politische Vierteljahresschrift 45: 311-320.

Holtmann, Everhard 2007: Dehnungen der Gewaltenteilung im modernen Verfassungsstaat. Zum Gestaltwandel der Gewaltenteilung aus theoretischer und empirischer Sicht, in: *Kropp, Sabine/Lauth, Hans-Joachim* (Hrsg.): Gewaltenteilung und Demokratie, Baden-Baden, 110-120.

Hönnige, Christoph 2007: Verfassungsgericht, Regierung und Opposition: Die vergleichende Analyse eines Spannungsdreiecks, Konstanz.

Hönnige, Christoph/Gschwend, Thomas 2010: Das Bundesverfassungsgericht im politischen System der BRD – ein unbekanntes Wesen?, in: Politische Vierteljahresschrift 51: 3, 507-530.

Höreth, Marcus 2015: Wenn Richter mitregieren wollen: Selbstautorisierung beim BVerfG und dem EuGH im Vergleich, in: *Ooyen, Robert Chr. van/Möllers, Martin H. W.* (Hrsg.): Handbuch Bundesverfassungsgericht im politischen System, Wiesbaden, 875-887.

Ipsen, Jörn 2013: Wahlrecht im Spannungsfeld von Politik und Verfassungsgerichtsbarkeit, in: Deutsches Verwaltungsblatt 125: 5, 265-332.

Isensee, Josef 2007: Fraktionsdisziplin und Amtsgewissen. Verfassungsrechtliche Garantie der Freiheit des Mandats im politischen Prozess, in: Res publica semper reformanda. Wissenschaft und politische Bildung im Dienste des Gemeinwohls. Festschrift für Heinrich Oberreuter zum 65. Geburtstag, Wiebaden, 254-267.

Jekewitz, Jürgen 1980: Bundesverfassungsgericht und Gesetzgeber: Zu den Vorwirkungen von Existenz und Rechtsprechung des Bundesverfassungsgerichts in den Bereich der Gesetzgebung, in: Der Staat 19: 4, 535-556.

Jestaedt, Matthias/Lepsius, Oliver/Möllers, Christoph/Schönberger, Christoph 2011: Das entgrenzte Gericht. Eine kritische Bilanz nach sechzig Jahren Bundesverfassungsgericht, Berlin.

Jungbauer, Stefan 2012: Parlamentarisierung der deutschen Sicherheits- und Verteidigungspolitik? Die Rolle des Bundestags bei Auslandseinsätzen deutscher Streitkräfte, Münster.

Jürgensen, Sven 2018: Die Öffentlichkeit der Willensbildung politischer Parteien. Verfassungstheoretische und -rechtliche Determinanten, in: regierungsforschung.de; 24.8.2019.

Karpen, Ulrich 2013: Demokratie und parlamentarische Kontrolle der Entscheidungen im Europäischen Stabilitäts-Mechanismus und Fiskalpakt, in: Zeitschrift für Parlamentsfragen 44: 3, 645-658.

Kelsen, Hans 2019: Wer soll der Hüter der Verfassung sein? Abhandlungen zur Theorie der Verfassungsgerichtsbarkeit in der pluralistischen, parlamentarischen Demokratie, Tübingen.

Key, V. O. 1964: Politics, Parties, and Pressure Groups, New York.

Kindler, Karl Friedrich 1958: Der Antipartteieneffekt in Deutschland, in: Gesellschaft - Staat - Erziehung 3: 107-121.

Kirchhof, Paul 2004: Entparlamentarisierung der Demokratie, in: *Kaiser, André/Zittel, Thomas* (Hrsg.): Demokratietheorie und Demokratieentwicklung: Festschrift für Graf Peter Kielmannsegg, Wiesbaden, 359-376.

Kißler, Leo 1989: Parlamentsöffentlichkeit. Transparenz und Artikulation, in: *Schneider, Hans-Peter/Zeh, Wolfgang* (Hrsg.): Parlamentsrecht und Parlamentspraxis, Berlin, 993-1020.

Klein, Hans Hugo/Krings, Günter 2016: § 17 Fraktionen, in: *Morlok, Martin/Schliesky, Utz/Wiefelspütz, Dieter* (Hrsg.): Parlamentsrecht. Handbuch, Baden-Baden, 524-552.

Knaut, Annette 2010: Abgeordnete als Politikvermittler: Vom Wandel von Repräsentation in modernen Demokratien, Baden-Baden.

Kneip, Sascha 2009: Verfassungsgerichte als demokratische Akteure.

Kneip, Sascha 2011: Gegenspieler, Vetospieler oder was? Demokratiefunktionales Agieren des Bundesverfassungsgerichts 1951-2005, in: Politische Vierteljahresschrift 52: 2, 220-247.

Kneip, Sascha 2013: Rolle und Einfluss des Bundesverfassungsgerichts in international vergleichender Perspektive, in: Zeitschrift für Politik 60: 1, 72-89.

Kneip, Sascha 2015: Konfliktlagen des Bundesverfassungsgerichts mit den Regierungen Schröder und Merkel, 1998-2013, in: *Ooyen, Robert Chr. van/Möllers, Martin H. W* (Hrsg.): Handbuch Bundesverfassungsgericht im politischen System, Wiesbaden, 281-295.

Kneip, Sascha 2016: Mehr (nationale) Demokratie wagen? Die Europarechtsprechung des Bundesverfassungsgerichts im Lichte des Demokratie- und Gewaltenkontrolldefizits im EU-Mehrebensystem, in: Zeitschrift für Politikwissenschaft 26: 1, 131-147.

Knelangen, Wilhelm 2005: Regierungssystem sui generis? Die institutionelle Ordnung der EU in vergleichender Sicht, in: Zeitschrift für Staats- und Europawissenschaften 3: 1, 7-33.

Korte, Karl-Rudolf/Fröhlich, Manuel 2009: Politik und Regieren in Deutschland. Strukturen, Prozesse, Entscheidungen (Grundkurs Politikwissenschaft), Paderborn.

Kötter, Matthias 2011: BVerfG: Das Ende der „objektiven" Auslegungsmethode?, in: Verfassungsblog, in: https://verfassungsblog.de/bundesverfassungsgericht-auf-methodisch-neuen-wegen/; 13.9.2019.

Kottmann, Matthias/Wohlfahrt, Christian 2009: Demokratie, Verfassungsidentität und Integrations- verantwortung im Lissabon-Urteil: 28.

Krajewski, Markus 2008: Kommunalwahlrechtliche Sperrklauseln im föderativen System, in: Die öffentliche Verwaltung 61: 9, 345-353.

Kramer, Urs/Bahr, Vanessa 2012: Die verschiedenen Sperrklauseln im Wahlrecht auf dem Prüfstand, in: Zeitschrift für das Juristische Studium 5: 2, 184-194.

Kranenpohl, Uwe 2004: Funktionen des Bundesverfassungsgerichts. Eine politikwissenschaftliche Analyse, in: Aus Politik und Zeitgeschichte 54: 50, 39-46.

Kranenpohl, Uwe 2010: Hinter dem Schleier des Beratungsgeheimnisses. Der Willensbildungs- und Entscheidungsprozess des Bundesverfassungsgerichts, Wiesbaden.

Kranenpohl, Uwe 2013: Verfassungsrechtssprechung. Regieren mit Richtern, in: *Korte, Karl-Rudolf/Grunden, Timo* (Hrsg.): Handbuch Regierungsforschung, Wiesbaden, 257-266.

Kretschmer, Gerald 1992: Fraktionen: Parteien im Parlament, Heidelberg.

Kreuzer, Marcus 2004: Und sie parlamentarisierte sich doch: die Verfasungsordnung des Kaiserreichs in vergleichender Perspektive, in: Parlamentarismus in Europa. Deutschland, England und Frankreich im Vergleich, München, 17-40.

Kropp, Sabine 2008: Regieren in Parlamentarismus und Parteiendemokratie: Informale Institutionen als Handlungsressource für Exekutive und Parlament, in: *Jann, Werner/König, Klaus* (Hrsg.): Regieren zu Beginn des 21. Jahrhunderts, Tübingen, 49-86.

Kuckartz, Udo 2018: Qualitative Inhaltsanalyse. Methoden, Praxis, Computerunterstützung, Weinheim.

Kühne, Alexander 2013: Repräsentation enträtselt oder immer noch „the Puzzle of Representation"? Entwicklungen und Lehren aus unterschiedlichen Forschungsstrategien, in: Zeitschrift für Parlamentsfragen 44: 3, 459-485.

Lammert, Norbert 2018: „Parteipolitik ist nicht schön, die Beschäftigung mit ihr aber eine Pflicht": Zehn Bemerkungen zur Parteiendemokratie, in: Zeitschrift für Parlamentsfragen : ZParl 49: 4, 933-939.

Landfried, Christine 1996: Bundesverfassungsgericht und Gesetzgeber. Wirkungen der Verfassungsrechtsprechung auf parlamentarische Willensbildung und soziale Realität, Baden-Baden.

Landfried, Christine 2015: Die Wahl der Bundesverfassungsrichter und ihre Folgen für die Legitimität der Verfassungsgerichtsbarkeit, in: *Ooyen, Robert Chr. van/Möllers,*

Martin H. W (Hrsg.): Handbuch Bundesverfassungsgericht im politischen System, Wiesbaden, 369-387.

Lang, Heinrich 2014: Wahlrecht und Bundesverfassungsgericht: eine Skizze aktueller wahlrechtlicher Entscheidungen und Probleme, Baden-Baden.

Lang, Joachim 2005: Spiegelbildlichkeit versus Mehrheitsprinzip?, in: Neue juristische Wochenschrift 58: 4, 189-191.

Laubach, Birgit 2001: Das 2. Diätenurteil des Bundesverfassungsgerichts, in: Zeitschrift für Rechtspolitik 34: 4, 159-162.

Leicht, Robert 1996: Wenn Recht zur Farce wird. Koalitionsverträge wie in Kiel untergraben die Freiheit der Abgeordneten, in: Die Zeit, 24.5.1996.

Lembcke, Oliver 2007: Hüter der Verfassung Eine institutionentheoretische Studie zur Autorität des Bundesverfassungsgerichts, Tübingen.

Lembcke, Oliver 2015: Das Bundesverfassungsgericht und die Regierung Adenauer - vom Streit um den Status zur Anerkennung der Autorität, in: *Ooyen, Robert Chr. van/Möllers, Martin H. W* (Hrsg.): Handbuch Bundesverfassungsgericht im politischen System, Wiesbaden, 231-243.

Lenski, Sophie-Charlotte 2009: Paradoxien der personalisierten Verhältniswahl, in: Archiv des oeffentlichen Rechts 134: 4, 473-512.

Lenz, Christofer 1997: Grundmandatsklausel und Überhangmandate vor dem Bundesverfassungsgericht, in: Neue juristische Wochenschrift 50: 23, 1534-1537.

Lepsius, Oliver 2016: Parlamentsrechte und Parlamentsverständnisse in der neueren Rechtsprechung des Bundesverfassungsgericht, in: Recht und Politik 52: 3, 137-149.

Lhotta, Roland 2009: Parlamentarismus als Gewaltenteilung: institutionelle Ausprägungen komplexer Demokratie am Beispiel von Repräsentation, Regierungsbildung und Gesetzgebung, in: Parlamentarismusforschung in Deutschland. Ergebnisse und Perspektiven 40 Jahre nach Erscheinen von Gerhard Loewenbergs Standardwerk zum Deutschen Bundestag, Baden-Baden, 259-278.

Lhotta, Roland/Ketelhut, Jörn 2009: Integrationsverantwortung und parlamentarische Demokratie: Das Bundesverfassungsgericht als Agent des „verfassten politischen Primärraums"?, in: Zeitschrift für Parlamentsfragen 40: 4, 864-888.

Lietzmann, Hans J. 1998: „Reflexiver Konstitutionalismus" und Demokratie. Die moderne Gesellschaft überholt die Verfassungsrechtsprechung, in: *Guggenberger, Bernd/Würtenberger, Thomas* (Hrsg.): Hüter der Verfassung oder Lenker der Politik? Das Bundesverfassungsgericht im Widerstreit, Baden-Baden, 233-261.

Lijphart, Arend 2012: Patterns of democracy. Government forms and performance in thirty-six countries, New Haven.

Linck, Joachim 1976: Zur Zulässigkeit parlamentarischer Funktionszulagen, in: Zeitschrift für Parlamentsfragen 6: 1, 54-60.

Linden, Markus 2015: Der lange Schatten von Weimar – Fraenkel und Habermas über Repräsentation, in: Zeitschrift für Politik 62: 4, 377-399.

Linden, Markus/Thaa, Winfried (Hrsg.) 2014: Ungleichheit und politische Repräsentation, Baden-Baden.

Link, Werner 2001: Der Parlamentsvorbehalt bei Auslandseinsätzen der Bundeswehr, in: Die politische Meinung 384, 51-55.

Loewenberg, Gerhard 1971: Parlamentarismus im politischen System der Bundesrepublik Deutschland, Tübingen.

Loewenberg, Gerhard 2007: Paradoxien des Parlamentarismus. Historische und akutelle Fehlverständnisse in Wissenschaft und Öffentlichkeit, in: Zeitschrift für Parlamentsfragen 35: 4, 816-827.

Loewenstein, Karl 1959: Verfassungslehre, Tübingen.

Lorenz, Astrid 2009: Ordnung und Wandel des Grundgesetzes als Ergebnis des Wechselspiels von Recht und Politik, in: *Lorenz, Astrid/Reutter, Werner* (Hrsg.): Ordnung und Wandel als Herausforderung für Staat und Gesellschaft, Opladen, 205-232.

Lübbe-Wolff, Gertrude 2019: Verfassung als Integrationsprogramm, in: Aus Politik und Zeitgeschichte 69: 16-17, 43-48.

Luch, Astrid 2016: § 10 Handlungsformen, in: *Morlok, Martin/Schliesky, Utz/Wiefelspütz, Dieter* (Hrsg.): Parlamentsrecht. Handbuch, Baden-Baden, 394-429.

Lüddecke, René 2010: Parlamentarisierung der nationalen Außenpolitik, Baden-Baden.

Luhmann, Niklas 1989: Theorie der politischen Opposition, in: Zeitschrift für Politik 36: 1, 13-26.

Luhmann, Niklas 1997: Legitimation durch Verfahren, Frankfurt am Main.

Mai, Manfred 2016: Regieren in der modernen Gesellschaft. Governance aus der Sicht der Ministerialbürokratie, Opladen.

Marschall, Stefan 2017: Parlamentarismus. Eine Einführung, Bonn.

Martin Morlok 2019: Die Kontrollfunktion des Parlaments. Verfassungsrechtliche Grundlagen im Geflecht der Gewaltenteilung, in: Bitburger Gespräche. Jahrbuch 2018, 15-30.

Maurer, Hartmut 2010: Staatsrecht I. Grundlagen, Verfassungsorgane, Staatsfunktionen, München.

Mayntz, Renate/Scharpf, Fritz W. 1995: Der Ansatz des akteurszentrierten Institutionalismus, in: *Mayntz, Renate/Scharpf, Fritz W.* (Hrsg.): Gesellschaftliche Selbstregelung und politische Steuerung, Frankfurt a. M., 39-72.

Mayring, Philipp 2015: Qualitative Inhaltsanalyse: Grundlagen und Techniken, Weinheim.

Meermagen, Bettina 2011: Die Rechtsstellung des Deutschen Bundestages im wehrverfassungsrechtlichen Organstreit unter besonderer Berücksichtigung von Inlandsverwendungen der Streitkräfte, in: *Emmenegger, Sigrid/Wiedmann, Ariane* (Hrsg.): Linien der Rechtsprechung des Bundesverfassungsgerichts - erörtert von den wissenschaftlichen Mitarbeitern, Band 2, Berlin, 471-492.

Meinel, Florian 2019a: Die Verfassungstheorie des Grundgesetzes und die Verfassungsgeschichte der Bundesrepublik, in: *Heinig, Hans Michael/Schorkopf, Frank* (Hrsg.): 70 Jahre Grundgesetz. In welcher Verfassung ist die Bundesrepublik?, Göttingen, 177-190.

Meinel, Florian 2019b: Selbstorganisation des parlamentarischen Regierungssystems, Tübingen.

Meinel, Florian 2019c: Vertrauensfrage. Zur Krise des heutigen Parlamentarismus., München.

Menzel, Eberhard 1954: Die auswärtige Gewalt der Bundesrepublik in der Deutung des Bundesverfassungsgerichts, in: Archiv des öffentlichen Rechts 40: 3, 326-349.

Menzel, Jörg 2000: Hundert Bände Verfassungsrechtsprechung Einführende Überlegungen zur Verfassungsgerichtsbarkeit, zum Bundesverfassungsgericht und zur Bedeutung seiner Judikate, in: *Menzel, Jörg* (Hrsg.): Verfassungsrechtsprechung. Hundert Entscheidungen des Bundesverfassungsgerichts in Retrospektive, Tübingen, 1-42.

Meyer, Hans 1989: § 4 Die Stellung der Parlamente in der Verfassungsordnung des Grundgesetzes, in: *Schneider, Hans-Peter/Zeh, Wolfgang* (Hrsg.): Parlamentsrecht und Parlamentspraxis, Berlin, 116-163.

Meyer, Hans 1994: Der Überhang und anderes Unterhaltsames aus Anlaß der Bundestagswahl 1994, in: Kritische Vierteljahresschrift für Gesetzgebung un Rechtswissenschaft 77: 4, 312-362.

Meyer, Hans 1995: Das fehlfinanzierte Parlament, in: *Huber, Peter M./Mößle, Wilhelm/Stock, Martin* (Hrsg.): Zur Lage der parlamentarischen Demokratie. Symposium zum 60. Geburtstag von Peter Badura, Tübingen, 17-70.

Meyer, Hans 2015: Bundesverfassungsgericht und Wahlrecht, in: *Ooyen, Robert Chr. van/Möllers, Martin H. W.* (Hrsg.): Handbuch Bundesverfassungsgericht im politischen System, Wiesbaden, 511-523.

Meyn, Karl-Ulrich 2001: Die politischen Parteien und das Volk: Repräsentation in der parteienstaatlichen parlamentarischen Demokratie, in: *Ipsen, Jörn/Schmidt-Jortzig, Edzard* (Hrsg.): Recht - Staat- Gemeinwohl. Festschrift für Dietrich Rauschning, Paderborn, 121-141.

Michael, Lothar 2016: § 48 Beendigungsgründe, in: *Morlok, Martin/Schliesky, Utz/Wiefelspütz, Dieter* (Hrsg.): Parlamentsrecht. Handbuch, Baden-Baden, 1552-1570.

Mill, John S. 1971: Betrachtungen über die repräsentative Demokratie.

Mill, John Stuart 1861: Considerations on Representative Government, Ontario.

Misol, Arne 2017: Die Rechtsprechung des Bundesverfassungsgerichts zur Sperrklausel bei der Wahl des Europäischen Parlaments - eine kritische Würdigung, in: *Scheffczyk, Fabian/Wolter, Kathleen* (Hrsg.): Linien der Rechtsprechung des Bundesverfassungsgerichts, Band 4, Berlin, Boston, 359-386.

Moench, Oliver 2017: Verfassungsmäßigkeit der Bundestagsausschüsse: Zulässigkeit und Grenzen der Delegation parlamentarischer Aufgaben unter besonderer Berücksichtigung von Entscheidungsbefugnissen, Berlin.

Möllers, Christoph 2007: Dogmatik der grundgesetzlichen Gewaltengliederung, in: Archiv des öffentlichen Rechts 132: 4, 493-538.

Morlok, Martin 1989: Parlamentarisches Geschäftsordnungsrecht zwischen Abgeordnetenrechten und politischer Praxis - Zugleich zum Urteil des BVerfG vom 13. 6. 1989 - 2 BvE 1/88, in: JuristenZeitung 44: 22, 1035-1047.

Morlok, Martin 2005: Das Verhältnis von Erst- und Zweitstimme aus juristischer Sicht, in: *Oppelland, Torsten* (Hrsg.): Das deutsche Wahlrecht im Spannungsfeld von demokratischer Legitimität und politischer Funktionalität, Berlin, 91-103.

Morlok, Martin 2016: § 3 Volksvertretung als Grundaufgabe, in: *Morlok, Martin/Schliesky, Utz/Wiefelspütz, Dieter* (Hrsg.): Parlamentsrecht. Handbuch, Baden-Baden, 143-186.

Morlok, Martin/Heinig, Hans 2000: Konkurrenz belebt das Geschäft. Zur Problematik der 5%-Klausel im Kommunalwahlrecht, in: Zeitschrift für Gesetzgebung 15: 4, 371-384.

Morlok, Martin/Schliesky, Utz/Wiefelspütz, Dieter 2016: Zukünftige Weiterentwicklung des Parlamentarismus, in: *Morlok, Martin/Schliesky, Utz/Wiefelspütz, Dieter* (Hrsg.): Parlamentsrecht. Handbuch, Wiesbaden, 1625-1677.

Murswiek, Dietrich 1979: Die Verfassungswidrigkeit der 5%-Sperrklausel im Europawahlgesetz, in: JuristenZeitung 34: 2, 48-53.

Niclauß, Karlheinz 1998: Der Weg zum Grundgesetz. Demokratiegründung in Westdeutschland 1945 - 1949, Paderborn.

Niclauß, Karlheinz 2006: Auflösung oder Selbstauflösung? Anmerkungen zur Verfassungsdiskussion nach der Vertrauensfrage des Bundeskanzlers 2005, in: Zeitschrift für Parlamentsfragen 37: 1, 40-46.

Niclauß, Karlheinz 2015: Der Parlamentarische Rat und das Bundesverfassungsgericht, in: *Ooyen, Robert Chr. van/Möllers, Martin H. W* (Hrsg.): Handbuch Bundesverfassungsgericht im politischen System, Wiesbaden, 191-204.

Nicolaus, Helmut 1996: Die unzulängliche Rechtfertigung der Überhangmandate. Aufklärungsversuche, in: Zeitschrift für Parlamentsfragen 27: 3, 383-393.

Noetzel, Timo/Schreer, Benjamin 2006: Spezialeinsatzkräfte der Bundeswehr. Politischer Handlungsbedarf, in: SWP-Aktuell 50.

Nohlen, Dieter 2014: Wahlrecht und Parteiensystem. Zur Theorie und Empirie der Wahlsysteme, Opladen.

Nolte, Georg 1994: Bundeswehreinsätze in kollektiven Sicherheitssystemen: zum Urteil des Bundesverfassungsgerichts vom 12.7.1994, in: Zeitschrift für ausländisches öffentliches Recht und Völkerrecht 54: 652-755.

Nowrot, Karsten/Tietje, Christian 2016: Parlamentarische Steuerung und Kontrolle des internationalen Regierungshandelns und der Außenpolitik, in: Parlamentsrecht. Praxishandbuch, Baden-Baden.

Nye, Joseph S. 2008: The powers to lead, Oxford.

Oberreuter, Heinrich (Hrsg.) 1989a: Bewährung und Herausforderung. Zum Verfassungsverständnis der Bundesrepublik Deutschland, Band 284, München.

Oberreuter, Heinrich 1989b: Zwischen traditionellem und aufgeklärtem Parlamentsverständnis, in: Aus Politik und Zeitgeschichte 37-38, 28-39.

Oberreuter, Heinrich 1992: Politische Führung in der parlamentarischen Demokratie, in: *Bracher, Karl Dietrich* (Hrsg.): Staat und Parteien : Festschrift für Rudolf Morsey zum 65. Geburtstag, 159-174.

Oberreuter, Heinrich 2004: Mehr Demokratie wagen? Parlamentskritik und Parlamentsreform in den 60er und 70er Jahren., in: *Recker, Marie-Luise/Müller-Luckner, Elisabeth* (Hrsg.): Parlamentarismus in Europa, München, 179-194.

Oberreuter, Heinrich 2013: Marginalisierung der Parlamente?, in: *Oberreuter, Heinrich* (Hrsg.): Macht und Ohnmacht der Parlamente, Baden-Baden, 21-31.

Oertzen, Jürgen 2010: Die Macht der Fraktionsarbeitskreise, in: *Schrenk, Klemens H* (Hrsg.): Analyse demokratischer Regierungssysteme. Festschrift für Wolfgang Ismayr zum 65. Geburtstag, Wiesbaden, 303-319.

Oertzen, Jürgen von 2006: Das Expertenparlament. Abgeordnetenrollen in den Fachstrukturen bundesdeutscher Parlamente, Baden-Baden.

Ooyen, Robert Chr. van 2005: Der Begriff des Politischen des Bundesverfassungsgerichts, Berlin.

Ooyen, Robert Chr. van 2006: Parlamentsauflösung und „unechte Vertrauensfrage“, in: *Ooyen, Robert Chr. van* (Hrsg.): Politik und Verfassung. Beiträge zu einer politikwissenschaftlichen Verfassungslehre, Wiesbaden, 177-181.

Ooyen, Robert Chr. van 2008: Machtpolitik, Persönlichkeit, Staatsverständnis und zeitgeschichtlicher Kontext: wenig beachtete Faktoren bei der Analyse des Bundesverfassungsgerichts, in: Journal der Juristischen Zeitgeschichte 10: 249-265.

Ooyen, Robert Chr. van 2011: Der Begriff des Politischen des Bundesverfassungsgerichts, in: JöR 57: 235.

Ooyen, Robert Chr. van 2015a: Bundesregierung, Staatstheorie und Verfassungsgericht im Streit um die neue Sicherheit, in: Bundesverfassungsgericht und politische Theorie. Ein Forschungsansatz zur Politologie der Verfassungsgerichtsbarkeit, Wiesbaden, 59-91.

Ooyen, Robert Chr. van 2015b: Bundesverfassungsgericht und politische Theorie. Ein Forschungsansatz zur Politologie der Verfassungsgerichtsbarkeit, Wiesbaden.

Ooyen, Robert Chr. van 2015c: Das Bundesverfassungsgericht als außen- und sicherheitspolitischer Akteur: etatistische Regierungsdomänen à la Hobbes/Locke und „kalte“ Verfassungsänderungen beim Aus- (und In)landseinsatz der Bundeswehr, in: Handbuch Bundesverfassungsgericht im politischen System, Wiesbaden, 665-692.

Ooyen, Robert Chr. van 2015d: Eine „europafeindliche“ Kontinuität? Zum Politikverständnis der Lissabonn-Entscheidung des Bundesverfassungsgerichts, in: Bundesverfassungsgericht und politische Theorie. Ein Forschungsansatz zur Politologie der Verfassungsgerichtsbarkeit, Wiesbaden, 129-146.

Ooyen, Robert Chr. van 2018: Die Staatstheorie des Bundesverfassungsgerichts und Europa. Von Solange über Maastricht und Lissabon zu Euro-Rettung, Europawahl und EU-Haftbefehl II, Baden-Baden.

Oppermann, Thomas 2001: Das Bundesverfassungsgericht und die Staatsrechtslehre, in: *Badura, Peter/Dreier, Horst* (Hrsg.): Festschrift 50 Jahre Bundesverfassungsgericht, Band 1, Tübingen, 421-460.

Ossenbühl, Fritz 1980: Aktuelle Probleme der Gewaltenteilung, in: Die öffentliche Verwaltung 33: 15, 545-553.

Pannes, Tina 2011: Dimensionen informellen Regierens, in: *Florack, Martin/Grunden, Timo* (Hrsg.): Regierungszentralen: Organisation, Steuerung und Politikformulierung zwischen Formalität und Informalität, Wiesbaden, 35-91.

Papier, Hans-Jürgen 2004: Das Bundesverfassungsgericht als „Hüter der Grundrechte“, in: Der Staat des Grundgesetzes - Kontinuität und Wandel. Festschrift für Peter Badura zum siebzigsten Geburtstag, Berlin, 411-429.

Papier, Hans-Jürgen 2013: Entparlamentarisierung und Selbstverantwortung der Parlamente. Ein Plädoyer für die Wahrung des demokratisch-parlamentarischen Systems, in: *Oberreuter, Heinrich* (Hrsg.): Macht und Ohnmacht der Parlamente, Baden-Baden, 79-93.

Patzelt, Werner 1998: Ein latenter Verfassungskonflikt? Die Deutschen und ihr parlamentarisches Regierungssystem, in: Politische Vierteljahresschrift 39: 4, 725-757.

Patzelt, Werner J. 1991: Neuere Repräsentationstheorie und das Repräsentationsverständnis von Abgeordneten, in: Zeitschrift für Politik 38: 2, 166-199.

Patzelt, Werner J. 2003: Parlamente und ihre Funktionen, in: *Patzelt, Werner J.* (Hrsg.): Parlamente und ihre Funktionen. Institutionelle Mechanismen und institutionelles Lernen, Wiesbaden, 13-49.

Patzelt, Werner J. 2004: Parlamentarismus, in: *Helms, Ludger/Jun, Uwe* (Hrsg.): Politische Theorie und Regierungslehre, Frankfurt and New York, 97-129.

Patzelt, Werner J. 2005: Warum verachten die Deutschen ihr Parlament und lieben ihr Verfassungsgericht? Ergebnisse einer vergleichenden demospkopischen Studie, in: Zeitschrift für Parlamentsfragen 36: 3, 517-538.

Patzelt, Werner J. 2007: Evolutorischer Institutionalismus: Theorie und exemplarische Studien zu Evolution, Institutionalität und Geschichtlichkeit, Würzburg.

Patzelt, Werner J. 2012. Parlamentarische Systeme, in: Politische Bildung 45: 2, 30-47.

Patzelt, Werner J. 2015: Warum mögen die Deutschen ihr Verfassungsgericht so sehr?, in: *Ooyen, Robert Chr. van/Möllers, Martin H. W* (Hrsg.): Handbuch Bundesverfassungsgericht im politischen System, Wiesbaden, 313-331.

Paus, Martin 2015: Der Supreme Court als „Hüter des Kongresses“?: Das checks and balances-System im Bereich der auswärtigen Gewalt vor dem Hintergrund des Ansatzes des BVerfG, Baden-Baden.

Payandeh, Mehrad 2019: Die Entplenarisierung des Bundestages Verfassungsrechtliche Rahmenbedingungen parlamentsinterner Entscheidungsdelegation, in: Die Organisation des Verfassungsstaats . Festschrift für Martin Morlok zum 70. Geburtstag, Berlin, 205-225.

Pehle, Heinrich 2012: Das Bundesverfassungsgericht: Hüter des Parlamentarismus und der Verfassungsidentität in Zeiten der Eurokrise?, in: Gesellschaft, Wirtschaft, Politik 61: 3, 285-292.

Petersen, Sönke 2010: Parlamentarische Geschäftsführer im Deutschen Bundestag, in: *Schrenk, Klemens H/Ismayr, Wolfgang* (Hrsg.): Analyse demokratischer Regierungssysteme. Festschrift für Wolfang Ismayr zum 65. Geburtstag, Wiesbaden, 287-301.

Pieper, Stefan Ulrich 2007: Das Selbstauflösungsrecht für den Bundestag als Korrektur des Art. 68 GG? Anmerkungen zur Entscheidung des Bundesverfassungsgerichts vom 25. August 2005 – 2 BvE 4/05 und 2 BvE 7/05, in: Zeitschrift für Parlamentsfragen 38: 2, 287-299.

Pitkin, Hanna Fenichel 1967: The concept of representation, Berkeley.

Prem, Berenike 2013: Deutschland in der „Multilateralismusfalle"? Reaktionen auf Zielkonflikte der internationalen Sicherheitspolitik in der out-of-area-Debatte 1992-1994 (TranState Working Papers), Bremen.

Preuß, Ulrich K. 1988: Die Wahl der Mitglieder des BVerfG als verfassungsrechtliches und - politisches Problem, in: Zeitschrift für Rechtspolitik 21: 10, 389-395.

Puppe, Ingeborg 2019: Kleine Schule des juristischen Denkens, Göttingen.

Quaritsch, Helmut 1968: Führung und Organisation der Streitkräfte im demokratisch-parlamentarischen Staat, in: Tagung der Deutschen Staatsrechtslehrer: Die Kirchen unter dem Grundgesetz, 207-259.

Redslob, Robert 1918: Die parlamentarische Regierung in ihrer wahren und in ihrer unechten Form: eine vergleichende Studie über die Verfassungen von England, Belgien, Ungarn, Schweden und Frankreich, Tübingen.

Reutter, Werner 1998: Politik und Verfassung - Rechts- und politikwissenschaftliche Beiträge zu einem ungeklärten Verhältnis, in: Politische Vierteljahresschrift 39: 4, 858-870.

Riklin, Alois 2010: Was Montesquieu noch nicht wissen konnte. Überlegungen zur Revision der Gewaltenteilungslehre, in: *Mass, Edgar* (Hrsg.): Montesquieu zwischen den Disziplinen. Einzel- und kulturwissenschaftliche Zugriffe, Berlin, 239-246.

Roellecke, Gerd 1995: Bewaffnete Auslandseinsätze ; Krieg, Aussenpolitik oder Innenpolitik? Ein verfassungsänderndes Urteil des Bundesverfassungsgerichts, in: Der Staat 34: 34, 415-428.

Rosenau, James N. 1992: Governance, order, and change in world politics, in: *Rosenau, James N./Czempiel, Ernst-Otto* (Hrsg.): Governance without government. Order and change in world politics, New York, 1-29.

Rossi, Matthias 2008: Gesetzgebungspflicht zum Schutz politischer Minderheiten? Zur Unzulässigkeit von Sperrklauseln im Kommunalwahlrecht, in: Zeitschrift für das Juristische Studium 1: 3, 304-308.

Roßner, Sebastian 2007: Offenlegungspflichten für die Nebeneinkünfte von Bundestagsabgeordneten: das Urteil des BVerfG vom 4. Juli 2007, 2 BvE 1/06, 2/06, 3/06, 4/06, in: Mitteilungen des Instituts für Deutsches und Europäisches Parteienrecht und Parteienforschung 14: 55-67.

Ruck, Michael 2004: Die Republik der Runden Tische: Konzertierte Aktionen, Bündnisse und Konsensrunden, in: *Kaiser, André/Zittel, Thomas* (Hrsg.): Demkoratietheorie und Demokratieentwicklung. Festschrift für Peter Graf Kielmansegg, Wiesbaden, 333-356.

Ruck, Michael 2012: Tanker in der rauen See des Struktur- und Wertewandels: Repräsentation, Partizipation und Administration während der 1980er Jahre - eine Problemskizze, in: Archiv für Sozialgeschichte 52: 253-271.

Rudzio, Wolfgang 1991: Informelle Entscheidungsmuster in Bonner Koalitionsregierungen, in: *Hartwich, Hans-Hermann/Wewer, Göttrik* (Hrsg.): Regieren in der Bundesrepublik II, Opladen, 125-141.

Saalfeld, Thomas 2013: Parteisoldaten und Rebellen: Fraktionen im Deutschen Bundestag 1949–1990, Wiesbaden.

Sacksofsky, Ute 2016: § 6 Wahlrecht und Wahlsystem, in: *Morlok, Martin/Schliesky, Utz/Wiefelspütz, Dieter* (Hrsg.): Parlamentsrecht. Handbuch, Baden-Baden, 279-327.

Salheiser, Axel 2019: Natürliche Daten: Dokumente, in: *Baur, Nina/Blasius, Jörg* (Hrsg.): Handbuch Methoden der empirischen Sozialforschung; Band 2:, 119-1134.

Sarcinelli, Ulrich 2011: Politische Kommunikation in Deutschland. Medien und Politikvermittlung im demokratischen System, Wiesbaden.

Sartori, Giovanni 1997: Demokratietheorie, Darmstadt.

Sauer, Heiko 2009: Das Verfassungsrecht der kollektiven Sicherheit - Materielle Grenzen und Organkompetenzverteilung beim Wandel von Bündnisverträgen und beim Auslandseinsatz der Bundeswehr, in: *Rensen, Hartmut/Brink, Stefan* (Hrsg.): Linien der Rechtsprechung des Bundesverfassungsgerichts - erörtert von den Wissenschaftlichen Mitarbeitern, Band 1, Berlin, 585-620.

Schaal, Gary S. 2000: Integration durch Verfassung und Verfassungsrechtsprechung? Über den Zusammenhang von Demokratie, Verfassung und Integration, Berlin.

Schaal, Gary S./Lancaster, Kelly/Struwe, Alexender 2013: Deutungsmacht und Konfliktdynamiken - Eine Analyse der Akzeptanz von Entscheidungen des Bundesverfassungsgerichts, in: *Wrase, Michael/Boulanger, Christian* (Hrsg.): Die Politik des Verfassungsrechts. Interdisziplinäre und vergleichende Perspektiven auf die Rolle und Funktion von Verfassungsgerichten, Baden-Baden, 187-215.

Schachtschneider, Karl Albrecht 2006: Prinzipien des Rechtsstaates, Berlin.

Schäller, Steven 2006: Präjudizien als selbstreferenzielle Geltungsressource des Bundesverfassungsgerichts, in: *Vorländer, Hans* (Hrsg.): Die Deutungsmacht der Verfassungsgerichtsbarkeit, Wiesbaden, 205-234, in: https://doi.org/10.1007/978-3-531-90350-7_9; 21.12.2018.

Scharpf, Fritz W. 2011: Das Bundesverfassungsgericht als Hüter demokratischer Selbstgestaltungsfähigkeit?, in: *Stolleis, Michael* (Hrsg.): Herzkammern der Republik. Die Deutschen und das Bundesverfassungsgericht, München, 186-199.

Schiffers, Reinhard 1984: „Ein mächtiger Pfeiler im Bau der Bundesrepublik". Das Gesetz über das Bundesverfassungsgericht vom 12. März 1951, in: Vierteljahrshefte für Zeitgeschichte 32: 1, 68-102.

Schild, Wolfgang 1998: Das Problem eines Hüters der Verfassung, in: *Guggenberger, Bernd/Würtenberger, Thomas* (Hrsg.): Hüter der Verfassung oder Lenker der Politik? Das Bundesverfassungsgericht im Widerstreit, Baden-Baden, 13-43.

Schindler, Danny 2019: Politische Führung im Fraktionenparlament. Rolle und Steuerungsmöglichkeiten der Fraktionsvorsitzenden im Deutschen Bundestag, Baden-Baden.

Schindler, Danny/Schüttemeyer, Suzanne 2010: Parlamentarismus und Parlamentarismusforschung in Deutschland *Gerlach, Irene* (Hrsg.), in: Politikwissenschaft in Deutschland: 143-166.

Schlaich, Klaus/Korioth, Stefan 2018: Das Bundesverfassungsgericht: Stellung, Verfahren, Entscheidungen, München.

Schliesky, Utz 2016: § 5 Parlamentsfunktionen, in: *Morlok, Martin/Schliesky, Utz/Wiefelspütz, Dieter* (Hrsg.): Parlamentsrecht. Handbuch, Baden-Baden, 204-278.

Schmidt, Manfred G. 2008: Demokratietheorie. Eine Einführung, Wiesbaden.

Schmidt-Jortzig, Edzard 2001: Regierungskontrolle durch die Parlamentsmehrheit, in: *Ipsen, Jörn/Schmidt-Jortzig, Edzard* (Hrsg.): Recht - Staat - Gemeinwohl. Festschrift für Dietrich Rauschning, Köln, 143-156.

Schmidt-Jortzig, Edzard 2014: Die „Unabhängige Kommission zu Fragen des Abgeordnetenrechts“: orientiert an realistischen Normen und parlamentarischer Praxis, in: *Schmidt-Jortzig, Edzard/Schüttemeyer, Suzanne* (Hrsg.): Der Wert der parlamentarischen Repräsentation. Entwicklungslinien und Perspektiven der Abgeordnetenentschädigung, Baden-Baden, 9-16.

Schmitt, Carl 1996: Die geistesgeschichtliche Lage des heutigen Parlamentarismus, Berlin.

Schmitt Glaeser, Walter 2006: Die Abhängigkeit der Politiker als Funktionsmangel der Demokratie, in: Zeitschrift für Rechtspolitik 39: 1, 10-15.

Schneider, Hans-Peter 1989a: § 38 Verfassungsrechtliche Bedeutung und politische Praxis der parlamentarischen Opposition, in: *Schneider, Hans-Peter/Zeh, Wolfgang* (Hrsg.): Parlamentsrecht und Parlamentspraxis in der Bundesrepublik Deutschland. Ein Handbuch, Berlin, 1055-1086.

Schneider, Hans-Peter 1989b: Gewaltenverschränkung zwischen Parlament und Regierung, in: Gewaltentrennung im Rechtsstaat: zum 300. Geburtstag von Charles de Montesquieu ; Vorträge und Diskussionsbeiträge der 57. Staatswissenschaftlichen Fortbildungstagung 1989 der Hochschule für Verwaltungswissenschaft Speyer, Berlin, 77-89.

Schneider, Hans-Peter 1995: § 13 Das parlamentarische System, in: *Benda, Ernst/Maihofer, Werner/Vogel, Hans-Jochen* (Hrsg.): Handbuch Verfassungsrecht, Berlin, 537-598.

Schneider, Hans-Peter 1999: Acht an der Macht! Das BVerfG als „Reparaturbetrieb“ des Parlamentarismus?, in: Neue juristische Wochenschrift : NJW 18, 1303-.

Schneider, Hans-Peter 2008: Herr oder Hüter des Grundgesetzes? Das Bundesverfassungsgericht als eigenständiger Akteur im Verfassungsleben, in: Frieden in Freiheit. Festschrift für Michael Bothe zum 70. Geburtstag, Baden-Baden, 1019-1034.

Scholz, Rupert 1999: Das Bundesverfassungsgericht: Hüter der Verfassung oder Ersatzgesetzgeber?, in: Aus Politik und Zeitgeschichte 49: 16, 3-8.

Scholz, Rupert 2014: Verfassungsgerichtsbarkeit zwischen Verfassungsrecht und Politik. Am Beispiel des deutschen Bundesverfassungsgerichts, in: Ritsumeikan Law Review 31: 35-44.

Schönberger, Christoph 2012: Das Bundesverfassungsgericht und die Fünf-Prozent-Klausel bei der Wahl zum Europäischen Parlament, in: Juristenzeitung 68: 2, 80-86.

Schönberger, Christoph 2014: Der Indian Summer eines liberalen Etatismus: Ernst-Wolfgang Böckenförde als Verfassungsrichter, in: *Große Kracht, Hermann-Josef/Große Kracht, Klaus* (Hrsg.): Religion - Recht - Republik. Studien zu Ernst-Wolfgang Böckenförde, Hamburg, 121-136.

Schönberger, Christoph 2016: § 1 Das Parlament. Geschichte einer europäischen Erfindung, in: *Morlok, Martin/Schliesky, Utz/Wiefelspütz, Dieter* (Hrsg.): Parlamentsrecht. Handbuch, Baden-Baden, 61-104.

Schöne, Helmar 2010: Alltag im Parlament: Parlamentskultur in Theorie und Empirie, Baden-Baden.

Schöne, Helmar 2013: Steuerung und Fraktionsmanagement von Regierungsfraktionen, in: *Korte, Karl-Rudolf/Grunden, Timo* (Hrsg.): Handbuch Regierungsforschung, Wiesbaden, 381-389.

Schreiter, Margrit 2014: Varianten qualitativer Inhaltsanalyse: Ein Wegweiser im Dickicht der Begrifflichkeiten, in: Forum Qualitative Sozialforschung 15: 1, 1-27.

Schröder, Meinhard 1994: Das Bundesverfassungsgericht als Hüter des Staates im Prozeß der europäischen Integration: Bemerkungen zum Maastricht-Urteil, in: Deutsches Verwaltungsblatt 109: 6, 316-325.

Schuett-Wetschky, Eberhard 2001: Gewaltenteilung zwischen Bundestag und Bundesregierung? Nach dem Scheitern des Gewaltenteilungskonzeptes des Parlamentarischen Rates: Gemeinwohl durch Parteien statt durch Staatsorgane?, in: *Dicke, Klaus* (Hrsg.): Der demokratische Verfassungsstaat in Deutschland. 80 Jahre Weimarer Reichsverfassung, 50 Jahre Grundgesetz, 10 Jahre Fall der Mauer, Baden-Baden, 67-117.

Schuett-Wetschky, Eberhard 2002: Kritik neuerer Kritik an der Parteiendemokratie Koalitionsrunden, »Parteipolitisierung« und Verantwortung der Repräsentanten in der Replik Julia von Blumenthals, in: Zeitschrift für Politikwissenschaft 12: 4, 1501-1544.

Schuett-Wetschky, Eberhard 2004: Gouvernementale Parlamentskontrolle? Politische Führung, Regierungsmehrheiten und das Verhältnis von Parlament und Regierung, in: *Holtmann, Everhard/Patzelt, Werner J.* (Hrsg.): Kampf der Gewalten? Parlamentarische Regierungskontrolle - gouvernementale Parlamentskontrolle. Theorie und Empirie, Wiesbaden, 17-42.

Schuett-Wetschky, Eberhard 2005a: Parlamentarismuskritik ohne Ende? Parteidissens und Repräsentationskonzepte am Beispiel der Entparlamentarisierungs- und Gewaltenteilungskritik, in: Zeitschrift für Politische Wissenschaft 15: 3-33.

Schuett-Wetschky, Eberhard 2005b: Regierung, Parlament oder Parteien: Wer entscheidet, wer beschließt?, in: Zeitschrift für Parlamentsfragen 36: 3, 489-507.

Schulze-Fielitz, Helmuth 1984: Der informale Verfassungsstaat. Aktuelle Beobachtungen des Verfassungslebens der Bundesrepublik Deutschland im Lichte der Verfassungstheorie, Berlin.

Schulze-Fielitz, Helmuth 1998: Das Verhältnis von formaler und informaler Verfassung, in: *Görlitz, Axel/Görlitz-Burth* (Hrsg.): Informale Verfassung, Baden-Baden, 25-54.

Schulze-Fielitz, Helmuth 2010: Konstitutionalisierung der Informalität? Nutzen und Grenzen einer Nachführung des Verfassungsrechts an informale Prozesse der Entscheidungsfindung, in: *Krüper, Julian/Merten, Heike/Morlok, Martin* (Hrsg.): An den Grenzen der Rechtsdogmatik, Tübingen, 95-119.

Schumpeter, Joseph A. 1993: Kapitalismus, Sozialismus und Demokratie, Tübingen.

Schuppert, Gunnar Folke 2003: Staatswissenschaft, Baden-Baden.

Schürmann, Thomas 2016: Plenardebatte, in: *Morlok, Martin/Schliesky, Utz/Wiefelspütz, Dieter* (Hrsg.): Parlamentsrecht. Handbuch, Baden-Baden, 568-653.

Schütt, Eberhard 1973: Wahlsystemdiskussion und parlamentarische Demokratie, Hamburg.

Schüttemeyer, Suzanne 1998: Fraktionen im Deutschen Bundestag 1949-1997. Empirische Befunde und theoretische Folgerungen, Opladen.

Schüttemeyer, Suzanne S. 1999a: 50 Jahre deutscher Parlamentarismus. Kategorien und Kriterien für Leistungen und Defizite, in: *Ellwein, Thomas/Holtmann, Everhard* (Hrsg.): 50 Jahre Bundesrepublik Deutschland. Rahmenbedingungen - Entwicklungen - Perspektiven, Opladen, 482-495.

Schüttemeyer, Suzanne S. 1999b: Fraktionen und ihre Parteien in der Bundesrepublik Deutschland: Veränderte Beziehungen im Zeichen professioneller Politik, in: *Helms, Ludger* (Hrsg.): Parteien und Fraktionen, Opladen, 39-66.

Schüttemeyer, Suzanne S. 2007a: Modewort oder Alarmsignal? Befunde und Überlegungen zur Entparlamentarisierung, in: *Patzelt, Werner J./Sebaldt, Martin/Kranenpohl, Uwe* (Hrsg.): Res publica semper reformanda. Wissenschaft und politische Bildung im Dienste des Gemeinwohls. Festschrift für Heinrich Oberreuter zum 65. Geburtstag, Wiesbaden, 240-253.

Schüttemeyer, Suzanne S. 2007b: Parlamentarische Demokratie (Informationen zur politischen Bildung, Band 295), München.

Schüttemeyer, Suzanne S. 2010: Politische Führung im Parlament, in: Aus Politik und Zeitgeschichte 2-3: 15-21.

Schüttemeyer, Suzanne S. 2013a: Abgeordnete: Repräsentanten oder Rädchen im Getriebe?, in: *Oberreuter, Heinrich* (Hrsg.): Macht und Ohnmacht der Parlamente, Baden-Baden, 59-78.

Schüttemeyer, Suzanne S. 2013b: Der ewige Zweite? Überlegungen zur Regierungsdominanz im Deutschen Bundestag, in: *Keil, Silke I./Thaidigsmann, S. Isabell* (Hrsg.): Zivile Bürgergesellschaft und Demokratie, 451-467.

Schüttemeyer, Suzanne S./Schmidt-Jortzig, Edzard (Hrsg.) 2014: Der Wert der parlamentarischen Repräsentation. Entwicklungslinien und Perspektiven der Abgeordnetenentschädigung, Baden-Baden.

Schütt-Wetschky, Eberhard 1984: Grundtypen parlamentarischer Demokratie. Klassisch-altliberaler Typ und Gruppentyp. Unter besonderer Berücksichtigung der Kritik am Fraktionszwang, Freiburg.

Schütt-Wetschky, Eberhard 1992: Haben wir eine akzeptable Parlamentarismustheorie?, in: *Hartmann, Jürgen/Thaysen, Uwe* (Hrsg.): Pluralismus und Parlamentarismus in Theorie und Praxis. Winfried Steffani zum 65. Geburtstag, Opladen, 91-112.

Schütt-Wetschky, Eberhard 1997: Interessenverbände und Staat, Darmstadt.

Schütt-Wetschky, Eberhard 2000: Gewaltenteilung zwischen Legislative und Exekutive?, in: Aus Politik und Zeitgeschichte 28, 5-12.

Schwarz, Kyrill A. 2016: Das neue Recht der Abgeordnetenentschädigung, in: Neue Zeitschrift für Verwaltungsrecht 35: 3, 97-102.

Schwarzmeier, Manfred 2001: Parlamentarische Mitsteuerung. Strukturen und Prozesse informalen Einflusses im Deutschen Bundestag, Wiesbaden.

Schwarzmeier, Manfred 2004: Gouvernementale Kontrolle und parlamentarische Mitsteuerung, in: *Holtmann, Everhard/Patzelt, Werner J.* (Hrsg.): Kampf der Gewalten? Parlamentarische Regierungskontrolle - gouvernementale Parlamentskontrolle. Theorie und Empirie, Wiesbaden, 55-83.

Sebaldt, Martin 2009: Die Macht der Parlamente. Funktionen und Leistungsprofile nationaler Volksvertretungen in den alten Demokratien der Welt, Wiesbaden.

Sebaldt, Martin/Gast, Henrik (Hrsg.) 2010: Politische Führung in westlichen Regierungssystemen. Theorie und Praxis im internationalen Vergleich, 1. Aufl., Wiesbaden.

Sellin, Volker 2004: Regierung, Regime, Obrigkeit, in: *Brunner, Otto/Conze, Werner/Koselleck, Reinhart* (Hrsg.): Geschichtliche Grundbegriffe. Historisches Lexikon zur politisch-sozialen Sprache in Deutschland, Band 5, Stuttgart, 361-421.

Seuffert, Walter 1983: Freiheit der Politik und Grenzen des Rechts: zum Urteil des Bundesverfassungsgerichts vom 16.02.1983, in: Archiv des öffentlichen Rechts 108: 3, 3403-409.

Siefken, Sven T. 2018a: Available, Accesible and Ready to Listen: MP's District Work, in: *Gabriel, Oscar W./Kerrouche, Eric/Schüttemeyer, Suzanne S.* (Hrsg.): Political representation in France and Germany: attitudes and activities of citizens and MPs, Wiesbaden, 87-115.

Siefken, Sven T. 2018b: Parlamentarische Kontrolle im Wandel. Theorie und Praxis des Deutschen Bundestages, Baden-Baden.

Siefken, Sven T. 2018c: Plenum im Kleinen oder Ort der Verhandlung? Verständnisse und Forschungsbedarf zu den Fachausschüssen des Deutschen Bundestages, in: Zeitschrift für Parlamentsfragen 49: 4, 777-792.

Sinemus, Burkhard 1982: Der Grundsatz der Gewaltenteilung in der Rechtssprechung des Bundesverfassungsgerichts, Frankfurt a.M.

Sohn, Klaus-Dieter/Czuratis, Sebastian 2012: Eine Sperrklausel für Europawahlen (cep Studie), Feiburg.

Steffani, Winfried 1978: Parlamentarismus in den EG-Staaten und demokratisches Defizit der europäischen Institutionen, in: Zeitschrift für Parlamentsfragen 9: 2, 233-253.

Steffani, Winfried 1979: Parlamentarische und präsidentielle Demokratie. Strukturelle Aspekte westlicher Demokratien, Opladen.

Steffani, Winfried 1989: § 49 Formen, Verfahren und Wirkungen der parlamentarischen Kontrolle, in: *Schneider, Hans-Peter/Zeh, Wolfgang* (Hrsg.): Parlamentsrecht und Parlamentspraxis in der Bundesrepublik Deutschland, Berlin, 1325-1367.

Steffani, Winfried 1997: Gewaltenteilung und Parteien im Wandel, Opladen.

Steffani, Winfried 1999: Das magische Dreieck demokratischer Repräsentation: Volk, Wähler und Abgeordnete, in: Zeitschrift für Parlamentsfragen 30: 3, 772-793.

Steffen, Tilman 2018: Leeres Versprechen gegen leere Reihen, in: Zeit Online, 2018, in: https://www.zeit.de/politik/deutschland/2018-04/afd-bundestag-praesenz-anwesendheit-aenderung-parlamentsregeln.

Steinbeis, Maximilian 2014: Deutscher Verfassungslegalismus zum Abgewöhnen, in: Verfassungsblog, in: https://verfassungsblog.de/deutscher-verfassungslegalismus-zum-abgewoehnen/; 28.12.2019.

Steinsdorff, Silvia von 2019: (Verfassungs-)Richterliches Entscheiden, in: *Boulanger, Christian/Rosenstock, Julika/Singelnstein, Tobias* (Hrsg.): Interdisziplinäre Rechtsforschung: Eine Einführung in die geistes- und sozialwissenschaftliche Befassung mit dem Recht und seiner Praxis, Wiesbaden, 207-226.

Sternberg, Sebastian/Gschwend, Thomas/Wittig, Caroline/Engst, Benjamin G. 2015: Zum Einfluss der öffentlichen Meinung auf Entscheidungen des Bundesverfassungsgerichts. Eine Analyse von abstrakten Normenkontrollen sowie Bund-Länder-Streitigkeiten 1974 – 2010, in: Politische Vierteljahresschrift 56: 4, 570-598.

Sternberger, Dolf 1960: Gewaltenteilung und parlamentarische Regierung in der Bundesrepublik Deutschland, in: Politische Vierteljahresschrift 1: 1, 22-37.

Sternberger, Dolf 1964: Parlamentarische Regierung und parlamentarische Kontrolle, in: Politische Vierteljahresschrift 5: 1, 6-19.

Strohmeier, Gerd 2013a: Das Bundesverfassungsgericht zwischen judicial restraint und judicial activism. Eine kritische Analyse am Beispiel der Rechtsprechung zum Wahlrecht, in: Gallus, Alexander Deutsche Kontroversen. Festschrift für Eckhard Jesse, Baden-Baden, 283-296.

Strohmeier, Gerd 2013b: Kann man sich auf Karlsruhe verlassen? Eine kritische Bestandsaufnahme am Beispiel des Wahlrechts, in: Zeitschrift für Parlamentsfragen 44: 3, 629-644.

Strohmeier, Rudolf W. 1983: Die verfassungsgemäße Bundestagsauflösung: einige kritische Anmerkungen zu den Begründungen des Verfassungsgerichtsurteils vom 16. Februar 1983, in: Zeitschrift für Parlamentsfragen 14: 3, 422-429.

Stüwe, Klaus 2015: Bundesverfassungsgericht und Opposition, in: *Ooyen, Robert Chr. van/Möllers, Martin H. W* (Hrsg.): Das Bundesverfassungsgericht im politischen System, Wiesbaden, 215-228.

Szczerbak, Simone 2018: Verfassungsrechtliche Leitbilder als (unterschätztes) Präzisierungsinstrument im Verfassungsrecht? *Hein, Michael/Petersen, Felix/Steinsdorff, Silvia von* (Hrsg.), in: Die Grenzen der Verfassung 9: 121-138.

Thaysen, Uwe 1976a: Die Volksvertretungen der Bundesrepublik und das Bundesverfassungsgericht: uneins in ihrem Demokratie- und Parlamentsverständnis, in: Zeitschrift für Parlamentsfragen 7: 1, 3-18.

Thaysen, Uwe 1976b: Parlamentarisches Regierungssystem in der Bundesrepublik Deutschland, Wiesbaden.

Thaysen, Uwe 2007: Eherne Dichotomien und Diskrepanzen der Demokratie: Ein Beitrag zur Parlamentarismustheorie, in: *Patzelt, Werner J./Oberreuter, Heinrich* (Hrsg.): Res publica semper reformanda. Wissenschaft und politische Bildung im Dienste des Gemeinwohls. Festschrift für Heinricht Oberreuter zum 65. Geburtstag, Wiesbaden, 209-223.

Uppendahl, Herbert 1981: Repräsentation und Responsivität Bausteine einer Theorie responsiver Demokratie, in: Zeitschrift für Parlamentsfragen 12: 1, 123-134.

Vanberg, Georg 2010: The Politics of Constitutional Review in Germany, Cambridge.

Veen, Hans-Joachim 1972: Die parlamentarische Regierung zwischen Subordination und politischer Führung. Darstellung und Kritik der Parlamentarismustheorien im gegenwärtigen deutschen Verfassungsrecht, in: Aus Politik und Zeitgeschichte 22: 38, 3-38.

Voigt, Rüdiger 2015: Das Bundesverfassungsgericht in rechtspolitologischer Sicht, in: *Ooyen, Robert Chr. van/Möllers, Martin H. W* (Hrsg.): Handbuch Bundesverfassungsgericht im politischen System, Wiesbaden, 69-94.

Volkmann, Uwe 2016: Parlamentarische Demokratie und politische Parteien, in: *Morlok, Martin/Schliesky, Utz/Wiefelspütz, Dieter* (Hrsg.): Parlamentsrecht. Handbuch, Baden-Baden, 187-203.

Volkmann, Uwe 2017: Hat das Verfassungsrecht eine Theorie der Opposition - und braucht es eine?, in: Zeitschrift für Parlamentsfragen 48: 3, 473-490.

Vorländer, Hans (Hrsg.) 2006: Die Deutungsmacht der Verfassungsgerichtsbarkeit, Wiesbaden.

Vorländer, Hans 2011: Regiert Karlsruhe mit? Das Bundesverfassungsgericht zwischen Recht und Politik, in: Aus Politik und Zeitgeschichte 61: 35-36, 15-22.

Vorländer, Hans 2015: Die Deutungsmacht des Bundesverfassungsgerichts, in: *Ooyen, Robert Chr. van/Möllers, Martin H. W.* (Hrsg.): Handbuch Bundesverfassungsgericht im politischen System, Wiesbaden, 299-312.

Vorländer, Hans/Schaal, Gary S. 2007: Die Deutungsmacht des Bundesverfassungsgerichts: Institutionelles Vertrauen und Entscheidungsakzeptanz, 1., Aufl., Wiesbaden.

Voßkuhle, Andreas 2004: Gibt es und wozu nutzt eine Lehre vom Verfassungswandel?, in: Der Staat 43: 3, 450-459.

Voßkuhle, Andreas 2013: Die Staatstheorie des Bundesverfassungsgerichts, in: Der Staat 21: 371-383.

Voßkuhle, Andreas 2016: Verfassung und Parlamentarismus, in: Bayerische Verwaltungsblätter 147: 9, 289-300.

Voßkuhle, Andreas 2019: Der Wandel der Verfassung und seine Grenzen, in: Juristische Schulung 59: 5, 417-423.

Wagner, Wolfgang 2009: Die parlamentarische Kontrolle von Militäreinsätzen, in: *Oberbürgermeister der Stadt Osnabrück/Präsident der Universität Osnabrück* (Hrsg.): Neue Fragen an den Rechtsstaat. Wie begegnen Politik, Recht und Exekutive aktuellen Friedensgefährdungen?, Band 16, 169-177.

Wahl, Rainer 2019: Das Bundesverfassungsgericht in der Gründungsphase. Entwicklungsgeschichte der Institution und der Rechtsprechung, in: *Meinel, Florian* (Hrsg.): Verfassungsgerichtsbarkeit in der Bonner Republik, Tübingen, 27-62.

Walter, Christian 2000: Hüter oder Wandler der Verfassung? Zur Rolle des Bundesverfassungsgerichts im Prozeß des Verfassungswandels, in: Archiv des öffentlichen Rechts 125: 517-550.

Weber, Max 1922: Gesammelte Aufsätze zur Wissenschaftslehre, Tübingen.

Weiß, Alexander 2011: Theorie der Parlamentsöffentlichkeit. Elemente einer Diskursgeschichte und deliberatives Modell, Baden-Baden.

Wendt, Rudolf 2012: Sperrklauseln im Wahlrecht?, in: *Ruffert, Matthias* (Hrsg.): Dynamik und Nachhaltigkeit des Öffentlichen Rechts. Festschrift für Meinhard Schröder, Berlin, 431-456.

Wesel, Uwe 1996: Die Hüter der Verfassung: das Bundesverfassungsgericht, seine Geschichte, seine Leistungen und seine Krisen, Frankfurt am Main.

Wewer, Göttrik 1998: Politische Kommunikation als formeller und als informeller Prozess, in: *Jarren, Otfried/UlrichSarcinelli/Saxer, Ulrich* (Hrsg.): Politische Kommunikation der der demokratischen Gesellschaft, Wiesbaden, 324-329.

Wiefelspütz, Dieter 2007: Der Einsatz bewaffneter deutscher Streitkräfte im Ausland, in: Archiv des öffentlichen Rechts 132: 1, 44-94.

Wiefelspütz, Dieter 2009: Der Auslandseinsatz der Streitkräfte und der Deutsche Bundestag, in: *von Blumenthal, Julia/Bröchler, Stephan* (Hrsg.): Müssen Parlamentsreformen scheitern?, Wiesbaden, 109-146.

Wiefelspütz, Dieter 2016: § 12 Abgeordnetenmandat, in: *Morlok, Martin/Schliesky, Utz/Wiefelspütz, Dieter* (Hrsg.): Parlamentsrecht. Handbuch, Baden-Baden, 448-462.

Wientzek, Olaf 2019: Europawahlen, Europaparteien und die Europäische Volkspartei *Konrad-Adenauer-Stiftung e. V.* (Hrsg.).

Wiesendahl, Elmar 2013: Restlaufzeiten der Parteiendemokratie, in: *Niedermayer, Oskar/Höhne, Benjamin/Jun, Uwe* (Hrsg.): Abkehr von den Parteien? Parteiendemokratie und Bürgerprotest, Wiesbaden, 9-42.

Wiesendahl, Elmar 2016: Der Parteienstaat im Wandel der Staatlichkeit der Bundesrepublik Deutschland, in: *Bukow, Sebastian/Jun, Uwe/Niedermayer, Oskar* (Hrsg.): Parteien in Staat und Gesellschaft: Zum Verhältnis von Parteienstaat und Parteiendemokratie, Wiesbaden, 15-50.

Wild, Michael 2003: Die Gleichheit der Wahl. Dogmengeschichtliche und systematische Darstellung, Berlin.

Winkler, Daniela 2006: Die Verfassungsmäßigkeit der Bundestagsauflösung: Anmerkung zur Entscheidung des BVerfG vom 25.8.2005, in: Archiv des öffentlichen Rechts 131: 3, 441-461.

Wöhst, Christian 2017: Hüter der Demokratie: die angewandte Demokratietheorie des Bundesverfassungsgerichts, Wiesbaden.

Wolff, Heinrich Amadeus 2012: Das Bundesverfassungsgericht als Hüter der Integrationsverantwortung, in: *Pechstein, Matthias* (Hrsg.): Integrationsverantwortung, Wiesbaden, 151-162.

Wrase, Michael 2013: Verfassungsgerichtsforschung auf der Schnittstelle zwischen Rechts- und Politikwissenschaften - Überlegungen am Beispiel des Bundesverfassungsgerichts, in: *Wrase, Michael/Boulanger, Christian* (Hrsg.): Die Politik des Verfassungsrechts. Interdisziplinäre und vergleichende Perspektiven auf die Rolle und Funktion von Verfassungsgerichten, Baden-Baden, 21-36.

Wrase, Michael/Boulanger, Christian/Schulze, Anna (Hrsg.) 2013: Die Politik des Verfassungsrechts. Interdisziplinäre und vergleichende Perspektiven auf die Rolle und Funktion von Verfassungsgerichten, Baden-Baden.

Zeh, Wolfgang 1983: Bundestagsauflösung über die Vertrauensfrage, Möglichkeiten und Grenzen der Verfassung, in: Zeitschrift für Parlamentsfragen 14: 1, 119-145.

Zeh, Wolfgang 1989: Theorie und Praxis der Parlamentsdebatte, in: Parlamentsrecht und Parlamentspraxis in der Bundesrepublik, Berlin, 917-937.

Zeh, Wolfgang 1992: Die deutsche Parteienprüderie in neuen Kleidern, in: *Bracher, Karl Dietrich* (Hrsg.): Staat und Parteien: Festschrift für Rudolf Morsey zum 65. Geburtstag, Berlin, 1009-1027.

Zeh, Wolfgang 2007: Verfassungsrechtliche und politische Organisation des Deutschen Bundestages, in: Politische Bildung 40: 2, 45-74.

Zeh, Wolfgang 2008: Parlamentsrecht und Verfassungsinterpretation: Wechselwirkungen zwischen Bundestag und Bundesverfassungsgericht, in: Verfassungen. Zwischen Recht und Politik. Festschrift zum 70. Geburtstag für Hans-Peter Schneider, Baden-Baden, 429-446.

Weitere Quellen

Arbeitsordnung der CDU/CSU-Fraktion im Deutschen Bundestag, 19. Wahlperiode.

Ausschuss für Wahlprüfung, Immunität und Geschäftsordnung des Deutschen Bundestages, 15. Wahlperiode, Protokoll G 32, 32. Sitzung, 17. Februar 2005.

Bericht und Empfehlungen der Unabhängigen Kommission zur Überprüfung des Abgeordnetenrechts, 12. Wahlperiode, BT Drs. 12/5020, Mai 1993.

Deutschlands Zukunft gestalten. Koalitionsvertrag zwischen CDU, CSU und SPD, 18. Legislaturperiode, 2013.

Die Stellung des Bundesverfassungsgerichts. Denkschrift des Bundesverfassungsgerichts, 27. Juni 1952; gerichtet an Bundespräsident, Präsidenten von Bundestag und Bundesrat sowie Bundesregierung, veröffentlicht am 19. Januar 1953.

Entschließung des Europäischen Parlaments zu den Wahlen zum Europäischen Parlament im Jahr 2014, 22. November 2012.

Entschließung des Europäischen Parlaments zu der Reform des Wahlrechts der Europäischen Union, 11. November 2015.

Gemeinsame Erklärung zu den praktischen Modalitäten des neuen Mitentscheidungsverfahrens (Artikel 251 EG-Vertrag), Amtsblatt der Europäischen Union 2007/C 145/5, 30. Juni 2007.

Programm für Deutschland. Wahlprogramm der Alternative für Deutschland für die Wahl zum Deutschen Bundestag am 24. September 2017.

Verhaltensleitlinien für Richterinnen und Richter des Bundesverfassungsgerichts, November 2017, einzusehen unter: https://www.bundesverfassungsgericht.de/DE/Richter/Verhaltensleitlinie/Verhaltensleitlinien_node.html, Zugriff am 05. April 2020.

Vertrag zur Änderung bestimmter Haushaltsvorschriften der Verträge zur Gründung der Europäischen Gemeinschaften und des Vertrages zur Einsetzung eines gemeinsamen Rates und einer gemeinsamen Kommission der Europäischen Gemeinschaften, 22. April 1970.

Kolibri 360 GmbH
Ferdinand-Jühlke-Straße 7
99095 Erfurt, Deutschland
produktsicherheit@kolibri360.de